KB082770

아희원람

兒戲原覽

아희원람

兒戱原覽

19세기 조선의 상식 사전

장혼 저 | 황재문 역해

아카넷

'규장각 고전 총서' 발간에 부쳐

고전은 과거의 텍스트이지만 현재에도 의미 있게 읽힐 수 있는 것을 이른다. 고전이라 하면 사서삼경과 같은 경서, 사기나 한서와 같은 역사서, 노자나 장자, 한비자와 같은 제자서를 떠올린다. 이들은 중국의 고전인 동시에 동아시아의 고전으로 군림하여 수백 수천 년 동안 그 지위를 잃지 않았지만, 때로는 자신을 수양하는 바탕으로, 때로는 입신양명을 위한 과거 공부의 교재로, 때로는 동아시아를 관통하는 글쓰기의 전범으로, 시대와 사람에 따라 그 의미는 동일하지 않았다. 지금은 이들 고전이 주로 세상을 보는 눈을 밝게 하고 마음을 다스리는 방편으로서 읽히니 그 의미가 다시 달라졌다.

그러면 동아시아 공동의 고전이 아닌 우리의 고전은 어떤 것이고 그 가치는 무엇인가? 여기에 대한 답은 쉽지 않다. 중국 중심의 보편적 가치를 지향하던 전통 시대, 동아시아 공동의 고전이 아닌 조선의 고전이 따로 필요하지 않았기에 고전의 권위를 누릴 수 있었던 우리의 책은 많지 않았다. 이 점에서 우리나라에서 고전은 절로 존재하였던 과거형이 아니라 새롭게 찾아 현재적 가치를 부여하면서 그 권위가 형성되는 진행형이라 하겠다.

서울대학교 규장각한국학연구원은 법고창신의 정신으로 고전을 연구하는 기관이다. 수많은 고서 더미에서 법고창신의 정신을 살릴 수 있는 텍스트를 찾아 현재적 가치를 부여함으로써 새로운 고전을 만들어 가는 일을 하여야 한다. 그간 이러한 사명을 잊은 것은 아니지만, 기초적인 연구를 우선할 수밖에 없는 현실로 인하여 우리 고전의 가치를 찾아 새롭게 읽어주는 일을 그다지 많이 하지 못하였다. 이제 이 일을 더 미룰 수 없어 규장각한국학연구원에서는 그간 한국학술사 발전에 큰 기여를 한 대우재단의 도움을 받아 '규장각 새로 읽는 우리 고전 총서'를 기획하였다. 그 핵심은 이러하다.

현재적 의미가 있다 하더라도 고전은 여전히 과거의 글이다. 현재는 그 글이 만들어진 때와는 완전히 다른 세상이다. 더구나 대부분의 고전은 글 자체도 한문으로 되어 있다. 과거의 글을 현재에 읽힐 수 있도록 하자면 현대어로 번역하는 일은 기본이고, 더 나아가 그 글이 어떠한 의미가 있는지를 꼼꼼하고 친절하게 풀어주어야 한다. 우리 시대 지성인의 우리 고전에 대한 갈구를 이렇게 접근하고자 한다.

'규장각 새로 읽는 우리 고전 총서'는 단순한 텍스트의 번역을 넘어 깊이 있는 학술 번역으로 나아가고자 한다. 필자의 개인적 역량에다 학계의 연구 성과를 더하여, 텍스트의 번역과 동시에 해당 주제를 통관하는 하나의 학술사, 혹은 문화사를 지향할 것이다. 이를 통하여 우리의 고전이 동아시아의 고전, 혹은 세계의 고전으로 발돋움할 수 있기를 기대한다.

기획위원을 대표하여 이종묵이 쓰다.

차례

항목별 차례

3. 방도 나라와 도읍의 내력

단군 | 신라 박혁거세 | 신라 석탈해 | 신라 김알지 | 궁예 | 고구려 동명왕 | 가락국 | 탐라국 | 개성 | 한양성 | 정도(定都) 및 천도(遷都)의 내력 | 소국의 도읍 | 관사(官司) | 품계 | 한성의 오부(五部) | 경기 | 충청도 | 전라도 | 경상도 | 강원도 | 황해도 | 평안도 | 함경도

4. 국속 우리나라의 풍속

기자의 풍속 교정 | 중국식 의복 제도의 수용 | 흰옷의 금지 및 원나라 의복의 수용 | 중국식 의복 제도의 복구 | 다리밟기 놀이 | 관등 | 유두절의 풍속 | 약밥의 유래 | 팥죽 | 담배 | 조하(朝賀) | 기곡제 | 개가의 금지

5. 탄육 기이한 탄생담을 지닌 사람들

복희씨 | 신농씨 | 황제 | 소호 | 전욱 | 요임금 | 순임금 | 하나라 우임금 | 은나라 탕임금 | 설(契) | 후직(后稷) | 공자 | 노자 | 석가모니불 | 팽조 | 포사 | 서나라 언왕 | 신라의 알영 | 잉태 기간이 길었던 인물 | 팽조와 고사원 | 많은 아들을 둔 주나라 및 춘추전국시대 인물 | 많은 아들을 둔 종친 | 아들 60명을 둔 토욕혼 | 아들 140명을 둔 두자미 | 노년에 아들을 낳은 무왕과 장원시 | 노년에 아들을 낳은 조태

6. 자성 특이한 외모와 능력을 지닌 사람들

천황씨, 지황씨, 인황씨 | 복희씨, 신농씨, 황제 | 요임금, 순임금, 우임금, 탕임금 | 공공씨와 사황씨 | 치우의 형제 | 주나라 문왕과 영왕, 진나라 문공 | 공자와 노자 | 요임금과 방상시 | 손에 글자가 새겨진 채 태어난 인물들 | 공손여, 오자서, 완옹중의 키 | 요리의 왜소한 몸 | 겹눈동자[重瞳]를 갖고 태어난 인물들 | 한나라 고조 | 동방삭, 왕란, 우연 | 곽태와 조일 | 허저, 유신, 녹온의 키와 허리둘레 | 관운장의 수염 | 허돈과 동관의 수염 | 특이한 사마귀를 지닌 인물들 | 키가

7. 재민 남다른 재주를 타고난 사람들

8. 수부 수명과 부귀로 일컬어지는 사람들

9. 변이 기이한 사건과 사람

10. 전운 중국과 우리나라의 역대 제왕

부록

一. 수휘 수의 차례로 정리한 어휘집

천편(天篇) 일원(一元) | 이기(二氣) | 이의(二儀) | 삼재(三才) | 삼광(三光) | 사계절(四時) | 사덕(四德) | 사해의 신(四海神) | 오방제(五方帝) | 오신(五神) | 오정(五精) | 오위성(五緯星) | 오색(五色) | 오음(五音) | 육기(六氣) | 육갑(六甲) | 육률(六律) | 육려(六呂) | 팔괘(八卦) | 구천(九天) | 십간(十干) | 십이지(十二支) | 이십사절기(二十四節氣) | 이십팔수(二十八宿) | 육십사괘(六十四卦) | 삼백육십오도(三百六十五度)

지편(地篇) 삼신산(三神山) | 사계(四界) | 사해(四海) | 사이(四夷) | 오행(五行) | 오방(五方) | 오악(五岳) | 오충(五蟲) | 오곡(五穀) | 오취(五臭) | 오미(五味) | 육축(六畜) | 칠보(七寶) | 팔준마(八駿馬) | 팔진(八珍) | 팔음(八音) | 구주(九州) | 십삼성(十三省)

인편(人篇) 삼생(三生) | 삼교(三教) | 삼강(三綱) | 삼족(三族) | 삼종(三從) | 삼공(三公) | 삼달존(三達尊) | 삼락(三樂) | 삼인(三仁) | 삼량(三良) | 삼걸(三傑) | 사군(四君) | 사호(四皓) | 사민(四民) | 사중(四衆) | 사우(四友) | 사부서(四部書) | 사단(四端) | 사궁(四窮) | 사례(四禮) | 사유(四維) | 오상(五常) | 오륜(五倫) | 오복(五服) | 오형(五刑) | 오복(五福) | 오사(五祀) | 오문(五門) | 오관(五官) 및 육근(六根), 육진(六塵) | 오패(五霸) | 오후(五侯) | 오한(五恨) | 오장(五臟) | 육부(六腑) | 육친(六親) | 육덕(六德) | 육행(六行) | 육예(六藝) | 육관(六官) | 육조(六朝) | 육군자(六君子) | 육례(六禮) | 칠거(七去) 및 삼불거(三不去) | 칠정(七情) | 칠웅(七雄) | 칠재자(七才子) | 칠현(七賢) | 칠서(七書) | 팔원(八元) 및 팔개(八凱) | 팔룡(八龍) | 팔대가(八大家) | 구용(九容) | 구사(九思) | 구족(九族) | 구석(九錫) | 구류(九流) | 구관(九官) | 구경(九卿) | 구로(九老) | 십철(十哲) | 십이장(十二章) 및 구장(九章) | 십삼경(十三經) | 십팔학사(十八學士) | 이십팔장(二十八將)

二. 보유

문묘향사(文廟享祀) | 장감(將鑑) | 난정수계(蘭亭脩稧) | 동방성보(東方姓譜)

| 해제 |

19세기 조선의 상식을 엿보다

19세기 문화의 거울, 장혼

장혼(張混, 1759~1828)은 중인 가문 출신의 인물이지만, 다방면의 문화에 족적을 남겨 오늘날 여러 학문 분야에서 높이 평가된다. 문학사에서는 송석원시사(松石園詩社)를 이끈 시인으로서 『풍요속선(風謠續選)』(1797) 편찬에 주도적 역할을 담당한 점이 주목되며, 교육사에서는 19세기 이래 한국 교육의 새로운 흐름을 선도한 인물로 자주 언급된다. 교서관(校書館)에서 일하며 국가에서 추진한 문헌의 간행에 참여하고 스스로 목활자인 이이엄자(而已广字)를 만들어 다양한 문헌을 출판했으니, 이로 인해 한국 출판의 역사에서도 빠뜨릴 수 없는 인물로 묘사된다. 높은 관직에 오르거나 정치적 업적을 남기지 않아서 대중적으로는 널리 알려지지 않았지만, 장혼은 18세기에서 19세기로 이어지는 시기의 문화를 이해하는 데 중요한 단서를 제공하는 인물이라 할 수 있다.

장혼은 장지완(張之琬)이나 조희룡(趙熙龍)과 같은 19세기 인물에 의해서 효성스럽고 박식한 인물로 그려진 바 있지만, 20세기 들어서는 보다 적극적으로 의미가 부여되어 근대적 인물로 묘사되기도 했다. 1929년에 자산(自山) 안확(安廓)은 100여 년 전에 세상을 떠난 장혼의 생애를 묘사하는 글을 발표했는데, 여기서 장혼을 "평등주의(平等主義)를 주창하고 평민문학(平民文學)을 건설한 인물"로서 주목했다. 안확은 장혼의 아버지 장우벽(張友璧)과 어머니 현풍 곽씨의 삶과 가르침, 동시대인의 평가, 오재순(吳載純)의 추천으로 관찬 문헌 교정 일을 맡은 뒤의 활동과 성과를 서술했고, 특히 교육 관련 저술과 문학 분야의 업적에 대해서는 상세히 말했다. 안확의 글에는 사실 여부가 확인되지 않는 내용이 적지 않게 포함되어 있는데, 이는 재래의 관습을 개조(改造)하기 위해 노력한 인물임을 강조하는 과정에서 나타난 현상일 것이다. 안확의 글에 받아들이기 어려운 주장이 일부 포함되어 있지만, 장혼의 활동을 출판, 교육, 문학의 세 분야로 나누어 언급한 방식은 그의 생애를 이해하는 데 분명히 도움이 될 듯하다.

장혼의 삶, 장혼의 꿈

장혼은 자신의 삶을 읊은 244구의 5언시 「술빈시(述貧詩)」에서 가난으로 인해 온갖 일을 해야 했던 자신의 삶을 말했다. 장혼은 가난한 집에서 태어나고 자랐으며 그 때문에 녹봉이 낮은 벼슬도 마다하지 않았지만 가난을 벗어나지 못했다고 했는데, 가난 때문에 '교육'이나 '출판'과 관련된 일도 해야 했던 듯하다. 6세의 어린 나이에 다리를 절게 되는 불행을 겪었으니 아마도 다른 일로 가난을 벗어나려고 할 수도 없었을지 모른다. 가난은 결국 장혼의 이름이 오늘날까지 전해지게 된 원동력이라 해도 좋을 것이다. 물론 '가난'을 소재로 삼은 시 구절을 사실로 받아들일 수 있을지 의심해 볼 필요는 있겠지만, 시기나 정도의 차이는 있어도 하지 않은 일을 했다고 하지는 않았을 것이다.

장혼은 9세에 글을 배웠으나 책 읽기는 좋아하지 않았으며, 글을 조금 읽을 수 있게 된 20세 무렵에는 부잣집에 묵으면서 글을 가르쳤다고 한다. 그렇지만 그 일을 오래하지는 못하고 의업(醫業)에 잠시 뜻을 두었다가 용서(傭書), 즉 글씨 써주는 일로 생계를 이었고, 뒤에 오재순의 도움으로 사준(司準)의 일을 하게 되었다. 글을 가르치고 책을 만들면서 가난한 삶이나마 영위해 온 셈인데, 적어도 교육의 차원에서는 큰 규모의 활동은 하지 않은 듯하다. 다만 3언시인 「자술(自述)」에서는 이미 40세가 되었어도 해놓은 일이 없다고 한탄하면서 "벌레와 물고기에 주석을 붙여 아들과 조카들에게 가르치리라.(註蟲魚, 課子姪.)"라고 앞으로 자신이 해야 할 일을 밝혔으니, 교육에 대한 관심은 평생 동안 지녔으리라고 보아야 할 것이다.

장혼이 오재순의 추천으로 사준이 된 뒤에 교정을 맡은 책은 50종 이상으로 추정된다. 규장각의 관서 일기인 『내각일력(內閣日曆)』에 그 흔적의 일부가 남아 있는데, 서적 간행과 관련된 시상 또는 처벌에 대한 기사 17건에 장혼의 이름이 보인다. 이 가운데 마지막 기사가 1822년 윤3월의 것이니, 장혼은 대략 30년 이상을 관찬 서적의 간행에 참여한 셈이다. 17건의 기사 가운데 『대학은배시집(太學恩杯詩集)』의 오류로 인한 처벌이 포함된 점은 흥미로운데, 널리 교정자로서의 능력을 인정받았다고 알려진 장혼 또한 실수를 피할 수 없었던 점을 여기서 엿볼 수 있다.

장혼은 평생을 가난하게 살았지만, 한편으로는 '많은 것'을 갖기를 희망했다. 『이이자초(而已自艸)』의 제3책과 『이이엄집(而已广集)』 권14에 수록된 「평생지(平生志)」라는 글은 "상상의 정원을 기록한 의원기(意園記)"에 속하는데, 여기서 지금은 갖지 못했지만 장차 가지게 되기를 희망하는 상상 속의 집을 그려내었다. 또 『이이엄집』에서는 이 글 뒤에 부록을 붙여 이 집에서 누리고 싶은 상상 속의 생활을 제시했으니, 장혼은 상상 속에서나마 큰 부자였던 셈이다. 잠시 장혼의 희망이 무엇이었는지 살펴보자.

처음 거론한 것은 여덟 가지 '청복(淸福)'으로, 이미 누리고 있는 것과 앞으로 누리기를 희망하는 것이 섞여 있다. 태평시대에 태어나는 것(生太平), 서울에 사는 것(居京都), 요행히 선비 축에 끼는 것(幸列衣冠), 문자를 대충 이해하는 것(粗解文字), 산수가 아름다운 곳 하나를 차지하는 것(泉壑一區), 꽃과 나무 천 그루를 가지는 것(花木千株), 마음에 맞는 벗을 얻는 것(得心交), 좋은 책을 소장하는 것(蓄好書)이 그 구체적인 항목이다. 둘째는 청공(淸供)이니, 청복에 어울리는 사물들로 옛 거문고(古琴)에서부터 불교와 도가의 경전, 도장과 인주에 이르기까지 다양한 물건 80가지를 제시했다. 셋째는 청과(淸課)니, 향 피우기, 차 달이기에서부터 환약 만들기에 이르기까지 34가지의 취미를 언급했다. 넷째는 청보(淸寶)라 했는데, 100종의 문헌을 제시했다. 보물로 꼽은 책은 어느 한 분야에만 한정되지 않으며, 그 가운데는 『연감유함(淵鑑類函)』이나 『설부(說郛)』처럼 100책이 넘는 거질의 문헌도 포함되어 있다. 상상 속의 장서이니 굳이 가격을 따질 이유야 없었을 것이다. 다섯째는 열 가지의 청경(淸景)으로, 시간과 계절에 따라 모습을 드러내는 맑은 경치를 담았다. 여섯째는 청연(淸燕)이니, 맑은 모임에 필요한 여섯 가지 물건이다. 여기에 음식이나 기호품뿐 아니라 '소리[鼓吹]'를 거론한 점은 흥미로운데, 인위적인 음악이 아니라 샘물 소리, 솔바람 소리, 꾀꼬리 소리와 같이 자연에서 들려오는 소리를 말했기 때문이다. 마지막은 청계(淸戒)인데, 여기서 거론한 넷은 일종의 생활신조인 한편 장혼의 삶과 꿈을 요약한 것이라 해도 좋을 듯하다.

달팽이집에 살며 좀벌레 나오는 책을 교정하지만, 이미 내 보잘것없는 삶을 편안히 여긴다.(居蝸牛校蠹魚, 旣安其拙.)

헌 솜옷을 입고 명아주 국을 먹지마는, 어찌 이 곤궁함을 원망하랴.(衣縕袍糝藜羹, 奚怨斯窮.)

한 자 되는 거문고와 한 권의 책은 조상 때부터의 가업이니, 감히 폐하지 못한다.(尺琴卷書, 箕裘之業, 莫敢廢焉.)

산의 꽃과 계곡의 새는 빈천한 나를 알아주었으니, 잊어서는 안 된다.(山花溪鳥, 貧賤之知, 不可忘也.)

『아희원람』을 만든 까닭, 『아희원람』에 담은 지식

장혼은 평생을 책과 함께 산 인물이다. 많은 책을 읽고 간행하고 편찬했으며, 그러면서도 더 많은 책을 보고 소장하기를 희망했다. 그러한 책의 종류나 범위가 특정한 데 한정되지 않는다는 점은 교정한 문헌의 목록이나 편찬서의 목록, 청보(淸寶)로 거론한 문헌의 목록을 통해서 짐작할 수 있지만, 편찬한 책 가운데 초학자(初學者) 또는 아동을 위한 학습서가 많다는 점은 여러 사람에 의해 특징으로 지적된 바 있다. 『아희원람』은 그러한 경향을 대표하는 문헌이라 할 수 있는데, 현재 각 기관에 소장된 것만 100건에 가까울 정도로 널리 유포되어 있기 때문이다.

이처럼 많이 간행되고 전해지는 문헌임에도 불구하고, 『아희원람』이 무엇을 위해 만든 책인지를 분명히 말하기는 어렵다. 물론 장혼이 서문을 통해 귀로 듣는 것은 귀하게 여기고 눈으로 보는 것은 천하게 여기며 가까이에 있는 것은 업신여기고 멀리 있는 것은 좇는 병폐를 지닌 "처음 배우는 몽매한 이들(初學蒙孺)"을 위해 만들었다고 밝혔지만, 후대인의 입장에서는 통일성을 찾아보기 힘들 정도로 다양한 주제의 지식을 다양한 형식으로 제시한 이 책을 어떻게 활용할지 짐작하기가 쉽지 않기 때문이다. 모리스 쿠랑이 '사서부(史書部)'에 포함시키고 '유서(類書), 초록(抄錄)'으로 다루면서 가장 많은 주제를 해석하고 요약했지만 어떤 원전(原典)도 밝히지 않았다고 지적한 것은 이러한 상황을 보여주는 하나의 사례리라. 분량이 많지는 않지만 다루는 주제가 많고 그러면서도 간명하게만 언급하곤 했으니, 어떻게 활용해야 할지 짐작하기가 어려웠을 것이다. 오늘날 이 책을 '교재' 혹은 '교과서'로 지칭할 때에도 사정은 다르지 않다. 교육과 관련이 있다고 할 수는 있지만, 이 책으로 어떤 교육을 했으며 혹은 할 수 있었을지 판단하기가 어렵기 때문이다. 적어도 『천자문』이나 『동몽선습(童蒙先習)』을 대체하여 이 책으로 한문을 가르치는 장면을 상상하기는 어려울 듯하다.

물론 편찬자의 의도에 맞춰서 책을 활용해야 한다는 법은 없으니, 책의 용도를 묻는 것은 어리석은 일일지도 모른다. 용도는 시대에 따라 달라질 수 있으므로 더욱 그러하다. 그렇지만 책의 의의를 파악하기 위해서는 편찬자의 의도와 책의 용도를 따져보지 않을 수 없으니, 책의 구성을 통해 이 문제를 더 검토해 보기로 하자.

『아희원람』은 10개의 장[則]과 2개의 부록으로 구성되어 있으며, 장에는 여러 항목을 두고 각각 간략하게 내용을 서술하는 형식을 취하고 있다. 다만 이 '서술'이 통일적인 것은 아니어서, 어떤 곳에서는 문장으로 기록했는가 하면 어떤 곳에서는 어휘를 나열하는 데 그치기도 했다. 쿠랑이 지적했듯이 원전을 밝히지 않은 것도 특징일 수 있는데, 적어도 이 책은 지식의 유래처에는 관심을 두지 않았다고 해야 할 것이다. 누구의 말이며 어디서 온 말인지를 명시하는 문헌들과는 약간 다른 목적을 지니고 있다는 풀이도 가능할 것이다.

제1장 형기(形氣)는 24항목으로 구성되어 있는데, 천지(天地) 및 기상 현상의 기원에 대한 지식을 제시했다. 기(氣)가 드러나지 않은 상태인 태역(太易)에서부터 시작하여 하늘, 땅, 사람, 해, 달, 별, 구름, 비 등에 대해 출전은 제시하지 않은 채로 간략하게 서술했다. 직접적인 인용서

는 확인하기 어렵지만, 위서(緯書) 및 의서(醫書)에서 볼 수 있는 구절이 일부 나타나는 점은 발견할 수 있다.

제2장 창시(創始)는 135항목으로, 의식주를 비롯하여 문화, 제도 및 각종 사물의 기원에 대한 정보를 제시했다. 이 가운데 일부는『지봉유설(芝峯類說)』에서 유래한 것으로 추정하지만, 여러 문헌에서 정보를 모았으리라고 보는 편이 자연스러울 듯하다.

제3장 방도(邦都)에는 23항목을 수록했는데, 우리나라의 사례만 다뤄서 일찍부터 주목된 바 있다. 단군 이래의 건국 시조, 도읍지의 변천, 관사(官司)의 표기 및 별칭, 품계, 한성부 관내 방(坊)의 명칭, 팔도의 고을 명칭 및 거리 등을 제시했는데, 관사에 관한 정보 이후는 어휘만 나열한 형태를 취하고 있다.

제4장 국속(國俗)도 제3장과 마찬가지로 우리나라의 사례만 다룬 점이 특징인데, 13항목만을 수록했다. 기자의 동래(東來)와 관련된 풍속의 변화를 서두에 두고 복식(服飾), 세시풍속 등의 풍속을 간략히 언급했다.

제5장 탄육(誕育)은 출생에 관한 기이한 일들을 소개했는데, 모두 26항목을 수록했다. 중국 신화에 등장하는 인물의 일화가 중심을 이루지만, 우리 신화에 등장하는 알영이나 보통 사람과는 달리 20개월 만에 태어났다는 김유신 같은 사례도 포함되어 있다. 또 말미에는 많은 자손을 두었거나 노년에 자손을 두는 등의 특별한 사례들을 정리해서 실었다.

제6장 자성(姿性)은 기이한 외모나 능력을 지닌 사람들에 대한 일화를 소개했는데, 부록으로 동물에 대한 정보도 덧붙였다. 모두 64항목이다. 여기서 거론한 사례들은 오늘날의 관점에서는 비현실적인 것이

대부분이지만, 이들 가운데 일부는 성현(聖賢)의 신체적 특징으로 여겨지기도 했으며 또 일부는 시문(詩文)에서 활용하는 중요한 전고가 되기도 했다. 따라서 지금의 생각과는 달리 과거에는 상당히 중요한 정보였을 수 있는데, 지나치게 짧게 요약했기 때문에 여기에 서술된 문장만으로는 정확한 내용을 파악할 수 없는 사례도 보인다.

제7장 재민(才敏)은 보통 사람과는 달리 일찍부터 재주를 보인 사람의 일화를 제시했다. 모두 24항목을 수록했는데, 그렇다고 정보의 양이 적은 것은 아니다. 해당 연령에 따라 여러 사람의 일화를 모아 항목을 구성했는데, 예컨대 5세의 일을 기록한 항목에서는 우임금의 신하인 백익에서부터 조선의 김인후까지 9명의 '5세 때 일화'들을 나열해 두었다. 장혼은 연령별 항목 배열의 형식에 따라 여러 문헌에서 얻은 정보를 정리한 것으로 추정되는데, 독자가 필요한 정보를 찾아보려 할 경우에는 이런 형식이 큰 도움이 되었을 것이다.

제8장 수부(壽富)는 38항목을 수록했는데, 남달리 수명이 길거나 짧은 사람들과 남달리 부유한 사람들을 다루었다. 이 장은 나름의 질서를 찾아볼 수 있으니, 대체로 시대에 따라 항목을 구성하고 배열한 점이다. 군주, 대신 등을 따로 나누어 기록한 사례가 있고 요절한 인물의 경우에는 몰년을 기준으로 배열했지만, 이런 경우에도 독자는 나름의 질서를 의식하면서 필요한 정보를 빨리 찾을 수 있었을 것이다.

제9장 변이(變異)는 36항목을 수록했는데, 자연 및 인간 세상에서 벌어진 기이한 현상들을 모았다. 과거에 재앙의 징조로 해석된 일화가 다수 포함되어 있는데, '해석'은 거의 언급하지 않고 현상에 대한 정보만

제시했다. 선조나 광해군 때의 일도 포함되어 있는데, 이는 『지봉유설』을 참고한 결과로 추정된다.

제10장 전운(傳運)은 33항목으로, 중국과 우리나라의 역대 왕명 등의 정보를 제시했다. 비록 연대는 밝히지 않았지만, 연호(年號)나 역년(歷年) 등 오늘날 '연표(年表)'에서 확인할 만한 정보를 수록했다. 또한 나라와 군주를 기록하는 과정에서 자연히 정통(正統) 또는 참칭(僭稱)을 가려서 기록하게 되는데, 이 또한 중요한 정보일 수 있다.

첫 번째 부록인 '수휘(數彙)'는 숫자가 첫 글자로 들어간 어휘를 모으고 관련 내용을 소개하는 형식을 취했는데, 이른바 "수편유서(數編類書)"의 형식을 취한 점에서 주목된 바 있다. 비록 어휘의 뜻풀이는 되어 있지 않지만, 비교적 편리하게 필요한 정보를 찾아볼 수 있음은 부정하기 어렵다. 천(天) 26항목, 지(地) 18항목, 인(人) 64항목의 3편 108항목으로 이루어져 있다. 두 번째 부록인 '보유(補遺)'는 4개 항목을 수록했는데, 문묘(文廟)에 배향된 인물, 『장감박의(將鑑博議)』에 수록된 인물의 명단, 난정수계의 구성원, 우리나라 성씨 목록 등 암기하기는 어려우나 찾아볼 만한 정보를 담았다.

이상에서 개괄한 10장과 부록 2편의 주제와 서술 형식은 체계성을 지니지 못한 것처럼 보일 수 있다. 마치 성격이 다른 문헌 여럿을 물리적으로 하나로 합쳐놓은 데 불과한 듯할 수도 있다. 그렇지만 장혼이 서문에 밝힌 "응졸(應卒)" 즉 갑작스럽게 써야 할 때 응한다는 말의 의미를 되새겨 보면, 이러한 주제 및 형식의 비체계성은 그리 문제될 것이 없다는 생각에 이른다. 응졸에 소용될 만한 책이란, 무언가를 찾아보고자

할 때 관련 지식을 찾아낼 수 있게 하면 그만일 것이기 때문이다. 처음부터 차례대로 읽어가면서 책에 담긴 정보와 의미를 하나하나 찾아내도록 할 필요도 없을 것이다. 굳이 하나씩 배워가면서 읽는 것을 막을 일은 아니겠지만, 그것이 원래의 목적이었다면 조금 다른 방식으로 문헌 내부의 통일성을 마련했을 것이다.

『아희원람』이라는 문헌을 어떻게 규정할 것인가를 두고 지금까지 많은 논의가 있었다. 안확 이래로 교육서 또는 교재로 이해하는 관점이 널리 퍼졌으며, 최근에는 유서(類書)의 일종으로 파악하되 '초학자용 유서'로 이해하는 관점이 통용되고 있다. "아동 교육" 특히 수신(修身)이나 기초한문 교육과 같은 용도를 굳이 강조하지 않는다면, 사실 두 견해는 차이가 크지 않다. 그렇다면 학습의 대상이 되는 교재는 아니지만 초학자 수준에서 학습을 하며 활용하게 되는 보조 교재의 성격을 지닌다고 해도 좋을 것이며, 백과사전적 지식을 간명하게 간추려서 독자의 활용성을 높이는 형식을 갖춘 '초학자용' 또는 단편(短篇) 유서라고 해도 좋을 것이다. 오늘날의 관점에서 본다면, '편람' 즉 핸드북(Handbook)의 일종으로 이해하는 것이 가장 사실에 부합할 것이다.

『아희원람』 읽는 법

『아희원람』은 1803년에 처음 간행되었고, 1906년 무렵에 재간행된 것으로 알려져 있다. 그렇다면 19세기 동안에는 상당한 쓰임새가 있었다고 해도 좋을 것이다. 물론 어떤 사람은 일상 생활에서의 "응졸(應卒)"을 위해, 어떤 사람은 나름의 체계적인 학습을 위해, 또 어떤 사람은 시문(詩文)을 읽고 쓰거나 수정하기 위해 책을 펼쳐보았겠지만, 그러한 차이에도 불구하고 나름의 쓸모가 있었을 것이다.

그런데 이처럼 19세기에 널리 활용되던 책임에도 불구하고, 오늘날 독자의 눈에는 무슨 말인지 이해할 수 없거나 전혀 쓸모없을 법한 내용이 적지 않게 포함되어 있다. 예컨대 하루에 닭 50마리를 먹었다거나 뱀의 말을 알아들었다는 사람의 이름, 원앙과 해오라기, 공작이 어떻게 잉태한다고 옛날 사람들이 생각했는지 등은 궁금하기는 해도 꼭 알아야 할 지식은 아니다. 안확의 경우처럼 중국의 인물과 우리나라의 인물을 차등 없이 나란히 두었다는 데서 의미를 찾고자 한다면 우리나라에 대한 지식이 적지 않다는 점을 확인하며 관심을 가질 수 있겠지만, 그것은 아마도 저자 장혼 혹은 19세기 독자의 관심과는 다소 거리가 있을 것이다.

『아희원람』에서 제공하는 지식은 교서관 사준으로 일한 장혼의 지적 경험을 바탕으로 모은 '19세기 초의 상식'이라고 할 수 있다. 당대의 독자에게 필요한 지식을 독자들이 활용할 만한 수준으로 정리하여 제공하면 될 것이니, 그에 맞춰서 장별로 주제와 형식을 정하고 "제가(諸家)의 문헌" 등에서 그에 부합하는 지식을 찾아내서 간명하게 기입하면 되는 것이다. 장혼이 참고한 "제가의 문헌"은 상당했을 것인데, 『지봉유설』과 『기년아람(紀年兒覽)』을 제외하면 명백한 활용의 증거를 확인하기는 어렵다. 또 지식을 간명하게 추리는 과정에서 원래의 맥락을 생략하거나 때로는 오류가 발생하기도 하는데, 19세기의 독자라면 생략된 맥락을 이해하거나 오류 여부를 짐작할 수 있었을 것이다.

그렇다면 오늘날의 독자는 『아희원람』을 어떻게 읽어야 할까? 19세기의 상식과 21세기의 상식이 전혀 다르다는 데서 출발점을 찾아야 할 것이다. 즉 21세기의 독자는 19세기의 독자가 갖추고 있을 지식과 원문의 맥락을 먼저 이해해야 할 것이니, 21세기의 독자가 『아희원람』을 읽을 때는 원래의 책에서 생략하거나 축약한 정보들을 복원해 가면서 읽어야 할 것이다. 또한 독서의 목적이 다르다는 점도 고려해야 한다. 무엇보다 21세기의 독자에게 『아희원람』은 더 이상 "응졸"의 효용을 갖춘 책이 아니기 때문이다.

이에 이 책에서는 『아희원람』에서 생략하거나 축약한 정보들을 최대한 복원하면서 읽을 수 있도록 유의하여 번역하고 주석을 붙였다. 이 과정에서 『지봉유설』이나 『아희원람』에도 일부 오류가 포함되어 있음을 확인할 수 있었는데, 이 또한 주석에서 밝혀 참고할 수 있도록 했다. 『아희원람』이 담은 지식의 성격에 관심을 두는 독자라면 원래의 문맥까지 고려하면서 읽어볼 것을 권한다. 한마디 덧붙이자면, 『아희원람』은 19세기에 소용되던 지식은 분명하지만 그렇다고 필수 지식이었다는 보장은 없다는 점을 기억해 둘 필요가 있다. 19세기의 독자들 역시 핸드북으로서의 『아희원람』 이외의 다른 문헌들을 함께 참고했을 것이기 때문이다.

21세기에 맛보는 19세기의 상식, 그리고 시대의 참모습

『아희원람』에 담긴 19세기의 상식을 맛본다는 것은 21세기를 살고 있는 현대 독자에게 어떤 의미가 있을까?

우선 과거에 대한 호기심을 충족시키는 데 도움이 된다는 점을 들어야 할 것이다. 역사 드라마나 다큐멘터리가 상당한 시청률을 올리는 것을 보면, 역사에 관심을 가진 사람이 적지 않은 것이 우리 사회의 모습이라 해도 틀린 말은 아닐 것이다. 물론 그 관심의 정도나 방향이 다 같지는 않을 것이며, 그에 따라 '19세기의 상식'은 누구에게는 진지한 탐구의 대상일 수도 있고 누구에게는 단순한 흥밋거리일 수도 있다. 그렇지만 우리의 과거가 실제 어떤 모습이었는지, 특히 과거의 지식은 어떤 것이었는지를 구체적으로 파악하는 것은 역사에 관심을 가진 사람에게는 꽤 도움이 될 수 있다. 신화 또는 신선의 이야기 등이 19세기 상식에 제법 포함된 것을 확인하면, '유교국가'의 이미지로 조선을 온전히 풀이할 수 없다는 점도 분명히 인식하게 될 것이다. '상식'에는 세계를 이해하는 그 시대 사람들의 관점이 녹아 있기도 한데, 이 때문에 제1장 '형기'를 주의 깊게 살펴본 독자는 19세기 사람들이 우주와 천지의 생성을 풀이하는 관점을 이해할 수 있으며 이를 통해 조선시대의 복합적인 면모를 짐작해 볼 수 있을 것이다.

『아희원람』에 담긴 '19세기 상식'의 목록과 내용을 구체적으로 살펴보면, 독자는 시대에 따라 '상식'이 변한다는 점을 깨닫게 된다. 현대인들은 과거 사람들은 자기 시대 이전의 과거에 대해 현대인들보다 더 많이 그리고 정확하게 알 수 있으리라고 여기곤 한다. 예컨대 18세기나 19세기의 사람들은 고려시대나 삼국시대에 대해 우리보다 잘 알고 있으리라고 생각하기 쉽다. 그렇지만 『아희원람』을 살펴보면 꼭 그렇지만은 않다는 점을 깨닫게 된다. 신라의 '화랑'을 그런 사례의 하나로 들 수 있다. 『지봉유설』에서는 남자 무당을 '화랑이'로 일컫는 풍습에 대해 논평했으며, 『아희원람』에서는 신라 진흥왕이 만든 '화랑'을 '정재인(呈才人)' 즉 일종의 광대로 언급했다. 물론 이와 반대의 사례도 적지 않으니, 오늘날에는 거의 언급되지 않는 지식이 '상식'으로 통용된 사례는 쉽게 찾아볼 수 있다. 『아희원람』의 상식 목록을 현대 독자가 생각하는 '상식'과 비교해 보면, '상식'의 변동이 하나의 문화적 현상임을 깨달을 수 있을 것이다. 어떤 시대의 상식이야말로 그 시대의 참모습일 수 있으니, 그 시대의 상식을 이해하는 것은 그 시대의 역사를 구체적으로 들여다보는 수단이 될 것이다.

『아희원람』이 실제 어떤 용도로 활용되었는지는 분명하지 않다고 했지만, 책의 전체 내용을 검토하면 편찬 과정에서 교육에 대한 고려가 있었다는 점은 분명히 알 수 있다. 다만 그것이 장마다 조금씩 다른 형태로 나타난다는 점은 유의할 필요가 있다. 어떤 장에서는 별칭(別稱)이나 이칭(異稱)을 최대한 제시하고, 어떤 장에서는 연령에 따라 사람의 재주나 행적을 제시했다. 또 때로는 시대에 따라 지식을 배열하고 때로는 숫자와 같은 일정한 규칙에 따라 정보를 제공했다. 학습 내용의 성격을 고려하여 편찬 방식을 조정해 나갔다고 할 수 있는 것이다. 본문

서술에서는 학습에 대한 관심의 흔적을 찾아볼 수 있다. 예컨대 『아희원람』에서는 흔히 "요(堯)"나 "도당씨(陶唐氏)"로 기록된 문장을 발췌하여 옮기면서 "조정(鳥庭)"으로 고친 사례를 찾아볼 수 있는데, "조정"은 새처럼 튀어나온 이마를 뜻하는 말이면서 요임금의 별칭이기도 하다. 학습에 대한 고려가 없었다면 이처럼 서술하지는 않았을 것이다. 이러한 사례들 가운데에는 오늘날에도 활용할 만한 것이 없지는 않을 것인데, 그렇다면 『아희원람』에서 교수법 개발을 위한 착상을 찾아본다고 해도 무리는 아닐 법하다.

『아희원람』을 편찬하고 간행하는 과정에서 장혼이 겪었을 어려움을 짐작해 보는 것도 필요한 일이다. 역주본에서 확인할 수 있듯이 『아희원람』에는 오류 또는 불분명한 서술이 종종 보이는데, 이는 참고할 만한 책을 충분히 갖추지 못했을 19세기 초 장혼의 형편을 보여주는 단서가 된다. 또한 『아희원람』을 편찬한 이후 오랜 시간이 지나서도 중간(重刊)되었다는 사실은 책이 생각보다 귀했던 당시의 상황을 드러내는 것으로 풀이할 수도 있다. 엄청난 분량의 책과 정보가 쏟아지는 환경에서 생활하는 현대인들은 실감하기 어려울 수도 있지만, 장혼의 시대에는 이 정도의 책을 만들고 그것을 갖춰놓고 읽는 일도 보통 사람들에게 당연한 일은 아니었을 것이다. 불과 200여 년 전에 펼친 장혼의 분투를 상상해 보면, 방대한 정보와 지식을 빠른 시간 안에 얻을 수 있게 된 오늘날의 우리는 참으로 행복한 시대에 살고 있는지도 모른다.

아희원람 서문
兒戱原覽引

물건을 평소에 갖추어두지 않으면, 갑작스럽게 써야 할 때 미처 응할 수 없게 되는 법이다. 돌이켜보건대 지금 아침저녁으로 연마하는 이들은 갑작스럽게 물어보아야 할 일이 생기더라도 태연하게 마치 그런 것이 없는 듯이 행동하곤 한다. 하물며 저 어리석고 어린 초학자들은 귀로 듣는 것은 귀하게 여기고 눈으로 보는 것은 천하게 여기니, 가까이에 있는 것은 업신여기고 멀리 있는 것은 좇아간다. 나는 항상 화려한 꽃은 많고 쓸모 있는 열매는 적은 것을 병통으로 여겼으며, 고금의 사문(事文) 가운데 근거를 말할 수 있는 것들을 모으고자 했다. 그래서 제가(諸家)의 저술을 수집하고 온갖 종류의 책을 끌어모아서 지식을 뽑아내되 책을 찾아보거나 견문(見聞)에 의지하여 쓸모없는 것은 삭제하고 계통에 맞춰 간추렸다. 이를 종류에 따라 나누고 살펴가면서 뽑아내었더니,

모두 수천수만 글자에 조목은 10칙(則)이었다. 보잘것없는 조그마한 것임은 잘 알지만, 다른 사람을 선한 데로 이끄는 뜻이 어쩌면 여기에 있으리라.

物不素具, 未可應卒. 顧今昕夕磨礱者, 率爾有扣, 兀然若無. 矧伊初學蒙孺, 貴耳賤目, 近者藐, 遠者趨. 余常病其多華少實, 要稡古今事文可以譚據者, 蒐諸家摭羣書, 詢剞劂資聞見, 冗剗而紀約, 彙分而閱簡, 總數千萬言, 條爲十則. 苦知瑣瑣, 納牖苴淪之義, 或在兹序.

『사기(史記)』「범수열전(范雎列傳)」에는 "대개 사물을 평소에 갖추어두지 않으면 갑작스럽게 써야 할 때 응할 수 없다.(夫物不素具, 不可以應卒.)" 라는 구절이 있다. 세상이 평화로울 때 미래의 전란을 대비해야 한다는 주장을 펴면서 쓴 말이기 때문에, "수무비(修武備)" 즉 군비(軍備)를 잘 갖추어두기를 청하는 상소나 병법(兵法)을 다룬 문헌 등에서 이 구절을 인용한 사례를 적지 않게 찾아볼 수 있다. 『묵자(墨子)』의 '칠환(七患)'이나 『손자병법(孫子兵法)』에서 이와 유사한 어휘를 사용한 것도 무리는 아닐 것이다. 이른바 "유비무환(有備無患)"의 정신을 담고 있는 말로 해석할 수도 있으니, 한편으로는 오늘날에도 강조되는 교훈을 담은 말이라고 해도 좋다.

『아희원람』은 병법서가 아니지만, 편자 장혼은 스스로 붙인 서문의 서두에 "응졸"을 내세웠다. 사실 "응졸"은 임기응변의 의미로도 이해할 수 있으니, 학자들이 내세울 만한 말은 아니다. 홍석주(洪奭周)가 「초계고식서(抄啓故寔序)」에서 '응졸의 계교(應卒之計)'를 감히 쓰지 않았다고 말한 것은 이러한 관점에서 이해할 수 있는 바이기도 하다. 그럼에도 장혼이 서두에 이 말을 내세운 것은, 그것이 이 저술의 목적을 집약할 수 있는 말이기 때문일 것이다. 즉 아침저녁으로 글을 읽고 쓰다가 생긴 의문점을 해결하기 위해 참고할 만한 책을 만들겠다는 것이 목표라고 할 것이며, 그 결과가 얼마나 성공적이었는지를 따지는 문제와는 별개로 이러한 발언 자체를 저술의 의도로서 주목할 필요가 있다.

한편 『아희원람』의 특징과 관련해서는 "귀로 듣는 것은 귀하게 여기고 눈으로 보는 것은 천하게 여겨서 가까이에 있는 것은 업신여기고 멀리 있는 것은 좇아가는 세태"를 비판한 점에 대해서도 주목할 필요가 있다. 다만 이를 중국의 것과 구별되는 우리 역사나 우리 문화에 대한 관심으로 해석하는 견해에 대해서는, 옳기도 하고 그르기도 하다는 다소 모호한 답을 내놓아야 할 듯하다. '가까이에 있는 것' 가운데 '우리나라의 역사와 문화'가 포함되는 것은 당연하며 『아희원람』에 이를 집중적으로 다룬 장이 있는 것도 사실이지만, 그럼에도 불구하고 중국에 관한 지식이나 정보가 차지하는 비중이 상대적으로 높다는 점을 부정할 수 없기 때문이다. 사실 우리나라의 것인가 아닌가를 갈라놓는 태도는 장혼이 활동했던 시대를 이해하는 적절한 관점이라고 말하기 어렵고, 장혼 스스로가 판단한 "고금사문(古今事文)"의 범위 안에 이들 모두가 포괄된다고 하는 편이 더 정확할 것이다.

'인(引)'은 한문 문체의 하나로, '서문'으로 이해하면 크게 틀리지 않는다. 『아희원람』의 서두에 실려 있고 책의 편찬 목적과 경과를 서술하고 있으니, 명칭과 실상이 어긋나지 않는 셈이다. 다만『아희원람』에서는 제목 없이 이 글을 실었는데, 장혼의 문집인『이이엄집』에 '아희원람인'이라는 제목을 붙인 데 따라 여기서도 제목을 붙였다. 둘 사이에 일부 자구의 차이는 있지만, 내용의 변화를 말할 정도는 아니라고 판단해 굳이 그 차이는 거론하지 않는다.

1

형기形氣

우주와 천지의 생성

“형기(形氣)”는 형상[形]과 기운[氣]을 뜻하는 말이다. 이를 제목으로 삼은 데서 알 수 있듯이 제1장은 천지에서부터 음양, 오행, 만물의 생성 등을 다루고 있다. 그런데 이는 『지봉유설』을 비롯한 대부분의 유서에서 “천문(天文)”, “천지(天地)” 등을 첫 장의 제목으로 삼은 것과는 다르다. 이와 같은 제목을 붙인 이유가 무엇인지는 분명하지 않지만, 『동의보감(東醫寶鑑)』 내경편(內景篇) 「신형(身形)」의 서두에 실린 ‘형기지시(形氣之始)’에서 이와 유사한 사례를 찾아볼 수 있다. 두 문헌은 ‘형기’에서 『건착도』, 『참동계』 등의 문헌을 인용하면서 세계 형성에 대한 관점을 제시한 점에서도 공통적이다.

한편 제1장에는 이후의 장에서는 보기 어려운 특징이 있는데, 그것은 많은 항목의 첫 부분에서 “~란/~라는 것은[~者]”과 같은 표현을 사용한 점이다. 이는 해당 항목에서 다룰 개념을 일정한 격식에 맞추어 서술하려 한 흔적으로 짐작되는데, 그 결과가 그리 성공적이지는 않아 보인다. 제1장에서 일부 문맥이 잘 통하지 않거나 부자연스러운 구절이 나타나는 이유도 이와 연관된 것으로 보인다. 물론 더 중요한 이유는 전후 맥락을 알 수 없게 인용하거나 축약한 결과라고 해야 할 것이지만 말이다. 그럼에도 불구하고 이 두 가지 문제점은 『아희원람』을 편찬한 장혼의 능동적인 태도를 반영한 것이기도 하다. 이를 고려하여 제1장에서는 오류로 추정되거나 뜻이 불분명한 부분이라 할지라도 최대한 원문을 존중하여 옮기고자 했다. 물론 주석을 통해서는 오류를 바로잡거나 원래 문장의 뜻을 이해하기 쉽도록 풀이했다.

○ 태역은 아직 기가 드러나지 않은 것이다. 태초는 기가 처음 나타난 것이며, 태시는 형(形)이 처음 나타난 것이며, 태소는 질(質)이 처음 나타난 것이다. 아직 나뉘지 않은 것으로부터 말하면 이를 일러 혼륜(混淪)이라 하고, 이미 나뉜 것으로부터 말하면 이를 일러 천지(天地)라 한다.

太易, 未見氣也. 太初, 氣之始也. 太始, 形之始也. 太素, 質之始也. 自其未分而言, 謂之混淪, 自其旣分而言, 謂之天地.

장의 제목인 형기, 즉 '형상과 기운'의 시초를 말하였다. 『열자(列子)』「천서편(天瑞篇)」에 "옛날 성인들은 음과 양으로 천지를 통괄했다. 무릇 형상이 있는 것은 형상이 없는 것으로부터 생겨난다. 그러니 (형상이 있는) 천지는 무엇으로부터 생겨났겠는가? 그런 까닭에 태역이 있고, 태초가 있고, 태시가 있고, 태소가 있다고 말하는 것이다. 태역이란 아직 기가 드러나지 않은 것이다. 태초란 기가 처음 나타난 것이다. 태시란 형이 처음 나타난 것이다. 태소란 질이 처음 나타난 것이다. 기와 형과 질이 갖추어졌으되 아직 분리되지 않았으니, 그런 까닭에 이를 '혼륜'이라 한다. 혼륜이란 만물이 뒤섞여서 아직 분리되지 않은 것을 말한다.(昔者, 聖人因陰陽以統天地. 夫有形者生於無形, 則天地安從生此. 故曰有太易有太初有太始有太素. 太易者, 未見氣也. 太初者, 氣之始也. 太始者, 形之始也. 太素者, 質之始也. 氣形質具而未相離, 故曰渾淪. 渾淪者, 言萬物相渾淪而未相離也.)"라는 대목이 있다. '태역-태초-태시-태소'의 네 단계를 거치는 과정에서 '형상과 기운'이 나타나게 된다는 견해를 제시한 셈이다. 『동의보감』 내경편 「신형」의 서두에 실린 '형기지시'에도 이러한 견해가 나타나는데, 『동의보감』에서는 『주역(周易)』의 위서인 『주역건착도(周易乾鑿度)』를 인용서로 밝히고 있다.

○ 건곤이란 태극이 변한 것이다. 양의(兩儀)가 아직 나뉘지 않으면, 그 기가 뒤섞여 있게 된다. 맑은 것과 흐린 것이 이미 나뉘면, 하늘과 땅이 형성된다. 하늘의 형상은 계란과 같다. 하늘은 크고 땅은 작은데,

겉과 속에는 물이 있고 기가 그 가운데를 채운다. 하늘은 수레바퀴가 움직이듯이 운행한다.

乾坤者, 太極之變. 兩儀未分, 其氣渾淪. 淸濁旣分. 天形如雞子. 天大地小, 表裏有水, 氣充其中. 運如車轂之運.

건곤, 즉 하늘과 땅의 형성을 말한 것이다. 앞에서 형기의 시초를 말하고 뒤섞인 것이 분리되면 천지가 된다고 했는데, 여기서는 이를 이어 하나인 태극에서부터 둘인 천지가 형성됨을 서술한다. 하나인 태극은 둘로 갈라지는데, 이를 양의라 한다. 양의는 천지 또는 음양을 뜻하는 말로 이해되는데, 이들은 모두 '태극이 변한 것[太極之變]'으로 언급되기도 한다.

서두의 "건곤이란 태극이 변한 것이다"라는 구절은 『동의보감』의 「신형」에도 보이는데, 이는 『주역참동계(周易參同契)』에 송나라 진현미(陳顯微)가 붙인 주석을 인용한 것이다. 이 주석에서는 "형상과 기운이 아직 갖추어지지 않은 것을 '홍몽(鴻濛)'이라 하고, 갖추어졌으되 분리되지 않은 것을 '혼륜(渾淪)'이라 한다. 역(易)에 이르기를 '역에는 태극이 있으니, 이것이 양의를 낳는다'고 했는데, 역은 홍몽과 같고 태극은 혼륜과 같다. 건곤이란 태극이 변한 것이다. 합하면 태극이 되고, 나뉘면 건곤이 된다. 그런 까닭에 건곤을 합하여 말하면 혼륜이라 일컫고, 건곤을 나누어 말하면 천지라 일컫는다.(形氣未具曰鴻濛, 具而未離曰渾淪. 易曰易有太極, 是生兩儀. 易猶鴻濛也, 太極猶渾淪也. 乾坤者, 太極之變也. 合之爲太極, 分之爲乾坤. 故合乾坤而言之謂之渾淪, 分乾坤而言之謂之天地.)"라고 했다. 혼륜(混淪/渾淪)이나 혼돈(混沌/渾沌)은 모두 뒤섞인 상태를 뜻하는 말이다. 또한 원문의 "淸濁旣分" 뒤에는 빠진 구절이 있는 듯하다. 『하도괄지상(河圖括地象)』에서 "양의가 아직 나뉘지 않으면, 그 기가 뒤섞여 있게 된다. 맑은 것과 흐린 것이 이미 나뉘면, 위에 엎드린 것은 하늘이 되고 아래에 누운 것은 땅이 된다.(兩儀未分, 其氣混沌. 淸濁旣分, 伏者爲天, 偃者爲地.)"라고 한 데서 볼 수 있듯이, 맑은 것[淸]과 흐린 것[濁]이 나뉘면서 하늘과 땅이 형성된다는 말이 있어야 자연스럽다.

하늘의 형상을 계란에 비유한 이후의 부분은, 천체에 대한 이론 가운데 하나인 '혼천설(渾天說)'에 바탕을 둔 것으로 보인다. 혼천설에서는 흔히 하늘은 계란 껍질과 같고 땅은 계란 노른자와 같다고 비유한다. 한편 이 부분은 "天形如雞子, 天大地小, 表裏有水. 地乘氣而立, 載水而浮. 天運如車轂之運."이라는 『혼천의(渾天儀)』의 구절과 거의 같은데, 이 항목에 언급되지 않은 "地乘氣而立, 載水而浮."의 구절은 아래의 '땅[地]' 항목에 보인다. 항목에 맞춰 이 구절만 별도로 인용했을 가능성이 있다.

○ 하늘이란 물과 흙의 기 가운데 가볍고 맑은 것이 올라가 떠 있는 것이다. 엎어놓은 동이처럼 활 모양으로 불룩하여 땅의 표면을 덮고 있다.

天者, 水土之氣輕淸而升浮. 穹窿如覆盆, 冒地之表.

양천(楊泉)의 『물리론(物理論)』에는 "물과 흙의 기가 올라가서 하늘이 된다.(水土之氣, 升而爲天.)"라는 구절이 있고, 우병(虞昺)의 『궁천론(穹天論)』에는 "하늘의 형상은 삿갓처럼 활 모양으로 불룩하여 땅의 표면을 덮고 있다.(天形穹窿如笠, 而冒地之表.)"라는 구절이 있다. "궁륭(穹窿)"은 활처럼 가운데가 높고 가장자리가 낮은 모양을 뜻하는데, 흔히 하늘의 형상 또는 하늘을 가리키는 말로 사용된다. "복분(覆盆)"은 엎어놓은 동이라는 뜻으로, 왕충(王充)의 『논형(論衡)』 등에서는 하늘의 형상을 가리키는 말로 사용한 바 있다.

○ 땅이란 물과 흙의 기 가운데 무겁고 흐린 것이 가라앉아 응결된 것이다. 기를 타서 서고, 물을 싣고 떠 있다.

地者, 水土之氣重濁而沈凝. 乘氣而立, 載水而浮.

『혼천의』에 있는 "땅은 기를 타서 서고, 물을 싣고 떠 있다.(地乘氣而立, 載水而浮.)"라는 구절을 인용하였으니, '혼천설'에 따라 땅의 성질을 서술한 셈이다.

○ 사람이란 천지가 정기(精氣)를 축적함에 오행(五行)의 빼어난 정기를 얻은 것이다. 만물 가운데서 신령하다.

人者, 天地儲精, 得五行之秀. 靈於萬物.

『근사록집해(近思錄集解)』에 "천지가 정기를 축적함에 오행의 빼어난 정기를 얻은 것이 사람이 되었다.(天地儲精, 得五行之秀者爲人.)"와 "사람이 만물 가운데에서 신령한 까닭은 다만 그 하늘의 이치를 온전히 하기 때문이다.(人之所以靈於萬物者, 特以全其天理.)"란 구절이 있다. 이는 정이천(程伊川)의 말이다.

○ 해란 태양의 정기다. 군주의 상이다. 해 가운데에는 준오(踆烏)라는 까마귀가 있는데, 발이 세 개다.

日者, 太陽之精. 君象. 日中有踆烏, 三足.

『지봉유설』 천문부(天文部) 「천(天)」에는 "해는 가장 밝으니, 양의 정광(精光)이다. 군주의 상이다. 달은 밤에 밝으니, 음의 정광이다. 후비의 상이다.(日大明, 陽之精光. 君象也. 月夜明, 陰之精光, 后象也.)"라는 구절이 있는데, 『오학편(吾學編)』을 그 인용서로 밝히고 있다. 이를 참고하면, 뒤에 있는 '달' 항목에 "후비의 상이다(后象)"라는 말을 보충하는 것이 자연스러울 수도 있다. '상'은 해, 달, 별 등이 세상의 특정한 대상의 상황을 나타낸다는 의미에서 쓴 말이다.

"준오"는 곧 삼족오(三足烏)이니, 금오(金烏)라고도 한다. 한나라 장형(張衡)의 『영헌(靈憲)』에 "해는 양의 정기 가운데 으뜸이다. 그 정기가 쌓여서 새가 되는데, 까마귀로 나타나되 발이 세 개다. 양의 부류는 그 수가 홀수다.(日者, 陽精之宗. 積而成鳥, 象烏而有三趾. 陽之類, 其數奇.)"라는 구절이 있다. 보통의 까마귀는 발이 두 개이지만, 해 가운데 있는 "준오"는 양의 부류이므로 홀수인 세 개의 발이 있다는 것이다.

○ 달이란 태음(太陰)의 정기다. 달 가운데에는 토끼가 있는데, 달의 으뜸이 되는 정기가 쌓여서 길짐승이 된 것이다.

月者, 太陰之精. 月中有兎, 月宗之精, 積而成獸.

장형의 『영헌』에 "달은 음의 정기 가운데 으뜸이다. 그 정기가 쌓여서 길짐승이 되는데, 토끼로 나타난다. 음의 부류는 그 수가 짝수다.(月者, 陰精之宗. 積而成獸, 象兎. 陰之類, 其數偶.)"라는 구절이 있다. 토끼는 발이 네 개이니, 이는 음의 수인 짝수에 부합한다. 『영헌』의 표현을 참고하면 원문의 "月宗之精"은 "陰宗之精"의 오기일 듯하다.

○ 별이란 양(陽)의 정화(精華)다. 산천의 정기와 만물의 정기가 위로 올라가서 별이 된다.

星者, 陽之榮. 山川之精氣, 萬物之精, 上爲星.

『춘추』의 위서 가운데 하나인 『춘추설제사(春秋說題辭)』에 "별[星]은 정기[精]와 같은 말이니, 양의 정화[榮]다. 양의 정기가 해가 되고, 해가 나뉘어 별이 된다. 그런 까닭에 '日'과 '生'을 합쳐 '별[星]'의 글자를 삼았다.(星之爲言, 精也, 陽之榮也. 陽精爲日, 日分爲星, 故其字日生爲星.)"라는 말이 있다. 『신당서』에 엄선사(嚴善思)가 무측천(武則天)을 고종의 능묘인 건릉(乾陵)에 합장할 것인지를 논변하면서 "산천의 정기는 위로 올라가 뭇별이 된다.(山川之精氣, 上爲列星.)"라고 말했다는 구절이 있다. 『설문해자(說文解字)』에 "만물의 정기는 위로 올라가 뭇별이 된다.(萬物之精, 上爲列星.)"라는 구절이 있다. 여기서는 이 두 구절을 합쳐서 말한 것으로 추정된다.

○ 구름이란 산천의 기다. 음양이 모여서 구름이 된다.

雲者, 山川氣也. 陰陽聚而爲雲.

『설문해자』에 "구름은 산천의 기운이다.(雲, 山川之氣也.)"라는 말이 있다. 홍대용의 『의산문답(醫山問答)』에는 "구름은 산천의 기운이 위로 올라가 맺혀서 형체를 이룬 것이다.(雲者, 山川之氣騰結而成形.)"라는 구절이 있다. 『춘추』의 위서인 『춘추원명포(春秋元命包)』에 "음양이 모여서 구름이 되고, 음양이 화합하여 비가 된다. 음양이 올라서 눈이 되고, 음양이 합하여 우레가 되고, 음양이 부딪혀서 번개가 된다.(陰陽聚而爲雲, 陰陽和而爲雨, 陰陽揚爲雪, 陰陽合爲雷, 陰陽激爲電.)"라는 구절이 있는데, 『아희원람』에서는 구름과 비에 대해 이와 유사하게 서술했다.

○ 비란 천지가 음기를 쌓음에 따뜻하면 비가 되는 것이다. 음양이 화합하여 이루어진다.

雨者, 天地積陰, 溫則爲雨. 陰陽和而成.

『대대예기(大戴禮記)』에 "천지가 음기를 쌓음에 따뜻하면 비가 되고 차가우면 눈이 된다.(天地積陰, 溫則爲雨, 寒則爲雪.)"라는 구절이 있다. 아래의 '눈[雪]' 항목에도 이 말을 인용했다.

○ 서리란 음기가 강하면 서리가 되는 것이다. 곧 이슬이 차가워져서 변한 것이다.

霜者, 陰氣勝則爲霜. 卽露寒而變.

『회남자(淮南子)』에 "양기가 강하면 흩어져서 비와 이슬이 되고, 음기가 강하면 응결하여 서리와 눈이 된다.(陽氣勝則散而爲雨露, 陰氣勝則凝而爲霜雪.)"라는 구절이 있다. 대동(戴侗)의 『육서고(六書故)』에 "이슬이 차가워지면 응결하여 서리가 된다(露寒而凝爲霜也)"라는 구절이 있다.

○ 눈이란 천지가 음기를 쌓음에 차가우면 눈이 되는 것이다. 음양이 응결하여 이루어진다. 오곡의 정기다.

雪者, 天地積陰, 寒則爲雪. 陰陽凝而成. 爲五穀之精.

『춘추원명포』에 "음양이 응결하여 눈이 된다(陰陽凝爲雪)"라는 구절이 보이는데, 문헌에 따라 "음기가 응결되어 눈이 된다(陰凝爲雪)"로 달리 나타나기도 한다. 서한의 농학가(農學家) 범승지(氾勝之)가 쓴 『범승지서(氾勝之書)』에 "눈은 오곡의 정기이니, 눈 녹은 물에 씨앗을 적셔두면 그해의 곡식은 잘 여문다.(雪爲五穀之精, 以其汁和種, 則年穀大穰.)"라는 구절이 있다. 눈과 풍년을 연관 짓는 견해는 우리 문헌에도 다수 나타나는데, 허목(許穆)의 『미수기언(眉叟記言)』에 보이는 "눈은 오곡의 정기이니, 큰 눈은 풍년의 조짐이다.(雪爲五穀之精, 大雪, 豐年之兆.)"와 같은 구절이 그러한 사례다.

○ 바람이란 천지의 사자(使者)다. 천지가 노하면 바람이 된다. 큰 땅덩어리가 기를 내뿜는데, 그것을 일러 바람이라 한다.

風者, 天地之使. 天地怒而爲風. 大塊噫氣, 其名曰風.

『하도제통기(河圖帝通紀)』에 "구름은 천지의 뿌리이며, 바람은 천지의 사자이며, 비는 천지가 베푸는 것이다. 우레는 하늘의 북이며, 혜성은 하늘의 깃발이다.(雲者天地之本也, 風者天地之使也, 雨者天地之施也, 雷者天之鼓也, 彗星者天之旗也.)"라는 구절이 있다. 『회남자』에는 "하늘의 치우친 기운은 노하면 바람이 된다.(天之偏氣, 怒者爲風.)"라는 구절이 있고, 『춘추원명포』에는 "음양이 노하면 바람이 된다(陰陽怒爲風)"라는 구절이 있다. 단 『회남자』의 구절을 "천지의 기운은 노하면 바람이 된다.(天地之氣, 怒者爲風.)"로 인용한 사례도 보인다. 『장자(莊子)』「제물론(齊物論)」에 "대개 큰 땅덩어리가 숨을 내뿜는데, 그것을 일러 바람이라 한다. 이것이 일어나지 않으면 그만이지만, 일단 일어나게 되면 만 개의 구멍이 노하여 부르짖는다.(夫大塊噫氣, 其名爲風. 是唯無作, 作則萬竅怒號.)"라는 구절이 있다. 여기서 "대괴

(大塊)"는 큰 땅덩어리 즉 대지(大地)를 뜻하는 말이며, "噫"의 음은 "애"다.

○ 우레란 음양이 가까이 접근함에 감응하면 우레가 되는 것이다. 그 형상은 연고(連鼓) 모양으로 이어져 있는데, (뇌공은 북을) 왼손으로는 끌어당기고 왼손[오른손]으로는 민다.

雷者, 陰陽相薄, 感而爲雷. 狀纍纍如運鼓形, 左引左推.

『회남자』에 "음양이 가까이 접근함에, 감응하면 우레가 되고 부딪히면 번개가 되고 뒤섞이면 안개가 된다.(陰陽相薄, 感而爲雷, 激而爲霆, 亂而爲霧.)"라는 구절이 있다. "霆"은 같은 뜻을 가진 "電"으로 된 데도 있다. 아래의 '번개' 항목에서도 이 구절을 인용했다.

뒷부분은 『논형』「뇌허(雷虛)」의 일부를 인용한 듯한데, 축약했을 뿐 아니라 오자가 있어서 이해하기 쉽지 않다. 『논형』에서는 "그림 그리는 화공이 우레의 형상을 그리게 되면, 연고 모양으로 이어져 있는 형상을 그린다. 또 역사(力士)의 용모를 지닌 사람 하나를 그리는데, 이를 뇌공(雷公)이라 일컫는다. 왼손으로는 연고를 잡아당기게 하고, 오른손으로는 마치 북을 칠 것 같은 형상으로 북채를 잡게 한다.(圖畫之工, 圖雷之狀, 纍纍如連鼓形. 又圖一人若力士之容, 謂之雷公. 使之左手引連鼓, 右手推椎, 若擊之狀.)"라고 했는데, 『아희원람』에서는 "連"을 "運"으로 "右"를 "左"로 잘못 옮겼다. 다만 중간본(重刊本)에서는 "右"는 바르게 고쳤으니, 이는 간행 과정의 오류라 할 것이다. "연고"는 이어져 있는 북을 뜻하는 말인데, 뇌공(雷公) 또는 뇌신(雷神)이라 일컫는 우레의 신이 이 북을 쳐서 우레 소리를 낸다고 한다. 『논형』에서의 묘사는 뇌공 또는 뇌신을 그린 그림들에서 확인할 수 있다.

○ 번개란 음양은 구천(九泉)에 숨고 양기는 하늘에 올라가 관통하는데, 음양이 가까이 접근함에 부딪히면 번개가 된다.

電者, 陰陽伏重泉, 陽上通於天, 陰陽相薄, 激而爲電.

앞부분은『장자』에서, 뒷부분은『회남자』에서 유래한 듯하다. 맥락이 다른 말을 합쳤을 뿐 아니라 일부 오류가 생겼기 때문에, 뜻이 분명하지 않다. 앞부분은『장자』에 포함되어 있었다고 전하는 "음기는 구천에 숨고, 양기는 하늘에 올라가 관통한다. 음양이 나뉘어 다투는 까닭에 번개가 된다.(陰氣伏于黃泉, 陽氣上通於天, 陰陽分爭, 故爲電.)"라는 구절을 인용한 듯한데, 이를 '음양분쟁설(陰陽分爭說)'이라고 일컫기도 한다. 이 가운데 "황천(黃泉)"은 "중천(重泉)"으로 된 문헌도 있는데, 둘 다 구천(九泉) 즉 저승을 뜻하는 말이므로 의미는 같다. 다만『아희원람』에서 "음양은 구천에 숨고"라고 한 것은 "음기는 구천에 숨고"의 오류인 듯하다. 뒷부분은 위의 '우레' 항목에서도 인용한『회남자』의 구절을 가져온 것으로 보인다. 이상을 고려하면, 이 항목은 "번개란 음기는 구천에 숨고 양기는 하늘에 올라가 관통하는데 음양이 나뉘어 다투는 까닭에 번개가 되는 것이다. 음양이 가까이 접근함에 부딪히면 번개가 된다.(電者, 陰氣伏于重泉, 陽氣上通於天, 陰陽分爭, 故爲電. 陰陽相薄, 激而爲電.)"로 고쳐서 풀이할 수 있다.

○ 무지개란 음양이 화합하지 못하면 곧 이 기운이 생기는 것이다. 선명한 것이 수무지개이며, 어두운 것이 암무지개다.

虹者, 陰陽不和, 卽生此氣. 鮮盛者爲雄, 闇者爲雌.

채옹(蔡邕)의『월령장구(月令章句)』에 "대개 음양이 화합하지 못하여 혼인이 질서를 잃게 되면 곧 이 기운이 생긴다.(夫陰陽不和, 婚姻失序, 卽生此氣.)"라는 구절이 있다.『이아(爾雅)』에 붙인 형병(邢昺)의 주석에 "무지개가 짝을 이뤄 나타남에 색이 선명한 것은 수무지개이니 이를 '홍(虹)'이라 하며, 색이 어두운 것은 암무지개이니 이를 '예(蜺)'라 한다.(虹雙出, 色鮮盛者爲雄, 雄曰虹, 闇者爲雌, 雌曰蜺.)"라는 구절이 있다.

○ 노을이란, 곤륜산에 있는 다섯 빛깔의 물 가운데 붉은 물의 기운이 하늘로 증발하여 노을이 되는 것이다.

霞者[노올], 崐崘山有五色水, 赤水之氣, 上蒸爲霞.

곤륜산은 신선이 산다고 전하는 서쪽의 산이다. 이 항목에는 "노올"이라는 한글 주석이 붙어 있는데, 중간본에서는 "도올"로 잘못 고쳐져 있다. "노올"은 "노을"의 고어다. 노을이 붉은색이므로 붉은 물이 증발한 것이라고 생각한 모양이다. 『하도(河圖)』의 한 구절을 인용한 것인데, 이를 수록한 문헌 가운데 그 뒤에 "그래서 붉게 되었다(而赫然)"라는 말을 덧붙인 사례도 보인다.

○ 안개란 온갖 사악한 기운이니 음이 되어 양을 덮은 것이다. 땅에 근본을 두고 하늘에서 운행한다.

霧者, 百邪之氣, 爲陰冒陽, 本于地而行于天.

『신당서』「오행지(五行志)」에 "장수 원년(692) 9월 무술에 누런 안개가 사방을 막았다. 안개란 온갖 사악함의 기운인데, 음기가 되어 양기를 덮는다. 땅에 근본을 두고 하늘에서 호응한다. 황(黃)은 토(土)요 토는 중궁(中宮)이다.(長壽元年九月戊戌, 黃霧四塞. 霧者, 百邪之氣, 爲陰冒陽. 本于地而應于天. 黃爲土, 土爲中宮.)"라는 말이 있다. "모양(冒陽)"은 점괘로도 쓰이는데, 『춘추원명포』에서는 "음양의 기운이 어지러우면 안개가 된다. 안개는 온갖 사악한 기운이니, 땅에 근본을 두고 하늘에서 호응한다. 이를 '모양'이라 한다. 그 점괘는 '신하가 임금의 총명함을 가리고 소인이 권력을 휘두르니 윗사람에게 이롭지 못하리라.'는 것이다.(陰陽氣亂, 爲霧. 霧者, 百邪之氣, 本于地而應于天. 是謂冒陽. 其占爲臣蔽主明, 小人擅權, 不利於上.)"라고 했다.

○ 은하수. 별은 원기의 꽃이요 물의 정기다. 기가 발하여 올라가고 정화가 떠오른 것이다.

天河. 星爲元氣之英, 水之精也. 氣發而升, 精華上浮者.

양천의 『물리론』에서는 "별은 원기의 꽃이며, 강[漢]은 물의 정화다. 기가 발하여 올라가고 정화가 떠올라서 순탄하게 따라 흐르니, 그 이름을 '천하(天河)'라 하며 또는 '운한(雲漢)'이라 한다. 뭇별이 여기에 나온다.(星元氣之英, 漢水之精也. 氣發而升, 精華上浮, 宛轉隨流, 名之曰天河, 一曰雲漢. 衆星出焉.)"라고 했다. 다만 이 구절은 "星者, 元氣之英, 水之精也."로 전하는 문헌도 있으니, 『아희원람』에서 "강[漢]"을 언급하지 않은 것이 오류라고 단정하기는 어렵다.

○ 하늘에는 아홉 층(層)이 있다. 가장 위는 성행천(星行天)이요, 그 아래는 일행천(日行天)이요, 가장 아래는 월행천(月行天)이다.

天有九層, 最上爲星行, 其次爲日行, 最下爲月行.

『지봉유설』 천문부 「천」에는 "내가 일찍이 구라파 사람 풍보보가 그린 「천형도(天形圖)」를 보았는데, 거기에 '하늘에는 아홉 층이 있다. 가장 위를 성행천이라 하고, 그다음을 일행천이라 하고, 가장 아래를 월행천이라 한다.'고 씌어 있었다. 그 설이 또한 근거가 있는 것 같다.(余嘗見歐羅巴國人馮寶寶所畫天形圖. 曰天有九層, 最上爲星行天, 其次爲日行天, 最下爲月行天. 其說, 似亦有據.)"라는 구절이 있다. 천형도를 그렸다는 "풍보보(馮寶寶)"에 대해서는 이마두(利瑪竇, Matteo Ricci)의 오기인지 혹은 다른 서양 선교사를 말한 것인지 논란이 있다.

○ 해는 크고, 달은 그보다 작다.

日輪太, 月較少.

『지봉유설』「천」에서 『오학편』을 인용한 부분에 "日輪大, 月較少."라는 말이 보인다. 이 말은 일식(日食)에 대한 설명에서 주로 사용되는데, 명나라 장황(章潢)의 『도서편(圖書編)』에서 "해는 크고 달은 이보다 작다. 해의 궤도는 위에 있는 하늘에 가깝고 달의 궤도는 아래에 있는 사람에 가깝다. 그런 까닭에 개기일식일 때에는 사면에 빛이 흘러나오게 된다.(日輪大, 月較小. 日道近天在上, 月道近人在下. 故日食旣時, 四面有光溢出也.)"라 한 것이 그러한 사례다.

○ 달 가운데에 무언가 일렁거리는 것이 있는데, 곧 산과 강의 그림자다. 그 빈 곳은 바닷물의 그림자다. 또 두꺼비와 계수나무는 땅의 그림자이고 빈 곳은 물의 그림자라고도 한다.

月中有物婆娑, 乃山河影. 其空處, 海水影. 又曰蟾桂地影也, 空處水影也.

『지봉유설』「일월(日月)」에는 "淮南子曰, 月中有物婆娑, 乃山河影. 其空處海水影也. 酉陽雜俎曰, 月中蟾桂地影也. 空處水影也."라는 구절이 보인다. 『회남자』와 『유양잡조(酉陽雜俎)』를 인용하여 달의 모습을 서술한 것인데, 『아희원람』에서는 인용서를 밝힌 부분을 제외하면서 이 구절을 옮긴 듯하다. 원문의 "又曰"은 이러한 과정에서 남은 흔적으로 판단된다.

○ 오행이란, 검은 기가 공중에서 응결되면 물이 비로소 생기며, 붉은 기가 공중에 빛나면 불이 비로소 생기며, 푸른 기가 공중에 떠다니면 나무가 비로소 생기며, 흰 기가 공중에 가로지르면 쇠가 비로소 생기며, 누런 기가 공중에 모이면 흙이 비로소 생기는 것이다.

五行者, 玄氣凝空, 水始生也. 赤氣炫空, 火始生也. 蒼氣浮空, 木始生也. 素氣橫空, 金始生也. 黃氣際空, 土始生也.

명나라 황보중(皇甫中)의 『명의지장(明醫指掌)』을 비롯한 여러 의서(醫書)에 이 구절이 보이는데, 물[水], 불[火], 나무[木], 쇠[金], 흙[土]의 오행의 시초를 말한 것이다. 이들 의서에서는 오행의 시초 이후에 만물(萬物)과 사람[人/男女]의 시초를 말하는데, 『아희원람』에서도 이와 유사한 방식을 취하고 있다. 오행을 설명할 때는 『서경』의 '홍범구주(洪範九疇)'나 『회남자』 천문편의 구절을 흔히 인용하는데, 『아희원람』은 이를 따르지 않은 셈이다.

○ 만물이란, 하늘의 기가 하강하고 땅의 기가 상승하여 남녀가 정기를 맺어서 만물이 생겨나는 것이다.

萬物者, 天氣下降, 地氣上升, 男女媾精, 萬物化生.

『황제내경(黃帝內經)』 소문(素問) 「육미지대론(六微旨大論)」에 "하늘의 기가 하강하면 기가 땅에서 흐르고, 땅의 기가 상승하면 기가 하늘에서 올라간다.(天氣下降, 氣流于地, 地氣上升, 氣騰于天.)"라는 구절이 있고, 『주역』 「계사전(繫辭傳)」에 "하늘과 땅이 어울려 만물이 순화하고, 남자와 여자가 정기를 맺어 만물이 생겨난다.(天地絪縕, 萬物化醇, 男女媾精, 萬物化生.)"라는 구절이 있다. 『명의지장』 등 다수의 의서에서 이를 인용한 사례를 찾아볼 수 있다.

2

창시創始

만물의 기원

“창시(創始)”는 의식주를 비롯한 문화와 제도, 사상 등의 처음을 뜻하는 말이니, 제2장은 만물의 기원을 주제로 삼아 다양한 지식과 기록을 모은 장이라고 할 수 있다. 기원에 대한 관심은 인간의 기본적인 호기심과도 관련된 것이지만, 동시에 인류 역사의 기원에 대한 철학적 해석의 일종이므로 그러한 해석을 만들고 유통시킨 시대의 세계관과 관련된 것이기도 하다. 송나라의 고승(高承)이 편찬한 『사물기원(事物紀原)』이 후대인의 손에 의해 원래의 217항목에서 1,764항목으로 증보되었다는 주장이 제기된 것을 보면, 기원에 대한 사람들의 호기심과 관심은 시대가 바뀌어도 사라지지 않는 것임을 짐작할 수 있다. 또한 조선 후기의 학자 홍양호(洪良浩, 1724~1802)의 『만물원시(萬物原始)』에서는 기원에 대한 체계적 해석을 위한 진지한 노력을 찾아볼 수 있다.

『아희원람』에서 다룬 ‘창시’에서는 고승이나 홍양호의 저술, 그리고 이익의 『성호사설』이나 이수광의 『지봉유설』 등의 유서에서 부분적으로 거론되는 기원의 지식에 대한 서술과 조금은 구별되는 면모를 발견할 수도 있다. 즉 진정한 기원이 무엇인가에 대한 관심을 반영하는 고증적 태도는 잘 보이지 않는 반면에, 기원에 대한 속설이나 일반적인 믿음을 전달하고자 하는 자세는 어느 정도 드러난다는 것이다. 이런 특징은 독자에게 지식과 정보를 경제적이면서도 간명하게 전달하고자 하는 의도로 해석할 수도 있을 듯한데, 여기서 장혼이 『아희원람』을 편찬할 때 구상한 목적을 어렴풋하게나마 읽어낼 수 있을 것이다.

한편 유서로서의 체계성이라는 관점에서 제2장 ‘창시’의 내용과 구성을 살펴본다면, 적어도 학술사적으로는 높이 평가하기 어려운 면이 있다. 『사물기원』의 사례처럼 '창시' 즉 '기원'을 일관된 주제로 삼게 되면 다루는 대상들의 질서에 따라 항목의 순서와 서술의 체계를 갖출 수 있을 것인데, 『아희원람』은 이와는 사정이 다르다 보니 제대로 질서가 잡히지 않은 것처럼 보이는 것이 사실이다. 창시가 이뤄진 시간의 순서에 가깝게 보이는 부분이 있는가 하면, 그보다는 창시된 사물의 성격에 따라 배열한 듯한 부분도 있다. 대체로 중국의 사례를 다루었지만, '과거(科擧)'처럼 중국과 우리나라의 사례를 함께 다루거나 '환곡(還穀)'처럼 우리의 사례만 제시하기도 했다. 또 부정확한 인용이나 오기로 의심되는 부분도 있다. 이러한 몇 가지 문제점에도 불구하고, 제2장 '창시'에서는 편찬자 장혼이 노력을 기울인 흔적을 읽어낼 수 있다. 2장의 서술에 참고한 것으로 보이는 『지봉유설』의 경우에는 원래 '창시' 즉 '기원'을 다룬 '부(部)'나 항목이 없는데, 장혼은 그 가운데 기원에 대한 생각이나 정보가 담긴 곳을 찾아내서 인용했다. 또한 경서(經書)의 본문과 주석 등을 비롯한 다양한 문헌을 참고해 서술의 빈틈을 채우려고 한 것으로 보인다. 이러한 지식의 상당 부분은 시문(詩文)에서 활용될 수 있는 것이기도 한데, 따라서 이러한 지식을 학습하는 일은 적어도 시문의 창작과 교정 등을 하는 사람들에게는 "실용적인 일"이었으리라고 말할 수 있다.

○ 화식. 옛날에는 나무 열매와 날고기를 먹었다. 수인씨(燧人氏)가 나무를 마찰하여 불을 얻고, 삶거나 구워서 먹는 법을 가르쳤다.

火食. 古世食木實, 飮血茹毛. 燧人氏, 鑽木取火, 教烹炊.

『예기(禮記)』「예운(禮運)」에 "(옛날에는) 아직 불로 음식을 익히지 못했으니 초목의 열매와 짐승의 고기를 먹었는데, 피를 마시고 털이 붙은 고기를 먹었다.(昔者……未有火化, 食草木之實, 鳥獸之肉, 飮其血, 茹其毛.)"라는 구절이 있다. "飮血茹毛"는 곧 날고기를 먹었다는 말이다. 『예기』의 위서인 『함문가(含文嘉)』에는 "수인씨가 처음으로 나무를 마찰하여 불을 얻어서 날것을 불로 익혔으니, 사람들로 하여금 복통이 없고 짐승과 다를 수 있게 함으로써 하늘의 뜻을 이루게 했다. 그런 까닭에 '수인(燧人)'이라고 일컫는다.(燧人始鑽木取火, 炮生爲熟, 令人無腹疾, 有異於禽獸, 遂天之意. 故謂燧人.)"라는 구절이 있다.

○ 의복. 황제의 신하인 호조가 만들었다. 옛날에는 머리털을 꼬아 머리를 윤기 있게 하였으며, 가죽으로 몸을 가리고 풀로 옷을 삼았다.

衣服. 黃帝臣胡曹爲之. 古世絢髮潤首, 蔽皮衣薪.

『세본(世本)』에 "호조가 옷을 만들었다(胡曹作衣)"라는 구절이 있는데, 그 주석에 호조(胡曹)가 황제의 신하라는 말이 보인다. "古世" 이하는 의복 제도가 만들어지기 이전의 상황을 서술한 듯한데, 그 전고를 확인하기 어려우며 뜻 또한 분명하지 않다.

다만 『아희원람』에 오기가 있거나 장혼이 의도적으로 다른 글자를 사용했을 가능성도 배제할 수는 없는데, 이를 고려하면 이 구절은 "古世, 絢髮閭首, 衣皮衣薪."으로 고쳐볼 수 있다. 『노사(路史)』「인제기(因提紀)」에는 진방씨(辰放氏)의 시대를 말하면서 "머리털을 꼬아서 삿갓처럼 머리를 덮어 비를 피했다.(絢髮閭首, 以去靈雨.)"라는 구절이 있으며, 이만운(李萬運)의 『기년아람』에서는 『황사(荒史)』의 "絢髮潤[潤]首, 以去霖雨"라는 구절을 인용하였다. 여기서 "髮"은 "초목" 또는 "짐승의 털"

을 뜻하는 말일 가능성도 있는데, 이 구절이 비를 피하기 위해 삿갓 또는 이와 유사한 가리개를 만든 일을 말한 것임은 분명하다. 한편 "衣薪"은 글자대로 풀이하면 "땔감으로 쓰는 짚[또는 땔나무]을 입는다"는 뜻이 되지만, 『주역』「계사전」에는 관곽(棺槨)이 만들어지기 이전에 땔나무로 시신을 감쌌던 장례 풍습을 뜻하는 말로 사용된 바 있다. 또한 윤기(尹愭, 1741~1826)의 「복식(服飾)」에는 "옛날 태곳적에는 훼복, 의피, 의신과 같은 말이 있었다.(粤在鴻荒, 有卉服衣皮衣薪之號.)"라는 구절이 보이는데, 여기서 풀을 옷으로 삼는 '훼복(卉服)'이나 가죽을 옷으로 삼는 '의피(衣皮)'와 함께 땔나무로 시신을 감싸는 '의신(衣薪)'이 '의복'과 관련하여 함께 거론된 것을 확인할 수 있다. 이상의 전고를 고려해 보면, "古世" 이하의 부분은 "옛날에는 풀[또는 머리털]을 꼬아 머리에 비를 막는 물건을 만들어 사용했고, 가죽으로 몸을 가리고 관 대신 땔나무로 시신을 감쌌다"는 뜻으로 이해할 수도 있다.

○ 옥려. 옛날에는 동굴과 들판에서 거처하였다. 유소씨가 나무 위에 집 짓는 법을 가르쳤고, 고황씨가 처음으로 문 있는 집 짓는 법을 가르쳤다.

屋廬. 古世穴居野處. 有巢教架橧, 古皇氏始教廬扉.

『기년아람』에서는 유소씨(有巢氏)에 대해 "옛날에는 사람이 동굴이나 들판에서 살면서 동물과 우애롭게 지냈는데, 점차 지혜가 생기면서 비로소 동물이 적수가 되었다. 그렇지만 사람이 동물을 이기지는 못했는데, 유소씨가 나무 위에 집 짓는 법을 가르쳐서 동물의 해를 피하게 하였다.(古世穴居野處, 與物相友, 機智漸生, 物始爲敵. 人不勝物. 有巢教人架橧, 以避其害.)"라고 했고, 고황씨(古皇氏)에 대해서는 "유소씨 이후로 사람들이 나무에서 거처하다가 땅에 떨어지는 일이 많았다. 고황씨가 사람들에게 문 달린 집 만드는 법을 가르쳐서 그 해를 없앴다. 그런 까닭에 '유소씨'라고도 불렀다.(自有巢以後, 人多木處而顚. 古皇教人廬扉, 以革其害. 故亦號有巢.)"라고 했다. 고황씨에게 "유소씨"라는 별칭이 있었다는 말은 『아희원람』 제10장 '전운(傳運)'에도 보인다. "가증(架橧)"은 새의 둥지처럼 나무 위에 지은 집을 뜻하는데, "증소(橧巢)"라고도 한다. "여비(廬扉)"는 땅에 지은 집을 뜻하는 말로 이해할 수 있는데, 『고사고(古史考)』에 "나무를 엮어 오두막을 만들고 풀을 묶어 문을 만들었다.(編槿而廬, 緝藋而扉.)"라는 말이 보이므로 "문이 있는 집"으로 풀이할 수 있다.

○ 궁실. 황제가 만들었다. 기와집은 걸임금이 처음으로 만들었다. 하나라 걸임금 이전에는 궁실이 모두 띳집이었다.

宮室. 黃帝作. 瓦室, 桀始爲之. 夏桀以前, 宮室皆茅.

『백호통(白虎通)』에 "황제가 궁실을 만들어서 추위와 습기를 피하게 했다.(黃帝作宮室, 以避寒濕.)"라는 구절이 있다. 『사기』「귀책열전(龜策列傳)」에 "걸임금이 기와집을 만들었다(桀爲瓦室)"라는 구절이 있는데, 그 주석에 "곤오가 기와를 만들었다(昆吾作陶)"는 『세본』의 구절을 근거로 삼아 곤오가 걸임금을 위해 기와를 만든 것이라고 해석한 견해가 보인다.

○ 경운. 신농씨가 나무를 깎아 보습을 만들고 나무를 구부려 쟁기를 만들었으며, 처음으로 곡식 파종하는 법을 가르쳤다. 곡(谷)은 곡(穀)과 같다

耕耘. 神農氏, 斲木爲耜, 揉木爲耒, 始敎種谷. 穀同

『주역』「계사전」에 "신농씨가 일어나 나무를 깎아 보습을 만들고 나무를 구부려 쟁기를 만들어서, 쟁기와 보습의 이로움을 천하에 가르쳤다.(神農氏作, 斲木爲耜, 揉木爲耒, 耒耜之利, 以敎天下.)"라는 구절이 있다. 『회남자』에는 "옛날에는 백성들이 풀을 먹고 물을 마셨으며 나무 열매를 따 먹고 대합조개의 살을 먹었는데, 당시에 병들고 중독되는 해로움이 많았다. 이에 신농씨가 비로소 백성들에게 오곡 파종하는 법을 가르쳤다.(古者, 民茹草飮水, 採樹木之實, 食蠃蚌之肉. 時多疹病毒傷之害. 於是, 神農乃始敎民播種五穀.)"라는 구절이 있다.

○ 잠상. 황제의 정비인 서릉씨(西陵氏)가 처음으로 가르쳤다.

蠶桑. 黃帝正妃西陵氏, 始敎.

『사기』「오제본기(五帝本紀)」에 "황제가 헌원의 언덕에 살면서 서릉(西陵)의 여자를 아내로 맞이하니, 이 사람이 곧 누조(嫘祖)다. 누조는 황제의 정비가 되어 아들 둘을 낳았다.(黃帝居軒轅之丘, 而娶於西陵之女, 是爲嫘祖. 嫘祖爲黃帝正妃, 生二子.)"라는 구절이 있다. "서릉씨" 누조는 처음 양잠을 한 인물로 전하기 때문에 "잠신(蠶神)"이나 "선잠(先蠶)"으로 일컬어지기도 한다.

○ 혼인. 옛날에는 베와 비단이 없어서 짐승의 가죽으로 옷을 만들었다. 그런 까닭에 복희씨가 암수 한 쌍의 사슴 가죽으로 예물을 삼도록 하였다.

嫁娶. 上古未有布帛, 衣鳥獸皮. 故伏犧制以儷皮爲禮.

사마정(司馬貞)의 『보사기(補史記)』「삼황본기(三皇本紀)」에 "태호 포희씨[복희씨]가 이에 처음으로 혼인하는 법을 제정하여 암수 한 쌍의 사슴 가죽으로 예물을 삼았다.(太皞庖犧氏……於是, 始制嫁娶, 以儷皮爲禮.)"라는 구절이 있는데, 이는 초주(譙周)의 『고사고』를 참고한 것이다. 가취(嫁娶)는 시집가고 장가든다는 말이니, 곧 혼인을 뜻한다. 여피(儷皮)는 암수 한 쌍의 사슴 가죽을 뜻하는 말이다.

○ 중매. 여와가 태호 복희씨를 보좌하였는데, 혼인을 바르게 하고 중매를 통하게 하였다. 이를 일러 신매(神媒)라고 했다.

媒妁. 女媧佐太昊, 正昏姻通媒妁, 是爲神媒.

『노사』에 "여황씨 포와[여와]는 어려서부터 태호[복희씨]를 보좌하며 신령에게 기도하였는데, 부녀를 위하여 성씨를 바르게 하고 혼인의 일을 맡아 중매를 통하게 하였다. 이로써 만민이 배우자 얻는 일을 중하게 하였으니, 이를 일러 '신매'라 한다.(女皇氏始媧……少佐太昊, 禱于神祇, 而爲女婦正姓氏, 職婚姻, 通行媒, 以重萬民之判. 是曰神媒.)"라는 구절이 보인다.

○ 서계. 복희씨가 처음으로 만들었다. 나무에 새겨서 글자를 쓴 것을 이른다. 옛날에 아직 문자가 없었을 때에는 끈을 매듭지어서 일을 기록했다.

書契. 虙犧始造. 謂刻木書字. 古未有文字, 結繩以記事.

『주역』「계사전」에 "옛날에는 끈을 매듭지어서 다스렸는데, 후세의 성인이 서계로 바꾸었다. 백관은 이것으로 다스렸고, 만민은 이것으로 살폈다.(上古結繩而治, 後世聖人易之以書契, 百官以治, 萬民以察.)"라는 구절이 있다. 여기서 언급한 "성인(聖人)"은 곧 복희씨인데, 복희씨의 표기는 문헌에 따라 복희(伏羲/虙犧), 포희(包羲/包犧) 등으로 달리 나타난다.

○ 자법. 사황씨의 형제는 세 사람이다. 한 사람은 천축국의 문자를 만들었고, 한 사람은 천궁(天宮)의 문자를 만들었고, 막내인 창힐은 중국의 문자를 만들었다.

字法. 史皇氏兄弟三人, 一造竺國字, 一造天宮字, 季爲頡, 造華字.

사황씨(史皇氏)는 곧 창힐(蒼頡)이다. 창힐의 형제가 셋이라는 설은 어디서 유래한 것인지 분명하지 않지만, 문자를 만든 사람이 셋이라는 설은 원대(元代) 문헌에서 확인할 수 있다. 원나라 성희명(盛熙明)의 『법서고(法書考)』「자원(字源)」에서 "일찍이 축전(竺典)을 보니 이런 말이 있었다. 문자[書]를 만든 사람이 무릇 셋이 있으니, 범과 가로와 창힐이다. 범(梵)은 광음천인(光音天人)이다. 범천(梵天)의 문자는 인도 땅에 전해졌는데, 그 문자는 오른쪽으로 쓴다. 가로(伽盧)는 서역에서 문자를 만들었는데, 그 문자는 왼쪽으로 쓴다. 모두 음운(音韻)으로 상생(相生)하여 글자[字]를 이루었으니, 여러 번방의 문자는 모두 그 변형이다. 그 마지막인 창힐은 중국 땅에 살면서 사물의 형상을 본떠서 문(文)을 만들고 형성(形聲)으로 더하여 자(字)를 만들었는데, 그 문자는 아래로 쓴다. 그 설이 과연 어디에 근거를 두고 있는지는 아직 알지 못한다.(嘗觀竺典云, 造書之主, 凡三人. 曰梵曰伽盧曰倉頡. 梵者, 光音天人也. 以梵天之書, 傳於印土, 其書右行. 伽盧創書於西域, 其書左行. 皆以音韻相生而成字, 諸蕃之書, 皆其變也. 其季倉頡, 居中夏, 象諸物形而爲文, 形聲相益以成字, 其書下行. 未知其說果何所據也.)"라고 서술한 것이 그 한 가지 사례다. 다만 성희명은 "문자를 만든 사람들(造書之主)"이 형제라고 말하지는 않았으며, "천궁(天宮)" 또는 "천궁자(天宮字)"에 대해서도 언급하지 않았다. 대신 언급한 "가로(伽盧/佉盧)"는 어떤 문자인지 분명하지 않지만, 인도 서북부에서 사용된 "카로슈티(Kharosthi) 문자"일 가능성이 있다는 견해가 제기된 바 있다.

한편 "문자를 만든 사람들(造書之主)"의 문제는 조선 조정에서도 논의된 바 있었다. 정조가 『규장전운(奎章全韻)』의 편찬 이후 내린 책문(策問)에 이 구절이 포함되어 있었으며, 따라서 신하들이 대책(對策)에서 이를 거론해야 했다. 이덕무는 서역의 범(梵)과 인도의 가로(伽盧)를 먼저 들고 중국의 창힐을 마지막으로 칭한 것을 문제 삼았으며, 이서구(李書九) 또한 창힐을 가로의 뒤에 지칭한 것이 "그 누추함을 감추고 스스로를 높이고자 한 것(欲掩其陋, 引之以自重也.)"이라고 비판했다.

○ 서적. 진나라 이전에는 죽간에 새겼고, 한나라 이후에는 비단에 썼다. 오대 때의 풍도(馮道)가 비로소 목판에 새겼다.

書籍. 秦已上刊竹簡, 漢後縑帛傳寫, 五代馮道始鋟梓.

『후한서』「채륜전(蔡倫傳)」에는 "예로부터 서계에는 죽간을 엮은 것이 많았다. 비단을 사용하기도 했는데, 이를 '종이[紙]'라고 일컬었다. 비단은 비싸고 죽간은 무거우니, 둘 다 사람에게 편하지 않았다.(自古書契多編以竹簡, 其用縑帛者, 謂之爲紙.

縑貴而簡重, 並不便於人.)"라는 말이 있다. 풍도(馮道)는 오대십국 시기의 인물로, 후당(後唐), 후진(後晉), 요(遼), 후한(後漢), 후주(後周)의 다섯 왕조에서 재상을 지내 후대에 절의(節義) 문제로 비판받기도 했다. 후당 때인 932년에 '구경(九經)'의 간인(刊印)을 청하여 유가 경전을 널리 보급하는 데 기여하였다고 알려져 있다. 다만 이는 유가 경전으로 한정했을 때 첫 번째 목판 인쇄라고 할 수 있을 뿐이며, 간인을 주청(奏請)한 인물이 풍도가 아니었다는 설도 제기된 바 있다.

○ 그림. 사황씨가 만들었다. ◯ 신라의 승려 솔거(率居)가 벽에 소나무를 그렸는데, 종종 새들이 날아들었다.

畵. 史皇氏作. ◯ 新羅僧率居畵松於壁, 烏雀往往飛入.

『세본』에 "사황이 도(圖)를 만들었다(史皇作圖)"라는 말이 있고, 『여씨춘추(呂氏春秋)』에 "사황이 화(畵)를 만들었다(史皇作畵)"라는 말이 있다. "사황씨"는 창힐이며, "도(圖)"는 "형상을 그린 것(圖畫形象)"을 뜻하는 말이다.

○ 산술. 황제가 예수로 하여금 만들게 했다.

籌數. 黃帝使隸首作.

주수(籌數)는 산술(算術) 즉 산가지 등을 이용하는 계산법이다. 『세본』에 "황제 때에 예수가 수를 만들었다.(黃帝時, 隸首作數.)"라는 말이 전한다. 예수(隸首)는 황제의 사관(史官)으로, 처음으로 숫자 또는 계산법을 만들었다고 한다. 처음으로 주산(珠算)을 만들었다는 이야기도 전한다.

○ 역서. 황제가 용성으로 하여금 만들게 했다.

曆書. 黃帝使容成作.

용성(容成)은 전설상의 선인(仙人)이다. 『열선전(列仙傳)』에서는 "스스로 황제의 스승이라고 칭했다(自稱黃帝師)"라고 했으며, 또한 "머리털이 세었다가 다시 검어지고 이가 빠졌다가 다시 났으니, 그 일이 노자와 같았다. 또한 노자의 스승이라고도 말한다.(髮白更黑, 齒落更生, 事與老子同. 亦云老子師也.)"라고 했다. 한편 『사기』「역서(曆書)」에 "황제가 성력(星曆)을 제정했다(黃帝考定星曆)"라는 구절이 있는데, 그 주석에 "황제가 희화로 하여금 해를 점치게 하고 상의로 하여금 달을 점치게 하고 유구로 하여금 별의 기운을 점치게 했다. 영윤으로 하여금 율려를 만들게 하고 대요로 하여금 갑자를 만들게 하며 예수로 하여금 산수를 만들게 했다. 용성으로 하여금 이 여섯 기예를 모아서 역법을 만들도록 했다.(黃帝使羲和占日, 常儀占月, 臾區占星氣, 伶倫造律呂, 大橈作甲子, 隸首作算數, 容成綜此六術而著調曆也.)"라는 말이 보인다.

○ 육갑. 황제가 대요에게 명하여 초저녁에 북두성의 자루 부분이 가리키는 월건을 살펴서 10개의 천간과 12개의 지지를 짝 지워 60갑자를 만들도록 하였다. ○ 천황씨가 처음으로 옛 간지를 만들어서 해[年]의 위치를 정하였다. 10간(干)은 10모(母), 12지(支)는 12자(子)라고도 한다.

六甲. 黃帝命大撓, 驗斗柄初昏所指月建, 以天干十地枝十二, 配爲六十甲子. ○ 天皇氏始制古干支, 定歲所在. 十干亦曰十母, 十二支亦曰十二子.

"육갑(六甲)"은 육십갑자(六十甲子)의 줄임말이다. "월건(月建)"은 북두칠성의 자루 부분이 가리키는 방향을 뜻하는데, 이것으로 매달의 간지를 삼는다. "초저녁[初昏]"이라 한 것은 술시(戌時)에 북두칠성의 자루 부분을 살피도록 했기 때문이다. 『세본』과 『여씨춘추』에 황제의 명에 따라 대요(大撓)가 60갑자를 만들었다는 말이 보이며, 『사기』「역서」의 주석에서도 이를 받아들였다. 그렇지만 『노사』에서는 이미 복희씨 때에 간지가 있었으므로 대요가 이를 "만들었다[作]"고 할 수는 없다고 지적했다.

송나라 유서(劉恕)의 『통감강목전편(通鑑綱目前編)』 즉 『통감외기(通鑑外紀)』에 "천황씨가 처음으로 간지의 이름을 만들어서 해[年]의 위치(위치를 표시하는 법)를 정하였다.(天皇氏……始制干支之名, 以定歲之所在.)"라는 구절이 있다. 천황씨가 만들었다는 "옛 간지"는 흔히 "고갑자(古甲子)"라고 일컫는데, 『이아』「석천(釋天)」과 『사기』「역서」 등에 전한다. 다만 두 문헌에 전하는 고갑자에는 약간의 차이가 있다. 예를 들면 60갑자의 첫 번째인 "갑자(甲子)"는 『이아』에 의하면 "알봉곤돈(閼逢困敦)"으로, 『사기』에 의하면 "언봉곤돈(焉逢困敦)"으로 표기된다.

명나라 문헌인 『삼명통회(三命通會)』에서는 "간은 간(幹)이다. 그 명칭이 10개가 있으며, 또한 '10모'라고도 일컫는다. 곧 지금의 '갑을병정무기경신임계'가 이것이다. 지는 지(枝)다. 그 명칭이 12개가 있으며, 또한 '12자'라고도 일컫는다. 곧 지금의 '자축인묘진사오미신유술해'가 이것이다.(干, 幹也. 其名有十, 亦曰十母. 即今甲乙丙丁戊己庚辛壬癸, 是也. 支枝也 其名十有二, 亦曰十二子 即今子丑寅卯辰巳午未申酉戌亥, 是也.)"라고 했는데, 이는 한나라 채옹의 『독단(獨斷)』을 인용한 것이다.

○ 윤달. 요임금 때에 정원에 자라는 풀이 있었는데, 15일 이전에는 날마다 잎이 하나씩 돋아나고 15일 이후에는 날마다 잎이 하나씩 떨어졌다. 작은 달에는 잎 하나가 그대로 남아 떨어지지 않았다. 이를 보고 순삭(旬朔)을 알아서 윤달을 두게 되었다. ○ 지황씨는 해와 달과 별의 행도(行度)를 정하여 낮과 밤을 나누고, 30일을 한 달로 삼았다.

閏朔. 堯時, 有草生庭, 十五日以前, 日生一葉, 以後日落一葉, 月小盡, 則一葉厭而不落. 觀知旬朔, 置閏月. ○ 地皇氏定三辰, 分晝夜, 以三十日爲一月.

요임금의 정원에서 자랐다는 풀은 "명협(蓂莢)" 또는 "주초(朱草)"로 알려져 있는데, 역법에 도움이 되었다 하여 역협(曆莢)이나 역초(曆草)로도 일컫는다. "소진(小盡)"은 29일이 그믐날인 달 즉 작은 달을 뜻한다. 큰 달을 대진(大盡), 작은 달을 소진(小盡)이라 한다. 명협초에 관한 이야기는 『백호통』, 『박물지(博物志)』를 비롯한 여러 문헌에 전한다.

"지황씨(地皇氏)"는 삼황(三皇)의 한 사람으로, 화덕(火德)으로 왕이 되었다고 한다. 『기년아람』에서는 상고기에 지황씨를 서술하면서 그 사적을 "定三辰, 分晝夜, 以三十日爲一月."이라 기록했다. "삼진(三辰)"은 하늘에 있는 해, 달, 별을 뜻하는 말이니, 이 기록은 천체의 행도(行度)를 살펴서 낮과 밤, 한 달의 길이를 정했다는 뜻이다.

○ 존비의 예법. 수황으로부터 비롯되었다. 황제에 이르러 문장을 만들어 귀천의 등급을 정하였다.

尊卑禮. 始遂皇. 至黃帝, 爲文章, 定貴賤等夷.

"수황(遂皇)"은 보통 수인씨(燧人氏)를 뜻하는데, "수(遂)"와 "수(燧)"가 통용되기 때문이다. 『예기정의(禮記正義)』에 "존비의 예는 수황 때에 일어났다.(尊卑之禮, 起於遂皇.)"라는 구절이 있고, 『군서고색(羣書考索)』에 "오례의 유래는 수황으로부터 비롯되었다. 복희씨보다 앞서서 처음으로 천하에 왕 노릇을 하였다. 이에 존비의 예법이 수황에서 비롯된 것이다.(五禮之所由, 始遂皇. 在伏羲之前, 始王天下. 是尊卑之禮, 始於遂皇也.)"라는 구절이 있다. 이들은 모두 『주역』의 위서인 『통괘험(通卦驗)』의 주석에서 유래한다.

황제가 문장(文章)을 만들고 귀천의 등급을 정했다는 말은 곧 황제가 신분에 맞는 복식과 장식을 갖추는 제도, 즉 예(禮)의 제도를 처음으로 마련하였다는 뜻으로 풀이할 수 있다. 『예기정의』에서는 "예에는 세 번 일어남이 있었으니, 예의 이치는 태일(太一)에서 일어났고 예의 일은 수황에서 일어났고 예의 이름은 황제에서 일어났다.(禮有三起, 禮理起于太一, 禮事起于遂皇, 禮名起于黃帝.)"고 했고, 『어정연감유함(御定淵鑑類函)』에서는 『오제기(五帝紀)』를 인용하여 "황제가 이미 천자가 되니 비로소 제도를 세웠다. 오채를 물들이고 문장을 만들어 귀천을 표하였다.(黃帝既爲天子, 始立制度, 染五采, 爲文章, 以表貴賤.)"고 했다.

○ 사향. 신농씨가 지낸 사제로부터 유래하였다. 교사는 오제 때에 있었다. 향(享)은 삼대 이전에 나타났다. 봄 제사를 사(祠)라 하고, 여름 제사를 약(禴)이라 하고, 가을 제사를 상(嘗)이라 하고, 겨울 제사를 증(烝)이라 한다.

祀享. 由於神農之作蜡. 郊祀見五帝. 享先著三代. 春祭曰祠, 夏祭曰禴, 秋祭曰嘗, 冬祭曰烝.

"사향"은 곧 "제향(祭享)"이다. "사제(蜡祭)"는 한 해가 끝날 무렵에 여러 신에게 올리는 제사다. 이처럼 한 해를 마무리하면서 지낸 제사를 납향(臘享)이라고 일컫기도 하는데, 하나라에서는 청사(淸祀), 은나라에서는 가평(嘉平), 주나라에서는 자제(禇祭) 또는 사제(蜡祭), 진나라에서는 납(臘)이라 칭했다고 전한다. 『예기』 「교특생(郊特牲)」에 "천자는 여덟 신에게 대사(大蜡)를 지내는데, 이기씨가 처음으로 사제를 지냈다. '사(蜡)'라는 것은 '찾는다[索]'는 말이다. 12월에 만물을 모으고 백성들에게 공이 있는 신을 찾아서 제사한다.(天子大蜡八, 伊耆氏始爲蜡. 蜡也者, 索也. 歲十二月, 合聚萬物, 而索饗之也.)"고 했는데, 여기서 언급한 이기씨가 곧 신농씨다. 사마정의 『보사기』 「삼황본기」에도 신농씨의 일을 말하면서 "사제를 지냈다(作蜡祭)"고 했다.

"교사(郊祀)"는 천지에 올리는 제사다. 『한서』 「교사지(郊祀志)」에 "제왕의 일로는 하늘의 질서를 받드는 것보다 중한 것이 없고, 하늘의 질서를 받드는 것으로는 교사보다 중한 것이 없다.(帝王之事, 莫大乎承天之序, 承天之序, 莫重於郊祀.)"라는 말이 보이는데, 그러한 제도로 남교(南郊)에서 하늘에 제사하고 북교(北郊)에서 땅에 제사하는 일을 들었다. "오제(五帝)"를 언급한 것은 황제 때 교사가 시작되었다는 설이 있기 때문인 듯한데, 『사물기원』에서는 『황제내전(黃帝內傳)』의 "황제가 처음으로 하늘과 땅에 제사하여 천도를 밝혔다.(黃帝始祀天祭地, 所以明天道.)"라는 구절과 『통전(通典)』의 "황제가 천지에 봉선하였으니, 교구(郊丘)의 시초다.(黃帝封禪天地, 則郊丘之始矣.)"라는 구절을 수록하였다. 봉선(封禪)은 천자가 하늘과 땅에 올린 제사다.

"향(享)"은 계절마다 올리는 제사다. 하나라와 은나라에서는 계절에 따라 약(礿), 체(禘), 상(嘗), 증(烝)이라고 달리 불렀으며, 주나라에서는 이 가운데 봄의 제사를 사(祠)로 여름의 제사를 약(礿)으로 고쳤다고 한다. 봄에는 만물이 막 생겨나서 아직 제사에 올릴 수 없으니 말[辭, 곧 祠]로 아뢰는 데 그치고, 여름에는 만물이 조금 자라나니 약간의 제수[薄物]만 올리고, 가을에는 만물이 영그니 새로 생산된 제물을 올려 맛보게[嘗] 하고, 겨울에는 갖추지 못하는 것이 없으니 많은 제물[衆, 곧 烝]을 올린다는 뜻이라고 전한다. 그런데 『이아』에 붙인 곽박(郭璞)의 주석에는 조금 다른 해석이 보인다. 즉 사(祠)는 밥[食]을 말하고, 약(礿)은 풋나물을 삶을 수 있다는 뜻이며, 상(嘗)은 새 곡식을 맛본다는 뜻이며, 증(烝)은 온갖 물품을 올린다는 뜻에서 온 말이라고 풀이했다.

○ 종묘. 요순시대에는 오묘(五廟)를 세웠다. 하나라 사람들은 세실(世室)이라 했고 은나라 사람들은 중옥(重屋)이라 했으며, 주나라에서는 묘(廟)와 조(祧)를 분별하였다.

宗廟. 唐虞立五廟, 夏后氏世室, 殷人重屋, 周人辨廟祧.

"종묘(宗廟)"는 군주나 귀족이 조상의 신위를 모시는 사당이다. 『통전』에 "요순 때에 오묘를 세웠다(唐虞立五廟)"라는 구절이 있는데, 정현(鄭玄)은 『원명포(元命苞)』를 인용하여 "천자는 오묘이니, 소(昭)가 둘이요 목(穆)이 둘이며 시조와 더불어 다섯이 된다.(天子五廟, 二昭二穆, 與始祖而五.)"라는 주석을 붙였다. "당우(唐虞)"는 도당씨(陶唐氏) 요(堯)와 유우씨(有虞氏) 순(舜)을 합쳐 부르는 말이다. 『예기』 「왕제(王制)」에서는 천자의 제도는 "칠묘(七廟)"라고 했는데, 삼대 이전인 요순시대에는 아직 오묘의 제도를 취하고 있었던 셈이다. 『통전』에서는 은나라 때 칠묘(七廟)를 세웠다고 했다.

『주례(周禮)』 고공기(考工記)에 "하나라 사람들은 세실이라 했고 은나라 사람들은 중옥이라 했다.(夏后氏世室, 殷人重屋.)"라는 구절이 있다. "하후씨(夏后氏)"는 하나라 또는 하나라의 우임금을 가리키는 말이다. 『주례』 춘관(春官)에 "묘와 조의 소와 목을 분변했다(辨廟祧之昭穆)”라는 구절이 보인다. 종묘에는 시조와 함께 선왕들의 위패를 모셔두는데, 가운데에 시조의 위패를 두고 가까운 시기의 조상들의 위패를 왼쪽 줄[昭]과 오른쪽 줄[穆]에 배열한다. 단 종묘에 모시는 위패의 수가 정해져 있기 때문에 시간이 흐르면 상대적으로 먼 조상의 위패는 다른 곳으로 옮기되 시조의 위패는 그대로 둔다. 주나라에서는 종묘에서 옮겨지는 위패를 모시는 사당을 따로 두었는데, 이를 “조(祧)”라고 한다.

○ 사직. 전욱(顓頊)이 신농씨의 12세손인 구룡(句龍)을 토지의 신[社]으로, 염제의 서자인 주(柱)를 곡식의 신[稷]으로 제사했다. 탕임금이 가뭄으로 인하여 주를 곡식의 신의 자리에서 옮기고 주기(周棄)로 대신하게 하였다.

社稷. 顓頊祀神農十二世孫句龍爲社, 炎帝別子柱爲稷. 湯爲旱遷柱, 代以周棄.

“사(社)”는 토지의 신이며, “직(稷)”은 곡식의 신이다. “사직(社稷)”은 토지와 곡식의 신을 뜻하는 말이지만, 이러한 신에게 제사 지내는 사당을 의미하기도 한다. 『통전』에 “전욱이 공공씨의 아들인 구룡을 사[社]로 삼고 열산씨의 아들인 주를 직[稷]으로 제사했다.(顓頊祀共工氏子句龍爲社, 烈山氏子柱爲稷.)”라는 구절이 보인다.

“구룡(句龍)”은 대개 “공공씨(共工氏)의 아들”로 불리는데, 공공씨가 신농씨의 11세손이라는 설도 있기 때문에 “신농씨의 12세손”이라고 한 듯하다. “염제(炎帝)”는 곧 신농씨이며, “별자(別子)”는 서자라는 뜻이다. 구룡은 살아서는 치수(治水)의 공이 있었고 죽은 뒤에는 나무의 신이 되었다고도 하는데, 이 때문에 토지의 신으로 모셔진 것이다. 열산씨(烈山氏) 또는 여산씨(厲山氏)는 신농씨 혹은 신농씨의 후예로 알려져 있는데, 그의 아들인 주(柱)는 온갖 곡식을 길러내는 재주가 있어 “농(農)”이라고도 일컬었다고 한다. 주기(周棄)는 “주나라의 기”라는 뜻으로, 곧 주나라의 시조인 후직(后稷)이다. 성은 희(姬)이고 이름이 기(棄)이며, 요임금 때에 농사를 관장했다고 한다. 은나라 탕왕 때에 가뭄이 들자 곡식의 신을 주(柱)에서 주기(周棄)로 바꾸었는데, 이때 토지의 신도 함께 바꾸려 했지만 구룡을 대신할 만한 이가 없어서 그대로 두었다고 한다.

○ 학교. 순임금이 처음으로 학교를 세우고 노인을 봉양하였다. 삼대에는 대학을 설치하였다. 북위[元魏]에서는 사문(四門)에 소학을 설치하였다.

學校. 舜始建學養老. 三代設大學, 元魏置四門小學.

순임금이 처음으로 학교를 세우고 대학을 "상상(上庠)", 소학을 "하상(下庠)"이라 일컬었다. 『예기』「왕제」에 "유우씨[순임금]는 상상에서 국로를 모시고 하상에서 서로를 모셨다.(有虞氏養國老於上庠, 養庶老於下庠.)"라는 구절이 있는데, 여기서 '국로(國老)'는 경대부(卿大夫)를 지낸 노인이며 '서로(庶老)'는 사(士)를 지낸 노인이다. 삼대에는 각기 대학을 설치했는데, 하나라의 "동서(東序)", 은나라의 "좌학(左學)", 주나라의 "동교(東膠)"가 그것이다. "원위(元魏)"는 남북조 시대의 북위(北魏)인데, 정식 명칭은 위(魏)이지만 흔히 '북위'로 일컫는다. '원위'는 황제의 성씨를 붙인 명칭인데, 원래 황제의 성씨는 탁발(拓跋)이었지만 7대 효문제 때 원(元)으로 바꾸었다. 『북사(北史)』에 선무제(宣武帝) 정시(正始) 4년(507)에 사문(四門)에 소학을 세웠다는 기사가 보인다.

○ 석전. 문왕 때에 이미 선성(先聖)과 선사(先師)를 제사 지냈다. 삼국시대 위나라의 제왕(齊王) 조방(曹芳)이 처음으로 공자를 제사 지냈다.

釋奠. 文王時, 已祀先聖先師. 至曹魏齊王芳, 初祀孔子.

"석전(釋奠)"은 성인들에게 올리는 제사를 뜻한다. 석전에서 중심에 배향하는 성인을 선성(先聖), 선사(先師)라 한다. 『예기』「문왕세자(文王世子)」에 "무릇 처음 학교를 세우면 반드시 선성과 선사에게 석전을 올린다.(凡始立學者, 必釋奠於先聖先師.)"라는 구절이 있는데, 이를 통해 주나라 문왕 때에 이미 선성과 선사에 석전을 올리는 제도가 마련되었음을 알 수 있다. "조위(曹魏)"는 곧 삼국시대의 위나라인데, 다른 시기의 위나라와 구별하기 위해 황제의 성을 나라 이름 앞에 붙인 것이다. 조방(曹芳)은 위나라 제3대 황제로, 폐위되어 시호가 없기 때문에 즉위 전의 호칭에 따라 "제왕(齊王)"으로 일컫는다. 『삼국지』「위지(魏志)」 정시 2년(241) 2월 조에 "태상으로 하여금 벽옹에서 공자께 태뢰의 제사를 올리도록 하였는데, 안연을 배향하도록 했다.(使太常, 以太牢祭孔子於辟雍, 以顏淵配.)"라는 구절이 있다. 정시 5년(244)과 정시 7년(246)에도 같은 내용의 기사가 보인다. 이를 통해 위나라 황제 조방이 황제가 세운 대학인 벽옹(辟廱)에서 공자를 선성으로 안회(顏回)를 선사로 모시는 석전을 여러 차례 올렸음을 확인할 수 있다. 이미 한나라 때에도 사당이나 학교에서 공자에게 제사를 올린 일은 보이는데, 조방의 때에 처음으로 '황제가 설치한 대학에서 공자를 선성으로 안회를 선사로 모시는 석전'을 올린 것이다.

○ 신주. 삼대 때에 이미 설치했지만, 오직 국가에서만 시행하였다. 정자(程子)가 그 제도를 축소하여 사서인(士庶人)까지 두루 시행하게 되었다.

神主. 三代已設, 惟國家行之. 程子小其制, 士庶通行.

윤기는 「논묘주(論廟主)」에서 "어떤 사람이 '창시'에 대해 기록한 것(人有記創始者)"으로 『아희원람』의 '사향', '종묘', '사직', '신주' 등 4개 항목을 인용하였는데, 요순시대에 종묘가 있었다면 신주 또한 있었을 것이라는 견해를 제시하며 삼대(三代)와 신주의 기원을 연관 지은 서술을 비판했다. 그렇지만 『아희원람』에서는 삼대에 '이미' 신주가 있었다는 점을 말한 것일 뿐인데, 이는 『논어』「팔일(八佾)」에 보이는 "애공이 재아에게 사(社)에 대해 물었다. 재아가 대답하기를, '하나라에서는 소나무로 만들고, 은나라에서는 측백나무로 만들고, 주나라에서는 밤나무로 만들었습니다.'라 하였다.(哀公問社于宰我. 宰我對曰, 夏后氏以松, 殷人以柏, 周人以栗.)"라는 구절처럼 삼대(三代)에 신주를 썼다는 점을 확인할 수 있는 문헌 증거가 있다는 의미로 이해할 수 있다. 정이(程頤)의 「신주식(神主式)」에서 신주의 규격 등에 대한 설명을 볼 수 있는데, 이 글은 『주자가례(朱子家禮)』에도 언급되어 있다. 가묘(家廟)에서는 종묘의 신주보다는 작은 크기의 신주를 사용하는데, "그 제도를 축소한다(小其制)"라는 구절은 이를 말한 것으로 보인다.

○ 의약. 신농씨가 온갖 풀을 맛보고서 비로소 생겨나게 되었는데, 신농씨는 하루에 일흔 번 중독되었다.

醫藥. 神農氏嘗百草, 始有之. 一日而七十毒.

『회남자』「수무훈(脩務訓)」에 "옛날에는 백성들이 풀을 먹고 물을 마셨으며 나무 열매를 따 먹고 조개를 잡아먹었으니, 병들고 중독되는 해로움을 입을 때가 많았다. 이에 신농씨가 비로소 백성들로 하여금 오곡을 파종하게 하였는데, 토지를 살펴서 건조하거나 습하며 비옥하거나 메마르며 높거나 낮음에 적절하게 했다. 또 온갖 풀의 맛과 샘물의 달고 씀을 맛보아서, 백성들로 하여금 물리칠 것과 취할 것을 알게 하였다. 이때에 신농씨는 하루에 일흔 번이나 중독되었다.(古者, 民茹草飮水, 採樹木之實, 食蠃蚌之肉. 時多疹病毒傷之害. 於是, 神農乃始教民播種五穀. 相土地, 宜燥濕肥墝高下, 嘗百草之滋味, 水泉之甘苦, 令民知所辟就. 當此之時, 一日而遇七十毒.)"라는 구절이 있다.

○ 무격. 주나라 때부터 이미 있었다. 대개 복서(卜筮)의 갈래다.

巫覡. 自周時代已有. 蓋卜筮之派流.

"무격(巫覡)"은 길흉을 점치는 사람이니, 곧 무당이다. 『국어(國語)』, 『설문해자』

등의 문헌에는 남자 무당을 '격(覡)', 여자 무당을 '무(巫)'라 한다는 말이 보인다. "복서(卜筮)"는 길흉을 점치는 일을 말한다. 『주역』을 비롯한 주나라 관련 문헌에서는 "사무(史巫)" 또는 "무사(巫史)"라는 말을 찾아볼 수 있는데, 이 말은 "축사(祝史)와 무당(巫覡)" 즉 "제사를 맡은 관원과 귀신을 섬기는 무당"으로 풀이된다. "파류(派流)"는 물의 지류니, 곧 분파(分派)다.

○ 그물. 복희씨가 처음으로 만들어서 새와 짐승을 사냥하고 물고기를 잡았다.

網罟. 伏羲氏始結之. 佃禽獸, 漁魚鼈.

『보사기』「삼황본기」에 "그물을 만들어서 사냥하고 물고기 잡는 법을 가르쳤다. 그런 까닭에 '복희씨'라고 일컫는다.(結網罟, 以教佃漁. 故曰宓犧氏.)"라는 구절이 있다. 『주역』「계사전」의 주석에 "포희씨[복희씨]가 새끼줄을 묶어 그물을 만들어서 사냥을 하고 고기잡이를 했다.(包羲氏結繩爲網罟, 以佃以漁.)"라는 말이 보인다.

○ 성곽. 황제가 만들었다. 어떤 사람은 곤이 만들었다고도 한다.

城郭. 黃帝造. 或云鯀作.

"곽(郭)"은 성의 바깥쪽에 쌓은 성이다. 『관자(管子)』「탁지(度地)」에 "안에는 성을 쌓고, 성의 밖에는 곽을 쌓는다.(內爲之城, 城外爲之郭.)"라는 구절이 있다. 『사기』「효무본기(孝武本紀)」에 "방사가 무제에게 말하기를, 황제 때에 성(城) 5개와 루(樓) 12개를 만들었다고 했다.(方士有言, 黃帝時爲五城十二樓.)"라는 구절이 있고, 『오월춘추(吳越春秋)』에 "곤(鯀)이 성을 쌓아 군주를 보호하고 곽을 조성하여 백성을 지켰다.(鯀築城以衛君, 造郭以守民.)"라는 구절이 있다. 곤(鯀)은 하나라 우임금의 아버지로, 요임금으로부터 치수(治水)의 명령을 받고서 '성'과 '곽'을 만들 것을 건의했다고 한다.

○ 동산과 연못. 은나라 탕왕이 만들었다.

囿池. 成湯作.

“유지(囿池)”는 휴식과 사냥을 위해 궁궐에 설치한 동산[苑囿]과 연못을 뜻하는 말이다. “성탕(成湯)”은 은나라를 세운 탕왕(湯王)이다. 『회남자』 「태족훈(泰族訓)」에 “탕왕이 처음 동산[囿]을 만든 것은 신선한 고기와 말린 고기를 갖추어 종묘에 바치고 군사를 편안하게 하면서 활쏘기와 말타기를 익혀서 예상치 못한 위험을 경계하고자 한 것이었다.(湯之初作囿也, 以奉宗廟鮮犞之具, 簡士卒, 習射禦, 以戒不虞.)”라는 구절이 있다.

○ 도기. 염제 신농씨가 만들었다.

陶. 炎帝作.

『태평어람(太平御覽)』에서는 『주서(周書)』를 인용하여 “신농씨의 때에 하늘이 곡식을 비처럼 내리니, 신농씨가 밭을 갈고 씨를 뿌렸다. 도기(陶器)와 도끼를 만들고 보습을 만들어 김을 매서 황무지를 개간했다.(神農之時, 天雨粟, 神農耕而種之, 作陶冶斤斧, 爲耜鉏, 耨以墾草莽.)”고 하였다.

○ 우물. 백익이 만들었다.순임금의 신하다

井. 伯益作.舜臣

백익(伯益)은 순임금 때에 우(禹)의 치수(治水)에 큰 공을 세웠다고 전하는 인물로, 하나라를 세운 우가 왕위를 물려주려 하자 사양하고 달아났다고 한다. 우물을 파는 기술을 개발했다 하여 ‘정신(井神)’으로도 일컫는다. 『여씨춘추』에서는 “백익이 우물을 만들었다(伯益作井)”고 했고, 『회남자』에서는 “백익이 우물을 만드니 용이 검은 구름 위로 올라갔다(伯益作井而龍登玄雲)”고 했다.

○ 절구. 옹문[옹부]이 만들었다. 황제의 신하다

春. 雍文作. 黃帝臣

"옹문(雍文)"은 "옹부(雍父)"의 오기로 짐작된다. 『세본』에 "옹부가 절구를 만들었다. 황제의 신하다.(雍父作舂, 黃帝臣也.)"라는 구절이 있고, 이후의 문헌에서도 대부분 "옹부(雍父)"로 표기하고 있다. 다만 명대(明代) 문헌인 『옥지당담회(玉芝堂談薈)』와 『완위여편(宛委餘編)』, 그리고 이수광의 『지봉유설』 등에 "옹문(雍文)"으로 기록되어 있는데, 『아희원람』에서는 이를 참고한 듯하다. 『지봉유설』의 경우에는 『설부』를 인용서로 밝혔는데, 명나라 때 편찬한 『설부속(說郛續)』에 『세본』을 인용하며 이 구절을 수록한 것이 확인된다.

○ 절굿공이. 적기가 만들었다. 황제의 신하다

杵. 赤冀作. 黃帝臣

『여씨춘추』에 "적기가 절굿공이와 절구를 만들었다(赤冀作杵臼)"라는 구절이 있다. 『사물기원』에서는 환담(桓譚)의 『신론(新論)』을 인용하여 "복희씨가 절구를 만들었다(宓犧制杵臼)"라고 하고, 『세본』에서 옹부를 거론한 것과 『여씨춘추』에서 적기를 거론한 것은 잘못이라 하였다. 한편 『노사』에서는 적기를 '신농씨의 신하'라 하였으며, 신농씨의 명에 따라 쇠로 절구와 농기구를 만들었다고 했다.

○ 쓰레받기와 비. 소강이 만들었다. 하나라 우임금의 5세손이다

箕箒. 少康作. 夏禹五世孫

"기추(箕箒)"는 쓰레받기[箕]와 빗자루[箒/帚]를 뜻하는 말이다. 소강(少康)은 하나라의 6대 왕으로, 두강(杜康)이라고도 한다. 소강이 기추를 만들었다는 말은 『세본』에 전하는데, 『지봉유설』에서는 『설부』를 인용하여 이를 언급하였다.

○ 맷돌.가는 맷돌 공수자가 만들었다.

石磑.가는 미 公輸子作.

“공수자(公輸子)”는 곧 노(魯)나라의 명장(名匠) 공수반(公輸班/公輸般)이다. 『세본』에서 “공수반이 맷돌을 만들었다(公輸般作磑)”고 했으며, 『후한서』「장형전(張衡傳)」의 주석에서는 『세본』을 인용하여 “공수가 맷돌을 만들었다(公輸作石磑)”고 했다.

○ 솥과 시루. 황제가 만들었다.

釜甑. 黃帝造.

『고사고』에 “황제가 처음으로 솥과 시루를 만드니, 화식의 방도가 완성되었다.(黃帝始造釜甑, 火食之道成矣.)”라는 구절이 있다.

○ 식기. 순임금이 만들었다. 그 위에 검게 옻칠을 했다.

食器. 舜作. 黑漆其上.

○ 제기. 우임금이 만들었다. 겉에는 검게 옻칠을 하고, 안에는 붉은 색을 물들였다.

祭器. 禹作. 黑漆外, 朱畫內.

여기서 말한 ‘식기(食器)와 제기(祭器)의 기원’은 실제로는 ‘칠기(漆器)의 기원’에 해당한다. 『지봉유설』 복용부(服用部) 「기용(器用)」에서는 한자(韓子) 즉 『한비자(韓非子)』에서 “舜作食器, 黑漆其上. 禹作祭器, 黑漆其外, 朱畫其內.”라는 구절을 인용하였는데, 『아희원람』에서는 이를 두 항목으로 나누어 수록한 듯하다. 『한비자』

「십과(十過)」는 유여(由余)가 진나라 목공에게 '검소함의 가치'를 말하는 대목에서 순임금과 우임금의 고사를 거론한다. 유여는 "신이 듣건대 옛날 요임금은 천하를 다스리면서 질그릇에 음식을 담아 먹고 마셨습니다. 그 땅이 남쪽으로 교지에 이르고 북쪽으로 유도에 이르며 동서로는 해와 달이 뜨고 지는 곳까지 이르렀으니, 공물을 갖추어 복종하지 않는 자가 없었습니다. 요임금이 순임금에게 천하를 선양하였는데, 순임금이 식기를 만들면서 산의 나무를 베어 재료로 삼고서 깎고 톱질하여 도끼의 흔적을 다듬고 그 위에 칠과 먹을 발랐습니다. 그리고 이것을 궁궐로 실어가서 식기로 썼습니다. 제후들이 너무 사치스럽다고 여겼으니, 13개 나라가 복종하지 않게 되었습니다. 순임금이 우임금에게 천하를 물려주니, 우임금이 제기를 만들면서 겉은 검게 물들이고 안은 붉게 칠했습니다. 무늬 없는 비단으로 깔개를 만들고 장석(蔣席)에 가장자리 수술을 장식했고, 술잔에는 무늬를 더하고 접시에는 장식을 붙였습니다. 이는 더욱 사치스러웠으니, 33개 나라가 복종하지 않게 되었습니다.(臣聞, 昔者堯有天下, 飯於土簋, 飮於土鉶. 其地南至交趾, 北至幽都, 東西至日月之所出入者, 莫不賓服. 堯禪天下, 虞舜受之, 作爲食器, 斬山木而財之, 削鋸修之迹, 流漆墨其上, 輸之於宮, 以爲食器, 諸侯以爲益侈, 國之不服者十三. 舜禪天下而傳之於禹, 禹作爲祭器, 墨染其外而朱畫其內, 縵帛爲茵, 蔣席頗緣, 觴酌有采, 而樽俎有飾. 此彌侈矣, 而國之不服者三十三.)"라고 아뢰었다고 하는데, 이에 의하면 '칠기가 아닌 식기나 제기'는 순임금이나 우임금 이전에도 있었다고 해야 옳을 것이다.

○ 대나무 그릇. 순임금이 만들었다.

竹器. 舜作.

『지봉유설』 복용부 「기용」에 "『사기』에서는 '순임금이 수산에서 대나무 그릇을 만들었다'고 했다.(史記曰, 舜作竹器於壽山.)"라는 구절이 있는데, 『아희원람』에서는 이를 참고한 듯하다. 그렇지만 『사기』에는 이와 일치하는 구절은 없는 듯하며, 「오제본기」에 "(순임금은) 수구에서 각종 그릇을 만들었다(作什器於壽丘)"라는 말이 보일 뿐이다. "집기(什器)"는 온갖 그릇 또는 열 가지[什] 그릇을 뜻하는 말이며, '대나무 그릇'은 아니다. 이런 상황을 참고하면, 『지봉유설』에서 "什"을 "竹"으로 잘못 인용하고 『아희원람』에서 이 오류를 그대로 받아들였을 가능성도 생각해 볼 만하다.

○ 술독과 술잔. 황제가 만들었다. 옛날에는 웅덩이를 술독으로 삼고 손으로 움켜 마셨다.

罍爵. 黃帝造. 古者, 汙尊而抔飮.

"뇌(罍)"는 위는 좁고 아래는 넓으며 둥근 다리와 뚜껑이 있는 술 단지인데, 주로 예기(禮器)로 사용되었다. "작(爵)"은 참새 부리 모양의 술잔이다. 『예기』「예운」에 "汙尊而抔飮"이라는 구절의 주석에서 "와준(汙尊)"은 "땅을 파서 술독으로 삼는다(鑿地爲尊)"는 뜻이며, "부음(抔飮)"은 "손으로 움켜쥔다(手掬之也)"는 뜻이라고 했다. 또 『논어』「팔일」의 주석에는 "예는 음식에서 시작한다. 그런 까닭에 웅덩이를 술독으로 삼고 손으로 움켜 마시다가 보궤, 변두, 뇌작의 수식을 만든 것은 문식을 하기 위한 것이었으니, 그 근본은 검소함일 따름이다.(禮始諸飮食, 故汙尊而抔飮, 爲之簠簋籩豆罍爵之飾, 所以文之也, 則其本儉而已.)"라는 구절이 있다. 황제가 "뇌작(罍爵)"을 만들었다고 서술한 근거가 무엇인지는 분명하지 않은데, 다만 『광박물지(廣博物志)』 등에 황제가 만든 기용(器用)의 하나로 "술 단지[尊]"를 든 사례가 보인다.

○ 수저. 여태가 만들었다.

匙筯. 呂泰作.

"여태(呂泰)"가 어떤 인물인지는 분명하지 않다. 수저[匙箸]를 만든 사람으로 황제를 든 사례가 보이는데, 『사물원시(事物原始)』에서 "헌원씨가 대나무로 처음 젓가락을 만들었다.(軒轅以竹木, 爲箸之始.)"라고 한 것이나 『광박물지』에서 황제 헌원씨가 만든 기용(器用) 가운데 하나로 "수저[匙箸]"를 든 것이 이에 해당한다.

○ 자. 노증씨가 만들었다. 도수와 추보는 여기서 비롯되었다.

尺. 魯曾氏作. 度數推步, 權輿于此.

"노증씨(魯曾氏)"는 '노나라 증씨(曾氏)'라는 의미인 듯하다. 주희(朱熹)의 「척명(尺銘)」에 "노증씨가 이 기구 만들었네.(魯曾氏, 作斯器.)"라는 구절이 있다. "추보(推步)"는 천체의 운행을 관측하는 일을 말한다. "권여(權輿)"는 저울을 만들 때 먼저 만드는 '저울대[權]'와 수레를 만들 때 먼저 만드는 '차대[輿]'를 합친 말이니, 사물의 시초를 뜻한다. 한편 『여씨춘추』에서는 황제의 신하인 영윤(伶倫)이 율관(律管)을 만들었다는 고사에서 도량형(度量衡)을 재는 기구인 자[尺], 저울[秤], 되[升]의 기원을 찾은 바 있다.

○ 저울. 신농씨가 만들었다.

秤. 神農作.

○ 되와 말. 신농씨가 만들었다.

升㪷. 神農作.

○ 톱과 끌. 맹장자가 만들었다.

鉅鑿. 孟莊子作.

맹장자(孟莊子)는 춘추시대 노나라의 대부로, 이름이 속(速)이어서 '중손속(仲孫速)'으로도 불렸다. 아버지 맹헌자(孟獻子)가 죽은 뒤에 아버지의 신하와 정치를 고치지 않았기 때문에 효자로 칭송되기도 한다. 맹장자가 톱과 끌을 만든 일은 『고사고』에 전한다.

○ 도끼. 신농씨가 만들었다.

斧. 神農作.

○ 쇠뇌. 황제가 만들었다.

弩. 黃帝造.

『고사고』에 황제가 쇠뇌를 만들었다는 말이 보인다. 한편 『오월춘추』에서는 초금씨(楚琴氏)가 쇠뇌를 만들었다고 했으며, 『용어하도(龍魚河圖)』에서는 치우(蚩尤)가 쇠뇌를 비롯한 5개의 병기를 만들었다고 했다.

○ 활. 황제의 신하인 휘(揮)가 만들었다. 일설에는 소호(少昊)의 둘째 왕비 소생인 반(般)이 궁정(弓正)이 되어 활과 화살을 만들었다고 한다.

弓. 黃帝臣揮作. 一云, 少昊次妃子般爲弓正, 制弓矢.

『세본』에 휘(揮)가 활을 만들었다는 말이 보인다. "휘"는 황제의 손자이자 소호(少昊)의 아들이라고 전하는데, 『신당서』「재상세계표(宰相世系表)」에는 "장씨는 희(姬)성에서 나왔다. 황제의 아들 소호 청양씨의 다섯째 아들인 휘(揮)가 궁정(弓正)이 되어 처음으로 활과 화살을 만드니, 자손에게 장씨 성이 내려졌다.(張氏出自姬姓. 黃帝子少昊靑陽氏第五子揮, 爲弓正, 始制弓矢, 子孫賜姓張氏.)"라는 구절이 있다.

한편 『산해경(山海經)』에는 "소호가 반을 낳았다. 반이 처음으로 활과 화살을 만들었다.(少皥生般, 般是始爲弓矢.)"라는 구절이 있다. 곽박은 이 구절에 대해 "『세본』에서는 '모이가 화살을 만들고 휘가 활을 만들었다'고 했는데, 활과 화살은 한 가지 기물인데 만든 사람이 둘이니 의심스러운 바가 있다. 여기서 '반'을 말한 것이 옳을 것이다.(世本云, 牟夷作矢, 揮作弓. 弓矢一器, 作者兩人, 於義有疑. 此言般之作是.)"라는 주석을 붙였다. 소호(少皥/少昊)는 백제(白帝) 금천씨(金天氏)다. "궁정(弓正)"은 활과 화살을 만드는 일을 담당하는 관직이다.

○ 화살. 이칙이 만들었다. 일설에는 모이가 만들었다고도 한다.모두 황제의 신하다

矢. 夷則作. 或云, 牟夷作.皆黃帝臣

『지봉유설』 복용부 「기용」에 "世本曰, 揮作弓, 夷則作矢. 一云牟夷作矢. 皆黃帝臣也."라는 구절이 있다. 『아희원람』에서는 이를 활[弓]과 화살[矢]로 나누어 옮긴 듯하다. 『세본』은 현재 원본이 전하지 않고 그 일부가 다른 문헌에 인용되어 전하는데, 이 구절의 경우에는 화살을 만든 사람의 이름이 "모이(牟夷)", "이모(夷牟)", "이칙(夷則)"의 세 가지로 달리 나타난다. 세 가지 표기는 같은 인물을 지칭한 것으로 짐작되는데, 전사 과정에서 "牟"와 "則"을 혼동했을 가능성도 생각해 볼 수 있다.

○ 방패와 창. 황제가 처음으로 익혀 사용했다. 과, 극, 수, 모는 황제의 신하인 치우가 만들었다.

干戈. 黃帝始習用之. 戈戟殳矛, 黃帝臣蚩尤作.

『지봉유설』 병정부(兵政部) 「병기(兵器)」에 "황제가 방패와 창을 익혀서 치우를 토벌하면서부터(自黃帝習用干戈, 以誅蚩尤.)"라는 구절과 "『여씨춘추』에 '치우가 다섯 가지 병기를 만들었다. 다섯 가지 병기란 과(戈), 극(戟), 수(殳), 추모(酋矛), 이모(夷矛)다.'라고 했다.(呂氏春秋曰, 蚩尤作五兵. 五兵者, 戈戟殳酋矛夷矛也.)"라는 구

절이 보인다. 『아희원람』에서는 이 두 구절을 참고하여 "간과(干戈)" 즉 '무기' 또는 '방패와 창'의 기원을 말하고자 한 듯한데, 원문의 맥락을 고려하면 이 서술에는 다소 부자연스러운 면이 있다.

황제에 대한 서술은 황제와 치우의 탁록 싸움 고사를 활용한 것이다. 『사기』 「오제본기」에 "이에 황제 헌원씨가 방패와 창을 익혀서 복종하지 않는 자를 정벌했다.(於是, 軒轅乃習用干戈, 以征不享.)"라는 말이 있는데, 이는 '친정(親征)'의 기원으로 주로 인용되는 구절이다. 『지봉유설』의 경우에는 주벌(誅伐)의 첫 번째 사례로 이 일을 든 것으로 이해된다. 다만 황제 헌원씨를 언급할 때 "습용간과(習用干戈)"라는 표현이 자주 등장한다는 점은 유의할 만한데, 판소리나 잡가 등에서도 이 말이 사용된 사례를 찾아볼 수 있다. 치우에 대한 서술은 '치우의 오병(五兵)' 고사를 활용한 것이다. 치우가 만들었다는 다섯 가지 병기는 모두 일종의 창으로, 모양과 용도가 조금씩 다르다. 치우가 처음으로 이처럼 여러 유형의 창을 만들었다는 말은 널리 퍼져 있는데, 치우를 "황제의 신하[黃帝臣]"로 서술한 것은 다소 어색하다.

○ 갑옷과 투구. 소강의 아들인 여가 만들었다. 옛날의 갑옷은 가죽을 사용하였지만, 진한 이래로는 쇠를 사용하였다.

甲胄. 少康子輿作. 古甲用皮, 秦漢來用銕.

"갑(甲)"은 갑옷이며, "주(胄)"는 투구다. 『세본』에 "輿作甲"이라는 말이 있는데, 그 주석에서 "소강의 아들이다(少康子也)"라고 했다. 갑옷을 처음 만든 사람으로 치우가 거론되기도 하는데, 당대(唐代) 문헌인 『태백음경(太白陰經)』에서 "(치우가) 가죽을 잘라 갑옷을 만들었다(割革爲甲)"고 한 것이 그런 사례다. 진한 이래로 철을 사용했다는 말은 공영달(孔穎達)의 『오경정의(五經正義)』에서 유래한 듯하다. 공영달은 이전에는 "갑주(甲胄)"라는 말만 보이다가 진한 이후로 "개(鎧)"나 "두무(兜鍪)"와 같은 말이 나타난다고 지적하고, 이것이 진한 이래로 쇠를 사용하여 갑옷을 만들었기 때문일 것이라고 추정하였다.

○ 배. 황제가 만들었다. 일설에는 우후가 만들었다고 하는데, 어느 시대 사람인지는 아직 모른다. 노반이 곱게 꾸몄다.

舟. 黃帝作. 或云虞姁作, 未知何代人. 魯班裝.

황제가 배를 만들었다는 말은 『석명(釋名)』, 『습유기(拾遺記)』, 『황제내전』, 『주역』 등 여러 문헌에서 찾아볼 수 있다. 박인로의 가사 「선상탄(船上嘆)」에 "황제작주거(黃帝作舟車)" 즉 황제가 배와 수레를 만들었다는 말이 사용된 데서 짐작할 수 있듯이, 가장 널리 퍼진 견해였던 듯하다. 『여씨춘추』에는 "虞姁作舟"라는 말이 있는데, 이는 특별한 재능을 발휘하는 역할을 완수하여 성왕(聖王)을 보좌했던 "20관(官)"의 하나로 언급된 것이다. 여기서 우후(虞姁)가 역대 성왕 가운데 한 사람의 신하였음을 짐작할 수 있는데, 구체적으로 황제의 신하라고 언급한 사례도 보인다. 『아희원람』에서 어느 시대 사람인지 모른다고 서술한 이유는 분명하지 않은데, 『지봉유설』에 보이는 "(배를 만든) 우후와 (옷을 만든) 백여가 어느 시대 사람인지는 알지 못한다.(虞姁伯余, 不知何代人也.)"고 한 말과 관련된 것일 가능성도 있다.

"노반(魯班)"은 노(魯)나라의 명장(名匠)인 공수반(公輸班)이다. 임방(任昉)의 『술이기(述異記)』에서 노반이 목란나무[木蘭樹]를 깎아서 만들었다는 '목란주(木蘭舟)'를 언급하는데, 『아희원람』에서 "(배를) 곱게 꾸몄다[裝]"고 한 것은 곧 목란주의 고사를 가리킨 것으로 보인다. '목란주'는 배의 기원과는 거리가 있는데도 언급했다는 점이 흥미롭다. 목란주가 '아름답고 작은 배'를 뜻하는 시어(詩語)로 많이 사용된다는 점과의 연관성도 생각해 볼 만하다.

○ 키. 장평이 만들었다.

柁. 張平造.

"키[柁]"는 배의 방향을 잡는 기구인데, 제곡(帝嚳) 고신씨(高辛氏) 또는 하나라 우임금이 만들었다는 설화가 널리 전한다. "장평(張平)"은 혼천의(渾天儀) 등을 만들었다고 전하는 한나라 장형으로 짐작되는데, 자가 평자(平子)여서 보통 '장평자

(張平子)'로 일컫는다. 장형이 통산(通山)의 대성산(大城山)에서 특별한 배를 만들었다는 설화가 전한다. 한편 북송의 장평(張平) 또한 배와 관련 있는 인물이다. 『송사(宋史)』「장평전(張平傳)」에는 배를 수리할 수 있는 선거(船渠) 즉 도크(dock)를 고안한 일이 전하는데, "이전의 관리들은 배를 완성하면 강의 물살이 세서 완성된 배를 잃을 것을 대비하였는데, 무릇 한 척에 3호(戶)의 백성을 징발하여 배를 지키게 하였으니 해마다 수천 호의 백성이 역을 지게 되었다. 장평이 마침내 못을 파고 물을 끌어들여 배를 그 속에 매어두었으니, 다시 백성을 징발하지 않게 되었다.(舊官造舟既成, 以河流湍悍, 備其漂失, 凡一舟調三戶守之, 歲役戶數千. 平遂穿池引水, 系舟其中, 不復調民.)"고 하였다.

○ 수레. 황제가 굴러다니는 쑥을 보고서 처음으로 만들었다. 어떤 이는 해중이 만들었으며, (그는) 하나라의 거정이 되었다고도 한다.

車. 黃帝見轉蓬, 而始制之. 或云奚仲作, 爲夏車正.

"전봉(轉蓬)"은 뿌리째 뽑힌 쑥 더미가 바람에 날려 굴러다니는 것을 말한다. 『후한서』「여복지(輿服志)」에 "상고 시대에 성인이 쑥이 굴러다니는 것을 보고서 비로소 수레바퀴 만들 줄을 알게 되었다.(上古聖人見轉蓬, 始知爲輪.)"라는 구절이 있다. 『고사고』에는 "황제가 수레를 만들어 무거운 물건을 멀리까지 끌고 가게 했다. 그 뒤에 소호의 때에 소를 수레에 매어 끌게 했고, 우왕 때에 해중(奚仲)이 말을 수레에 매어 끌게 했다.(黃帝作車, 引重致遠. 其後少昊時駕牛, 禹時奚仲駕馬.)"라는 구절이 있다. "거정(車正)"은 수레에 관한 일을 담당하는 벼슬이다. 『좌전(左傳)』에 "해중은 설 땅에 머물면서 하나라의 거정이 되었다.(奚仲, 居薛以爲夏車正.)"라는 구절이 있는데, 그 주석에 "해중은 하나라 우임금 때 거복대부를 맡았다.(奚仲, 爲夏禹掌車服大夫.)"라는 말이 보인다.

○ 인거. 걸왕이 수레에 사람을 매어 끌게 하니, 여련의 시초다.

人車. 桀以人駕車, 輿輦之始.

『지봉유설』 복용부 「기용」에 "桀以人駕車. 此輿輦之始也."라는 구절이 있는데, 인용서를 '제왕기(帝王紀)'로 제시했다. 이는 서진(西晉)의 황보밀(皇甫謐)이 쓴 『제왕세기(帝王世紀)』를 지칭하는 듯하다. 송나라 정대창(程大昌)의 『연번로(演繁露)』에는 "황보밀이 '걸왕은 무도하여 수레에 사람을 매어 끌게 하였으니, 이것이 보련(步輦)의 시초다.'라 했다.(皇甫謐曰, 桀爲無道, 以人駕車, 是步輦之始也.)"라는 말이 보인다. "여련(輿輦)"은 천자 또는 국왕이 타는 수레다.

○ 대로. 옛날에는 나무로 수레를 만들었다. 상나라 때에 노(輅)라는 이름이 생겼으니, 비로소 그 제도를 달리하게 된 것이다.

大輅. 古者以木爲車. 至商, 有輅之名, 始異其制.

『논어』 「위령공(衛靈公)」에 안연이 "나라를 다스리는 방도"를 묻고 공자가 답하는 대목이 있는데, 여기에 "은나라의 수레를 탄다(乘殷之輅)"라는 말이 보인다. 그 주석에서는 "상나라의 수레는 나무 수레다. '노(輅)'는 큰 수레의 이름이다. 옛날에는 나무로 수레를 만들었을 따름인데, 상나라 때에 '노'라는 이름이 생겼으니 아마도 그 제도를 달리하기 시작했을 것이다.(商輅, 木輅也. 輅者大車之名. 古者以木爲車而已, 至商而有輅之名, 蓋始異其制也.)"고 했다. 주나라에서는 천자가 타는 다섯 가지 수레를 '오로(五輅)'라고 일컬었는데, '오로'에는 은나라에서 유래한 대로(大輅)와 함께 옥로(玉輅), 금로(金輅), 상로(象輅), 혁로(革輅)가 있었다고 전한다.

○ 관곽. 상고 시대에는 시신을 골짜기에 버렸는데, 뒤에 삼태기와 흙수레로 시신에 흙을 덮었다. 순임금 때에 와관을 썼고, 은나라에서는 나무로 관을 만들었으며, 주나라에서는 관 옆에 삽을 설치했다.

棺槨. 上世委壑, 後掩虆梩. 舜時瓦棺, 殷木造, 周牆置翣.

"관곽(棺槨)"은 시신을 넣는 널로, 속널을 '관(棺)', 겉널을 '곽(槨)'으로 구별하기도 한다. 『맹자』「등문공(滕文公)」에 "상고 시대에 부모를 장사 지내지 않는 이가 있었다. 부모가 죽자 시신을 들어다가 골짜기에 버렸는데, 뒷날 그곳을 지나면서 보니 여우와 삵이 시신을 파먹고 파리 떼는 시신을 빨아대고 있었다. 그 사람의 이마에는 땀이 흘렀으며, 곁눈으로 볼 뿐 바로 쳐다보지도 못하였다. 그 땀이란 남의 눈을 의식해서 흘린 것이 아니며 속마음이 얼굴에 나타난 것이었으니, 이에 집에 돌아갔다 와서 삼태기와 흙 수레로 흙을 덮어 시신을 가렸다.(蓋上世, 嘗有不葬其親者. 其親死, 則擧而委之於壑. 他日過之, 狐狸食之, 蠅蚋姑嘬之, 其顙有泚, 睨而不視, 夫泚也, 非爲人泚, 中心達於面目. 蓋歸反虆梩而掩之.)"라는 구절이 있다. 『회남자』「범론(氾論)」에는 장례법이 시대마다 달랐음을 논변한 대목이 있는데, 그 가운데 "순임금[有虞氏]은 와관(瓦棺)을 썼고, 하나라 사람들은 시신 주변에 벽돌을 쌓았으며, 은나라 사람들은 겉널[槨]을 썼고, 주나라 사람들은 관 옆에 삽을 두었다.(有虞氏用瓦棺, 夏后氏堲周, 殷人用槨, 周人牆置翣, 此葬之不同者也.)"라는 구절이 있다. "즐주(堲周)"는 구운 벽돌로 시신 주변을 싸는 것인데, 겉널[槨]의 초기 형태로 이해되기도 한다. "삽(翣)"은 상여의 앞뒤에 세우고 가는 깃털부채 모양의 제구다. 주나라 때에는 관곽을 갖추어 장례를 지냈는데, 상여[柩車]에 삽과 같은 제구를 사용했다고 한다.

○ 비석. 비(碑)란 슬퍼하는 것[悲]이다. 갈(碣)이란 작은 비석이다. 옛날에는 나무에 행적을 써서 땅에 묻었는데, 뒤에 돌을 세우는 것으로 바꾸었다.

碑碣. 碑者悲也. 碣者短碑. 古者書木窆地, 後易竪石.

당나라 육구몽(陸龜蒙)이 쓴 「야묘비(野廟碑)」의 서두에 "비(碑)는 슬퍼한다는 말이다. 옛날에는 매달아서 하관을 했는데 이때 나무를 사용하였다. 뒷사람들이 여기에 글을 써서 그의 공덕을 드러냈는데, 차마 치워버리지 못하고 그대로 두었다. 진한 이후로는 이것을 돌로 바꾸었다. '비'라는 이름이 이로부터 생겨났다. 진한 이후로는 살아 있으면서 공덕과 치적이 있는 사람에 대해서도 '비'를 썼으며 나무를 돌로 바꾸었으니, 이는 그 원래의 뜻을 잃은 것이다.(碑者, 悲也. 古者懸而窆, 用木. 後人書之, 以表其功德. 因留之不忍去. 碑之名由是而得. 自秦漢以降, 生而有功德政事者, 亦碑之, 而又易之以石, 失其稱矣.)"라는 구절이 있다. 한편 『지봉유설』 경서부(經書部) 「제자(諸子)」에서는 무회씨(無懷氏)의 고사로부터 비의 기원을 찾은 『관자』의 서술을 언급하며 "육구몽의 글(陸龜蒙文)"을 인용했는데, 이 글이 곧 「야묘비(野廟碑)」다.

○ 면류관. 황제가 만들었다. 위에는 덮개가 있고 앞뒤로는 술이 있다. 하나라의 면류관은 '수(收)'라 하고, 은나라의 면류관은 '후(冔)'라 한다.

冕. 黃帝作. 冠上有覆, 前後有旒. 夏冕曰收, 殷冕曰冔.

『논어』 「위령공」에 안연이 "나라를 다스리는 방도"를 묻고 공자가 답하는 대목이 있는데, 여기에 "주나라의 면류관을 쓴다(服周之冕)"라는 말이 보인다. 그 주석에 "주나라의 면류관은 다섯 가지가 있으니 제례 복식의 관(冠)이다. 위에는 덮개가 있고 앞뒤로는 술[垂旒]이 있다. 아마도 황제 이래로 이미 있었을 것인데, 제도와 등급은 주나라에 이르러 비로소 갖추어졌다.(周冕有五, 祭服之冠也. 冠上有覆, 前後有旒. 黃帝以來, 蓋已有之, 而制度儀等, 至周始備.)"라는 말이 보인다. 『예기』 「교특생(郊特牲)」에 "주나라의 변, 은나라의 후, 하나라의 수(周弁殷冔夏收)"라는 말이 보인다.

○ 곤룡포. 황제가 만들었다. 용, 산, 화충, 불, 종이의 다섯 문양을 그려 넣었다. 천자의 용은 한 마리는 올라가고 한 마리는 내려가며, 상공의 용은 내려가는 용만 있다. 용이 머리를 숙이고 있기 때문에 '곤'이

라는 이름이 붙었다.

袞衣. 黃帝作. 繪龍 · 山 · 華蟲 · 火 · 宗彝五章. 天子之龍, 一升一降, 上公, 但降龍. 龍首卷然, 故名.

곤룡포[袞衣]에 그려 넣은 문양을 장문(章文)이라 하는데, 황제 때에는 오장(五章) 즉 다섯 개의 문양을 그려 넣었다고 한다. "화충(華蟲)"은 흔히 꿩을 그린 문양으로 알려져 있지만, 한나라 말의 학자 정현은 "화려한 털과 비늘을 가진 동물(蟲之毛鱗有文采者)"이라고 풀이한 바 있다. "종이(宗彝)"는 예기(禮器)에 범과 원숭이를 그린 것이다. 요순시대에 이르면 5장은 12장으로 바뀐다. 한편『시경』빈풍(豳風)「구역(九罭)」의 전(傳)에 "天子之龍, 一升一降, 上公但有降龍. 以龍首卷然, 故謂之袞也."라는 구절이 있다.

○ 치포관. 태고의 관이다. 그 양식은 겨우 상투를 틀 수 있을 정도로 작다.

緇布冠. 太古冠也. 其制, 僅可撮髻.

치포관(緇布冠)은 검은빛의 베로 만든 관으로, 선비가 평상시에 썼다. 관례에서도 치포관을 썼는데,『예기집설(禮記集說)』에서는 "관례의 삼가(三加, 세 번 관을 씌우는 일)에서 치포관을 가장 먼저 씌운다. 이는 태고에 재계할 때에 쓰던 관이다.(冠禮三加, 先加緇布冠. 是太古齊時之冠也.)"라고 했다. "겨우 상투를 틀 수 있을 정도다(僅可撮髻)"라는 말은 치포관의 크기가 작다는 뜻이다.『시경소의회통(詩經疏義會通)』에 "치포관의 제도는 작으니, 겨우 상투를 틀 수 있을 정도다. 옛 주석에서는 '태고관'이라 했다.(其制小, 僅可撮其髻也. 古注云太古冠.)"고 풀이한 사례가 보인다.

○ 삿갓. 그 양식은 옛날의 대립에서 비롯되었다.

笠子. 制自古之臺笠.

『시경』 소아(小雅) 「도인사(都人士)」에 "저 도읍의 인물이여, 대립에 치포관을 썼구나.(彼都人士, 臺笠緇撮.)"라는 구절이 있는데, 그 주석에 "대는 부수다. 그 껍질로 삿갓을 만들 수 있다.(臺, 夫須也. 其皮可以爲笠.)"라는 말이 보인다. "부수(夫須)"는 풀이름이니, "대립(臺笠)"은 부수라는 풀로 짠 삿갓이다.

○ 망건. 옛날에는 없었는데, 명나라 초에 도사들이 만들었다. 태조가 천하에 명을 반포하여 귀천 없이 모두 쓰도록 했다. 오직 유구 사람만은 조회할 때 망건을 쓰는데, 그들도 평상시에는 쓰지 않는다.

網巾. 古無其制. 皇明初, 道士所爲也. 太祖命頒天下, 無貴賤皆裹. 惟流求人, 朝會著之, 常時不著.

『지봉유설』 복용부(服用部) 「관건(冠巾)」을 인용한 것으로 보이는데, 생략한 부분이 있어서 뜻이 잘 통하지 않는다. "황명(皇明)"과 "태조(太祖)" 앞에 빈칸을 두어 존대의 뜻을 표한 것도 유의할 만하다. 『지봉유설』에서는 "망건은 옛날에는 없었으며, 명나라[大明] 초에 도사들이 만들었다. 태조가 천하에 명을 반포하여 귀천 없이 모두 쓰게 하니, 마침내 제도로 확립되었다고 한다. 내가 북경에 갔을 때 여러 나라의 사신을 보았는데, 오직 유구 사람만이 건모(巾帽)를 쓰고 있었다. 그 사신이 우리나라 역관에게 '귀국에서는 항상 망건을 쓰는가?'라고 물었는데, '귀천 없이 모두 항상 쓴다.'고 대답했다고 한다. 그런즉 사신이 놀라며 '우리나라 사람들은 평상시에는 망건을 쓰지 않는다.'고 말했다 한다. 이로 본다면, 중국 이외에는 오직 우리나라 사람만이 망건을 쓰고, 다른 나라에서는 그렇지 않은 것 같다.(網巾, 古無其制. 大明初道士所爲也. 太祖命頒天下, 使人無貴賤皆裹之, 遂爲定制云. 余赴京時, 見諸國使臣, 唯琉球人着巾帽, 而其使臣問我國譯官曰, 貴國常時着網巾否. 答以無貴賤常着云. 則使臣吐舌曰, 我國人則常時不着網巾云. 以此觀之, 中朝外唯我國人着網巾, 他國則不然矣.)"고 했다.

○ 버선. 문왕 이전에 이미 있었다.

襪. 文王以前, 已有之.

『한비자』「외저설(外儲說)」에 "문왕이 숭나라를 정벌하고 봉황의 언덕에 이르렀는데, 버선 끈[襪繫]이 풀리자 몸소 묶었다.(文王伐崇, 至鳳黃虛. 襪繫解, 因自結.)"라는 구절이 있다. 다만 이때의 "말(襪)"이 버선을 뜻하는지에 대해서는 논란이 있었는데, 버선이 아니라 "신발[屨]"이라는 풀이도 제기된 바 있다.

○ 신발. 황제의 신하인 어측이 만들었다. 후대에는 이로부터 그 양식을 늘렸다고 한다.

履. 黃帝臣於則作. 後代, 因之增衍其制云.

『세본』에 "어측(於則/于則)"이 신발[屝履]을 만들었다는 말이 전하는데, 이 구절에 대한 주석에 "풀로 만든 것은 '비'라 하고, 삼 껍질로 만든 것은 '리'라 한다.(草曰屝, 麻皮曰履.)"라는 말이 보인다. 후대에는 다양한 재료와 양식의 신발이 나타나는데, 진(晉) 문공(文公)이 만들었다는 나막신[木屐], 조(趙) 무령왕(武靈王)이 만들었다는 가죽신[靴], 이윤(伊尹)이 만들었다는 미투리[麻屩] 등이 이에 해당한다.

○ 빗. 혁서씨가 처음으로 나무 빗을 만들었다. 순임금은 상아와 대모로 빗을 만들었다.

梳. 赫胥氏, 始作木梳. 舜, 以牙瑇瑁爲之.

『지봉유설』에는 『완위여편』을 인용하여 "혁서씨는 나무로 빗을 만들었고, 순임금은 상아와 대모로 빗을 만들었다.(赫胥氏以木爲梳, 舜以牙玳瑁爲梳.)"고 서술했는데, 『아희원람』은 이를 참고한 듯하다. 『이의실록(二儀實錄)』에서는 혁서씨가 24개의 빗살[齒]을 지닌 나무 빗을 만들었다고 했다. 대모(玳瑁/瑇瑁)는 바다거북의 일종인 대모의 등딱지인데, 약재 및 공예품의 재료로 사용된다. 순임금이 만들었다는 빗은 일종의 머리장식으로 짐작된다. 당나라 우문사급(宇文士及)의 『장대기(妝臺記)』 등에서는 이를 '비녀[釵]'라고 지칭하였다.

○ 거울. 윤수가 만들었다. 순임금의 신하다

鏡. 尹壽作. 舜臣

『지봉유설』에 "尹壽作鏡"이라는 구절이 있는데, 여기에는 윤수가 순임금의 신하라는 말은 보이지 않는다. 윤수는 "윤선생(尹先生)"으로 일컫기도 하는 현인으로, 요임금의 스승으로 알려져 있다. 그렇지만 "요임금의 신하", "순임금의 신하", "순임금의 스승"으로 서술되기도 한다.

○ 안경. 일명 '애체'라고도 한다. 원래 서양에서 만들어졌는데, 명나라 때에 비로소 중국인들이 만드는 법을 배웠다.

眼鏡. 一名靉靆. 本西洋產, 明時中國人始學造焉.

안경의 기원 및 중국 전래 시기 등은 명확히 밝혀지지 않았는데, 『지봉유설』의 「기용(器用)」, 『성호사설』의 「애체(靉靆)」, 『오주연문장전산고(五洲衍文長箋散稿)』의 「애체변증설(靉靆辨證說)」 등을 통해 조선시대에 통용되던 견해들을 확인할 수 있을 뿐이다. 『지봉유설』에서는 명나라의 심유경(沈惟敬)과 일본의 겐소[玄蘇]가 안경을 쓰고 "자잘한 글씨[細書文字]"를 읽었다는 말을 들었다고 했고, 『성호사설』에서는 애체가 서역의 '만리국(滿利國)'에서 생산된다고 말하고 『요저기문(遼邸記聞)』의 내용을 통해 이미 명나라 선종(宣宗, 재위 1425~1435) 때 중국에 들어왔음을 알 수 있다고 서술했다. 『오주연문장전산고』에서는 송나라 조희곡(趙希鵠)의 『통천청록(洞天淸錄)』을 비롯한 여러 문헌을 거론하고서 안경은 송나라나 원나라 때 중국에 전래된 것으로 추정하였다. 한편 서양에서는 1290년 전후에 이탈리아 북부

피사(Pisa)에서 안경(eyeglasses)이 처음 발명되었다고 알려져 있는데, 이 또한 분명한 것은 아니다.

○ 반지. 원래 삼대의 제도다. 요즈음에는 양비가 처음 만들었다고도 말하는데, 이는 잘못이다.

指環. 本三代之制. 今言自楊妃始造云者, 誤.

『오경요의(五經要議)』에서 후비들의 반지 끼는 법을 언급했는데, 여기에 "원래 삼대의 제도이며 곧 지금의 '계지'다.(本三代之制, 即今之戒指也.)"라는 말이 보인다. 양비(楊妃)는 아마도 양귀비를 가리키는 말인 듯한데, 이미 『서경잡기(西京雜記)』에 척희(戚姬)의 가락지[彄環]와 같은 이야기가 언급된 것을 보면 양비가 처음 만들었다는 설은 사실과 다를 것이다. 그렇지만 전우(田愚, 1841~1922)의 「망실박씨가장(亡室朴氏家狀)」에 "양포(洋布)는 음란한 오랑캐로부터 나왔고 지환은 양비에서 비롯되었다는 말을 듣고는, 죽은 아내는 다시는 이 물건들을 가까이하지 않았다.(聞洋布自淫夷出, 指環昉於楊妃, 不復近身.)"라는 말이 있는 것을 보면, 이러한 속설이 널리 퍼져 있었음은 짐작할 수 있다.

○ 다리미. 동탁이 동인 10개를 파괴하여 소전과 다리미를 만들었다.

熨斗. 董卓壞銅人十枚, 爲小錢熨斗.

『삼보고사(三輔故事)』에 이 구절이 있었다고 전한다. 진시황은 천하를 통일한 뒤에 병기를 녹여 동인(銅人)을 주조했다고 한다. 동탁(董卓)은 권력을 잡은 뒤에 동인을 비롯한 온갖 물품을 파괴하여 오수전(五銖錢)을 대신할 작은 주화[小錢]를 주조하여 유통시키려 했는데, 이 주화는 글자와 윤곽도 제대로 갖추지 않은 조악한 것이었다고 한다. 한편 다리미[熨斗]의 기원으로는 보통 은나라의 주(紂)가 달기(妲己)를 위해 고안했다는 "포락(炮烙)의 형벌"을 드는 것이 일반적이다.

○ 요강. 옛날의 호자다. 주나라 때부터 있었다.'뇨(尿)'는 '뇨(溺)'의 고자(古字)다

尿器. 古之虎子. 自周有之.尿古溺

『주례』「천관(天官)」에 "설기(褻器)"라는 말이 있는데, 여기에 "설기는 수기나 호자의 부류다.(褻器, 溲器虎子之屬.)"라는 주석이 붙어 있다. "호자(虎子)"는 호랑이 모양을 한 남성용 소변기다. 『주례』가 주나라의 제도를 서술하는 문헌이므로, "설기(褻器)" 즉 호자는 주나라 때 이미 사용되었다고 할 수 있다. 『강희자전』의 "뇨(尿)"에 대한 풀이에 "지금은 '溺'로도 쓴다(今亦作溺)"라는 말이 보인다.

○ 홀. 주나라 이전에 이미 있었다. 천자는 구슬과 옥으로, 제후는 상아로, 대부는 어수로, 사는 대나무로 만든다.

笏. 周前已有. 天子以珠玉, 諸侯象齒, 大夫魚鬚, 士竹札.

홀(笏)은 천자(天子) 이하 관리들이 조복(朝服)을 입을 때 끼고 다니던 조각판이다. 『지봉유설』 복용부 「조장(朝章)」에서는 소설(小說)을 인용하여 "周之前已有笏. 天子以珠玉, 諸侯以象齒, 大夫以魚鬚, 士以竹札."이라 했는데, 『아희원람』에서는 이를 참고한 듯하다. 신분에 따른 홀의 제도에 대한 서술은 『예기』「옥조(玉藻)」에 보이는데, "천자는 구옥을 사용하고, 제후는 상아를 사용하고, 대부는 어수로 꾸민 대나무를 사용하고, 사는 밑을 상아로 꾸민 대나무를 사용한다.(天子以球玉, 諸侯以象, 大夫以魚須文竹, 士竹本象可也.)"라 하였으니 약간의 차이가 있다. "어수(魚鬚)"는 "어수(魚須)"라고도 쓰는데, 원래 상어의 수염을 뜻하는 말이다. 대부(大夫)의 홀은 어수 또는 어수 문양으로 장식한 대나무로 만들고, 사(士)의 홀은 대나무로 만들되 밑은 상아로 꾸민다고 한다.

○ 부채. 여와가 풀을 묶어서 처음 만들었다. 송나라와 원나라 이전에는 둥근 부채만 있었는데, 포규선을 아름답다고 여겼다. 지금의 쥘부채

양식은 왜국의 풍속에서 처음 나왔는데, 간편하기 때문에 천하 사람들이 모두 좋아한다.

扇. 女媧始以草結, 爲之. 宋元以前, 只有團扇, 以蒲葵爲美. 今摺扇之制, 初出倭俗, 以其簡易, 天下同尙.

여와의 부채는 혼례를 치를 때 부채로 신부의 얼굴을 가리는 '각선(却扇)' 풍속의 기원 설화에 등장하는데, 이 설화는 당나라 이용(李冗) 또는 이원(李元)이 쓴 것으로 추정되는 『독이지(獨異志)』에 전한다. 우주가 개벽했을 때 천하에 여와 남매 두 사람만 있었으니, 부부가 되기로 의논한 남매가 함께 곤륜산에 올라 부부가 되어도 좋을지를 알려달라고 하늘에 빌었다. 그 결과로 남매가 부부가 되었는데, 이때 "풀을 묶어 부채를 만들어서 얼굴을 가렸다.(結草爲扇, 以障其面.)"고 한다.

『지봉유설』 복용부 「기용」에 "원나라와 송나라 이전에는 둥근 부채(團扇)만 있었는데, 포규선을 가장 아름답다고 여겼다. 지금의 접부채[摺扇] 양식은 처음에 왜국에서 나온 것이어서, 세상에서는 '왜선(倭扇)'이라고도 부른다. 그것이 간편한 까닭에 천하에서 좋아하게 되었다. 그래서 옛날의 둥근 부채는 거의 없어지고 말았다.(宋元以前, 只有團扇, 尤以蒲葵扇爲美. 今摺扇之制, 初出於倭, 俗呼倭扇. 以其簡易, 故天下尙之. 古之圓扇, 殆廢矣.)"라는 구절이 있는데, 『아희원람』에서는 이를 요약하여 인용한 듯하다. "포규선(蒲葵扇)"은 부들 잎으로 만든 부채다.

○ 종이. 옛날에는 죽간을 사용하였다. 시황제가 처음으로 비단을 사용하였는데, 이를 종이라 일컬었다. 한나라 화제 때의 환관인 채륜이 나무껍질, 삼베 자투리, 낡은 베, 그물을 이용하여 종이를 만들었다.

紙. 古用竹簡. 始皇始用縑帛, 謂之紙. 漢和帝時宦者蔡倫, 乃以樹膚麻頭及敝布魚網, 造之.

『지봉유설』 복용부 「기용」에 "옛날에는 서계(書契)에 모두 죽간을 사용했는데, 비단

[縑帛]을 사용한 것을 일컬어 '종이[紙]'라 했다. 동한 화제 때에 환관인 채륜이 종이를 만들었다. 나무껍질, 삼베 자투리, 낡은 베, 그물을 이용하여 만드니, 천하에서 모두 '채후지(蔡侯紙)'라 일컬었다. 지금은 뽕나무와 닥나무, 버드나무, 짚 마디[귀리 짚], 대나무 줄기, 갈대 자리, 이끼 등 종이를 만들지 못하는 것이 없으니, 그 이로움이 참으로 넓다. 살피건대, 소식(蘇軾)의 「시황론(始皇論)」에서 '처음으로 종이를 만들어 간책(簡策)과 바꾸었다'고 하였으니, 비단을 사용하여 종이[紙]를 만든 것은 또한 진시황에서 비롯된 것이다.(古者書契, 皆用竹簡. 其用縑帛者, 謂之紙. 東漢和帝時, 宦者蔡倫乃造紙. 以樹膚麻頭及敝布魚網, 爲紙. 天下咸稱蔡侯紙. 今桑楮柳木蒿節竹精葦席水苔, 無不可爲者, 其利博哉. 按蘇子瞻始皇論曰, 創爲紙, 以易簡策云, 則用縑帛爲紙, 亦始於始皇矣.)"라는 구절이 있다. 『아희원람』에서는 이를 시대 순서에 따라 정리한 것으로 보인다.

○ 붓. 몽염이 만들었다. 산뽕나무로 붓대를 만들고, 사슴 털로 심을 만들고, 양털로 바깥을 쌌다.

筆. 蒙恬造. 柘木爲管, 鹿毛爲柱, 羊毛爲皮.

『지봉유설』 복용부 「기용」에서 『고금주(古今註)』를 인용하여 진나라 장군 몽염이 붓을 만들었다는 설을 언급했다. 몽염은 중산(中山)의 토끼털로 붓을 만들었다고 전하는데, 이를 '진필(秦筆)'이라고 일컫기도 한다. 다만 진필 이전에도 '붓'은 있었다는 주장도 제기된 바 있다.

○ 먹. 형해[형이(邢夷)]가 만들었다.

墨. 刑奚造.

"형해(刑奚)"가 어떤 인물인지는 분명하지 않지만, "형이(邢夷)"의 오기일 가능성이 높다. 형이는 주나라 선왕(宣王) 때의 인물—부족의 명칭으로 이해하여 '형이 출신

사람'으로 풀이할 수도 있다—인데, 시냇가에서 송탄(松炭)을 만졌다가 검은 물이 드는 것을 보고 먹을 만들었다고 전한다.

○ 벼루. 자로가 처음으로 비치했다.

硯. 子路始置.

자로(子路)는 공자의 제자로, 이름은 중유(仲由)이지만 흔히 자(字)인 '자로'로 일컫는다. 『물원(物原)』에 "중유가 벼루를 만들었다(仲由作硯)"라는 구절이 있어서 자로가 벼루를 처음으로 만들었다고 언급되기도 하지만, 춘추시대 이전에 이미 벼루가 있었다는 것이 정설이다. 처음 벼루를 만든 사람으로는 '황제'가 거론되기도 한다.

○ 술. 옛날에는 예락이 있었다. 우임금 때에 의적이 술을 만들었고, 뒤에 두강이 술에 빛깔을 냈다.

酒. 古有醴酪. 禹時儀狄作酒, 後杜康潤色之.

『고사고』에 "옛날에는 예락만 있었는데, 우임금 때에 의적이 술을 만들었다.(古有醴酪, 禹時儀狄作酒.)"라는 구절이 있었다고 전한다. "예락(醴酪)"은 단맛이 나는 고대의 술—아직 술이 만들어지기 이전에 술처럼 제사에 사용했던 음료—이라고 하는데, 『예기』 등의 문헌에도 나타난다. 『지봉유설』 식물부(食物部) 「주(酒)」에는 "도연명의 「술주시(述酒詩)」 주석에 '의적이 (술을) 만들고 두강이 술의 빛깔을 냈다'고 했다. 『세본』에서는 '소강이 술을 만들었다'고 했는데, 혹은 '두강이 고량주[秫酒]를 만들었다'고도 한다. 『설문해자』에서는 '소강은 일명 두강이다'라고 했다.(陶淵明述酒詩註曰, 儀狄造, 杜康潤色之. 世本曰少康作酒, 一曰杜康作秫酒. 說文曰, 少康一名杜康.)"라는 구절이 있다. "의적(儀狄)"은 우임금 때 술을 처음 만들었다는 인물로, "황제의 딸(帝女)"이라고도 전하지만 남성인지 여성인지도 분명하지 않다. 다만 의적이 술을 만들어 올리니 우임금이 그 맛이 단 것을 보고서 의적을 멀리하며 '술'을 경계했다는 일화가 널리 전한다.

○ 소주. 원나라 때 처음 만들었다.

燒酒. 元時始製.

소주는 고려 때 몽고군을 통해 우리나라에 유입되었다고 전하는데, 원래 페르시아에서 만들었다고 한다. 『지봉유설』 식물부 「주」에서는 "소주는 원나라 때 나타났는데, 오직 약으로만 쓰고 함부로 마시지는 않았다. 그래서 세상에서는 작은 잔(小杯)을 '소주잔'이라고 일컫는다. 요즈음에는 사대부들이 호사스럽게 마음껏 마시곤 한다. 여름이면 큰 잔으로 소주를 마구 마셔 만취하도록 마셔대니 갑자기 죽는 자들도 많다.(燒酒出於元時, 而唯爲藥用, 不堪放飮. 故俗謂小杯曰燒酒盞, 近世士大夫豪奢縱飮. 夏月用燒酒大杯爛飮, 以盡醉爲度, 多致暴死.)"라고 했다.

○ 노래와 춤. 음강씨가 천하를 다스릴 때 사람들이 다리가 붓는 병을 앓았는데, 노래와 춤을 만들어서 관절을 잘 통하게 했다. 또한 춤은 도당씨(요임금)로부터 노래는 갈천씨로부터 비롯되었으니, 대개 노래와 춤은 오래된 것이라고도 한다.

歌舞. 陰康氏王天下, 人疾重腿, 制歌舞, 以通利關節. 又曰, 舞自陶唐氏, 歌自葛天氏. 蓋其古矣.

『지봉유설』 기예부(技藝部) 「음악(音樂)」에서는 『설부』를 인용하여 "昔陰康氏之王天下也, 人多重腿之疾, 始制歌舞, 以通利關節."이라 하고, 『여씨춘추』를 인용하여 "舞自陶唐氏, 歌自葛天氏. 歌舞之作, 蓋自上古矣."라 했다. 『아희원람』에서는 인용서명을 제외하고 이를 인용한 듯하다. 『아희원람』 제10장 '전운(傳運)'의 '선통기(禪通紀)'

에서는 갈천씨의 뒤를 음강씨가 이었다고 한다. 도당씨(陶唐氏)는 곧 요임금이니, 갈천씨가 음강씨보다는 후대의 인물인 셈이다.

그런데 『지봉유설』의 서술에는 다소 의문스러운 점이 있다. 우선 음강씨가 "노래와 춤(歌舞)"을 만들었다는 말이 다른 문헌에는 잘 보이지 않는다는 점이다. 음강씨의 치세에는 강물이 제대로 흐르지 않아서 그 강물을 마신 사람들이 다리가 붓는 병을 앓았다고 한다. 이에 음강씨가 춤을 만들어 가르치니, 춤을 춘 사람들은 관절이 통창(通暢)하여 병이 나았다고 한다. 즉 음강씨는 "춤을 만들었다(作舞)"고 할 수는 있어도 노래를 만들었다고 할 수는 없는 셈이다. 노래를 만든 것으로 전해지는 인물은 갈천씨인데, 『여씨춘추』에는 그가 만들었다는 노래 8편이 언급되어 있다. 또 『여씨춘추』에서 도당씨 즉 요임금이 춤을 만들었다고 기록한 데 대해서는 여러 이견이 제기되었는데, 그 가운데에는 '도당씨'를 '음강씨'로 바로잡아야 한다는 견해도 보인다.

○ 거문고. 신농씨가 만들었다. 원래 5현이었는데, 뒤에 문현(文絃)과 무현(武絃)의 2현이 더해졌다.

琴. 神農氏作. 本五絃, 後加文武二絃.

"거문고[琴]"를 만든 인물로는 복희씨 또는 신농씨가 언급되는데, 신농씨가 만든 것이 더 작았다고도 한다. 거문고는 원래 궁(宮), 상(商), 각(角), 치(徵), 우(羽)의 5현이었으나 소궁(少宮)과 소상(少商)이 더해져서 7현이 되었다고 전하는데, 이처럼 바꾼 인물이 누구인지에 대해서는 '문왕이 2현을 더했다는 설'과 '문왕과 무왕이 각각 1현을 더했다는 설'이 있다. 『지봉유설』에서는 "문왕이 2현을 늘렸다(文王增二絃)"고 하여 전자의 설을 취하였으니, 『아희원람』과는 다른 입장인 셈이다.

○ 슬. 복희씨가 만들었다. 원래 50현이었는데, 뒤에 깨뜨려져서 25현이 되었다.

瑟. 庖羲作. 本五十絃, 後破爲二十五絃.

『지봉유설』의 복용부 「기용」에 "庖羲作瑟"이라는 말이 있고, 기예부 「음악」에 "古者瑟本五十絃, 後破爲二十五絃."이라는 말이 있다. 『세본』에는 황제가 소녀(素女)로 하여금 슬을 연주하도록 하고 듣다가 슬픔을 이길 수가 없었고, 이에 슬을 깨뜨려 25현으로 만들었다는 고사가 전한다.

○ 쟁. 진나라 사람은 의리가 부족하여 아버지와 아들이 슬을 두고 다투다가 둘로 나누어 가졌다. 그리하여 이름을 '쟁(箏)'이라 했다. 대개 13현이다.

箏. 秦人薄義, 父子爭瑟而分之, 因名箏. 蓋十三絃.

쟁(箏)은 진나라의 악기인데, 몽염(蒙恬)이 만들었다고도 전한다. 『지봉유설』에서는 『집운(集韻)』을 인용하여 "秦人薄義, 父子爭瑟而分之, 因以名箏. 蓋破二十五絃而爲之, 故箏十三絃."이라 했다.

○ 생황. 여와씨가 만들었다.

笙簧. 女媧氏作.

『지봉유설』 복용부 「기용」에 "女媧作笙簧"이라는 말이 보인다. 생황은 가느다란 죽관(竹管)을 통에 둥글게 박아놓은 악기로, 화음을 낼 수 있다. 과거에는 죽관의 수에 따라 화(和, 13관), 생(笙, 17관), 우(竽, 36관)로 구분하기도 했는데, 오늘날에는 이를 모두 "생황"이라고 부른다.

○ 소. 순임금이 만들었다.

簫. 帝舜作.

『지봉유설』 복용부 「기용」에 "舜作簫"라는 말이 보인다. "소(簫)"는 복희씨 또는 여와씨가 만들었다고 전하는데, 한나라 때 만든 통소[洞簫]와는 조금 차이가 있다.

○ 피리. 한나라의 환관 이연년이 만들었다. 어떤 이는 장건이 서역에 들어갔다가 그 제도를 전하였다고도 한다.

笛. 漢宦者李延年造. 或云, 張騫入西域傳其法.

『지봉유설』 기예부 「음악」에 "옆으로 부는 피리(橫吹笛)라는 것은 강(羌)에서 만들었기 때문에 '강적(羌笛)'이라고 부른다. 어떤 이는 한나라의 구중(丘仲)이 만들었다고 하고, 어떤 이는 이연년이 만들었다고 하며, 어떤 이는 장건이 서역에 들어갔다가 그 제도를 전했다고도 한다.(橫吹笛也起於羌, 故謂之羌笛. 或曰漢丘仲所造, 或曰李延年所造, 或曰張騫入西域傳其法.)"라는 구절이 있다. 『아희원람』에서는 '횡취적(橫吹笛)'의 기원을 '피리[笛]'의 기원으로 서술한 셈인데, 황제가 영윤(伶倫)으로 하여금 피리를 만들게 했다는 널리 알려진 견해와는 어긋난다. 또한 전국시대의 송옥(宋玉)이 「적부(笛賦)」를 쓴 바 있으므로, 한나라의 이연년이나 장건이 피리를 만들었다고 말할 수는 없을 것이다.

이연년(李延年), 장건(張騫), 구중(丘仲)은 모두 한나라 무제 때의 인물이다. 이연년은 무제 때의 환관으로, 무제의 총애를 받았던 이부인(李夫人)의 오빠다. 또한 협률도위(協律都尉)로 있으면서 장건이 수입한 악곡 「마가두륵(摩訶兜勒)」을 개작하여 무악(武樂)인 "신성 28해(新聲二十八解)"를 만들기도 했다. 장건은 서역을 다녀오면서 호가(胡笳) 등의 악기와 서역의 악곡을 수입했으니, 여기서 "그 제도를 전했다(傳其法)"라는 말은 횡취적의 연주법 또는 횡취적 악곡을 받아들였다는 의미로 풀이할 수 있다. 구중은 악관(樂官)인데, 그가 길이 1척 4촌, 구멍 7개의 적(笛)을 만들었다는 기록이 『수서(隋書)』 및 『풍속통의』 등에 전한다. 그렇지만 구중이 만들었다는 적은 기존의 피리를 개량한 것으로 이해하는 것이 일반적이다.

○ 해금. 원래 해호의 악기다. 당나라 때 비로소 중국에 전해졌다. 어떤 이는 혜강이 만든 것이라고도 하지만, 이는 와전된 것이다.

奚琴. 本奚胡樂. 唐時始傳中國. 或謂嵇康造者, 訛.

『문헌통고(文獻通考)』에서는 "해금은 오랑캐의 해부(奚部)에서 즐기는 악기다. '해도(奚鼗)'에서 나왔으며, 모양 또한 유사하다. 제도는 두 개의 현(絃) 사이에 죽편(竹片)을 넣어 마찰시키는 것이다.(奚琴, 胡中奚部所好之樂. 出於奚鼗, 而形亦類焉. 其制兩絃間, 以竹片軋之.)"라고 하였다. "해호(奚胡)"는 오랑캐의 일족인 해부족(奚部族) 또는 해족(奚族)을 일컫는 말이다. 해족은 "고막해(庫莫奚)"라고도 불리는 유목민족으로, 원래는 선비족의 일원이었다고 한다. 해금을 "혜금(嵇琴)"으로 일컬은 사례도 문헌에 나타나는데, 이는 죽림칠현(竹林七賢)의 한 사람인 혜강(嵇康)이 이 악기를 만들었다고 생각한 데서 유래한 표기인 듯하다. 송대 문헌인『사물기원』에서는 "이치가 혹은 그럴 것도 같다(理或然也)"라고 하였지만, 이러한 설명을 받아들이지 않는 것이 일반적이다.

○ 투호. 옛날의 아희(雅戲)인데, 이를 통해 사람의 마음 씀씀이가 얼마나 정밀한지를 보았다. 송나라 사마온공이 그 격식과 관례를 바로잡았다.

投壺. 古之雅戲. 觀人心術之精粗. 宋溫公釐正格例.

투호(投壺)는 예(禮)를 중시하는 의례이며,『예기』에 그 순서와 규범이 기록되어 있을 만큼 엄격한 절차에 따라 행해졌다. "송나라 온공(溫公)"은 곧 사마광(司馬光)인데, 사후에 온국공(溫國公)으로 추증되었기 때문에 사마온공(司馬溫公)으로 일컫기도 한다. 사마광은 『투호격범(投壺格範)』을 써서 투호의 기구와 방법 등을 자세히 규정하였다.

○ 종. 염제 신농씨의 신하인 백릉이 만들었다.

鐘. 炎帝臣伯陵作.

『지봉유설』 복용부 「기용」에는 "炎帝伯陵作鍾"이라는 구절이 있는데, 명대의 『광박물지』나 『완위여편』 등에서 같은 구절을 찾아볼 수 있다. 다만 『아희원람』에서 무엇을 근거로 백릉을 "염제의 신하"라고 명시했는지는 분명하지 않다.

염제와 백릉의 관계를 명시하면서 종의 기원을 설명한 문헌은 『산해경』인데, 이에 의하면 종을 만든 사람은 '백릉의 아들'이 된다. 즉 『산해경』의 「해내경(海內經)」에는 "염제의 손자는 백릉이다. 백릉은 오권의 아내인 아녀연부와 정을 통했는데, 연부는 3년 동안을 잉태하여 고, 연, 수 세 아들을 낳았다. (수가) 처음으로 과녁을 만들고, 고와 연은 처음으로 종을 만들고 악곡과 음률을 지었다.(炎帝之孫, 伯陵. 伯陵同吳權之妻阿女緣婦, 緣婦孕三年, 是生鼓延殳, 始爲侯, 鼓延是始爲鍾, 爲樂風.)"라고 했으니, 백릉의 아들인 고(鼓)와 연(延)이 종을 만들었다고 해야 옳을 것이다.

○ 비고. 수가 만들었다. 황제의 신하다

鞞鼓. 倕作. 黃帝臣

『지봉유설』 복용부 「기용」에 "倕作鞞鼓"라는 구절이 있는데, '황제의 신하'라고 밝히지는 않았다. 수(倕)는 '황제 때 인물'이나 '순임금의 신하'로 흔히 언급된다. "비고(鞞鼓)"는 적을 공격할 때 말 위에 메고 두드리는 북이다.

○ 가야금. 12현이다. 대가야국의 후왕 가실이 당나라 악부의 것을 본떠서 만들었다. 금을 만들고 나니, 검은 학이 뜰에서 춤을 추었다. 세간에서 고운 최치원이 만들었다고 하는 것은 잘못된 말이다.

伽耶琴. 十二絃. 大伽耶國後王嘉悉, 法唐樂府製之. 琴成, 玄鶴舞庭. 俗傳崔致遠造者, 非.

『지봉유설』 기예부 「음악」에 "신라 때 가야국 왕이 당나라 악부의 쟁(箏)을 본떠서 12현금을 만들고 그 이름을 '가야'라 하였다. 대개 지금 가야금이라고 일컫는 것이 이것이다. 세간에서 고운 최치원이 만들었다고 하는 것은 잘못된 말이다.(新羅時伽倻國王, 法唐樂府箏, 製十二絃琴, 名曰伽倻. 蓋今所謂伽倻琴, 卽是. 俗傳崔孤雲所造者, 非.)"라는 구절이 있다. 『아희원람』에서는 표현을 수정하면서 새로운 정보를 추가한 것으로 보이는데, 이 과정에서 일부 오류가 생긴 듯하다.

추가된 정보는 두 가지다. 첫째는 "가야국왕"을 "대가야국 후왕 가실(嘉悉)"로 구체화한 것인데, 다른 문헌에 "가야국 가실왕"으로 기록된 것을 참고한 듯하다. 예컨대 『삼국사기』의 경우에는 「신라본기」 진흥왕 12년 조에 "加耶國嘉悉王, 製十二弦琴."이라는 말이 있고 「악지(樂志)」에 "加耶國嘉實王, 見唐之樂器, 而造之."라는 말이 있다. '대가야 후왕'으로 명시한 이유가 무엇인지는 분명하지 않지만, 여기에 제시된 정보를 바탕으로 가야금에 대한 기록을 보충한 것임은 부정하기 어렵다. 둘째는 악기를 완성하니 검은 학이 뜰에서 춤을 추었다는 일화인데, 이는 가야금이 아닌 거문고에 대한 기록에서 나타난다. 『삼국사기』 「악지」에서는 '신라고기(新羅古記)'를 인용하여 "처음에 진나라 사람이 칠현금을 고구려에 보냈는데, 고구려 사람들이 그것이 악기인 줄은 알았지만 소리와 연주법을 알지는 못했다. 이에 나라 사람 가운데 그 음을 알고 연주할 수 있는 사람을 구하여 후한 상을 내리기로 했다. 이때 제이상(第二相) 왕산악이 본래의 모양을 보존하면서도 그 법제를 제법 고쳐 만들고 겸하여 100여 악곡을 지어서 연주하였다. 그때 검은 학(玄鶴)이 내려와 춤을 추니, 마침내 현학금이라 이름을 붙였으며 뒤에는 현금(玄琴)이라고만 일컫게 되었다.(初晋人以七絃琴, 送高句麗, 麗人雖知其爲樂器而不知其聲音及鼓之之法, 購國人能識其音而鼓之者, 厚賞. 時, 第二相王山岳存其本樣, 頗改易其法制而造之, 兼製一百

餘曲以奏之. 於時, 玄鶴來舞, 遂名玄鶴琴, 後但云玄琴.)"라고 했는데, 검은 학의 일화가 거문고와 관련된 것임을 여기서 확인할 수 있다. 『아희원람』에서는 이 이야기를 가야금에 대한 설화와 혼동한 듯하다.

○ 바둑. 요임금이 만들었다. 단주가 잘 두었다.

圍碁. 堯造. 丹朱善之.

단주(丹朱)는 요임금의 아들이다. 장화(張華)의 『박물지』에 요임금이 바둑을 만들었다는 말이 있었다고 하는데, 후대 문헌에 "요임금이 바둑을 만들었는데, 단주가 잘 두었다.(堯造圍碁, 丹朱善之.)"나 "요임금이 바둑을 만들어서 단주를 가르쳤다.(堯造圍碁, 以教丹朱.)"와 같이 조금씩 달리 인용된다. 또 순임금이 바둑을 만들었다는 설도 전하는데, 이 경우에 순임금 또한 바둑을 만들어 아들인 상균(商均)에게 가르쳤다고 한다.

○ 장기. 주나라[北周] 무제가 만들었다. 어떤 이는 신릉군이 만든 것이라고도 한다.

象戲. 周武帝造之. 或云信陵君所造.

"주나라"는 곧 남북조 시대 북조의 주나라이니, 흔히 '북주(北周)' 또는 '후주(後周)'로 일컫는다. 북주 무제(武帝)는 곧 우문옹(宇文邕)이다. 『완위여편』에 "주나라 무제가 장기를 만들었다. 이 일은 『후주서』에 보인다.(周武帝作象戲, 見後周書.)"라는 구절이 있는데, 『주서』 천화(天和) 4년(569) 5월 조에는 "황제[무제]가 『상경(象經)』을 완성하고 백관을 모아 강설했다.(帝制象經成, 集百僚講說.)"라는 말이 보인다. 『상경』은 현재 전하지 않지만, 왕포(王褒)가 쓴 서문은 남아 있다.

신릉군(信陵君)은 전국시대 위나라 공자 위무기(魏無忌)다. 『사기』 「위공자열전(魏公子列傳)」에 "공자[신릉군]가 위왕과 더불어 장기를 두고 있었다(公子與魏王博)"

라는 구절이 보이는데, 이때의 "박(博)"이 장기와 같은 유희인지는 분명하지 않다. 장기가 전국시대에 이미 있었다는 주장은 유향(劉向)의 『설원(說苑)』에도 등장하는데, 유향은 장기를 만든 인물로 맹상군(孟嘗君)을 거론했다.

○ 쌍륙. 원래 인도[西竺]의 것인데, 삼국시대 위나라에 유입되어 남북조시대의 양나라와 진나라, 그리고 수나라와 당나라에서 성행했다. 어떤 이는 조자건이 만든 것이라고 하지만, 이는 잘못된 말이다. ○ 저포. 노자가 만들었다. 던져서 노는 놀이이다. 나무 다섯 개로 알을 삼고, 효(梟), 노(盧), 치(雉), 독(犢), 새(塞)의 다섯 가지로 승부를 가리는 점수를 삼는다. 곧 오늘날의 주사위[骰子]다.

雙陸. 原西竺, 流曹魏, 盛梁晉隋唐. 或云子建造者, 非. ○ 樗蒲. 老子作. 擲之爲戲, 以五木爲子, 有梟盧雉犢塞五者, 爲勝負之采, 卽今之骰子.

"조자건"은 조조의 아들인 조식(曹植)으로, 자건(子建)은 그의 자다. "조위(曹魏)"는 삼국시대 위나라이니, 군주의 성을 앞에 붙인 것이다. 『지봉유설』 기예부 「잡기(雜技)」에서 쌍륙의 기원을 언급했는데, 『아희원람』에서는 이를 정리하여 서술한 듯하다. 『지봉유설』에 "살피건대 고서에서는 '조자건이 처음으로 쌍륙을 만들었다'고 했고, 『패사』에서는 '쌍륙은 아희(雅戲)라고 부른다. 인도[西竺]에서 비롯되었고 삼국시대 위나라에 유입되어 양(梁), 진(晉), 수(隋), 당(唐) 사이에 성행하였다.'고 했다. 그런즉 쌍륙은 본래 서역에서 나와서 삼국시대 위나라로부터 중국에 유입되었으니, 조자건이 만든 것은 아니다.(按古書, 曹子建始造雙陸, 而稗史曰, 雙陸號爲雅戲, 始於西竺, 流於曹魏, 盛於梁晉隋唐間云. 然則雙陸本出西域, 而流入中國, 自曹魏始耳. 非子建所造也.)"라는 구절이 있다. 다만 인도 기원설은 오늘날에는 받아들이지 않는데, 이는 바빌로니아에서 인도보다 앞선 시기의 쌍륙 놀이판이 발굴되었기 때문이다.

저포는 나무로 만든 주사위를 던져 승부를 가리는 놀이인데, 『박물지』에 노자

(老子)가 서융(西戎)에 들어가 만들었으며 이것으로 점을 쳤다는 말이 전한다. 또 하나라 우임금의 신하인 오조씨(烏曹氏)가 만들었다는 설도 있다. 『산당사고(山堂肆考)』에서는 "옛날 오조씨가 도박도구[博]를 만들고 나무 다섯 개로 알을 삼았다. 효, 노, 치, 독, 새로 승부를 가리는 점수를 삼는다. 도구 위에 올빼미[梟] 모양을 새긴 것이 가장 좋고, 노(盧)가 다음이며 치(雉)와 독(犢)이 또 다음이며, 새(塞)가 가장 나쁘다.(古者烏曹氏作博, 以五木爲子, 有梟盧雉犢塞, 爲勝負之采. 博頭有刻梟形者爲最勝, 盧次之, 雉犢又次之, 塞爲最下.)"고 했다. 저포에서는 나무 다섯 개를 던져서 사위 즉 점수를 가리는데, 이 나무를 여기서는 "알[子]"이라고 표현한 듯하다. "채(采)"는 "도박할 때 도박의 도구에 드러나는 꽃의 색"인데, 여기서는 놀이에서 얻은 끗수(점수)로 풀이할 수 있다.

○ 구전.**투전(鬪牋)** 중국에서는 고금 인물의 우열을 정하여 모두 120개의 종이쪽지[牋]를 만들고 '구패(鬮牌)'라 불렀는데, 원나라에서 비롯되었다. 우리나라에서는 역관 장현이 이 잡기를 만들었는데, 중국 제도를 모방하되 조금 변형하였다.

鬮牋.**투전** 中國品第古今人物, 合一百二十牋, 名鬮牌. 昉元時. 我國譯官張炫刱造此技, 蓋倣華製少變之.

『오주연문장전산고』의 「희구변증설(戲具辨證說)」에서는 '구전(鬮牋)'에 대해 "中國品第古今人物, 合一百二十牋, 名鬮牌. 昉於元時."라 하고, 이어서 장현이 중국의 것을 변형하여 만든 '투전(投牋)'에 대해 서술하였다. 장현(張炫)은 "옥산부대빈(玉山府大嬪)" 장희빈(張禧嬪)의 당숙인 장현(張炫)이 만들었다고 했으며, 8목(目) 80전(牋)의 '수투전(數投牋)'이나 6목 60전의 '두타(頭打)'와 같은 명칭에 이르기까지 자세히 서술했다. 『오주연문장전산고』에 『아희원람』과 거의 같은 표현이 나타나는 점은 흥미로운데, 두 문헌이 공통적으로 참고한 별도의 문헌이 있으리라고 추정하는 편이 자연스러울 듯하다. 한편 장현이 투전을 만든 일은 성대중의 『청성잡기(青城雜記)』에도 전하는데, 여기에는 『아희원람』과 유사한 표현이 거의 보이지 않는다.

○ 투패.골패 향산거사 백거이가 나이 들어 벼슬에서 물러난 뒤에 이것을 만들었으며, 시사(侍史)와 더불어 놀이를 했다.

骰牌.골피 白香山退老後造此, 與侍史爲戲.

"백향산(白香山)"은 곧 당나라 시인 백거이(白居易)이니, 자는 낙천(樂天)이며 호는 향산거사(香山居士)다. "시사(侍史)"는 옆에서 모시면서 문서의 일을 맡아보는 사람을 뜻하는 말이다. 백거이는 하늘의 별을 본떠서 골패를 만들었다고 하는데, 이는 골패의 기원에 대한 여러 견해 가운데 하나일 뿐이다. 백거이의 시에 "투반(骰盤)"이 나타나지만, 이것이 '골패'와 관련된 말인지는 분명하지 않다.

○ 여악. 옛날부터 있었다. 당나라, 송나라로부터 원나라에 이르기까지 가장 성행했으며, 명나라 초에도 있었다. 궁기는 옛날에 아내가 없는 군사들을 상대하게 한 것인데, 우리나라에서 변진(邊鎭)에 기악을 둔 것도 이 때문이라 한다. ○ 당나라 사람들은 기생을 '녹사' 또는 '주규(酒糾)'라고도 일컬었다. 또한 기생이 거처하는 곳을 '녹사항(錄事巷)'이라고 불렀다.

女樂. 蓋古有. 唐宋至元最盛, 大明初亦有之. 宮妓, 古以待軍士無妻者, 我國於邊鎭, 皆置妓樂, 爲此云. ○ 唐人謂妓爲錄事, 亦曰酒糾. 又妓所居曰錄事巷.

이 항목은 『지봉유설』 기예부 「기악(妓樂)」에서 발췌하여 정리한 것으로 추정되는데, 이 과정에서 의미가 불분명해지거나 이상해진 부분도 일부 생긴 듯하다. 제목처럼 제시된 '여악(女樂)'을 이런 사례로 들 수 있다. 『지봉유설』에는 "女樂自古有之. 唐宋至胡元最盛, 而大明初亦有妓樂, 顧佐爲御史奏罷之."로 되어 있는데, 『아희원람』에서는 명나라 초에 고좌(顧佐, 1376~1446)가 어사가 되어 기악(妓樂)을 혁파하였다는 정보를 빠뜨렸다. 이와 함께 '창기(娼妓)'의 사례를 주로 발췌했는데, 이로 인해 공연 또는 음악을 여성이 담당하는 일을 뜻하는 '여악(女樂)'이 기생을 뜻하는 말처럼 이해할 수 있게 되었다. "궁기(宮妓)"는 "영기(營妓)"를 잘못 옮긴 것인데, 이는 오해를 빚을 수 있으므로 큰 오류라고 할 수 있다. 『지봉유설』에서는 명나라 문헌인 『사문옥설(事文玉屑)』에서 "營妓, 古以待軍士之無妻者."라는 구절을 인용하고서 이를 통해 우리나라에서 군진에 기생을 둔 원래의 뜻을 짐작하였는데, 이를 바탕으로 원래의 목적과 어긋나게 된 현실—장수가 (아내 없는) 군졸을 긍휼히 여기지 않고 자신의 즐거움만 탐닉함(爲帥臣者, 不恤軍卒耽樂)—을 비판하였다.

○ 오붕.산대 나례 인형과 광대탈은 주나라 때부터 베풀어졌다. 이것으로 연희를 하게 된 것은 한나라 무제의 백희로부터다.

鼇棚.산ᄃᆡ 儺俑優面, 設自周時. 以此爲戲, 自漢武百戲.

"오붕(鼇棚)"은 오산붕(鼇山棚), 채붕(綵棚), 산대(山臺), 산붕(山棚) 등으로도 일컫는데, 자라가 업고 있다는 전설 속의 산을 본떠 만든 무대다. 원문 주석의 "산ᄃᆡ"는 중간본(重刊本)에서는 "산붕"으로 바뀌었다.

"나용(儺俑)"은 나례(儺禮)에서 사용하는 인형이며 "우면(優面)"은 배우가 쓰는 가면이니, 나용과 우면을 베푼다는 말은 인형극 또는 가면극 공연으로 풀이할 수 있다. "주나라 때"라는 말은 중국에서 꼭두각시놀음 또는 가면극의 시초로 언급되는 언사(偃師)의 고사가 나타난 주나라 목왕(穆王) 때를 가리킨다고 이해할 수 있다. 언사의 고사는 『열자』 「탕문(湯問)」에 전한다. 주나라 목왕은 곤륜산 너머까지 갔다가 돌아오는 길에 '언사(偃師)'라는 공인(工人)을 만나게 되었는데, 언사는 창자(倡者, 배우) 한 사람을 데리고 와서 알현하였다고 한다. 언사가 데려온 '사람'은 마치 진짜 사람처럼 움직이면서 노래하고 춤을 췄는데, 그 '사람'이 왕의 시첩(侍妾)에게 눈길을 보내니 왕이 언사를 베고자 했다. 이에 언사가 그 '사람'을 분해하여 가죽과 나무로 만든 것임을 보여주었다고 한다.

"백희(百戲)"는 민간에서 행해지던 각종 연희 또는 그러한 연희를 한곳에서 베풀던 일을 뜻하는데, 한나라 무제 때 베풀어진 "각저희(角抵戲)"를 그 시초로 보기도 한다. 『한서』에 "각저희를 베푸니 300리 안의 백성이 모두 관람하였다.(作角抵戲, 三百里內皆采觀.)"라는 말이 있고, 그 주석에 만연(曼衍), 어룡(魚龍), 탄도(吞刀), 토화(吐火), 강정(扛鼎) 등의 연희 명칭이 보인다.

○ 정재인. 원래 중국의 배우나 환술을 하는 자의 부류였다. 세상에서 전하기를 고려 말년에 노국대장공주가 고려로 나올 때 따라왔다고 한다. 신라의 진흥왕은 미남자를 뽑아서 곱게 꾸미고서 그 명칭을 '화랑'이라 했다.

呈才人. 本中國俳優幻術者流. 世傳麗末魯國大長公主出來時隨來云. 新羅眞興王, 取美男粉飾, 名花郎.

"정재인(呈才人)"은 정재(呈才) 즉 궁중의 잔치에서 연희를 하는 사람을 뜻하는 말인데, 그 기원을 특정한 시대가 아닌 '중국'에서 찾은 것은 다소 어색하다. 이는 『지봉유설』 기예부 「잡기」의 "我國呈才人, 本中國俳優幻術者流. 世傳麗末魯國大長公主出來時隨來云."에서 "우리나라(我國)"라는 한정어를 제외하고 인용했기 때문에 나타난 결과인 듯하다. 노국대장공주(魯國大長公主)가 공민왕과 혼인할 때 따라온 중국 배우, 환술자에서 우리나라 정재인의 기원을 찾는 것이 『지봉유설』의 의도였을 것이다.

"화랑"을 "정재인"과 함께 서술한 것은 오늘날의 관점에서는 이해하기 어려운데, 이는 조선시대에 '화랑'이 광대, 박수, 창기 등의 다양한 의미로 이해되는 말이었기 때문에 나타난 현상으로 볼 수 있다. 『지봉유설』 기예부 「무격(巫覡)」에서 "지금 세간에서 남자 무당을 화랑이라 일컫는 현상(今俗乃謂男巫爲花郎)"을 비판한 사례에서 볼 수 있듯이, 조선시대에 남자 무당을 '화랑이'라고 일컫는 관습이 있었다. '화랑이' 또는 '화랭이'가 광대를 뜻하는 말로 이해되기도 했다면, 『아희원람』에서 그 기원[創始]을 찾기 위해 신라의 '화랑'에 대한 기록을 인용한 것은 완전히 잘못된 일은 아닐 것이다.

○ 그네. 북방 산융의 놀이인데, 민첩함을 익히기 위한 것이었다. 초나라 풍속에서는 '시구'라고 일컫는다.

秋千. 北方山戎之戲, 以習輕趫也. 楚俗謂之施駒.

『형초세시기(荊楚歲時記)』의 주석에 "鞦韆本北方山戎之戲, 以習輕趫者."라는 『고금예술도(古今藝術圖)』 구절의 인용이 보인다. 주석 말미에는 초나라에서 "시구(施鉤)"라 일컫고 『열반경(涅槃經)』에서 "견삭(羂索)"이라 일컫는다는 말이 있는데, 이를 참고하면 『아희원람』에서 언급한 "시구(施駒)"는 "시구(施鉤)"의 오류일 가능성이 있다. "시구"라는 말의 기원은 노반(魯班) 즉 공수반(公輸班)이 만들었다는 갈고리 모양의 기구인 '구양(鉤鑲)'에서 찾기도 하는데, 정확하지는 않다.

○ 축국.제기 세상에 전하기를 황제가 만든 것이라고 한다. 어떤 이는 전국시대의 답국에서 기원한 것이라 한다. 군사의 기세를 기르기 위한 것이니, 이것으로 무사를 훈련하고 재주 있는 이를 알아내었다. 모두 놀이로 인하여 훈련을 시킨 것이다.

蹴鞠.져기 傳者, 言黃帝所作. 或曰起戰國時蹋鞠. 兵勢也, 所以練武士, 知有材也. 皆因嬉戲而練之.

"축(蹴)"은 찬다는 뜻이며 "국(鞠)"은 가죽으로 만든 공을 뜻하니, "축국"은 가죽으로 만든 공을 차는 놀이를 말한다. 답국(蹋鞠)을 비롯한 다양한 어휘로 지칭되었는데, 이만영(李晩永)의 『재물보(才物譜)』(1798)에서는 "제기"로 풀이하기도 했다.

『지봉유설』 기예부 「잡기」에서는 당나라 채부(蔡孚)의 7언시 「타구편(打毬篇)」의 서문에서 "打毬者古之蹴踘, 黃帝所作. 兵勢, 以練武士, 知有材也."라는 구절을 인용하였는데, 이는 황제로부터 축국의 기원을 찾은 것이다. 한편 유향의 『별록(別錄)』에는 "蹴踘者, 傳言黃帝造, 或曰起戰國時蹋鞠. 兵勢也, 所以練武事, 知有材, 皆因嬉戲而講陳之."라는 말이 있었다고 전하는데, 여기에는 황제 이외에도 전국시대에서 기원을 찾는 견해까지 언급되어 있다. 일부 표현의 차이는 있지만, 『아희원람』에서는 후자를 참고한 것으로 추정할 수 있다.

○ 종이 연. 양나라 무제가 대성에 있을 때 어린아이가 계교를 바쳤는데, 종이로 연을 만들고 조서(詔書)를 매달아 바람에 날려 보내서 외부의 원군을 구하는 것이었다. 후경이 활 잘 쏘는 이로 하여금 연을 쏘게 하니, 그 연이 추락하며 새가 되어서 구름 속으로 들어갔다. ○ 어떤 이는 한신이 땅속에 길을 뚫어 미앙궁에 들어갈 생각으로 종이 연을 만들어 끈에 묶어 날려서 미앙궁까지의 걸음 수를 알아내고자 했다고 말하는데, 그 말이 옳은지는 잘 모르겠다.

紙鳶. 梁武在臺城, 有小兒獻計, 以紙爲鳶, 繫詔書, 縱風求外援. 侯景使善射射之, 墮化爲鳥, 入雲中. ○ 或云, 韓信欲穿地道入未央宮, 作紙鳶以繩飛揚, 欲知未央宮步數. 未知是否.

양나라 무제는 남조 양나라를 세운 소연(蕭衍)이다. 후경(侯景)은 북조 출신으로 남조 양나라에 항복하여 장수가 되었으나, 반란을 일으켰다. 무제는 후경의 반란으로 대성(臺城)에 갇혀 있다가 결국 죽게 되는데, '종이 연'은 위기에 처한 무제가 구원군을 부르기 위해 제안된 것이었다. 『지봉유설』 기예부 「잡기」에도 이 일화가 언급되는데, 후경이 연을 쏘게 했다거나 연이 떨어지며 새가 되었다는 등의 말은 보이지 않는다. 『태평광기(太平廣記)』의 「지연화조(紙鳶化鳥)」에서는 『독이지』를 인용하여 이 고사를 실었는데, 『태평광기』에는 연을 날리자는 계교를 낸 "어린아이[小兒]"가 양나라 2대 황제인 "간문제(簡文帝)" 즉 소강(蕭綱)으로 명시되어 있다.

한신이 연을 만들었다는 이야기는 원대 문헌인 『성재잡기(誠齋雜記)』에 전하는데, 『설부』에서는 이를 인용하여 "한신이 중앙에서 기병하기로 진희와 약속하고서 종이 연을 만들어 풀어놓아 미앙궁까지의 거리를 쟀는데, 이는 땅을 뚫고 궁중에 들어가고자 한 것이었다.(韓信約陳豨從中起, 乃作紙鳶放之, 以量未央宮遠近, 欲穿地入宮中.)"라고 했다. "미앙궁(未央宮)"은 유방(劉邦)이 장안에 건립한 궁궐이다. 『사기』「회음후열전(淮陰侯列傳)」에는 유방이 진희의 모반을 정벌하러 떠나자 한신이 진희와의 약속에 따라 중앙에서 기병하려 했지만 도리어 여후(呂后)에게 죽임을 당하고 말았다는 이야기가 전하는데, 연을 만들어 미앙궁까지의 거리를 재려 했다는 등의 말은 보이지 않는다.

○ 사찰. 한나라 명제 때에 섭마등이 서역에서부터 백마에 경전을 싣고 와서 백마사를 창립했다. 뒤에 마침내 그 이름을 '부도'라 했다.

寺刹. 漢明帝時, 攝摩騰自西域白馬馱經來, 創立白馬寺. 後遂名浮屠.

섭마등(攝摩騰)은 천축의 고승인 가섭마등(迦葉摩騰, Kāśyapa Mātaṇga)이니, 한나라 명제가 보낸 사신 채음(蔡愔)의 청에 따라 축법란(竺法蘭, Dharmaratna)과 함께 불경을 가져온 인물이다. 명제가 두 고승을 머물게 한 곳이 곧 백마사(白馬寺)인데, 이곳에서 불경을 한역(漢譯)했다고 전한다.

마지막에 "後遂名浮屠"라고 서술한 이유가 무엇인지는 분명하지 않다. "부도(浮屠)"에는 부처, 불교, 승려, 불탑(佛塔) 등의 의미는 있어도 '사찰'의 의미는 없는 것으로 보이며, 따라서 "사찰(또는 백마사)은 뒤에 마침내 그 이름을 '부도'라 했다"는 말은 성립될 수 없기 때문이다. 그렇다면 다른 문헌 또는 기록을 인용하면서 발생한 오류일 가능성을 생각해 보아야 할 것인데, 왕사정(王士禎)의 『향조필기(香祖筆記)』에서 그러한 단서를 찾아볼 수 있다. 『향조필기』 권11의 한 항목에서는 예로부터 관서(官署)의 명칭에 '시(寺)'가 사용되었다는 점과 백마사가 원래 변방 빈객을 접대하던 홍로시 옛터에 있다는 점을 들고서, 그 말미에 "뒤에 마침내 '승려[불교/부처]의 집'의 이름이 되었으니, 우연히 같아진 것[같은 글자를 쓰게 된 것]이 아니다.

(後遂以名浮屠之宮, 非偶同也.)"라고 했다. 즉 장혼이 이와 유사한 문장에서 "부도지궁(浮屠之宮)" 가운데 두 글자를 빠뜨리고 옮겼으리라고 추정할 수 있다. 이러한 가능성을 고려하면 "부도의 이름이 되었다"로 옮기는 편이 더 자연스러울 듯하나, 본문에서는 일반적인 어법에 따라 "그 이름을 '부도'라 했다"로 옮겨둔다.

○ 감옥. 옛날부터 설치되었다. 하나라에서는 '하대'라 했고, 은나라에서는 '유리'라 했고, 주나라에서는 '환토'라 했고, 진나라에서는 '영어'라 했다.

牢獄. 設自古. 夏曰夏臺, 殷曰羑里, 周曰圜土, 秦曰囹圄.

삼대(三代) 이후로 뇌옥(牢獄) 즉 감옥이 있었다는 말은 여러 문헌에 보이는데, 각각의 명칭에 대한 정보는 문헌에 따라 조금씩 달리 나타난다. 『예기정의』에서는 하나라의 균대(均臺), 은나라의 유리(羑里), 주나라의 환토(圜土), 진나라의 영어(囹圄), 한나라의 약로(若盧), 위나라의 사공(司空)을 들었고, 『풍속통(風俗通)』에서는 하나라의 하대(夏臺), 상나라의 유리(羑里), 주나라의 영어(囹圄)를 들었으며, 『박물지』에서는 하나라의 염실(念室), 상나라의 동지(動止), 주나라의 계류(稽留)를 들었다.

○ 우역. 주나라 때 이미 설치했다. 우리나라에서는 신라 소지왕이 처음 설치했다.

郵驛. 周時已設. 我東新羅炤智王始置.

"우역(郵驛)"은 문서의 전달, 물품의 수송, 관리의 숙박 등을 담당하는 기관을 뜻하는 말이다. 『주례』「추관(秋官)」에 도로와 교통을 관장하는 '야려씨(野廬氏)'가 보이는데, 야려씨가 우역의 효시로 언급된다. 『주례』는 주나라의 제도를 다룬 문헌이므로, 주나라 때 우역이 이미 설치되어 있었다고 말할 수 있다. 소지왕의 일은

『삼국사기』「신라본기」 소지왕[炤知麻立干] 9년(487) 조에 보이는데, 우역을 두어 관도(官道) 수리의 일을 맡도록 했다고 하였다.

○ 시장. 수황이 처음으로 일중시를 만들었다. 우리나라에서는 신라 소지왕이 처음 설치했다.

市肆. 燧皇始作日中市. 我東新羅炤智王初置.

시사(市肆)는 시전(市廛) 또는 시장을 뜻하는 말이다. "수황(燧皇)"은 수인씨(燧人氏)이며, "일중시(日中市)"는 일중(日中), 즉 해가 가장 높이 떴을 때 여는 시장을 뜻하는 말이다. 『기년아람』에 수인씨의 '고실(故實)' 가운데 "일중시를 제정했다(制日中市)"라는 구절이 보인다. 그렇지만 "일중시"를 설치한 인물로는 신농씨를 드는 것이 일반적인데, 이는 『주역』「계사전」에 신농씨의 치세를 말하면서 "일중에 시장을 연다(日中爲市)"라는 말이 있기 때문이다. 『아희원람』 제10장 '전운(傳運)'에서는 수황씨를 신농씨보다 앞선 시기의 인물로 제시했으므로, 둘 모두 받아들여도 잘못은 아닐 것이다. 소지왕의 일은 『삼국사기』「신라본기」 소지왕 12년(490) 조에 보이는데, 도읍[京師]에 시장을 열었다고 했다.

○ 물시계. 황제가 처음 만들었다. 물이 새는 것을 보고서 기기를 만들고 규칙을 정하여 밤과 낮의 시간을 나누었다. 우리나라에서는 신라 성덕왕이 처음 만들었다.당나라 중종 때

刻漏. 黃帝創. 觀漏水, 制器取則, 以分晝夜. 我東新羅聖德王始造.唐中宗時

『수서』 천문지(天文志)의 '누각(漏刻)' 항목에 "昔黃帝創. 觀漏水, 制器取則, 以分晝夜."라는 구절이 있다. 성덕왕의 일은 『삼국사기』「직관지(職官志)」와 「신라본기」 성덕왕 17년 조에 보인다. 다만 성덕왕 17년(718)은 당나라 현종의 재위 기간에 해당하니, "당나라 중종 때"라는 주석은 오류일 듯하다.

○ 초. 옛날에는 아직 밀초가 없었다. 주나라 때 갈대 100개에 베를 두르고 밀랍을 발랐는데, 이것이 납거의 시초다.

燭. 古未有蠟燭. 周時百根葦, 布纏蜜塗, 蠟炬之始.

“납촉(蠟燭)”은 밀랍으로 만든 초로, “밀초”라고도 한다. “납거(蠟炬)”는 글자대로 풀이하면 ‘밀랍으로 만든 횃불’이라 할 수 있는데, ‘밀초’의 뜻으로 사용하기도 한다. 즉 “납촉(蠟燭)”과 “납거(蠟炬)”는 때로는 다른 대상을 지칭하고 때로는 같은 대상을 지칭할 수 있는 말인 셈이다.

이 항목은 『지봉유설』 복용부 「기용」 가운데 초[燭]를 말한 대목을 추려서 서술한 것으로 추정되는데, 문맥이 다소 부자연스럽다. 『지봉유설』에서는 “『예기』의 ‘촉불현발(燭不見跋)’이라는 구절의 주석에는 ‘옛날에는 아직 밀초가 없었으니, 횃불[火炬]을 초[燭]라고 불렀다’고 했다. 또한 ‘땅에 있는 것을 화톳불[燎]이라 하고, 손에 쥔 것을 촛불[燭]이라 한다’고 했고, ‘뜰에 켠 화톳불을 지촉(地燭)이라 한다’고 했다. 살피건대 『예기』의 주석에서는 ‘지촉은, 천자의 것은 갈대 100개에 베를 두르고 밀랍을 바른다’고 했다. 밀랍을 바른 것이 아마도 밀초의 시초일 것이다.(禮記燭不見跋註, 古未有蠟燭, 呼火炬爲燭. 又在地曰燎, 執之曰燭, 又庭燎謂之地燭. 按禮記註, 地燭天子百根葦, 布纏蜜塗云. 蜜塗者, 蓋蠟燭之始也.)”라고 했다. 『지봉유설』에서는 『예기』 「곡례(曲禮)」, 『의례(儀禮)』 「사상례」, 『주례』 「천관」의 주석을 거론하면서 ‘초’ 및 ‘밀초’의 기원을 탐색하고 있는데, 마지막에 언급한 주석(『주례』의 주석)에서 ‘밀랍을 바른 초’의 사례를 찾아내었다. 원래의 주석은 “(지촉은) 갈대 100개에 베를 두르고 그 위에 밀랍을 발랐다. 천자는 100개로 하고, 공은 50개로 하고, 후백자남은 모두 30개로 한다.(以百葦布纏之, 蠟塗其上. 天子百, 公五十, 侯伯子男皆三十.)”고 되어 있는데, 『아희원람』에서는 이를 취하여 『주례』에 보이는 서술이므로 주나라의 일인 것으로 이해한 셈이 된다. 그렇다면 마지막 구절은 『지봉유설』에서처럼 “밀초의 시초(蠟燭之始)”로 서술하는 편이 더 자연스러웠을 것이다. 다만 이것이 단순한 오류인지 혹은 ‘밀초[蠟燭]’와 ‘납거(蠟炬)’가 통용될 수 있다는 점을 가르치기 위한 의도적 변형의 결과인지는 분명하지 않다.

○ 화폐. 황제가 만들었다. 주나라 경왕이 대전을 주조했다. 우리나라의 화폐 주조는 고려 숙종에서 비롯되었다.

泉貨. 黃帝作. 周景王鑄大錢. 我東鑄錢, 始高麗肅宗.

"천화(泉貨)"는 돈을 일컫는 말이다. "천(泉)"은 "전(錢)"과 음이 비슷하고 돈과 마찬가지로 흘러 다니는 속성을 지니고 있기 때문에, 돈과 관련된 말로 흔히 사용된다.

명나라 호아곤(胡我琨)의 『전통(錢通)』에 황제 때에 "쇠를 주조하여 돈을 만들었다(範金爲貨)"라는 말이 보인다. 주나라 경왕(景王)은 당시 화폐의 가치가 너무 낮다고 여겨서 가치가 높은 대전(大錢)을 새로 주조하려 하였는데, 단목공(單穆公)이 중폐(重幣)와 경폐(輕幣)를 함께 만들어 유통시켜야 한다고 간언했다. 이 일은 『국어』에 보인다. 고려에서는 1097년(숙종 2)에 주전관(鑄錢官)에 설치했고 1102년(숙종 7)에 해동통보(海東通寶)를 주조했다.

○ 언문. 우리 세종조에 친히 창제하시고, '훈민정음'이라고 이름을 붙였다. 세간에서는 '반절'이라 칭한다.

諺文. 我世宗朝親製, 名曰訓民正音. 俗稱反切.

○ 이두.讀의 음은 두다 신라의 설총이 처음으로 만들었다.

吏讀.音斗 新羅薛聰始製.

원문에 "讀"의 음이 "두"라는 주석이 붙어 있다. 설총이 이두를 만들었다는 견해를 처음 제시한 문헌인 『제왕운기(帝王韻記)』에서는 "이서(吏書)"로 칭하였으며, 이후 "두(讀)"에 해당하는 글자로 "道, 刀, 頭, 吐" 등의 다양한 한자가 사용되기도 했다.

○ 서체. 용서는 포희씨[복희씨]가 만들었다. 수서는 염제[신농씨]가 만들었다. 조적전은 황제의 태사 창힐이 만들었다. 과두전은 전욱이 만들었다. 도해는 은나라 때 무광이 만들었다. 대전은 주나라 선왕의 태사 주가 만들었다. 소전은 진나라의 이사가 만들었다. 조충전은 한나라 양웅이 만들었다. 비백서는 채옹이 만들었다. 옥근전은 당나라 이양빙이 만들었다. 유엽전은 위관[위관(衛瓘)]이 만들었다. 수로전은 조선[조희(曹喜)]이 만들었고, 수침전은 조희가 만들었다. 영락전은 유덕승이 별자리를 보고서 만들었다.

龍書, 包羲作. 穗書, 炎帝作. 鳥迹篆, 黃帝史蒼頡作. 蝌斗篆, 顓頊作. 倒薤, 殷時務光作. 大篆, 周宣王史籒作. 小篆, 秦李斯作. 雕蟲篆, 漢揚雄作. 飛白書, 蔡邕作. 玉筋篆, 唐李陽冰作. 柳葉篆, 衛灌作. 垂露篆, 曹善作. 垂鍼篆, 曹喜作. 纓絡篆, 劉德昇觀星宿作.

원문에는 항목명이 없지만, 서술된 내용을 참고하면 '서체(書體)'를 제목으로 삼을 수 있다. 『지봉유설』 기예부 「서(書)」에서는 『설부』를 인용하여 "包羲氏始作龍書. 炎帝因嘉禾八穗, 作穗書. 黃帝史蒼頡寫鳥跡, 爲跡篆. 顓頊作蝌蚪書, 殷時務光作倒薤篆. 周宣王史籒作大篆. 李斯作小篆. 王次仲作八分書, 程邈作隸書, 皆秦始皇時人. 漢杜伯度作章草, 蔡邕作飛帛書. 見門吏飛帛, 因成字故云."이라고 하였다. 『지봉유설』에서는 11개의 서체를 언급하였는데, 『아희원람』에서는 8개의 서체를 이 항목에서 다루고 '팔분서, 예서, 장초'의 셋은 아래에 별도 항목을 두어 서술했다. 이 항목에서는 14개 서체를 제시했으니, 이 가운데 조충전(雕蟲篆), 옥근전(玉筋篆), 유엽전(柳葉篆), 수로전(垂露篆), 수침전(垂鍼篆), 영락전(纓絡篆)의 6개는 『지봉유설』에서 언급하지 않은 서체다. 『지봉유설』에서 참고한 것이 『설부』의 어떤 부분인지는 분명하지 않은데, 당나라 서법가(書法家) 위속(韋續)의 「56종서(五十六種書)」에 유사한 표현이 일부 보인다.

“용서(龍書)”는 “큰 용을 잡는 상서(獲景龍之瑞)”가 있은 뒤에 복희씨가 만들었다고 한다. “수서(穗書)”는 “상당의 양두산에서 곡식에 여덟 이삭이 난 일(上黨羊頭山始生嘉禾八穗)”로 인하여 신농씨가 만들었다고 한다. “과두(蝌斗/蝌蚪)”는 올챙이이니, “과두전(蝌斗篆)”은 머리가 크고 꼬리가 가는 올챙이의 모양과 비슷한 글씨체다. “도해(倒薤)” 즉 “도해서(倒薤書)”는 “해엽전(薤葉篆)”으로도 일컫는데, 은나라의 은사(隱士)인 무광(務光)이 부추[薤菜]를 기르다가 바람이 불면 부추 잎이 차례로 눕는 것을 보고 만들었다고 한다. “대전(大篆)”을 만들었다는 “사주(史籀)”는 주나라 선왕 때의 태사인 주(籀)인데, 일설에는 “사(史)”가 벼슬 이름이 아니라 성(姓)이라고도 한다. “소전(小篆)”은 “진전(秦篆)”이라고도 하는데, 진시황이 천하통일 이후 문자 통일을 추진하면서 승상인 이사가 만들었다고 한다. 『사기』「이사열전(李斯列傳)」에 보이는 이사가 옥중에서 2세 황제에게 올린 글에서 이사가 자신의 죄 가운데 하나로 이를 언급하고 있다.

“조충전(雕蟲篆)”은 벌레가 기어가는 모양의 서체인데, 양웅의 『법언(法言)』에 “조충전각(彫蟲篆刻)”의 고사가 있어서 양웅이 만들었다고 한 듯하다. 그렇지만 양웅 이전에 있었다고 해석할 만한 여지도 있으며, 실제로 「56종서」에서는 추호(秋胡)의 아내가 만들었다고 했다. 노나라 추호는 혼인 직후 벼슬을 하러 떠났다가 5년 만에 돌아왔는데, 돌아오는 길에 한 여인을 유혹하려다가 실패했다. 그 여인은 곧 추호의 아내였으며, 남편을 꾸짖고 자결했다. 추호의 아내는 남편이 없는 동안 잠상(蠶桑)을 하였는데, 그동안 이 서체를 만들었다고 한다. “비백(飛白)”은 “비백(飛帛)”이라고도 하는데, 성문을 장식하는 장인들이 백분(白粉)을 쓸어내는 빗자루로 글씨 쓰는 것을 보고 만들었다고 한다.

옥근전 이하의 서체 다섯 개는 한나라 이후의 서법가들이 창안한 서체인데, 『아희원람』의 서술에는 오기 또는 오류로 의심되는 사항도 일부 포함되어 있다.

“옥근전(玉筋篆)” 또는 “옥저전(玉箸篆)”은 옥으로 만든 젓가락[玉筋, 玉箸]과 모양이 비슷하다고 하는데, 소전(小篆)의 일종으로 이해되기도 한다. 이양빙(李陽冰)은 당나라의 서법가(書法家)로, 이백(李白)의 친족으로도 알려져 있다. 도종의(陶宗儀)가 “당나라 300년에 전서로 일컬어지는 이로는 오직 이양빙이 독보적이다.(唐三百年, 以篆稱者, 惟陽冰獨步.)”라고 평하기도 했다. “유엽전(柳葉篆)”은 버들잎 모양과 비슷한 서체라고 하는데, 위진 시대의 서법가 위관(衛瓘)—원문의 "관(灌)"은 "관(瓘)"의 오기—이 만들었다. 『진서(晉書)』에는 초서를 잘 써서 일대이묘(一臺二妙, 한 관청[상서성]의 명필 두 사람)의 한 사람으로 일컬었다는 말이 보인다. "수로전(垂露篆)"은 세로획의 끝을 이슬처럼 둥글게 하는 서체이며, "수침전(垂鍼篆)" 또는 현침전(懸針篆)은 실에 매달린 바늘 같은 서체다. 둘 다 한나라의 서법가(書法家) 조희(曹喜)가 창안했다고 알려져 있으며, 『미수기언』이나 『임하필기(林下筆記)』 같은 문헌에도 그렇게 기록되어 있다. 『아희원람』에서 언급한 "조선(曹善)"은 "조희(曹喜)"의 오기일 가능성이 높다. 조희는 "이사와는 조금 다른(小異於李斯)" 소전(小篆)으로 명성이 높았으며, "특히 '현침'과 '수로'의 서법에 뛰어났다(尤善懸針垂露之法)"는 평을 받기도 했다. "영락(纓絡)"은 구슬을 꿰어서 만든 장신구, 즉 목걸이를 뜻하는 말이니, "영락전(纓絡篆)"은 목걸이 모양의 서체라고 할 수 있다. 유덕승(劉德昇)은 후한의 서법가로, 행서(行書)를 창안하여 이름을 떨쳤다고 전한다.

○ 팔분서. 진시황 때 왕차중이 만들었다.

八分書. 秦始皇時王次仲作.

왕차중(王次仲)은 진나라의 서법가로, 자가 차중(次仲)이며 이름은 중(仲)이다. 당시의 복잡한 서체를 간편하게 바꾼 팔분서를 창안하였는데, 이 명칭은 예서 2푼과 전서 8푼을 합쳤다는 뜻에서 유래한 것이라고 한다. 『태평광기』에는 『선전습유(仙傳拾遺)』를 인용한 "신선" 왕차중의 설화가 전하는데, 이에 의하면 왕차중은 당시의 전문(篆文)이 공은 많이 들지만 쓸모는 없다고 여겨서 전서[篆籀]를 변화시켜 예서(隸書)를 만들었다고 한다. 진시황이 천하를 통일한 후에 불러들이니, 왕차중은 거절하고서 큰 새가 되어서 날아갔다고 한다.

○ 예서. 곧 오늘날의 해자다. 진시황의 옥리인 정막이 만들었는데, 예인이 글씨 쓰는 데 도움을 주었으므로 이렇게 이름을 붙인 것이다.

隷書. 卽今楷字. 始皇獄吏程邈作, 爲隷人佐書, 故名.

정막(程邈)은 진나라 하규(下邽) 사람으로, 시황제에게 죄를 얻어 운양(雲陽)의 옥에서 10년 동안 지내면서 전서를 쓰기 쉽게 고친 예서(隸書) 3,000자를 만들었다고 한다. 당나라 장회관(張懷瓘)의 『서단(書斷)』에서는 장막의 일을 서술하고 명칭의 유래에 대해 "以爲隷人佐書, 故名."이라 하였다.

○ 장초. 한나라 두백도가 만들었다.

章草. 漢杜伯度作.

두백도(杜伯度)는 동한(東漢)의 서법가로, 자가 백도(伯度)이며 이름은 도(度)다. 일설에는 원래 이름이 두조(杜操)였지만 뒤에 조조(曹操)의 이름자를 피하여 '두도'로 일컬었다고도 한다. 서한 원제(元帝) 때 사유(史游)가 장초를 창안하였으며 그가 쓴 "급취장(急就章)"으로 인해 '장초'라는 명칭이 붙었다는 견해와 한나라 장제(章帝)가 두백도의 서체로 주장(奏章)을 쓰도록 명했기 때문에 '장초'라는 명칭이 붙었다는 견해가 있는데, 어느 쪽이 옳은지는 분명하지 않다.

○ 『시전』. 39,124자다.

詩傳. 三萬九千一百二十四字.

○ 『서전』. 25,700자다.

書傳. 二萬五千七百字.

○『주역』. 24,207자다.

周易. 二萬四千二百七字.

○『주례』. 45,806자다.

周禮. 四萬五千八百六字.

○『예기』. 99,020자다.『중용』과 『대학』이 모두 들어 있다

禮記. 九萬九千二十字.庸學並入

○『춘추좌씨전』. 196,845자다.

春秋幷左傳. 十九萬六千八百四十五字.

○『논어』. 12,700자다.

論語. 一萬二千七百字.

○『맹자』. 34,685자다.

孟子. 三萬四千六百八十五字.

○『대학』. 1,733자다.

大學. 一千七百三十三字.

○『중용』. 3,505자다.

中庸. 三千五百五字.

○『효경』. 1,903자다.

합산하면 485,228자다. 하루에 300자씩 송독(誦讀)한다면, 4년 반이면 마칠 수 있다.

孝經. 一千九百三字.

合四十八萬五千二百二十八字. 日誦三百字, 四年半可畢.

『아희원람』은 11종의 경전을 제시하는데, 『예기』에 『중용』과 『대학』이 포함되어 있다는 점을 고려하면 실제로는 9종이 된다. 다만 여기서 제시한 글자 수 합계인 485,228자는 11종을 모두 합한 수치이니, 『중용』과 『대학』은 이중으로 계산된 셈이다.

장혼이 경전들을 펼쳐놓고 글자 수를 직접 계산했을까? 단정할 수는 없지만, 장혼 이전에 글자 수를 헤아려 본 사람들이 있었으니 그런 수고를 할 필요는 없었을 듯하다. 송나라 정경로(鄭耕老)의 「권학(勸學)」에서 '9경(經)'의 글자 수를 계산하여 모두 읽기까지 예상되는 시간을 추측한 것이 대표적인 사례인데, 각 경전의 글자 수는 『시경』에서 100자 차이가 나는 것을 제외하면 『아희원람』에서 제시한 것과 같다. 「권학」에서는 입신(立身)은 역학(力學)으로 급선무를 삼고 역학은 독서로 근본을 삼는다고 전제하고, 『모시』(39,224자), 『상서』(25,700자), 『주례』(45,806자), 『예기』(99,020자), 『주역』(24,207자), 『춘추좌씨전』(196,845자)의 6경과 『논어』(12,700자), 『맹자』(34,685자), 『효경』(1,903자)까지 9개 경전은 총 484,095자의 분량이라고 했다. 또한 보통의 사람[中才]은 날마다 300자를 송독하면 4년 반에 마칠 수 있고, 보통보다 못한 사람이라도 150자를 송독하면 단지 9년이면 마칠 수 있다고 했다. 결국 입신을 위해 독서해야 하는 기간이 대략 4년 반에서 9년 정도라는 말이 된다.

다만 정경로의 「권학」에서 제시한 글자 수의 합계(480,090자)는 실제 계산한 결과와 일치하지 않으며 『아희원람』의 합계(484,095자)와도 맞지 않는다. 『중용』 및 『대학』의 글자 수를 고려하더라도 결과는 같다. 따라서 현재 전하는 「권학」에 오자가 있을 가능성을 생각해 볼 수 있다. 『앙엽기(盎葉記)』의 「군경자수(羣經字數)」나 『오주연문장전산고』의 「독서정한변증설(讀書程限辨證說)」에서도 정경로가 제시하는 글자 수의 합인 474,095자가 잘 맞지 않는다는 점을 지적한 바 있다. 한편 『지봉유설』 경서부(經書部) 「서적(書籍)」에서도 경전의 글자 수를 제시하였는데, 『효경』은 언급하지 않았다. 『지봉유설』에서 제시한 수치는 다음과 같다. 『주역』(24,107자), 『서경』(25,700자), 『시경』(39,234자), 『예기』(99,010자), 『주례』(45,806자), 『춘추좌씨전』(296,845자), 『논어』(11,705자), 『맹자』(34,685자).

○ 『삼운통고』는 일본에서 나왔다. 운법은 육경에서 비롯되었으며, 한나라 때의 유생들은 모두 운을 사용하였다. 심약에 이르러 사성에 얽매이게 되었다. 우리나라에서는 최세진이 이에 『사성통해』를 편찬하였다. 대개 자서는 『이아』에서주공이 편찬했다 기원하였으며, 『설문해자』에서한나라 허신이 편찬했다 부연되었고, 『옥편』에서진나라 고야왕이 편찬했다 갖추어졌다.

三韻通考, 出日本. 韻法, 自六經始, 兩漢諸儒莫不用韻. 至沈約, 拘以四聲. 我朝崔世珍仍次四聲通解. 蓋字書, 兆爾雅,周公撰 演說文,漢許愼撰 備玉篇.陳顧野王撰

이 항목에서는 운서(韻書) 및 운법(韻法), 자전(字典)에 대한 정보를 수록했다.

『삼운통고(三韻通考)』는 편자와 편찬 시기가 확인되지 않은 운서인데, 과거 시험에서도 활용되었다고 한다. "出日本"이라는 말은 일본인이 편찬한 것으로 해석될 수도 있는데, 다른 문헌들을 참조하면 중간에 사라졌다가 일본에서 구한 책을 가지고 다시 간행했다는 뜻으로 이해할 수 있다. 『지봉유설』 경서부 「서적」에 "三韻通考, 出於倭國"이라는 말이 있으니, 『아희원람』에서는 이를 옮겼을 가능성도 있다.

『성호사설』의 「일본충의(日本忠義)」에는 "일본은 비록 바다 가운데 섬에 있지만, 개국한 지가 오래고 전적도 모두 갖추어졌다. 북계 진순(陳淳)의 『성리자의』와 『삼운통고』는 우리가 왜국에서부터 구했다.(日本雖居海島, 開國亦久, 典籍皆具. 陳北溪性理字義三韻通考, 我人從倭得之.)"라는 구절이 있으니, 당시 유통되던 『삼운통고』는 일본에서 다시 구한 것이었음을 짐작할 수 있다.

운법(韻法)에 대해서는 『군서표기(羣書標記)』에서 보다 상세한 서술을 찾아볼 수 있다. 「규장전운(奎章全韻)」 조에 "운법은 육경에서 비롯되었다. 한나라의 유자들은 모두 운을 사용하였으니, 『태현경(太玄經)』과 『역림(易林)』이 곧 이것이다. 심약에 이르러 사성(四聲)에 얽매이게 되니, 옛 운(韻)은 전해지지 않게 되었다.(韻法自六經始, 兩漢諸儒莫不用韻, 太玄易林是也. 至沈約, 拘以四聲, 古韻失其傳.)"고 했는데, 여기서 "太玄易林"은 전한 때의 문헌인 양웅(揚雄)의 『태현경』과 초공(焦贛/焦延壽)의 『역림』을 뜻한다. 심약(沈約)은 남북조 시대의 문인으로, "사성팔병(四聲八病)"의 엄격한 기준을 내세우고 『사성보(四聲譜)』를 편찬했다. 심약 이후 사성을 엄격하게 운용하게 되니 옛 운[古韻]이 사라지게 되었는데, 『홍무정운(洪武正韻)』 이후 운서(韻書)들에서는 이를 바로잡아야 한다는 인식이 나타나기도 한다. 『사성통해(四聲通解)』는 1517년(중종 12)에 최세진(崔世珍)이 편찬한 운서다. 『지봉유설』 문자부 「자음(字音)」에는 "우리 조선에서는 최세진이 한음(漢音)에 가장 밝았는데, 『사성통해』를 저술하여 세상에 전했다.(本朝崔世珍最曉漢音, 著四聲通解, 以傳於世.)"라는 구절이 보인다.

자서(字書)는 글자를 풀이한 책이니, 곧 자전(字典)이다. "비(備)"는 자전의 체계가 온전히 갖추어졌다는 뜻으로 이해할 수 있는데, 총 542개의 부수에 16,917자의 글자를 수록한 『옥편(玉篇)』은 오늘날 '한자사전'의 대명사로 사용되기도 한다. 편자인 고야왕(顧野王)은 남조 양(梁)나라와 진(陳)나라에서 활동한 학자로, 543년 즉 양나라 무제(武帝) 대동(大同) 9년에 『옥편』을 완성했다. 이를 고려하면 "양나라의 고야왕"이라고 하는 것이 더 정확한 표현일 것이다.

○ 과거. 주나라에는 빈흥이 있었다. 한나라에는 효렴, 수재, 사책, 명경이 있었다. 수나라에는 진사과가 있었다. 당나라에는 공거와 삼장이 있었다. 송나라에는 전시가 있었다. 우리나라에서는 고려 광종이 처음으로 시, 부, 송, 책의 시험을 베풀어 진사 급제를 내렸다. 현종이 처음으로 감시를 시행했다. 문종이 봉미법을 시행했다. 황항지가 맡은 시험이 매우 문란했던 일로 인한 것이다

科擧. 周, 賓興. 漢, 孝廉秀才射筞明經. 隋, 進士科. 唐, 貢擧三場. 宋, 殿試. 我東, 高麗光宗始設詩賦頌筞, 賜進士及第. 顯宗始行監試. 文宗行封彌法. 因黃抗之考試甚濫

"빈흥(賓興)"은 어질고 능력 있는 이를 천거하는 제도다. 『주례』 지관(地官) 「대사도(大司徒)」에 "향(鄕)마다 세 가지 일로 만민을 가르치고 빈흥을 한다.(以鄕三物, 教萬民而賓興之.)"라는 구절이 있는데, "세 가지 일(三物)"은 6덕(六德)과 6행(六行)과 6예(六藝)를 말한다.

한나라의 관리 선발 제도는 "찰거(察擧)" 즉 인재를 추천하여 등용하는 제도였으니, 과거제와는 조금 다른 것이었다. 효렴(孝廉), 수재(秀才), 사책(射策), 명경(明經)의 네 가지는 찰거의 유형 또는 과정과 관련된 것이다. 효렴과 수재는 지방관이 인재를 추천하여 등용하게 한 제도로, 시행 시기와 추천 주체에 약간의 차이가 있다. '효렴'은 무제(武帝)가 시행했는데, 각 군국에서 효(孝, 부모를 잘 섬기는 사람) 1인과 렴(廉, 청렴한 사람) 1인을 추천하게 했다. '수재'는 서한 후기에 시행했으며, 자사가 "무재이등(茂才異等)" 또는 "무재특립지사(茂才特立之士)" 즉 특별한 재주를 지닌 사람을 추천하게 했다. "명경(明經)"은 유가의 경학(經學)에 밝은 인재를 찾아서 추천하게 한 제도다. "사책(射策)"은 경전 구절 등에 대해 질문하고 답하게 함으로써 인재의 능력을 시험한 제도인데, '명경'으로 추천된 인재의 능력을 이를 통해 확인하였다. 『아희원람』에서 "策"을 속자인 "筞"으로 표기했는데, 의도가 있었는지는 분명하지 않다.

수나라에서는 남북조 시대의 구품중정제(九品中正制)를 고쳐서 과거제를 시행했는데, 시험 제도로서의 과거제는 이로부터 비롯되었다고 할 수 있다. 수나라 양제(煬帝) 때인 대업(大業) 원년(605)에 진사과(進士科)를 설치하였다. 당나라 때의 일로 언급한 "공거(貢擧)"는 과거를 담당하는 자리인 '지공거(知貢擧)'를 둔 일을 말하며, "삼장(三場)"은 세 차례의 시험을 치르게 한 제도를 뜻한다. 『지봉유설』 관직부(官職部) 「과목(科目)」에 "천보 연간(742~755)에 이르러 문책(問策) 이외에 다시 시(詩)와 부(賦)를 시험하니, 삼장(三場)이 되었다.(至天寶年間, 問策外, 更試詩賦, 爲三場.)"라는 말이 보인다.

고려의 과거제에 대한 기록은 『고려사』 선거지(選擧志) 「과목(科目)」에서 확인할 수 있다. 광종 9년(958)에 쌍기(雙冀)의 의견에 따라 시, 부, 송(頌) 및 시무책(時務策)으로 진사(進士)를 뽑고, 명경(明經)과 의복(醫卜) 등도 뽑았다고 했다. 현종 8년(1017)에는 "동당감시(東堂監試)"가 있었다고 했는데, 이는 고려시대 과거의 본 시험에 해당한다. "봉미법(封彌法)"은 과거 시험의 답안지[試券]에 기재한 이름 및 인적 사항 등을 가리는 제도로, 북송 대에 도입했다고 알려져 있다. 『고려사』 선거지 「과목(科目)」에 "(문종) 16년(1062) 3월에 국자사업 황항지가 국학의 제생(諸生)을 시험하는 일을 맡았는데, 성적 등급의 결정이 몹시 문란하였다. 중서사인 정유산(鄭惟産)에게 명하여 다시 시험을 치르게 했다. 정유산이 봉미(封彌)의 법을 시행할 것을 청하였으니, 과거 시험장에서 봉미를 하게 된 것은 여기서 비롯되었다.(十六年三月, 國子司業黃抗之考試國學諸生, 署科甚濫. 命中書舍人鄭惟産, 改試. 惟産請行封彌之法, 貢闈封彌始此.)"는 기사가 있다.

○ 고적. 오늘날의 포폄(褒貶)과 같다. 순임금이 그 법도를 세웠다.

考績. 猶今褒貶. 舜立其法.

"고적(考績)"은 곧 고과(考課)이니, 관리의 근무 성적을 살피는 일을 말한다. 『서경』 「순전(舜典)」에 "3년마다 공적을 살폈는데, 세 번 살핀 다음에 혼암한 자는 내치고 현명한 자는 올려주었다.(三載考績, 三考, 黜陟幽明.)"라는 말이 있다.

○ 조빙. 황제 때부터 비롯되었다. 봄에 조회하는 것을 '조(朝)'라 하고, 가을에 조회하는 것을 '정(請)'이라 하고, 많은 제후가 함께 조회하는 것을 '동(同)'이라 하고, 일이 생겼을 때 조회하는 것을 '근(覲)'이라 한다.

朝聘. 始自黃帝時. 春見曰朝, 秋見曰請, 殷見曰同, 時見曰覲.

"조빙(朝聘)"은 제후가 직접 또는 사신을 보내 천자를 알현하는 일을 뜻하는데, 제후가 직접 알현하는 '조회(朝會)'와 대부나 경을 사신으로 보내는 '빙문(聘問)'으로 구분하기도 한다. '조빙'의 유형은 보통 여섯 가지로 나뉘는데, 『주례』 춘관(春官) 「대종백(大宗伯)」에서 "봄에 조회하는 것을 조(朝)라 하고, 여름에 조회하는 것을 종(宗)이라 하고, 가을에 조회하는 것을 근(覲)이라 하고, 겨울에 조회하는 것을 우(遇)라 한다. 일이 생겼을 때 조회하는 것을 회(會)라 하고, 많은 제후가 함께 조회하는 것을 동(同)이라 한다.(春見曰朝, 夏見曰宗, 秋見曰覲, 冬見曰遇. 時見曰會, 殷見曰同.)"라 한 것이 그 근거가 된다. 이는 『아희원람』의 서술과는 일치하지 않는데, 『아희원람』이 어떤 문헌을 근거로 이처럼 서술한 것인지는 분명하지 않다. 다만 『사기』 「위기무안후열전(魏其武安侯列傳)」에 있는 "不得入朝請"의 주석에 "제후가 봄에 천자를 조회하는 것을 '조'라 하고 가을에 조회하는 것을 '정'이라 한다.(諸侯春朝天子曰朝, 秋曰請.)"고 하고서 이때의 '請'의 음은 '정'이라는 정보를 덧붙인 것을 볼 수 있다.

○ 사냥. 삼대에 이미 행해졌다. 봄에 하는 것을 '수(蒐)'라 하고, 여름에 하는 것을 '묘(苗)'라 하고, 가을에 하는 것을 '선(獮)'이라 하고, 겨울에 하는 것을 '수(狩)'라 한다.

田獵. 三代已行. 春曰蒐, 夏曰苗, 秋曰獮, 冬曰狩.

"전렵(田獵)"은 사냥을 뜻하는 말인데, 여기서는 천자 또는 군주가 베푸는 사냥을 제시했다. '그물[網罟]' 항목에 보이는 복희씨의 일이 일반적인 사냥의 기원이라 할 수 있을 것이다. 삼대에 군주가 베푼 사냥의 명칭은 계절에 따라 달리 기록되어 있는데, 문헌에 따라서도 차이가 나타난다. 여기서 제시한 명칭은 『이아』의 것과 같다. 이 밖에 『공양전(公羊傳)』에서는 묘(苗, 봄), 수(蒐, 가을), 수(狩, 겨울)라 하였고, 『곡량전(穀梁傳)』에서는 전(田, 봄), 묘(苗, 여름), 수(蒐, 가을), 수(狩, 겨울)라 했다. 『공양전』에 여름의 사냥에 대한 언급이 없는 것은, 여름은 농사일을 할 시기이므로 사냥을 하지 않았다고 생각했기 때문이다.

○ 환곡. 고구려 고국천왕이 궁을 나섰다가 어떤 이가 곡을 하고 있는 것을 보고서 그 까닭을 물었다. 그 사람이 대답하기를 "품팔이를 해서 어머니를 봉양했는데, 금년에는 흉년이라 품팔이할 수가 없습니다"라 하였다. 왕은 이르기를 "나의 죄로다"라 하고, 후하게 재물을 내려주었다. 관곡(官穀)을 내어서 백성들에게 진대(賑貸)하고 겨울이 되면 돌려받아 실어오는 것을 일정한 규칙으로 삼았다.한나라 영제 때

還穀. 高句麗故國川王出見哭者, 問故, 對曰, 傭力養母, 今年不登, 無以傭. 王曰, 孤之罪. 厚賜之. 出官穀, 賑百姓, 至冬還輸, 以爲式.漢靈帝時

환곡(還穀)은 흉년 또는 봄에 곡식을 빌려주고 가을에 곡식을 거두던 진휼(賑恤)의 제도인데, 여기서는 그 기원으로 고구려의 진대법(賑貸法)을 들었다. 『삼국사기』 「고구려본기」에 고국천왕 16년(194)의 일로 기록되어 있는데, 이에 의하면 왕이 10월에 질양(質陽)에 사냥을 나갔다가 곡을 하고 있는 백성을 만나게 되었다고 한다. 『아희원람』에서는 이 기사를 요약하여 서술했는데, 주석에서 "한나라 영제 때"라고 한 것은 오류인 듯하다. 고국천왕 16년(194)은 헌제(獻帝, 재위 189~220) 때에 해당하기 때문이다. 고국천왕이 즉위할 때 한나라 황제는 영제였으니, 어쩌면 이를 따랐는지도 모르겠다.

○ 천연두. 한나라 광무제 때에 비롯되었다. 마원이 남쪽을 정벌하다가 오랑캐의 역질에 감염되었다. ◯ 살피건대 의서에서는 천연두가 주나라 말기 진나라 초기에 비롯되었다고 한다. 속설에는 만리장성으로 인해 내린 재앙이라고도 한다.

痘瘡. 始於漢光武時. 馬援南征, 染得虜疫. ◯ 按醫書云, 痘疫始於周末秦初. 俗傳萬里長城所祟.

『지봉유설』 인사부(人事部) 「질병(疾病)」에 "痘瘡, 始於漢光武時. 馬援南征, 染得虜疫."이라는 구절이 보이는데, 『격치총서(格致叢書)』를 인용한 것이라 했다. 마원(馬援)은 광무제 때 복파장군(伏波將軍)에 임명되고 신식후(新息侯)로 봉해졌는데, 남방을 정벌하다가 전염병에 감염되어 죽었다고 알려져 있다. 다만 그 병이 천연두인지는 분명하지 않다. 한편 천연두가 주나라 말 진나라 초에 비롯되었다는 설은 널리 퍼져 있었던 듯하다. 『오주연문장전산고』 「두역유신변증설(痘疫有神辨證說)」에는 『의학입문(醫學入門)』을 인용하여 이렇게 서술한 구절이 있고, 윤기가 왕의 천연두 치유를 기뻐하며 읊은 「성두가(聖痘歌)」에는 "주말 진초에 비로소 천연두가 생기니(周末秦初始有痘)"라는 구절이 있다.

○ 별호. 옛날에는 드물었다. 오직 황보밀이 현안선생으로 호를 삼고, 도원량이 오류선생으로 호를 삼았을 뿐이다. 이백, 두보, 한유, 유종원은 다만 관작으로만 칭하였다. 구양수와 소식에 이르러 비로소 별호가 생겼다. 지금 중국 사람들은 별호를 가장 즐겨 쓰니, 학사와 대부, 수레 만드는 장인과 장사치가 모두 호를 부른다.'거사'라는 호는 은나라와 주나라 사이에 생겼다

別號. 古則鮮. 惟皇甫謐號玄晏先生, 陶元亮號五柳先生. 李杜韓柳, 只以

官爵稱之. 至歐蘇, 始有之. 今中朝人最尙, 學士大夫輿人賈竪, 皆稱號.居士之號, 起於商周之間

『지봉유설』 잡사부(雜事部) 「명호(名號)」에 별호에 대한 서술이 보이는데, 『아희원람』에서는 이를 축약하여 서술한 듯하다. 관작(官爵)으로 일컬어진 구체적 사례—이한림(李翰林), 두공부(杜工部), 한창려(韓昌黎), 유유주(柳柳州)—를 제외했고, 중국과는 달리 우리나라에서는 호(號)로 일컫지 않으려 한다는 등의 말은 옮기지 않았다. "도원량(陶元亮)"은 곧 도연명(陶淵明)인데, '원량'과 '연명'은 모두 자이며 '잠(潛)'이 이름으로 알려져 있다. 구양수(歐陽修)의 호는 취옹(醉翁) 또는 육일거사(六一居士)이며, 소식(蘇軾)의 호는 동파(東坡)다.

주석에서 언급한 '거사'에 대한 정보는 송대 문헌에서 찾아볼 수 있다. 원나라 말기 도종의(陶宗儀)의 『철경록(輟耕錄)』에서는 "지금 사람들 가운데에는 '거사'로 자호하는 사람이 매우 많다. 육경(六經)을 살펴보면, 오직 『예기』 「옥조」에 '거사는 금대를 두른다(居士錦帶)'는 구절이 있을 뿐인데 그 주석에서는 '도예처사(道藝處士)'라 하였다. 오증의 『능개재만록(能改齋漫錄)』에서는 '거사라는 호는 상나라와 주나라 때에 생겼다'고 했다.(今人以居士自號者, 甚多. 考之六經中, 惟禮記玉藻, 有曰居士錦帶. 注謂道藝處士也. 吳曾能改齋漫錄云, 居士之號, 起於商周之時.)"라 하였는데, 오증(吳曾)이 송나라 사람이다.

○ 만가. 주나라 때부터 있었다. 뒤에 전횡이 죽으니 따르던 이들이 감히 곡을 할 수 없었는데, 이에 노래를 지어 애도하는 뜻을 부쳤다.

輓歌. 自周時有之. 後田橫死, 從者不敢哭, 作歌寄哀.

『지봉유설』 문장부(文章部) 「애사(哀辭)」에서 발췌한 것으로 보이는데, '주나라'의 사례를 제외해서 문맥이 다소 부자연스럽다. 『지봉유설』에서는 "노나라 공손하가 그 부하들에게 우빈(虞殯)을 노래하게 했다(魯公孫夏命其徒歌虞殯)"라는 『좌전』 애공(哀公) 11년 조의 기사를 제시하고, "주나라 때부터 있었(自周時有之)"음을 알 수 있다고 했다. 『지봉유설』에서는 전횡의 일에서 만가의 기원을 찾는 견해가 잘못됐다고 지적하기도 했다. 전횡(田橫)은 제나라 왕으로, 유방이 보낸 세객(說客)을 죽인 일이 있다. 유방이 황제가 된 뒤에 전횡을 낙양으로 불러들이니, 전횡은 낙양으로 들어가지 못하고 부하 500여 명과 자결하였다. 이에 전횡의 식객들이 감히 곡을 하지 못하고 애도하는 뜻을 담아 '해로가(薤露歌)'와 '호리곡(蒿里曲)'을 지었다고 한다.

○ 도량. 10망(芒)을 묘(眇)라 하고, 10묘를 진(塵)이라 하고, 10진을 미(微)라 하고, 10미를 홀(忽)이라 하고, 10홀을 사(絲)라 하고, 10사를 호(毫) 호(豪)라고도 한다 라 하고, 10호를 리(氂)라 한다. 8촌(寸)을 지(咫)라 하고, 10촌을 척(尺)이라 한다. 5척을 묵(墨)이라 하고, 8척을 심(尋) 인(仞)이라고도 한다 이라 하고, 10척을 장(丈)이라 하고, 심(尋)의 2배를 상(常)이라 한다. ○ 10서(黍)를 류(絫)라 하고, 64서를 규(圭)라 하고, 4규를 촬(撮)이라 하고, 1,200서를 작[龠] 지금 시속에서는 석(夕)이라고 쓴다 이라 하고, 10작을 홉[合]이라 하고, 10홉을 되[升]라 하고, 10되를 말[斞]이라 한다. 6말[斗] 4되를 부(釜)라 하고, 10부를 종(鍾)이라 한다. 10말[斗]을 곡(斛)이라 하고, 15말을 석(碩)이라 하고, 16말을 유(庾) 수(籔)라고도 한다 라 하고, 16곡(斛)을 병(秉)이라 한다. 혹은 이르기를, 10촬(撮)을 초(抄)라 하고, 10초를 작(勺)이라 하고, 10작을 홉[合]이라 한다. 한 손에 가득 담은 양을 일(溢)이라 하고, 두 손으로 움켜쥔 양을 국(掬)이라 한다. 4국을 두(豆)라 하고, 4두를 구(區)라 하고, 4구를 부(釜)라 한다. 부(釜)가 둘 반이면 수(籔)라 하고, 수가 둘 반이면 부(缶)라 한다. 2부를 종(鍾)이라 하고, 2종을 병(秉)이라 한다. ○ 10류(絫)를 수(銖)라 한다. 6수를 치(錙)라 하고, 24수를 냥(兩)이라 한다. 냥이 하나 반이면 첩(捷)이라 하고, 2첩을 거(擧)라 하고, 6냥을 환(鍰) 열(鋝)이라고도 한다

이라 하고, 10냥을 정(錠)정(定)이라고도 쓴다이라고 하고, 16냥을 근(斤)이라 하고, 24냥을 일(鎰)이라고 한다. 10근(斤)을 형(衡)이라고 하고, 15근을 칭(秤)이라 하고, 30근을 균(鈞)이라 한다. 4균을 석(石)이라 하고, 4석을 고(鼓)라 한다. ○ 다섯 배를 사(蓰)라 한다. 10백을 천(千)이라 하고, 10천을 만(萬)이라 하고, 10만을 억(億)이라 하고, 10억을 조(兆)라 하고, 10조를 경(京)이라 하고, 10경을 자(秭)라 하고, 10자를 해(垓)라 하고, 10해를 보(補)라 한다.

度量. 十茫曰眇, 十眇曰塵, 十塵曰微, 十微曰忽, 十忽曰絲, 十絲曰毫,亦曰豪 十毫曰釐. 八寸曰咫, 十寸曰尺, 五尺曰墨, 八尺曰尋,亦曰仞 十尺曰丈, 倍尋曰常. ○ 十黍曰絫, 六十四黍曰圭, 四圭曰撮, 千二百黍曰龠,今俗作夕 十龠曰合, 十合曰升, 十升曰㪷. 六斗四升曰釜, 十釜曰鍾, 十斗曰斛, 十五斗曰碩, 十六斗曰庾,亦曰籔 十六斛曰秉.或云, 十撮曰抄, 十抄曰勺, 十勺曰合. 一手盛曰溢, 兩手曰掬, 四掬曰豆, 四豆曰區, 四區曰釜, 釜二有半曰籔, 籔二有半曰缶, 缶二曰鍾, 鍾二曰秉. ○ 十絫曰銖, 六銖曰錙, 二十四銖曰兩, 兩有半曰捷, 倍捷曰舉, 六兩曰鍰,亦曰鋝 十兩曰錠.或作定 十六兩曰斤, 卄四兩曰鎰, 十斤曰衡, 十五斤曰秤, 三十斤曰鈞, 四鈞曰石, 四石曰鼓. ○ 五倍曰蓰. 十百曰千, 十千曰萬, 十萬曰億, 十億曰兆, 十兆曰京, 十京曰秭, 十秭曰垓, 十垓曰補.

"도(度)"는 길이를, "량(量)"은 부피를 뜻한다. 그렇지만 이 항목에서는 "형(衡, 무게)"과 "수(數)"도 함께 제시했다. 본문에는 3개의 "○" 표시가 있는데, 이를 경계로 하여 "도(度)-량(量)-형(衡)-수(數)"의 네 가지 내용이 기록되어 있다. 여기에 제시한 '단위'들은 당시에 사용되던 것과는 다소 거리가 있는 듯한데, 이미 사용하지 않게 된 단위나 의미[크기]가 달라진 단위의 사례도 제시되어 있다. 이는 '창시'라는 장의 제목과 연관된 현상으로 이해해도 좋을 것이다.

도(度) 즉 길이는 세 부분으로 구성되어 있다. 첫 번째는 망(茫)에서부터 리(釐)까지의 7개 단위인데, 이는 호인(胡寅)이 말한 "망, 홀, 호, 리와 같은 작은 데서 비롯되어 막을 수 없는 지경까지 이르게 된다.(芒忽毫釐, 至不可禦.)"라는 구절에 대한 주석에 보인다. 이 주석은 『자치통감강목(資治通鑑綱目)』에서 찾을 수 있으며, 『지봉유설』 잡사부 「수명(數名)」에는 다른 견해까지 덧붙여 실었다. 두 번째는 지(咫)와 척(尺)의 단위인데, 이 부분은 『설문해자』에 보인다. 즉 "보통 부인의 손의 길이가 8촌이니, 이를 일러 '지'라 한다. 주나라 때의 1척이다.(中婦人手長八寸, 謂之咫, 周尺也.)"라고 했으며, "척은 10촌이다(尺, 十寸也)"라고 했다. 세 번째는 묵(墨)에서 상(常)까지의 4개 단위인데, 『국어』의 "장, 묵, 심, 상의 사이에 지나지 않는다(不過丈墨尋常之間)"라는 구절의 주석에 보인다.

량(量) 즉 부피는 네 부분으로 나눌 수 있다. 첫 번째는 서(黍)에서 말[㪷]까지의 단위인데, 이는 『지봉유설』 잡사부 「수명」에 보인다. 해당 부분에 "지금 세간에서는 작[龠]을 석(夕)이라고 쓰는데, 그럴 만한 이치가 없는 듯하다. 아마도 '작(勺)'을 잘못 쓴 것인 듯하다.(今俗以龠作夕, 似無理. 蓋勺字之誤也.)"는 의견을 덧붙였는데, 『아희원람』에서는 '夕'으로 쓰기도 한다는 사실만 주석으로 밝혀두었다. 두 번째는 부(釜)에서 병(秉)까지의 단위인데, 『논어』 「옹야(雍也)」에 있는 "공자께서 '1부를 주라'고 하셨다.(子曰, 與之釜.)" 등의 구절에 붙여진 주석에서 찾아볼 수 있다. 세 번째는 주석의 앞부분, 즉 촬, 초, 작, 홉의 크기를 설명한 부분인데, 『지봉유설』에서는 "10서=1류, 64서=1규, 4규=1촬, 1,200서=1작[龠], 10작=1홉, 10홉=1되, 10되=1말, 10말=1곡[斛]"의 단위를 설명한 뒤에 이를 덧붙였다. 즉 『아희원람』에서는 부피의 첫 번째 부분에 대한 이설(異說)인 셈이다. 네 번째는 주석의 뒷부분인데, 이 또한 『지봉유설』에 보인다. 『아희원람』에서는 두 번째 부분 즉 『논어』 주석에서 확인되는 '부(釜), 수(籔), 종(鍾)' 등에 대한 이설로 처리한 셈이 된다.

형(衡) 즉 무게는 『지봉유설』 잡사부 「수명」과 거의 같은데, 약간 차이가 있다. 우선 "치(錙)"의 크기를 『아희원람』에서는 6수(銖)라 했지만 『지봉유설』에서는 8수라 한 점이 다르다. 다른 문헌을 찾아보면 두 가지가 모두 보이는데, 『구장산술(九章算術)』 등 다수의 문헌에서는 8수라 하였지만 『악률전서(樂律全書)』를 비롯한 악학(樂學) 관련 문헌에서는 6수라 한 것을 확인할 수 있다. 또 열(鋝), 정(錠) 또는 정(定), 그리고 일(鎰)에 대한 설명은 보이지 않는데, 이는 『맹자』 등 경전의 주석에서 확인된다. 장혼이 추가한 정보인 셈이다.

수(數) 부분은 『지봉유설』 잡사부 「수명」의 서술과 거의 같은데, 다섯 곱절을 뜻하는 "사(蓰)"는 따로 추가한 듯하다. 여기서 거론한 숫자들은 먼 과거에 사용되던 것일 뿐이며, 『지봉유설』 또는 『아희원람』 편찬 시기에 사용되던 것은 아니다.

3

방도 邦都

나라와 도읍의 내력

"방도(邦都)"는 나라[邦]와 도읍[都]을 뜻하는 말이다. 실제 수록한 내용을 살펴보면, 이는 다시 동방(東方)에 세워진 나라와 건국 신화, 그리고 그 도읍지와 천도(遷都)의 경과를 가리키는 것이라고 구체화할 수 있다. 물론 이 말로 실제의 내용을 온전히 설명할 수 있는 것은 아닌데, 여기에는 적어도 두 가지 문제가 있기 때문이다.

첫째는 백제처럼 서술하지 않은 나라가 있는가 하면 신라처럼 여러 항목에 걸쳐 서술한 나라가 있다는 점이다. 이 문제는 '건국된 나라'가 아니라 '건국 시조의 이야기'라는 관점에서 보면 이해할 수 있을 듯하다. 사실 장혼 당대의 문헌에 기록된 내용에 한정한다면, 백제는 특별한 건국 신화가 없는 것처럼 보인다. 『삼국사기』에 등장하는 비류와 온조, 그리고 『수서』 등의 중국 문헌에 등장하는 구태(仇台)의 이야기가 있지만, 고구려 신화에 부속된 것이거나 일반적인 역사 서술의 일부처럼 받아들여질 가능성이 높아 보인다. 물론 오늘날에는 백제 나름의 독자적인 건국 신화가 있었으리라고 추정하고 그 내용을 추론한 연구가 이루어졌지만, 장혼의 시대에 명확히 기록이 없는 백제의 건국 신화를 말할 수는 없었을 것이다. 신라의 사례로 '(박)혁거세-석탈해-미추왕[김알지의 후손]'의 세 항목을 제시한 것도 같은 맥락에서 이해할 수 있는데, 박, 석, 김의 세 성(姓)이 왕위에 오른 특수한 상황을 고려하여 각각의 시조 신화에 대한 기록을 찾아 수록한 셈이기 때문이다. 『아희원람』에서는 역대의 나라와 왕통을 제시한 "전운(傳運)" 제10장을 별도로 두었으니, 이는 내용상의 중복을 피하는 구성이라고 할 수도 있다.

둘째는 "방도"에 직접 해당한다고 보기 어려운 사항이 덧붙여져 있다는 점이다. 중앙 관아의 명칭을 나열한 '관사(官司)', 정일품에서 종구품까지의 품계를 정리한 '품질(品秩)'을 두었고, 말미에는 한성부의 구획 명칭과 팔도(八道)의 고을 및 한성으로부터의 거리를 정리하여 수록했다. 이 내용들이 "방도"라는 제목과 정확히 부합한다고 말하기는 어려우며, 따라서 문헌의 짜임새라는 관점에서는 흠결이라고 해도 틀린 말은 아닐 것이다. 그렇지만 한편으로는 서문에서 밝힌 "응졸"의 목적에는 어긋나지 않는다. 『경국대전』 등의 법전이나 『고사촬요(攷事撮要)』와 같은 실용서를 갖추어놓을 형편이 되지 않는다면, 이러한 정보를 수록하여 필요할 때 찾아볼 수 있도록 하는 것은 많은 사람들에게 도움이 될 수 있었을 것이기 때문이다.

○ 동방에는 처음에 군장이 없었다. 어떤 사람이 태백산 박달나무 아래에 내려오니 나라 사람들이 그를 임금으로 세웠는데, 이 사람이 단군이다. 성은 환씨이며, 이름은 왕검이다 요임금과 같은 때에 임금이 되었으며, 백성들에게 머리를 묶고 모자[冠] 쓰는 법과 의복, 음식의 제도를 가르쳤다. 상나라 무정 8년에 아달산구월산에 들어가 신선이 되었다. 임금 자리에 있었던 햇수가 1,000년이요, 사당은 평양에 있다.

東方初無君長. 有人降于太白山檀木下, 國人立之, 是爲檀君. 姓桓氏, 名王儉 並堯立. 敎民編髮 · 蓋首 · 衣服 · 飮食之制. 商武丁八年, 入阿達山, 九月山 爲神. 在位一千年, 廟在平壤.

『아희원람』의 단군에 대한 기록에는 신화적인 요소가 거의 보이지 않는다. 환인(桓因)과 환웅(桓雄)을 언급하지 않고 "어떤 사람"이 내려왔다고 했으며, 웅녀(熊女) 이야기는 아예 배제했다. 대신 군장이 되어 백성들에게 여러 가지 제도를 가르쳤다는 등의 문화적 업적을 강조하고 있다. 여기서 건국 신화를 대하는 시각과 태도를 어느 정도 짐작할 수 있는데, 다만 그것이 편자 장혼의 독창적인 것이라 하기는 어려울 듯하다. 유사한 내용을 기록한 전대 문헌을 찾아볼 수 있기 때문이다.

첫째는 『동국통감(東國通鑑)』(1485) 외기(外紀)를 들 수 있다. 『동국통감』에서는 "동방에는 처음에 군장이 없었다. 어떤 신인(神人)이 박달나무 아래로 내려오니 나라 사람들이 그를 임금으로 세웠는데, 이 사람이 단군이다. 나라 이름을 조선이라 하니, 이때가 요임금 무진년이다. 처음 평양에 도읍을 정하고, 뒤에 백악으로 도읍을 옮겼다. 상나라 무정 8년 을미년에 아사달산에 들어가 신선이 되었다. (東方初無君長. 有神人降于檀木下, 國人立爲君, 是爲檀君, 國號朝鮮, 是唐堯戊辰歲也. 初都平壤, 後徙都白岳, 至商武丁八年乙未, 入阿斯達山爲神.)"고 했으니, 상당히 유사한 표현들을 찾아볼 수 있다. 이를 참고하면 『아희원람』의 "인(人)"과 "아달산(阿達山)"은 "신인(神人)"과 "아사달산(阿斯達山)"의 오기일 가능성도 배제하기 어렵다. 도읍지에 대한 서술이 보이지 않는 것은, 『아희원람』에는 나라별로 도읍지를 정리한 부분이 따로 있기 때문일 것으로 이해할 수 있다.

둘째는 홍만종(洪萬宗)의 『동국역대총목(東國歷代總目)』(1705)인데, 여기에는 "무진 원년[요임금 25년]에 백성들에게 머리를 묶고 모자(冠) 쓰는 법을 가르쳤다.—군신과 남녀, 음식과 거처의 제도가 또한 이로부터 비롯되었다고 한다.(戊辰 元年[唐堯二十五年], 教民編髮蓋首[君臣男女飮食居處之制, 亦自此始云.])"처럼 단군이 백성들에게 여러 가지 제도를 가르쳤다고 한 대목이 보인다.

○ 신라 시조는 성이 박씨이며 이름이 혁거세다. 처음에 양산의 숲속에 기이한 기운이 있었는데, 찾아가 살펴보다 알 하나를 얻었다. 알을 깨보니 어린아이가 있었는데, 모습이 단아하고 아름다웠다. 냇물에 목욕시키니 몸에서 광채가 났으며, 새와 짐승들이 따라와 춤을 추었다. 신성하다고 여겨 임금으로 세웠으니, 이때 나이가 13세였다. **한나라 선제 오봉 5년이다**

新羅始祖, 朴氏, 名赫居世. 初楊山林間, 有異氣, 尋得一卵, 剖有嬰兒, 儀形端美, 浴於川, 身生光彩, 鳥獸率舞. 以爲神, 立爲君, 年十三. 漢宣帝五鳳五年

『아희원람』에서 단군조선에 이어 신라를 제시한 점, 그리고 신라에 대해서 '(박)혁거세-석탈해-미추왕[김알지의 후손]'의 세 '시조'를 서술한 점은 특징적이다.

신라 시조 박혁거세의 신화는 구체적인 지명을 생략하는 등 축약하여 기록한 것으로 보이는데, 알에서 태어났다거나 새와 짐승이 춤을 추었다는 정도의 신화적 요소는 그대로 유지하였다. 다만 다른 문헌과 비교할 때 오기로 추정되는 부분도 있는데, 적어도 왕위에 오른 시점으로 제시한 한나라 선제 오봉 "5년(五年)"은 "원년(元年)"의 오기가 분명해 보인다. 『삼국사기』 이래 거의 모든 문헌이 "원년"으로 기록하고 있기 때문이다. 오봉 원년은 기원전 57년이다. 『아희원람』에 기록된 박혁거세 신화는 『삼국사기』보다는 『삼국유사』에 더 가까운 것으로 판단되는데,

『삼국유사』에 보이는 짐승들이 춤을 추었다는 화소가 포함되어 있기 때문이다. 다만 말 또는 백마(白馬)에 대한 언급이 없는 것은 전대 문헌과의 차이라 할 수 있는데, 이것이 의도적인 것인지는 분명하지 않다. 『삼국유사』 「신라시조 혁거세왕(新羅始祖赫居世王)」에 전하는 신화는 다음과 같다. "이때 높은 곳에 올라 남쪽을 바라보니, 양산 아래 나정 곁에 번갯불 같은 기이한 기운이 땅에 드리우더니 백마 한 마리가 꿇어앉아 절을 하는 모습이 보였다. 그곳을 찾아가 살펴보니 붉은 알 하나—푸르고 큰 알이라고도 한다—가 있었는데, 말은 사람을 보고서 길게 울고 하늘로 올라가 버렸다. 그 알을 깨보니 사내아이 하나가 나왔는데, 모습이 단정하고 아름다웠다. 놀라고 기이하게 여겨서 동천(東泉)—동천사가 사뇌야 북쪽에 있다—에서 목욕시키니, 몸에서 광채가 나고 새와 짐승들이 따라와 춤을 추었다. 천지가 진동하고 해와 달이 청명하였다. 인하여 이름을 혁거세왕이라 했다.(於時, 乘高南望, 楊山下蘿井傍, 異氣如電光垂地, 有一白馬跪拜之狀. 尋撿之, 有一紫卵[一云青大卵], 馬見人長嘶上天. 剖其卵得童男, 形儀端美. 驚異之, 浴於東泉[東泉寺在詞腦野北], 身生光彩, 鳥獸率舞, 天地振動, 日月淸明, 因名赫居世王.)"

○ 신라왕 석탈해. 처음에 파나국에서 [다파나국 국왕이] 여국왕의 딸을 왕비로 맞이하였는데, 왕비가 알 하나를 낳았다. 그 알을 비단에 싸서 강물에 띄웠더니, 진한에 이르렀다. 한 노파가 아이가 있는 것을 보았는데, 떠내려올 때에 까치[鵲]가 따라오며 울었기 때문에 '작(鵲)' 자에서 '조(鳥)' 자를 빼고 '석(昔)'으로 성을 삼았다. 또 궤를 열고 나왔기 때문에, 이것으로 이름을 삼았다. 뒤에 남해왕의 사위가 되었다가 임금이 되었다.

新羅王昔脫解. 初, 婆那國娶女國王女, 生一卵. 褁帛浮江, 至辰韓. 老嫗見有兒, 以來時鵲隨鳴, 故省鳥, 以昔爲姓, 以解櫝出, 故名. 後爲南解婿, 立爲君.

『삼국사기』 등에 수록된 석탈해 신화를 축약한 것으로 추정되는데, 표현 및 맥락이 부자연스러운 부분이 있다. 또한 원문의 "파나국(婆那國)"은 오기로 짐작되는데, 『삼국사기』의 기록을 참고하면 "다파나국(多婆那國)" 또는 "다파나국왕(多婆那國王)"으로 고쳐야 할 듯하다. 『삼국사기』에서는 다파나국이 "왜국의 동북쪽 1,000리"에 있다고 했다. 『삼국유사』에서는 석탈해가 스스로 '용성국(龍城國) 사람'이라고 말하는데, 그 주석에서는 용성국은 정명국(正明國), 완하국(琓夏國), 화하국(花廈國)이라고도 하며 왜국의 동북쪽 1,000리에 있다고 설명했다.

『삼국사기』 신라본기 「탈해이사금(脫解尼師今)」에 수록된 석탈해 신화에는 출생과 성장에서부터 호공(瓠公)의 집을 취하고 공주와 혼인하여 결국 왕위에 오르기까지의 일이 서술되어 있는데, '석탈해'라는 이름을 얻기까지의 전반부를 제시하면 다음과 같다. "탈해는 원래 다파나국에서 태어났는데, 그 나라는 왜국의 동북쪽 1,000리에 위치해 있다. 처음에 그 나라의 국왕이 여국왕(女國王)의 딸을 맞이하여 아내로 삼았는데, 임신한 지 7년 만에 큰 알을 낳았다. 왕은 '사람으로서 알을 낳으니 상서롭지 못한 일이다. 마땅히 버려야 한다.'고 말했다. 그 아내는 차마 그렇게 할 수 없어서, 비단으로 알을 싸고 보물과 함께 궤에 넣어 바다에 띄워서 가는 대로 흘러가게 맡겨두었다. 처음에는 금관국 바닷가에 닿았는데, 금관국 사람이 괴이하게 여겨서 취하지 않았다. 다시 진한의 아진 포구에 닿았는데, 이때는 시조 혁거세가 임금이 된 지 39년이 되는 해였다. 이때 바닷가의 한 노파가 그 배를 줄로 끌어당겨 바닷가에 매어놓고서 궤를 열어 살펴보니, 거기에 어린아이 하나가 있었다. 노파가 그 아이를 거두어 길렀는데, 장성함에 키가 9척이요 풍채가 수려하며 지식이 남보다 뛰어났다. 어떤 이가 말하기를 '이 아이는 성씨를 알지 못한다. 그렇지만 처음 궤가 왔을 때에 까치[鵲] 한 마리가 울며 따라왔으니, 작 자를 줄여 석(昔)으로 성을 삼아야 할 것이다. 또한 자신을 넣어둔 궤를 풀고 나왔으니, 이름을 탈해(脫解)라고 해야 할 것이다.'고 했다.(脫解本多婆那國所生也, 其國在倭國東北一千里. 初, 其國王娶女國王女爲妻, 有娠七年乃生大卵, 王曰, 人而生卵, 不祥也, 宜棄之. 其女不忍, 以帛裹卵, 并寶物, 置於櫝中, 浮於海, 任其所往. 初至金官國海邊, 金官人怪之不取. 又至辰韓阿珍浦口, 是始祖赫居世在位三十九年也. 時, 海邊老母以繩引繫海岸, 開櫝見之, 有一小兒在焉. 其母取養之, 及壯, 身長九尺, 風神秀朗, 智識過人. 或曰, 此兒不知姓氏, 初櫝來時, 有一鵲飛鳴而隨之, 宜省鵲字, 以昔爲氏, 又解

韞櫝而出, 宜名脫解.)"

○ 신라왕 미추는 곧 알지의 7세손이다. 처음에 탈해왕이 금성 수풀 사이에서 닭 울음소리가 나는 것을 듣고서, 사람을 보내 살펴보게 하였다. 금색의 작은 궤가 나무에 걸려 있고, 흰 닭이 그 아래에서 울고 있었다. 왕이 가져다가 열어보니 범상치 않은 아이가 있었는데, 이름을 '알지'라 하고 아들로 삼았다. 금궤에서 나왔기 때문에 김(金)을 성으로 삼았다. 7세손이 곧 왕이 되었다.

新羅王味鄒, 卽閼智七世孫. 初, 脫解王聞金城林間有雞聲, 使視之, 金色小櫝掛樹, 白雞鳴其下. 王取開, 有兒奇偉, 名閼智爲子. 出金櫝, 故姓金. 七世乃爲王.

신라 13대 미추왕은 김씨 성을 가진 첫 번째 왕이다. 김알지 탄생 설화를 기록하면서 미추왕을 처음 내세운 것은 이 때문일 것이다. 김알지 탄생 설화는 『삼국사기』와 『삼국유사』에 모두 나타나는데, 세부적인 면에서는 둘 사이에 차이가 있지만 이야기의 구조는 거의 같다. 『아희원람』에는 아이를 발견하는 인물인 '호공(瓠公)'이나 궤를 발견한 장소인 '시림(始林)'과 같은 구체적인 인명, 지명 등이 보이지 않는데, 이는 축약의 결과일 것이다.

『삼국사기』 신라본기 「탈해이사금」 9년 조에 실린 설화가 『아희원람』 수록본과 유사한데, 그 내용은 다음과 같다. "9년 3월에 (탈해)왕이 밤에 금성 서쪽 시림(始林) 나무 사이에서 닭 울음소리가 나는 것을 들었는데, 새벽에 호공을 보내 살펴보게 했다. 금색의 작은 궤가 나뭇가지에 걸려 있고 흰 닭이 그 아래에서 울고 있었는데, 호공이 돌아와 그대로 아뢰었다. 왕이 사람을 보내 궤를 가져오게 하여 열어보니, 그 속에 자태와 용모가 범상치 않은 조그만 사내아이가 들어 있었다. 왕이 기뻐하며 좌우에게 말하기를 '이 어찌 하늘이 내게 훌륭한 아들을 준 것이 아니겠느냐?'라고 하고서 거두어 길렀다. 장성하니 총명하고 지략이 많아서 이름을 알지(閼智)라 하고, 금궤에서 나왔기 때문에 김(金)을 성으로 삼았다. 또 시림(始林)을 계림(鷄林)으로 고쳐 부르고, 이를 국호로 삼았다.(九年春三月, 王夜聞金城西始林樹間有鷄鳴聲, 遲明遣瓠公視之, 有金色小櫝掛樹枝, 白鷄鳴於其下, 瓠公還告, 王使人取櫝開之, 有小男兒在其中, 姿容奇偉. 上喜謂左右曰, 此豈非天遺我以令胤乎, 乃收養之. 及長, 聰明多智略, 乃名閼智, 以其出於金櫝, 姓金氏. 改始林名鷄林, 因以爲國號.)"

○ 궁예는 신라 헌안왕의 서자다. 그가 태어나자 일관이 죽이기를 권했는데, 유모가 안고 달아나다가 잘못 건드려서 손으로 한쪽 눈을 멀게 했다. 10여 세에 승려가 되었다. 뒤에 철원을 근거지로 삼아 반란을 일으켰는데, 나라 이름을 '태봉'이라 하였다. 매우 포악하고 잔인하였는데, 아내 강씨가 간언하자 쇠방망이로 음부를 쳐서 죽이고 두 아들도 함께 죽였다.

弓裔, 新羅憲安王庶子. 生, 日官勸殺, 乳母抱而逃, 誤觸手眇一目. 年十餘爲僧. 後叛據鐵原, 國號泰封. 暴虐甚, 妻康氏諫, 以鐵杵撞其陰, 殺之, 幷二子.

궁예를 고구려 동명왕보다 앞에 제시한 것은 특이한 점이라 할 수 있는데, 궁예가 '신라'에서 나온 왕이라는 점에 주목했기 때문에 이와 같은 순서를 취한 것으로 짐작된다. 궁예의 생애는 『삼국사기』「궁예열전」에 자세히 기록되어 있는데, 『아희원람』에서는 간략하게 정리한 듯하다. 예컨대 『삼국사기』에서는 궁예의 아버지는 헌안왕(憲安王)—또는 경문왕(景文王)—이며 어머니는 이름이 전하지 않는 헌안왕의 후궁[嬪御]이라 했는데, 『아희원람』에서는 "헌안왕의 서자"라고만 했으니 상당히 축약한 셈이다. 다만 이 표현은 『기년아람』 등에도 보이므로, 장혼이 이미 축약된 문헌을 참고하여 서술했을 가능성도 있다.

『삼국사기』에는 일관이 궁예를 죽이라고 한 이유도 구체적으로 제시되어 있다. 궁예는 부모에게 해로운 중오일(重午日, 5월 5일)에 태어났으며 태어날 때부터 이가 있었다는 것이다. 왕이 일관의 말을 받아들여 사자[中使]를 보냈더니, 유모가 몰래 아이를 받으려다가 "손으로 잘못 찔러 한쪽 눈을 멀게 하였다.(誤以手觸, 眇其一目.)"고 했다. 10여 세에는 "유모의 꾸지람을 듣고 세달사(世達寺)로 가서" 승려가 되었으며, 반란을 일으킨 뒤에는 국호를 여러 차례 고쳐서 911년에 국호를 마진(摩震)에서 태봉(泰封)으로 바꾸었다고 했다. 부인 강씨를 죽인 일 또한『삼국사기』에 상세하게 나와 있는데, 해당 부분은 다음과 같다. "정명 원년(915)에 부인 강씨가 왕[궁예]이 법에 맞지 않는 일[非法]을 많이 행하므로 얼굴빛을 바르게 하고 간언하였다. 왕이 미워하여 말하기를 '너는 다른 사람과 간통하였으니, 무슨 까닭이냐?'고 하였다. 강씨가 '어찌 그런 일이 있었겠습니까?'라고 말하였다. 왕은 '내가 신통력으로 그것을 보았다'고 말하고, 뜨거운 불로 달군 쇠방망이를 가지고 강씨의 음부를 쳐서 죽이고 두 아이까지 죽였다.(貞明元年, 夫人康氏, 以王多行非法, 正色諫之, 王惡之曰, 汝與他人姦, 何耶, 康氏曰, 安有此事, 王曰, 我以神通觀之, 以烈火熱鐵杵, 撞其陰殺之, 及其兩兒.)"

○ 고구려 동명왕 주몽. 처음에 동부여의 왕은 늙어서도 아들이 없었다. 곤연에서 어린아이를 얻었는데, 금빛에 개구리의 형상을 하고 있어서 이름을 '금와'라 하였다. 금와가 하백의 딸을 구하여 방 안에 가둬두었더니, 햇빛을 받아 잉태하여 큰 알 하나를 낳았다. 사내아이가 그 알을 깨고 나왔다. 7세에 스스로 활과 화살을 만들었는데, 명중시키지 못하는 일이 없었다. 속언에 활을 잘 쏘는 사람을 '주몽'이라고 하므로, 이를 이름으로 삼았다. 졸본으로 달아났는데, 그곳의 군주가 사위로 삼았고 뒤에 왕이 되었다.

高句麗東明王, 朱蒙. 初, 東扶餘王, 老無子, 得小兒於鯤淵. 金色蛙形,名金蛙. 蛙得河伯女, 幽於室中, 照日影有娠, 生一大卵, 男子破卵出. 七歲自作弓矢, 無不中. 俗言善射者爲朱蒙, 故名. 逃卒本, 其主爲婿, 後爲王.

『아희원람』에서는 문헌에 전하는 동명왕의 생애를 정리하여 서술하였는데, 『삼국사기』「고구려본기」의 기록에서 일부 유사한 표현을 찾아볼 수 있다. 그렇지만 해부루(解夫婁)나 유화(柳花)와 같은 인명을 드러내지 않고 "동부여 왕"이나 "하백의 딸"로 표현했으며, 주요 인물인 해모수(解慕漱)가 전혀 언급되지 않은 데서 짐작할 수 있듯이 내용상 상당한 축약이 이루어졌음을 확인할 수 있다.

『삼국사기』에 수록된 내용을 참고하여 『아희원람』의 서술에서 제외한 부분을 살펴보면, 대략 다섯 가지를 들 수 있다. 첫째는 동명왕의 성—고씨(高氏)—을 밝히지 않은 점이다. 둘째는 재상 아란불(阿蘭弗)의 말에 따라 부여가 도읍을 옮긴 일인데, 여기에는 부여의 천도와 주몽의 건국이 하늘의 뜻에 의한 것이라는 의미가 포함되어 있다. 셋째는 하백의 딸, 즉 유화(柳花)가 자신의 내력을 말한 부분이다. 유화와 해모수의 결합은 주몽 설화의 신화적 성격을 결정짓는 주요한 요소이니, 이는 특별히 중요한 부분이라 할 수 있다. 넷째는 유화가 낳은 알을 동물들이 보호했다는 부분이다. 다섯째는 주몽이 금와의 아들들과 경쟁하는 부분인데, "달아났다[逃]"는 표현만으로는 복잡한 갈등의 경과를 대신할 수 없을 것이다. 한편 결말 즉 달아난 곳에서 군주의 사위가 되었다가 왕이 된 이야기는 『삼국사기』에서 주석으로 제시한 이설(異說)과 유사하다는 점에서 주목할 만하다. 해당 주석에서는 "일설에는 '주몽이 졸본부여에 이르니, 왕에게는 아들이 없었다. 주몽을 보고 보통 사람이 아님을 알아차리고 그 딸을 아내로 삼게 했다. 왕이 세상을 떠나니, 주몽이 그 왕위를 이었다.'고도 한다.(一云, 朱蒙至卒本扶餘, 王無子, 見朱蒙知非常人, 以其女妻之, 王薨, 朱蒙嗣位.)"고 했다.

○ 가락국. 지금의 김해 처음에 아도간[我刀干] 등이 멀리서 구봉[구지봉(龜旨峯)]을 바라보니 기이한 기운이 있었다. 그곳에서 금합을 얻었는데, 열어서 살펴보니 황금알 여섯 개가 있었다. 하루가 지나지 않아서 여섯

명의 남자가 껍질을 깨뜨리고 나오니, 모든 사람이 기이하게 여겨서 가장 먼저 태어난 이를 군주로 세웠다. 여럿 가운데 가장 먼저 나온 까닭에 '수로(首露)'라고 칭하였으며, 황금알에서 나온 까닭에 '김(金)'을 성으로 삼았다. 남천축국 왕의 딸 허씨가 바다에 떠오다가 이곳에 닿았는데, 왕이 맞이하여 왕후로 삼았다. 아들 아홉을 낳았는데, 그 가운데 두 아들은 어머니의 성을 따랐다.

駕洛國.今金海 初, 阿刀干等望見龜峯, 有異氣. 得金盒, 開見有六金卵, 不日六男剖殼出, 咸異之, 立始生者爲主. 以首出庶物, 故稱首露, 出金卵, 故姓金. 南天竺國王女許氏, 浮海至, 王迎爲后. 生九子, 二子從母姓.

가락국 건국 신화를 축약하여 서술하였는데, 구지봉에서 금합(金盒)을 얻게 되기까지의 사건들은 소략하게 다룬 반면 가락국에 왕이 생기고 왕족이 이어지게 된 과정은 상대적으로 상세하게 서술했다. 널리 알려져 있듯이 『삼국유사』 「가락국기(駕洛國記)」에 가락국 건국 신화가 상세하게 전하는데, 이와 비교해 보면 오기의 가능성도 찾아볼 수 있다. 첫째는 족장을 대표하여 언급한 "아도간(阿刀干)"의 표기인데, 이는 '아도간(我刀干)'의 오기일 가능성이 있다. 『삼국유사』에서는 아도간 이외에 여도간(汝刀干), 피도간(彼刀干), 오도간(五刀干), 유수간(留水干), 유천간(留天干), 신천간(神天干), 오천간(五天干), 신귀간(神鬼干)을 언급하였다. 둘째는 "구봉(龜峯)"인데, 이는 "구지봉(龜旨峯)"의 오기일 가능성이 있다. 흥미로운 것은 이유원(李裕元)의 『임하필기』(1871)에도 "阿刀干"과 "龜峯"의 표기가 나타난다는 사실이다. 이것이 『아희원람』으로 인한 것인지 혹은 또 다른 문헌으로 인한 것인지는 분명하지 않다.

한편 여기에는 『삼국유사』 「가락국기」에 보이지 않는 내용도 포함되어 있는데, 왕비 허씨가 낳은 아홉 아들 가운데 두 사람이 어머니의 성을 따랐다는 것이다. 이 일화는 김해 허씨의 가문(시조) 설화로 이해될 수 있는데, 장혼 당대에 널리 퍼져 있었을 듯하다. 정약용(丁若鏞)의 『여유당전서』 「강역고(疆域考)」에서도 "홍만종이 이르기를 '왕비 허씨—남천축국 왕의 딸—는 아들 아홉을 낳았는데, 두 아들은 어머니의 성을 따랐다. 지금의 김해 김씨와 허씨는 모두 수로왕의 자손이다.'라고 했다.(洪萬宗云, 王妃許氏[南天竺王女]生九子, 而二子從母姓. 今之金海金氏許氏, 皆首露之子孫也.)"와 같은 말을 찾아볼 수 있다.

○ 탐라국. 처음에 사람이 없었는데, 신인이 땅에서부터 스스로 나타났다. 맏이는 양을나, 둘째는 고을나, 막내는 부을나다. 바닷가에서 사냥을 하다가 세 여자와 망아지, 송아지, 오곡의 씨앗을 얻었는데, 각기 세 여자 가운데 한 사람을 아내로 맞이하였다. 뒤에 고후와 고청이 신라에 내조(來朝)했는데, 신라왕이 고후를 '성주'라 칭하고 '탐라'라는 국호를 내려주었다.

耽羅國. 初無人物, 神人從地自出, 長良乙那, 次高乙那, 季夫乙那. 獵海邊, 得三女及駒犢五穀種, 分娶之. 後高厚高淸來朝新羅, 羅王號厚星主, 賜國號耽羅.

제주도의 건국 신화인 삼성신화(三姓神話)는 『고려사』와 『영주지(瀛洲志)』 등에 전하며, 무가나 구비설화로도 전승된다. 『고려사』에는 '고기(古記)'의 내용이 인용되어 있는데, 『신증동국여지승람』 등에서는 이를 다시 옮겼다. 『영주지』와 무가에 보이는 삼성신화는 세부적인 내용에서 『고려사』 수록본과 차이가 있다. 세 신인이 활쏘기 시합을 통해 '고을나-양을나-부을나'의 순서로 차서를 정했다고 한 것이나 세 여자가 동해(東海) 벽랑국(碧浪國)의 왕녀였다고 한 점이 중요한 차이이다. 설화에서 언급한 지역이나 지명 또한 조금 다르다.

『아희원람』에 실린 신화는 『고려사』 권57 지리지(地理志)에 실린 신화와 유사하지만 상당히 축약되어 있다. 서두 부분은 『고려사』에서 고기(古記)를 인용하여 "태초에 사람이 없었는데, 세 신인이 땅에서부터 솟아나왔다.(太初無人物, 三神人

從地聳出.)"고 한 것과 자구의 차이 정도가 보인다. 세 신인이 아내를 맞이하는 과정은 매우 소략하게 기술되었는데, 『고려사』에서는 "세 사람은 거칠고 궁벽한 땅을 다니며 사냥을 해서 가죽은 입고 고기는 먹었다. 하루는 자줏빛 봉니(封泥)로 봉인한 나무상자가 바다에 떠와서 동쪽 바닷가에 닿은 것을 보았다. 그곳에 가서 상자를 열어보았더니, 상자 안에는 다시 돌로 된 상자[石函]가 있었으며 붉은 띠에 자줏빛 옷을 입은 사자(使者)가 따라와 있었다. 돌로 된 상자를 열었더니, 푸른 옷을 입은 세 처녀와 망아지, 송아지, 오곡의 씨앗이 나왔다. 이에 사자가 이르기를 '나는 일본국의 사자입니다. 우리 왕께서 딸 셋을 낳고 이르시기를 서쪽 바다 가운데 산에 신의 아들 세 사람이 내려와 장차 나라를 세우고자 하나 배필이 없다고 하시고, 이에 제게 명하시니 세 따님을 모시고 오게 되었습니다. 마땅히 배필로 삼아 대업을 이루셔야 할 것입니다.'고 하였다. 그러고는 사자는 홀연히 구름을 타고 가버렸다. 세 사람은 나이 순서에 따라 세 처녀를 각기 아내로 맞이하였다. (三人遊獵荒僻, 皮衣肉食. 一日見紫泥封藏木函, 浮至于東海濱. 就而開之, 函內又有石函, 有一紅帶紫衣使者隨來. 開石函, 出現青衣處女三, 及諸駒犢五穀種. 乃曰, 我是日本國使也. 吾王生此三女云, 西海中嶽降神子三人, 將欲開國而無配匹. 於是命臣侍三女以來. 爾宜作配以成大業. 使者忽乘雲而去. 三人以年次分娶之.)"고 했다.

고후와 고청의 일 또한 『고려사』에 보인다. 그 시기에 대해서 『아희원람』에서는 "뒤에[後]"라고만 했지만, 『고려사』에서는 "신라가 번성하던 때(新羅盛時)"라고 했다. 『고려사』에 의하면 "15대손인 고후(高厚)와 고청(高淸)의 형제 세 명"이 배를 만들어 바다를 건너 탐진(耽津)에 닿았는데, 당시 신라의 태사(太史)는 '객성(客星)이 남쪽에 보였으니 다른 나라 사람이 내조(來朝)할 징조'라고 아뢰었다고 한다. 신라왕은 삼형제를 가상히 여겨서 맏이를 성주(星主), 둘째를 왕자(王子), 막내를 도내(都內)라고 일컬었고, 처음에 탐진에 닿았기 때문에 그들의 고을을 탐라(耽羅)라고 일컫게 했다고 한다.

○ 개성부의 나성. 흙으로 쌓았다. 둘레는 29,700보요, 나각(羅閣)이 13,000칸이며, 숭인문, 안정문 등 문이 22개 있다.

開城府羅城, 土築. 周二萬九千七百步, 羅閣一萬三千間. 有崇仁 · 安定等二十二門.

『지봉유설』 궁실부(宮室部) 「성곽(城郭)」에 "勝覽言, 開城府羅城, 土築, 周二萬九千七百步, 羅閣一萬三千間. 有崇仁安定等二十二門."이라는 구절이 있는데, 이는 인용서를 구체적으로 제시한 점을 제외하면 『아희원람』의 기록과 일치한다. "나성(羅城)"은 곧 외성(外城)이니, 도성(都城)에 쌓은 이중의 성벽 가운데 바깥쪽의 성을 말한다. 고려의 도읍 개경(開京)에는 본래 나성이 없었지만, 현종 때에 강감찬(姜邯贊)의 건의에 따라 왕가도(王可道)가 왕성 바깥쪽에 나성을 쌓았다.

개성부의 나성에 대한 기록은 현재 『고려사』 지리지와 『신증동국여지승람』에 전하는데, 둘 사이에는 약간의 차이가 있다. 첫째는 성을 쌓은 인물의 이름인데, 『신증동국여지승람』에는 '이가도(李可道)'로 기록되어 있다. 사실 이는 사성(賜姓)을 반영하였기 때문에 나타난 차이인데, 왕가도의 원래 이름은 이자림(李子琳)이었지만 개경 나성을 쌓은 공로로 왕씨 성을 하사받았다고 한다. 둘째는 성문의 수와 명칭이다. 『고려사』에서는 나성에 대문이 4개, 중문이 8개, 소문이 13개 있다고 했지만, 『신증동국여지승람』에서는 성문 22개가 있었는데 "지금은 모두 낡고 허물어졌다(今皆頹壞)"고 기록했다. 성문의 명칭은 『아희원람』에서 언급한 숭인문이나 안정문과 같이 두 문헌에 동일하게 나타나는 사례도 적지 않지만, 달라진 사례도 보인다. 『고려사』에는 "자안(紫安), 안화(安和), 성도(成道), 영창(靈昌), 안정(安定), 숭인(崇仁), 홍인(弘仁), 선기(宣旗), 덕산(德山), 장패(長覇), 덕풍(德豊), 영동(永同), 회빈(會賓), 선계(仙溪), 태안(泰安), 앵계(鸎溪), 선암(仙巖), 광덕(光德), 건복(乾福), 창신(昌信), 보태(保泰), 선의(宣義), 산예(狻猊), 영평(永平), 통덕(通德)"의 25개 성문 명칭이 보인다.

○ 한양성. 돌로 쌓았다. 둘레는 9,975보요, 높이는 40척 2촌이다. 문이 8개 있다. 동쪽은 흥인지문이요, 남쪽은 숭례문이요, 서쪽은 돈의문 사람들은 신문(新門, 새문)이라 일컫는다이요, 북쪽은 숙정문 문루는 허물어지고 문은 잠겼다

이요, 동쪽과 북쪽 사이는 혜화문이요, 동쪽과 남쪽 사이의 문사람들은 남소문이라 일컫는다은 지금은 폐쇄된 광희문사람들은 수구문이라 일컫는데, 지금은 동쪽과 남쪽 사이에 있다이요, 서쪽과 남쪽 사이는 소의문이요, 서쪽과 북쪽 사이는 창의문이다.

漢陽城. 石築. 周九千九百七十五步, 高四十尺二寸. 有八門. 東曰興仁之門, 南曰崇禮門, 西曰敦義門,人稱新門 北曰肅靖門,樓毁門鎖 東北間曰惠化門, 東南間門人稱南小門今廢光熙門,人稱水口門, 今在東南間 西南間曰昭義門, 西北間曰彰義門.

『지봉유설』 궁실부 「성곽」에 "今漢陽城, 石築. 周九千九百七十五步, 高四十尺二寸."이라는 구절이 있고, 궁실부 「궁전(宮殿)」에 "京城八門. 正南曰崇禮, 俗呼南大門. 正北曰肅淸. 正東曰興仁, 俗呼東大門. 正西曰敦義, 俗呼新門. 東北曰惠化, 俗呼東小門. 西北曰彰義. 東南曰光熙, 俗呼南小門. 西南曰昭德, 俗呼西小門, 又有水口門. 此兩門, 以出喪葬者."라는 구절이 있다. 『아희원람』과 비교해 보면, 숙정문(肅靖門, 북쪽)과 소의문(昭義門, 서남쪽)이 『지봉유설』에서는 한양성 축성 당시의 명칭인 '숙청문(肅淸門)'과 '소덕문(昭德門)'으로 기록되어 있음을 확인할 수 있다. 또한 『지봉유설』에서는 '수구문'에 대한 설명－서소문(西小門)인 소덕문과 함께 "시신을 내보내는 문(出喪葬者)"으로 활용되었다－이 있음을 확인할 수 있다. 한편 서문인 돈의문을 '신문(新門)'이라고 칭한다는 말이 두 문헌에 공통적으로 나타나는데, 두 문헌 모두 그 이유는 언급하지 않았다. 한양성 축성 당시에 세웠던 서문은 곧 폐쇄하고 태종 때에 이를 대신하는 서전문(西箭門)을 세웠는데, 세종 때 서전문을 헐고 그 남쪽에 새 성문을 세워 돈의문이라 일컫게 되었다고 한다. 신문(新門) 즉 '새 문'이라는 명칭은 이 때문에 생긴 것인데, 현재도 신문로(新門路), 새문안 등의 지명에 그 흔적이 남아 있다.

○ 단군은 처음 평양에 도읍했다가 뒤에 백악지금의 구월산으로 옮겼다. 기자는 평양뒤에 서도가 되었다에 도읍하였다. 마한의 기준은 금마군익산에

도읍하였다. 위만은 왕검성평양에 도읍하였다. 신라 시조는 경주국호는 서라벌 또는 신라, 사로, 계림이라 하였다. 뒤에 동경이 되었다.에 도읍하였다. 고구려 시조는 졸본부여 비류수 주변성천에 도읍하였고, 산상왕이 환도성압록강 동북쪽에 천도하였으며, 동천왕이 평양동황성과 장안성이 있었다에 천도하였다. 백제 시조는 하남의 위례성직산에 도읍하였다가 뒤에 한산광주으로 옮겼고, 근초고왕은 북한에 천도하였으며, 문주왕은 웅진공주에 천도했고, 명농왕성왕의 이름은 사비부여에 천도했다. 가락국 수로왕은 가락에 도읍하여 국호를 금관국김해으로 고쳤다. 대가야 시조 이진아시왕은 대가야국고령에 도읍했다. 고려 태조는 송악에 도읍하였고, 고종은 몽고 군사를 피하여 강화에 들어가 도읍지로 삼았으며, 원종은 송악으로 환도했다. 우리 조선의 태조는 한양에 도읍을 정하였다. 정종이 송경으로 환도하였고, 태종이 다시 한양으로 도읍을 삼았다. 인조 때에는 남한산성을 세웠으며, 숙종 때에는 북한산성을 세웠다.

檀君初都平壤, 後徙白岳.今九月山 箕子都平壤.後爲西都 馬韓箕準都金馬郡.益山 衛滿都王儉城.平壤 新羅始祖都慶州.國號徐羅伐, 或新羅, 或斯盧, 或鷄林. 後爲東京 高句麗始祖都卒本扶餘沸流水上,成川 山上王移都丸都城,鴨綠東北 東川王移都平壤.有東黃城·長安城 百濟始祖都河南慰禮城,稷山 後徙漢山,廣州 近肖古王移都北漢, 文周王移都熊津,公州 明穠王聖王名移都泗沘.扶餘 駕洛國首露王都駕洛, 改稱金官國.金海 大伽倻始祖伊珍阿豉王都大伽倻國.高靈 高麗太祖都松岳, 高宗避蒙兵入都江華, 元宗還都松岳. 我太祖定鼎漢陽, 定宗還都松京, 太宗復都漢陽, 仁祖朝築南漢, 肅宗朝築北漢.

고조선, 신라, 고구려, 백제, 가야, 고려, 조선에서 도읍을 정하고 옮긴 내력을 제시했는데, 고려와 조선의 경우에는 여기에 행궁을 일부 포함시켰다. 원문에서 "白濟"는 "百濟"의 오기인데, 이는 단순한 실수로 짐작된다. 제10장 '전운' 등에는 '百濟'로 표기되어 있기 때문이다. 조선의 도읍을 서술하면서 사용한 "정정(定鼎)"은, 나라의 도읍을 정한다는 뜻이다. 이 말은 하나라 우임금이 구주(九州)를 상징하여 만든 아홉 개의 솥[九鼎]을 은나라와 주나라에서도 도읍에 두었다고 한 데서 유래하였다.

삼한(三韓) 가운데 마한(馬韓)만 언급한 것은 고조선의 천도(遷都) 내력에 포함될 수 있기 때문인 듯하다. 『신증동국여지승람』에서는 익산군(益山郡)의 역사를 서술하면서 "후조선의 왕 기준은 기자의 41대손이다. 위만의 난을 피해 바닷길로 남쪽으로 갔는데, 한 땅에 이르러 나라를 세우고 국호를 마한이라 하였다.(後朝鮮王箕準, 箕子四十一代孫也. 避衛滿之亂, 浮海而南, 至韓地, 開國仍號馬韓.)"고 했으며, 익산군의 고적(古跡) 가운데 하나로 '기준성(箕準城)'을 들었다. 기준이 금마군에서 나라를 세웠다는 기록은 『동국통감』 외기에도 보인다.

고구려 시조 동명왕이 도읍으로 삼았다고 전하는 '졸본천(卒本川)' 혹은 '졸본부여'의 위치에 대해서는 논란이 있었다. 『신증동국여지승람』에서는 성천이 곧 졸본이라 했는데, 성천도호부(成川都護府)의 '건치연혁(建置沿革)'에서 "본래 비류왕 송양의 옛 도읍이다. 고구려 시조 동명왕이 북부여로부터 와서 졸본천에 도읍하니, 송양이 그 나라를 바쳐 항복하였다. 마침내 여기에 다물도(多勿都)를 설치하고 송양을 다물후(多勿侯)로 봉하였다.(本沸流王松讓古都. 高句麗始祖東明王, 自北扶餘來, 都卒本川, 松讓以其國降, 遂置多勿都, 封松讓爲多勿侯.)"고 했다. 이 기록은 『삼국사기』의 기사를 그대로 따른 것인데, 『삼국사기』에는 졸본이 성천이라는 말이 없다. 『신증동국여지승람』은 성천도호부와 졸본의 관련성을 확신하는 것처럼 보이는데, 군명(郡名)으로 비류(沸流), 다물(多勿), 졸본부여(卒本扶餘), 송양(松讓)을 들었고 '산천'에 비류강(沸流江)을 싣고서 졸본천(卒本川)이라 설명하였으며 '성곽'에 송양이 쌓았다는 흘골산성(紇骨山城)을 든 것이 그러한 사례다. 그렇지만 졸본이 곧 성천이라는 견해에 대한 비판도 여러 곳에서 찾아볼 수 있는데, 『동사강목(東史綱目)』에서 졸본이 화주(和州, 영흥)나 성주(成州, 성천)라는 주장이 오류라는 『삼국유사』의 기록을 소개한 것이 그 대표적인 사례다. 『동사강목』에서는 졸본이 성주라는 견해는 『고려사』에서 유래한 것이라고 추정하기도 했다. 『지봉유설』에도 '성천설'에 대한 비판이 보이는데, 고구려가 처음에 "요동의 북쪽(遼東北)"에 있었다고 하며 졸본천이 성천이라는 속설은 잘못된 것이라고 지적했다.

고구려의 천도는 사서에 여러 번 나타나지만, 그 지명과 위치는 조금씩 달리 기록되어 있다. 『삼국사기』「지리지(地理志)」에서는 유류왕(孺留王) 즉 유리왕(琉璃王) 22년에 국내성(國內城)으로 천도했고, 장수왕 15년에 평양으로 천도했다가 평원왕 28년에 장안성으로 천도했다고 했다. 또 그 주석에서는 고국원왕(故國原王) 13년에 평양 동황성(東黃城)으로 옮겼다는 설을 소개하기도 했다. 「고구려본기」에는 천도 기록이 더 자세하게 나타난다. 산상왕 2년(198) 2월에 환도성(丸都城)을 쌓아 13년 10월에 천도하였다고 기록했으며, 동천왕 21년(247) 2월에 평양성을 축성하여 백성과 종묘사직을 옮겼다고 했다. 고국원왕 13년(343)에 평양의 동황성—서경 동쪽 목멱산 속—으로 옮겼고, 장수왕 15년(427)에 평양으로, 평원왕 28년(586)에 장안성(長安城)으로 옮겼다고 했다. 고구려의 도읍으로 언급한 지명들의 관계, 그리고 현재의 위치에 대해서는 논란이 적지 않았는데, 『아희원람』에서는 그 시비는 가리지 않고 기록 자체만을 간략하게 정리하였다.

백제 도읍의 변천은 『삼국사기』「지리지」에서 살펴볼 수 있다. 동명왕의 셋째 아들 온조(溫祚)가 위례성(慰禮城)에 도읍을 정하고 왕으로 칭했다고 했으며, 근초고왕이 고구려의 남평양(南平壤)을 빼앗고 한성(漢城)에 도읍하였고, 문주왕이 웅천(熊川)으로 천도하고, 성왕(聖王)이 소부리(所夫里)로 천도하여 국호를 남부여(南扶餘)로 고쳤다고 했다. 도읍의 위치는 『기년아람』의 '지계(地界)'에서 찾아볼 수 있는데, 『아희원람』과는 일부 표기 차이가 나타난다. 『기년아람』에서는 백제 시조 원년(BC.18)에 위례성(지금의 직산)에 도읍하였다가 14년(BC.5)에 남한산(南漢山, 지금의 광주)으로 천도했고, 근초고왕 신미년(371)에 남평양(南平壤)이라고 일컫던 북한산(北漢山, 지금의 한양)으로 천도했고, 문주왕 원년(475)에 웅진(지금의 공주)으로 천도했고, 성왕 16년(538)에 사비하(泗沘河, 지금의 부여)로 천도했다고 기록했다.

남한산성의 축조는 인조 2년(1624)에 시작하여 인조 4년(1626)에 마쳤다. 북한산성의 축조는 숙종이 왕위에 오른 직후부터 논의되었는데, 실제로는 숙종 37년(1711)에 시작하여 이듬해에 마쳤다. 숙종은 축성을 마치기 전인 4월에 산성의 형세를 살피기 위해 행행(行幸)할 정도로 깊은 관심을 보이기도 했다. 조선의 도읍을 거론하면서 남한산성과 북한산성을 언급한 이유는 이 두 곳에 전란에 대비해 행궁을 설치했기 때문인 듯하지만, 다른 곳의 행궁을 함께 언급하지 않은 이유는 분명하지 않다. 남한산성의 광주행궁(廣州行宮)은 병자호란 때 실제로 사용되었지만, 북한산성의 양주행궁(陽州行宮)은 이러한 용도로 활용되지는 않았다.

○ 견훤. 전주 궁예. 철원 예국. 강릉 맥국. 춘천 행인국. 영변 실직국. 삼척 이서고국. 청도 음즙벌국. 경주 안강현 아시량국. 함안 소가야국. 고성 고령가야국. 함창 벽진가야국. 성주 압량소국. 경산 장산국. 동래 창녕국. 안동 미추홀국. 인천 소문국. 의성 사벌국. 상주 감문국. 개령 황룡국. 용강 낙랑. 평양 임둔. 강릉 현도. 함흥 진번. 요동 동옥저, 북옥저, 남옥저, 구다, 개마, 발해 등의 나라. 이들은 모두 고증할 수 없다

甄萱. 全州 弓裔. 鐵圓 穢國. 江陵 貊國. 春川 荇人國. 寧邊 悉直國. 三陟 伊西古國. 淸道 音汁伐國. 慶州 安康縣 阿尸良國. 咸安 小伽倻國. 固城 古寧伽倻國. 咸昌 碧珍伽倻國. 星州 押梁小國. 慶山 萇山國. 東萊 昌寧國. 安東 彌鄒忽國. 仁川 召文國. 義城 沙伐國. 尙州 甘文國. 開寧 黃龍國. 龍崗 樂浪. 平壤 臨屯. 江陵 玄菟. 咸興 眞蕃. 遼東 東沃沮 · 北沃沮 · 南沃沮 · 句茶 · 蓋馬 · 渤海等國. 並無考

앞 항목에서 다루지 않은 나라의 도읍 또는 위치를 제시하였는데, 서두에 견훤의 후백제와 궁예의 후고구려를 먼저 다룬 점이 특징적이다. 가야 가운데 앞에서 다룬 금관가야와 대가야를 제외한 4개국, 그리고 이른바 한사군(漢四郡)도 여기서 제시했는데, 그 배열에 있어서 시간 혹은 공간적인 질서를 확인하기는 어려운 듯하다. 다만 각각의 위치를 밝혀서 주석에 지명을 제시하려 한 점은 확인할 수 있는데, 이 때문인지 위치를 고증할 수 없는 나라들은 마지막에 제시하고 "(이들은) 모두 고증할 수 없다(並無考)"는 주석을 붙였다. 이하에서는 위치 고증에 이견이 있었던 사례를 중심으로 몇 나라에 대한 정보를 덧붙이기로 한다.

행인국은 『삼국사기』「고구려본기」에 동명왕이 오이(烏伊)와 부분노(扶芬奴)에게 정벌하도록 하였다고 기록된 나라로, "태백산 동남쪽"에 있다고 했다. "태백산"은 백두산을 가리키는 것으로 이해되므로, 일반적으로는 백두산 동남쪽의 영변을 행인국 도읍으로 파악한다. 그렇지만 『연려실기술』 별집(別集)에서는 행인국의 위치를 '삼척'으로 보는 견해도 있었다고 했는데, 이는 "태백산"을 백두산이 아닌 태백산으로 이해했기 때문일 것이다.

실직국, 이서고국, 음즙벌국은 모두 신라에 항복한 소국이다. 이 가운데 이서고국은 '이서국(伊西國)' 또는 '이서소국(伊西小國)'으로도 기록되어 있는데, 14대 유례이사금(儒禮尼師今) 때 신라를 공격했다가 '미추왕 죽엽군(未鄒王竹葉軍)'에 의해 격퇴되었다고 전하는 나라이기도 하다. 『신증동국여지승람』에서는 청도가 원래 이서소국(伊西小國)이며 신라 유리왕에 의해 정벌되었다고 했다. 또 음즙벌국에 대해서는 신라 파사왕(婆娑王)이 정벌하여 음즙화현(音汁火縣)을 두었고 뒤에 안강현(安康縣)에 합속(合屬)되었다고 했다.

육가야(六伽倻) 가운데 김해의 금관가야와 고령(高靈)의 대가야는 앞 항목에서 언급했다. '아시량국(阿尸良國)'은 아라가야(阿羅加耶), 아야가라(阿耶加羅), 아나가야(阿那加耶), 안라(安羅) 등 다양한 명칭으로 기록되어 있는데, 법흥왕이 멸망시켰고 경덕왕이 지명을 함안으로 고쳤다고 한다. 『삼국유사』「오가야(五加耶)」에서는 소가야는 고성(固城)에, 고령가야는 함녕(咸寧)에, 성산가야 즉 벽진가야는 경산(京山)에 있다고 했는데, 『아희원람』과 비교해 보면 함녕이 함창으로, 경산이 성주로 바뀐 것을 확인할 수 있다. 이는 지명의 변화에 따른 것인데, 그 경과는 『신증동국여지승람』에서 찾아볼 수 있다.

압량소국, 장산국, 창녕국, 소문국, 사벌국, 감문국은 신라에 복속된 나라들로, 그 사이에 제시된 '미추홀국' 즉 인천의 경우에는 조금 사정이 다르다. 『삼국사기』「백제본기(百濟本紀)」에서는 비류와 온조가 고구려를 떠난 일을 서술하면서 비류가 백성을 나누어 미추홀(弥鄒忽)로 돌아가 머물렀다고 했고, 『신증동국여지승람』에서는 인천도호부(仁川都護府)가 원래 고구려의 매소홀현(買召忽縣)이었다고 했다. 압량소국 이하 신라에 복속된 나라들의 국명 또는 지명도 변화를 겪었는데, 이 가운데에는 피휘(避諱)로 인해 변화된 경우도 보인다.

황룡국은 고구려에 병합된 나라로, 고구려 태자 해명(解明)의 설화에 등장한다.

이 설화는 『삼국사기』 「고구려본기」 유리왕(琉璃王) 27년과 28년의 기사에 보인다. 황룡국의 국왕은 고구려 태자 해명이 용맹하다는 소문을 듣고 강궁(强弓)을 선물하는데, 해명은 황룡국 사자 앞에서 활을 꺾어버리고 황룡국왕을 무안하게 만든다. 이후 해명은 황룡국왕의 초청에도 당당히 응하는 등 용맹한 모습을 보이지만, 결국 아버지 유리왕의 명에 따라 자결하게 된다. 이때 해명은 자신이 들판에 꽂아 놓은 창에 뛰어들어 죽음을 택했는데, 이로 인해 그 땅의 이름이 '창원(槍原)'이 되었다고 한다.

낙랑(樂浪), 임둔(臨屯), 현도(玄菟), 진번(眞蕃/眞番)은 이른바 한사군(漢四郡)이다. 한나라 무제(武帝)가 위만조선을 무너뜨리고 설치했다고 사서(史書)에 전하지만, 그 위치와 존속 기간 등에 대해서는 오랫동안 논란이 이어졌다. 『성호사설』 천지문(天地門)에서는 「조선사군(朝鮮四郡)」이라는 항목을 두어 여러 역사서의 기록을 비교하며 '한사군'의 위치와 역사를 논변한 바 있다. 『신증동국여지승람』에서는 강릉대도호부의 연혁을 서술하면서 원래는 예국(濊國)이며 한나라 무제가 사군을 정할 때 임둔(臨屯)이 되었다고 했으며, 『대동지지』에서는 함흥의 연혁을 서술하면서 원래 옥저(沃沮) 땅이며 한나라가 현도군(玄菟郡)을 두었다고 했다.

동옥저, 북옥저, 남옥저, 구다, 개마, 발해의 여섯 나라 이름 아래에 "모두 고증할 수 없다(並無考)"는 주석을 붙였는데, 이는 역사서에 나라 이름은 보이고 위치에 대해서도 일부 추정된 바 있지만 그 정확한 위치는 확정할 수 없다는 말이다. 『연려실기술』에서는 『동사(東史)』를 인용하여 옥저에는 동, 북, 남의 셋이 있었다고 서술했는데, 북옥저는 지금의 함경남도에 있어서 남쪽으로 읍루(挹婁)와 접해 있었다고 추정했고 동옥저의 위치는 태조왕 때의 강역에 대한 기록에서 추정할 수 있다고 했다. 한편 『대동지지』에서는 옥저가 개마대산(蓋馬大山)의 동쪽에 있었다고 하였으며, 세 옥저의 위치를 구체적으로 추정한 바 있다. 개마국과 구다국은 고구려에 복속된 나라들인데, 『삼국사기』 「고구려본기」 대무신왕(大武神王) 9년 조에 대무신왕이 개마국을 정벌하였고 구다국 왕은 이 소식을 듣고 스스로 항복하였다는 기사가 보인다. 『삼국사기』에서는 두 나라의 위치에 대해 서술하지 않았는데, 지리지에 "삼국유명미상지분(三國有名未詳地分)" 즉 삼국의 지명 가운데 이름만 남아 있고 위치가 분명하지 않은 곳을 열거한 대목에 개마국과 구다국이 포함된 것을 보면 『삼국사기』 편찬 당시에도 위치를 확정할 만한 자료가 없었던 듯하다. 다만 『동사강목』에서는 개마대산(蓋馬大山)은 곧 백두산이며 구다국도 개마국의 이웃이었을 것이라고 추정한 바 있다.

○ 관사.

종친부. 의정부. 충훈부. 운대 의빈부. 돈녕부. 중추부. 도총부. 의금부. 금오, 왕부 한성부. 경조 사헌부. 상대, 백부(栢府) 이조, 천관 호조, 지부 예조, 춘조 병조, 기성 형조, 추조 공조. 수부 규장각. 이문원, 내각 승정원. 은대, 후원(喉院) 시강원. 춘방 강서원. 왕세손을 모시고 강론한다 사간원. 미원 승문원. 괴원 통례원. 홍려 상서원. 상의원. 상방 사옹원. 주원 내의원. 내국, 약방 장악원. 이원 사역원. 설원 훈련원. 홍문관. 옥서, 영관 예문관. 한원 춘추관. 성균관. 국자감, 태학 교서관. 비서성, 운각 비변사. 묘당, 주사 익위사. 계방 위종사. 왕세손을 배종하며 호위한다 전설사. 준천사. 봉상시. 태상 종부시. 선원록청 사도시. 사복시. 태복 군기시. 무고 내자시. 내섬시. 예빈시. 종묘서. 사직서. 전생서. 장원서. 낭원 사포서. 혜민서. 활인서. 동활인서와 서활인서가 있다 조지서. 도화서. 평시서. 전옥서. 와서. 기로소. 기영사 정리소. 주자소. 감인소 위장소. 관상감. 운관 전의감. 사재감. 제용감. 군자감. 선공감. 자문감. 훈련도감. 훈국 장용영. 본영 용호영. 금위영. 어영청. 총융청. 선혜청. 호위청. 양향청. 포도청. 좌포도청과 우포도청이 있다 순청. 좌순청과 우순청이 있다 광흥창. 태창 양현고. 장흥고. 의영고. 빙고. 동빙고와 서빙고가 있다 동학, 남학, 서학, 중학. 동부, 남부, 서부, 북부, 중부. ○ 독서당. 호당 장예원. 전연사. 전함사. 보민사. 금화사. 소격서. 사온서. 사축서. 귀후서. 풍저창. 종학청. 수어청. 북학. 문소전. 연은전. 이상은 지금은 폐지되었다

官司. 宗親府. 議政府. 忠勳府.雲臺 儀賓府. 敦寧府. 中樞府. 都摠府. 義禁府.金吾, 王府 漢城府.京兆 司憲府.霜臺, 柏府 吏曹,天官 戶曹,地部 禮曹,春曹 兵曹,騎省 刑曹,秋曹 工曹.水部 奎章閣.摛文院, 內閣 承政院.銀臺, 喉院 侍講院.春坊 講書院.侍講王世孫 司諫院.薇垣 承文院.槐院 通禮院.鴻臚 尙瑞院. 尙衣院.尙方 司饔院.廚院 內醫院.內局, 藥房 掌樂院.梨園 司譯院.舌院 訓鍊院. 弘文館.玉署, 瀛館 藝文館.翰苑 春秋館. 成均館.國子監, 太學 校書館.秘書省, 芸閣 備邊司.廟堂, 籌司 翊衛司.桂坊 衛從司.陪衛王世孫 典設司. 濬川司. 奉常寺.太常 宗簿寺.璿源錄廳 司䆃寺. 司僕寺.太僕 軍器寺.武庫 內資寺. 內贍寺. 禮賓寺. 宗廟署. 社稷署. 典牲署. 掌苑署.䦨苑 司圃署. 惠民署. 活人署.東西 造紙署. 圖畫署. 平市署. 典獄署. 瓦署. 耆老所.耆英社 整理所. 鑄字所.監印所 衛將所. 觀象監.雲觀 典醫監. 司宰監. 濟用監. 軍資監. 繕工監. 紫門監. 訓鍊都監.訓局 壯勇營.本營 龍虎營. 禁衛營. 御營廳. 摠戎廳. 宣惠廳. 扈衛廳. 糧餉廳. 捕盜廳.左右 巡廳.左右 廣興倉.太倉 養賢庫. 長興庫. 義盈庫. 氷庫.東西 東學, 南學, 西學, 中學. 東部, 南部, 西部, 北部, 中部. ○ 讀書堂.湖堂 掌隷院. 典涓司. 典艦司. 保民司. 禁火司. 昭格署. 司醞署. 司畜署. 歸厚署. 豐儲倉. 宗學廳. 守禦廳. 北學. 文昭殿. 延恩殿.已上, 今罷.

"관사(官司)"는 국가의 관서(官署) 즉 관아(官衙)를 뜻하는 말이다. 이 항목에서는 주요 중앙 관아의 명칭을 나열했는데, 이를 통해 관아 명칭의 정확한 표기를 확인할 수 있었을 듯하다. 한편 일부 관아에는 작은 글자로 별칭(別稱)을 덧붙였는데, 이러한 정보는 문장을 쓰거나 읽을 때 또는 일상 대화를 할 때 도움이 되었을 것이다. 『아희원람』의 서문에서 밝힌 "응졸"의 용도에 적합한 정보라 할 수 있다.

『경국대전』 이래로 조선의 법전에서는 수장의 품계에 따라 관아를 구분하고, 그 직임과 직제 등을 제시하였다. 이 항목에서 제시한 관사들 또한 이 기준에 따라 정리해 볼 수 있는데, 우선 그 결과를 제시하고 이어서 '별칭'을 중심으로 관사에 대해 살펴보기로 한다. 다음의 표에서는 품계는 역대 법전을 종합한 『대전회통』을 따르되, 배열은 『아희원람』에서 언급한 차례에 의한다.

	이전(吏典)	병전(兵典)
	기로소	
정일품아문(正一品衙門)	종친부, 의정부, 충훈부, 의빈부, 돈녕부, 비변사	중추부, 준천사, 선혜청
종일품아문(從一品衙門)	의금부	
정이품아문(正二品衙門)	한성부, 이조, 호조, 예조, 병조, 형조, 공조	(오위)도총부
종이품아문(從二品衙門)	사헌부, 규장각	
정삼품아문(正三品衙門)	승정원, (세자)시강원, (세손)강서원, 사간원, 승문원, 통례원, 상서원, 상의원, 사옹원, 내의원, 장악원, 사역원, 홍문관, 예문관, 춘추관, 성균관, 교서관[경국대전], 봉상시, 종부시, 사복시, 군기시, 관상감, 전의감, 군자감, 장예원	훈련원
종삼품아문(從三品衙門)	선공감	
정사품아문(正四品衙門)	광흥창, (수성)금화사, 풍저창, 종학(청)	
종사품아문(從四品衙門)	사도시, 사재감, 전연사, 전함사	
정오품아문(正五品衙門)		(세자)익위사
종오품아문(從五品衙門)	종묘서, 사직서, 전생서, 평시서, 제용감, 오부(五部, 동·남·서·북·중부), 소격서, 사온서	
종육품아문(從六品衙門)	전설사, 내자시, 내섬시, 예빈시, 장원서, 사포서, 혜민서, 활인서, 조지서, 도화서, 전옥서, 와서, 양현고, 장흥고, 의영고, 빙고, 사학(四學, 동·남·서·중학), 사축서, 귀후서	(세손)위종사
기타[吏典]	정리소, 주자소, 위장소, 자문감, 독서당, 보민사, 문소전, 연은전	
기타[兵典, 군영아문 등]	훈련도감, (장용영), 용호영, 금위영, 어영청, 총융청, 호위청, (양향청), 포도청, (순청)	

충훈부는 공신에 관한 사무를 담당한 관아로, 본래 공신도감(功臣都監), 충훈사(忠勳司) 등으로 불리다가 세조 때 부로 승격되었다. "운대(雲臺)"는 원래 한나라 때 궁중에 세운 대(臺)의 이름으로, 후한 명제(明帝)가 등우(鄧禹)를 비롯한 광무제 때의 공신 28인의 화상을 그려서 봉안(奉安)한 이래로 공신과 명장을 기념하는 장소 혹은 사무를 뜻하는 말로 사용되었다. 한편 충훈부의 별칭으로는 "맹부(盟府)"도 사용되었다.

의금부는 왕명을 받들어 추국(推鞫)을 담당한 관아다. "금오(金吾)"는 원래 황제와 대신을 지키거나 도읍을 순찰하며 치안을 유지하는 일을 하던 관직을 뜻하는 말이다. 한나라 때의 '집금오(執金吾)'나 당송 이후의 '금오위(金吾衛)', '금오장군(金吾將軍)' 같은 말에 이런 의미가 포함되어 있었다고 전하는데, 이때 '오(吾)'는 '막다[御]' 또는 '지키다[圄]'의 뜻에서 유래한 것으로 알려져 있다. 한편 정약용은 『경세유표(經世遺表)』에서 의금부를 "금오"로 부르는 것은 잘못이라고 지적한 바 있는데, 의금부에 "순찰하는 임무(巡警之責)"가 없다는 것이 그 이유였다. 그렇지만 의금부의 내규를 기록한 책에 '금오헌록(金吾憲錄)'이라는 제목이 붙은 것을 보면, 실제로 널리 쓰인 별칭임은 분명하다. 의금부의 또 다른 별칭인 "왕부(王府)"는 왕옥(王獄) 즉 왕의 명에 따라 진행되는 옥사를 담당하는 관청이라는 뜻에서 온 말로 추정된다.

"경조(京兆)"는 원래 한나라 때의 도읍 일대를 지칭하던 말이다. 한나라 무제 때에는 장안(長安) 동쪽을 경조윤(京兆尹)이, 장릉(長陵) 북쪽을 좌풍익(左馮翊)이, 위성(渭城) 서쪽을 우부풍(右扶風)이 맡도록 하였으며 이 셋을 합쳐 삼보(三輔)라고 일컬었다고 한다. 한성부의 수장은 정2품 판윤(判尹)인데, 한성판윤은 '경조윤(京兆尹)'이라는 별칭으로 일컫기도 했다.

사헌부는 시정(時政)을 논평하고 백관을 규찰하며 풍속을 바로잡는 등의 일을 담당한 관아다. "상대(霜臺)"는 원래 어사대(御史臺)의 별칭으로, 어사는 탄핵의 일을 맡기에 매섭고 엄정한 풍상(風霜)의 직임이라는 뜻에서 유래한 말이라고 한다. 조선에서는 일찍부터 사헌부의 별칭으로 사용되었으니, 대사헌을 지낸 권근이 「상대별곡(霜臺別曲)」을 지어서 사헌부의 기풍을 노래한 데서 이를 확인할 수 있다. 「상대별곡」의 제1연에는 "낙락장송 정정고백 추상오부(落落長松 亭亭古栢 秋霜烏府)" 즉 "가지가 휘휘 늘어진 큰 소나무, 우뚝우뚝 솟은 오래된 측백나무,

가을서리같이 까마귀 모여든 관아"라는 구절이 있는데, 여기서 사헌부의 다른 별칭인 '백부'와 '오부'에 대한 언급도 찾아볼 수 있다. 한나라의 어사부(御史府)에 측백나무를 줄지어 심어놓았기 때문에 '백부(栢府/柏府)'나 '백대(栢臺/柏臺)'로 일컫기도 했고, 어사부의 측백나무에 까마귀 떼가 모여들었기 때문에 '오부(烏府)'와 '오대(烏臺)'라고도 했다고 한다. '오부'라는 별칭의 기원에 대해서는 『전한서』「주박전(朱博傳)」에 보이는 일화가 언급되기도 한다.

정책의 입안과 집행을 분담하는 "육조(六曹)"에는 『주례』에서 기원한 별칭이 흔히 사용되었다. 이조를 천관(天官), 호조를 지관(地官), 예조를 춘관(春官), 병조를 하관(夏官), 형조를 추관(秋官), 공조를 동관(冬官)이라 한 것이 그것이다. 호조의 별칭인 "지부(地部)"는 지부아문(地部衙門)의 준말이다. 병조의 별칭인 "기성(騎省)"은 기마를 관장하는 관아라는 뜻이다. 한편 병조는 '서전(西銓)'이라 일컫기도 했는데, 이는 서반(西班, 무반)의 전형(銓衡) 즉 인사를 맡은 기관이라는 말이다. 병조는 문관의 전형을 맡은 이조와 함께 '전조(銓曹)'로 일컫기도 했다. '수부(水部)' 또는 '수조(水曹)'는 공부 또는 공조의 하위 관아 명칭으로 여러 시대에 걸쳐 사용되었는데, 조선에서는 공조의 별칭으로 수부(水府)를 사용하기도 했다.

"규장각"은 원래 역대 국왕의 글, 즉 어제(御製)를 보관하기 위해 기획된 기관이었지만, 정조가 즉위한 후 건물과 직제를 갖춘 규장각을 설치하면서 원래보다 기능이 확대된 기관으로 구체화되었다. 이후에는 '이문원'이나 '내각'과 같은 별칭도 나타났다. "이문원(摛文院)"은 원래 규장각의 부대시설로 정청(正廳)이자 직소(直所, 숙직하는 곳)였는데, 규장각의 별칭으로도 활용되었다. "내각" 또한 규장각의 별칭으로 사용되었는데, '동궐도'에서는 이문원으로 통하는 문에 '내각(內閣)'이라는 현판이 걸려 있는 것을 볼 수 있다. 규장각의 관서일기 명칭이 '내각일력(內閣日曆)'이었으니, '내각'이라는 별칭은 널리 사용되었음을 확인할 수 있다.

승정원은 왕명의 출납(出納)을 관장한 관아다. "은대(銀臺)"는 송나라의 은대사(銀臺司)에서 유래한 명칭인데, 건물이 은대문(銀臺門) 안에 있어서 이 이름을 얻었다고 한다. 조선의 승정원도 이와 기능이 유사해서 '은대'라는 별칭으로 불렸는데, 승정원의 규식(規式)을 정리한 책의 이름이 '은대편고(銀臺便攷)'인 데서 그 실례를 확인할 수 있다. "후원(喉院)"은 후설지임(喉舌之任) 즉 언론의 직임을 맡은 기관을 의미한다. 승정원 승지(承旨)의 직임을 흔히 '후설지임'이라 일컬었다.

"춘방(春坊)"은 중국에서 태자궁(太子宮) 또는 태자궁에 딸린 관아를 일컫던 말로, 조선에서는 세자시강원의 별칭으로 사용되었다. 강서원 즉 세손강서원(世孫講書院)은 세손을 모시고 강론하는 일을 관장한 관아인데, 세손이 있을 때에만 설치되었다. "미원(薇垣)"은 자미성(紫微省)의 약칭으로, 당나라 개원(開元) 원년에 중서성(中書省)을 개칭(改稱)한 것이다. 사간원 관원들의 계회를 그린 현전하는 그림 「성세창시미원계회도(成世昌題詩薇垣契會圖)」(보물 제868호)에서 사간원의 별칭으로 '미원'이 사용된 사례를 찾아볼 수 있다. "홍려(鴻臚)"는 조정의 제사와 의례를 이끄는 직임을 맡은 관아를 뜻하는 말로, 중국에서는 이러한 직임을 맡은 관아가 주나라의 '대행인(大行人)'에서 진한(秦漢)의 '전객(典客)'을 거쳐 한나라의 '대홍려(大鴻臚)'와 북제의 '홍려시(鴻臚寺)'로 바뀌었다. 조선의 통례원 또한 '홍려'라는 별칭으로 불리기도 했는데, 1894년에 통례원의 기능을 이어받은 장례원(掌禮院)을 설치할 때에는 홍려(鴻臚)라는 관직을 두기도 했다. "상방(尙方)"은 중국에서 제왕이 쓰는 기물(器物)을 관장하던 기관의 명칭으로, 조선에서는 상의원의 별칭으로 사용되었다. 조선의 상의원은 고종 때 상의사(尙衣司)를 거쳐 상방사(尙方司)로 개칭되기도 했다.

"이원(梨園)"은 당나라 현종이 궁중에 설치한 음악교습기관으로, 음악 이외에 무용을 가르치기도 했다. 조선에서는 장악원의 별칭으로 사용되었으나, 국왕 영조가 이를 비판하기도 했다. 『증보문헌비고』에는 영조 30년(1754)의 전교가 실려 있는데, 이 전교에서 영조는 '이원'이라는 명칭은 당나라 현종 천보 연간에서 유래한 것이니 본받을 만한 것이 아니라 하고 장악원을 이원이라고 일컫지 말라고 명하였다.

사역원은 통역을 관장한 관아로, '설원(舌院)' 이외에 '상원(象院)'이라는 별칭도 갖고 있었다. 역과 합격자 명단을 수록한 문헌을 '상원방목(象院榜目)'이라 한 것이 그 구체적인 사례다. '삼사(三司)'의 하나인 홍문관은 여러 가지 별칭이 있었다. 한림원(翰林院)의 별칭인 "옥서(玉署)" 즉 옥당(玉堂)과 당나라 태종이 설치한 문학관(文學館)의 명칭인 "영관(瀛館)" 이외에도 청연각(淸燕閣), 서서원(瑞書院) 등의 별칭이 사용되었다. "한원(翰院)" 또한 한림원(翰林院)을 뜻하는 말인데, 조선에서는 예문관의 별칭으로 사용되었다. 그 결과로 예문관의 봉교(奉敎), 대교(待敎), 검열(檢閱)을 '한림'이라 일컬었으며 한림 후보자를 선정하는 절차를 한림권점(翰林

圈點) 또는 한권(翰圈)이라고 불렀다.

교서관은 서적의 인쇄 및 반포 등을 담당한 관아로, 『경국대전』에서는 독립된 정삼품아문으로 기록했지만 『대전회통』에서는 종이품아문인 규장각의 외각(外閣)으로 기록했다. 이는 1777년에 교서관이 규장각에 편입되어 속사(屬司)가 되었기 때문이다. "비서성(秘書省)"은 한나라 환제 때 설치한 비서감(秘書監)에서 유래한 관아의 명칭인데, 고려 성종 때에는 이 명칭을 지닌 관아를 설립하기도 했다. "운각(芸閣)"은 비서성의 별칭으로, "운향각(芸香閣)"이라고도 일컬었다.

"묘당(廟堂)"은 조정(朝廷) 즉 임금이 정사를 의논하는 장소를 뜻하는 말이며, 조선에서는 의정부의 별칭으로 사용하기도 했다. 조선 후기에는 비변사가 큰 권한을 갖게 되면서 의정부의 기능을 대신하게 되었는데, 이러한 이유로 비변사의 별칭으로도 쓰이게 되었다. "주(籌)"는 헤아린다는 뜻이니, "주사(籌司)"는 큰 계획을 세우는 관아라는 뜻이다. 책략을 정하거나 계획을 세우는 일을 흔히 "운주(運籌)"라고 한다.

"계방(桂坊)"은 원래 당나라 때 태자궁(太子宮)에 속했던 관아의 명칭인데, 이전의 사경국(司經局)을 계방으로 개칭했다고 한다. "태상(太常)"은 중국에서 종묘의 의례를 비롯한 예악(禮樂)을 담당하는 관아 또는 관직의 명칭으로 사용되던 말이다. 진나라에서는 "태상(泰常)"이라 했으나 한나라에서 "태상(太常)"으로 고쳤으며, 고려에서도 태상(太常), 태상부(太常府) 등을 설치한 바 있다.

종부시는 왕실의 족보[璿源譜牒]를 편찬하고 종실의 허물을 규찰하는 임무를 맡은 관아다. 『선원록(璿源錄)』은 조선 왕실의 계보를 기록한 책 즉 왕실의 족보이니, "선원록청(璿源錄廳)"은 『선원록』에 관한 업무를 관장하는 관아라는 뜻이 된다. 다만 선원록청은 종부시의 속사(屬司) 명칭이기도 하므로, 엄밀한 의미에서는 종부시의 별칭이라고 하기는 어렵다. 그렇지만 그것이 종부시의 대표 기능에 연관된 것이므로, 이를 별칭으로 통용했다 하더라도 이상한 일은 아닐 것이다.

"태복(太僕)"은 원래 주나라의 관직명인데, 『주례』 하관(夏官)에서는 왕의 옷[服]과 위치[位]를 바르게 하고 왕의 명령을 내는 일을 담당한다고 했다. 진한(秦漢) 이후로는 구경(九卿)의 하나가 되었으며, 천자를 위하여 말을 몰고 수레와 말, 목장에 관한 일을 관장하게 되었다. 조선에서 "국왕의 수레와 말, 마구간과 목장을 관장(掌輿馬廏牧)"하는 사복시의 별칭으로 쓰이게 되었다.

장원서는 궁궐의 정원과 꽃, 과실을 관장하는 관아다. "낭원(閬苑)"은 낭풍산의 정원[閬風之苑] 즉 서왕모(西王母)가 반도(蟠桃)를 길러내던 곳을 이르는 말이다. 그런데 장원서의 별칭으로 '내원서(內苑署)'가 사용된 사례가 확인되는 반면에 '낭원'을 사용한 사례는 잘 보이지 않는다.

활인서는 도성 안의 병자를 치료하는 업무를 관장하는 관아다. 조선에서는 건국 초기에 고려의 대비원(大悲院)을 유지하였는데, 이후 활인원, 활인서로 개칭했다. 『세종실록지리지』에는 동활인원은 동소문(東小門) 밖에 있고 서활인원은 서소문(西小門) 밖에 있다고 했다.

기로소(耆老所)는 연로한 고위 문신의 예우를 위해 설치한 기관이다. 국왕 또한 노년이 되면 기로소에 들어가기도 했는데, 태조(太祖, 60세)와 숙종(肅宗, 59세), 영조(英祖, 51세) 세 임금이 실제로 기로소에 들어갔다. "기로(耆老)"는 원래 노성(老成)한 사람을 뜻하는 말로, 중국에서는 당송 시대부터 기로의 모임이 있었다고 전한다. 고려에서는 기로의 모임으로 "기영회(耆英會)"를 두어 조선 초까지 이어졌는데, 이 때문에 조선 태조가 들어간 기로의 모임 또한 그 명칭은 기영회였다. 기로소는 국왕이 참여할 수도 있는 관서이기 때문에, 『대전회통』에서는 아문 가운데 첫 번째로 수록하고 따로 품계를 표시하지 않았다.

주자소(鑄字所)는 활자의 주조 등을 관장한 기관이다. 법전에는 따로 실려 있지 않은 듯한데, 실록에 1403년에 처음 설치했다는 기록이 보인다. 초기에는 승정원 소속이었지만, 얼마 뒤 교서관으로 옮겨졌다. "감인소(監印所)"라는 명칭은 1794년의 실록 기사에 보인다. 『주서백선(朱書百選)』의 편찬과 인쇄를 기록하면서 "정유자를 사용하여 창경궁의 옛 홍문관 자리에서 인쇄하였다. 그리고 마침내 그곳을 '감인소'라고 이름 붙였는데, 뒤에는 '주자소'라고 일컫게 되었다. 책을 편찬하고 인쇄하는 일은 모두 여기서 하였다.(用丁酉字, 開印于昌慶宮舊弘文館. 遂名其地曰監印所, 後爲鑄字所. 凡編書印書, 皆於是.)"라 하였는데, 정조 때 창경궁에 감인소를 두었고 얼마 뒤에 주자소로 이름을 고쳤음을 알 수 있다.

관상감은 천문, 지리, 역수(曆數)[책력], 점주(占籌), 측후(測候), 각루(刻漏) 등을 관장한 관아로, 고려에서는 사천대(司天臺), 사천감(司天監), 관후서(觀候署), 서운관(書雲觀) 등으로 불리다가 조선 세종 때 관상감으로 개칭하였다. 그렇지만 "운관(雲觀)" 또는 "서운관(書雲觀)"이라는 명칭은 세종 대 이후의 공식 기록에서도 어렵지 않게 찾아볼 수 있다. 또 '운현궁(雲峴宮)'이 운관(雲觀)이 있는 고개를 뜻하는 '운현(雲峴)'에서 유래한 말이니, '운관'이라는 별칭은 지명에도 흔적을 남기고 있는 셈이다.

훈련도감은 조선 후기에 설치한 중앙 군영으로, 오군영(五軍營)의 하나다. 오군영은 조선 후기에 수도 및 그 외곽을 방어하기 위해 설치한 다섯 개의 군영인데, 훈련도감 이외에 어영청, 총융청, 수어청, 금위영이 여기에 포함된다. 『아희원람』에서는 오군영의 명칭을 모두 거론하였으나 '수어청'은 "지금은 폐지된[今罷] 관아"에 포함시켰는데, 이는 장용영(壯勇營)을 설치하면서 이미 제구실을 잃어버린 수어청이 1795년(정조 19)에 폐지된 사실을 반영한 것이다. 장용영은 1793년(정조 17)에 설치한 군영으로, 오래 유지되지 못했으며 1802년(순조 2)에 혁파되었다. 장용영은 내영과 외영으로 나뉘었는데, 내영(內營)은 도성에 두고 외영(外營)은 수원 화성에 두었다. "본영(本營)"은 지휘관이 있는 군영을 뜻하는 말이지만, 도성에 있는 장용영의 내영을 일컫는 말로 사용되기도 했다. 현재 한국학중앙연구원 장서각에 소장된 『본영도형(本營圖形)』에서 이러한 용례를 확인할 수 있는데, 이 그림은 곧 장용영의 내영 즉 본영을 그린 도면으로 알려져 있다.

순청(巡廳)은 『대전회통』에는 독립된 관아로 올라 있지 않은데, 『육전조례(六典條例)』에서는 "야간의 순라와 화재 방지, 경계, 성문 순번 추첨 등의 일을 관장(掌夜巡 · 禁火 · 考驗收籤等事)"한다고 기록했다. 세조 11년에 순청을 두 곳으로 나누었다는 기록이 보이는데, 당시에는 순청을 창덕궁과 운종가에 두었다고 한다. 또 『만기요람(萬機要覽)』에서는 좌청은 종각(鐘閣)에서부터 동쪽 지역을 맡고 우청(右廳)은 종각에서부터 서쪽 지역을 맡았다고 했다. 광흥창은 관원의 녹봉을 관장한 관아로, 고려 충렬왕 때 설치하여 조선시대까지 유지했다. "태창(太倉)"은 도읍에 설치한 큰 창고를 일컫는 말로, 서강(西江) 연안에 있던 광흥창의 별칭으로도 사용되었다. 동빙고는 두모포(豆毛浦)에 두고, 서빙고는 둔지산(屯地山)에 두었다.

"사학(四學)" 또는 사부학당(四部學堂)은 한성부에 설치한 관립 교육기관이다. 고려시대에는 개경에 오부학당(五部學堂)을 두었는데, 조선에서도 이를 계승하여 서울을 동 · 서 · 남 · 북 · 중의 오부로 나누어 각기 하나씩의 학교를 설치하고자 했지만 북부학당은 곧 폐지되었다. 이 때문에 조선에서는 동학, 남학, 서학, 중학의 사부학당만을 운영하였다. "오부(五部)"는 한성부를 나누어 관장하게 한 다섯 관아로, 『아희원람』에서 나열한 동부 · 남부 · 서부 · 북부 · 중부가 그것이다. 『경국대전』에서는 종육품아문으로 수록했지만, 『대전회통』에서는 종오품아문으로 수록했다.

'○' 이하에는 『아희원람』 편찬 시점에 이미 폐지된 관아를 수록하였다.

"독서당"은 젊은 문신 가운데 재주 있는 자를 뽑아 독서에 몰두할 수 있도록 마련한 처소인데, 사가독서제(賜暇讀書制) 시행 이후 독서에 전념할 수 있는 환경을 만들기 위해 설치하였다. 용산의 사찰을 수리하여 남호독서당(南湖讀書堂)을 열었지만 연산군 때 혁파했고, 동호의 북쪽 기슭 즉 두모포(豆毛浦)의 정자를 수리하여 동호독서당(東湖讀書堂)을 열었다. 율곡 이이의 『동호문답(東湖問答)』은 바로 이 동호독서당에서의 사가독서를 통해 이루어진 저술이다. 독서당은 영조 때까지 존속된 것으로 알려져 있지만, 정조가 초계문신(抄啟文臣) 제도를 운영하며 사라지게 되었다.

장예원(掌隸院)은 노비에 관한 문서 및 소송 사무를 관장하던 관아로, 점차 기능이 축소되다가 영조 대에 보민사(保民司)로 이름을 바꾸고 형조에 예속되었다. 보민사 또한 얼마 지나지 않아 폐지되었다. 궁궐 수리 등을 담당하던 전연사는 선공감(繕工監)에 병합되었으며, 선박을 관장하던 전함사는 공조(工曹)에 병합되었다. 금화(禁火) 등을 담당하던 금화사는 성종 대에 상설 관아가 되었으나, 혁파되어 금화(禁火) 업무는 한성부로 수성(修城) 업무는 병조로 이관되었다.

"소격서"는 삼청(三淸)의 별에 대한 제사를 관장하던 관아다. 삼청이란 도교에서 제사하는 옥청(玉淸), 상청(上淸), 태청(太淸)을 뜻한다. 서울의 '삼청동'에는 삼청의 성신을 모신 삼청전(三淸殿)이 있었다고 한다. 소격서는 조광조 등의 거듭된 요구로 1518년에 혁파했다.

술을 관장하던 사온서의 혁파 시기는 알 수 없으나, 『속대전』에 "이제 혁파한다(今革)"는 기록이 남아 있다. 소와 말 이외 가축[雜畜]의 사육을 담당하던 사축서는 호조에 통합되었고, 관곽(棺槨) 제작 등을 담당하던 귀후서는 선공감(繕工監)에 병합되었다. 쌀, 콩, 초둔(草芚) 등을 관장하던 풍저창은 장흥고(長興庫)에 예속되었고, 종실 교육을 관장하던 종학청은 설치와 폐지를 거듭하다 『속대전』 시기에 혁파되었다. 오군영의 하나인 수어청은 장용영의 설치와 함께 사실상 폐지되었으며, 오부학당의 하나로 개설할 예정이었던 북부학당[北學]은 결국 설치하지 못하고 폐지되었다. '문소전'은 태조의 비인 신의왕후(神懿王后) 한씨(韓氏)를 모신 사당으로, 원래 이름은 '인소전(仁昭殿)'이다. '연은전'은 성종의 아버지인 덕종(德宗)의 위패를 모신 사당이다. 『속대전』에서는 문소전과 인소전이 폐지되었다고 기록했다.

○ 품계.

정일품. 대광보국숭록대부, 보국숭록대부. 종친은 현록대부, 흥록대부다. 의빈은 수록대부, 성록대부다. 종친의 처는 부부인이다. ○ 왕비의 어머니도 이와 같다.

종일품. 숭록대부, 숭정대부. 종친은 소덕대부, 가덕대부다. 의빈은 정덕대부, 숭덕대부다. 종친의 처는 군부인이다. ○ 이상 관리의 처는 정경부인이다.

정이품. 정헌대부, 자헌대부. 종친은 숭헌대부, 승헌대부다. 의빈은 봉헌대부, 통헌대부다. 종이품. 가의대부, 가선대부. 종친은 중의대부, 명의대부다. 의빈은 자의대부, 순의대부다. 종친의 처는 현부인이다. ○ 이상 관리의 처는 정부인이다.

정삼품(정삼품 상계). 통정대부, 절충장군. 종친은 명선대부이고, 의빈은 봉순대부다. 종친의 처는 신부인이다. ○ 관리의 처는 숙부인이다.

정삼품(정삼품 하계). 통훈대부, 어모장군. 종친은 창선대부이고, 의빈은 정순대부다.

종삼품. 중직대부, 중훈대부, 건공장군, 보공장군. 종친은 보신대부, 자신대부이고, 의빈은 명신대부, 돈신대부다. 종친의 처는 신인(愼人)이다. ○ 이상 관리의 처는 숙인이다.

정사품. 봉정대부, 봉렬대부, 진위장군, 소위장군. 종친은 선휘대부, 광휘대부다.

종사품. 조산대부, 조봉대부, 정략장군, 선략장군. 종친은 봉성대부, 광성대부다. 종친의 처는 혜인이다. ○ 이상 관리의 처는 영인이다.

정오품. 통덕랑, 통선랑, 과의교위, 충의교위. 종친은 통직랑, 병직랑이다.

종오품. 봉직랑, 봉훈랑, 현신교위, 창신교위. 종친은 근절랑, 신절랑(愼節郞)이다. 종친의 처는 온인이다. ○ 이상 관리의 처는 공인이다.

정육품. 승의랑, 승훈랑, 돈용교위, 진용교위. 종친은 집순랑, 종순랑이다. 종친의 처는 온인[순인(順人)]이다.

종육품. 선교랑, 선무랑, 여절교위, 병절교위. 이상 관리의 처는 의인이다.

정칠품. 무공랑, 적순부위.

종칠품. 계공랑, 분순부위. 이상 관리의 처는 안인이다.

정팔품. 통사랑, 승의부위.

종팔품. 승사랑, 수의부위. 이상 관리의 처는 단인이다.

정구품. 종사랑, 효력부위.

종구품. 장사랑, 전력부위. 이상 관리의 처는 유인이다.

品秩. 正一品. 大匡輔國崇祿, 輔國崇祿. 宗親 顯祿, 興祿. 儀賓 綏祿, 成祿. 宗親妻, 府夫人. ○ 王妃母同. 從一品. 崇祿, 崇政. 宗親 昭德, 嘉德. 儀賓 靖德, 崇德. 宗親妻, 郡夫人. ○ 以上, 文南武妻, 貞敬夫人. 正二品. 正憲, 資憲. 宗親 崇憲, 承憲. 儀賓 奉憲, 通憲. 從二品. 嘉義, 嘉善. 宗親 中義, 明義. 儀賓 資義, 順義. 宗親妻, 縣夫人. ○ 以上, 文南武妻 , 貞夫人. 正三品. 通政, 折衝. 宗親 明善. 儀賓 奉順. 宗親妻, 愼夫人. ○ 文南武妻 , 淑夫人. 正三品. 通訓, 禦侮. 宗親 彰善. 儀賓 正順. 從三品. 中直, 中訓, 建功, 保功. 宗親 保信, 資信. 儀賓 明信, 敦信. 宗親妻,愼人. ○ 以上, 文南武妻 , 淑人. 正四品. 奉正, 奉列, 振威, 昭威. 宗親 宣徽, 廣徽. 從四品. 朝散, 朝奉, 定略, 宣略. 宗親 奉成, 光成. 宗親妻, 惠人. ○ 以上, 文南武妻, 令人. 正五品. 通德, 通善, 果毅, 忠毅. 宗親 通直, 秉直. 從五品. 奉直, 奉訓, 顯信, 彰信. 宗親 謹節, 信節. 宗親妻, 溫人. ○ 以上, 文南武妻, 恭人. 正六品. 承議, 承訓, 敦勇, 進勇. 宗親 執順, 從順. 宗親妻, 溫人. 從六品. 宣教, 宣務, 勵節, 秉節. 以上, 文南武妻, 宜人. 正七品. 務功, 迪順. 從七品. 啟功, 奮順. 以上, 文南武妻, 安人. 正八品. 通仕, 承義. 從八品. 承仕, 修義. 以上, 文南武妻, 端人. 正九品. 從仕, 効力. 從九品. 將仕, 展力. 以上, 文南武妻, 孺人.

조선의 관직에는 정1품에서 종9품까지 총 18등급의 등급, 즉 관품(官品)이 있었다. 문무 관료 이외에 종친(宗親), 의빈(儀賓), 명부(命婦)도 관품이 있었다. 종친은 국왕의 가까운 친족을 뜻하는 말이며, 의빈은 부마도위(駙馬都尉)처럼 왕족이 아니면서 왕족과 혼인한 사람을 통칭하는 말이다. 명부는 국가로부터 작위를 받은 여성을 일컫는 말인데, 명부는 다시 궁중에서 봉직(奉職)하는 내명부(內命婦)와 왕족 및 종친의 처, 문무 관료의 처 등과 같이 신분이나 남편의 직품에 따라 봉작을 받는 외명부(外命婦)로 나누었다. 『아희원람』에서는 문관[東班], 무관[西班], 종친, 의빈의 관품에 따른 호칭을 본문에 제시하고, 외명부 가운데 종친의 처, 문무 관료의 처의 관품에 따른 호칭을 주석에 제시했다. 곧 내명부와 외명부 중 왕실과 관련되지 않은 호칭을 관품에 따라 일목요연하게 제시해 놓은 것이다. 『아희원람』에서는 문장이 아니라 단어를 제시하는 방식을 취하여 관품에 따른 호칭을 간략한 형태로 나열하고 있는데, 상식을 간추린 일종의 도표처럼 생각하면 그 의도를 이해할 수 있다.

조선의 관직은 당상관(堂上官)과 당하관(堂下官), 참상관(參上官)과 참하관(參下官)의 구별이 있었는데, 어디에 속하는가에 따라 대우와 권한에 큰 차이가 있었다. 당상관은 정삼품 상계(上階) 이상의 벼슬을, 당하관은 정삼품 하계(下階) 이하의 벼슬을 가리킨다. 정삼품의 품계에는 당상관과 당하관이 모두 있었는데, 이 때문에 같은 정삼품이라도 당상관과 당하관의 호칭은 달랐다. 『아희원람』에서 '정삼품'

을 두 번 제시한 것은 이 때문일 것이다. 또 당하관 가운데 종육품까지는 참상관(參上官)이라 하고 정칠품 이하는 참하관(參下官)이라 했는데, 참상관과 참하관의 대우는 상당한 차이가 있었다. 따라서 참하관에서 참상관으로 올라가는 것은 관리에게 있어서 매우 의미 있는 일이었는데, 이를 흔히 '출륙(出六)'이나 '승륙(陞六)'이라고 일컬으며 특별하게 여겼다.

앞의 번역문에서는 원문의 "문남무(文南武)"를 모두 "관리"로 풀이해서 옮겼다. "문남무"는 문반, 남행(南行), 무반을 아울러 일컫는 말이다. "남행"이란 과거를 거치지 않고 관직에 임명된 사람을 가리키는 말이니, 문음자제(門蔭子弟)나 은일지사(隱逸之士)로 관직에 임명된 사람이 여기에 속한다. 또한 원문에는 두 곳에 오류가 있는 것으로 추정된다. 종오품에 보이는 "信節"은 "愼節"의 오기이며, 정육품의 주석에 보이는 "온인(溫人)"은 "순인(順人)"의 잘못이다. 원문에는 그대로 두되, 번역문에서는 오류임을 표시하고 고쳐서 옮겼다.

또 주석에 사용된 "이상(以上)"은 실제로는 '종친의 처'와 '관리의 처'에 모두 적용되어야 정확한 표현이 되는데, 원문에서는 관리의 처에 대한 설명 앞에만 "이상"을 붙이고 있다. 예컨대 '정삼품 하계'와 '종삼품'의 종친의 처는 모두 신인(愼人)이며 관리의 처는 모두 숙인인데, 관리의 처 앞에만 두 품계를 아우르는 말인 '이상'을 붙이고 있다. 번역문에서는 원문을 존중하여 그대로 옮겼지만, 정확한 이해를 위해서는 이러한 문제가 있음을 인식하면서 살펴보아야 할 것이다.

부분적으로 참고할 만한 사항도 몇 가지 있다. '정일품'에서 "왕비의 어머니도 이와 같다(王妃母同)"고 한 것은 대군(大君)의 부인과 왕비의 어머니를 모두 부부인이라 칭한다는 말이다. '종일품'에서 제시한 숭덕대부는 종일품 의빈(儀賓)의 하계(下階)인데, 이후에 명덕대부(明德大夫), 정대부(崇政大夫)로 바뀐다. '정삼품'은 원문에 두 번 나타나는데, 이는 당상관(堂上官)인 상계와 당하관(堂下官)인 하계를 구별하기 위한 것으로 추정된다. 이에 번역문에서는 원문에 없는 "상계"와 "하계"를 표시해 두었다. 또한 정삼품부터 서반(西班) 즉 무관의 품계가 나타나기 시작하는 점도 눈여겨볼 만한데, 서반에는 종이품 이상의 품계가 없었으며 서반 관아의 해당 직위는 동반에서 겸직하는 것이 관례였다. '의빈'의 품계는 종삼품까지만 있었으므로 정사품 이하에서는 "의빈"에 대한 언급이 없으며, '종친'의 품계는 정육품까지만 있었으므로 종육품 이하에서는 종친에 대한 언급이 나타나지 않는다.

○ 오부의 관내

징청방, 서린방, 수진방, 견평방, 관인방, 경행방, 정선방, 장통방. 중부 8방

숭신방, 연화방, 서운방, 덕성방, 숭교방, 연희방, 관덕방, 천달방, 흥성방, 창선방, 달덕방, 인창방. 동부 12방

광통방, 호현방, 명례방, 대평방, 훈도방, 성명방, 낙선방, 정심방, 명철방, 성선방(誠善坊), 예성방. 남부 11방

인달방, 적선방, 여경방, 황화방, 양생방, 신화방, 반송방, 반석방. 서부 8방

광화방, 양덕방, 가회방, 안국방, 관광방, 진장방, 명통방, 준수방, 순화방, 의통방. 북부 10방

五部字內. 澄淸, 瑞麟, 壽進, 堅平, 寬仁, 慶幸, 貞善, 長通. 中部 八坊 崇信, 蓮花, 瑞雲, 德成, 崇敎, 燕喜, 觀德, 泉達, 興盛, 彰善, 達德, 仁昌. 東部 十二坊 廣通, 好賢, 明禮, 大平, 薰陶, 誠明, 樂善, 貞心, 明哲, 誠善, 禮成. 南部 十一坊 仁達, 積善, 餘慶, 皇華, 養生, 神化, 盤松, 盤石. 西部 八坊 廣化, 陽德, 嘉會, 安國, 觀光, 鎭長, 明通, 俊秀, 順化, 義通. 北部 十坊

"오부(五部)"는 한성부(漢城府)에 설치한 다섯 관아이니, 곧 한성부를 뜻하는 셈이다. "자내(字內)"는 도성의 경호나 순찰 등을 분담하기 위하여 자호(字號)를 매긴 구획의 안을 뜻하는 말이다. "오부의 자내(五部字內)"는 곧 한성부 관내 정도로 풀이할 수 있다. 오부의 아래에는 "방(坊)"이 있었는데, 여기에 나열한 것이 곧 오부에 속한 방의 명칭이다.

오부에 속한 방의 숫자와 각각의 명칭은 조선시대에 동일하게 유지되지는 않았는데, 『아희원람』에서 제시한 명칭이 어느 시기의 것인지는 분명하지 않다. 다만 영조 대에는 이미 폐지된 방의 이름도 여기에는 보이니, 적어도 『아희원람』 편찬 시점의 제도를 그대로 전한 것은 아닌 셈이다. 1751년(영조 27)에 반포된 『도성삼군문분계총록(都城三軍門分界總錄)』에서 영조 대의 한성부 상황을 찾아볼 수 있는

데, 이를 통해 영조 대에는 동부 6방, 남부 11방, 서부 9방, 북부 9방, 중부 8방 등 총 43개 방이 한성부에 설치되어 있었음을 확인할 수 있다. 이후 1867년(고종 4)의 『육전조례』에서는 경모궁방, 상평방, 연은방, 연희방을 신설하고 방 아래에 340개의 계(契)를 설치하였음을 확인할 수 있다. 1894년의 갑오개혁에서는 5부(五部)를 5서(五署)로 개칭하는 한편 계를 줄이고 동(洞)을 설치하였는데, 그 결과로 한성부는 5서 288계 775동으로 재편되었다.

방(坊)은 새로 설치되거나 폐지되기도 하고 명칭이 바뀌기도 한다. 부(部)별로 이러한 사례를 몇 가지 살펴보면 다음과 같다. '중부'의 징청방(澄淸坊)은 진정방(鎭定坊)으로 된 데도 있다. '동부'에서는 연희방(燕喜坊)이 연희방(燕禧坊)으로, 덕성방이 성덕방(聖德坊)으로, 달덕방이 건덕방(建德坊)으로 된 데도 있다. 1751년에는 6개 방(연희방 · 천달방 · 덕성방 · 서운방 · 관덕방 · 흥성방)을 폐지했다. '남부'에서는 대평방(大平坊)이 태평방(太平坊)으로 된 데도 있으며, 성선방(誠善坊)은 다른 문헌에는 보이지 않으므로 성신방(誠身坊)의 오기일 가능성도 생각해 볼 만하다. 1751년에는 3개 방(성신방 · 정심방 · 예성방)을 폐지하고, 한강방(漢江坊), 둔지방(屯芝坊), 두모방(豆毛坊)의 3개 방을 신설하였다. '서부'에서는 1751년에 신화방을 폐지하고 용산방(龍山坊)과 서강방(西江坊)을 신설하였으니, 영조 대에는 서부에 9방이 설치되어 있었던 셈이 된다. '북부'의 명통방도 1751년에 폐지했는데, 이를 반영하면 영조 대의 북부 또한 9방이 된다.

○ 경기

광주, 강화, 양주, 고양, 안산, 부평, 양천, 과천, 금천. 모두 반나절 거리다 수원, 남양, 통진, 양근, 가평, 용인, 진위, 양성, 교하, 적성, 파주, 인천, 김포, 포천, 양지. 모두 하루 거리다 장단, 송도, 이천, 영평, 연천. 모두 하루 반 거리다 여주, 풍덕, 교동, 삭녕, 마전, 죽산, 안성, 지평, 음죽. 모두 이틀 거리다 모두 36관(官)이다. 송도와 강화는 논하지 않는다

京畿. 廣州, 江華, 楊州, 高陽, 安山, 富平, 陽川, 果川, 衿川. 並半日 水原,南陽, 通津, 楊根, 加平, 龍仁, 振威, 陽城, 交河, 積城, 坡州, 仁川, 金浦, 抱川, 陽智. 並一日 長湍, 松都, 利川, 永平, 漣川. 並一日半 驪州, 豐德, 喬桐, 朔寧, 麻田, 竹山, 安城, 砥平, 陰竹. 並二日 凡三十六官. 松都 · 江華不論

"경기" 이하의 항목에서는 팔도(八道)의 고을 명칭을 나열하였는데, 이와 함께 두 가지 정보를 더 제시했다. 첫째는 서울로부터의 거리이며, 둘째는 각도의 지방관(地方官) 수다. 이 항목에서 제시하는 세 가지 정보는 모두 실용적인 것이라 할 만한데, 편찬 과정에서는 다른 문헌의 기록 방식 및 내용을 참고했을 것으로 추정된다. 특히 서울로부터의 거리 표기와 관련해서는 『고사촬요』를 살펴볼 만하다. 이 문헌의 「팔도정도(八道程途)」에서 "반나절 거리[半日程]", "하루 거리[一日程]" 등의 항목에 따라 고을의 명칭을 나열한 것을 확인할 수 있다. 다만 『고사촬요』에서는 보다 정확한 거리를 함께 표기했는데, 예를 들면 '경기'의 '반나절 거리[半日程]'에 포함된 양천(陽川)의 아래에는 "1식(息) 1리(里)"라는 설명을 덧붙였다. 1식(息)은 30리에 해당하니, 양천은 "(서울에서부터) 반나절 정도 걸리는 31리 위치"에 있다고 제시한 셈이 된다.

이 항목에서 제시한 거리를 『고사촬요』와 비교해 보면, 강화, 가평, 송도 세 고을의 경우에 차이가 발견된다. 『아희원람』에서는 강화를 '반나절 거리'에 포함시킨 반면에 김포는 '하루 거리'에 포함시켰는데, 실제 위치를 고려해 보면 자연스럽지는 않다. 『고사촬요』를 따른다면, 서울에서의 거리는 '강화(반나절→하루 반)', '가평(하루→하루 반)', '송도(하루 반→이틀)'로 수정해야 한다.

'경기'의 지방관 수를 '36관'으로 제시하면서 "송도와 강화는 논하지 않는다(松都江華不論)"는 주석을 붙인 것은, 두 고을의 수령은 경관직(京官職)에 해당하기 때문인 것으로 추정된다. 개성부와 강화부는 유수(留守)가 부임하는 종2품아문이며, 개성부에는 개국 초부터 강화부에는 1627년(인조 5)부터 유수가 임명되었다. 다만 여기에는 한 가지 문제가 있다. 『아희원람』 간행 당시에 이미 유수가 부임한 광주(廣州)와 수원(水原)이 같은 조건임에도 불구하고 '36관'에 포함된 이유를 설명할 필요가 있다는 것이다. 광주부(廣州府)에는 1795년(정조 19), 수원부(水原府)에는 1793년(정조 17)에 유수가 부임하였는데, 『아희원람』에서 참조한 자료 혹은 정보가 이런 사정을 반영하지 못한 것이었다고 가정하면 이 문제는 설명될 것이다.

○ 충청도

평택.하루 반 거리다 직산.이틀 거리다 천안, 진천, 아산.모두 이틀 반 거리다 청주, 충주, 괴산, 온양, 음성, 목천, 청안, 전의, 신창, 예산.모두 사흘 거리다 대흥, 공주, 문의, 회덕.모두 사흘 반 거리다 청풍, 단양, 옥천, 연풍, 회인, 보은, 홍주, 면천, 정산, 이산, 연기, 덕산, 청양, 결성, 해미.모두 나흘 거리다 서산, 은진, 진잠, 연산, 부여, 석성, 보령, 당진, 임천, 제천(堤川), 영동.모두 나흘 반 거리다 영춘, 황간, 청산, 한산, 서천, 태안, 홍산, 남포(藍浦).모두 닷새 거리다 비인.닷새 반 거리다 모두 54관(官)이다.

忠淸道. 平澤.一日半 稷山.二日 天安, 鎭川, 牙山.並二日半 淸州, 忠州, 槐山, 溫陽, 陰城, 木川, 淸安, 全義, 新昌, 禮山.並三日 大興, 公州, 文義, 懷德.並三日半 淸風, 丹陽, 沃川, 延豐, 懷仁, 報恩, 洪州, 沔川, 定山, 尼山, 燕歧, 德山, 靑陽, 結城, 海美.並四日 瑞山, 恩津, 鎭岑, 連山, 扶餘, 石城, 保寧, 唐津, 林川, 提川, 永同.並四日半 永春, 黃澗, 靑山, 韓山, 舒川, 泰安, 鴻山, 藍浦.並五日 庇仁.五日半 凡五十四官.

진잠(鎭岑)은 현재의 대전 유성구 지역이다. '제천(堤川)'은 원문에 '提川'으로 표기되어 있는데, 이는 잘못이다. 원문은 표기대로 두되, 번역문은 수정한다. 남포(藍浦)는 현재의 충청남도 보령군 남포면 지역에 있던 현(縣)이다.

○ 전라도

여산, 익산, 진산, 고산, 함열, 용안.모두 닷새 거리다 금산, 무주, 임피.모두 닷새 반 거리다 전주, 김제, 만경, 금구, 용담, 태인, 옥구. 모두 엿새 거리다 임실, 정읍, 고부, 부안, 진안. 모두 엿새 반 거리다 남원, 장성. 흥덕, 고창, 무장. 모두 이레 거리다 함평, 순창, 장수. 모두 이레 반 거리다 나주, 광주, 담양, 영광, 창평, 곡성, 옥과, 운봉, 구례. 모두 여드레 거리다 무안, 능주, 남평, 동복. 모두 여드레 반 거리다 순천(順天), 영암, 보성, 화순. 모두 아흐레 거리다 장흥, 낙안, 강진, 광양. 모두 열흘 거리다 남해. 열하루 거리다 흥양, 진도, 제주, 대정, 정의. 모두 열하루 반 거리다 모두 56관(官)이다.

全羅道. 礪山, 益山, 珍山, 高山, 咸悅, 龍安. 並五日 錦山, 茂朱, 臨陂. 並五日半 全州, 金堤, 萬頃, 金溝, 龍潭, 泰仁, 沃溝. 並六日 任實, 井邑, 古阜, 扶安, 鎭安. 並六日半 南原, 長城, 興德, 高敞, 茂長. 並七日 咸平, 淳昌, 長水. 並七日半 羅州, 光州, 潭陽, 靈光, 昌平, 谷城, 玉果, 雲峯, 求禮. 並八日 務安, 綾州, 南平, 同福. 並八日半 順天, 靈巖, 寶城, 和順. 並九日 長興, 樂安, 康津, 光陽. 並十日 海南. 十一日 興陽, 珍島, 濟州, 大靜, 旌義. 並十一日半 凡五十六官.

『고사촬요』에는 창평(昌平)이 '여드레 반 거리[八日半程]'에 포함되어 있다. 전라도는 1600년에 57관(官)에서 56관(官)으로 변경되었다. 전란 이후에 자립이 어렵다는 이유로 진원(珍原)을 장성에 병합시켰기 때문이다.

○ 경상도

문경. 나흘 거리다 풍기. 나흘 반 거리다 상주, 순흥, 영천, 용궁, 함창. 모두 닷새 거리다 봉화, 예천. 모두 닷새 반 거리다 안동, 선산, 김산(金山), 비안, 예안, 개령. 모두 엿새 거리다 청송, 인동, 의성, 군위. 모두 엿새 반 거리다 성주, 칠곡, 함양, 진보, 하양, 의흥, 지례. 모두 이레 거리다 신녕, 영천, 대구, 고령. 모두 이레 반 거리다 영해, 청도, 자인, 영양, 합천, 초계, 영덕, 경산, 현풍, 영산, 거창. 모두 여드레 거리다 안의, 창녕. 모두 여드레 반 거리다 경주, 밀양, 흥해, 연일, 삼가, 의령, 산청(山淸), 칠원. 모두 아흐레 거리다 창원, 장기, 함안, 청하, 언양, 진주. 모두 아흐레 반 거리다 김해, 양산, 진해, 단성, 웅천, 울산. 모두 열흘 거리다 하동, 고성, 곤양. 모두 열흘 반 거리다 동래, 기장, 사천. 모두 열하루 거리다 거제, 남해. 모두 열하루 반 거리다 모두 71관(官)이다.

慶尙道. 聞慶. 四日 豐基. 四日半 尙州, 順興, 榮川, 龍宮, 咸昌. 並五日 奉化, 禮泉. 並五日半 安東, 善山, 金山, 比安, 禮安, 開寧. 並六日 靑松, 仁同, 義城, 軍威. 並六日半 星州, 漆谷, 咸陽, 眞寶, 河陽, 義興, 知禮. 並七日 新寧, 永川, 大邱, 高靈. 並七日半 寧海, 淸道, 慈仁, 英陽, 陜川, 草溪, 盈德, 慶山, 玄風, 靈山, 居昌. 並八日 安義, 昌寧. 並八日半 慶州, 密陽, 興海, 延日, 三嘉, 宜寧, 山靑, 漆原. 並九日 昌原, 長鬐, 咸安, 淸河, 彥陽, 晉州. 並九日半 金海, 梁山, 鎭海, 丹城, 熊川, 蔚山. 並十日 河東, 固城, 昆陽. 並十日半 東萊, 機張, 泗川. 並十一日 巨濟, 南海. 並十一日半 凡七十一官.

"김산(金山)"은 경상북도 김천 지역의 옛 지명이며, "신녕(新寧)"은 경상북도 영천 지역의 옛 지명이다. 아흐레 거리에 포함된 "산청"은 "山靑"으로 표기되어 있으나, 이는 "山淸"의 잘못이다. 여드레 거리에 포함된 "영산(靈山)"은, 『고사촬요』에는 '여드레 반 거리[八日半程]'에 포함되어 있다. 경상도에 71관(官)이 설치된 것은 숙종 대 이후이니, 인조 대에 간행된 『고사촬요』에서는 '67관(官)'으로 기록하고 있다. 인조 대 이후에 설치된 고을은 순흥(順興), 칠곡(漆谷), 자인(慈仁), 영양(英陽) 네 곳이다. 순흥(順興)은 현재 영주시 순흥면인데, 1457년(세조 3)에 순흥부사 이보흠(李甫欽)과 순흥에 유배된 금성대군(錦城大君)이 단종의 복위를 꾀하다가 실패하면서 혁파했다가 1683년(숙종 9)에 다시 도호부를 설치하였다. 칠곡(漆谷)은 1640년(인조 18)에, 지금의 경산시 자인면인 자인(慈仁)은 1637년(인조 15)에, 영양(英陽)

은 1682년(숙종 8)에 현을 설치하였다.

○ 강원도

춘천. 이틀 거리다 홍천, 철원. 모두 이틀 반 거리다 원주, 횡성, 낭천, 안협, 평강, 김화. 모두 사흘 거리다 이천(伊川). 사흘 반 거리다 통천, 흡곡, 금성(金城), 인제, 양구. 모두 나흘 거리다 평창. 나흘 반 거리다 회양, 영월. 모두 닷새 거리다 고성, 정선. 모두 닷새 반 거리다 양양, 간성. 모두 엿새 거리다 강릉, 삼척. 모두 이레 거리다 울진. 열흘 거리다 평해. 열하루 거리다 모두 26관(官)이다.

江原道. 春川. 二日 洪川, 鐵原. 並二日半 原州, 橫城, 狼川, 安峽, 平康, 金化. 並三日 伊川. 三日半 通川, 歙谷, 金城, 麟蹄, 楊口 並四日 平昌. 四日半 淮陽, 寧越. 並五日 高城, 旌善. 並五日半 襄陽, 杆城. 並六日 江陵, 三陟. 並七日 蔚珍. 十日 平海. 十一日 凡二十六官.

낭천(狼川)은 화천(華川)의 옛 이름이다. 안협(安峽)은 강원도 이천 지역의 옛 지명이다. 금성(金城)은 강원도 김화 지역의 옛 지명이다. 흡곡(歙谷)은 강원도 통천 지역의 옛 지명이다.

○ 황해도

금천, 배천, 토산. 모두 이틀 반 거리다 평산, 연안. 모두 사흘 거리다 해주, 재령, 신계. 모두 나흘 거리다 서흥. 나흘 반 거리다 곡산, 수안, 봉산, 신천, 옹진, 강령. 모두 닷새 거리다 황주, 안악, 은율, 문화. 모두 닷새 반 거리다 풍천, 장연(長淵), 장련(長連), 송화. 모두 엿새 거리다 모두 23관(官)이다.

黃海道. 金川, 白川, 兎山. 並二日半 平山, 延安. 並三日 海州, 載寧, 新溪. 並四日 瑞興. 四日半 谷山, 遂安, 鳳山, 信川, 甕津, 康翎. 並五日 黃州, 安岳, 殷栗, 文化. 並五日半 豐川, 長淵, 長連, 松禾. 並六日 凡二十三官.

황해도는 인조 대에 간행한 『고사촬요』에는 '24관(官)'으로 기록되어 있다. 1651년(효종 2)에 강음현(江陰縣)과 우봉현(牛峯縣)을 합하여 금천군(金川郡)을 설치했으니, 이후로 23관이 된 것이다.

○ 평안도

중화. 엿새 거리다 평양. 엿새 반 거리다 삼화, 상원, 순안, 용강, 강서. 모두 이레 거리다 자산, 함종, 증산, 영유, 삼등, 강동. 모두 이레 반 거리다 성천, 숙천, 순천(順川). 모두 여드레 거리다 안주, 은산. 모두 여드레 반 거리다 영변, 박천, 개천, 가산 모두 아흐레 거리다 운산, 태천. 모두 아흐레 반 거리다 정주, 구성, 덕천, 곽산. 모두 열흘 거리다 선천, 희천, 영원, 양덕. 모두 열하루 거리다 삭주, 철산, 용천. 모두 열이틀 거리다 의주, 초산(楚山), 맹산. 모두 열사흘 거리다 창성, 위원(渭原). 모두 열나흘 거리다 강계. 열닷새 거리다 벽동. 열닷새 반 거리다 모두 42관(官)이다.

平安道. 中和. 六日 平壤. 六日半 三和, 祥原, 順安, 龍崗, 江西. 並七日 慈山, 咸從, 甑山, 永柔, 三登, 江東. 並七日半 成川, 肅川, 順川. 並八日 安州, 殷山. 並八日半 寧邊, 博川, 价川, 嘉山. 並九日 雲山, 泰川. 並九日半 定州, 龜城, 德川, 郭山. 並十日 宣川, 熙川, 寧遠, 陽德. 並十一日 朔州, 鐵山, 龍川. 並十二日 義州, 楚山, 孟山. 並十三日 昌城, 渭源. 並十四日 江界. 十五日 碧潼. 十五日半 凡四十二官.

초간본에는 "아흐레 반"이 두 번 나타나는데, 중간본처럼 앞의 것—영변, 박천, 개천, 가산—을 "아흐레"로 고쳐야 한다. "위원(渭原)"은 1443년에 설치했는데, 원래는 이산군(理山郡)의 도을한보(都乙漢堡)였다. 이산은 뒤에 '초산(楚山)'으로 개칭되었다. 원문의 "渭源"은 "渭原"의 잘못이다.

○ 함경도

안변. 엿새 반 거리다 덕원. 이레 거리다 문천. 이레 반 거리다 고원. 여드레 거리다 영흥. 여드레 반 거리다 정평. 아흐레 거리다 함흥. 아흐레 반 거리다 홍원. 열하루 거리다 북청. 열이틀 거리다 이성(利城). 열사흘 거리다 단천. 열나흘 거리다 갑산. 열닷새 거리다 길주. 열엿새 거리다 명천. 열이레 거리다 삼수. 열이레 반 거리다 경성(鏡城). 열아흐레 거리다 무산, 부령. 모두 스무날 거리다 회령. 스무하루 반 거리다 종성. 스무이틀 거리다 온성. 스무사흘 거리다 경원. 스무나흘 거리다 경흥. 스무나흘 반 거리다 모두 23관(官)이다.

咸鏡道. 安邊. 六日半 德源. 七日 文川. 七日半 高原. 八日 永興. 八日半 定平. 九日 咸興. 九日半 洪原. 十一日 北青. 十二日 利城. 十三日 端川. 十四日 甲山. 十五日半 吉州. 十六日 明川. 十七日 三水. 十七日半 鏡城. 十九日 茂山, 富寧. 並二十日 會寧. 二十一日半 鍾城. 二十二日 穩城. 二十三日 慶源. 二十四日 慶興. 二十四日半 凡二十三官.

무산(茂山)은 세종 대의 육진 개척 무렵에도 여진족이 살던 곳이며, 조선에서는 진(鎭)을 설치했다. 1674년(현종 15)에 처음 무산이라는 지명이 나타나며, 1684년(숙종 10)에 부(府)로 승격되었다. 인조 대에 간행한 『고사촬요』에 함경도가 '22관'으로 나타나는 것은 이 때문이다.

4

국속國俗

우리나라의 풍속

“국속(國俗)”은 나라의 풍속을 뜻하는 말이다. 이 장에서 실제로 수록한 것은 복식 제도 및 각종 세시풍속의 성립과 변천이라 할 수 있는데, 항목의 배열 순서나 서술 방식 등에서 일관된 질서를 찾아보기는 어렵다. 물론 기자조선으로 시작하여 신라, 고려, 조선의 시대 순서를 따르려 한 흔적은 있지만, 이런 질서는 서두의 일부에만 적용될 뿐이다. 게다가 원문 기준으로 총 22행, 13개 항목에 그치고 있으니, 다른 장에 비해 분량 면에서도 부족하다고 해야 옳을 것이다.

이처럼 제4장의 서술에 만족스럽지 못한 부분이 있는 것은 부정할 수 없는 사실이지만, 그럼에도 불구하고 앞의 3장과 함께 “우리나라[國]”의 사례를 독립시켜 다루고자 했다는 점에서 주목할 만한 부분이 있다. 9번째 항목인 ‘팥죽[豆粥]’의 경우에는 중국의 신화를 다루었다고도 할 수 있지만, 당시 조선에 동지 팥죽의 풍속이 널리 유행한 상황임을 고려하면 기원을 중국에서 찾는다고 하더라도 우리나라의 풍속을 다룬 것임을 부정하기는 어려울 것이다.

한편으로는 “국속”에 대한 서술이 빈약할 수밖에 없었던 이유에 대해서도 생각해 볼 필요가 있다. 먼저 거론할 수 있는 문제는 자료의 부족이다. 역사서나 지리지, 읍지 등에서 풍속을 서술한 사례를 찾아볼 수 없는 것은 아니지만, 『아희원람』 편찬 당시에 우리나라의 풍속을 다룬 문헌은 그리 많지 않았던 것이 사실이기 때문이다. 조선에서 세시기 또는 풍속지라 일컬을 만한 문헌이 편찬된 시점은 대체로 18세기 말 이후다. 유득공의 『경도잡지(京都雜誌)』(1792), 김매순의 『열양세시기(洌陽歲時記)』

(1819), 홍석모의 『동국세시기(東國歲時記)』(1849) 등이 이 무렵에 등장하지만, 편찬 당시에 널리 보급되지는 못한 실상이었다. 이런 사정을 고려하면, 『아희원람』의 "국속"은 그 이름에 걸맞은 수준으로 서술할 만한 준비가 없었던 상황에서 얻어낸 결과물이라 해도 좋을 것이다. 한편으로는 이 장에 『지봉유설』 시령부(時令部) 「절서(節序)」를 참고한 흔적이 여러 차례 보이는 것도 그러한 사정을 반영한 것이라 할 수 있다.

○ 기자가 동방으로 올 때 따라온 중국인이 5,000명이었다. 시서, 예악, 의무, 음양, 복서(卜筮)와 온갖 기예를 갖춘 이들이 모두 따라왔다. 동방의 풍속이 억센 것을 근심하여 버드나무를 심어서 그 심성을 부드럽게 하였다. 그런 까닭에 평양을 유경이라고 일컫는다.

箕子東來, 中國人隨者五千. 詩書禮樂醫巫陰陽卜筮, 百工皆從. 患東俗强, 種柳柔其性. 故平壤稱柳京.

기자(箕子)가 중국인 5,000명을 이끌고 조선에 왔다는 주장은 널리 유포되어 있었는데, 한편으로는 사실인지 의심스럽다는 비판을 받기도 했다. 서거정(徐居正)은 『필원잡기(筆苑雜記)』에서 『천운소통(天運紹統)』에 보이는 "은나라 사람 5,000명이 요수를 건넜다(半萬殷人渡遼水)"라는 말이 어떤 책에서 유래한 것인지 알지 못한다고 지적했다. 남구만(南九萬)도 「동사변증(東史辨證)」에서 이 정보의 신빙성에 대해 의심했다. 남구만은 명나라 도사 함허자(涵虛子)가 『천운소통』이라는 책에서 『주사(周史)』를 인용하며 이런 주장을 폈다고 지적하면서 여기서 말한 『주사』가 어떤 책인지 알지 못한다고 했다. 또한 '망국(亡國)의 유민(遺民)'이었던 기자의 상황이나 다른 문헌들과 견주어보면 『천운소통』에 기록된 바를 그대로 받아들일 수 없다고 했다. 이러한 변증은 『오주연문장전산고』의 「기자사실분묘변증설(箕子事實墳墓辨證說)」에도 수용되었다. 여러 사람의 비판에도 불구하고 중국인 5,000명이 기자를 따라왔다는 말은 사라지지 않았는데, 윤기의 「영동사(詠東史)」 가운데 기자를 노래한 시에서 "중국 사람 5,000명을 이끌고 왔다오(携來中國五千人)"라고 한 것이 그러한 사례다. 한편 『증보문헌비고』 권84의 예고(禮考)도 『주사』를 인용했는데, "시서예악(詩書禮樂)"만 말하고 "의무(醫巫)" 등은 언급하지 않았다.

기자가 동방의 풍속을 부드럽게 만들기 위해 버드나무를 심었다는 이야기는 『연려실기술』에 보인다. 별집 권19에 실린 「역대전고(歷代典故)」에서 『순오지(旬五志)』를 인용하여 '유경(柳京)'의 유래를 서술했는데, "세상에 전하기를 기자가 조선의 풍속이 억세고 사나운 것을 보고서 버드나무의 본성이 부드럽다는 이유로 백성들로 하여금 집집마다 버드나무를 심게 하였다. 이 때문에 평양을 일명 '유경(柳京)'

이라고 부른다고 한다.(世傳, 箕子見鮮俗强悍, 以柳樹性柔, 悉令民家種柳. 故平壤一名柳京云.)"고 했다. 사람들이 버드나무의 부드러운 속성을 본받게 한다는 취지에서 버드나무를 심게 했다는 것인데, 어쩌면 "부드럽다[柔]"와 "버드나무[柳]"의 한자음이 비슷하기 때문에 이런 이야기가 생긴 것인지도 모르겠다.

○ 신라 진덕왕여왕이 처음으로 관[冠]과 옷[服]을 중국 제도에 따르도록 했다.

新羅眞德王,女主 冠服始從華制.

『삼국사기』 잡지(雜志) 「색복(色服)」에 신라 의복제도에 대한 서술이 보인다. 법흥왕 때 처음으로 신분에 따른 복색을 정했지만 '동이의 풍속[夷俗]'에 따른 것이었다고 했으며, 진덕왕 2년에 김춘추가 당나라에서 의대(衣帶)를 하사받고 돌아와서 중국 제도를 시행하게 되었다고 했다. 또 문무왕 때에 이르러 부인(婦人)의 의복도 중국의 것과 같도록 고쳤다고 했다.

○ 고려 충렬왕은 흰옷을 금지하였고, 머리를 깎고 원나라 의관을 착용했다.

高麗忠烈王, 禁白衣, 剃頭服元衣冠.

『고려사』 형법(刑法) 「금령(禁令)」에 흰옷을 금지한 일이 보이는데, "충렬왕 원년 6월에 대사국(大司局)에서 아뢰기를, '동방은 목위(木位)이니, 마땅히 푸른색을 숭상해야 합니다. 흰색은 금(金)의 색입니다. 나라 사람들이 융복(戎服)을 입으면서부터 흰 모시옷으로 만든 웃옷이 많아졌습니다. 이는 목(木)이 금(金)에 제압당하는 형상입니다. 청컨대 흰옷 입는 것을 금지하소서.'라 하였다. 왕이 그대로 따랐다.(忠烈王元年六月, 大司局言, 東方木位, 色當尙靑, 而白者金之色也. 國人自着戎服, 多褐以白紵衣, 木制於金之象也. 請禁白色服. 從之.)"고 했다. 흰옷 금지를 청한 '대사국(大司

局)'이 무슨 일을 하는 관청인지는 분명하지 않은데, '태사국(太史局)'의 오기로 보는 견해도 있다.

『고려사』「연표(年表)」에는 원종 13년(1272) 2월의 일로 "세자가 원나라 풍속을 따라서 변발하고 오랑캐 옷을 입고 돌아오니, 나라 사람들이 놀랐다.(世子從元俗, 辮髮胡服而還, 國人駭之.)"는 기록이 보이는데, 여기서 언급한 '세자'가 곧 충렬왕이다. 또 『고려사』「여복지(輿服志)」에는 원나라를 섬긴 이래로 개체변발(開剃辮髮)을 하고 오랑캐 옷을 입은 것이 거의 100년이라는 말이 보이는데, '개체변발(開剃辮髮)'은 얼굴과 머리 부분의 경계선에 있는 모발은 밀고 남은 머리를 양쪽 귀 뒤에 두 가닥으로 땋아 늘이는 몽골식의 변발(辮髮)이다.

○ 신우가 즉위하여 관복은 중국 제도를 따르도록 하고 오랑캐 옷을 다시 금지했다.

辛禑立, 官服從華制, 復禁胡服.

『고려사』「신우열전」의 1387년(우왕 13) 6월 조에 "명나라 제도에 의거하여 백관의 관모와 의복을 정하였다.(依大明之制, 定百官冠服.)"는 기사가 보이고, 이듬해 6월의 기사에는 "다시 홍무 연호를 사용하고, 명나라 의관을 입도록 하며 오랑캐 옷을 금지하였다.(復行洪武年號, 襲大明衣冠, 禁胡服.)"라는 말이 보인다. 『고려사』에서는 우왕(禑王)과 창왕(昌王)은 신돈(辛旽)의 자손으로 보았으므로, 이 시기의 기사는 『한서』의 전례에 따라 열전에 수록했다.

○ 다리밟기 놀이. 고려조에서 시작되었는데, 태평한 시기에 매우 성행하였다. 남녀가 모여들어 밤새도록 그치지 않으니, 법관이 금지하고 잡아가기까지 했다. 임진란 이후에 이 풍속이 없어졌다.

踏橋之戲, 始自麗朝, 在平時甚盛. 士女駢闐, 達夜不止, 法官至於禁捕.

壬辰亂後, 無此俗.

『지봉유설』 시령부 「절서」에 "是夜爲踏橋之戲, 始自前朝, 在平時甚盛. 士女騈闐, 達夜不止, 法官至於禁捕. …… 壬辰亂後, 無此俗矣."라는 구절이 있다. "이날[是夜]"은 정월 대보름을 뜻하며 "전조(前朝)"는 이전 왕조 즉 고려를 가리킨다. 『지봉유설』에서는 강극성(姜克誠)의 시구도 인용하였는데, 『아희원람』에서는 이를 제외하고 일부 표현을 바꿔 인용한 듯하다.

○ 관등. 우리나라에서도 또한 정월 보름에 했다. 고려의 최이가 처음으로 4월 8일에 거행했는데, 아마 고려에서 불교를 숭상했으므로 그렇게 한 것 같다. 석가여래가 이날 태어났다. ○ 고사(故事)를 살펴보니, 설날부터 날마다 콩을 모아서 이날이 되면 물에 삶고 불상을 목욕시켰다고 한다. 지금의 증두(蒸豆) 풍속은 그 유풍(遺風)이 아닐까 생각한다.

觀燈. 東國亦於元夜. 高麗崔怡始行四月八日, 蓋麗朝尙佛, 故爲. 如來生於此日耳. ○ 按故事, 自元朝日聚大豆, 至是煮水浴佛云. 今之蒸豆, 疑其遺俗歟.

『지봉유설』 시령부 「절서」에 관등(觀燈)에 대한 언급이 보이는데, "『고려사』를 살펴보니 '나라의 풍속에 왕궁과 도읍으로부터 향, 읍에 이르기까지 정월 보름에 이틀 밤 동안 연등을 했다'고 하며, 공민왕 때까지도 또한 그러하였다. 그런데 최이(崔怡)가 4월 8일에 연등을 하고 즐겼다고도 한다. 두 가지 설이 같지 않다. 지금 풍속에는 4월 8일에 연등을 한다. 사람들은 이것이 불가(佛家)에서 나온 것이니, 이날이 석가의 생일이기 때문이라고 한다.(按高麗史, 國俗自王宮國都, 以及鄕邑, 正月望燃燈二夜, 至恭愍王朝亦然. 而崔怡於四月八日, 燃燈爲樂云. 兩說不同. 今俗四月八日燃燈, 人謂出於佛家, 以釋迦生日故也.)"고 했다. 『고려사』 예지(禮志) 「상원연등회의(上元燃燈會儀)」에는 연등회 시기가 변동된 내력이 기록되어 있는데, 이 기록과 함께 『고려사』의 기사들을 살펴보면 정월이 아닌 2월에 시행되던 일도 많았음을 확인할 수 있다. 다만 『아희원람』에서 『지봉유설』을 참고하여 이렇게 기술한 것인지는 분명하지 않은데, 표현과 내용에 차이가 나타나기 때문이다. "원야(元夜)"는 정월 보름을 뜻하는 말로, 『고려사』의 표현을 그대로 옮긴 "正月望"과는 차이가 있다. "또한[亦]"은 '우리나라[東國] 이외의 곳'과 마찬가지로 정월 보름에 관등을 한다는 의미로 쓰인 말임을 짐작할 수 있는데, 『아희원람』에서 참고한 문헌에는 이 앞부분에 중국에서 정월 보름에 관등을 한다는 말이 있었을 것이다.

'○' 이하는 4월 초파일의 풍속을 말한 것이며, '관등'에 대한 정보를 수록한 것이 아니다. '증두(蒸豆)'와 '욕불(浴佛)'은 초파일의 대표적인 풍속인데, 『아희원람』에서 '콩을 삶은 물로 불상을 목욕시켰다'는 식으로 두 풍속을 합쳐 말하려고 했을 듯도 하다. 그렇지만 이처럼 두 풍속을 연관 지은 사례는 찾아보기 어렵다. '증두'와 관련된 기록은 유득공의 『경도잡지』에서 찾아볼 수 있다. 초파일에 손님을 청해서 느티떡과 삶은 콩[煮豆], 삶은 미나리 등을 대접하는 '불신여소(佛辰茹素)'의 풍속을 말하였고, 장원(張遠)의 『오지(隩志)』를 인용하여 '자두(煮豆)'의 유래를 말하였다. 『오지』에서는 염불한 횟수만큼 콩을 모았다가 초파일에 그동안 모은 콩을 삶고 소금을 조금 쳐서 길 가는 사람에게 대접함으로써 내세의 인연을 만든다는 염증두(鹽蒸豆) 또는 사두결열(舍豆結緣)의 풍속을 말한 것인데, 『아희원람』에서 설날부터 날마다 콩을 모은다는 말은 이 풍속에 대한 설명과 연관된 것으로 짐작된다.

○ 유두절. 신라의 옛 풍속에 이날 동쪽으로 흐르는 물에 씻고 액운을 막는 술자리를 가졌다고 한다. 이를 일러 '유두연'이라 한다.

流頭節. 新羅舊俗, 是日浴東流水爲禊飮, 謂之流頭宴.

『지봉유설』 시령부 「절서」에서는 6월 15일을 '유두(流頭)'라 일컫는다고 말하고 『동국여지승람』을 인용하여 기원을 밝혔는데, "新羅舊俗, 以是日浴東流水, 因爲禊飮, 謂之流頭宴."이라 하였다. '유두연' 또는 '유두음(流頭飮)'에 대한 기록은 『고려사』

에도 보이는데, 그 내용을 『경도잡지』나 『동국세시기』도 언급했다. 『아희원람』과 비교하면 크게 다르지 않으나, 『고려사』에서는 "동쪽으로 흐르는 물에 머리를 감는다(沐髮於東流水)"고 보다 정확하게 표현하였고 『동국세시기』에서는 "동도유속(東都遺俗)" 즉 경주에 전승되는 풍속이라고 지적한 점 정도를 차이로 지적할 수 있다.

○ 약밥. 신라 소지왕 정월 보름날에 까마귀가 편지를 물고 날아와서 울었다. 그 겉봉에는 '열면 두 사람이 죽고, 열지 않으면 한 사람이 죽는다'라고 씌어 있었는데, 그 편지를 열어서 보니 '거문고 갑을 쏘아라'라고 씌어 있었다. 왕이 궁궐에 들어가 거문고 갑을 쏘았는데, 곧 내전의 분수승(焚修僧)으로 왕비와 사통한 자가 갑 속에 있었다. 이에 왕비와 중을 죽였다. 이로부터 나라 사람들이 이날이면 찰밥을 지어 까마귀에게 먹인다.

藥飯. 新羅炤智王正月十五日, 有烏含書來鳴. 書其外曰, 開二人死, 不開一人死. 開見書曰, 射琴匣. 王入宮射之, 乃內殿焚修僧與王妃通者在匣中, 誅妃與僧. 自是, 國人是日作糯飯飼烏.

『지봉유설』 시령부 「절서」에 약밥[藥飯]의 유래가 언급되어 있는데, 그 내용은 『아희원람』과는 조금 다르다. 『지봉유설』에서는 "지금 풍속에 정월 보름날에 과일을 섞은 밥을 먹는데, 이를 일러 '약밥'이라 한다. 중국 사람들이 이를 매우 진기하게 여긴다. 살피건대 신라 때 정월 보름날에 까마귀가 편지를 물고 온 기이한 일이 있었던 까닭에 매년 이날이면 찰밥을 지어 까마귀에게 제사하였다 하니, 아마도 이로 인하여 풍속이 된 듯하다.(今俗, 正月十五日, 喫雜果飯, 謂之藥飯, 中朝人甚珍之. 按新羅時, 正月十五日, 有烏喻書之異. 故每於是日, 以糯飯祭烏, 蓋因此成俗也.)"고 했으니, "오함서(烏喻書)의 기이한 일"로만 그 유래를 말한 셈이다.

『아희원람』에서 서술한 이야기가 곧 『지봉유설』에서 언급한 "오함서(烏含書)" 즉 까마귀가 편지를 물고 온 기이한 일일 것인데, 이 이야기는 『삼국유사』에 전하는 '사금갑(射琴匣)'의 설화와 비슷하면서도 조금 다르다. '사금갑'의 설화에서는 노인이 연못 속에서 나와 편지를 주었으니, 적어도 이를 "까마귀가 편지를 물고 온 기이한 일"이라고 말할 수는 없을 것이다. 『아희원람』에서 제시한 설화는 이익의 『해동악부』 가운데 한 수인 「오함서(烏含書)」의 서문 등과 유사한데, 『삼국유사』와는 편지를 얻게 되기까지의 과정 등 내용상의 차이와 함께 "궁주(宮主)"가 아닌 "왕비(王妃)"로 기록한 표현상의 차이도 찾아볼 수 있다.

○ 팥죽. 공공의 재주 없는 아들이 동짓날 죽어서 역귀가 되었다. 팥을 두려워했기 때문에, 죽을 만들어서 그 역귀를 물리친다.

豆粥. 共工不才子, 冬至日死爲厲, 畏赤豆, 故作粥禳之.

팥죽의 유래를 공공(共工)씨의 아들에게서 찾는 견해는 『형초세시기』에 전하는데, 『경도잡지』를 비롯한 조선의 세시기에서도 이를 인용하여 동지 팥죽의 유래를 설명하였다. 『지봉유설』 시령부 「절서」에도 이 말이 전하는데, "살피건대 공공씨의 아들이 동짓날에 죽어 역귀가 되었는데 원래 팥을 두려워했기에 이날에는 팥으로 죽을 쑤어서 이 역귀를 물리친다고 한다. 그런데 내가 보니 중국 사람들은 동짓날에 팥죽을 쑤지 않는다.(按共工氏之子, 冬至死爲疫鬼, 畏赤小豆, 故是日作赤豆粥以禳云. 而余見中朝人, 冬至不作赤豆粥.)"고 했다. 또한 유자휘의 시구를 거론하며 이것이 형초(荊楚) 지방의 풍속일 것이라고 덧붙였다. 팥죽은 보통 '적두죽(赤豆粥)'으로 표기하지만 '두죽(豆粥)'으로도 표기하는데, 『지봉유설』과 『아희원람』에서 이처럼 다른 표기의 예를 찾아볼 수도 있다.

○ 담배. 지금은 '연다'라고 일컫는다. 일명 담파고담파고(淡婆姑)로도 쓴다다. 왜에서 온 것인데, 어떤 이는 남만에서 전해졌다고도 말한다.

南靈草. 今稱烟茶, 一名淡巴菰.或作淡婆姑 出於倭. 或云傳自南蠻.

"남령초(南靈草)"는 남쪽에서 온 신령한 풀이라는 뜻이니, 담배에 대해 긍정적인 시각을 담은 말임을 짐작할 수 있다. 정조가 1796년 초계문신의 시험에 출제한 책문(策問)인 「남령초(南靈草)」에서 그러한 인식을 확인할 수 있는데, 그 서두에서는 "온갖 풀 가운데 사용함에 이롭고 사람에게 유익한 것으로는 남령초만 한 것이 없다.(百草之中, 利於用而益於人者, 莫過於南靈之草.)"라고 했다. 이 책문에서는 담배의 별칭도 여럿 언급하는데, 중국 사람은 '남령초'라 부르고 동방 사람[東人]은 '남초(南草)'라 부르고 민(閩) 땅에서는 '연엽(煙葉)'이라고 부르며 '연다(煙茶)'나 '연초(煙草)'로 일컫기도 한다고 했다. 장유(張維)의 『계곡만필(谿谷漫筆)』에 수록된 「남령초흡연(南靈草吸煙)」에는 "남령초를 흡연하는 것은 본래 일본에서 나왔다. 일본인들은 이것을 '담박괴'라고 부르는데, 그 풀이 남양(南洋)의 나라에서 나온 것이라고 말한다.(南靈草吸煙之法, 本出日本. 日本人謂之淡泊塊, 言其草出自南洋諸國云.)"라는 구절이 있는데, 명칭과 원산지에 대한 당시의 지식을 엿볼 수 있다.

담배의 명칭 가운데 "담바고" 즉 담파고(淡巴菰), 담파고(淡婆姑), 담박괴(淡泊塊) 등은 모두 "tobacco"를 음차한 것이지만, 왜 그 글자를 사용했는지는 알 수 없다. 다만 이에 대한 설명을 포함한 유래담은 여럿 전한다. 담파(淡巴) 또는 담파고(淡巴菰)는 지명(地名) 특히 '여송(呂宋)' 즉 루손섬에 있는 담배 발상지의 이름으로 설명되기도 한다. 『아희원람』에서 주석으로 제시한 "담파고(淡婆姑)"는 『지봉유설』에 보이는 인명(人名)으로 풀이하는 견해에서 유래한 것으로 짐작된다. 『지봉유설』 식물부 「약(藥)」에서는 담배의 효험과 독성을 말하면서 그 말미에 "어떤 이는 전하기를 남만국에 '담파고'라는 여인이 있었는데 여러 해 동안 가래 끓는 병을 앓다가 이 풀을 복용하고 치유되었기에 이 이름을 붙인 것이라고 한다.(或傳南蠻國, 有女人淡婆姑者, 患痰疾積年, 服此草得瘳, 故名.)"고 명칭의 유래에 대해 언급했다.

○ 신라 진덕왕이 처음으로 정월 초하루에 백관의 조하를 받았다.

新羅眞德主, 始自正月朔, 受百官朝賀.

『삼국사기』 신라본기 진덕왕 5년 조에 "정월 초하루에 왕이 조원전에 나아가 백관의 신년 하례[正賀]를 받았다. 신년 하례의 의례가 이로부터 시작되었다.(春正月朔, 王御朝元殿, 受百官正賀, 賀正之禮始於此.)"는 기사가 있다. 『아희원람』에서 "자(自)"를 쓴 이유가 무엇인지는 분명하지 않은데, 원래 "朝賀. 始自新羅眞德主, 正月朔受百官朝賀."로 쓰려고 했던 것 같다.

○ 고려 성종이 처음으로 기곡제를 거행했다.

高麗成宗, 始行祈穀祭.

"기곡제(祈穀祭)"는 기곡대제(祈穀大祭), 기년제(祈年祭), 기풍제(祈豊祭)라고도 일컫는데, 풍년을 기원하는 제례다. 『예기』 「월령(月令)」에 천자가 원일(元日)에 상제(上帝)에게 기곡제를 올린다는 말이 보이는데, 이것이 보통 기곡제의 기원으로 언급된다. 조선에서는 기곡제가 천자만 베풀 수 있는 제례인가를 놓고 여러 차례 논의한 끝에 조선의 국왕도 이 제례를 거행할 수 있다는 결론을 내리게 된다. 그렇지만 이미 고려시대에 기곡제를 거행한 기록이 보인다. 『고려사』 성종 2년(983) 조에 "정월 신미일에 왕이 원구에서 풍년을 기도하고 태조의 신위를 모셨다.(春正月辛未, 王祈穀于圜丘, 配以太祖.)"고 기록한 것이 그것이다.

○ 개가의 금지. 우리 조선의 성종 때에 처음으로 개가한 여성의 아들과 손자를 동서반의 관리에 서용하지 말도록 명령하였다.

禁改嫁. 我成宗朝, 始令改嫁子孫勿敍東西班.

『지봉유설』 군도부(君道部) 「법금(法禁)」에 개가(改嫁)한 여성의 자손을 관직에 등용하는 것을 제한한 법의 성립 경위와 효용에 대한 서술이 보이는데, 그 서두에 "개가한 여성의 아들과 손자에게 동서반의 관직을 주지 못하게 한 법은 성종조에서 비롯되었다.(改嫁子孫, 勿敍東西班之法, 始於成廟朝.)"라는 말이 보인다. 고려시대에는 여성의 개가에 대한 제약이나 처벌이 없었으며, 조선 건국 이후에 여성의 개가를 제한해야 한다는 논의가 등장하기 시작했다. 1406년(태종 6)에 양반의 정처 가운데 삼가녀(三嫁女) 즉 세 번 혼인한 여성을 『자녀안(恣女案)』 즉 방종한 여성의 명부에 올리게 한 것이 구체적인 조치의 시초가 된다. 『자녀안』은 고려 때부터 존재했지만, 이 조치 이전에는 주로 간통한 여성의 이름을 올려서 처벌하기 위한 것일 뿐이었다. 두 번 혼인한 여성 즉 재가녀(再嫁女)에 대한 처벌 조항은 성종 때 간행한 『경국대전』에서 명문화되는데, "실행(失行)한 여성과 재가한 여성의 자손은 동서반의 관직에 서용하지 않는다.(失行婦女及再嫁女之所生, 勿敍東西班職.)"는 조항이 그것이다. 단 이 조문에서 개가한 여성 후손들의 벼슬길을 영원히 막은 것은 아니었으니, 증손(曾孫) 대에는 일부 관아의 관직에는 나아갈 수 있도록 명문화하기도 했다.

5

탄육 誕育

기이한 탄생담을 지닌 사람들

“탄육(誕育)”은 특별한 아이를 낳아 기른다는 뜻이다. 사람이 자손을 낳아 기르는 일을 ‘생육(生育)’이라 하니, 특별한 사람의 생육 또는 유달리 특이한 생육을 가리키는 말이다. 이 장에서 실제로 다룬 내용을 살펴보면, 신화적인 인물의 탄생 이야기를 앞부분에 싣고 남달리 자손을 많이 낳았거나 아이를 낳을 수 없는 나이에 자손을 보았다는 등의 특이한 일화를 뒷부분에 실었음을 확인할 수 있다. ‘신이한 탄생’ 즉 탄생 신화나 탄생 설화라 할 만한 것을 앞에 싣고, ‘기이한 탄생’ 즉 출생에 관한 이야기로서 보통 사람에게서는 찾아볼 수 없는 예외적인 사례에 속하는 이야기를 뒤에 실었다고 고쳐 말해도 좋을 것이다. 이 가운데 ‘신이한 탄생’은 신화 또는 영웅담에 흔히 보이는 요소로, 신화와 영웅담이 보편적인 문학 갈래임을 고려하면 이 장에서 우리나라 인물로 알영과 김유신 둘만을 다루었다는 점은 다소 부자연스워 보인다. 그렇지만 『아희원람』의 구성을 고려하면 자연스러운 결과이기도 한데, 제3장 ‘방도’에서 우리나라 건국 시조의 신이한 탄생을 이미 소개했으니 다시 서술할 필요가 없었을 것이다.

『아희원람』의 구성과 관련해서는, 제5장은 ‘사람의 일생’ 가운데 첫 번째인 출생의 문제를 다룬 장이라는 의미를 지닌다. 제6장 ‘자성(姿性)’과 제7장 ‘재민(才敏)’이 외모 또는 재주가 남다른 사람에 초점을 맞춰서 ‘사람의 성장 및 행적’의 문제를 다루고, 제8장 ‘수부(壽富)’는 사람의 수요(壽夭) 즉 죽음의 문제를 다룬다고 할 수 있다. 5장부터 8장까지는 사람의 일생 가운데 보통과는 다른 면모를 보이는 사례를 제시했다는 점에서 상호 연관성을 지닌다고 해도 좋을 것이다.

○ 복희씨의 어머니 화서는 뇌택에서 거인의 발자국을 밟고서 복희씨를 낳았다.

宓戲母華胥, 履大人迹於雷澤而生帝.

복희씨는 태호(太昊), 희황(羲皇), 복희씨(伏羲氏), 포희씨(庖犧氏)로도 일컫는다. 사마정의 『보사기』「삼황본기」에서는 "어머니는 화서인데, 뇌택에서 거인의 발자국을 밟고서 성기에서 복희씨를 낳았다. 뱀의 몸에 사람의 머리를 갖고 있었다.(母曰華胥, 履大人迹於雷澤, 而生庖犧於成紀. 蛇身人首.)"라고 했다. "뇌택(雷澤)"과 "성기(成紀)"는 지명이다.

○ 신농씨의 어머니 여등은 유와씨의 딸이다. 유웅국의 왕비가 되었는데, 신령한 용에 감응하여 신농씨를 낳았다.

神農母女登, 有媧之女. 爲有熊國君妃, 感神龍而生帝.

신농씨는 염제(炎帝), 열산씨(烈山氏), 여산씨(厲山氏)로도 불린다. 「삼황본기」에서는 "염제 신농씨는 성이 '강'이다. 어머니는 여등인데, 유와씨의 딸로 소전의 왕비가 되었고 신룡에 감응하여 염제를 낳았다. 염제는 사람의 몸에 소의 머리를 지니고 있었는데, 강수에서 자랐기에 '강'으로 성을 삼았다.(炎帝神農氏姜姓. 母曰女登, 有媧氏之女, 爲少典妃, 感神龍而生炎帝. 人身牛首, 長於姜水, 因以爲姓.)"고 했다. 『제왕세기』는 '유교씨(有喬氏)'의 딸인 여등이 화양(華陽)에서 노닐다가 신룡에 감응하여 염제를 낳았다고 했으니, 인명(人名)에 약간의 차이가 보인다. "유웅국(有熊國)"의 시조가 곧 소전(少典)이라고 한다.

○ 황제의 어머니 부보는 큰 번갯불이 북두추성을 감싸는 것을 보고 감응하여 임신하였으며, 20개월 만에 황제를 낳았다.

黃帝母附寶, 見大電遶北斗樞星, 感有身, 二十月生帝.

"북두추성(北斗樞星)"은 북두칠성의 첫 번째 별이다. "유신(有身)"은 임신(妊娠)을 뜻하는 말이다. 『사기』「오제본기」에는 소전(少典)의 아들이라고만 했으나, 『제왕세기』에서는 유웅씨(有熊氏)의 왕비인 부보(附寶)가 큰 번갯불이 북두추성을 휘감고 들판을 비추는 것을 보고서 감응하여 20개월 만에 수구(壽丘)에서 황제를 낳았다고 했다. 한편 『사기』의 주석 등에도 이와 유사한 탄생담이 보이는데, 그 가운데 일부는 잉태한 기간이 24개월 또는 25개월이었다고 전하기도 한다.

○ 소호의 어머니 누조는 곧 서릉씨다. 무지개 같은 큰 별이 화저로 내려오는 것에 감응하여 현효를 낳았다.

少皥母嫘祖, 卽西陵氏. 感大星如虹臨華渚, 而生玄囂.

"소호(少皥/少昊)"는 황제의 아들로 이름은 현효(玄囂)이며 백제(白帝) 금천씨(金天氏)나 청양씨(靑陽氏)로도 일컫는다. "누조(嫘祖)"는 누조(嫘狙) 또는 뇌조(雷祖)로도 표기하는데, 서릉 땅 출신이기 때문에 "서릉씨"로도 부른다. 『사기』「오제본기」에는 황제가 서릉(西陵)의 여자인 누조(嫘祖)를 아내로 맞이하여 정비(正妃)로 삼았다는 기록이 있다. "화저(華渚)"는 전설상의 지명이며, 서릉씨가 무지개 같은 큰 별이 이곳으로 내려오는 것을 보고 소호를 낳았다고 한다. 한편 소호의 어머니에 대해서는 조금 다른 이야기도 전하는데, 황제의 원비인 서릉씨[누조]는 창의(昌意)를 낳았고, 차비인 방뢰씨(方雷氏) 즉 여절(女節)이 청양(靑陽) 즉 소호를 낳았다는 것이 그 대표적인 사례다. 그런데 이 경우에도 여절 즉 소호의 어머니는 별에 감응하여 소호를 낳았다고 한다.

○ 전욱의 어머니 창복은 달을 꿰뚫은 요광에 감응하여 전욱을 낳았다.

顓頊母昌僕, 感瑤光貫月, 而生帝.

전욱(顓頊)은 황제의 손자로 고양씨(高陽氏)라고도 일컫는데, 『사기』에서는 오제(五帝) 가운데 두 번째로 거론되었다. 황제의 둘째 아들인 창의(昌意)가 촉산씨(蜀山氏) 출신의 창복(昌僕)을 아내로 얻었는데, '여추(女樞)'라고도 하는 창복이 요광(瑤光)에 감응하여 고양(高陽)을 낳았다고 전한다. "요광"은 북두칠성의 일곱째 별이다.

○ 요임금의 어머니 경도는 붉은 번개에 감응하여 임신하였는데, 14개월 만에 요임금을 낳았다.

帝堯母慶都, 感赤電任身, 十四月生帝.

요임금[帝堯]은 제곡(帝嚳)의 아들로 이름은 방훈(放勳)이다. 오제(五帝)의 한 사람이며, 도당씨(陶唐氏)라고도 일컫는다. 어머니 경도(慶都)는 진봉씨(陳鋒氏) 또는 진풍씨(陳豊氏)로 일컫는데, 제곡의 셋째 부인이라고 한다. 요임금의 잉태와 관련해서는 흔히 경도가 '붉은 용'에 감응하여 잉태했다는 이야기가 전한다. 『춘추합성도(春秋合誠圖)』에서는 경도가 태어날 때 큰 번개가 치고 큰 돌 속에서 피가 흘렀으며, 스무 살에는 그림[圖]을 지고 나온 붉은 용[赤龍]과 교합(交合)하여 요임금을 잉태했다고 했다.

○ 순임금의 어머니 악등은 큰 무지개를 보고 감응하여 순임금을 낳았다.

帝舜母握登, 見大虹, 感而生帝.

순임금[帝舜]은 전욱의 후손인 고수(瞽叟)의 아들이다. 고수의 처 악등(樞星)은 큰 무지개에 감응하여 순을 낳았다고 하는데, 위서인 『상서제명험(尙書帝命驗)』에서처럼 "추성에 감응하여 순을 낳았다(感樞星生舜)"고도 전한다. 악등이 죽은 뒤에 고수는 재혼하여 아들 상(象)을 얻었는데, 고수가 상을 편애하여 순을 학대한 이야기가 널리 전한다.

○ 하나라 우임금의 어머니 수기는 유성이 묘수를 꿰뚫는 것에 감응하였는데, 잉태한 지 14개월 만에 등이 갈라지며 우임금을 낳았다.

夏禹母脩己, 感流星貫昴, 懷孕十四月, 坼背而生禹.

우임금은 곤(鯀)의 아들로, 치수(治水)에 공을 세웠으며 순임금의 선양을 받아 하나라를 세웠다고 전한다. "수기(修己)"는 유신씨(有莘氏) 출신으로 여지(女志) 또는 여희(女嬉)로도 일컫는데, 곤(鯀)과 혼인했으나 오랫동안 아이를 낳지 못했다. 뒤에 유성이 묘수를 꿰뚫는 것을 보고 잉태했다고 전하는데, 이미 신주(神珠) 또는 율무를 삼켰기 때문에 잉태하게 된 것이라고도 한다. 또한 수기가 우임금을 낳을 때 등이 아니라 가슴이 갈라졌다는 이야기도 전한다. 한편 "묘수(昴宿)"는 28수 가운데 제18수에 해당하는 별자리로, 초간본에는 "昴"으로 잘못 씌어 있지만 중간본에는 "昴"로 수정되어 있다.

○ 은나라 탕임금의 어머니 부도씨는 흰 기운이 달을 꿰뚫는 것을 보고 감응하여 탕임금을 낳았다.

殷湯母扶都氏, 見白氣貫月, 意感而生帝.

탕임금[殷湯]은 하나라 걸왕(桀王)을 몰아내고 은나라를 세웠으며, 무탕(武湯), 천을(天乙), 성탕(成湯) 등으로 불린다. 설(契)의 후손이며 주계(主癸)의 아들이다. 어머니 부도씨(扶都氏)가 흰 기운이 달을 꿰뚫는 것을 보고 잉태하여 을일(乙日)에 낳았기 때문에 '천을(天乙)'이라고 일컬었다고 한다.

○ 설의 어머니 간적은 제비가 알을 떨어뜨리는 것을 보고서 그 알을 삼켰다가 잉태하였는데, 가슴을 가르고 설(卨)을 낳았다. 설은 은나라의 조상이 되었다.

契母簡狄, 見玄鳥墮卵, 呑而孕, 剖胸而生卨, 爲殷祖.

『사기』「은본기(殷本紀)」는 서두에 은나라의 시조인 설(契)의 탄생 설화를 실었다. 이에 의하면 유융씨(有娀氏)의 딸이자 제곡(帝嚳)의 차비(次妃)인 간적(簡狄)이 목욕하러 갔다가 제비가 떨어뜨린 알을 삼키고서 잉태하여 설을 낳았다고 한다. “설(契)”은 “설(卨)”이라고도 쓰는데, 『아희원람』에서 두 가지 표기를 함께 제시했다. 설의 14대손이 곧 탕임금이다.

○ 후직의 어머니 강원은 제곡의 원비다. 들판에 나왔다가 거인의 발자국을 보았는데, 기쁜 마음으로 밟았다가 기를 낳았다. 상서롭지 못하다고 여겨 버렸는데, 그런 까닭에 이름을 ‘기’라 하였다. 기는 주나라의 시조가 되었다.

后稷母姜嫄, 爲帝嚳元妃, 出野見巨人迹, 心欣然踐而生棄, 爲不祥棄之, 故名棄. 爲周始祖.

『사기』「주본기(周本紀)」는 서두에 주나라의 시조인 후직(后稷)의 탄생 설화를 실었다. 이에 의하면 유태씨(有邰氏)의 딸이자 제곡의 원비(元妃)인 강원은 들판에서 거인의 발자국을 밟았다가 잉태하여 아이를 낳았는데, 상서롭지 못하다고 여겨 여러 차례 버렸으나 짐승들이 밟지 않고 피해 가거나 돌보는 등의 신이한 일이 있어 다시 데려다 길렀다고 한다. 이 아이는 내버린다는 뜻의 ‘기(棄)’라는 이름을 얻었으며, 요임금 때 농사를 관장하였고 뒤에 곡식의 신을 의미하는 “직(稷)”으로 받들어졌다. 요임금이 그에게 희(姬)라는 성을 내렸으니, 그의 후예인 주나라 왕실의 성은 희가 되었다.

○ 공자는 아버지 숙량흘이 안씨의 딸이름은 징재다과 함께 니구산에서 기도하여 낳았다. 48개의 의표를 갖추었다.주나라 영왕 22년 경술년 11월

孔子, 父叔梁紇, 與顔氏女,名徵在 禱於尼丘山而生. 具四十八表.周靈王二十二年庚戌十一月

『사기』「공자세가(孔子世家)」에서는 숙량흘이 안씨의 딸과 "야합(野合)"하여 공자를 낳았다고 했는데, "야합"이라는 말의 의미에 대해 많은 논란이 있었다. 『공자가어(孔子家語)』 등에 의하면, 숙량흘은 처인 시씨(施氏)에게서 딸 9명만을 얻었으며 첩에게서 얻은 아들인 맹피(孟皮)는 다리에 병이 있었다고 한다. 이에 아들을 얻기 위해 안씨의 집에 구혼하여 세 딸 가운데 막내인 안징재와 혼인하였고, 안징재가 니구산에서 기도를 올린 끝에 공자를 잉태했다고 한다. 한편 안징재의 잉태에 대해서도 신이한 이야기가 전한다. 안징재가 공자를 잉태할 때 검은 용[黑龍]이 꿈에 나타나는 감생(感生)의 일이 있었다고도 하며, 공자가 태어나던 날에는 푸른 용[蒼龍] 두 마리가 하늘에서 내려오고 신녀(神女) 두 사람이 공중에서 향기로운 안개를 뿌렸다고도 한다. 또 다섯 별의 정령으로 여겨지는 다섯 노인이 뜰에 내려오는 기이한 일이 있었다고도 한다.

성인은 보통 사람과는 다른 신체적 특징을 타고난다는 생각을 가진 이들도 있었는데, 『아희원람』에서는 공자, 노자, 석가모니불의 탄생을 말하면서 그러한 신체적 특징의 수를 덧붙였다. 공자의 경우에는 "48표(表)" 즉 성인이기에 타고난 48개의 의표(儀表)가 있었다고 했는데, 왜 48가지라고 했는지는 분명하지 않다. 다만 금나라 때 문헌인 『공씨조정광기(孔氏祖庭廣記)』에서 선성(先聖) 공자의 비범한 의표(儀表) 49가지 즉 '49표'를 정리한 사례를 찾아볼 수는 있는데, 혹 이를 잘못 옮긴 것은 아닌지 의심되기도 한다. 튀어나온 왼쪽 이마[月角], 평평하고 긴 눈[河目], 크고 깊은 입[海口] 등이 여기에 포함된다. 한편 위서인 『춘추연공도(春秋演孔圖)』처럼 공자의 42표(表)를 거론한 사례도 찾아볼 수 있는데, 49표에 비하면 인용 빈도는 낮지만 오기의 가능성이라는 차원에서는 주목할 만하다. '八'과 '二'의 유사성이 상대적으로 더 높기 때문이다.

○ 노자는 성이 이(李), 이름이 이(耳)다. 자는 백양이며 시호는 담이다. 잉태된 지 81년 만에 어머니의 왼쪽 겨드랑이를 가르고 태어났는데, 오얏나무를 가리켰기 때문에 '이(李)'를 성으로 삼았다. 38개의 의표를 갖추었다. 주나라 정왕 때

老子, 姓李名耳字伯陽謚曰聃. 懷胎八十一年, 剖母左腋而出, 指李樹爲姓. 具三十八表. 周定王時

노자의 생애는 정확히 알려진 바가 없으며, 『사기』에서는 성명과 자, 시호 정도만을 언급했다. 그렇지만 『유양잡조』를 비롯한 문헌에서 출생에 대한 설화를 몇 가지 찾아볼 수 있다. 현묘옥녀(玄妙玉女)가 천지의 빛 또는 유성(流星) 등을 삼키고 잉태하여 81년 만에 노자를 낳았다는 이야기나 노자의 어머니가 화원의 오얏나무 아래에서 쉬고 있는데 백발의 아이가 왼쪽 겨드랑이를 가르고 나오면서 오얏나무를 가리키며 "이것이 내 조상이다(此吾祖也)"라고 말했다는 이야기가 대표적이다. 아이가 81년 동안이나 태중에 있었기에 백발로 태어났고 이 때문에 "노군(老君)"이라 일컬었다고도 한다. 한편 『불조역대통재(佛祖歷代通載)』에는 조금 다른 이야기가 전한다. 노자의 아버지 한건(韓虔)은 한쪽 눈이 멀고 62세까지 혼인하지 못했는데, 정부(精敷)라는 이웃집 노비와 야합하여 노자를 낳았다는 것이다. 다만 여기서도 81년 동안 태중에 있었고 백발로 태어났다는 말은 나타난다.

노자의 "38표" 즉 성인으로서의 신체적 특징 38가지가 무엇인지는 분명하지 않다. 궁몽인(宮夢仁)의 『독서기수략(讀書紀數略)』에 노자의 8표(表)를 언급한 사례를 찾아볼 수 있는데, 넓은 이마[廣顙], 큰 눈[大目], 성근 이빨[疎齒], 네모난 입[方口] 등이 여기에 포함된다. 한편 왕세정의 『완위여편』에 노자가 72상(相)과 81호(好)를 갖추었다는 말이 보이는데, 이는 부처의 '32상'을 의식한 설정일 가능성이 있다.

○ 석가모니불은 이름이 싯다르타[悉達]이며 호칭은 여래다. 도솔천에서 서역 가유국 정반왕의 궁궐에 내려와, 마야부인의 오른쪽 옆구리를

가르고 태어났다. 32개의 의표를 갖추었다.주나라 소왕 24년 갑인

釋迦牟尼佛, 名悉達, 號稱如來. 兜率降神於西域迦維國淨飯王宮, 摩耶夫人剖右脅而生. 具三十二表.周昭王二十四年甲寅

석가모니는 카필라(Kapila)—가유국(迦維國) 또는 가라위국(迦羅衛國)—의 왕자로 태어났다. 미륵보살이 머무는 천상의 정토(淨土)인 도솔천에서 내려왔으며, 어머니인 마야부인의 꿈에 흰 코끼리로 나타났다고도 한다. 마야부인이 출산을 위하여 친정으로 가던 중에, 석가모니가 룸비니[Lumbinī, 藍毗尼]에서 어머니의 오른쪽 겨드랑이를 가르고 탄생했다고 한다. 석가모니는 32상(相)과 80종호(種好)의 신체적 특징을 갖고 있었다고 언급되는데, 이는 원래 인도 신화에 등장하는 전륜성왕의 신체 특징에서 유래한 것이라고 한다.

○ 팽조는 어머니의 옆구리를 가르고 태어났다.

彭祖, 剖母脅而生.

팽조는 장수(長壽)와 양생술(養生術)로 이름난 인물로, 하나라에서 은나라까지 800년 동안 살았다고 전한다. 『사기』「초세가」에서는 전욱(顓頊)의 후손으로, 육종(陸終)의 여섯 아들 가운데 셋째라고 했다. 『풍속통』에 그의 출생담이 전한다. 이에 의하면 팽조의 어머니 여궤(女嬇)—귀방씨(鬼方氏)의 누이—는 잉태한 지 3년이 지나도록 출산하지 못했는데, 왼쪽 옆구리를 가르니 세 아이가 나오고 오른쪽 옆구리를 가르니 또 세 아이가 나왔다고 한다.

○ 포사. 하나라 때 용 두 마리가 궁정에 내려와서 "우리는 포국의 두 군주다"라고 하였는데, 점을 쳐서 그 침을 보관해 두었다. 주나라 때에 침을 보관한 상자를 열었더니 침이 변하여 자라가 되었다. 어린 여자아

이가 그 자라와 마주치고는 임신하여 포사를 낳았다.

褒姒, 夏后之世, 有二龍降于庭曰予褒之二君, 卜藏其漦. 至周發之, 漦化爲黿, 童女遇而娠, 生褒姒.

포사(褒姒)는 서주의 마지막 왕인 유왕(幽王)의 비(妃)다. 『사기』 「주본기」에 탄생 설화가 전하는데, 『아희원람』에서는 이를 축약하여 수록한 듯하다. 『사기』에 의하면 용의 침을 보관해 둔 상자는 하나라, 상나라를 거쳐 주나라까지 닫힌 채로 전해졌는데, 주나라 여왕(厲王) 때 상자를 열었다가 침이 뜰에 흘러내려 치울 수 없게 되었다고 한다. 이에 왕이 벌거벗은 여인들로 하여금 무리지어 소리치게 했더니, 침은 검은 자라로 변하여 후궁으로 들어가서 7세 무렵의 궁녀[童妾]와 마주쳤다고 한다. 이 궁녀가 15세 무렵에 남자 없이 임신하여 아이를 낳으니, 이 아이가 곧 포사다. 원문의 "하후(夏后)"는 하나라 우임금 또는 하나라를 지칭하는 말이다.

○ 서나라 언왕은 알을 가르고 태어났다.

徐偃王, 剖卵而生.

서나라 언왕(偃王)은 주나라와 맞선 서나라의 전성기를 이끌었다고 전하는 군주인데, 탄생 설화가 고구려 동명왕 신화와 유사하여 일찍부터 주목된 바 있다. 언왕의 탄생 설화는 『박물지』 「이문(異聞)」에 전한다. 이에 의하면 서나라의 궁녀[宮人]가 잉태하여 알을 낳았는데, 상서롭지 못한 일이라 여겨서 알을 물가에 내버렸다고 한다. 그곳에 살던 과부가 기르던 곡창(鵠倉)이라는 개가 이 알을 물고 돌아왔고, 그 알에서 아이가 깨어나니 날 때에 반듯하게 누워 있었기에 '언(偃)'이라는 이름을 붙였고 궁중에서 이 일을 듣고 아이를 다시 거두어 길렀다고 한다. 한편 곡창이 죽을 무렵에는 뿔이 돋아나고 아홉 개의 꼬리가 생겼다는 이야기도 전하는데, 이는 곡창이 원래 황룡(黃龍)이었기 때문이라고 한다. 언왕의 이름과 관련해서는 "근육은 있지만 뼈가 없어서 언(偃)이라고 했다"는 주석도 보이는데, 널리 받아들여지지는 않는다.

○ 신라 시조의 왕비는 알영이다. 용이 알영정에 나타나서 오른쪽 옆구리로 여자아이를 낳았는데, 이 우물로 이름을 삼았다.

新羅始祖妃 閼英. 龍見閼英井, 右脅生女, 以井名.

신라 박혁거세의 비인 알영(閼英)의 탄생 설화는 『삼국사기』와 『삼국유사』에 조금 달리 전한다. 『삼국사기』「신라본기」에서는 "용이 알영정에 나타나서 오른쪽 옆구리로 여자아이를 낳았다. 한 노파가 보고 기이하게 여겨 거두어 길렀으며, 우물 이름으로 그 이름을 삼았다.(龍見於閼英井, 右脇誕生女兒, 老嫗見而異之, 收養之, 以井名名之.)"고 했는데, 『아희원람』의 표현과 내용은 이와 유사하다. 『삼국유사』「신라시조 혁거세왕」에서는 사량리(沙梁里) 알영정—또는 아리영정(娥利英井)—주변에 계룡(鷄龍)이 나타나서 왼쪽 옆구리로 동녀(童女)를 낳았다고 했으며, 용이 나타나 죽었는데 그 배를 갈라서 동녀를 얻었다는 이설도 함께 소개했다. 또한 동녀의 입술이 닭의 부리를 닮았는데 월성(月城) 북천(北川)에서 목욕시키니 부리가 빠졌다고도 했다.

○ 진왕 정[진시황]은 잉태된 지 12개월 만에 태어났다. 한나라 소제는 잉태된 지 14개월 만에 태어났다. 신라의 김유신은 잉태된 지 20개월 만에 태어났다.

秦王政, 在孕十二月生. 漢昭帝, 孕十四月生. 新羅金庾信, 孕二十月生.

사람의 임신 기간은 대략 10개월인데, 비범한 인물 또는 신화적 인물의 탄생담에서는 이보다 훨씬 오랜 기간 잉태되어 있었다고 하는 사례가 적지 않다. 보통 사람한테서는 찾아볼 수 없는 일이기 때문에, 오랜 잉태 기간 자체가 인물의 비범함을 드러내는 증거가 된다. 이러한 맥락에서 본다면, 잉태 기간이 "14개월"이라고 밝힌 경우에는 그 인물이 성군(聖君)으로서의 자질을 타고났음을 입증하려는 의도가 있음을 짐작할 수 있다. 대표적인 성군인 요임금과 하나라 우임금의 잉태 기간이 14개월이라고 이야기되기 때문이다.

"진왕 정(政)"은 곧 진시황이니, 『사기』「여불위열전(呂不韋列傳)」에 그의 출생담이 전한다. 여불위(呂不韋)가 자신의 아이를 잉태한 애첩을 자초(子楚)에게 바쳤고, 그 애첩은 임신 사실을 숨겼다가 잉태한 지 12개월[大期]이 되어서 진시황을 낳았다고 한다. "한나라 소제"는 전한의 8대 황제 유불릉(劉弗陵)이니, 무제(武帝)의 후궁인 구익부인(鉤弋夫人) 첩여(婕妤) 조씨(趙氏)의 아들이다. 소제의 탄생담은 『한서』「외척열전(外戚列傳)」에 전한다. 무제가 하간(河間) 땅에서 맑은 빛이 땅에서 솟는 것을 보고 그 근원을 찾아갔다가 주먹을 꽉 쥐고 펴지 못하는 미인을 만났고, 주먹을 펴게 한 뒤에 '권부인(拳夫人)' 또는 '구익부인'으로 불리는 여인을 궁에 데려왔으며, 구익부인에게서 임신 14개월 만에 아들을 얻었다고 했다. 또한 무제는 14개월 만에 태어난 요임금의 고사를 거론하며 소제가 태어난 곳에 "요모문(堯母門)"이라는 이름을 붙였다고 했다. 김유신의 탄생담은 『삼국사기』「김유신전」에 상세하게 전한다. 가야 후예인 김서현(金舒玄)이 신라 왕족 출신의 만명(萬明)과 부모 허락 없이 관계를 맺었는데, 만명의 아버지 숙흘종(肅訖宗)의 반대에 부딪혔으나 집에 벼락이 떨어진 틈을 타 달아나서 두 사람 모두 특별한 태몽을 꾸고 20개월 동안 잉태한 끝에 김유신을 낳았다는 것이 그 개요다.

○ 팽조는 부인 49명을 맞아들였고 아들 54명을 두었다. 양나라의 고사원은 아내 9명을 맞이하여 아들 12명을 두었는데, 막내의 나이가 이미 60세였다.

彭祖娶四十九妻, 有五十四子. 梁顧思遠九娶, 有子十二人, 小者年已六十.

팽조와 고사원은 모두 장수했다고 알려진 인물이다. 그렇지만 그들의 부인도 장수한 것은 아니었으니, 여러 차례 혼인해야 했고 그 결과로 많은 아들을 두게 되었다. "팽조(彭祖)"는 앞에서 어머니의 옆구리에서 태어났다는 탄생담으로도 소개된 인물로, 800여 년을 살았다고 전한다. 『신선전(神仙傳)』에 의하면, 은나라 말기에 이미 760세인데도 젊은 모습을 유지했으며 스스로 "아내 49명을 장사 지냈고 아들 54명을 잃었다.(喪四十九妻, 失五十四子.)"고 말했다고 한다. "고사원(顧思遠)"은 112세에 신유후(新渝侯) 소영(蕭映)에게 발탁되어 산기시랑(散騎侍郎)을 지냈다고 전하는 인물로, 소영이 나이를 물어보니 112세라고 답하고서 "모두 일곱 번 아내를 맞이하여 아들 12명을 두었지만 거의 세상을 떠났으며, 오직 막내만 남았는데 그 나이가 이미 60세입니다.(凡七娶有子十二, 死亡略盡, 今唯小者, 年已六十)."라고 말했다고 한다. 고사원은 120세 또는 130세에 세상을 떠났다고 전한다. 한편 고사원의 혼인 횟수는 대부분 일곱 번이라고 전하는데, 『아희원람』에서는 특이하게 아홉 번이라고 했다. 왕세정의 『완위여편』처럼 "아홉 번 아내를 맞았다(九娶)"고 쓴 사례도 있으니, "九"를 오자로 보기는 어려울 듯하다.

○ 주나라 문왕에게는 아들이 10명 있었다. 제나라 전상에게는 아들이 70여 명 있었다. 전영에게는 아들이 40여 명 있었다.

周文王有子十人, 齊田常有七十餘男, 田嬰有子四十餘人.

이 항목에서는 주나라 및 춘추전국시대의 인물 가운데 많은 아들을 둔 사례를 제시했다. 이하 4개 항목에서 많은 아들을 둔 인물들을 소개했는데, 이러한 고사는 시문(詩文)을 읽고 짓는 데 도움이 되었을 듯하다.

주나라 문왕 희창(姬昌)은 태사(太姒)와 혼인하여 아들 10명을 낳았는데, 맏아들 백읍고(伯邑考)는 상나라 주왕의 손에 죽었으며 둘째 희발(姬發)은 무왕(武王)이 되어 상나라를 멸망시켰다. 넷째 아들이 주공(周公) 단(旦)이니, 섭정(攝政)이 되어 무왕의 아들 성왕(成王)을 보필하였다. 또한 문왕의 셋째 아들 관숙(管叔)과 다섯째 아들 채숙(蔡叔) 등이 일으킨 반란을 진압하기도 했다. "전상(田常)"은 춘추시대 제나라의 실권을 장악한 인물로, 재상 전걸(田乞)의 아들이다. 『사기』「전경중완세가(田敬仲完世家)」에 의하면, 전상은 7척이 넘는 여자들을 후궁으로 삼아 그 수가 100여 명에 이르렀으며 전상이 죽었을 때는 70여 명의 아들이 있었다고 한다. "전영(田嬰)"은 맹상군(孟嘗君) 전문(田文)의 아버지이며, 그가 40여 명의 아들을 두었다는 말은 『사기』「맹상군열전」에 보인다. 전영의 천첩(賤妾)이 5월 5일에 아들을 낳았는데, 이미 40여 명의 아들을 두었던 전영은 '5월 5일에 태어난 아들은 아비를 해롭게 하고 딸은 어미를 해롭게 한다'는 속설을 들어 아이를 기르지 말라고 한다. 그렇지만 천첩은 아들 전문을 몰래 길렀고, 전문은 결국 아버지로부터 총명함을 인정받아 40여 명의 형제를 제치고 봉지를 물려받게 되었다고 한다.

○ 한나라 중산왕 승은 아들 120명을 두었다. 명나라 경성왕은 아들 100명을 두었다.

漢中山王勝, 有子一百二十人. 皇明慶成王, 有子百人.

한나라 중산정왕(中山靖王) 유승(劉勝)은 경제(景帝)의 아들로, 뒷날에는 유비(劉備)가 그의 후손이라고 스스로 주장하여 황숙으로 불리기도 했다. 『사기』「오종세가(五宗世家)」에서는 "사람됨이 술을 즐기고 처첩을 지나치게 좋아하여 아들들이 120여 명이었다.(爲人樂酒好內, 有子枝屬百二十餘人.)"고 기록하였는데, '오종세가'는 5명의 어머니에게서 태어난 경제의 아들 13명의 일을 기록한 것이다. 명나라 경성왕은 진공왕 주강(朱棡)의 아들인 주제현(朱濟炫)으로, 태조 주원장의 손자다. 주색을 즐겨 100명의 아들을 두었는데, 그 아들들이 서로 얼굴을 몰랐으며 심지어는 어머니가 같은 형제들이 서로 알아보지 못하는 일도 있었다고 전한다. 『성호사설』 경사문(經史門)의 '종실다자(宗室多子)'에서는 유승과 주제현의 일을 함께 서술하였으니, 두 사람의 일은 조선에도 잘 알려졌다고 할 수 있을 것이다. 명나라 경성왕의 일은 『청장관전서』와 『오주연문장전산고』에도 보인다.

○ 토욕혼[모용토욕혼]은 모용외의 형이다. 아들 60명을 두었다.

吐谷渾, 慕容廆兄也. 有子六十人.

"토욕혼"은 선비족의 나라인 토욕혼(吐谷渾)을 건국한 모용토욕혼(慕容吐谷渾, Murong Tuyuhun)을 가리키는 말이다. 모용토욕혼은 전연(前燕)을 건국한 모용외

(慕容廆)의 이복형이기도 하다. 선비족 족장 모용섭귀(慕容涉歸)가 죽자 모용외가 후계자가 되었는데, 뒤에 모용토욕혼은 모용외와 사이가 벌어져 서쪽으로 떠나게 된다. 『진서』「사이열전(四夷列傳)」에서는 모용토욕혼이 72세에 세상을 떠났으며 아들 60명 가운데 맏이인 모용토연(慕容吐延)이 뒤를 이었다고 했다.

○ 두자미는 아들 140명을 두었다.

杜子微, 有子一百四十人.

두자미(杜子微)는 『포박자(抱朴子)』에서 언급한 선인(仙人)으로, 자세한 생애는 알려져 있지 않다. 그의 행적은 문헌에 따라 조금씩 달리 전하는데, 대체로 천문동(天門冬)을 오래 복용하여 하루에 300리를 갈 수 있었으며 처첩 18명—80명으로 된 데도 있으나 오기로 보임—을 거느리고 아들 130명 또는 140명을 낳았다는 것으로 요약할 수 있다.

○ 주나라 무왕은 80세에 성왕을 낳았다. 양나라 장원시는 97세에 처음 아들을 낳았는데, 그림자가 없었다.

周武王, 八十生成王. 梁張元始, 九十七始生子無影.

○ 송나라 조태는 85세에 젊은 아내를 만나 아들을 낳았는데, 햇빛 아래에도 그림자가 없었다. 그 아들은 70세에 세상을 떠났고, 또한 자손도 있었다고 한다.

宋曹泰八十五偶少妻生子, 日中無影. 其子七十卒, 亦有子孫云.

"탄육"의 마지막 두 항목에서는 노년에 아들을 낳았다는 고사 셋을 제시했는데,

이들은 모두 『지봉유설』 인사부 「생산(生産)」에 언급되어 있다. 『지봉유설』에서는 "노인이 아들을 낳으면 그림자가 없다(老人生子無影)"는 옛말을 제시하면서 이와 관련된 사례들을 거론했는데, 주나라 무왕이 '옛말'에 어긋나는 사례라면 양나라 장원시와 송나라 조태는 '옛말'에 부합하면서도 기이한 사례라 할 수 있다. 그림자가 없는 것은 흔히 정기가 부족하기 때문이라고 하는데, 특히 조태의 경우에는 정기가 부족해야 할 아들이 도리어 장수하면서 자손까지 보았기 때문이다. 물론 『아희원람』에서 『지봉유설』의 맥락을 그대로 따랐다고 할 수는 없으므로, 세 사례를 제시한 이유는 기이한 탄생 사례의 차원에서 찾는 편이 좋을 듯하다.

주나라 무왕의 일은 역사서에 기록되었음에도 때로는 사실인지 의심받기도 했으며, 양나라 장원시와 송나라 조태의 일은 누구나 의심할 만한 괴이한 사례다. 주나라 무왕은 80세 혹은 84세에 성왕을 낳았다고 전하는데, 성왕에게는 동생까지 있었으니 더욱 비현실적으로 보인다. 때문에 『죽서기년(竹書紀年)』에서 무왕이 54세에 세상을 떠났다고 한 것을 기준으로 삼아 성왕을 낳은 나이를 다시 살펴보는 이도 있었다. 장원시와 조태의 일은 『오주연문장전산고』의 「일중무영인변증설(日中無影人辨證說)」에도 등장하는데, 당나라 장작(張鷟)의 『이목기(耳目記)』를 고사의 출처로 제시했다. 이에 따르면 조태가 낳은 아들의 이름은 증(曾)이었다고 한다.

6

자성 姿性

특이한 외모와 능력을 지닌 사람들

“자성(姿性)”은 자태와 성질을 뜻하는 말로, 제6장의 내용을 살펴보면 ‘특별한 자성’ 즉 보통 사람과는 다른 기이한 외모와 능력을 의미한다. 부록 “충치(虫豸)”는 벌레라는 뜻으로, 내용을 살펴보면 동물들의 기이한 습성을 말한 것으로 해석할 수 있다. 요컨대 보통과는 다른 기이한 외모나 특성을 지닌 사람과 동물의 정보를 모았다고 할 수 있는데, 남다른 학습능력 같은 천재적인 인물의 일화는 제외했다. 이어지는 제7장 ‘재민(才敏)’에서 따로 다루기 때문일 것이다. 두 장에서 ‘보통과는 다른 사람의 삶’의 고사 혹은 그러한 고사의 유형을 한눈에 볼 수 있다.

제6장에서 주로 다룬 것은 사람의 외모다. 외모로 사람을 판단하는 일은 예나 지금이나 위험할 수 있다. 그렇지만 그 내용은 시대에 따라 달라지는 듯하다. 오늘날에는 획일화된 미의 기준을 따르려는 이른바 ‘외모지상주의’ 풍조를 비판하곤 하지만, 과거에는 특정한 신체적 특징으로 사람의 운명이나 재질을 판단할 수 있다는 ‘관상(觀相)’의 관습이 비판의 대상이 되곤 했다. 『아희원람』에서는 이러한 비판적 관점은 찾아볼 수 없는데, 특이한 외모나 능력, 습성 등을 ‘지식’으로 제공하는 데 비판적 관점이 반드시 필요한 것은 아니기 때문일 것이다.

이 장에서 제시한 내용들에 대한 고증 혹은 비판의 시각은 과거의 문헌에서 적지 않게 찾아볼 수 있다. 그중 두 가지는 오늘날의 독자도 기억해 둘 만하다. 첫째는 도량형의 변천에 대한 문제다. 키나 몸무게 등의 신체 치수, 기구의 무게나 음식의 양 등을 지나치게 과장한 기록으로 보이는 사례가 적지 않은데, 이 가운데 상당 부분은 도량형 단위의 변화로 해명할 수 있다. 수나라에서 말[斗]과 석(石)을 고친 결과 당나라 이후에는 주량(酒量)이 대단하다는 사람이 없어지게 되었다고 해명한 『설부』에서 이러한 비판적 시각을 찾아볼 수 있다. 『아희원람』을 편찬한 장혼 또한 이 같은 정보를 알고 있었지만, 『아희원람』에서는 그 목적상 이를 드러낼 필요는 없었던 듯하다. 둘째는 관상의 문제다. 조식이 「상론(相論)」에서 논한 것처럼 관상이란 의심스럽고 쓸모없다고 비판할 만한 것이기도 하지만, 다른 한편으로는 일종의 신화적 또는 문화적 상징이기도 하므로 그 의미를 탐색해 볼 만하다. 외모나 신체적인 특징으로부터 성현(聖賢)의 징표를 찾는 관점의 대표적인 사례는 성인의 "의표(儀表)"를 열거하는 데서 찾아볼 수 있는데, 이는 이미 제5장 '탄육'에서 공자의 48개 의표, 노자의 38개 의표, 석가의 32개 의표 등과 같이 수치로 제시한 바 있는데 제6장에서는 그 구체적인 사항들이 나타나기도 한다.

이 장에서 거론한 사람의 특이한 재능이나 동물의 기이한 습성은 사실 대부분 비현실적이며, 그 가운데 일부는 동물과 의사소통을 하는 능력이 있다거나 식성이나 성욕 등이 비상식적이다는 등 적어도 오늘날의 관점에서는 "비교육적"이라고 할 만한 것들도 있다. 그렇지만 다양한 "고금의 사문(事文)"을 수집하여 갑자기 써야 할 때를 대비한다는 저술의 목표에 비추어보면, 이러한 기이하고 궁벽한 습성에 대한 정보는 오히려 매우 "교육적"이라고 이해해야 마땅하다.

○ 천황씨는 혀가 세 개였으며 몸은 비늘로 덮여 있었다. 지황씨는 용의 이마에 말의 발굽을 가졌다. 인황씨는 사람의 얼굴에 용의 몸을 가졌는데, 그 몸에는 아홉 가지 무늬가 있었다.

天皇氏三舌鱗身. 地皇氏龍顙馬蹄. 人皇氏人面龍身, 身有九章.

삼황(三皇)의 구성원에 대해서는 여러 가지 설이 전하는데, 천황씨, 지황씨, 인황씨의 셋을 드는 것도 그 가운데 하나다. 천황씨, 지황씨, 인황씨의 외모에 대해서도 견해가 일치하지 않는다. 여기에 언급된 표현들은 명대 문헌인 『고미서(古微書)』에서 찾아볼 수 있는데, 원래는 위서인 『낙서(雒書)』에 있었던 것이라 한다.

○ 복희씨는 뱀의 몸에 사람의 머리를 가졌다. 신농씨는 사람의 몸, 소의 머리에 굵은 눈썹을 가졌다. 황제는 눈이 하수(河水)처럼 평평하며 이마가 높이 솟았고, 왼쪽 이마가 솟은 일각에 용의 얼굴을 가졌다.

虙犧, 蛇身人首. 神農, 人身牛首大眉. 黃帝, 河目隆顙, 日角龍顏.

황보밀의 『제왕세기』에서는 복희씨, 신농씨, 황제를 '삼황(三皇)'으로 일컬었다. 여기서는 이 '삼황'의 외모를 제시했는데, 황제의 경우에는 성인 또는 현인의 상(相)을 다수 포함시킨 것을 확인할 수 있다. 복희씨가 "뱀의 몸에 사람의 머리"를 가졌고 신농씨가 "사람의 몸에 소의 머리"를 가졌다는 말은 여러 문헌에서 찾아볼 수 있다. 위서인 『춘추명력서(春秋命曆序)』에는 "석년이라는 이름의 신인(神人)이 있으니, 푸른 얼굴과 굵은 눈썹에 머리에는 옥으로 된 장식을 얹었다.(有神人, 名石年, 蒼色大眉, 戴玉理.)"라는 말이 있는데, 이 신인이 곧 신농씨로 여기서 "굵은 눈썹"의 외모를 찾아볼 수 있다. 황제의 외모를 언급하면서 사용한 표현들을 살펴보면, 우선 "하목(河目)"은 아래위 눈자위가 평평하고 반듯하며 동자가 긴 눈을 뜻하고, "융상(隆顙)"은 높이 솟은 이마 또는 '넓은 뺨[隆頰]' 정도로 풀이된다. 하목과 융상은 현인(賢人)의 외모를 나타내는 말로 사용되니, 『공자가어』에서 공자의 외모를 묘사할 때 이 말을 썼다. “일각(日角)”은 이마 왼쪽의 뼈가 불쑥 나온 모양으로, 흔히 왕자(王者)나 귀인의 상(相)으로 알려져 있다. 제왕의 상을 묘사할 때 “용안일각(龍顔日角)”을 거론하기도 하는데, 『고려사절요』에서 태조 왕건의 외모를 묘사할 때 이 말을 사용한 데서 그 사례를 찾아볼 수 있다.

○ 요임금의 눈썹은 여덟 가지 빛깔이었다. 순임금은 눈동자가 넷이었다. 우임금은 키가 9척 9촌이었고, 긴 목과 새의 부리 같은 입과 호랑이 같은 코를 가졌으며 두 귀에는 각기 세 개의 구멍이 있었다. 漏는 竅이다 탕임금은 키가 9척이었고, 팔에는 각기 두 개의 팔꿈치가 있었다.

堯眉八彩. 舜四瞳子. 禹九尺九寸, 長頸烏喙虎鼻, 兩耳三漏. 竅也 湯九尺, 臂二肘.

요순에서부터 하나라 우임금, 은나라 탕임금에 이르기까지 주나라 이전 고대 제왕의 외모를 말하였다. 요임금의 눈썹이 여덟 가지 빛깔이었다는 말은 조식의 「상론」에서 요임금을 대표하는 특징으로 언급할 만큼 널리 쓰이지만, 『포박자』에서는 이에 대해 눈썹의 안쪽 부분[眉頭]이 빽빽하게 솟아 ‘팔[八]’자 모양을 이룬 결과일 뿐이며 여덟 가지 빛깔은 아니라고 해명하기도 했다. 눈동자가 넷이라는 말은 한쪽 눈에 각기 두 개의 눈동자가 있었다는 뜻이니, 흔히 ‘중동(重瞳)’이라 일컫는다. “팔꿈치가 둘[臂二肘]”이라는 말은 하나의 팔에 두 개의 팔꿈치[관절]가 있다는 뜻이니, 모두 합치면 팔꿈치가 넷인 셈이다. 이러한 특징은 탕임금 외에는 잘 언급되지 않는데, 이를 “탕비사주(湯臂四肘)”나 “탕비재주(湯臂再肘)”라고도 일컫는다.

○ 공공씨는 곧 강회이니, 털북숭이 몸에 붉은 머리털을 가졌다. 사황씨는 곧 창힐이니, 눈이 네 개다.

共工氏卽康回, 髦身朱髮. 史皇氏卽蒼頡, 四目.

공공씨는 전욱에게 패하자 화가 나서 불주산(不周山)을 들이받아 하늘과 땅을 기울어지게 했다는 신화 속의 인물이다. 굴원의 「천문(天問)」에 "강회가 크게 노하니, 땅은 어찌 동남쪽으로 기울어졌는가.(康回馮怒, 墜何故以東南傾.)"라는 구절이 있는데, 이는 강회 즉 공공씨가 불주산을 들이받은 고사를 인용한 것이다. 사황씨(史皇氏) 창힐은 황제의 사관(史官)이었다고 알려져 있는데, 새의 발자국을 보고 문자를 만들 만큼 남다른 눈을 가졌다고 여겨졌다.

○ 치우의 형제 18명은 모두 짐승의 몸에 사람의 말을 하였으며, 머리는 구리요 이마는 쇠였다. 오곡을 먹지 않고, 모래를 씹고 돌을 삼켰다.

蚩尤兄弟十八人, 並獸身人語, 銅頭鐵額, 不食五穀, 啗沙呑石.

치우는 황제와 천하를 다투었다는 신화 속 인물이다. 처음에는 황제가 치우의 형제들을 당해내기 어려웠다고 하는데, 『하도옥판(河圖玉板)』을 비롯한 위서에서는 치우 형제들의 비범함을 형용하면서 이 구절과 유사한 표현을 사용했다. 다만 원문 가운데 치우의 형제가 "18명(十八人)"이라 한 것은 "80명(八十人)" 또는 "81명(八十一人)"의 오기로 판단되는데, 치우 형제의 수는 일반적으로 "81명" 또는 "72명"으로 언급되기 때문이다. 오늘날에는 치우 형제의 수는 곧 치우를 우두머리로 하는 집단의 부족 수로 해석하기도 한다. 한편 『운급칠첨(雲笈七籤)』「헌원본기(軒轅本紀)」의 주석에서는 치우 형제의 형상을 이처럼 표현한 이유에 대한 해석을 찾아볼 수 있다. 치우가 만든 갑옷과 투구를 처음 본 사람들이 '구리 머리에 쇠 이마'라고 표현했을 것이고, 보리밥과 미숫가루[糗粮] 먹는 것을 처음 본 사람들이 '모래를 씹고 돌을 삼킨다'고 여겼을 것이라고 했다.

○ 주나라 문왕은 키가 10척이고 젖꼭지가 넷이었다. 주나라 영왕은 태어날 때 수염이 있었다. 진나라 문공은 갈비뼈가 하나로 붙어 있었다.

周文王長十尺四乳. 靈王生而有鬚. 晉文公駢脅.

주나라 및 춘추시대의 군주 가운데 특이한 신체적 특징을 지닌 인물을 제시했다. 문왕은 주나라의 기초를 다졌고 영왕은 동주(東周)를 중흥시켰으며, 진나라 문공은 '춘추오패'를 대표할 만한 패업(霸業)을 세웠다. 주나라 문왕은 "용의 얼굴에 호랑이의 어깨를 가졌고, 키는 10척에 가슴에는 네 개의 젖꼭지가 있었다.(龍顔虎肩, 身長十尺, 胸有四乳.)"고 전하는데, '사유(四乳)' 즉 네 젖꼭지는 성군의 상(相)을 대표하는 것으로 인식되기도 했다. 젖을 먹이는 일이 천하 백성들에게 은혜를 베푸는 행위로 이해될 수 있기 때문이다. 주나라 영왕은 코밑수염[髭]이 난 채로 태어났으며 이러한 신이한 외모 때문에 "영(靈)"이라는 시호를 얻었다고 전하는데, 『아희원람』에서 "수염[鬚]"이라 한 것은 아마도 이를 말하는 듯하다. 다만 이처럼 달리 표현한 것이 단순한 오류인지 혹은 의도적인 것인지는 분명하지 않다. 진나라 문공은 이름은 중이(重耳)이며, 헌공(獻公)의 아들이다. 헌공이 여비(驪妃)의 아들을 후계자로 삼기 위해 아들들을 죽이거나 추방했는데, 중이는 이로 인해 여러 나라를 떠돌아야 했다. 중이가 조(曹)에 이르렀을 때 중이의 갈비뼈가 판자처럼 붙은 통갈비뼈[駢脅]라는 소문의 사실 여부를 확인하려는 이가 중이의 몸을 훔쳐보았다는 이야기가 전한다.

○ 공자는 키가 10척에 허리가 9위(圍)였다. 눈이 하수(河水)처럼 평평하고 입술이 바다처럼 크고 깊으며, 앉은 모습은 마치 웅크린 용과 같았다. 노자는 발로 팔괘를 밟고 있었다.

孔子十尺大九圍, 河目海口, 坐如蹲龍. 老子足履八卦.

제5장 '탄육'에서 이미 공자와 노자의 신체적 특징을 수치로 나타낸 바 있으니, 공자의 48표와 노자의 38표가 그것이다. 여기서는 공자와 노자의 신체적 특징을 서술했는데, 다양한 표현들 가운데 일부를 취한 것으로 보인다. 다만 그 기준은 분명하지 않다.

『사기』「공자세가」에서는 공자의 키가 9척 6촌이라 했는데, 이 또한 기이하게 큰 것은 사실이지만 "10척"은 아니다. 공자의 키를 "10척"이라고 서술한 사례로는 위서인 『춘추연공도』에서 "공자는 키가 10척이요 허리둘레가 9위였다. 앉으면 웅크린 용과 같고 서면 끌려가는 소와 같다. 가까이 가서 보면 묘성 같고 멀리서 바라보면 북두성과 같다.(孔子長十尺大九圍, 坐如蹲龍, 立如牽牛, 就之如昴, 望之如斗.)"고 한 것을 들 수 있다. '평평하고 긴 눈[河目]'과 '크고 깊은 입[海口]'은 공자의 의표로 흔히 언급되는데, "하목(河目)"은 앞에서 보았듯이 황제의 외모를 묘사할 때도 사용된다. 노자의 외모에 대한 묘사로는 『포박자』에서 『선경(仙經)』을 인용한 것을 들 수 있는데, 여기서 "발에 팔괘가 있었다(足有八卦)"는 표현을 찾아볼 수 있다. 또한 키가 9척에 눈썹이 5촌이요 귀가 7촌이며 이마에 3개의 주름살이 있다고도 했다.

○ (요임금은) 새처럼 우뚝한 이마에 팔자 눈썹을 가졌다. 방상시는 황금빛 눈 네 개를 가졌다.

鳥庭八眉. 方相氏黃金四目.

요임금과 방상시를 같은 항목에서 제시했는데, 그 이유가 무엇인지는 분명하지 않다. 이하에 손, 키, 눈동자 등에 특징이 있는 인물을 모아 제시한 항목이 있는 것을 보면, 눈과 눈썹이 특이한 인물의 사례를 모으려 한 가능성 정도를 짐작할 따름이다.

"조정(鳥庭)"과 "팔미(八眉)"는 요임금의 신체적 특징을 묘사할 때 흔히 쓰이는 말이다. '조정'은 새처럼 튀어나온 이마를 뜻하며, '팔미'는 여덟 팔자 모양의 눈썹 또는 '팔채미(八彩眉)' 즉 여덟 가지 빛깔을 지닌 눈썹을 뜻한다. 『제왕세기』에서 "우뚝한 이마에 머리장식[勝]을 얹었고, 눈썹에는 여덟 가지 빛깔이 있으며, 얼굴은 아래가 풍만하고 위가 뾰족하였다.(鳥庭荷勝, 眉有八采, 豊下銳上.)"고 한 것이 그러한 사례다. 그렇지만 『아희원람』에서 주어로 짐작되는 "요임금[堯]"을 빠뜨린 점, 그리고 세 번째 항목에서 "요임금의 여덟 빛깔 눈썹(堯眉八彩)"을 이미 거론했으면서 다시 요임금의 눈썹을 거론한 점은 이해하기 힘들다. 오해 또는 오류의 가능성을 생각해 볼 만하다. 다만 "조정"을 요임금의 별칭으로 이해하여 주어로 사용했을 가능성도 있는데, 제7장 '재민(才敏)'에서 13세의 재주를 서술할 때 '조정'을 주어로 사용한 사례가 나타나기 때문이다. 이렇게 보면 앞 문장은 "요임금은 팔자 눈썹을 가졌다"로도 풀이할 수 있다.

방상시는 궁중 의례에서 역귀(疫鬼)를 물리치는 역할을 하던 직임이다. 『주례』 「하관(夏官)」에서는 의례에 참여하는 방상시의 모습을 말하면서 "곰 가죽을 덮어쓰고 황금빛 눈 네 개를 달며, 검은 웃옷에 붉은 치마를 입고 창과 방패를 든다.(掌蒙熊皮, 黃金四目, 玄衣朱裳, 執戈揚盾.)"고 했다. 『지봉유설』 문자부 「자의(字義)」에서는 『운부군옥(韻府群玉)』을 인용하여 방상시의 모습을 묘사하기를, "황금으로 눈 네 개를 만들고 곰 가죽으로 모자를 만든다.(黃金爲四目, 熊皮爲帽.)"고 했다.

○ 당숙우는 손에 '우'라는 글자가 있었다. 송나라 중자는 태어날 때 손에 '노부인이 된다'라는 글귀가 있었다.

唐叔虞有文在手曰虞. 宋仲子生而有文在手曰爲魯夫人.

"당숙우"는 주나라 무왕의 아들이자 성왕의 동생이며, 진(晉)의 시조다. 당(唐)을 봉토로 받았기 때문에 '당숙우(唐叔虞)'라고 일컫는다. 『사기』 「진세가(晉世家)」에 그의 출생담이 전하는데, 무왕이 하늘이 "내가 너로 하여금 아들을 낳게 할 것이니 이름을 '우'라고 하라. 내가 그에게 당을 줄 것이다.(余命女生子, 名虞. 余與之唐.)"라고 말하는 태몽을 꾸었으며 태어난 아들의 손에는 '우'라는 글자가 있었다고 한다. 한편 형인 성왕이 당숙우를 책봉한 일화도 널리 알려져 있는데, "천자에게는 농담이 없다(天子無戲言)"라는 구절이 여기에 등장한다. "중자"는 송나라 무공(武公)의 딸이다. 태어날 때 손에 '노부인이 된다(爲魯夫人)'라는 글자가 있었으며, 이에 무공이 노나라 혜공과 혼인하게 했다고 한다. 중자는 아들 윤(允)을 낳으니, 윤이 뒤에 노나라 환공(桓公)이 된다.

○ 공손여는 키가 7척인데, 얼굴은 길이가 3척에 너비가 3촌이었다. 오자서는 키가 10척인데 미간이 1척이요 허리둘레가 10위(圍)였다. 완옹중은 키가 2장 3척이었는데, 그가 죽자 진시황이 동상을 주조하여 궁궐 문에 세워두었다.

公孫呂七尺, 面長三尺廣三寸. 伍子胥十尺, 眉間一尺, 腰大十圍. 阮翁仲二丈三尺, 死始皇鑄像置宮門.

'키'와 관련된 일화를 남긴 춘추전국시대 인물을 수록한 듯하다. 다만 '7척'의 공손여는 적어도 여기서는 키가 매우 큰 인물이라 할 수는 없으니, 단순히 남달리 키 큰 사람의 사례를 모은 것은 아닌 셈이다. 실제로 공손여는 주로 '관상'의 문제와 관련하여 언급되는 인물이다.

공손여는 춘추시대 위나라 사람이다. 『순자』「비상편(非相篇)」에서는 관상은 믿을 것이 못 된다는 주장의 근거로 공손여의 사례를 들었으니, "옛날 위나라 영공의 신하 가운데 공손여라는 이는 키가 7척이었는데 얼굴 길이가 3척이요 이마 넓이가 3촌이었다. 그런데도 코, 눈, 귀가 모두 있고 명성은 천하에 진동했다.(昔者, 衛靈公有臣曰公孫呂, 身長七尺, 面長三尺, 焉廣三寸, 鼻目耳具而名動天下.)"고 했다. 얼굴 길이가 3척에 이마 넓이—언(焉)은 액(額)의 뜻—가 3촌이라 했으니 얼굴이 매우 좁으면서 긴 것인데, 이는 좋지 못한 관상에 속한다. 그런데도 그 좁은 얼굴에 눈, 코, 귀가 다 있을 뿐 아니라, 좋지 못한 관상을 가졌음에도 높은 명성을 얻었다는 것이다. 공손여의 일은 『지봉유설』 신형부 「용모」에도 실려 있는데, "衛公孫呂, 身長七尺, 面長三尺, 而廣三寸, 名動天下."라 했다.

오자서는 오나라 왕 합려(闔閭)를 보좌한 인물이다. 『오월춘추』에서는 오자서의 외모를 묘사하면서 키가 1장(丈), 허리가 10위(圍), 미간이 1척이라 했는데, 후대 문헌에서는 주로 '미간이 1척'이라는 점을 강조했다. 한편 『지봉유설』 신형부 「용모」에서는 오자서의 외모를 "伍員長十尺, 眉間一尺"이라고 기록했는데, 이름인 "오원(伍員)"으로 표기하고 키와 미간만을 말하였다. 자서(子胥)는 자(字)다.

완옹중은 진시황을 도와 흉노를 제압했다는 인물로, 『천중기(天中記)』의 「장인

(長人)」 등에 그의 이력이 전한다. 이에 의하면 안남(安南) 사람으로 키가 2장 3척 즉 23척에 이르는 거인이다. 진시황이 천하를 통일한 뒤에 완옹중에게 임조(臨洮)를 지키도록 하니, 그 명성이 흉노를 진동했다고 한다. 완옹중이 죽은 뒤에는 그의 동상을 함양궁(咸陽宮) 사마문(司馬門) 밖에 설치했는데, 이 동상을 본 흉노 사람들이 마치 살아 있는 것처럼 여겼다고 한다. 한편 『성호사설』에도 완옹중의 일이 소개되어 있는데, 여기서 역사서에는 나타나지 않는다는 말을 덧붙였다.

○ 요리는 매우 왜소하고 수척했다. 밖에 나갈 때마다 순풍을 만나면 가고 역풍을 만나면 넘어졌다.

要離羸瘦極. 每出, 遇順風即行, 逆風即倒.

요리는 오나라의 자객이다. 자신의 처자를 희생시키는 고육책(苦肉策)을 써서 오왕 합려의 근심거리였던 공자 경기(慶忌)를 죽였다. 『오월춘추』에서는 요리가 처음 합려를 만나는 자리에서 "신은 나라 동쪽 천 리 밖의 사람입니다. 몸은 왜소하고 힘이 없어 바람을 맞으면 뒤로 쓰러지고 바람을 등지면 앞으로 엎어집니다. 그렇지만 대왕께서 명을 내리신다면 신이 어찌 감히 힘을 다하지 않겠습니까.(臣國東千里之人. 細小無力, 迎風則僵, 負風則伏. 大王有命, 臣敢不盡力.)"라고 자신을 소개했다고 전한다.

○ 항우는 중동(重瞳)이었다. 수나라 어구라는 중동이었다. 오대의 유민은 중동이었다. 양나라 심약은 왼쪽 눈이 중동이었다. 남당의 이욱은 한쪽 눈이 중동이었다.

項羽重瞳. 隋魚俱羅重瞳. 五代劉旻重瞳. 梁沈約左目重瞳. 南唐李煜一目重瞳.

"중동(重瞳)" 즉 겹눈동자는 비범한 인물의 징표 가운데 하나로, 순임금과 안회를 제외하면 중동인 인물 가운데 비극적 삶을 산 사례가 많았다고 한다. 해하(垓下)에서 최후를 맞이한 항우가 대표적인 인물로 꼽힌다. 이덕무의 『앙엽기』에서도 중동인 인물들의 운명을 거론했는데, 항우, 왕망(王莽), 여광(呂光), 심약, 어구라, 소우자(蕭友孜), 이욱 등이 천수를 누리지 못했다고 지적했다. 또 우리나라에서는 남곤(南袞), 정명수(鄭命壽), 정여립(鄭汝立)의 아들이 중동이었는데, 이들은 모두 간흉(姦凶)이 되었다고 했다.

"어구라"는 수나라의 장수로, 양광(楊廣) 즉 양제를 도와 공을 세웠으나 결국 양제에 의해 참수되었다. "유민"은 오대(五代) 때 북한(北漢)의 세조(世祖)다. 돌궐 사타부(沙陀部) 출신으로, 북한을 세우고 주(周, 後周)를 정벌했지만 결국 대패하고서 분을 못 이겨 죽었다. "심약"은 남북조 시대의 문인이며, 남조의 송, 제를 거쳐 양나라에서 벼슬을 하였다. 양 무제 소연(蕭衍)이 양나라를 건국할 때 공을 세웠으나, 결국은 무제의 신임을 잃고 두려움 속에 지내다가 세상을 떠났다. 『양서(梁書)』에서는 심약의 외모를 "왼쪽 눈은 중동이며, 허리에는 붉은 사마귀가 있었다.(左目重瞳子, 腰有紫志[痣].)"라고 기록했다. "이욱"은 오대십국의 하나인 남당(南唐)의 후주(後主)인데, 그의 용모에 대해서는 "넓은 이마에 풍만한 뺨, 덧니에 한 눈은 중동(廣額, 豐頰, 駢齒, 一目重瞳子)"이라는 기록이 남아 있다. 뒤에 송나라 군대의 포로가 되었으며, 결국 송 태종의 사약을 받고 죽었다.

○ 한나라 고조는 우뚝한 코에準의 음은 졸이다 용의 얼굴이요, 왼쪽 허벅지에 검은 점 72개가 있었다.

漢高祖隆準[音拙]龍顏, 左股有七十二黑子.

한나라 고조는 곧 유방이다. 『사기』「고조본기」에서는 유방의 외모를 "隆準而龍顏, 美須髯, 左股有七十二黑子."라고 서술했으니, 『아희원람』에서는 여기서 아름다운 수염이 있었다는 말만 제외한 셈이다. 현대의 사전에서는 주석에 언급된 '準'이 콧마루[코]를 뜻할 때의 음은 '절'로 제시하고 있다. "용안(龍顏)"은 이마가 용처럼 튀어나왔다는 의미로 풀이되는데, 유방이 교룡(蛟龍)의 후손이기 때문에 이러한 외모를 갖게 되었다고 한다. 유방의 어머니 유온(劉媼)은 천둥 번개가 칠 때 연못가에서 교룡을 만나 임신하여 유방을 낳았다고 전한다. 또 유방의 몸에 있는 72개의 점은 화덕(火德)을 타고난 적제(赤帝)의 아들이기에 생긴 징표라고도 한다.

○ 동방삭은 키가 9척 3촌이었다. 왕란은 키가 9척이고 허리둘레가 10위였다. 우연은 키가 8척 6촌이며 허리둘레가 10위였고, 힘은 구정(九鼎)을 들어 올릴 만했다.

東方朔長九尺三寸. 王鸞九尺, 腰大十圍. 虞延八尺六寸, 腰大十圍, 力能扛鼎.

"동방삭"은 한나라 무제(武帝)가 천하의 인재를 천거하라는 명령을 내렸을 때 자신을 추천하는 글을 올렸는데, 이 글에서 자신의 나이는 22세이며 키는 9척 3촌이라 했다. 또한 맹분(孟賁)처럼 용맹하고 경기(慶忌)처럼 민첩하며 포숙(鮑叔)처럼 청렴하고 미생(尾生)처럼 미덥다고 했다. "왕란"은 5호 16국의 하나인 남연(南燕)의 장수로, 9척의 키에 10위(圍)의 허리둘레를 가진 거구였다고 한다. 또한 대식가로도 유명한데, 『아희원람』에서는 뒤에 대식가를 다루면서 다시 왕란을 언급한다. 한편 『책부원구(冊府元龜)』를 비롯한 일부 문헌에서는 왕란의 키를 "8척"으로 기록했다. "우연"은 후한 명제(明帝) 때의 재상으로, 『후한서』 「우연전(虞延傳)」에 "長八尺六寸, 要帶十圍, 力能扛鼎."이라는 말이 보인다. "강정(扛鼎)"은 구정(九鼎)을 들어 올릴 수 있을 만큼 힘이 세다는 뜻인데, 원래 항우의 힘을 묘사한 데서 유래한 말이다. 한편 『몽구(蒙求)』에는 '우연이 기한을 정하다[虞延剋期]'는 제목으로 우연의 일화를 수록했는데, 여기서는 우연의 키를 "8척 3촌"이라 했다.

○ 곽태는 키가 8척에 용모는 크고 우람하며 목소리는 큰 종소리 같았다. 조일은 키가 9척에 체구가 크고 우람했다.

郭泰八尺, 容貌魁偉, 聲如洪鍾. 趙壹九尺, 體貌魁梧.

곽태(郭泰)와 조일(趙壹)은 '키가 매우 큰 후한의 은사(隱士)'라는 공통점이 있다. 곽태의 외모에 대한 기록으로는 두 가지를 찾아볼 수 있는데, 『아희원람』에서는 이를 합친 문헌을 참고한 것으로 보인다. 『후한서』「곽태전」에서는 "身長八尺, 容貌魁偉"라고 했으며, 안진경의 「곽공묘도명(郭公廟碑銘)」에서는 "키는 8척 2촌이며 행동은 규범에 들어맞았다. 목소리는 큰 종소리와 같고 하수 같은 눈은 번개처럼 빛나고 꼬불꼬불한 수염은 고슴도치 같았다.(身長八尺二寸, 行中絜矩, 聲如洪鍾, 河目電照, 虯鬚蝟磔.)"고 했다. 조일은 공부(公府)에서 열 번이나 불러들였지만 나아가지 않았다는 인물로, 『책부원구(冊府元龜)』 '형모(形貌)' 편에 "조일은 체구가 크고 우람하며 키가 9척이었다. 수염은 아름답고 눈썹은 무성하여 멀리서 바라보아도 매우 크고 늠름해 보였다.(趙壹體貌魁梧, 身長九尺. 美鬚豪眉, 望之甚偉.)"라고 외모를 서술한 사례가 보인다.

○ 허저는 키가 8척 남짓이요, 허리둘레가 10위였다. 유신과 녹온[鹿縕]은 모두 키가 8척이며 허리둘레가 10위였다.

許褚八尺餘, 腰帶十圍. 庾信 · 鹿溫, 皆八尺, 腰帶十圍.

"허저(許褚)"는 삼국시대 위나라의 장수다. 『삼국지』「위지」에 "長八尺餘, 腰大十圍."라고 허저의 체격을 말한 구절이 보인다. "유신(庾信)"은 남북조 시대의 시인이다. 『주서』「유신전」에 "身長八尺, 腰帶十圍."라는 말이 보이는데, '위(圍)'의 크기를 둘러싼 후대의 논란에서 이 구절이 자주 언급되곤 했다. "녹온(鹿縕)"은 16국의 하나인 후량(後涼)의 관리인데, 『십육국춘추(十六國春秋)』에서 그의 체격을 "身長八尺, 腰帶十圍."라 했다. 담론과 궁술, 마술이 뛰어나고 효성과 우애로도 명성이 높았다고 한다. 『아희원람』에서는 이름을 "溫"으로 잘못 썼는데, "縕"으로 고쳐야 한다.

○ 관운장은 아름다운 수염을 가졌는데, 그 가운데 한 가닥이 특별히 길어서 2척 남짓의 길이에 색은 옻처럼 검고 동아줄처럼 꼿꼿했다. 항상 이 수염이 저절로 흔들리면 반드시 큰 싸움이 있었다.

關雲長美髭髯, 內一鬚尤長, 二尺餘, 色如漆, 索而勁. 常自震動, 必有大征戰.

관우는 아름다운 수염으로도 명성이 높아서 미염공(美髯公)으로 일컫기도 한다. 『격치경원(格致鏡原)』에서는 『이식자해(異識資諧)』에 실린 관우의 수염에 얽힌 이야기를 소개했는데, 이 항목의 내용은 그 서두 부분에 해당한다. 이 특별한 수염 가닥의 내력은 바로 뒤에 언급된다. 관우의 꿈에 푸른 옷을 입은 신선이 나타나서 자신은 오룡(烏龍)이며 이제 일이 끝났으니 먼저 떠난다고 말하고 하늘로 올라갔는데, 다음 날 관우가 오나라 군사들과 싸우면서 가장 긴 수염 가닥이 사라진 것을 깨달았고 얼마 뒤에 전사하고 말았다고 했다. 관우의 긴 수염 가닥에 얽힌 또 다른 이야기인 '수룡묘(鬚龍廟)'에 대한 설화가 그 뒤에 이어진다. 진(晉)의 건국 초기에 번성(樊城)에 큰 가뭄이 들었는데, 관리의 꿈에 검은 옷을 입은 신선이 나타나서 자신은 수룡(鬚龍)이며 사당을 세워주면 비를 내리겠노라고 말한다. 이에 관리의 청에 따라 비가 내리니, 관리는 약속대로 사당을 세우기 위해 땅을 파다가 긴 수염 한 가닥을 얻었다고 한다.

○ 허돈은 허리띠까지 내려오는 아름다운 수염이 있었는데, 제나라 문선제가 술에 취하여 그 절반을 잘랐다. 환관인 동관은 수십 가닥의 수염이 있었다.

許惇美髯至帶, 齊文宣醉截其半. 閹寺童貫有髯數十.

"허돈"은 북조 제나라 즉 북제(北齊)의 관리로, 허리까지 늘어뜨린 아름다운 수염으로 인해 '장만공(長鬣公)'으로 불렸다. 북제를 건국한 문선제(文宣帝) 고양(高洋)

은 처음에는 선정을 베풀었지만 점차 주색에 빠져 난폭해지곤 했다. 어느 날 술에 취한 문선제가 허돈의 수염을 쥐고 칭찬하다가 칼로 잘라버렸는데, 그 결과 수염이 한 움큼밖에 남지 않게 되었다고 한다. "동관(童貫)"은 송나라의 엄시(閹寺) 즉 환관이다. 휘종(徽宗)의 총애를 받았고 여러 차례 공을 세웠으나 교만하여 관리들의 미움을 받았고, 결국 금나라 군대가 침범하자 달아났다가 참수되었다. 『송사』「환자열전(宦者列傳)」에서는 "턱 아래에 수십 가닥의 수염이 났고 피부와 골격이 쇠처럼 굳세니, 환관처럼 보이지 않았다.(頤下生須十數, 皮骨勁如鐵, 不類閹人)."고 했다.

○ 환온은 얼굴에 북두칠성 모양의 사마귀가 있었다. 도홍경은 오른쪽 무릎에 북두칠성 무늬를 이룬 수십 개의 검은 사마귀가 있었다. 주자는 얼굴에 북두칠성 모양의 사마귀가 있었다. 소동파는 얼굴에 일곱 개의 사마귀가 있었다. 진헌장은 왼쪽 뺨에 북두칠성 모양으로 일곱 개의 사마귀가 있었다.

桓溫面有七星. 陶弘景右膝有數十黑子, 作七星文. 朱子面有七星. 蘇東坡面有七黑子. 陳憲章左頰有七黑子如北斗.

"흑자(黑子)"는 작고 검은 사마귀를 뜻하는 말로, 이 항목에서는 특이한 모양의 사마귀가 있었던 사람들을 나열했다. 특이한 모양의 사마귀는 부귀나 장수 등을 의미하는 관상으로 이해되기도 했다. 『격치경원』의 「사마귀[痣]」 항목에서는 옛 관상가들은 사마귀 모양으로 길흉을 정했으니 한나라 고조나 당나라 고조에게는 용의 비늘이나 별자리 형상의 사마귀가 있었다고 했는데, 크고 윤기가 나는 사마귀는 부귀와 장수의 상이라는 말을 덧붙였다. 여기에 거론된 다섯 사람 가운데 환온, 소식 두 사람의 사마귀는 『지봉유설』 신형부 「용모」에 "桓溫面有七星, 蘇軾面有七黑子."라고 언급되어 있다.

"환온"은 동진(東晉)의 장수로, 『진서』「환온열전」에 그의 외모를 말하면서 "面有

七星"이라 했다. "도홍경"은 남조 양(梁)나라의 은사(隱士)로, 바둑, 서예, 역산, 의약 등에 조예가 깊었다고 한다. 『남사(南史)』 「은일열전(隱逸列傳)」에서 그의 외모를 묘사하면서 "右膝有數十黑子, 作七星文."이라 하였다. "진헌장"은 명나라의 학자로, 시서화(詩書畫)에 뛰어나 명성이 높았다. 『명사(明史)』 열전에서는 "오른쪽 뺨에 일곱 개의 사마귀가 있었다(右頰有七黑子)"고 했으며, 다른 문헌에서도 "키가 8척에 눈은 별처럼 빛나고 오른쪽 뺨에는 북두칠성 모양으로 일곱 개의 사마귀가 있었다.(身長八尺, 目光如星, 右臉有七黑子如北斗狀.)"와 같이 오른쪽 뺨에 사마귀가 있었다고 기록했다. 다만 문집인 『진백사집(陳白沙集)』에 실린 행장에는 "왼쪽 뺨(左頰)"에 사마귀가 있다고 했으며, 이를 따른 문헌도 일부 보인다. 『아희원람』 또한 "왼쪽 뺨"에 사마귀가 있다고 했다.

○ 순임금, 주공, 자공은 키가 작았다. 안영, 순우곤, 전문, 공수는 모두 키가 작고 왜소했다. 상유한은 키는 작은데 얼굴 길이가 1척이었다.

帝舜 · 周公 · 子貢短. 晏嬰 · 淳于髡 · 田文 · 龔遂皆短小. 桑維翰身短, 面長一尺.

이 항목은 키가 작지만 뛰어난 업적을 남긴 사람을 제시한 것으로 보인다. 『순자』 「비상편」에는 "요임금은 키가 컸지만 순임금은 작았고, 문왕은 키가 컸지만 주공은 작았고, 공자는 키가 컸지만 자공은 작았다.(帝堯長帝舜短, 文王長周公短, 仲尼長子貢短.)"라는 말이 있는데, 이는 요임금의 왕위를 계승한 순임금, 문왕의 덕을 계승한 주공, 공자의 학문을 계승한 자공이 모두 키가 작았으니 '키'만으로는 사람의 상(相)을 살필 수 없다는 뜻을 담고 있다. 『지봉유설』 신형부 「용모(容貌)」에 "桑維翰身短, 而面長一尺."과 "晏嬰淳于髡田文龔遂, 皆爲人短小."라는 구절이 있다.

"안영"은 춘추시대 제나라의 명재상으로 '안자(晏子)'로 일컬어진다. "순우곤"은 전국시대 제나라 사람으로 학문과 변설(辯說)로 이름이 높았다. 『사기』 「골계열전(滑稽列傳)」에서는 키가 7척이 되지 못했지만 변설이 뛰어나 사신으로 가서 굴욕당하는 일이 없었다고 했으며, 『맹자』에는 맹자와의 논쟁도 언급되어 있다. "전문(田文)"

은 곧 맹상군이다. 『사기』「맹상군열전」에는 맹상군의 체격에 대한 일화가 보인다. 조나라 사람들이 현명하다고 소문난 맹상군을 보러 나왔다가 "자그마한 사내[眇小丈夫]"에 지나지 않는다고 웃었는데, 맹상군이 이 말에 분노하고 그를 따르던 이들이 수백 명을 죽이고 한 마을을 없애버리고서 떠났다고 한다. "공수(龔遂)"는 한나라의 관리로, 『한서』 순리전(循吏傳)에 오른 인물이다. "상유한"은 오대(五代) 진(晉)나라의 관리로, 항상 거울을 보며 "7척의 몸이 1척의 얼굴만 같지 못하다.(七尺身, 不如一尺面.)"고 말했다고 한다. 상유한은 "마천철연(磨穿鐵硯)" 즉 쇠벼루를 갈아서 뚫을 만큼 부단히 노력했다는 고사를 남긴 인물이기도 하다.

○ 곽해, 엄연년, 누호, 이신은 모두 키가 작고 왜소하지만 날쌔고 용맹했다.

郭解 · 嚴延年 · 婁護 · 李紳, 皆短小精悍.

『지봉유설』 신형부 「용모」에 이 구절이 보인다. 『고금사문유취(古今事文類聚)』에 있는 「단소정한(短小精悍)」에서도 이들 4인을 차례로 제시했다. "곽해"는 한나라의 협객으로, 『사기』「유협열전」에도 올랐다. "엄연년"은 한나라의 관리로, 대장군 곽광(霍光)을 탄핵하고 불법을 저지른 토호들을 몰살하는 등의 업적을 남겼지만 지나치게 참혹한 형벌을 써서 '도백(屠伯)'으로 불렸다. 『한서』「혹리전(酷吏傳)」에 올랐는데, 여기에 "短小精悍, 敏捷於事."라는 표현이 보인다. "누호"는 한나라의 명사로, 『한서』 유협전(游俠傳)에서는 "사람됨이 키가 작고 왜소하지만 변론에 뛰어났으며, 의론을 펼칠 때면 늘 '명절'에 의거하니 듣는 이들이 모두 두려워했다.(爲人短小精辯, 議論常依名節, 聽之者皆竦.)"고 기록했다. "이신"은 당나라 사람으로, 왜소했지만 시로 이름이 높아 '단리(短李)'라고 일컬었다고 한다.

○ 한비, 주창, 사마상여, 양웅, 등애는 모두 말을 더듬었다. **초수는 말을 더듬었기 때문에 말을 하지 않았지만, 술에 취한 뒤에는 마치 활 쏘듯이 말을 주고받았다.**

韓非 · 周昌 · 司馬相如 · 揚雄 · 鄧艾皆口吃. 焦遂口吃不言, 醉後酬酌如射.

『지봉유설』 어언부(語言部) 「잡설(雜說)」에 이 구절이 있는데, 그 뒤에 "대개 입으로 변론하지 않고 마음으로 변론한 자들이었다(蓋不辨於口而辨於心者也)"라는 말을 덧붙였다. 주석에서 언급한 초수의 일화는 『지봉유설』에는 보이지 않는데, 장혼이 유사한 사례로 판단하여 덧붙여 놓은 듯하다. 초수는 두보가 「음중팔선가(飮中八仙歌)」에서 노래한 8인 가운데 한 사람으로, 『당사습유(唐史拾遺)』에서는 그가 술에 취하면 활 쏘는 것처럼 말을 하여 '주흘(酒吃)'로 지목되었다고 했다.

"한비"는 한비자이니, 법가 사상을 대표하는 인물이다. 『사기』 「노장신한열전(老莊申韓列傳)」에서는 한비에 대해 "말을 더듬어서 말솜씨가 좋지는 못하지만 글은 잘 썼다.(非爲人口吃不能道說, 而善著書.)"고 했다. "주창"은 유방과 함께 봉기하여 항우를 물리치는 데 큰 공을 세워 분음후(汾陰侯)에 봉해진 장수로, 『한서』에서는 직언(直言)으로 이름났지만 말을 더듬었다고 기록했다. "사마상여"는 전한의 문인인데, 『사기』 「사마상여열전」에서는 "말은 더듬었지만 글은 잘 썼다(口吃而善著書)"고 했다. "양웅"은 전한 말기의 학자로, 「양자운집서(揚子雲集序)」에서는 양웅이 "말을 더듬어서 이야기를 잘하지는 못하지만 조용히 깊이 생각에 빠지는 것을 좋아했다.(口吃不能劇譚, 黙而好深湛之思.)"고 했다. "등애"는 문무를 겸비한 장수로, 『세설신어(世說新語)』에는 진(晉) 문왕(文王) 사마소(司馬昭)가 말을 더듬는 등애를 놀린 일화가 실려 있다.

한편 송나라 소박(邵博)이 편찬한 『문견후록(聞見後錄)』에는 유공보(劉貢父) 즉 유반(劉攽)이 말을 더듬는 선비에게 했다는 말이 실려 있는데, 여기서 한비 등의 인물이 함께 언급되곤 했음을 짐작할 수 있다. 유반은 "본래 주창의 무리이지만 또한 한비의 부류가 되었네. 비록 양웅과 같은 재주는 없지만 도리어 등애의 기세를 가졌네.(本是昌徒, 又爲非類, 雖無雄才, 却有艾氣.)"라고 말했다고 한다.

○ 한나라 소열제[유비]는 손을 늘어뜨리면 무릎 아래까지 닿고 고개를 돌리면 자신의 귀를 볼 수 있었다. 진나라 무제[사마염]는 머리카락

이 땅에까지 드리우고 손은 무릎 아래까지 닿았다. 모용수[후연 성무제]는 손을 늘어뜨리면 무릎 아래까지 닿았다. 진나라 무제[진패선]는 손을 늘어뜨리면 무릎 아래까지 닿았다. 주나라 문제[우문태]는 머리카락이 길어서 땅에까지 드리우고 손을 늘어뜨리면 무릎 아래까지 닿았으며, 등에는 사마귀가 있는데 구불구불 이어져서 용이 서린 형상과 같았다.

漢昭烈垂手過膝, 顧見其耳. 晉武帝髮委地手過膝. 慕容垂垂手過膝. 陳武帝垂手過膝. 周文帝髮長委地, 垂手過膝, 背有黑子, 宛轉若龍蟠形.

이 항목부터 5개 항목은 남다른 신체적 특징을 지녔다고 전하는 군주의 사례를 소개했다. 촉한의 유비로부터 수나라의 양견(楊堅)까지 거론하였으니, 시기적으로는 삼국시대로부터 위진남북조를 거쳐 수나라까지의 군주를 다룬 셈이다. 이들 가운데 창업(創業)을 이룬 군주가 대부분인 점도 특징적이라 할 수 있다. 창업을 이룬 사람에게는 보통 사람과는 다른 신체적 특징 혹은 상(相)이 있으리라는 사유를 여기서 엿볼 수 있는데, 물론 그렇다고 해서 『아희원람』이 이러한 사유를 기반으로 편찬되었다고 해석하는 것은 지나친 일일 것이다. 『아희원람』은 당시에 상식화되어 유통되던 지식 혹은 정보를 모아서 제공함으로써 독자들이 필요할 때 참고할 수 있게끔 했을 따름이다. 한편 이 항목에 한정한다면, "수수과슬(垂手過膝)" 즉 손을 늘어뜨리면 무릎 아래까지 닿는 모습으로 그려진 군주들을 모았다고 할 수 있을 것이다.

한나라[촉한] 소열제 유비는 "수수과슬(垂手過膝)"의 대표적인 인물로 언급되는데, 『삼국지』 촉지(蜀志)에서는 "키는 7척 5촌이요, 손을 늘어뜨리면 무릎 아래로 내려가고 고개를 돌리면 자신의 귀를 볼 수 있었다.(身長七尺五寸, 垂手下膝, 顧自見其耳.)"라고 외모를 기록했다. 한편 『고금사문유취』에서는 유비와 유사한 신체적 특징을 지닌 인물로 오대 전촉(前蜀)의 후주(後主) 왕연(王衍)을 거론했는데, 왕연은 "모난 턱과 큰 입에 손을 늘어뜨리면 무릎 아래까지 닿고 고개를 돌리면 자신의 눈으로 귀를 볼 수 있었다.(方頤大口, 垂手過膝, 顧目見耳.)"고 전한다.

진나라 무제(武帝) 사마염(司馬炎)은 삼국을 통일하고 칭제한 인물이다. 『진서』

「무제기(武帝紀)」에 의하면 문제(文帝) 사마소는 원래 사마유(司馬攸)를 세자로 삼고자 했는데, 하증(何曾) 등이 사마염은 재주가 뛰어날 뿐 아니라 남다른 관상을 지니고 있다고 간쟁하였기에 마음을 바꾸었다고 한다. 하증은 사마염이 "髮委地, 手過膝"의 모습을 지녔으니 이는 "남의 신하가 될 상이 아니다(非人臣之相也)"고 간언했다고 한다.

"모용수"는 16국 시대 후연(後燕)을 세운 성무제(成武帝)다. 뒤에 언급하는 전연(前燕) 문명제(文明帝) 모용황(慕容皝)의 아들이기도 하니, 부자가 모두 남다른 신체를 지녔던 셈이다. "진(陳)나라 무제"는 남조 진나라를 세운 진패선(陳霸先)으로, 『남사』에서는 "키는 7척 5촌에 왼쪽 이마가 솟은 일각에 용의 얼굴을 지녔으며, 손을 늘어뜨리면 무릎 아래까지 닿았다.(身長七尺五寸, 日角龍顔, 垂手過膝.)"고 그 외모를 기록했다. "주나라 문제"는 북주(北周)를 세운 우문태(宇文泰)로, 『북사』「주제기(周帝紀)」에서는 "키는 8척에 모나고 넓은 이마와 아름다운 수염을 가졌으며, 머리카락은 길어서 땅에 드리우고 손을 늘어뜨리면 무릎 아래까지 닿았고, 등에는 구불구불 이어져서 용이 서린 것 같은 형상의 사마귀가 있고 얼굴빛은 자줏빛을 띠었으니, 사람들이 보고서는 공경하고 두려워하였다.(身長八尺, 方顙廣額, 美鬚髯, 髮長委地, 垂手過膝, 背有黑子, 宛轉若盤龍之形, 面色紫光, 人望而敬畏之.)"라고 그의 형상을 기록했다.

○ 진왕 부견은 등에 붉은 무늬가 있었는데, 솟아오른 부분이 '초부신우토(草付臣又土)'라는 글자를 이루었다. 손은 무릎 아래까지 내려왔으며 얼굴에는 붉은빛이 있었다. 양나라 무제는 오른쪽과 왼쪽 손에 '무(武)'라는 글자가 있었다.

秦王苻堅, 背有赤文, 隱起成字曰草付臣又土, 手過膝, 面有紫光. 梁武帝, 有文在左右手曰武.

이 항목에서는 신체에 글자가 새겨진 채 태어난 군주 두 사람을 제시했다. 이 글자는 아이의 미래와 연관된 것으로 해석되었는데, 이런 인식은 앞 시기의 인물로 제시된 당숙우, 송나라 중자의 사례에서도 볼 수 있다.

부견은 5호 16국의 하나인 전진(前秦)의 3대 황제로, 『진서』 「재기(載記)」에 의하면 어머니가 신령과 교접하는 꿈을 꾸고 잉태한 지 12개월 만에 태어났다고 한다. 태어난 아이의 등에 붉은 무늬가 있었고 그 솟아오른 부분이 '艸付臣又土王咸陽'이라는 글자를 이루었으며 팔을 늘어뜨리면 무릎 아래까지 닿고 눈에는 붉은 빛이 있었다고도 했다. 기이한 모습을 본 할아버지 무혜제(武惠帝)는 성을 포(蒲)에서 부(苻)로 바꾸고 아이의 이름은 '견(堅)'으로 지었다고 했다. 『아희원람』에서는 이 탄생담의 일부를 서술했는데, 글자의 내용과 붉은빛을 낸 신체 부위가 달라졌음을 확인할 수 있다. 『진서』에 제시된 여덟 글자를 합치면 "부견이 함양에서 왕 노릇한다[苻堅王咸陽]"는 뜻이 되며, 『아희원람』에 제시된 다섯 글자를 합치면 이름인 "苻堅"이 된다. 『진서』의 눈[目]과 『아희원람』의 얼굴[面]은 유사한 의미일 수도 있지만, 그렇다고 완전히 일치하는 것은 아니다. 이 두 부분을 『아희원람』과 같이 기록한 사례는 왕세정의 『완위여편』 등에서도 찾아볼 수 있다. 한편 무혜제 부홍(苻洪)이 성을 바꾼 이유는 달리 설명되기도 하는데, 당시 "초부응왕(草付應王)" 즉 부(苻)씨가 응당 왕이 되어야 한다는 뜻의 참문(讖文)이 있었기 때문에 성을 바꾸었다는 이야기도 전한다.

양나라 무제는 남조 양나라를 세운 소연(蕭衍)으로, 골반뼈가 하나로 이어지고 정수리 위가 불쑥 솟은 특이한 외모를 갖고 태어났다고 한다. 또 태어날 때 손에 글자가 있었다고 하는데, 양손에 글자가 있었는지 오른손에만 있었는지는 문헌에 따라 달리 나타난다. 『양서』 「무제본기」에는 오른손에 '무제(武帝)'라는 글자가 있었다고 했고, 왕세정의 『완위여편』 등에는 오른쪽과 왼쪽 손에 '무(武)'라는 글자가 있었다고 전한다.

○ 유연은 수염 길이가 3척으로 심장까지 내려왔는데, 붉은 털 세 가닥은 길이가 3척 6촌이었다. 유총은 왼쪽 귀의 털 길이가 2척인데, 범상치 않게 빛났다. 유요는 눈썹이 희고 수염이 4척 남짓이었다.

劉淵鬚長三尺當心, 赤毛三根長三尺六寸. 劉聰左耳毛長二尺, 光澤非常. 劉曜眉白, 鬚四尺餘.

유연, 유총, 유요는 5호 16국의 하나인 한(漢)나라의 황제다. 한나라는 중간에 조(趙)로 국호를 바꿨는데, 석륵(石勒)이 세운 조-후조-와 구별하기 위해 전조(前趙)라고도 일컫는다. 유연은 1대 고조(高祖) 광문황제(光文皇帝)이며, 유총은 3대 소무황제(昭武皇帝), 유요는 5대 소문황제(昭文皇帝)다. 유총은 유연의 아들이다. 유요는 유연의 사촌 유록(劉綠)의 아들로, 어려서부터 유연에게 양육되었고 많은 전공을 세웠다. 세 사람은 '제왕의 관상[帝王之相]'을 논할 때 함께 언급되곤 한다.

유연, 유총, 유요의 외모에 대한 서술은 문헌마다 조금씩 달리 나타난다. 명대 고기원(顧起元)의 『설략(說畧)』에서는 유연과 유총이 원비(猿臂) 즉 원숭이처럼 긴 팔을 가졌다고 했다. 이어서 유연에 대해서는 『아희원람』과 같이 말했으나, 유총에 대해서는 여기에다가 "흰 눈썹을 갖고 태어났고 수염이 4척 남짓(生而眉白, 鬚四尺餘.)"이라는 말을 덧붙였다. 유총과 유요의 신체적 특징을 모두 유총의 것으로 돌린 셈이다. 대신에 유요에 대해서는 "수염이 100가닥이며 모두 길이가 5척(鬚百莖, 皆長五尺.)"이라고 했다. 왕세정의 『완위여편』에서는 유연과 유총의 외모만을 거론했는데, 그 내용은 『설략』과 거의 같다. 청대 궁몽인(宮夢仁)이 쓴 『독서기수략(讀書紀數略)』 또한 『완위여편』과 거의 같다. 다만 명대 서응추(徐應秋)가 쓴 『옥지당담회』에서는 『아희원람』과 비슷하게 서술했는데, 유연과 유요에 대해서 약간의 내용을 추가하였다. 즉 유연은 "태어날 때 왼손에 '연' 자가 있었다(生而左手有文曰淵)"고 했으며, 유요는 "키가 9척 3촌에 손은 늘어뜨리면 무릎 아래까지 닿았다.(身長九尺三寸, 手垂過膝.)"고 했고 "수염은 100가닥에 불과하지만 모두 길이가 5척이었다.(鬚髯不過百餘根, 而皆長五尺.)"고도 했다. 그런데 『옥지당담회』의 기록은 수염이 4척이면서 5척이라고 한 셈이어서 부자연스럽다. 『진서』 「재기」를 살펴보면, 유총과 유요 모두 "수염 길이가 4척"이라고 하지는 않았다. "수염 길이가 4척"이라는 구절만 제외하면, 『옥지당담회』의 기록이 『진서』와 가장 가까운 것으로 보인다.

○ 모용황은 용의 얼굴에 앞니가 크고 가지런했다. 십익건은 우뚝 솟은 코에 용의 얼굴을 가졌는데, 서 있으면 머리카락이 땅에까지 드리우고 누우면 젖가슴이 늘어져 자리에 닿았다.

慕容皝龍顔版齒. 什翼犍隆準龍顔, 立則髮委地, 臥則乳垂在席.

"모용황"은 5호 16국 시대 전연(前燕)의 태조(太祖) 문명제(文明帝)다. 『진서』「재기」에서 모용황은 "龍顔版齒"였으며 키가 7척 8촌이었다고 했다. "판치(版齒)"는 앞니가 크고 가지런함을 뜻하는 말이다. "십익건"은 선비족 탁발부 출신으로 38년간 대(代)나라의 왕을 지낸 탁발십익건(拓跋什翼犍)이다. 10여 년간 후조(後趙)에 인질로 잡혀 있다가 할아버지 탁발예괴(拓跋翳槐)의 유언에 따라 왕위에 올랐으며, 북위(北魏)를 건국한 손자 탁발규(拓跋珪)에 의해 고조(高祖) 소성제(昭成帝)로 추존되었다. 『위서(魏書)』「제기(帝紀)」 등에서는 키가 8척이라 하고서 외모에 대해 "隆準龍顔, 立髮委地, 臥則乳垂至席."이라 했는데, 이를 참고하면 『아희원람』의 '在'는 '至'의 오기일 가능성이 있다.

○ 제나라 선제[북제 문선제]는 몸이 비늘로 덮였고 복사뼈가 둘이었다. 수나라 고조는 이마에 다섯 개의 기둥이 있었고 손에는 '왕(王)'이라는 글자가 있었다.

齊宣帝鱗身重踝. 隋高祖額有五柱, 有文在手曰王.

"제선제"는 북제(北齊)를 세운 문선제(文宣帝) 고양(高洋)인 듯하다. 앞에 제시한 환관 동관의 수염을 자른 일화에서는 "齊文宣"이라 하였고 제10장 '전운(傳運)'에서는 "북제"의 황제로 "문선제"를 제시하였으니, "제선제(齊宣帝)"라 한 것은 간행 과정에서 생긴 오류로 짐작된다. 『북제서(北齊書)』「제기(帝紀)」 등에 "鱗身重踝"라는 말이 보인다.

"수나라 고조"는 곧 수나라를 건국한 문제(文帝) 양견(楊堅)이다. 『수서』에서는 그의 외모에 대해 "용의 턱을 가졌으며, 이마 위에는 옥주가 정수리까지 뻗었으며, 눈빛은 밖으로 쏘는 듯하며, 손에는 '왕'이라는 글자가 있었다.(龍頷, 額上有玉柱入頂, 目光外射, 有文在手曰王.)"고 기록했다. "옥주(玉柱)"는 이마 위에 솟아 있는 근육을 뜻하는 말이다. 그런데 『북사』와 『태평어람』을 비롯한 문헌에는 "옥주(玉柱)"가 아닌 "오주(五柱)"가 정수리까지 뻗었다고 기록하고 있다. 『아희원람』에서도 오주(五柱)라고 하였지만 "정수리까지 뻗어 있다(入頂)"라는 말이 누락되었는데, 실수인지 아니면 의도적인 것인지는 분명하지 않다. "오주"는 이마 위에 기둥처럼 솟아 있는 다섯 개의 뼈 또는 근육을 가리키는 말이다. 기둥[柱]이 정수리까지 이어져 있으면 귀인의 상이라고 한다.

○ 이광필의 어머니는 수염 수십 가닥이 있었는데, 길이가 5촌 정도였다. 한국부인에 봉해졌으며, 두 아들은 왕에 봉해졌다.

李光弼母有鬚數十, 長五寸許, 封韓國夫人. 二子封王.

이광필은 당나라의 장수로, 안사(安史)의 난을 평정하는 데 큰 공을 세웠고 뒤에 임회군왕(臨淮郡王)에 봉해졌다. 동생인 이광진(李光進) 또한 명장으로 이름이 높아 무위군왕(武威郡王)에 봉해졌다. 이광필의 어머니는 아들의 공으로 인해 '한국태부인(韓國太夫人)'에 봉해졌다. 이광필의 어머니에게 수염이 있었다는 이야기는 '부인에게 수염이 나다(婦人有鬚)'와 같은 제목으로 여러 문헌에 전하는데, 수염의 길이를 대개 "5촌가량(五寸許)"이었다고 기록하고 있다. 다만 『태평어람』을 비롯하여 일부 문헌에서는 "5척 6촌"이라고 기록하고 있는데, 이는 혹 『구당서』의 기록을 오해한 결과가 아닐지 의심된다. 『구당서』「이광필전」에는 이광필 어머니의 수염 길이를 "五六寸"으로 기록하였는데, 이는 "5~6촌" 또는 "5.6촌" 정도의 의미이지만 "56촌" 즉 5척 6촌으로 오해할 수도 있기 때문이다.

○ 신라의 김유신은 등에 일곱 개의 별이 있었다. 궁예는 태어나면서부터 이빨이 있었고, 키가 18척에 발 길이가 3척이었다.

新羅金庾信, 背有七星. 弓裔生而有齒, 身長十八尺, 足長三尺.

우리나라 인물 가운데 기이한 신체적 특징을 지닌 사례로 김유신과 궁예 두 사람을 들었다. 『삼국유사』 「기이(紀異)」 김유신 조에 "일곱 별[七曜]의 정기를 타고 났기 때문에 등에 일곱 별의 무늬가 있었다.(禀精七曜, 故背有七星文.)"라는 말이 보인다. 『삼국사기』 「궁예열전」에서는 일관(日官)이 궁예를 키우지 말 것을 청했는데, "生而有齒"를 그 근거의 하나로 들었다. 키와 발 크기에 대한 자료의 출처는 분명하지 않다.

○ 거무패는 키가 10척이요 허리둘레가 10위여서, 작은 수레인 초거에는 태울 수 없고 말 세 필로는 끌 수 없었다.

巨無霸長十尺, 大十圍, 軺車不能載, 三馬不能勝.

거무패는 왕망이 세운 신(新)나라의 거인 장수다. 신나라 말기에 한박(韓博)이 추천하였는데, 『전한서』 「왕망전」에 이 일이 보인다. 한박은 거무패가 봉래(蓬萊)의 동남쪽 오성 서북쪽에 있는 소여(昭如) 바닷가 출신이며 초거와 같은 작은 수레에는 실을 수 없고 말 세 필로 감당할 수 없다 하고서 말 네 필이 끄는 큰 수레에 실어 궁궐로 보낸다. 거무패의 체구가 크기 때문에 말 한 필이 끄는 작은 수레인 초거(軺車)에는 탈 수 없고, 체중이 많이 나가기 때문에 말 세 필 정도의 힘으로는 그가 탄 수레를 끌고 갈 수 없다는 것이다. 이후 왕망은 한박의 말에 따라 거무패를 등용하지만, 결국 거무패는 곤양(昆陽)에서 패전하고 만다. 한편 『지봉유설』 신형부 「용모」에 "巨無霸長一丈大十圍, 軺車不能載, 三馬不能勝."이라는 구절이 있으니, 1장(丈)이 10척(尺)으로 바뀐 점을 제외하면 『아희원람』의 서술과 일치한다.

○ 안록산은 몸무게가 350근이었으며, 뱃살이 늘어져서 무릎 아래까지 내려왔다. 사마보는 몸무게가 800근이었다. 맹업은 몸무게가 1,000근이었다.

安祿山重三百五十觔, 腹垂過膝. 司馬保重八百觔. 孟業重千觔.

살찌고 무거운 사람을 소개했는데, 당나라의 안록산, 진나라의 사마보, 맹업 셋을 들었다. "근(觔)"은 "근(斤)"이니, 무게 단위다. 『지봉유설』 신형부 「용모」에서는 "옛날의 살찌고 무거운 사람(古之肥重者)"을 거론하며 "安祿山三百五十斤, 司馬保八百斤, 孟業千斤."이라 했다. 왕세정의 『완위여편』에도 이와 유사한 말이 보이는데, 그 뒤에 맹업의 몸무게를 잰 일화를 덧붙였다.

"안록산"은 돌궐 출신의 당나라 장수로, 원래 성은 강(康)씨고 이름은 알락산(軋犖山) 또는 아락산(阿犖山)이다. 『구당서』 「안록산열전」에 "만년에 더욱 살찌고 건장해져서 뱃살이 늘어져 무릎 아래까지 내려왔으며 몸무게는 330근이었다.(晩年益肥壯, 腹垂過膝, 重三百三十斤.)"라는 말이 보인다. 안록산의 몸무게는 문헌에 따라 달리 나타나는데, 『자치통감(資治通鑑)』에서는 300근이라 했으며 『태평어람』 등에는 "350근"이라고 전한다. "사마보"는 진나라의 종실로, 사마의의 동생인 사마규(司馬馗)의 증손이며 남양왕(南陽王) 사마모(司馬模)의 아들이다. 『진서』에 자칭 800근이라고 했다는 말이 보인다. "맹업"은 진나라의 유주자사(幽州刺史)를 지낸 인물로, 몸무게가 1,000근이 나간다는 소문이 있었다. 진나라 무제 사마염이 과연 그런지 궁금해하니, 맹업이 스스로 무게를 달아서 1,000근이 됨을 보여주었다고 한다. 이 일화는 원래 『어림(語林)』에 실려 있었다고 한다.

○ 숭후호는 600석의 모래를 들었다. 오확과 하육은 1,000균을 들었는데, 이는 대개 3만 근 정도다.

崇侯虎擧六百石重沙. 烏獲·夏育擧千勻, 蓋三萬斤.

"숭후호(崇侯虎)"는 은나라 주(紂)임금의 측근으로, 서백(西伯)—뒷날의 주 문왕—을 참소하여 유리(羑里)에 가두도록 한 인물이다. 『육도(六韜)』에 "주임금의 부하 가운데 불타는 숯을 움켜쥐고 끓는 물을 건널 수 있는 자가 18명이요, 100석의 모래를 들 수 있는 자가 24명이었다.(紂之卒, 握炭流湯者, 十八人. 擧百石重沙者, 二十四人.)"라는 구절이 있는데, 이 구절은 후대 문헌들에서 인용되면서 조금씩 내용이 달라지기도 했다. 예컨대 『태평어람』에서는 "숭후호 등 500석의 모래를 들 수 있는 자가 24인(崇侯虎等擧五百石重沙, 二十四人)"이라고 했고, 『완위여편』에서는 "숭후호 등 600석의 모래를 들 수 있는 자가 24인(崇侯虎等擧六百石重沙, 二十四人)"이라고 했다. "오확"은 진(秦)나라의 장사이며, "하육"은 위(衛)나라의 장사다. 이들은 제(齊)나라 출신의 맹분(孟賁)과 함께 대표적인 역사(力士)로 일컬어진다. 『맹자』에서는 "옛날의 힘센 사람(古之有力人)"의 사례로 오확을 들었다. "균(匀)"은 곧 "균(鈞)"이니, 30근을 뜻하는 말이다.

○ 위나라 석번은 모래 120석을 등에 졌는데, 이는 대개 1,200근 정도다.

衛石蕃負沙一百二十石, 蓋一千二百斤.

장화의 『박물지』에 "석번은 위나라의 신하다. 1,200말의 모래를 등에 졌다.(石蕃, 衛臣也. 背負千二百斗沙.)"라는 구절이 있다. 석번이 등에 짊어진 모래의 양은 "1,200말" 또는 "120석"으로 나타나는데, 이 둘의 양은 같다.

○ 촉나라의 다섯 역사는 산을 옮기고 만 균을 들 수 있었다. 항우는 구정을 들 수 있었고, 그 힘은 산을 뽑을 만했다.

蜀五丁力士, 能移山擧萬匀. 項羽擧九鼎, 力拔山.

"오정역사(五丁力士)"는 촉나라에 있었다는 장사다. 『지봉유설』 신형부 「용모」에 "項王擧鼎拔山, 蜀五丁力士, 能移山擧萬鈞."이라는 말이 보이는데, 이수광은 그 아래에 "생각건대, 만 균은 30만 근에 해당할 것이니 이는 매우 허탄하다. 비록 옛날의 근이나 량, 두나 석이 지금과는 같지 않다고는 하지만, 그래도 이런 이치는 없을 것이다. 또한 오정은 곧 역사 다섯 사람을 가리키는 말일 것이요, 한 사람의 이름은 아닐 것이다.(余謂, 萬鈞當爲三十萬斤. 此尤虛誕. 雖古之斤兩斗石, 與今不同, 而恐無是理. 且五丁乃指力士五人, 非一人名也.)"라고 자신의 생각을 덧붙였다.

『화양국지(華陽國志)』에 "촉나라에는 다섯 역사가 있는데, 능히 산을 옮기고 만 균을 들 수 있었다. 매번 왕이 죽으면 곧바로 길이 3장(丈)에 무게 1,000균(鈞)의 큰 돌을 세워 묘지를 만들었다.(蜀有五丁力士, 能移山擧萬鈞. 每王薨, 輒立大石, 長三丈重千鈞, 爲墓志.)"라는 말이 보인다. 『수경주(水經注)』에는 오정역사가 촉으로 들어가는 길을 닦았다는 설화가 전한다. 진(秦) 혜왕이 촉을 정벌하려 했지만 길이 없었기에 계책을 냈는데, 돌로 소 다섯 마리를 만들고 그 꼬리 아래쪽에 금을 놓아두고서는 '황금 똥을 눌 수 있는 소'라는 소문을 퍼뜨리는 것이었다. 촉나라 왕이 오정(五丁)으로 하여금 그 소를 끌고 오게 하니, 이로 인해 길이 만들어졌다고 한다.

『사기』「항우본기」에 "항적[항우]은 키가 8척이 넘고 힘은 구정을 들어 올릴 만했다.(籍長八尺餘, 力能扛鼎.)"라는 말이 있다. "구정(九鼎)"은 하나라 우임금이 천하의 금속을 모아 만들었다는 보정(寶鼎)이며, "정(鼎)"은 발 셋과 귀 둘이 달린 솥이다. 항우가 해하(垓下)에서 포위되었을 때 자신의 운명을 한탄하며 불렀다는 노래 「해하가(垓下歌)」의 첫 구가 "힘은 산을 뽑을 만하고 기운은 세상을 덮었도다(力拔山兮氣蓋世)"이다.

○ 오는 육지에서 배를 끌 수 있었다. 유총은 300근의 활을 당겼고, 유요는 활을 쏘아 7촌 두께의 쇠를 뚫을 수 있었다.

奡能陸地盪舟. 劉聰彎弓三百觔. 劉曜射能洞鐵七寸.

"오(奡)"는 하나라 때 사람으로, 후예(后羿)를 죽이고 스스로 왕이 된 한착(寒浞)의 아들이다. 힘이 세고 물의 성질을 잘 알아 수전(水戰)에 능했다고 하는데, 뒤에 하나라 왕위를 되찾은 소강(少康)에게 죽임을 당했다. 『논어』 「헌문(憲問)」에는 남궁괄(南宮适)이 공자에게 한 질문 가운데 '오는 배를 끌 만큼 힘이 세었는데 제 명에 죽지 못했다.(奡盪舟, 不得其死.)'는 말이 나타난다. "유총"과 "유요"는 5호 16국의 하나인 한(漢)—뒤에 전조(前趙)로 개칭—의 황제인데, 앞에서 유연과 함께 특이한 외모를 지닌 인물로 언급된 바 있다. 『진서』 「재기」에서는 유총에 대해 "15세에 창칼 쓰는 법을 익혔는데, 긴 팔로 활을 잘 쏘았고 300근의 활을 당길 수 있었다.(十五習擊刺, 猿臂善射, 彎弓三百斤.)"고 했으며, 유요에 대해 "1촌 두께의 쇠라도 활로 쏘아 관통시켰으니, 당시에 그를 '신사'라 일컬었다.(鐵厚一寸, 射而洞之, 于時號爲神射.)"고 했다. 『아희원람』에서는 유요가 뚫은 철판의 두께가 1촌이 아닌 "7촌"이라고 했는데, 이 말이 어디서 유래했는지는 분명치 않다. 오기일 가능성이 높다.

○ 공야장, 후근, 옛날의 진중, 한나라의 위상, 진나라의 관로는 새의 말을 알아들었다. 성자와 양선은 참새의 말을 알아들었다. 원나라 때 맥종은 날짐승의 말을 알아들었다. ○ 살피건대 『주례』에서는 이예가 새의 말을 담당한다고 했다.

公冶長, 侯瑾, 古秦仲, 漢魏尙, 晉管輅, 解鳥語. 成子·楊宣, 通雀語. 元時麥宗, 解禽語. ○ 按周禮, 夷隷掌鳥言.

이 항목에서는 새의 말을 알아듣는 능력을 지녔다고 알려진 인물들을 제시했다. 『지봉유설』에서는 문장부 「당시(唐詩)」에서 송지문의 시구를 언급하며 새의 말을 알아듣는 공야장의 능력에 대한 일화를 거론했다. 기예부 「방술(方術)」에서는 "새의 말을 알아듣는 사람[解鳥語者]"으로 "古有秦仲, 而漢有魏尙, 楊宣, 晉有管輅."를 들었으며, "살피건대 『주례』에서는 이예는 새의 말을 관장하고 맥예는 짐승의 말을 관장한다고 한다. 대개 옛 제도가 이와 같았다.(按周禮, 夷隷掌鳥言, 貉隷掌獸言. 蓋古制如此.)"라는 말을 덧붙였다. 『아희원람』에서 이 항목 및 다음 항목에서 '○' 이후 문장의 서두에 사용한 "살피건대[按]"라는 말은, 장혼이 『지봉유설』의 내용을 인용하는 과정에서 함께 옮겨진 것으로 짐작할 수 있다. 한편 후근, 성자, 맥종의 사례는 『지봉유설』에는 보이지 않는다.

"공야장(公冶長)"은 춘추시대 제나라 사람으로, 자는 자장(子長)이며 공자의 제자이자 사위다. 『지봉유설』에서는 송지문(宋之問)의 시구 "참새의 말이 공야장의 화를 면케 했던 것만 같지 못하네.(不如黃雀語, 能免冶長災.)"에서 공야장이 새의 말을 이해했다는 설의 근거를 찾았는데, 일부에서는 이 구절이 원래 심전기(沈佺期)의 것이라고도 주장한다. 현재 전하는 심전기의 시 「옥중연(獄中燕)」에 이와 유사한 구절이 보이는데, "참새의 말이 공야장의 의심을 씻을 수 있었던 것과 같지 않네.(不如黃雀語, 能雪冶長猜.)"가 그것이다. 『지봉유설』에서는 백낙천의 글—「금충시서(禽蟲詩序)」 혹은 「조증답작답시서(鳥贈雀答詩序)」—과 『천자문』의 주석, 『논어』의 주석 등에서도 공야장의 일화를 볼 수 있다고 했는데, 그만큼 공야장의 고사는 널리 알려져 있었다고 해야 할 것이다. 공야장이 전복된 곡식 수레—또는 살진 고기[肥肉]—가 있으니 모두 가서 먹자고 지저귀는 새들의 말을 듣고서 사람들에게 전했는데, 주변을 찾아보니 과연 그 말과 같았다고 하는 것이 일화의 개요다. 다만 이수광이 『천자문』 주석에서 보았다는 이야기는 결말이 조금 다른데, 사람들이 가서 보니 시신이 있었고 그래서 공야장이 살인자로 몰렸다는 것이다. 명나라 학자 양신(楊愼)은 새들이 했다는 말을 구체적으로 소개했는데, "백련수 물가에 조를 엎지른 수레가 있네. 수레는 물에 잠기고 수레 끌던 소는 뿔이 부러졌구나. 다 거두어 갈 수도 없으니 모두 불러 함께 쪼아 먹자.(白蓮水邊, 有車覆粟. 車脚淪泥, 犢牛折角. 收之不盡, 相呼共啄.)"라고 말했다고 기록했다.

"후근(侯瑾)"은 돈황 출신의 한나라 학자로, 『후한서』 열전에 그 생애가 전한다. 『돈황실록(燉煌實錄)』에서는 후근이 "새의 말을 이해했다(解鳥語)"고 서술했는데, 일찍이 문을 나서다가 흰 참새가 뭇 참새들과 함께 가는 것을 보고서 "지금 천하가 크게 어지러우니 군자와 소인이 어울리는구나.(今天下大亂, 君子小人相與焉.)"라고 탄식했다는 일화를 덧붙였다. "진중(秦仲)"은 서주(西周) 시대 진(秦)의 군주이며, 주나라 선왕(宣王)의 명에 따라 서융(西戎)을 토벌하다가 전사했다. 온갖 새의 소리를 알아듣고서 모두 응대했다고 한다. "위상(魏尙)"은 한나라 고조 때 사람으로, 사승(謝承)의 『후한서(後漢書)』에 의하면 태사(太史)의 벼슬을 했고 새의 말을 알아들었다고 한다. "관로(管輅)"는 삼국시대 위(魏)나라 사람인데, 여기서는 이어지는 진나라 시기와 합쳐 이해해서 "진나라의 관로"라고 지칭한 듯하다. 『삼국지』「위지」에 관로가 새의 말을 알아들은 일화가 전한다. 관로는 안덕령(安德令)의 집에서 까치의 울음소리를 듣고서는 까치가 "동북(東北)에 사는 여자가 어제 지아비를 죽여서 서쪽 집 사람에게 끌어다 놓았다"고 말한다고 했는데, 과연 저녁에 그 고을 사람이 찾아와서 이웃 여자가 지아비를 죽이고서 원한이 있는 이웃이 자기 남편을 죽였다고 거짓말했다는 일을 고했다고 한다.

"성자(成子)"와 "양선(楊宣)"은 명나라 사조제(謝肇淛)의 『오잡조(五雜組)』에서 "成子楊宣, 皆解雀語."라 하였듯이 함께 일컬어지기도 하는데, 그 일화는 앞서 살핀 공야장의 고사와 유사하다. 성자의 이야기는 『태평어람』 등에서 찾아볼 수 있는데, 성자가 군의 주부(主簿)로서 담소하다가 참새 울음소리를 듣고서 "동쪽 저자에 조를 싣고 가는 수레가 엎어졌는데, 참새들이 가서 먹자고 서로 불러대는 겁니다."라고 말해 사람들이 살펴보니 과연 그러했다는 것이다. 양선의 일화는 『설부』 등에 전하는데, 양선이 하내태수(河內太守)로 부임하러 가던 길에 참새들이 무리지어 우는 것을 듣고 관리에게 풀이하기를 "앞에 조를 실은 수레가 엎어져서 이 참새들이 가서 먹자고 저리하는 것이네.(前有覆車粟, 此雀相隨欲往食.)"라고 했으며 몇 리를 가다 보니 과연 엎어진 수레가 있었다는 것이다.

"맥종(麥宗)"은 운남(雲南) 모소[麼些] 사람인데, 『운남통지(雲南通志)』에서는 "태어나서 7세에 문자를 알았고, 성장하면서는 토번과 백만(白蠻)의 각종 서계[글자]에 통달하지 못한 것이 없었으며 여기에 더하여 새의 말까지 알았다.(通安州, 麼些人. 生七歲, 知文字. 及長, 凡吐番白蠻諸種書契, 無不通曉, 兼識鳥語.)"고 했다.

『주례』 추관(秋官)에서는 '사예(司隷)'가 오예(五隷)를 관장한다고 했는데, 오예는 죄예(罪隷), 만예(蠻隷), 민예(閩隷), 이예(夷隷), 맥예(貉隷)의 다섯을 뜻한다. "이예(夷隷)"에 대해서는 "목인의 부림을 받아 소와 말을 기르고 새와 말을 했다.(掌役牧人, 養牛馬, 與鳥言.)"고 기술했는데, 여기서 목인(牧人)은 목축을 담당하던 관리다. 그런데 '이예'의 역할에 대해서는 여러 사람이 의문을 제기한 바 있다. 청나라 때 학자인 왕인지(王引之)는 「오예착간(五隷錯簡)」에서 "馬"와 "與鳥言"의 네 글자는 잘못 들어간 것이라고 주장한 바 있으며, 이익 또한 『성호사설』에서 이예와 맥예에 대해 의문을 표한 바 있다.

○ 개나라의 갈로는 짐승의 말을 알아들었다. ○ 살피건대 『주례』에서는 맥예가 짐승의 말을 담당한다고 했다.

介葛盧解獸語. ○ 按周禮, 貉隸掌獸言.

"개갈로(介葛盧)"는 춘추시대 개(介)나라의 군주로, 이름이 갈로이니 곧 "개나라의 (임금) 갈로"를 의미한다. 『춘추좌씨전』 희공(僖公) 29년에 개갈로가 소의 말을 알아들었다는 일화가 전한다. "맥예(貉隸)"는 앞 항목에서 언급한 오예의 하나다. 『주례』 추관(秋官)에서는 "복불씨의 부림을 받아서 짐승을 기르고 훈련시키며 짐승과 말을 하는 일을 맡았다.(掌役服不氏, 而養獸而教擾之. 掌與獸言.)"고 했는데, 복불씨는 맹수를 기르고 훈련시키는 일을 담당하는 관리다.

○ 한나라의 성무정, 당나라 승려 융다라[살다라], 백구년은 새와 짐승의 말을 알아들었다.

漢成武丁, 唐僧隆多羅, 白龜年, 通鳥獸語.

조수(鳥獸) 즉 날짐승과 길짐승의 말을 모두 알아들었다는 사람의 사례 셋을 들었는데, 이들은 신선 또는 고승에 속한다. 『지봉유설』에는 이들의 이름이 보이지 않지만, 이덕무의 『앙엽기』에 실린 「새와 짐승의 말을 이해하다(解鳥獸語)」에는 왕세정의 『완위여편』에서 미처 수록하지 못한 사례로 언급되어 있다.

"성무정(成武丁)"은 성선공(成仙公)으로도 일컬어지는 후한의 선인(仙人)으로, 『태평광기』에서는 『신선전』을 인용하여 성무정이 조수의 말을 알아들은 내력을 전하고 있다. 성무정은 현의 하급관리였는데 도읍에서 돌아오는 길에 나무 아래에서 하룻밤을 지내게 되었다고 한다. 이날 나무 위에서 약을 사라는 소리가 들려왔는데, 날이 밝은 뒤에 나무 위를 보니 백학(白鶴) 두 마리가 있을 뿐이었다. 이에 성무정이 저자에 갔다가 흰 일산 쓴 사람 둘을 만나 음식을 대접했는데, 그 두 사람이 옥함에서 책을 꺼내 살펴보고는 무정의 이름이 있음을 확인하고 약 두 알을 주면서 '땅에서 머무는 신선'이 될 것이라고 했다. 이로부터 성무정은 "만물을 환하게 꿰뚫어 보고 짐승과 새의 소리를 모두 이해할 수 있게 되었다.(明照萬物, 獸聲鳥鳴, 悉能解之.)"고 한다. 성무정은 여러 가지 신이한 행적을 보이다가 결국 시해(尸解)하여 신선이 되었다고 하는데, 그러한 행적 가운데는 참새의 울음소리를 듣고 곡식을 싣고 가던 수레가 전복된 것을 알아서 사람들을 놀라게 했다는 일화도 포함되어 있다.

"융다라(隆多羅)"는 당나라 함통(咸通) 연간에 활동한 발해의 승려다. 『천중기』 등의 중국 문헌이나 이덕무의 『앙엽기』에는 "隆多羅"로 표기되어 있지만, 『당궐사(唐闕史)』에는 "살다라(薩多羅)"로 표기되어 있다. 『천중기』에서는 『당궐사』를 인용했다고 했으니, 이름을 "살다라"로 표기하는 것이 합리적일 듯하다. 『당궐사』의 「발해 승려가 새와 짐승의 말을 알아듣다(渤海僧通鳥獸言)」에 의하면, 발해 승려 살다라는 자신이 새와 짐승의 말을 알아들을 수 있다고 말했으며 실제로 새들이 지저귀는 소리를 듣고서 길흉이나 다른 곳의 일을 눈에 보는 것처럼 말하곤 했다고 한다. 어느 가을날 관리 몇 사람이 어미 돼지가 새끼 돼지들을 이끌고 가는 광경을 보고서 장난으로 "이 돼지가 말을 하는가?" 하고 물었는데, 살다라는 큰 돼지가 새끼들에게 "가자 가자 가자. 앞에 있는 나무 그늘에서 젖을 주마.(行行行. 向前樹陰下, 吃嬭.)"라고 말하는 것이라 했다. 그러고는 멀지 않은 곳에 있는 홰나무 아래에서 젖을 먹일 것 같다고 덧붙였는데, 관리들이 기이하게 여기며 찾아갔더니 과연 나무 아래에서 젖을 먹이는 광경을 볼 수 있었다고 한다.

"백구년(白龜年)"은 백낙천(白樂天)의 아들이다. 어느 날 숭산(嵩山)에서 이백(李白)을 만났는데, 이백이 "나와 네 아버지는 모두 신선이 되었다"고 하며 그에게 책 한 권을 주었다고 한다. 또 이백은 "이 책을 읽으면 모든 하늘에 있는 새의 말과 모든 땅에 있는 짐승의 말을 알아듣게 될 것이다.(讀此, 可辨九天禽語九地獸言.)" 고 하였는데, 뒤에 시험해 보았더니 과연 그렇게 되었다고 한다. 『씨족대전(氏族大全)』에 「날짐승의 말을 알아듣다(辨禽言)」라는 제목으로 이 일화가 전한다.

○ 한나라 양옹중과 진나라 이남은 말의 말을 알아들었다. 첨하는 소의 울음소리를 듣고서 그 소가 검은색이지만 뿔에 흰색이 있음을 알았다.

심승조는 표범의 울부짖는 소리를 듣고서 나라에 변방의 일이 생겼으니 마땅히 장정을 뽑아야 한다고 말했다.

漢楊翁仲, 晉李南, 解馬語. 詹何得牛鳴, 知牛黑而白在角. 沈僧照聽彪嘯云, 國有邊事, 當選人丁.

말, 소, 표범과 같은 동물의 말을 알아들었다는 사람 넷을 제시했는데, 앞에 언급한 '소의 말을 알아들은' 개나라 군주 갈로(葛盧)와 '동물의 말을 담당한' 주나라 관직 맥예(貉隷)의 사례를 여기에 합쳐 말하는 것도 가능할 듯하다. 이미 『지봉유설』 기예부 「방술」에서는 "동물의 말을 알아듣는 사람[解獸言者]"으로 "古有葛盧, 而漢有翁偉, 晉有李南."을 함께 거론하기도 했다. 아래에서 언급하겠지만 옹위(翁偉)와 양옹중은 같은 인물로 추정되기도 한다.

"양옹중(楊翁仲)"은 광한(廣漢) 사람으로 "새와 짐승의 말을 알아들었다(聽鳥獸之音)"고 한다. 『논형』 「실지편(實知篇)」에 이와 관련된 일화가 전한다. 양옹중이 타고 가던 절름발이 말이 먼 곳에 있는 말과 울음소리를 주고받으니 마부에게 말들의 대화 내용을 알려주었는데, 두 말은 서로 아는 사이인데 저쪽에서 절름발이라고 욕을 하니 이쪽에서는 애꾸눈이라고 욕을 했다는 것이다. 마부가 믿지 않았는데, 가서 그 말을 보니 정말 한쪽 눈이 먼 말이었다고 한다. 『예문유취(藝文類聚)』 등의 문헌에서는 『논형』을 인용하며 이 일화를 실었는데, '양옹중'이라 하지 않고 "광한 사람 양옹위(廣漢陽翁偉)"나 "옹위(翁偉)"라고 했다. 『지봉유설』에서 '옹위'를 든 것은 『예문유취』 등의 문헌을 활용한 결과일 것이다. "이남(李南)"의 일화는 『포박자』에 보인다. 이남이 붉은 말을 타고 길을 가다가 흰 말을 타고 오는 사람을 마주쳤는데, 흰 말이 먼저 울자 붉은 말도 이에 응하여 울었다. 이남이 하인에게 말들의 대화를 풀이했는데, 흰 말이 붉은 말에게 부탁하기를 이제 왼쪽 눈이 먼 누런 말을 만날 것인데 그 말은 자기 아들이니 빨리 달려서 함께 갈 수 있도록 하라고 전해달라고 했다는 것이다. 하인은 믿지 않았는데, 2리쯤 가서 과연 왼 눈이 먼 누런 말과 마주쳤으며 두 말이 서로 울음을 주고받는 것을 보게 되었다고 한다.

"첨하(詹何)"는 춘추시대 초나라 선비로, 그에 관한 일화는 『한비자』 「해로(解老)」

편에 전한다. 첨하가 방 안에 제자들과 함께 있었는데 문밖에서 소의 울음소리가 들려왔다. 제자 한 사람이 검은 소인데 이마 부분이 희다고 하니, 첨하가 "이 소는 검은색인데 뿔에는 흰색이 있다.(是黑牛也, 而白在其角.)"고 답했다. 이에 살펴보게 하였더니, 검은 소가 뿔을 흰 천으로 감싸고 있었다고 한다.

"심승조(沈僧照)"는 남북조 시대 송나라의 장수인 심유지(沈攸之)의 손자로, 어려서부터 사람의 길흉을 예언하여 맞히는 일이 많았다고 한다. 그에 관한 일화는 원래 『양전(梁典)』에 실려 있었으며, 『남사』를 비롯한 역사서 및 유서에도 수록되었다. 어느 날 심승조가 사냥을 가다가 중도에서 되돌아왔는데, 사람들에게 '변방의 일'이 생겼으니 돌아와 기다려야 한다고 말했으며 남산 호랑이의 울부짖음 소리를 듣고서 그것을 알았다고 설명했다고 한다. 문헌에 따라 '호랑이(虎)'인지 혹은 '표범(彪)'인지, 그리고 심승조의 벼슬이 달리 나타나기는 하지만, 이야기의 개요는 거의 같다.

○ 태원의 왕씨는 개미의 말을 알아들었다. 요나라의 신속고는 뱀의 말을 알아들었다.

太原王氏, 聞蟻言. 遼神速姑解蛇語.

"태원 왕씨(太原王氏)"의 일은 송나라 진찬(陳纂)이 편찬한 『보광록(葆光錄)』에 전한다. 태주(台州)의 왕씨 성을 가진 백성이 항상 측신(厠神) 즉 측간을 지키는 귀신에게 제사를 지냈는데, 하루는 측간에서 누런 옷을 입은 여자를 만났다. 여자는 자신은 측신이며 자신을 공경한 정성을 갚기 위해 왔다고 말하고서, 품속에서 작은 상자를 꺼내 상자 안의 기름을 손가락으로 찍어서 왕씨의 오른쪽 귀 뒤에 발라주면서 "만약 개미를 보거든 귀를 기울여 들어라. 반드시 얻는 것이 있을 것이다.(或見蟻子, 側耳聆之. 必有所得.)"라고 말하고는 사라졌다. 다음 날 왕씨는 주춧돌 아래에서 개미들이 부지런히 움직이는 것을 보았는데, 귀를 기울여 개미들의 대화를 듣고서 개미들이 그 아래에 있는 보물 때문에 차가워서 다른 곳으로 개미구멍을 옮기려 한다는 것을 알게 되었다. 왕씨가 개미들이 다 나간 뒤에 살펴보니 그곳에 백금 열 덩이가 있었다고 한다. 한편 명나라 문헌인 『오잡조(五雜俎)』에도 태원 왕씨의 일이 보이는데, "태원의 왕씨는 측신에 제사를 지낸 일로 인하여 개미의 말을 알아듣게 되었으니, 또한 기이하다.(至太原王氏, 因祭廁神而獲聞蟻言, 又奇矣.)"는 정도로 짤막하게 언급했다. 『아희원람』에서는 『오잡조』 계열의 문헌을 참고한 듯한데, 『보광록』에서는 주인공을 "태주의 왕씨 성 가진 백성(台州有民姓王)"이라 한 반면에 『오잡조』에서는 『아희원람』과 같이 "태원의 왕씨(太原王氏)"라고 했기 때문이다.

"신속고(神速姑)"는 요나라 태조(太祖) 야율아보기(耶律阿保機) 때 활동한 샤만[薩滿教]의 대무녀(大巫女)다. 『요사(遼史)』 「국어해(國語解)」에 뱀의 말을 알아들은 일화가 전한다. 태조의 종형(從兄)인 탁골찰(鐸骨札)은 신속고에게 휘장 밑에서 나는 뱀 소리를 풀이하라고 명했는데, 신속고가 "구멍 곁 나무 속에 금이 있다(穴旁樹中有金)"고 뱀이 말했다고 알려주었다. 이에 탁골찰이 그 금을 꺼내서 허리띠를 만들어 '용석금(龍錫金)'이라고 명명했다고 한다. 한편 이덕무의 『앙엽기』에서도 이 일화를 인용했는데, 뱀의 말을 풀이하도록 한 인물을 "遼太祖 鐸骨札"이라고 서술하는 잘못을 범했다. 원문에서 "종형(從兄)"을 빠뜨리고 인용했을 것이다. 한편 『요사습유(遼史拾遺)』와 『흠정성경통지(欽定盛京通志)』 등에는 이 일화에 등장하는 인명이 조금 달리 나타나기도 한다. 신속고는 "산소고(珊蘇庫)"로 탁골찰은 "달갈제(達噶濟)" 또는 "다과찰(多科扎)"로 표기했으며, 『흠정성경통지』에서는 신속고—산소고—를 요의 종실(宗室)이라고 했다.

새의 말을 알아들은 공야장에서부터 뱀의 말을 알아들은 신속고까지는 모두 동물의 말을 이해한 사람의 이야기라고 할 수 있다. 『아희원람』 이외에도 이런 인물들을 열거한 문헌은 적지 않다. 우리나라의 문헌으로는 이수광의 『지봉유설』과 이덕무의 『앙엽기』를 들 수 있다. 『지봉유설』에서는 공야장, 진중, 위상, 양선, 관로, 갈로, 옹위[양옹중], 이남, 이예, 맥예를 제시했고, 『앙엽기』에서는 개갈로, 공야장, 후근, 양옹중, 이남, 첨하, 심승조, 융다라(隆多羅), 백구년, 성자, 양선, 태원 왕씨, 성무정, 맥종, 신속고를 거론했다. 『아희원람』에서 거론한 사례는 이 두 문헌에서 제시한 사례의 범위를 넘어서지 않는다.

○ 양나라 소찰은 부인 만나보기를 싫어했는데, 몇 걸음 정도 떨어져 있더라도 멀리서 그 체취만 맡았다.

梁蕭詧, 惡見婦人, 相去數步, 遙聞其臭.

소찰(蕭詧)은 남북조 시대 서량(西梁)의 선제(宣帝)로, 이름은 문헌에 따라 찰(詧) 또는 찰(察)로 달리 전한다. 남조 양(梁) 무제 소연(蕭衍)의 손자이며, 소명태자(昭明太子) 소통(蕭統)의 아들이기도 하다. 소찰은 양나라의 제위 다툼 과정에서 서위(西魏)의 지원을 받아 황제가 되었는데, 소찰이 세운 양나라는 보통 서량(西梁) 또는 후량(後梁)으로 일컫는다. 『주서』「소찰열전」에서는 소찰이 여색을 좋아하지 않았다고 했는데, "특히 부인 만나보기를 싫어하였다. 비록 몇 걸음 정도 떨어져 있더라도 멀리서 그 체취만 맡을 뿐이다. 부인의 손을 거친 옷은 다시 입지 않았다.(尤惡見婦人, 雖相去數步, 遙聞其臭. 經御婦人之衣, 不復更着.)"고 서술했다. 한편 『지봉유설』 어언부 「잡설」에도 이 일화가 보이는데, 이름은 『아희원람』과는 달리 "소찰(蕭察)"로 표기되어 있다.

○ 당나라 원덕수는 나이 예순에 여색을 알지 못하고 죽었다.

唐元德秀, 年六十, 不識女色而卒.

원덕수(元德秀)는 당나라의 관리로, 효성과 우애, 청렴한 품행으로 이름이 높았다. 『구당서』에서는 문원열전(文苑列傳)에 그의 생애를 실었는데, 지방관으로 선정을 베풀고 만년에 산에서 은거하며 저술을 남긴 데 주목하였다. 어머니가 돌아가신 뒤에는 혼인하지 않겠다는 뜻을 밝혔다고 했는데, 형에게 아들이 있으니 자신이 혼인하지 않더라도 제사는 끊기지 않기에 그렇게 한다고 말했다고 한다. 『신당서』에서는 탁행열전(卓行列傳)에 그의 생애를 실었는데, 여기에는 원덕수가 죽은 뒤에 족제(族弟) 원결(元結)이 "60년을 살았지만 일찍이 여색을 알지 못했다.(生六十年, 未嘗識女色.)"라고 통곡하는 장면이 등장한다. 『지봉유설』 어언부 「잡설」에서는 '여색을 좋아하지 않았던 인물'로 소찰, 원덕수, 제안대군(齊安大君)을 거론했는데, 원덕수에 대해서는 "唐元德秀年六十, 不識女色而卒."이라 했다. 『아희원람』에서는 제안대군은 언급하지 않았다.

○ 이익은 시기심이 많아서 처첩을 지나치게 가혹하게 단속하였는데, 땅에 재를 뿌리고 문을 걸어 잠근다는 이야기가 있었다. 당시 사람들이 '질투에 미친 사람[妬癡]'이라 일컬었다.

李益多猜, 閑妻妾過虐, 有散灰扃戶之譚. 時謂妬癡.

이익(李益)은 당나라의 시인이다. 『구당서』 열전에서는 당시 악공(樂工)들이 천자에게 바칠 음악에 쓰기 위해 뇌물까지 쓰면서 그의 시를 구할 정도로 인기가 높았다고 했는데, 이와 함께 남다른 시기심이 있었다는 말도 전했으니 "(이익은) 시기심이 많아서 가혹하다 할 정도로 처첩을 단속하였는데, 땅에 재를 뿌리고 문을 걸어 잠근다는 이야기가 당시에 들려오곤 했다. 그런 까닭에 당시 사람들이 '질투에 미친 사람'이라 일컫고 '이익의 병'이라 하였다.(多猜忌, 防閑妻妾, 過爲苛酷, 而有散灰扃戶之譚聞於時. 故時謂妬癡, 爲李益疾.)"고 했다. "단속한다(防閑)"라는 말은 처첩이 다른 남자들과 접촉하는 일을 막았다는 뜻이며, "재를 뿌려두고 문을 걸어 잠근다(散灰扃戶)"라는 말은 재를 뿌림으로써 거처에 출입한 흔적이 남도록 하고 문을 잠금으로써 외부인의 출입을 막은 것이니 외부인이 몰래 자기 처첩을 찾아오지 못하도록 한 구체적인 조치인 셈이다.

○ 하동지는 성품이 청결함을 좋아하여 하루에 십여 차례를 씻었다. 사람들이 '물에 집착하는 사람[水淫]'이라 일컬었다.

何佟之, 性好潔, 一日洗滌十餘過, 人稱水淫.

하동지(何佟之)는 남조의 송(宋), 제(齊), 양(梁)에서 벼슬을 한 인물로, 조정 의례를 제정하는 데 참여했다. 『남사』 「유림열전(儒林列傳)」에 그의 생애가 전하는데,

이 가운데 "성품이 청결함을 좋아하여 하루 중에 십여 차례를 씻으면서도 오히려 부족하다고 한탄하였다. 당시 사람들이 '수음(水淫)'이라 일컬었다.(性好潔, 一日之中, 洗滌者十餘遍, 猶恨不足. 時人稱爲水淫.)"라는 구절이 있다. "遍"은 "過"로 된 문헌도 있는데, 두 글자는 서로 통용된다. "수음(水淫)"이란 결벽증이 있어서 지나치게 씻기를 좋아하는 사람을 뜻하는 말이다.

○ 왕란은 한 끼에 10말을 먹었다. 하묵은 끼니마다 밥 1석(石: 10말)과 고기 30근을 먹었다. 염파는 늙어서도 한 끼에 쌀 1말과 고기 10근을 먹었다.

王鸞一進食一斛. 夏默每食, 飯一石肉三十斤. 廉頗老時, 尙一飯斗米肉十斤.

왕란에서부터 범왕까지의 3개 항목에서는 대식가로 이름난 사람 여섯 명을 제시했다. 『지봉유설』 식물부 「식이(食餌)」에서도 대단한 식성을 보인 인물 다섯 명을 언급했는데, 여기에 왕란만 더하면 『아희원람』에서 다룬 인물 여섯 명과 일치한다. 다만 염파의 경우에는 인용의 맥락과 표현이 조금 다르다. 『지봉유설』에서는 "염파가 한 끼에 쌀 1말과 고기 10근을 먹은 일은 족히 말할 것도 못 된다.(廉頗一飯, 斗米肉十斤, 爲不足稱焉.)"고 했으니, 다른 인물들이 엄청난 대식가라는 점을 강조하기 위해 대중적으로 알려진 대식가 염파를 등장시킨 것이라고 볼 만한 여지도 있다.

"왕란(王鸞)"은 5호 16국의 하나인 남연(南燕)의 장수로, 앞에서 "키가 9척에 허리둘레가 10위"인 거구로 언급한 바 있다. 남연을 건국한 모용덕(慕容德)이 처음 만나는 장면에서 왕란의 대식가로서의 면모가 서술되는데, 모용덕이 밥을 내려주었더니 왕란이 "한 섬[一石]" 또는 "10말[一斛]"을 먹었다고 했다. "하묵(夏默)"은 전진(前秦) 부견(苻堅)의 부하장수로, 거인에다 대식가였다고 전한다. 최홍(崔鴻)의 『전진록(前秦録)』에서는 부견의 부하장수인 하묵, 호마나(護磨那), 신향(申香)의 세 사람이 모두 키가 1장 8척(18척)의 거인이며 끼니마다 밥 1석(石)과 고기 30근을 먹었다고 했다. "염파(廉頗)"는 전국시대 조(趙)나라의 장군인데, 『사기』 「염파인상여열전(廉頗藺相如列傳)」에 노년의 식사량에 대한 일화가 전한다. 조나라 왕이 염파가 아직 등용할 만한지 알아보기 위해 사자를 보냈는데, 염파는 자신의 건재함을 보이기 위해 조나라 사자 앞에서 한 끼에 쌀 1말과 고기 10근을 먹었다고 한다. 그렇지만 조나라 사자는 염파 장군이 여전히 밥은 잘 먹지만 잠깐 함께 앉아 있는 동안에 세 번이나 소변을 보았다고 보고하였고, 이에 조나라 왕은 염파가 이미 늙었다고 여겨서 불러들이지 않았다.

○ 마희성은 하루에 닭 50마리를 먹었다. 장제현은 하루에 큰 통 하나를 채울 만한 양을 먹었다.

馬希聲日食雞五十. 張齊賢日食一大桶.

"마희성(馬希聲)"은 5대 10국의 하나인 남초(南楚)를 세운 마은(馬殷)의 아들이며, 마은의 자리를 계승했지만 왕으로 칭하지 않았고 사후에 형양왕(衡陽王)으로 추봉되었다. 『신오대사(新五代史)』 「초세가」에 "마희성은 일찍이 양나라 태조가 닭 먹기를 좋아한다는 말을 듣고 선모(羨慕)하였는데, 이에 날마다 닭 50마리를 삶아서 식사에 올리게 했다. 아버지 마은의 장사를 치를 때에도 곡하여 울지 않았으며, 닭고기 몇 그릇을 먹고서야 일어났다.(希聲嘗聞梁太祖好食雞, 慕之, 乃日烹五十雞以供膳. 葬殷上潢, 希聲不哭泣, 頓食雞肉數器而起.)"라는 말이 있는데, 양나라 태조는 곧 후량(後梁)을 건국한 주전충(朱全忠)이다.

"장제현(張齊賢)"은 송나라 관리로, 태종에게 발탁되어 공을 세우고 재상의 자리까지 올랐다. 음식이나 술과 관련된 일화도 여럿 남겼는데, 구양수의 『귀전록(歸田錄)』에서 그 일부를 찾아볼 수 있다. 장제현은 몸집이 크고 남들보다 많이 먹었는데, 특히 돼지 비곗살을 좋아하여 늘 몇 근씩을 먹었다고 했으며, 흑신환(黑神丸) 같은 약까지도 보통보다 훨씬 크게 만들어서 호떡[胡餅] 사이에 끼워 먹었다고 했다. 안주(安州)에 부임했을 때는 남다른 식사량으로 온 고을을 놀라게 했는데, 『귀전록』에서는 "일찍이 손님과 더불어 밥을 먹을 때 주방 일을 맡은 관리가 금박

입힌 큰 통을 관아 옆에 가져다 놓았다. 그 관리는 몰래 장공이 먹는 것을 보면서 그 먹는 양만큼을 통 속에 던져 넣었는데, 저녁이 되니 술이 통을 가득 채우고 흘러넘쳤다.(嘗與賓客會食, 廚吏置一金漆大桶於廳側. 窺視公所食, 如其物投桶中, 至暮, 酒漿浸漬, 漲溢滿桶.)"라고 기록했다.

○ 범왕은 푸른 매실 10말을 씹어 먹었다.

范汪噉青梅一斛.

범왕(范汪)은 진(晉)나라 관리다. 『태평광기』에 범왕의 식성에 대한 일화가 언급되어 있는데, "진나라 범왕은 갓 딴 매실을 씹어 먹을 수 있었다. 어떤 사람이 10말을 가져왔는데, 범왕이 잠깐 사이에 그것을 모두 먹었다.(晉范汪能噉生梅, 有人致一斛, 汪食之, 須臾而盡.)"고 하였다. 문헌에 따라 "생매(生梅)"가 "청매(青梅)"로 표기되기도 하는데, 둘 다 갓 딴 매실, 즉 덜 익은 매실을 뜻하는 말이다.

○ 정강성은 술 10말을 마셨다. 노식, 주의, 유령은 술 1섬(10말)을 마셨다. 우정국은 몇 섬의 술을 마시고도 흐트러지지 않았다. 수나라 때 도량의 제도를 고친 이후로는 말과 섬(石)이 배로 커졌다. 그런 까닭에 당나라 이후로는 이처럼 마셨다는 사람이 없다.

鄭康成飮酒一斛. 盧植·周顗·劉伶, 飮酒一石. 于定國飮酒數石不亂. 自隋時更制度量, 斗石倍大. 故唐以來, 無飮如此.

『지봉유설』 식물부 「주」에는 "昔于定國食酒數石不亂. 鄭康成飮一斛, 盧植周顗劉伶飮一石."이라는 구절이 있으니, 우정국을 앞에 내세운 것을 제외하면 내용은 이 항목과 거의 같다. 또 이어서 "按酒譜, 隋時更制度量, 而斗石倍大, 故由唐以來, 無飮量如此者."라 하였으니, 이는 『주보(酒譜)』를 언급한 점을 제외하면 『아희원람』의 주석 부분과 거의 일치한다. 다만 여기서 제시한 견해가 이수광이 스스로 얻은 것이라고는 할 수 없는데, 이는 『설부』에서 "옛날의 술 잘 마시는 사람 가운데는 1섬 남짓 먹는다는 이들이 많았지만 당나라 이후로는 마침내 그와 같은 사람이 없어졌다. 아마도 수나라에서 도량(度量)을 다시 정하면서 두와 섬이 배로 커졌기 때문일 것이다.(古之善飮者, 多至石餘, 由唐已來, 遂無其人. 蓋自隋室更置度量, 而斗石倍大爾.)"라고 말한 것과 같은 사례를 찾아볼 수 있기 때문이다.

"정강성(鄭康成)"은 후한 말기의 학자 정현이니, 강성(康成)은 그의 자(字)다. 『후한서』「정현전」에서는 키가 8척에 10말[1斛]의 술을 마신다고 했다. "노식(盧植)"은 후한 말기의 학자로, 정현과 함께 마융(馬融)의 문하에서 수학했다. 유비의 스승으로도 알려져 있다. 『후한서』「노식전」에서는 키가 8척 2촌에 목소리는 종소리 같고, 능히 술 1섬을 마실 수 있었다고 했다.

"주의(周顗)"는 진(晉)의 관리로, 자는 백인(伯仁)이다. "백인이 나로 인해 죽었다(伯仁由我而死)"는 고사로 널리 알려진 인물이기도 하다. 주의는 술과 관련된 일화를 여럿 남겼는데, 늘 취해 있어서 "삼일복야(三日僕射)"로 불렸다는 고사가 대표적인 사례다. 함께 술을 마시던 친구가 죽은 줄도 모르고 취해 있었던 일도 있었다고 하는데, 『진서』「주의열전」에서는 "주의가 중조(中朝)에 있을 때—서진(西晉)의 시기—에는 능히 술 1섬을 마실 수 있었다. 강을 건너온 뒤—양자강을 건너 건업(建業)으로 옮겨온 이후, 곧 동진(東晉)의 시기—로는, 비록 날마다 취해 있었지만 늘 대작할 사람이 없다고 말하곤 했다. 우연히 북쪽에서 온 옛 술친구를 만났는데, 주의는 매우 기뻐하면서 술 2섬을 내어서 함께 마셨으며 두 사람이 모두 크게 취했다. 주의가 술이 깨고 나서 손님을 살펴보게 하였더니, 이미 가슴이 문드러져 죽어 있었다.(顗在中朝時, 能飮酒一石, 及過江, 雖日醉, 每稱無對. 偶有舊對從北來, 顗遇之欣然, 乃出酒二石共飮, 各大醉. 及顗醒, 使視客, 已腐脅而死.)"고 기술했다. 주의의 주량에 대한 언급은 여기서 찾아볼 수 있다.

"유령(劉伶)"은 진(晉)나라 죽림칠현의 한 사람으로, 평생 동안 술을 즐겼고 「주덕송(酒德頌)」을 남기기도 했다. 『진서』「유령열전」에는 술에 얽힌 일화가 다수 전하는데, 그 가운데 아내가 금주를 간청하자 귀신에게 이에 대해 축원하고 맹세하기로 했다는 일화가 보인다. 그런데 음식을 차려놓고 올린 축원의 내용은 술을 끊겠다는 것이 아니었으니, "하늘이 유령을 낳음에 술로 이름나게 하셨습니다. 한 번 마시면 10말이요, 5말은 해장술이라. 아녀자의 말일랑은 삼가 듣지 마옵소서.

(天生劉伶, 以酒爲名. 一飮一斛, 五斗解酲. 婦兒之言, 愼不可聽.)"라는 것이었다고 한다.

"우정국(于定國)"은 서한(西漢)의 관리로, 공평한 판결로 이름이 높았다. 특히 '의심스러울 때는 가벼운 벌을 택하는(罪疑從輕)' 판결을 내려 칭송받았다. 『한서』 「우정국열전」에 우정국의 주량에 대한 언급이 보이는데, "우정국은 술을 마실 때 몇 섬이 되어도 흐트러지지 않았다. 겨울에 청의를 할 때에는 술을 마실수록 더욱 정신이 또렷해졌다.(定國食酒, 至數石不亂, 冬月治請讞, 飮酒益精明.)"라는 구절이 그것이다. "청의(請讞)"는 하급관리가 결론을 내리기 어려운 사안에 대하여 상급기관에 심의를 요청하는 일을 뜻하는 말이다. 한편 이 문장에서 술을 마신다는 뜻으로 "식(食)"을 사용한 데 대해서는 이전부터 논란이 있었는데, 이 글자를 "기(嗜, 좋아하다)"나 "음(飮, 마시다)"으로 고쳐야 한다는 것이 그 요지다. 『아희원람』에서는 "飮"으로 바꿨는데, 이는 『지봉유설』에서 "食"을 그대로 사용한 것과 대조적이다.

○ 당나라의 주찬, 장무소, 오대의 장종간[萇從簡], 설영[설진(薛震)]은 사람 고기를 즐겨 먹었다.

唐朱粲, 張茂昭, 五代張從簡, 薛靈, 嗜食人肉.

이 항목에서는 식인(食人)을 했다고 전하는 네 사람을 제시했다. 『지봉유설』 재이부(災異部) 「인이(人異)」에 "昔唐朱粲張茂昭, 五代張從簡薛震, 嗜食人肉."이라는 구절이 있으니, 이를 옮긴 것으로 짐작된다. 이 항목에서는 두 곳의 오기가 발견되는데, "설진(薛震)"을 "설영(薛靈)"으로 쓴 것은 『지봉유설』을 옮기는 과정에서 생긴 오기로 보이며 "장종간(萇從簡)"을 "장종간(張從簡)"으로 쓴 것은 『지봉유설』에서 범한 오류를 그대로 이은 것으로 보인다. 한편 이 항목부터 불알 빨기를 즐겼다는 '강릉의 김씨' 항목까지는 '기이한 식성을 가진 사람'을 다루었다고 할 수 있는데, 유옹(劉邕)의 사례 한 가지를 제외하면 나머지는 모두 『지봉유설』 재이부 「인이」에서 다룬 사례들이다. 『지봉유설』을 적극적으로 참고한 부분이라 할 수 있다.

"주찬(朱粲)"은 수나라 말기에 반란을 일으킨 인물이다. 주찬은 스스로 '가루

라왕(迦樓羅王)'이라 칭하며 '가달한적(可達寒賊)'을 이끌고 반란을 일으켰으나 수나라군에 패했고, 다시 초나라를 세워 칭제하였으나 결국 당나라군에 잡혀 죽임을 당했다. 주찬이 죽자 사람들이 그 시신에 돌을 던져 마치 무덤처럼 돌이 쌓였다고 하는데, 이는 주찬의 잔인한 행동들 특히 '식인' 때문이었고 한다. 『구당서』 열전에는 거의 절반 분량이 식인에 관한 내용으로 채워져 있는데, 주찬은 "음식 가운데 맛난 것으로는 사람 고기보다 더한 것이 있겠는가?"라고 말하는가 하면 약탈한 어린아이와 부녀자들을 삶아서 자신의 군사들에게 먹였다고 한다. 또한 빈객으로 삼았던 육종전(陸從典)이나 안민초(顔愍楚), 그리고 그들의 가족까지도 잡아먹었다고 기록되어 있다.

"장무소(張茂昭)"는 당나라의 관리다. 당나라 노언(盧言)의 『노씨잡설(盧氏雜說)』에 장무소의 식인 일화가 실렸다고 하는데, 현재는 『태평광기』를 비롯한 여러 문헌에 이 일화가 인용되어 전한다. 다만 『설부』에서는 부마였던 "장무종(張茂宗)"의 일화로 전하기도 한다. 장무소는 절도사로 있을 때 자주 사람 고기를 먹었는데, 뒤에 벼슬이 바뀌어 서울에 가니 어떤 이가 사람 고기를 즐겼다는 소문이 사실인지를 물었다고 한다. 이에 장무소가 "사람 고기야 비리고 질긴 것인데, 어찌 먹을 수 있겠습니까?(人肉腥而且肕, 爭堪喫.)"라고 답했다고 한다.

"장종간(萇從簡)"은 오대 후당(後唐)의 장수다. 『아희원람』에서는 성을 "張"으로 기록했는데, 이는 『지봉유설』에서부터 이어받은 오류인 듯하다. 장종(莊宗) 이존욱(李存勖)이 용맹함을 높이 평가하여 등용하였으며, 포악한 행동을 저질러도 용서해 주곤 했다. 『신오대사』 잡전(雜傳)에서는 장종간의 악행 두 가지를 언급했는데, 그 가운데 하나가 식인 문제였으니 "사람 고기를 즐겨 먹어서 이르는 곳마다 몰래 민간의 어린아이를 잡아다가 먹었다.(好食人肉, 所至多潛捕民間小兒以食.)"고 했다.

"설영(薛靈)"은 "설진(薛震)"의 오기다. 설진의 일화는 원래 당나라 장작(張鷟)이 쓴 『조야첨재(朝野僉載)』에 실려 있었다고 하는데, 현재는 『태평광기』 등의 문헌에 인용되어 전한다. 이들 문헌에서는 설진을 "주(周)나라 사람"이라 했는데, 이 주나라는 『조야첨재』의 저작 시기를 고려하면 무측천(武則天)이 세운 주나라 즉 무주(武周)일 수밖에 없다. 따라서 『지봉유설』 및 『아희원람』에서 언급한 "오대(五代)"는 설진에게는 적용될 수 없다. "오대의 장종간, 무주(武周)의 설진"이라고 해야 정확한 표현일 것이다. 『태평광기』에 의하면 설진은 주나라 항주 임안현의 현위

(縣尉)였으며 사람 고기를 즐겨 먹었다고 한다. 어느 날 채주(債主) 즉 빚 받을 사람이 하인과 함께 임안에 찾아오니, 설진은 이들이 술에 취해 잠든 틈을 타서 살해하고 뼈까지 다 없애버렸다. 다시 채주의 아내를 잡아먹고자 하였지만 채주의 아내는 달아났고, 현령이 그 정상을 모두 알아내어 보고하고 칙령에 따라 매를 친 결과 설진은 죽었다고 한다.

○ 명나라의 신안왕은 사람의 폐[뇌], 간, 쓸개를 날것으로 즐겨 먹었다.

皇明新安王, 喜生食人肺肝膽.

명나라 신안왕(新安王)은 곧 명 태조 주원장(朱元璋)의 손자인 주유희(朱有熺)다. 어린 나이에 신안왕으로 봉해졌지만 죄를 얻어 서인(庶人)이 되었는데, 그 죄명 가운데 "산 사람의 간과 뇌를 약탈해서 먹었다(掠食生人肝腦)"라는 말이 보인다. 『어정자치통감강목삼편(御定資治通鑑綱目三編)』에는 보다 자세한 사정이 서술되어 있는데, "(주)유희는 사람의 간과 뇌를 즐겨 먹었다. 어둑해질 무렵이면 문에서 사람이 지나가는지 엿보다가 붙잡아 죽였다. 그래서 그 저택 앞은 신시(申時, 오후 3~5시)가 되기도 전에 인적이 끊겼다.(有熺喜食人肝腦, 薄暮伺人于門, 掠而殺之. 其邸前, 日未晡, 行跡爲斷.)"고 했다. 한편 『지봉유설』 재이부 「인이」에는 "皇明新安王有熺, 喜生食人腦肝膽."이라는 구절이 있으니, 『아희원람』에서는 이를 인용하면서 "뇌(腦)"를 "폐(肺)"로 잘못 옮긴 것으로 추정된다.

○ 당나라의 좌사낭중 임정소[임정명(任正名)]와 서천자사 장회숙은 사람의 정액을 즐겨 복용했다.

唐左史郎中任正召, 舒川刺史張懷肅, 好服人精.

"임정소(任正召)"는 "임정명(任正名)"의 오기인데, 『지봉유설』의 "唐左史郎中任正名,

舒川刺史張懷肅, 好服人精."의 구절과 비교해 보면 이를 확인할 수 있다. 임정명과 장회숙(張懷肅)의 일은 『설부』, 『천중기』 등에 "주나라의 서천자사 장회숙은 사람의 정액을 즐겨 복용했다. 당나라의 좌사랑중 임정명 또한 이런 병이 있었다.(周舒州刺史張懷肅, 好服人精. 唐左司郎中任正名, 亦有此病.)"고 한 데서 찾아볼 수 있는데, 이는 원래 당나라 장작(張鷟)의 『조야첨재(朝野僉載)』에 실린 것이라고 한다. 여기서 주나라는 무측천이 세운 주나라 즉 무주다.

○ 『남사』에 "유옹은 부스럼 딱지를 좋아했는데, 그 맛이 복어와 비슷하다고 여겼다. 남의 부스럼 딱지가 떨어진 것을 보면 곧 가져다 먹었다."고 했다.

南史, 劉邕嗜瘡痂, 以爲味似鰒魚, 見人瘡痂落, 輒取食.

유옹(劉邕)은 『지봉유설』에는 언급되지 않은 인물이다. 이 항목이 『남사』라는 인용서를 밝히고 비교적 상세하게 서술하는 등 서술 방식 면에서 다소 이질적인 것은, 직접 참고한 문헌이 주위의 항목들과는 다르기 때문일지도 모른다. 또 인용서에 해당하는 "남사(南史)"라는 말이 이 항목 서술에 참고한 문헌에 원래 있던 것일 가능성도 생각해 볼 수 있다.

유옹은 남북조 시대 송(宋)나라의 관리로, 무제(武帝) 유유(劉裕)를 보좌한 유목지(劉穆之)의 손자이기도 하다. 『남사』「유목지열전」의 말미에 유옹에 대한 간략한 서술이 붙어 있는데, "유옹은 천성적으로 부스럼 딱지를 좋아했는데, 그 맛이 복어와 비슷하다고 여겼다.(邕性嗜食瘡痂, 以爲味似鰒魚.)"고 서술하고서 이 특이한 식성에 얽힌 일화들을 제시했다. 첫 번째 일화는 맹영휴(孟靈休)가 유옹에게 자신의 부스럼 딱지를 대접한 이야기다. 맹영휴는 병을 치료하느라 몸에 구창(灸瘡, 뜸을 뜬 자리에 생긴 부스럼)이 생겼는데, 그 딱지가 떨어지니 맹영휴를 방문했던 유옹이 가져다 먹었다고 한다. 이에 맹영휴는 아직 떨어지지 않은 딱지까지 긁어내어 유옹에게 먹였는데, 당시 온몸에서 피가 흘렀다고 한다. 두 번째 일화는 유옹이 남강국(南康國)의 관리 200명을 번갈아 가며 매질했다는 것인데, 이는 매질로 인해 생긴 부스럼 딱지를 먹기 위해서였다고 한다. 유옹은 유목지로부터 남강군공(南康郡公)의 작위를 이어받았기에, 이와 같이 할 수 있었던 것이다.

○ 복건원 관리 권장유는 사람의 손톱 먹기를 좋아했다.

知福建院權長孺, 嗜人爪甲.

권장유(權長孺)는 당나라 목종 때의 관리다. "복건원"은 염철복건원(鹽鐵福建院)을 가리키는 것으로 추정되는데, 그 근거는 『구당서』「최군열전(崔羣列傳)」의 기록에서 찾을 수 있다. 한편 명나라 이전 판본의 『태평광기』에서는 권장유를 "복건현의 전 수령(前知福建縣)"으로 기록했는데, 그 근거가 무엇인지는 분명하지 않다. 권장유의 기이한 식성은 『태평광기』 등에 전한다. 권장유가 관직을 받기 위해 궁궐로 가게 되었을 때 많은 사람들이 찾아와 전별했는데, 장전(蔣傳)이라는 이가 특별한 선물을 준비했다. 장전은 보졸과 하인들에게서 깎은 손톱을 샀는데, 이를 종이에 싸서 건네면서 "시어사께서 멀리 가시는데 전송할 만한 물건이 없습니다. 지금 맛난 음식이 조금 있어 감히 올립니다.(侍御遠行, 無以餞送. 今有少佳味, 敢獻.)"라고 아뢰었다고 한다. 권장유는 무엇인지 살펴보고서는 천금을 얻은 것처럼 기쁜 빛을 보였고, 침을 질질 흘리면서 잇달아 씹어 먹었다고 한다.

○ 선조 때 강릉에 김씨 성을 가진 사람이 있었는데, 사람의 불알 빨기를 즐겨하여 천하의 지극한 진미로 여겼다.

宣祖朝, 江陵有姓金者, 喜吮人腎囊, 以爲天下至味.

『지봉유설』 재이부 「인이」에 "근세에 강릉에 김씨 성을 가진 사람이 있었는데, 사람의 불알 빨기를 즐겨하면서 천하의 지극한 진미라 하였다. 항상 산사에서 승려들과 함께 지내면서 날마다 불알 빠는 것을 일삼으니, 승려들이 이를 괴롭게 여겼다.(近世江陵有姓金者, 喜吮人腎囊, 爲天下至味. 常於山寺, 與僧共處, 日以吮囊爲事,

僧徒苦之.)"라는 말이 있는데, 그 일부를 취한 것으로 보인다. "근세(近世)"를 "선조조(宣祖朝)"로 바꾼 것은 『지봉유설』의 편찬 시기를 고려했기 때문일 것이다.

○ 공작은 천성이 질투가 심하니, 비단옷을 입은 아이를 보면 반드시 좇아가서 부리로 쫀다. 늘 머물 곳을 택하면 꼬리를 편안히 놓아둔다. 사냥꾼이 오더라도 오히려 꼬리를 소중히 돌아볼 뿐 훨훨 날아가지 않는다. 금계[山鷩]는 그 꼬리를 아끼고 소중히 여기니, 하루 종일 물에 비춰 보다가 눈이 어질어질해져서 절로 물에 빠진다. 이하는 벌레와 짐승에 대한 것이다

孔雀性妬, 見兒著錦繡, 必趁啄. 每擇處貯尾, 羅者至, 猶珍顧不騫. 山鷩愛重其尾, 終日映水, 目眩自溺. 以下虫豸

주석으로 밝히고 있듯이, 이 항목 이하는 제6장에 덧붙인 '충시(虫豸)' 부분이다. 온갖 동물들의 특이한 습성을 나열했는데, 오늘날의 지식 또는 관점에서는 비과학적이라고 인식될 만한 사례들도 적지 않다. 그렇지만 이런 사례들도 과거의 문헌에서 언급했거나 당시에 널리 이야기되던 것이니, 시문을 읽고 쓰는 데에는 요긴한 지식이 될 수 있었을 것이다.

첫 번째 사례로 든 '공작 및 금계의 습성'은 명나라 유원경(劉元卿)의 『현혁편(賢奕編)』「관물(觀物)」 및 『속설부(續說郛)』 가운데 '담사(蟫史)'를 인용한 데서 찾을 수 있다. 또한 명나라 호직(胡直)의 『형려정사장고(衡廬精舍藏稿)』에 수록된 「잡설사수(雜說四首)」에서도 이와 유사한 문장을 찾아볼 수 있는데, 공작과 금계에다가 꿩[翟雉]의 사례까지 덧붙여서 꼬리를 소중히 여기다가 목숨을 잃게 되는 새들의 일을 말하고 이를 통해 학사문인들의 태도를 비판했다. 공작과 금계의 습성이 풍자를 위한 소재로 활용될 수 있음을 여기서 확인할 수 있다.

한편 『아희원람』에서는 문맥이 부자연스러운 부분이 있는데, 이는 참고한 문헌의 원문을 축약했기 때문일 듯하다. 참고로 『설부』에서는 "공작 수컷은 꼬리털이 금빛과 비췻빛이다. 천성이 원래 질투가 심하니, 비록 오래 훈련시켜도 비단옷

을 입은 어린아이를 보면 반드시 쫓아가서 부리로 쫀다. 산에 깃들일 때에는 먼저 머물 곳을 택하며 꼬리를 편안히 둔 뒤에 몸을 안치한다. 비가 내려 꼬리가 젖으면, 사냥꾼이 오더라도 오히려 꼬리를 소중히 돌아볼 뿐 다시 날아오르지 않아서 결국 붙잡히고 만다. 금계 또한 그 꼬리를 아끼고 소중히 여기니, 하루 종일 물에 비춰 보다가 절로 어질어질해져서 문득 물에 빠진다.(孔雀雄者, 毛尾金翠. 性故妬, 雖馴久, 見童男女着錦綺, 必趁啄之. 山棲時, 先擇處貯尾, 然後置身. 天雨尾濕, 羅者且至, 猶珍顧不復騫擧, 卒爲所擒. 又山鷩亦愛重其尾, 終日映水, 自眩輒溺.)"고 했다. 『아희원람』에서는 "비가 내려 꼬리가 젖으면(天雨尾濕)"이라는 말을 쓰지 않았는데, 이렇게 되면 사냥꾼이 왔을 때 달아나려 애쓰지 않은 이유가 분명치 않게 된다.

○ 사향노루는 천성이 배꼽을 아낀다. 사람에게 쫓기게 되면 발톱을 들어 사향을 뜯어내려 하지만, 붙잡혀 죽게 될 때면 오히려 네 발을 모아서 그 배꼽을 보호한다.

麝性愛臍, 爲人逐, 擧爪剔香, 就縶死, 猶拱四足, 保其臍.

사향노루의 일은 '서제막급(噬臍莫及)'의 고사에서도 찾아볼 수 있으니, 당시에 널리 알려진 정보라 할 수 있을 것이다. 송나라 양억(楊億)의 『담원(談苑)』에는 "상산과 여산 속에는 사향노루가 많은데, 항상 일정한 곳에만 대변을 남긴다. 사람들은 이로 인해 사향노루를 잡는다. 그 천성이 자기 배꼽을 아끼는데, 사람에게 쫓기게 되면 곧 바위에서 뛰어내리고 발톱을 들어 그 사향을 뜯어내려 한다. 붙잡혀서 죽게 될 때면, 오히려 네 발을 모아서 그 배꼽을 보호한다.(商汝山中多麝, 遺糞常在一處不移. 人以是獲之. 其性絶愛其臍, 爲人逐急, 即投巖, 擧爪剔裂其香, 就縶而死, 猶拱四足, 保其臍.)"라는 말이 있는데, 『설부』를 비롯한 여러 문헌에서 이를 인용하였다.

○ 앵무새는 등을 쓰다듬으면 말을 하지 못한다. 구관조는 혀를 잘라 주면 말을 한다.

鸚鵡摩背則瘖, 鸜鵒剪舌則言.

춘추시대 사광(師曠)이 짓고 진나라 장화(張華)가 주석을 붙였다고 하는 『금경(禽經)』에 이 구절들이 보이는데, 이를 인용하면서 주석을 붙인 문헌도 찾아볼 수 있다. 앵무새에 대해서는 "앵무새는 농서 지방에서 나는데, 말을 할 수 있는 새다. 사람이 손으로 등을 쓰다듬으면 말을 하지 못한다.(鸚鵡出隴西, 能言鳥也. 人以手撫拭其背, 則瘖瘂矣.)"고 했으며, 구관조에 대해서는 "『산해경』에서는 '구욕(鸜鵒)'이라 일컬었다. 지금 사람들은 그 새끼를 기르면서 죽도로 혀뿌리를 잘라내어 말을 하게 한다.(山海經謂之鸜鵒. 今人育其雛, 以竹刀剔舌本, 教之言語.)"고 했다. 한편 송나라 육전(陸佃)의 『비아(埤雅)』에는 "남방에 구관조가 있는데, 향리의 아이들이 그 혀의 끝부분을 잘라내어서 말을 가르친다. 이 새는 매우 총명하다.(南方有鸜鵒, 里兒剔其舌端, 教以言語, 甚慧.)"라는 구절이 있다.

○ 용과 물고기는 귀가 없다. 노루와 말은 쓸개가 없다. 게와 두꺼비는 창자가 없다. 원숭이와 토끼는 지라가 없다. 돼지와 지렁이는 힘줄이 없다. 성성이와 비비는 꼬리가 없다. 새는 위장과 허파가 없다. 소는 세로 눈동자는 있지만 가로 눈동자가 없다.

龍魚無耳. 麞馬無膽. 蟹蟆無腸. 猴兎無脾. 豕蚓無筋. 猩狒無尾. 鳥無胃肺. 牛有竪瞳, 無横瞳.

이 항목에서는 동물에게 없는 기관들을 열거했는데, 이 가운데에는 사실 여부를 확인하기 어려운 사례도 있는 듯하다. 그렇지만 노루와 말은 쓸개가 없다는 말처럼 사실로 확인되는 사례들도 있다. 덩치가 큰 초식동물 가운데 쓸개가 없는 종이 여럿 있는데, 노루와 말 이외에도 코끼리, 기린, 낙타, 사슴 등이 여기에 속한다. 『지봉유설』 금충부(禽蟲部) 「인개(鱗介)」에 "龍無耳, 魚亦無耳. 獐無膽, 鼠亦無膽. 蟹無腸, 蝦蟆亦無腸. 豕無筋, 蚯蚓亦無筋. 兎無脾, 鳥無肺, 蝦蛤無血."라는 구절이 있는데, 『아희원람』과 일부 겹치는 부분이 있지만 완전히 일치하지는 않는다. 쓸개가 없는 동물로 말 대신에 쥐를 든 것은 흥미로운데, "서담(鼠膽)"이란 말은 있지만 실제 쥐에게는 쓸개가 없기 때문이다.

『아희원람』에서 『지봉유설』에 언급되지 않은 '동물에게 없는 기관'의 사례를 들 수 있었던 것은 이런 주제를 다룬 문헌들이 적지 않았기 때문일 것이다. 명나라 서응추(徐應秋)의 『옥지당담회』가 대표적인데, 여기에서는 "물고기는 귀가 없고, 매미는 입이 없고, 말은 쓸개가 없고, 표범은 골수가 없고, 양은 눈의 초점이 없고, 지렁이는 힘줄이 없고, 이충은 뼈가 없고, 너새는 혀가 없고, 원숭이와 토끼는 지라가 없고, 누에와 반딧불이는 위장이 없고, 성성이와 비비는 꼬리가 없고, 게와 두꺼비는 창자가 없고, 조개와 대합은 내장이 없고, 두더지와 쥐는 꼬리가 없고, 장구벌레와 쇠똥구리는 코가 없고, 까마귀는 허파가 없고, 호랑이는 소장이 없고, 놜(豽)은 앞발이 없다.(魚無耳, 蟬無口, 馬無膽, 貘無髓, 羊無神, 蚓無筋, 泥無骨, 鴇無舌, 猴兔無脾, 蠶螢無胃, 猩狒無尾, 蟹蟆無腸, 蛤蜃無臟, 鼹鼠無尾, 蛣蜣無鼻, 烏無肺, 虎無小腸, 豽無前足.)"라는 말과 "말은 위가 없고, 쥐는 쓸개가 없고, 노루와 토끼는 모두 쓸개가 없고, 복어는 창자가 없고, 닭은 허파가 없고, 지렁이는 심장이 없고, 조개는 피가 없다.(馬無胃, 鼠無膽, 獐與兎俱無膽, 鯸鮧魚無腸, 鷄無肺, 蚓無心, 蛤蜊無血.)"라는 말을 소개했다. 명나라 섭자기(葉子奇)의 『초목자(草木子)』에서는 열두 띠 동물에게 각기 부족한 부분이 있다는 설을 소개했는데, "쥐는 어금니가 없고, 소는 이가 없고, 호랑이는 지라가 없고, 토끼는 입술이 없고, 용은 귀가 없고, 뱀은 다리가 없고, 말은 쓸개가 없고, 양은 눈의 초점[神]이 없고, 원숭이는 볼기가 없고, 닭은 고환[腎]이 없고, 개는 창자가 없고, 돼지는 힘줄이 없다고 한다. 사람은 부족한 데가 없다.(術家, 以十二肖, 配十二辰, 每肖各有不足之形焉. 如鼠無牙, 牛無齒, 虎無脾, 兎無唇, 龍無耳, 蛇無足, 馬無膽, 羊無神, 猴無臀, 雞無腎, 犬無腸, 猪無筋, 人則無不足也.)"고 했다. 띠 동물과 관련된 설에는 자료에 따라 약간의 차이가 나타나기도 하는데, "쥐는 뇌가 없다(鼠無腦)"거나 "호랑이는 목이 없다(虎無頸)", "말은 발가락이 없다(馬無指)", "개는 미각이 없다(狗無味)"는 등의 말이 그 예에 해당한다. 한편 소의 눈동자에 대한 말은 이상의 문헌들에서는 보이지 않는데, 이 말은 송나라 나원(羅願)의 『이아익(爾雅翼)』에서 찾을 수 있다.

○ 용은 뿔로 듣고, 소는 코로 듣는다. 뱀과 자라는 눈으로 듣는다. 거북은 귀로 숨 쉰다. 매미는 날개로 운다. 메뚜기는 넓적다리로 운다.

龍角聽, 牛鼻聽. 蛇鼈眼聽. 龜耳息. 蟬翼鳴. 螽斯股鳴.

동물은 보통 귀로 듣고 입으로 소리를 낸다. 이 항목에서는 귀나 입이 아닌 기관으로 듣거나 소리를 내는 동물의 사례를 제시했다. 『지봉유설』 금충부 「인개」에 "蛇眼聽, 龜耳息."이라는 말이 있지만, 나머지 사례들은 보이지 않는다. 이런 사례를 따로 수집한 사례도 잘 보이지 않으니, 『아희원람』 편찬 과정에서 별도로 수집했을 가능성도 있다.

한나라 초연수(焦延壽/焦貢)가 썼다고 전하는 『역림』에 "소와 용은 귀로 듣지 못한다. 대개 소는 귀에 구멍이 없어서 코로 듣는다. 용 또한 귀가 멀었다.(牛龍耳聵, 蓋牛耳無竅, 以鼻聽, 龍亦聾者.)"라는 말이 있고, 다른 문헌에서는 "용은 귀가 없기 때문에 뿔로 듣는다.(龍無耳, 故以角聽.)"거나 "소는 귀에 구멍이 없기 때문에 뿔로 듣는다.(牛耳無竅, 以角聽也.)"는 등의 말을 찾아볼 수 있다. 송나라 육전(陸佃)의 『비아』에서는 "자라는 눈으로 듣는다(鼈以眼聽)"라는 말과 "옛말에 소는 코로 듣고 뱀은 눈으로 듣는다고 한다.(舊說, 牛以鼻聽, 蛇以眼聽.)"라는 말 등을 찾아볼 수 있으며, 『아속계언(雅俗稽言)』에서는 "거북은 비록 코가 있지만 숨은 귀로 쉰다.(龜雖有鼻, 而息以耳.)"라는 구절을 볼 수 있다. 『시경』 주남(周南) 「종사(螽斯)」에 있는 "메뚜기 날개 수없이 날아가네(螽斯羽, 詵詵兮)"라는 구절의 주석에서는 "종사는 메뚜기 종류다. 길고 푸른빛이며, 뿔과 넓적다리가 길다. 넓적다리를 맞대고 문질러서 소리를 낼 수 있다.(螽斯蝗屬. 長而青, 長角長股, 能以股相切作聲.)"라는 말을 찾아볼 수 있다.

○ 백로는 눈으로 보아서 알을 수정한다. 물고기는 생각으로 알을 밴다. 거북과 자라는 바라보며 정신으로 교접한다. 황새와 학은 울어서 소리로 교접한다. 원앙은 목으로 교접한다. 해오라기는 눈동자로 교접

한다. 공작은 번개로 잉태한다. 등사는 소리를 들어서 잉태한다.

鷺目而受卵. 魚思而懷卵. 龜鼈望而神交. 鸛鶴嗅而聲交. 鴛鴦頸交. 鵁鶄睛交. 孔雀電孕. 螣蛇聽孕.

이 항목에서는 특이한 기관 또는 방식으로 잉태하는 동물의 사례를 제시했다. 『지봉유설』 금충부 「인개」에 "鶴聲生, 鼈望生, 鵁鶄睛生, 鷺目生, 魚思生, 孔雀電孕, 螣蛇聽孕."이라는 구절이 있으니, 표현에는 차이가 있지만 소재만 보면 『아희원람』에서는 여기에 원앙을 덧붙인 셈이 된다. 원앙의 사례는 다른 문헌에서 찾아볼 수 있는데, 『음양자연변화론(陰陽自然變化論)』에서 "백로는 눈으로 보아서 수태하고, 황새는 그림자를 맞대어서 알을 품는다. 원앙은 목을 비벼대고 까치는 나뭇가지를 전한다.(鷺目成而受胎, 鸛影接而懷卵. 鴛鴦交頸, 野鵲傳枝.)"고 한 것이 그 한 가지 사례다. 한편 마지막에 언급한 "등사(螣蛇)"는 하늘을 나는 뱀이라고 알려져 있는데, 안개를 일으키고 구름을 탈 수 있으며 육신(六神)의 하나로 중앙을 맡아 지킨다고도 전한다. 『포박자』에서는 "토끼는 암수가 없고, 등사는 교접하지 않는다. 정숙하다 하지 않겠는가.(兎不牝牡, 螣蛇不交, 不可謂貞.)"라고 했고, 『음양자연변화론』에서는 "등사는 소리를 들어서 잉태하고 백로는 눈으로 보아서 잉태한다.(螣蛇聽而有孕, 白鷺視而有胎.)"고 했다.

○ 상어는 태생이다. 현학은 태생이다. 가마우지와 두꺼비는 새끼를 입으로 뱉어내서 낳는다. 토끼는 달을 바라보고 잉태하여 새끼를 입으로 뱉어내서 낳는다.

鯊魚胎生. 玄鶴胎化. 鸕鷀蟾蜍吐子. 兎望月孕而吐子.

일반적으로 새와 물고기 등은 알을 낳고, 포유류는 새끼를 낳는다. 이 항목에서는 이와는 다른 특이한 방식으로 자손을 낳는 동물의 사례를 제시했다.

"사어(鯊魚)"는 곧 상어다. 상어는 아가미호흡을 하는 어류이지만, 이 가운데는 난생이 아닌 난태생(卵胎生) 또는 태생(胎生)인 종이 적지 않다.

"현학(玄鶴)"은 검은 학이라는 뜻이니, 진나라 최표의 『고금주』에서 "학이 천 년이 되면 푸른색이 되고, 다시 이천 년이 되면 검은색이 되니 이른바 현학이다.(鶴千歲則變蒼, 又二千歲變黑, 所謂玄鶴也.)"라고 한 데서 '현학'에 대한 인식을 알 수 있다. 『어정연감유함』에는 "『상학경』에서 '1,600년이 되면 새끼를 낳는다'고 했으니, 태금(胎禽)이니 선금(仙禽)이 하는 말이 이로부터 나타났다. 세상에서 학이 알을 낳지 않는다고 말하는 것은 잘못이다.(相鶴經, 千六百年乃胎産, 則胎仙之稱以此. 世謂鶴不卵生者, 誤矣.)"라는 말이 있는데, 실제로 『상학경』에서는 학이 여러 차례 변한다고 했다. 160년이 지나면 살아 있는 것을 먹지 않고 눈처럼 하얗게 되어 흙탕물에서도 더러워지지 않으며, 간혹 완전히 검은색이 되기도 한다고 했다. 다시 160년이 지나면 암수가 서로 바라보는 것만으로 새끼를 갖게 되며, 1,600년이 되면 물만 마실 뿐 음식을 먹지 않으며 난새나 봉황과 무리를 이루고 잉태하여 새끼를 낳고 신선의 천리마[騏驥]가 된다고 했다.

가마우지나 두꺼비는 입으로 새끼를 낳는다고 알려졌는데, 이를 '토추(吐雛)', '토생(吐生)', '토산(吐産)'이라 일컫는다. 양부(楊孚)의 『이물지(異物志)』에서는 "가마우지는 깊은 물에 잠수해서 물고기를 잡아먹을 수 있다. 알을 낳지 않고 못에서 새끼를 잉태하는데, 잉태하고 나서 또 입으로 뱉어서 낳는다. 많게는 일고여덟 번, 적게는 대여섯 번을 마치 실을 잇듯이 이어서 낳는다.(鸕鷀能没于深水, 取魚而食之. 不生卵, 而孕雛于池澤間, 既胎而又吐生, 多者八九, 少者五六, 相連而出, 若系緒焉.)"고 했고, 『비아』에서는 "두꺼비는 입으로 뱉어내서 새끼를 낳는다(蟾蜍吐生)"고 했다.

토끼가 새끼를 낳는 기이한 방법은 『박물지』에 보이는데, "토끼는 털을 핥으며 달을 바라보면 잉태하는데 입속에서 새끼를 뱉어낸다. 예전에 이러한 이야기가 있었는데, 내가 아직 목격하지는 못했다.(兔舐毫望月而孕, 口中吐子. 舊有此說, 余目所未見也.)"고 했다.

○ 물고기는 눈을 감지 못한다. 용은 돌을 보지 못하고, 물고기는 불을 보지 못한다. 참새는 저녁이면 눈이 흐릿해지고, 수리부엉이는 낮에

눈이 보이지 않는다.

魚目不瞑. 龍不見石, 魚不見火. 雀夕瞽, 鴟晝盲.

'보는 것[視]'과 관련된 특이한 습성을 지닌 동물의 사례를 제시했다. 『지봉유설』에서는 "龍不見石"을 언급했지만, 유사한 사례들을 나열하지는 않았다. 『아희원람』보다 후대의 문헌인 『오주연문장전산고』 「안동각용변증설(眼瞳各用辨證說)」에는 "魚目不瞑, 雞好邪視, 龍不見石, 魚不見火, 雀夕瞽, 鴟晝盲."이라는 구절이 있는데, "닭은 비스듬히 보는 것을 좋아한다(雞好邪視)"라는 말이 더 있는 것을 제외하면 『아희원람』의 서술과 일치한다. 명나라 고기원의 『설략』에서 이 구절을 찾아볼 수 있으니, 『아희원람』과 『오주연문장전산고』가 모두 이를 참고한 것인지도 모르겠다.

한나라 왕포(王褒)의 「통소부(洞簫賦)」에 "물고기는 지켜보고 닭은 흘겨본다(魚瞰雞睨)"라는 구절이 있는데, 그 주석에서 "물고기는 눈을 감지 못하고 닭은 비스듬히 보는 것을 좋아한다.(魚目不瞑, 雞好邪視.)"라는 말을 찾아볼 수 있다. 『음양자연변화론』에 "흑룡의 눈은 백 리 떨어진 곳의 작은 겨자씨를 본다. 용은 물을 변화시킬 수 있고 사람은 불을 변화시킬 수 있다. 용은 돌을 보지 못하고 사람은 바람을 보지 못하고 물고기는 물을 보지 못하고 귀신은 땅을 보지 못하고 양은 비를 보지 못하고 개는 눈을 보지 못한다.(驪龍之目, 見百里纖芥. 龍能變水, 人能變火. 龍不見石, 人不見風, 魚不見水, 鬼不見地, 羊不見雨, 狗不見雪.)"라는 구절이 있었다고 전한다. 『비아』에 "참새의 눈은 저녁이면 어두워지는데, 저녁이면 사물을 잘 보지 못하는 사람을 일러 '참새눈'이라 한다.(雀目夕昏, 人有至夕昏不見物者, 謂之雀瞽.)"라는 구절이 있으며, 안지추(顔之推)의 『안씨가훈(顔氏家訓)』에 "참새는 왜 저녁에 눈이 어두워지며 수리부엉이는 왜 낮에 눈이 보이지 않는가.(雀奚夕瞽, 鴟奚晝盲.)"라는 구절이 있다. "치(鴟)"는 '치휴(鴟鵂)' 즉 수리부엉이다.

○ 이리와 여우는 수명이 모두 800년인데, 300살이 되면 모두 사람의 모습으로 변한다. 100살 먹은 여우의 정령은 미녀가 된다.

狼狐壽皆八百, 三百歲俱變人形. 百歲狐精爲美女.

○ 2월에는 매가 변하여 비둘기가 된다. 3월에는 들쥐가 변하여 메추라기가 된다. 6월에는 썩은 풀이 반딧불이가 된다. 9월에는 참새가 바다로 들어가 조개가 된다. 10월에는 꿩이 바다로 들어가 큰 조개가 된다.

二月鷹化爲鳩. 三月田鼠化爲鴽. 六月腐草爲螢. 九月雀入大水爲蛤. 十月雉入大水爲蜃.

마지막 두 항목에서는 변신(變身)을 한다고 알려진 동식물의 사례를 제시했는데, 일반적인 변화를 말한 것은 아니며 설화 등에서 유래를 찾을 수 있는 변화의 소문을 말한 것이라 할 수 있다. 『지봉유설』에서 재이부 「물이(物異)」의 여러 부분에서 이들 사례를 언급한 것은 이런 사정을 드러낸 것이라 할 수 있다. 다만 『아희원람』에서 두 항목을 서술할 때 『지봉유설』을 직접 참고했다고 보기는 어려울 듯하다.

여우에 대한 서술은 『포박자』 「옥책기(玉策記)」에서 "여우와 살쾡이, 이리는 모두 수명이 800년이다. 300살을 채우면 잠시 사람의 모습으로 변한다.(狐及狸狼, 皆壽八百歲. 滿三百歲, 暫變爲人形.)"고 한 것과 『곽씨현중기(郭氏玄中記)』에서 "1,000살 된 여우는 음부가 되고, 100살 된 여우는 미녀가 된다.(千歲之狐爲淫婦, 百歲之狐爲美女.)"고 한 데서 찾아볼 수 있다.

매로부터 꿩까지의 변신을 말한 것은 『예기』 「월령」에서 인용한 것으로 보인다. 이에 의하면 2월에는 "처음 비가 내리고 복숭아꽃이 피며, 꾀꼬리 울고 매는 변하여 비둘기가 된다.(始雨水, 桃始華, 倉庚鳴, 鷹化爲鳩.)"고 한다. 또 3월에는 "오동나무 처음 꽃 피고 들쥐가 변하여 메추라기 되고, 무지개가 처음 보이고 부평초가 처음 생긴다.(桐始華, 田鼠化爲鴽, 虹始見, 萍始生.)"고 하며, 6월에는 "따뜻한 바람이 처음 이르고 귀뚜라미가 벽에 살며, 매는 날갯짓을 익히고 썩은 풀은 반딧불이가 된다.(温風始至, 蟋蟀居壁, 鷹乃學習, 腐草爲螢.)"고 하며, 9월에는 "기러기가 날아오고, 참새는 바다로 들어가 조개가 되고, 국화는 노란 꽃을 피우고, 승냥이는 짐승을 잡아 제사 지내고 새를 잡아먹는다.(鴻雁來賓, 雀入大水爲蛤, 菊有黃華, 豺乃祭獸戮禽.)"고 하며, 10월에는 "물이 처음 얼고 땅이 처음 얼어붙는다. 꿩은 바다로 들어가 대합으로 변하고 무지개는 숨어 보이지 않는다.(水始冰, 地始凍. 雉入大水爲蜃, 虹藏不見.)"고 한다. 10월령에서 언급한 "신(蜃)"은 9월령에서 언급한 "합(蛤)"보다 더 큰 조개다.

7

재민才敏

남다른 재주를 타고난 사람들

"재민(才敏)"은 재주가 있고 민첩하다는 뜻으로, 제7장에 서술된 내용을 살펴보면 남다른 학습 능력을 보여서 이른 시기에 업적을 이루거나 지위를 얻은 인물들을 지칭한 말임을 알 수 있다. 일부 어울리지 않는 사례도 있지만, 오늘날의 용어로는 대략 '천재성' 또는 '조숙한 천재' 정도로 풀이해도 크게 어긋나지는 않을 듯하다. 오늘날 어떤 사람이 남다른 천재임을 구체적인 근거를 들어 입증하고자 한다면 우선 지능지수를 제시하겠지만, 그럴 수 없었던 과거에는 '몇 살에' 또는 '몇 시간이나 몇 해 만에' 어떤 일을 해냈다는 일화나 소문을 근거로 제시할 수밖에 없었을 것이다. 제7장에 수록한 각각의 사항들은 곧 이러한 일화나 소문들이다.

제7장의 실제 서술 방식을 살펴보면 일화의 배치에 일정한 질서가 있음을 확인할 수 있다. 그것은 '연령'이다. 즉 갓 태어난 시점에 보인 '재민'의 일화들을 서두 항목에 배치하고, 나이에 따라 항목을 나누어 일화를 제시했다. 주제에서 다소 어긋난 것으로 보이는 마지막 항목을 제외하면, 23개 항목이 정확히 연령별 순서에 따라 배치되어 있다. 이러한 구성은 "응졸"의 용도에 적합해 보이는데, 활용하기에 따라서는 전고(典故)를 학습하는 데에도 도움이 되었을 듯하다. 예컨대 '○살 때 남다른 재주를 보인 사람은?'이라는 의문이 생기면, '○세'의 일을 다룬 항목만 찾아보면 될 것이다. 또 이러한 방식으로 연령별로 나누어 일화를 암기하는 것도 나쁘지 않은 학습방법일 것이다. 물론 장혼이 이러한 형식을 만들어낸 것은 아니다. 흔한 것은 아니지만 전대의 유서류 문헌에서 유사한 형식을 찾아볼 수 있는데, 가장 대표적인 사례가 송나라 축목(祝穆)이

편찬한 『고금사문유취』의 낙생부(樂生部) 「연치(年齒)」일 것이다. 여기서는 1~100세의 연령별로 특이한 사례들을 기록하고 있다. 또 왕세정의 『완위여편』에도 유사한 사례가 보인다.

제7장에서 서술한 내용의 일부는 『지봉유설』 인물부(人物部) 「인재(人才)」 등에서 찾아볼 수 있다. 특히 우리나라 인물의 경우에 이런 사례를 더 많이 확인할 수 있다. 그렇지만 이런 경우에도 그대로 옮긴 것은 아닌데, 『지봉유설』에서는 인물별로 기술하였을 뿐 연령별로 나누어놓지는 않았기 때문이다. 또 『아희원람』에서 새로 추가하거나 내용을 수정한 사례도 적지 않게 찾아볼 수 있다. 또한 몇 가지 사례는 조선에서 간행한 '행실도(行實圖)'에서 찾을 수 있다는 점도 유의해야 한다.

○ 신농씨는 태어나서 세 시간 만에 말을 할 수 있었고 5일 만에 걸을 수 있었으며 7일 만에 이가 모두 났다. 제곡은 태어나면서부터 신령하여 스스로 그 이름을 말하였다. 사황 창힐은 태어나면서부터 글자를 쓸 수 있었다. 석가불은 태어나면서부터 말을 할 수 있었다.

神農生而三辰能言, 五日能行, 七朝齒具. 帝嚳生而神靈, 自言其名. 史皇生而能書. 釋迦佛生而能言.

태어날 때 이미 특별한 재능을 보인 인물의 사례를 수록하였다. 실제로는 신화의 주인공 또는 성인(聖人)으로 일컬어지는 인물의 일을 언급한 셈인데, 특별한 능력을 갖춘 채로 태어나는 것이 비범함의 징표일 수 있기에 이는 자연스러운 결과라 할 것이다. "신농씨"의 일은 위서인 『춘추원명포』에 전하는데, 원문에는 3세에 농사일을 알았다는 말이 이어지지만 여기서는 제외했다. "제곡 고신씨(高辛氏)"의 일은 『사기』 「오제본기」에 있는 "高辛生而神靈, 自言其名."의 구절에서 찾을 수 있다. "사황(史皇)"은 한자를 만든 창힐이며, 창힐이 태어나면서부터 글자를 쓸 수 있었다는 말은 『회남자』에 전한다. "석가불"의 일은 여러 문헌에서 찾아볼 수 있는데, 『보요경(普曜經)』에 수록된 탄생담 말미에서 "태어날 때 신령스러운 조짐이 많았으며, 태어나면서 말을 할 수 있었다.(時多靈瑞, 生而能言.)"고 한 것을 한 가지 사례로 들 수 있다. 석가모니의 탄생담은 제5장 '탄육'에 실려 있다. 한편 태어나면서 말을 할 수 있었다는 인물은 이 밖에도 다수 찾아볼 수 있는데, 『포박자』에서 황제를 든 것과 『신선전』에서 노자를 든 것이 이에 포함된다.

○ 현비 서씨당 태종의 재인는 이름이 혜다. 태어나서 다섯 달에 말을 할 수 있었다. 백거이는 태어난 지 일곱 달에 '지(之)' 자와 '무(無)' 자를 알았다. 우리 조선의 김시습은 태어나서 여덟 달 만에 스스로 글을 알았다.

徐賢妃, 唐太宗才人 名惠, 生五月能言. 白居易, 生七月識之無字. 我朝金時習, 生八月自能知書.

첫돌 이전에 특별한 재능을 보인 인물의 사례를 수록하였다. 『고금사문유취』에서는 '7월(七月)'을 따로 두어 백거이의 일을 싣고 1세 때의 일은 '주세(周歲)'에 실었으니, 『아희원람』의 구성은 이와는 다른 셈이다. 『고금사문유취』에서는 현비 서씨와 조선 김시습은 언급하지 않았는데, 이후의 항목에서도 수록 인물들은 적지 않은 차이가 나타난다. 물론 김시습의 경우에는 편찬 시기와 지역으로 볼 때 자연스러운 일이기는 하지만, 중국 인물의 경우에도 이런 현상이 보이는 점은 유의할 만하다.

"현비 서씨(賢妃 徐氏)"는 당 태종의 후궁으로 뒤에 현비(賢妃)로 추봉되었다. 이름은 혜(惠)다. 『신당서』 후비열전(后妃列傳)에 의하면 생후 5개월에 말을 했고 4세에 『논어』와 『시경』을 읽고 8세에는 문장 짓는 법을 깨우쳤다고 하는데, 뒤에 태종이 그 소문을 듣고 재인으로 삼았다고 한다. "재인(才人)"은 5품에 해당하는 후궁 명칭이다. 『태평광기』에서는 「서재인(徐才人)」 항목을 두어서 현비 서씨의 일화를 서술했는데, '재인(才人)'에서 '충용(充容)'으로 올라간 일과 태종에게 궁실 수리에 대해 간언한 일을 함께 제시했다.

"백거이(白居易)"의 일은 백거이가 원진(元稹)에게 보낸 편지 「여원구서(與元九書)」에 보인다. 백거이는 이 편지에서 "제가 태어난 지 예닐곱 달 되었을 때 유모가 글씨 병풍 아래에서 안고 놀면서 '無' 자와 '之' 자를 제게 가리켜 보여준 일이 있습니다. 저는 비록 입으로 말을 할 수는 없었지만 마음으로는 이미 알아들었습니다. 뒤에 이 두 글자를 묻는 이가 있으면 비록 백 번 시험해 보더라도 어긋남 없이 그 글자를 가리킬 수 있었습니다.(僕始生六七月時, 乳母抱弄於書屛下, 有指無字之字示僕者. 僕雖口未能言, 心已默識. 後有問此二字者, 雖百十其試而指之不差.)"라고 했다.

"김시습(金時習)"의 일은 이이가 쓴 「김시습전」에 보인다. 생후 8개월에 글을 알았을 뿐 아니라 3세에는 시를 지었고 5세에는 『중용』과 『대학』에 통달하여 '신동(神童)'이라 일컬었다고 했는데, '3세'와 '5세'의 일을 다룬 항목에서는 이들 일화도 언급한다.

○ 왕람은 몇 살 정도의 나이에 형인 왕상(王祥)이 회초리 맞는 것을 보고는 문득 울면서 감싸 안았다. 장회태자는 몇 살 정도의 나이에 책을 읽음에 한 번만 보면 잊어버리지 않았다. 소진은 몇 살 정도의 나이에 문장을 쓸 줄 알아서 「팔괘론(八卦論)」을 지었다.

王覽, 數歲見兄祥被楚撻, 輒涕泣抱持. 章懷太子, 數歲讀書一覽輒不忘. 蘇晉, 數歲知屬文, 作八卦論.

"수세(數歲)" 즉 몇 살 되지 않았을 때 특별한 재능을 보인 사례를 수록했는데, '2세'의 일이 없는 대신에 '몇 살'의 일이 배치된 것은 특이하다. 참고로 『고금사문유취』의 「연치」에서는 '2세'에 진나라 범교(范喬)와 송나라 범중엄(范仲淹)의 일을 수록했다.

"왕람(王覽)"은 진나라 때 사람으로, 우애와 효성으로 이름이 높았다. 『진서』 「왕람전」에 의하면 왕람의 어머니 주씨는 자기 소생이 아닌 아들 왕상을 모질게 대했는데, 몇 살에 불과한 왕람이 이복형인 왕상이 주씨에게 회초리 맞는 것을 보고서는 울며 감싸 안았다고 한다. "장회태자(章懷太子)"는 당나라 고종과 측천무후(則天武后) 사이에서 태어났으며, 이름은 이현(李賢)이다. 결국 어머니 측천무후의 의심을 받아 황제에 오르지 못한 채 폐위되었지만, 학문으로도 이름이 높아 『후한서』에 붙인 주석은 후대에도 통용되었다. 『신당서』에 이 구절이 보인다. "소진(蘇晉)"은 두보의 「음중팔선가(飮中八仙歌)」에 등장하는 '팔선(八仙)' 가운데 한 사람이다. 『신당서』 「소향전(蘇珦傳)」의 말미에 "아들 진은 몇 살의 나이에 글 지을 줄을 알아서 「팔괘론」을 지었다.(子晉, 數歲知爲文, 作八卦論.)"라는 구절이 보인다.

○ 동방삭은 3세에 비결(祕訣)이나 참서(讖書)를 한 번 보면 입으로 암송했다. 유인은 3세에 글을 읽었는데 날마다 천여 자를 읽었다. 서적은 3세에 아버지가 돌아가시니 매일 아버지를 찾으며 매우 슬퍼하였는데, 『효경』을 읽으면서 눈물을 멈추지 못하였다. 채백희는 3세에 정자(正字)

벼슬에 올랐다. 김시습은 3세에 시를 지을 수 있었다.

東方朔, 三歲秘讖, 一覽暗誦於口. 劉因, 三歲讀書, 日記千百言. 徐積, 三歲父死, 朝朝求甚哀, 讀孝經淚不能止. 蔡伯晞, 三歲爲正字. 金時習, 三歲能綴詩.

3세에 특별한 재능을 보인 5명의 일화를 수록하였다. 『고금사문유취』의 「연치」에서는 이 가운데 서적의 일만 실었는데, 이 경우에도 효행에만 초점을 맞춰서 그 내용은 다르다. 한편 『지봉유설』에서는 동방삭의 13세 및 16세 일화는 거론한 반면 3세 때의 일화는 다루지 않았는데, 이는 『한서』 「동방삭전」의 서술만 참고했기 때문인 듯하다.

"동방삭(東方朔)"은 한 무제 때의 관리로, 다양한 설화의 주인공이기도 하다. 3세 때의 일은 『한서』 「동방삭전」에는 보이지 않고, 곽헌(郭憲)의 『한무제별국동명기(漢武帝別國洞冥記)』—약칭 '동명기(洞冥記)'—에 보인다. 이에 의하면 동방삭은 '200세임에도 동자의 얼굴'인 장이(張夷)가 전씨(田氏)와 혼인하여 얻은 아들이라고 한다. 곧 전씨가 세상을 떠나 동방삭은 이웃의 손에 컸는데, 3세 때에 "天下秘讖, 一覽暗誦於口"했다고 한다.

"유인"은 원나라의 학자로, 신인(神人)이 아이를 말에 태우고 와서 잘 기르라고 당부하는 태몽이 있고서 태어났다고 한다. 『원사(元史)』 「유인전」에 "유인은 하늘이 내린 자질이 매우 빼어나 3세에 글을 알고 날마다 천여 마디 말을 읽었으며 눈으로 보면 곧바로 외었다.(因天資絶人, 三歲識書, 日記千百言, 過目即成誦.)"라는 구절이 있으니, 이를 참고하면 『아희원람』의 "讀"은 "識"의 오기로 추정할 수 있다. 그렇지만 『원사』를 인용한 후대 문헌 가운데에는 "讀"으로 쓴 사례도 있으므로, 오류라 하더라도 장혼이 범한 것은 아닌 듯하다.

"서적(徐積)"은 송나라의 학자로, 효행으로 이름이 높았다. 『송사』 「서적전」에 "3세에 아버지가 돌아가시니 아침마다 아버지를 찾으며 매우 슬퍼하였는데, 어머니가 『효경』을 읽게 했더니 문득 눈물을 흘리되 멈추지 못하였다.(三歲父死, 旦旦求之甚哀, 母使讀孝經, 輒淚落不能止.)"라는 구절이 있으니, 『아희원람』과는 자구 차이가 있는 셈이다.

"채백희(蔡伯晞)"는 송나라 동자과(童子科)에 올라 이름을 남긴 신동 가운데 한 사람이다. 채백희가 벼슬길에 오른 나이에 대해서는 '3세'라고 한 문헌과 '4세'라고 한 문헌이 공존한다. 왕세정의 『완위여편』에서는 3세에 비서정자(秘書正字)가 되었다고 했지만, 이보다 앞선 시기의 문헌인 『옥해(玉海)』에서는 4세 때 시 100여 편을 외었고 정자로 임명되었다고 했다.

"김시습"의 일은 두 번째 언급되는데, 앞서 8개월의 일과 마찬가지로 이이의 「김시습전」에 보인다.

○ 사안은 4세 때에 풍채가 빼어났다. 임방은 4세에 시 수십 편을 외었다. 소대환은 4세에 「삼도부(三都賦)」, 『효경』, 『논어』를 욀 수 있었다. 소영사는 4세에 글을 지었고, 책을 볼 때는 한 번 보면 곧바로 외었다. 현비 서씨는 4세에 『시경』과 『논어』에 통달했다. 권덕여는 4세에 시를 지을 수 있었다. 우리 조선에서는 박은이 4세에 책을 읽을 줄 알았으며, 율곡 이이가 4세에 글 뜻을 풀이했다.

謝安, 四歲風神秀徹. 任昉, 四歲誦詩數十篇. 蕭大圜, 四歲能誦三都賦·孝經·論語. 蕭穎士, 四歲屬文, 觀書一覽卽誦. 徐賢妃, 四歲通詩論語. 權德輿, 四歲能賦詩. 我朝朴誾, 四歲知讀書. 栗谷李珥, 四歲解文義.

4세에 특별한 재능을 보인 8명의 일화를 수록했는데, 우리나라 인물로는 2명을 실었다.

"사안(謝安)"은 동진(東晉)의 재상으로, 자는 안석(安石)이다. 『진서』「사안전」에는 사안이 4세일 때 환이(桓彝)가 보고서 "이 아이는 풍채가 빼어나니, 뒷날 분명히 동해태수 왕승에 못지않으리라.(此兒風神秀徹, 後當不減王東海.)"고 감탄했다는 말이 보인다. "임방(任昉)"은 남조의 송(宋), 제(齊), 양(梁)에서 벼슬한 인물로, 어려서부터 총명하여 '신오(神悟)'로 불렸다고 한다. 『남사』「임방전」에서는 4세에 시 수십 편을 외고 8세에 글을 지을 수 있었다고 했다. "소대환(蕭大圜)"은 남조 양나라 간문제(簡文帝)의 스무 번째 아들이다. 『주서』「소대환전」에 "年四歲, 能誦三都賦及孝經論語."라는 말이 보인다. "소영사(蕭穎士)"는 당나라의 문인이며, 『신당서』「소영사전」에 "四歲屬文, 十歲補太學生. 觀書一覽即誦."이라는 구절이 있다. 『아희원람』에서는 10세 때 태학생이 된 일을 빼고 인용했는데, 이 때문에 '4세 때에 책을 한 번 보면 바로 외었다'는 의미로 오해할 가능성이 생겼다. "현비 서씨"는 앞에서 5개월에 말을 할 수 있었다고 한 서혜(徐惠)인데, 『아희원람』에서는 4세와 8세 때의 재주에 대해서도 언급했다. "권덕여(權德輿)"는 당나라의 학자다. 『신당서』「권덕여전」에서는 "3세에 사성을 알았고 4세에 시를 지을 수 있었다.(三歲知變四聲, 四歲能賦詩.)"고 했으며, 하루도 책을 보지 않는 날이 없었다고 전한다.

"박은(朴誾)"은 해동강서시파(海東江西詩派)를 대표하는 시인으로, 갑자사화로 인해 26세에 세상을 떠났다. 이행(李荇)이 쓴 묘지명인 「박중열묘지(朴仲說墓誌)」에 "4세에 책을 읽을 줄 알았고, 8세에는 대의를 대략 이해했으며, 15세에는 문장을 능숙하게 지을 수 있었다.(四歲而知讀書, 八歲略解大義, 十五而能文章.)"라는 말이 보인다.

"율곡 이이"가 4세에 했다는 "해문의(解文義)"는 단순히 글을 읽거나 번역했다는 뜻은 아닐 것이다. 현재 전하는 일화들을 참고하면, 문세(文勢)와 맥락을 제대로 이해했다는 적극적인 의미로 보인다. 이런 관점에서 생각하면 "해문의"는 박세채의 『율곡이선생연보(栗谷李先生年譜)』에 기록된 '4세 때 문장의 구두(句讀)를 바로잡은 일화'를 가리킨다고 볼 수 있다. 『율곡이선생연보』에서는 4세 때의 일을 "일찍이 역사를 읽다가 '齊威王初不治諸侯皆來伐'이라는 구절에 이르렀는데, 그 구결에 '諸侯'의 아래에 구두가 잘못 붙어 있었다. 선생이 묵묵히 오랫동안 보고 있다가 '개(皆) 자를 쓴 문세(文勢)로 보면 마땅히 불치(不治)의 아래에서 구두를 떼야 합니다.'라고 했다. 가르치는 이가 탄복했다.(嘗讀史, 至齊威王初不治諸侯皆來伐, 其口訣誤於諸侯下作句. 先生默視良久曰, 以皆字文勢觀之, 當於不治下作句. 教者歎服.)"라고 기록했는데, 이는 4세의 율곡 이이가 "齊威王初不治諸侯, 皆來伐."이 아닌 "齊威王初不治, 諸侯皆來伐."이라 읽어서 "제나라 위왕이 처음에 제대로 다스리지 못하니, 제후들이 모두 와서 벌(伐)하였다."로 풀이해야 한다고 주장했다는 것이다. 한편 김장생(金長生)이 쓴 행장(行狀)에는 4세 때의 일은 보이지 않는다. 3세 때의 일은 언급하였는데, 이는 외할머니[外王母]가 석류를 보여주며 무엇인지 물었더니 석류를 읊은 고시(古詩)를 들어 대답했다는 것이다.

○ 백익은 5세에 우임금의 신하가 되어 불을 관장했다. 고자는 5세에 우를 도와 말했다. 소명태자 소통은 5세에 오경을 두루 외었다. 음갱은 5세에 능히 시부를 읊을 수 있어서 매일 1,000자를 지었다. 이백은 5세에 육갑을 외었다. 영호초는 5세에 글 짓는 데 능숙했다. 이필은 5세에 신동으로서 황제의 부름을 받았다. 우리 조선에서는 김시습이 5세에 『중용』과 『대학』에 통달하니, 사람들이 신동이라 일컬었다. 하서 김인후는 5세에 글에 능했다.

伯益, 五歲爲禹臣, 掌火. 睪子, 五歲贊禹言. 昭明太子蕭統, 五歲遍誦五經. 陰鏗, 五歲能誦詩賦, 日千言. 李白, 五歲誦六甲. 令狐楚, 五歲能文. 李泌, 五歲神童被召. 我朝金時習, 五歲通中庸 · 大學, 人呼神童. 河西金麟厚, 五歲能文.

5세에 특별한 재능을 보인 9명의 일화를 수록했는데, 우리나라 인물로는 2명을 실었다. 다만 서두에 말한 "백익"과 "고자"는 같은 인물이라고도 이야기되니, 8명의 일화라고 할 수도 있을 것이다.

"백익(伯益)"은 백예(伯翳) 또는 백예(柏翳)라고도 일컫는데, 우(禹)가 치수할 때 공을 세워 양(梁) 땅에 봉해졌고 뒤에는 우의 선위(禪位)를 받아들이지 않았다고도 한다. 『열녀전(列女傳)』에는 "요자(陶子)가 5세에 우임금을 보좌했다(陶子五歲而佐禹)"라는 말이 있는데, 반소(班昭)의 주석에 "요자는 곧 고요(皐陶)의 아들인 백익(伯益)"이라는 말이 보인다. 또 『맹자』를 비롯한 여러 문헌에 "순임금이 백익으로 하여금 불을 관장하도록 했다(舜使益掌火)"라는 말이 보인다.

"고자(睪子)"는 흔히 '고자(睾子)' 또는 '고자(皐子)'로 풀이되는데, 이는 '고요(皐陶)의 아들'이라는 말이니 '백익(伯益)'을 뜻하는 셈이다. 『열녀전』의 「제나라 관중의 첩인 정(齊管妾婧)」에는 정(婧)이 어린 사람의 말도 들을 만하다는 점을 말하기 위해 "고자는 5세에 우를 도왔다(睪子生五歲而贊禹)"는 고사를 언급하는데, 여기에는 "言" 자는 보이지 않는다. 그렇지만 『서경』「대우모(大禹謨)」에는 "백익이 우를 도와서 말하기를(益贊于禹曰)"이라는 구절이 있으니, 이 구절은 곧 "백익—'고자(皐子)' 즉 고요의 아들—이 우를 도와 말했다"고 고쳐 말할 수도 있을 것이다. 다만 이 풀이가 성립하기 위해서는 '백익'과 '고자(睪子)'가 같은 인물이어야 하는데, 명대의 호응린(胡應麟)처럼 이를 부정한 학자도 있으니 단정하기는 어렵다.

"소명태자 소통(蕭統)"은 남조 양나라의 태자로, 『문선(文選)』을 편찬하는 업적을 남겼지만 일찍 세상을 떠나 황제가 되지는 못했다. 어려서부터 총명하여 3세에 『논어』와 『효경』을 읽고 5세에 오경(五經)을 모두 읽었다고 전한다. 『자치통감』에도 "生五歲能遍誦五經"이라는 말이 보인다. "음갱(陰鏗)"은 남조 진나라의 시인이다. 『진서』「완탁전(阮卓傳)」 말미에 그의 생애가 기록되어 있는데, 여기에 "五歲能誦詩賦, 日千言."이라는 말이 보인다. "이백"의 일은 30세이던 730년 무렵에 쓴 것으로 알려진 「안주 배장사께 올리는 글(上安州裴長史書)」에 보이는데, 이백은 자신의 삶을 돌아보며 "5세에 육갑을 외고 10세에 백가의 글을 보았으니, 헌원씨 이래의 일을 제법 들어보았습니다.(五歲誦六甲, 十歲觀百家, 軒轅以來, 頗得聞矣.)"라고 언급했다. "영호초"는 당나라의 문인으로, 문무를 겸전하여 이름이 높았다. 『신당서』「영호초전」에 "태어나서 다섯 살에 능히 사장을 지을 수 있었다.(生五歲, 能爲辭章.)"라는 말이 보인다. 한편 『지봉유설』에서는 '어릴 때 총명한 사람이 요절하는 일이 많다'는 속설을 반박하기 위해 영호초를 거론한 바도 있다. "이필(李泌)"은 당나라의 관리로, 시를 지어 양국충(楊國忠)을 풍자한 일과 숙종과 '포의교(布衣交)'를 맺은 일로 널리 알려져 있다. 이필이 어릴 때부터 이름을 떨쳤다는 기록은 보이지만, "5세 때"에 황제로부터 신동으로 인정받아 불려왔다는 말이 어느 문헌에서 온 것인지는 확인하기 어렵다. 다만 『신당서』「이필전」에는 "7세 때" 현종이 이필을 불러들인 일화가 보이는데, 원여경(員餘慶)의 손자인 9세의 원숙(員俶)이 '아이들 가운데 자신과 비슷한 자'로 이필을 추천하니 현종이 곧바로 불러들였다고 했다.

"김시습(金時習)"의 일은 이이가 쓴 「김시습전」에 보인다. 앞서 8개월의 일을 실었고, 다시 5세의 일을 실은 것이다. "하서 김인후(金麟厚)"에게는 신동으로서의 일화가 여럿 있지만, 『아희원람』에서 "글에 능했다(能文)"고 한 것이 어떤 일을 말하는지는 분명하지 않다. 다만 『하서선생전집』에 실린 「연보」에서 이에 해당하는 일화를 짐작해 볼 수 있다. 김인후는 4세 때 이미 글자를 알고 문장을 해독할 수 있었지만 다른 사람들이 이를 알아차리지는 못했는데, 5세 때에 아버지가 글을 가르치면서 아들의 재주를 알아보게 되었다고 한다. 김령(金齡)은 5세의 아들 김인후에게 『천자문』을 가르쳤는데, 쳐다보기만 할 뿐 알아듣지 못하는 듯했다. 그런데 어느 날 김인후가 손가락에 침을 묻혀 무언가를 쓰기에 자세히 보았더니 모두 『천자문』에 있는 글자였다고 한다.

○ 육운은 6세에 형인 육기와 이름을 나란히 하였다. 양나라 간 문제는 6세에 문장을 지을 수 있었다. 강엄은 6세에 능히 시를 쓸 수 있었다. 왕발은 6세에 문장을 잘 지었다. 마추는 6세에 『효경』과 『논어』를 욀 수 있었다. 유효는 6세에 『모시(毛詩)』와 『논어』를 읽었다. 송렴은 6세에 시가를 지었는데, 기발한 말이 있었다.

陸雲, 六歲與兄機齊名. 梁簡文帝, 六歲能屬文. 江淹, 六歲能屬詩. 王勃, 六歲善文辭. 馬樞, 六歲能誦孝經論語. 劉歊, 六歲誦毛詩論語. 宋濂, 六歲爲詩歌, 有奇語.

6세에 특별한 재능을 보인 7명의 일화를 수록했다.

"육운(陸雲)"은 서진의 문장가로, 육손(陸遜)의 손자이며 육기(陸機)의 동생이다. 『진서』 「육운전」에서는 "6세에 문장을 지을 줄 알았다. 성정이 바르고 재치 있는 생각을 갖추어 어려서부터 형 육기와 이름을 나란히 하였다.(六歲能屬文. 性淸正有才理, 少與兄機齊名.)"고 했는데, 이때 "6세"와 "어려서부터[少]"를 같은 시점으로 이해할 수 있는지는 의문스럽다. 따라서 『아희원람』에서처럼 6세에 형인 육기와 이름을 나란히 했다고 말하는 것이 옳은지도 단정하기 어렵다.

"양나라 간문제(簡文帝)"는 소명태자 소통의 동생인 소강(蕭綱)이다. 『남사』 「양본기(梁本紀)」에 "六歲便能屬文"이라는 말이 보이는데, 아버지인 무제 소연이 6세 아들의 재주를 시험해 보고서는 동아왕(東阿王)—조조의 아들 조식(曹植)—의 고사가 헛된 것이 아님을 믿게 되었다고 감탄했다 한다. "강엄(江淹)"은 남조의 송, 제, 양에서 벼슬한 문인인데, 일찍 문명(文名)을 얻었으나 만년에는 별다른 작품을 쓰지 못하여 '강랑재진(江郎才盡)'이라는 고사의 주인공이 되기도 했다. 강엄의 「자서전(自序傳)」—제목이 '자서(自序)'라고 된 문헌도 있다—에 "六歲能屬詩"라는 구절이 있다. "왕발(王勃)"은 당나라 초기를 대표하는 시인으로, '초당사걸(初唐四傑)'의 일원이다. 『신당서』 문예열전(文藝列傳)에 그의 전이 포함되었는데, 여기에 "六歲善文辭"라는 말이 보인다. 함께 언급된 9세 때의 일 또한 유명한데, 이는 뒤의 '9세' 항목에 실려 있다.

"마추(馬樞)"는 남조 양나라의 학자로, 『진서』 「마추전」에는 "六歲能誦孝經論語老子"라는 말이 보인다. 『아희원람』에서는 함께 언급된 『노자』를 빠뜨렸는데, 이는 마추의 학문에 대한 조선의 인식을 반영하는 것으로 짐작된다. 마추는 뒤에 소릉왕(邵陵王) 소륜(蕭綸)에게 발탁되어 『유마경(維摩經)』, 『노자』, 『주역』 등을 강독하였으며 특히 불경에 정통한 것으로 이름이 높았는데, 조선에서는 그의 수학기를 말할 때 『노자』나 불경류는 잘 언급하지 않는 경향이 있었던 듯하다. "유효"는 남조의 학자다. 『양서』 「유효전」에 "六歲誦論語毛詩"라는 말이 보인다. "송렴(宋濂)"은 원말 명초의 문인으로, 명나라 건국 이후에는 『원사』의 편찬을 맡았다. 명나라 심사겸(沈士謙)의 『명량록략(明良錄略)』에 "宋濂生六歲爲詩歌, 有奇語."라는 구절이 있다.

○ 상림은 7세에 아버지의 친구들이 절하지 않는다고 나무라자 "아들 앞에서 아버지의 자(字)를 부르시니 어찌 절할 수 있겠습니까?"라고 대답했다. 왕희지는 7세에 글씨를 잘 썼다. 사장은 7세에 글을 지을 수 있었다. 고야왕은 7세에 오경을 읽었다. 왕승유는 7세에 10만 자의 글을 읽을 수 있었다. 우희는 7세에 글을 지을 수 있었다. 장패는 7세에 『춘추』

에 정통했다. 낙빈왕은 7세에 시를 지을 수 있었다. 서언백은 7세에 문장에 능했다. 장구령은 7세에 글 짓는 법을 알았다. 이백약과 송경은 7세에 글을 잘 지었다. 한유는 7세에 책을 읽었는데 날마다 수천 자를 기억했다. 이하는 7세에 「고헌과」를 읊었다. 안수는 7세에 글을 잘 지었다. 가황중은 7세에 신동과에 급제했다. 토번 사람 파스파는 7세에 경전 수십만 자를 외었다. 우리 조선에서는 율곡 이이가 7세에 글을 지었다.

常林, 七歲父黨責不拜, 對以臨子字父, 何拜爲. 王羲之, 七歲善書. 謝莊, 七歲能屬文. 顧野王, 七歲誦五經. 王僧孺, 七歲能讀十萬言. 虞羲, 七歲能屬文. 張覇, 七歲通春秋. 駱賓王, 七歲能賦詩. 徐彦伯, 七歲能文. 張九齡, 七歲知屬文. 李百藥 · 宋璟, 七歲善屬文. 韓愈, 七歲讀書, 日記數千言. 李賀, 七歲賦高軒過. 晏殊, 七歲善屬文. 賈黃中, 七歲神童及第. 土番人八思巴, 七歲誦經數十萬言. 我朝栗谷李珥, 七歲作文.

7세에 특별한 재능을 보인 18명의 일화를 수록했다. 원나라 승려의 일이 포함된 점은 주목할 만하다.

"상림(常林)"은 삼국시대 위나라 사람이며, 『삼국지』「상림전」에 이 일화가 전한다. 아버지의 친구들이 찾아와 "백선 있는가?(伯先在否)"라고 묻고서 자신들에게 절하지 않는다고 나무라니, 7세인 상림이 "臨子字父, 何拜之有."라고 답했다고 한다. 이 일화는 『고금사문유취』의 「연치」에도 보인다.

"왕희지(王羲之)"가 "7세에 글씨를 잘 썼다(七歲善書)"라는 말은 『양흔필진도(羊欣筆陣圖)』에 보이는데, 이 구절은 왕희지가 어린 나이에 서법가로서 성취를 이루게 된 내력을 이야기한 일화의 서두 부분이다. 왕희지는 이미 7세에 글씨를 잘 써서 서법가로서의 재질을 드러내었는데, 12세에는 아버지가 감춰둔 전대의 '필설(筆說)'을 몰래 가져다 읽었다고 한다. 아버지는 성인이 되면 줄 생각이었다고 했지만 왕희지는 지금도 쓸 수 있다고 간청하였고, 이에 왕희지는 '필설'을 받아 들고 한 달이 되지 않아 큰 진전을 이루었다는 것이다.

"사장(謝莊)"은 남조 송나라의 관리로, 부(賦)로 이름이 높았다. 『송서』「사장전」에 "年七歲, 能屬文, 通論語."라는 말이 보인다. "고야왕(顧野王)"은 남조 양(梁), 진(陳) 시기의 훈고학자로, 『옥편(玉篇)』의 편찬자이기도 하다. 『남사』「고야왕전」에 "어려서부터 학문을 좋아하여, 7세에는 오경을 읽고 대의를 대략 알았다. 9세에는 문장을 지을 수 있었다.(幼好學, 七歲讀五經, 略知大指. 九歲能屬文.)"라는 말이 보인다. 『아희원람』에서는 "略知大指"라는 구절을 옮기지 않았는데, 그렇게 되면 오경의 대의를 웬만큼 파악할 수 있었다는 원문의 의미를 온전히 전달하기는 어려울 듯하다. "왕승유(王僧孺)"는 남조 양나라 문인이다. 『남사』「왕승유전」에서는 5세에 처음 『효경』을 읽고 실천했으며 7세에는 10만 자의 글을 읽을 수 있었다고 했다. 집은 비록 가난하였으나 책 베끼는 일[傭書]을 하면서 어머니를 봉양할 만큼 효성이 지극했다고 한다. "우희(虞羲)"는 남조 양나라의 시인이다. 명나라 풍유눌(馮惟訥)이 편찬한 『고시기(古詩紀)』에 "七歲能屬文"이라는 말이 보인다.

"장패(張霸)"는 한나라의 학자다. 『후한서』「장패전」에 "七歲通春秋"라는 구절이 보인다. 장패가 『춘추』를 마친 뒤에 다른 경전에 나아가고자 하니 부모는 '아직 어리니 할 수 없다'고 했는데, 이에 장패가 "충분히 할 수 있습니다(饒爲之)"라고 답했다고 한다. 이는 장패가 '백요(伯饒)'라는 자를 갖게 된 연유이기도 하다.

"낙빈왕(駱賓王)"은 당나라 초기의 시인으로, '초당사걸(初唐四傑)'의 일원으로 일컬어진다. 『신당서』 열전에 "七歲能賦詩"의 구절이 보인다. "서언백(徐彥伯)"은 당나라의 문인으로, 이름은 홍(洪)이지만 자인 '언백'으로 세상에 알려졌다. 『신당서』「서언백전」에 "7세에 글을 지을 수 있었다(七歲能爲文)"는 구절이 있다. 『아희원람』에서는 "爲"를 옮기지 않았는데, 그 결과로 의미가 조금 달라진 것처럼 보이기도 한다. "장구령(張九齡)"은 당나라의 문인이다. 『신당서』「장구령전」에 "七歲知屬文"의 구절이 보인다. "이백약(李百藥)"과 "송경(宋璟)"은 모두 당나라 때 사람이다. 『신당서』「이백약전」에는 "七歲能屬文"의 구절이 있는데, 「송경전」에는 7세 때의 일이 보이지 않고, "학문을 좋아하고 문사가 뛰어났다(好學工文辭)"라는 말만 찾아볼 수 있다. 이백약은 아버지의 친구인 육예가 이해하지 못하여 고민하던 글귀를 풀이했다고도 하는데, 이 또한 7세 무렵의 일인 듯하다.

"한유(韓愈)"는 당나라의 문장가로, 당송팔대가의 일원이기도 하다. 『신당서』「한유전」에서는 "한유는 책을 읽을 줄 알게 되고부터 날마다 수천 자를 기억했다.

(愈自知讀書, 日記數千百言.)"고 했는데, 이 구절은 이한(李漢)이 쓴 「창려선생문집서(昌黎先生文集序)」에서 유래한 것이다. 또 한유는 「봉상 형상서에게 주는 글(與鳳翔邢尚書書)」에서 자신의 수학 과정을 서술한 바 있는데, "태어나서 일곱 살에 책을 읽고, 열세 살에 문장에 능했다.(生七歲而讀書, 十三而能文.)"고 했다. 『아희원람』은 이 두 구절을 합친 듯하다.

"이하(李賀)"는 당나라의 시인이다. 『신당서』 「이하전」에서는 "7세에 문장에 능했는데, 한유와 황보식이 처음 이 말을 듣고는 믿지 못하였다. 그 집에 들러서 이하로 하여금 시를 짓게 하였는데, 마치 미리 구상해 놓은 것처럼 붓을 쥐고 곧바로 글을 내놓으며 스스로 '높은 수레로 들르다(高軒過)'라는 제목을 붙였다. 두 사람이 크게 놀랐으며, 이로부터 명성이 있게 되었다.(七歲能辭章, 韓愈皇甫湜始聞未信, 過其家使賀賦詩, 援筆輒就如素構, 自目曰高軒過. 二人大驚, 自是有名.)"라는 구절이 있다. 「높은 수레로 들르다」는 어린아이가 쓴 뛰어난 시의 대명사로도 일컬어진다.

"안수(晏殊)"는 송나라의 문인이자 관리다. 『송사』 「안수전」에 "七歲能屬文"의 구절이 보인다. 장지백(張知白)이 신동으로 추천하였으며, 이에 진종(眞宗) 황제가 진사 천여 명과 함께 시험하고서 등용했다고 한다. "가황중"은 송나라의 관리다. 『송사』 「가황중전」에서는 "6세에는 동자과에 뽑혔고, 7세에는 글을 지을 수 있었다.(六歲擧童子科, 七歲能屬文.)"고 했다. 가황중의 아버지 가빈(賈玭)은 가황중이 5세가 되자 매일 아침 키와 나란한 높이까지 책을 펼쳐놓고 가황중으로 하여금 읽게 했는데, 여기서 '등신서(等身書)' 즉 키 높이만큼의 책이라는 고사가 나왔다. 『송사』를 참고하면 『아희원람』에서 "7세"에 신동과에 급제했다고 서술한 것은 오류로 볼 여지가 있다.

"파스파[八思巴]"는 원나라의 승려로, 티베트 불교 사카파[薩迦派]의 5대 조사(祖師)이자 원나라의 국사(國師)를 지냈다. 몽골어를 표기하기 위한 문자인 파스파 문자를 창안한 것으로도 유명하다. 본명은 나고나사감장(羅古羅思監藏) 또는 나탁견장(羅卓堅贊, blo-gros-rgyal-mtshan)이며, 보통은 성자를 뜻하는 존칭인 파스파(八思巴 또는 帕克斯巴)로 일컬어진다. 『원사』 석노열전(釋老列傳) 「파극사파전(帕克斯巴傳)」에서는 "7세에 경전 수십만 자를 외고서 능히 대의를 추려낼 수 있었으니, 나라 사람들이 '성동(聖童)'이라 일컬었다. 그런 까닭에 '파스파'라는 이름을 붙이게 되었다.(七歲誦經數十萬言, 能約通大義, 國人號聖童. 故名帕克斯巴.)"고 했다.

율곡 이이가 7세에 지었다는 글은 「진복창전(陳復昌傳)」인 듯하다. 김집(金集)의 「문성공 율곡 이선생 묘지명(文成公栗谷李先生墓誌銘)」 등에 "7세에 「진복창전」을 지었다(七歲, 作陳復昌傳)"라는 구절이 보인다. 묘지명에서는 그 글의 내용을 간추려 놓았으며, 이정귀(李廷龜)가 쓴 묘표(墓表)에서는 그 글이 "간사함을 배척한 것(斥其奸邪)"이라 풀이했다.

○ 포의는 8세에 순임금의 스승이 되었다. 항탁은 8세에 공자의 스승이 되었다. 유안은 8세에 송(頌)을 지어 바쳤다. 위나라 문제 조비는 8세에 문장을 지을 수 있었다. 손성은 8세에 유공(庾公)의 기실참군(記室叅軍)이 되었다. 구지는 8세에 문장을 지을 수 있었다. 유견오는 8세에 시를 지을 수 있었다. 현비 서씨는 8세에 문장 짓는 법을 깨달았다. 하경명은 8세에 문장을 지을 수 있었다. 우리 조선에서는 박은이 8세에 책을 읽고 대의를 해석했다. 율곡 이이는 8세에 시에 능했다. 유형원은 8세에 「우공」을 읽다가 일어나서 춤을 추었다.

蒲衣, 八歲爲帝舜師. 項橐, 八歲爲孔子師. 劉晏, 八歲獻頌. 魏文帝曹丕, 八歲能屬文. 孫盛, 八歲爲庾公記室. 丘遲, 八歲能屬文. 庾肩吾, 八歲能賦詩. 徐賢妃, 八歲曉屬文. 何景明, 八歲能屬文. 我朝朴誾, 八歲讀書解大義. 栗谷李珥, 八歲能詩. 柳馨遠, 八歲讀禹貢起舞.

8세에 특별한 재능을 보인 12명의 일화를 수록했는데, 우리나라 인물로는 3명을 실었다. 다만 이 가운데에는 정확성이 의심되는 사례도 일부 포함되어 있다. '항탁'이나 '유안'처럼 다른 문헌에서는 "8세"가 아닌 다른 시기의 일로 기록된 사례가 있으며, '손성'처럼 다른 사람의 일을 뒤섞은 것으로 짐작되는 일화를 기록한 사례도 있다.

"포의(蒲衣)"는 순임금 때의 현인으로, 이름은 이주(伊疇)다. 부들[蒲草]로 짠 거친 옷을 입었기 때문에 '포의'라고 일컬었으며, 포의자(蒲衣子), 포이자(蒲伊子), 이포자(伊蒲子) 등으로도 불렸다. 『장자』「응제(應帝)」에서는 왕예(王倪)의 스승으로 언급되었는데, 그 주석에 "나이 8세에 순임금이 스승으로 섬겼다.(年八歲, 舜師之.)"라는 말이 보인다. 황보밀의 『고사전(高士傳)』에서도 순임금이 8세의 포의를 스승으로 섬겼다고 했는데, 여기에는 순임금이 선양하려 하자 포의자가 받아들이지 않고 떠났다는 말도 보인다.

"항탁(項橐)"은 춘추시대 노나라의 신동이다. 『사기』「감라전(甘羅傳)」에 감라가 여불위에게 항의하는 장면이 보이는데, 감라는 "7세에 공자의 스승이 된(生七歲爲孔子師)" 항탁의 예를 들면서 이미 12세인 자신에게 일을 맡겨달라고 말한다. 『전국책』, 『회남자』 등의 문헌에서도 이 일화를 언급했다. 일부 문헌에서 항탁이 공자의 스승이 된 시점을 "10세"로 기록했지만, 『아희원람』처럼 "8세"로 기록한 사례는 보이지 않는다. 이덕무의 『이목구심서(耳目口心書)』에서도 항탁이 공자의 스승이 된 시점을 "7세"라고 했는데, 8세에 요임금의 스승이 된 포의, 5세에 우를 보좌한 고자(睾子)와 함께 항탁을 말했다.

"유안(劉晏)"은 당나라의 관리다. 『신당서』「유안전」에 현종이 태산에 봉선(封禪)할 때 8세의 유안이 행재소에 송(頌)을 바친 일이 언급되어 있다. 유안은 중국의 대표적인 한자 학습서인 『삼자경(三字經)』에도 신동으로 언급되는데, "당나라 유안은 바야흐로 7세라, 신동으로 천거되어 정자가 되었네.(唐劉晏, 方七歲, 擧神童, 作正字.)"라 하였으니 나이가 조금 달리 기록된 셈이다. 『지봉유설』에서는 인물부 「인재」에서 "劉晏八歲獻頌"이라 했으며, 문장부 「문예」에서도 "유안은 8세에 「하청송」을 올렸다.(劉晏, 八歲進河淸頌.)"고 했다.

"위나라 문제 조비(曹丕)"는 문무(文武)를 함께 갖춘 인물로 기록되어 있다. 『위서』에는 "年八歲, 能屬文."이라는 구절이 있고, 조비 스스로 자기 생애를 기록한 「전론자서(典論自序)」에서는 6세에 활을 쏠 줄 알게 되고 8세에 말을 타면서 활을 쏠 줄 알게 되었다고 했다.

"손성(孫盛)"은 동진의 관리로, 『아희원람』에 언급된 일화는 손성의 일이 아닌 것으로 추정된다. 『진서』「손성전」에 손성의 생애가 기록되어 있는데, 여기에 8세 때의 일은 보이지 않는다. 나이가 언급된 사례로는 10세에 "난리를 피해 강을 건넌

일(避難渡江)" 정도를 찾을 수 있을 뿐이다. "유공(庾公)"을 보좌한 일은 찾을 수 있는데, 도간(陶侃)이 죽은 뒤에 유량(庾亮)을 보좌했다고 한 것이 그것이다. 그렇지만 도간의 몰년을 고려하면, 손성은 30대에 유량을 보좌하기 시작한 셈이 된다. "8세"와는 거리가 먼 셈이다. 다른 문헌에서도 "손성이 8세에 유공의 기실이 되었다"고 기록한 사례는 찾기 어려운 듯하다. 다만 "8세에 유공의 기실이 된 인물"이란 손성과 그의 아들 손방(孫放)의 일을 혼동하여 생겨난 말일 가능성은 생각해 볼 수 있다. 『세설신어』에는 '아이를 이끌고 사냥을 따라가다(將兒從獵)'라는 이야기가 실려 있는데, 여기서 "아이"는 7~8세의 손방(孫放)이며 '아이를 이끌고 간 사람'은 유량의 기실참군이었던 손성이다. 『세설신어』에서는 "손성이 유공(庾公)의 기실참군이 되어 사냥을 따라갔는데, 그 둘째 아들을 함께 데리고 갔다. 유공은 이를 알지 못했는데, 홀연 사냥터에서 제장(齊莊, 손방의 자)을 보았다. 그때 나이가 7~8세였다. 유공이 '그대도 함께 왔는가?'라고 말했더니, 그 말에 응하여 답하기를 '이른바 크고 작은 이 없이 공을 따라오도다(無小無大, 從公于邁)라는 것입니다.'라고 대답했다.(孫盛爲庾公記室參軍, 從獵, 將其第二兒俱行. 庾公不知, 忽於獵場見齊莊, 時年七八歲. 庾謂曰, 君亦復來邪. 應聲答曰, 所謂無小無大從公于邁.)"고 했다. 손방은 7~8세에 지나지 않았지만, 『시경』 노송(魯頌) 「반수(泮水)」의 한 구절을 인용하면서 아버지를 따라왔다고 밝힌 것이다. 이 이야기에서 손성은 "爲庾公記室參軍"하였고 손방은 "時年七八歲"였으니, 이를 한 사람의 일로 착각하면 손성이 "八歲爲庾公記室"했다고 서술할 수도 있을 것이다.

"구지(丘遲)"는 남조 양나라의 문인이다. 『양서』 「구지전」에 "八歲便屬文"의 구절이 보인다. "유견오(庾肩吾)"는 남조 양나라의 문인으로, 유신(庾信)의 아버지다. 『양서』 「유견오전」에 "八歲能賦詩"라는 말이 있다. "서현비(徐賢妃)"는 곧 태종의 현비인 서혜(徐惠)다. 앞서 5개월과 4세 때의 재주를 언급했는데, 다시 8세 때의 일을 말한 것이다. 『신당서』 후비열전에서는 "8세에 스스로 문장 짓는 법을 깨달았다(八歲自曉屬文)"고 했는데, 『아희원람』에서는 "스스로[自]"를 빼고 인용했기 때문에 뜻이 조금 불분명해졌다. "하경명(何景明)"은 명나라 말기의 문인으로, 이른바 전칠자(前七子)의 한 사람이다. 『명사』 「하경명전」에 "8세에 시와 고문에 능했다(八歲能詩古文)"라는 말이 보인다.

"박은(朴誾)"은 해동강서시파(海東江西詩派)를 대표하는 시인이다. 앞서 4세 때의 재주를 말했는데, 다시 8세 때의 일을 말한 것이다. 이행(李荇)이 쓴 묘지명에 "四歲而知讀書, 八歲略解大義."라는 말이 있는데, 여기서는 8세의 일을 옮기면서 "책을 읽고[讀書]"라는 말을 덧붙여 뜻을 분명히 한 듯하다. 다만 4세 때의 일에서 이미 "讀書"를 인용하고서 다시 8세에서도 인용했으니 착각의 결과일 가능성도 배제하기는 어렵다.

"율곡 이이가 8세에 시에 능했다"는 말은 이이가 8세에 「화석정(花石亭)」을 지은 일을 말한 것으로 짐작된다. 김장생이 쓴 행장에서는 "(8세에) 일찍이 화석정을 시로 읊었는데, 격조가 완전하게 조화를 이루었으니 비록 시율에 노숙한 사람이라도 미칠 수 없는 바가 있었다.(嘗題詩花石亭, 調格渾成, 雖老於詩律者, 有不能及也.)"고 했다. 「화석정」의 전문은 다음과 같다. "숲속 정자엔 가을 이미 깊었는데, 시인의 생각은 끝이 없구나. / 멀리 강물은 하늘에 닿아 푸르고, 서리 맞은 단풍잎은 해를 향해 붉었네. / 산은 외로운 달을 토해내고, 강은 만 리의 바람을 머금었네. / 변방의 기러기는 어디로 가는가, 울음소리 저녁 구름 속으로 사라지네.(林亭秋已晩, 騷客意無窮. 遠水連天碧, 霜楓向日紅. 山吐孤輪月, 江含萬里風. 塞鴻何處去, 聲斷暮雲中.)"

"유형원(柳馨遠)"은 조선 후기의 학자로, 2세에 아버지를 잃었지만 일찍부터 남다른 면모를 보였다고 전한다. 오광운(吳光運)이 쓴 행장에 "7세에 「우공(禹貢)」 편을 읽다가 '기주(冀州)' 대목에 이르니 갑자기 일어나 춤을 추었다.(七歲, 讀禹貢, 至冀州, 翻然起舞.)"라는 구절이 보인다. 이에 의하면 유형원이 『서경』 「우공」 편을 읽다가 일어나 춤을 춘 것은 7세 때의 일이 되는데, 유한준(兪漢雋)이 쓴 전(傳) 등에서도 이를 7세 때의 일로 기술하고 있다. 다만 안정복(安鼎福)이 작성한 연보(年譜)에서는 6세 때의 일로 기록하고 있다. 그렇지만 8세 때의 일로 기록한 사례는 보이지 않는다.

○ 한나라 질제는 9세에 양기를 '발호장군'이라고 지목했다. 양오양웅의 아들는 9세에 『태현경』에 참여하였다. 반고는 9세에 문장을 지을 수 있었다. 황향은 9세에 어머니를 여의고서 그리워하며 초췌해져서 거의 상을

마치지 못하고 죽을 듯하였다. 왕연은 9세에 어머니를 여의고 3년 동안 피눈물을 흘려 거의 생명을 잃을 뻔하였다. 유천은 9세에 문장을 지을 수 있었다. 왕발은 9세에 『한서』를 읽고서 『지하』를 지어 그 오류를 지적했다. 소미도는 9세에 문장을 지을 수 있었다. 왕유는 9세에 문장을 지을 줄 알았다. 소정은 9세에 한 번 보면 천 마디 말을 외었는데, 마치 평소에 익혔던 것 같았다. 육상은 9세에 날마다 2,000여 자를 외었다. 노조는 9세에 『효경』과 『논어』에 통달했다.

漢質帝, 九勢目梁冀跋扈. 揚烏雄子 九歲與太玄經. 班固, 九歲能屬文. 黃香, 九歲失母, 思慕憔悴, 殆不免喪. 王延, 九歲喪母, 泣血三年, 幾至滅性. 庾闡, 九歲能屬文. 王勃, 九歲讀漢書, 作指瑕, 摘其失. 蘇味道, 九歲能屬文. 王維, 九歲知屬辭. 蘇頲, 九歲一覽誦千言, 若素習. 陸爽, 九歲日誦二千餘言. 盧操, 九歲通孝經 · 論語.

9세에 특별한 재능을 보인 12명의 일화를 수록했다.

"질제(質帝)"는 후한의 10대 황제로, 8세에 충제(沖帝)의 뒤를 이어 황제가 되었다. 이 무렵 8대 황제 순제(順帝)의 황후인 양태후(梁太后)가 오빠 양기(梁冀)와 함께 권력을 장악하고 있었는데, 질제 또한 양기에 의해 황제의 자리에 올랐다. 『후한서』 「양기전」에서는 "황제[질제]는 어리지만 총명하여 양기가 교만하고 제멋대로인 것을 알았다. 일찍이 여러 신하들과 조회하면서 양기를 지목하여 '이 사람이 발호장군이다'라고 말했는데, 양기가 듣고 매우 미워하였다. 마침내 측근으로 하여금 자병에 독을 넣어 올리도록 했다. 황제가 그날로 세상을 떠났다.(帝少而聰慧, 知冀驕橫. 嘗朝羣臣, 目冀曰, 此跋扈將軍也. 冀聞深惡之. 遂令左右, 進鴆加煑餅, 帝卽日崩.)"라고 했는데, 질제는 즉위한 이듬해인 9세 때에 세상을 떠났으니 곧 발호장군이라 지목한 것은 9세 때의 일이 된다.

"양오(揚烏)"는 『태현경』을 쓴 양웅(揚雄)의 둘째 아들로, 아명은 동오(童烏)다. 양웅의 『양자법언(揚子法言)』에 "길렀으되 싹을 틔우지 못한 것은 우리 집의 '동오'

로다. 아홉의 나이로 나와 더불어 『태현경』을 논하였네.(育而不苗者, 吾家之童烏乎. 九齡而與我玄文.)"라는 구절이 있는데, 이는 9세의 양오—양동오—가 자신과 함께 『태현경』을 쓰는 데 참여한 사실을 밝히며 영특했던 아들의 요절을 슬퍼한 것이다. 여기서 "育而不苗"의 구절은 공자가 안연의 죽음을 슬퍼하며 한 말인 "싹은 틔웠으나 꽃을 피우지 못했다(苗而不秀)"를 활용한 것이기도 하다. 한편 왕세정은 '칠요절(七夭折)' 즉 7명의 요절한 인물을 말하면서 양오를 가장 먼저 거론한 바 있는데, 양오가 7세에 『태현경』에 참여하고 9세에 죽었다고 했다. 이처럼 양오가 『태현경』을 논한 시점을 7세 때로 기록한 문헌도 있다.

"반고(班固)"는 동한의 역사가다. 『후한서』「반고전」에 "年九歲, 能屬文誦詩賦."라는 말이 보인다. "황향(黃香)"은 한나라의 관리로, 여름에는 부채질을 해드리고 겨울에는 자신의 체온으로 이불을 따뜻하게 했다는 '황향선침(黃香扇枕)'의 고사로 알려진 효자이기도 하다. 『후한서』「황향전」에 "年九歲失母, 思慕憔悴, 殆不免喪."이라는 구절이 있다. "면상(免喪)"은 기한을 다 채우고 상복을 벗는다는 말이니, "태불면상(殆不免喪)"은 상을 채 마치지도 못하고 죽을 것처럼 보인다는 뜻이 된다. 황향의 고사는 『삼강행실도』에도 보이는데, 그 언해문에서는 "殆不免喪"을 "거의 죽게 되니"로 옮겼다. "왕연(王延)"은 5호 16국의 하나인 전조(前趙)의 관리로, 『소학(小學)』에도 기록될 만큼 효행으로 이름이 높았다. 『진서』「왕연전」에 "九歲喪母, 泣血三年, 幾至滅性."이라는 말이 보인다. 왕연의 효행으로는 겨울에 5척의 물고기를 잡아와서 자신을 학대하던 계모를 감동시킨 일, 여름에는 잠자리에 부채질을 해드리고 겨울에는 자신의 몸으로 이불을 데워드린 일 등이 전한다. "유천(庾闡)"은 동진의 관리다. 『진서』「유천전」에 "九歲能屬文"의 구절이 보인다.

"왕발(王勃)"은 당나라 초기의 시인으로, 앞에서는 6세 때의 일을 언급한 바 있다. 『신당서』에 "아홉 살에 안사고가 주석을 한 『한서』를 구해 읽고서 『지하(指瑕)』를 지어 그 오류를 지적했다.(九歲, 得顏師古注漢書讀之, 作指瑕以擿其失.)"라는 말이 보인다. "소미도(蘇味道)"는 당나라의 관리다. 『신당서』「소미도전」에 "九歲能屬辭"의 구절이 보이는데, 『구당서』에서는 9세 때의 일을 언급하지 않았다. "왕유(王維)"는 당나라의 시인이자 화가다. 『신당서』「왕유전」에 "九歲知屬辭"의 구절이 보이는데, 『구당서』에서는 9세 때의 일에 대해 언급하지 않았다.

"소정(蘇頲)"은 당나라의 문인이다. 『구당서』「소정전」에서는 "어려서부터 빼어난 재주가 있어서 한 번에 천 자를 보았다.(少有俊才, 一覽千言.)"고 했으며, 『신당서』「소정전」에서는 "어려서부터 명민하여 한 번에 보는 것이 천 자에 이르렀으며 곧바로 돌아앉아서 외었다.(弱敏悟, 一覽至千言, 輒覆誦.)"고 했다. 빨리 읽고 곧바로 암기하는 재주가 있었다는 말인데, 『아희원람』과 비교하면 당시의 나이를 말하지 않았을 뿐 아니라 표현에도 약간 차이가 있다. 한편 『천중기(天中記)』「숙혜(夙慧)」에서는 당나라 한휴(韓休)가 쓴 「소정집서(蘇頲集序)」를 인용했는데, "5세에 문장에 뜻을 두었는데, 앉으나 서나 항상 읊조리되 일찍이 잠시도 그만두지 않았다. 8~9세에 이르러서는 크게 이룬 듯한 것이 있었다. 한 번 보고서 천 자를 외되, 마치 평소에 익혔던 것 같았다.(五歲便措意於文, 每坐臥吟諷, 未嘗蹔輟. 至於八九歲, 則有若大成焉. 一覽誦千言, 有若素習.)"고 했다. 이는 『아희원람』의 서술과 거의 같다.

"육상(陸爽)"은 수나라의 관리다. 『수서』「육상전」에서는 "나이 9세에 배우기 시작했는데, 날마다 2,000여 자를 외었다.(年九歲就學, 日誦二千餘言.)"고 했다. "노조"는 수나라의 관리로, 효행으로 이름이 높았다. 『이륜행실도』의 「노조가 나귀를 몰다(盧操策驢)」와 『오륜행실도』의 「노조가 어머니를 따르다(盧操順母)」에 그의 효행이 전한다. 『태평어람』 인사부(人事部) 「효(孝)」에도 이 일화가 전하는데, 그 서두에 "9세에 『효경』과 『논어』를 통달하여 뜻에 따라 풀이하니, 학교의 부로들이 총명한 아이라고 일컬었다.(九歲通孝經論語, 隨義解釋. 黌中父老謂之聰明兒.)"고 했다.

○ 황제는 10세에 신농씨의 정치를 고쳤다. 전욱은 10세에 소호의 재상이 되었다. 사마천은 10세에 고문을 읽었다. 사혜련은 10세에 문장을 지었다. 이백은 10세에 『시경』과 『서경』에 통달했다. 소영사는 10세에 태학생이 되었다. 유안은 10세에 비서성 정자가 되었는데, '붕(朋)' 자는 아직 바로잡지 못했다고 답변하였다. 황보염은 10세에 문장을 지을 수 있었다. 형소는 10세에 문장을 지을 수 있었으며, 하루에 만여 자를 외었다. 가규는 5세에 책 읽는 소리를 듣고서 10세에 육경을 암송했다.

黃帝, 十歲改神農之政. 顓頊, 十歲爲少昊相. 司馬遷, 十歲誦古文. 謝惠連, 十歲屬文. 李白, 十歲通詩書. 蕭穎士, 十歲補大學. 劉晏, 十歲爲秘書正字, 對以朋字未正. 皇甫冉, 十歲能屬文. 邢邵, 十歲能屬文, 日誦萬餘言. 賈逵, 五歲日聽讀書, 十歲暗誦六經.

10세에 특별한 재능을 보인 10명의 일화를 수록했다.

"황제(黃帝)"의 일은 『육자(鬻子)』에 있었다는 "황제는 나이 10세에 신농씨의 잘못을 알고 그 정치를 고쳤다.(黃帝年十歲, 知神農之非而改其政.)"라는 구절에서 찾을 수 있다. 다만 이 구절은 현전하는 『육자』에는 보이지 않으며, 일부 문헌에서는 "年十歲"가 아닌 "立十年" 즉 '왕위에 오른 지 10년'으로 인용했다. "전욱(顓頊)"은 황제의 손자인 고양씨이며, "소호(少昊)"는 백제 금천씨다. 왕세정의 『완위여편』에 "顓頊, 十歲而爲少昊相"의 구절이 보인다.

『사기』「태사공자서(太史公自序)」에 "年十歲則誦古文"의 구절이 있다. 이 구절에서 '고문(古文)'이 무엇을 가리키는지에 대해서는 여러 견해가 제기되었는데, 『좌전』이나 『국어』 등의 옛 문헌으로 보는 견해, 고전(古篆) 즉 전서로 보는 견해, 『고문상서(古文尙書)』로 보는 견해 등이 대표적인 사례다. 또한 "송(誦)"은 읽거나 외운다는 뜻보다는 학습(學習)이나 강(講)의 뜻으로 풀이하기도 한다. "사혜련(謝惠連)"은 남조 송나라의 문인으로, 사령운(謝靈運)과 함께 '대소사(大小謝)'로 일컬어졌다. 『송서』「사혜련전」에 "年十歲能屬文"의 구절이 있다.

『신당서』「이백전」에 "十歲通詩書"의 구절이 보인다. 한편 앞서 언급된 '이백이 5세에 육갑을 왼 일'이 제시된 「안주 배장사께 올리는 글」에서는 이백이 스스로 "10세에는 백가의 글을 보았습니다(十歲觀百家)"라고 말한 것을 찾아볼 수 있다. "소영사(蕭穎士)"는 당나라의 문인으로, 앞서 '4세'의 일에서도 거론된 바 있다. 『신당서』「소영사전」에 "四歲屬文, 十歲補太學生. 觀書一覽即誦."이라는 구절이 있는데, 『아희원람』에서는 '4세'의 일을 말할 때 언급하지 않았던 "十歲補太學生"만 여기서 인용했다. "유안(劉晏)"은 당나라의 관리이며, 앞서 '8세'의 항목에서는 송(頌)을 지어 바친 일을 언급한 바 있다. 『명황잡록(明皇雜錄)』에 "이때 유안이 신동으로 비서성(秘書省) 정자가 되었는데, 나이가 10세였다. 외모는 남보다 못했지만 총명함은 다른 사람들보다 뛰어났다. …… 현종이 유안에게 '경은 정자가 되어서 몇 자나 바로잡았는가?' 하고 물었는데, 유안은 '천하의 글자는 모두 바로잡았으되 오직 '붕(朋)'자만은 아직 바로잡지 못했나이다.'라고 답하였다.(時劉晏以神童爲秘書正字, 年十歲. 形狀獰劣而聰悟過人. …… 玄宗問晏曰, 卿爲正字, 正得幾字. 晏曰, 天下字皆正, 唯朋字未正.)"라는 대목이 있다. 유안의 답변은 '붕당(朋黨)의 폐해'를 바로잡지 못한 당대 현실을 말한 것이다. "황보염(皇甫冉)"은 당나라의 문인으로, 『신당서』「황보염전」에 "十歲便能屬文"의 구절이 보인다.

"형소(邢邵)"는 북조 제나라의 관리다. 『북제서』「형소전」에서는 "10세에 문장을 지을 수 있었는데, 전아하고 재치 있는 생각을 갖추었다. 총명하고 기억력이 뛰어나서 하루에 만여 자를 외었다.(十歲便能屬文, 雅有才思. 聰明強記, 日誦萬餘言.)"고 했다.

"가규(賈逵)"는 삼국시대 위나라의 관리다. 『태평광기』「유민(幼敏)」에 5세 및 10세 때의 일화가 실려 있는데, 이는 『습유기』에서 인용한 것이라고 했다. 가규는 5세 때에 누이의 품에 안긴 채로 이웃 유생이 책 읽는 소리를 날마다 들었는데, 10세가 되더니 육경(六經)을 암송할 수 있었다고 한다. 누이가 놀라 어찌 된 일인지를 물었더니, 가규는 예전에 울타리 아래에서 들었던 것을 하나도 잊어버리지 않고 기억한 것이라고 답했다고 한다.

○ 환린은 11세에 시부를 짓는 데 능했다. 양음은 11세에 『시경』과 『주역』을 배웠다. 왕구는 11세에 동자과에 뽑혔다. 양억은 11세에 소대하고 5편을 지어 바쳐서 정자에 제수되었다.

桓驎, 十一能作詩賦. 楊愔, 十一受詩易. 王邱, 十一擢童子科. 楊億, 十一召對賦五篇, 除正字.

11세에 특별한 재능을 보인 4명의 일화를 수록했다.

"환린(桓驎)"은 한나라 때 사람이다. 역사서에는 전(傳)이 실려 있지 않지만, 장즐(張隲)의 『문사전(文士傳)』에 환언(桓焉)이 조카 환린의 재주를 손님에게 자랑한 일화가 수록되었다. 다만 이를 인용한 문헌에서는 당시 환린의 나이를 13~4세 또는 12세로 기록하고 있으니, 『아희원람』에서 말한 11세와는 일치하지 않는다.

환언은 "내 조카는 자못 기이한 재질이 있네. 지금 이미 『서전』을 섭렵하였고, 특히 시부를 짓는 데 능하다네.(吾此弟子頗有異才. 今已涉獵書傳, 殊能作詩賦.)"라고 하였고, 손님이 12세의 감라(甘羅), 9세의 양오(揚烏)의 재주에 빗댄 4언시를 읊자 환린이 두 사람의 재주와 비길 바는 못 된다는 뜻을 담은 4언시를 읊어 화답했다고 한다.

"양음(楊愔)"은 북위와 북제에서 벼슬을 했다. 『북제서』「양음전」에 "6세에 역사서를 학습하고 11세에 『시경』과 『주역』을 배웠는데, 『춘추좌씨전』을 좋아했다.(六歲學史書, 十一受詩易, 好左氏春秋.)"라는 구절이 보인다. "왕구(王邱)"는 당나라의 시인이다. 『신당서』「왕구전」에 "十一擢童子科"의 구절이 보인다. 동자과(童子科)에 참여한 아이들이 대부분 경전시험[專經]을 치렀는데, 왕구 홀로 문장시험[屬文]을 치러서 이름이 알려졌다고 한다.

"양억(楊億)"은 북송의 문인으로, 『책부원구(冊府元龜)』의 편찬에도 참여했다. 『송사』「양억전」에 "7세에 문장을 지을 수 있었으며, 손님을 마주하여 담론할 때는 노성한 풍모가 있었다. 옹희 초에 나이가 11세였는데, 태종이 그 명성을 듣고 강남전운사 장거화에게 조칙을 내려 글재주를 시험하고 궁궐로 보내도록 했다. 사흘을 연달아 소대(召對)하였는데, 시부 5편을 시험하되 붓을 들어 곧바로 완성하였다. …… (태종이) 곧바로 비서성 정자의 벼슬을 주고 특별히 포와 홀을 하사하였다.(七歲能屬文, 對客談論, 有老成風. 雍熙初, 年十一, 太宗聞其名, 詔江南轉運使張去華, 就試詞藝, 送闕下. 連三日得對, 試詩賦五篇, 下筆立成. …… 即授秘書省正字, 特賜袍笏.)"라는 말이 보인다.

○ 감라는 12세에 진나라의 상경이 되었다. 순상은 12세에 『춘추』와 『논어』에 통달했다. 임연은 12세에 『시경』, 『서경』, 『주역』, 『춘추』에 밝아서 '성동(聖童)'으로 불렸다. 이예는 12세에 문장을 정교하게 지었다. 임하는 12세에 스승에게 나아가 배웠는데, 두 번 묻지 않았으며 1년에 삼경을 통달했다.

甘羅, 十二爲秦上卿. 荀爽, 十二通春秋 · 論語. 任延, 十二明詩書易春秋, 號聖童. 李乂, 十二工屬文. 任嘏, 十二就師學, 不再問, 一年通三經.

12세에 특별한 재능을 보인 5명의 일화를 수록했다.

"감라(甘羅)"는 전국시대 진나라 사람으로, 감무(甘茂)의 손자이며 여불위를 보좌했다. 『사기』 「감라전」에 12세의 나이로 장당(張唐)과 조나라 왕을 설득하여 여불위의 계획을 실현할 수 있게 하는 공적을 세웠다. 이에 감라를 상경(上卿)으로 삼고 땅을 하사했다고 한다. 앞서 '8세'의 일을 다룬 항목에서는 항탁이 8세—7세—에 공자의 스승이 된 일을 제시한 바 있는데, 감라는 항탁의 고사를 들어 이미 12세인 자신에게 장당을 설득하는 일을 맡겨달라고 청한 것이다.

"순상(荀爽)"은 한나라 말기의 대신이다. 『후한서』 「순상전」에 "年十二能通春秋論語"의 구절이 있다. 순상의 고향인 영천에 "순씨에 여덟 마리 용이 있지만, 자명과 견줄 만한 이는 없다.(荀氏八龍, 慈明無雙.)"라는 말이 있었다고도 했는데, '자명'은 순상의 자다. "임연(任延)"은 한나라의 관리다. 『후한서』 「임연전」에 "나이 12세에 제생이 되어 장안에서 공부했는데, 『시경』, 『주역』, 『춘추』에 밝아 태학에서 이름이 높았다. 그래서 태학에서는 '임성동'이라고 불렀다.(年十二, 爲諸生學於長安, 明詩易春秋, 顯名太學. 學中號爲任聖童.)"라는 말이 보인다. 『서경』은 언급하지 않은 것인데, 『아희원람』에서 "書"를 함께 말한 이유가 무엇인지는 분명하지 않다. "이예(李乂)"는 당나라의 문인이다. 『신당서』 「이예전」에 "年十二工屬文"의 구절이 있다.

"임하(任嘏)"는 삼국시대 위나라 사람이다. 유소(劉昭)의 『유동전(幼童傳)』이나 왕전지(王瑱之)의 『동자전(童子傳)』을 인용한 문헌에서는 『아희원람』처럼 12세에 스승에게 나아가 배웠는데 두 번 묻지 않았고 1년에 삼경을 통달했다고 기록했다. 그렇지만 「임하별전(任嘏別傳)」을 인용한 문헌에서는 14세에 처음 배웠으며 3년 만에 오경을 다 읽었다고 했으니, 시기를 조금 달리 기록한 셈이다. 「임하별전」의 내용은 배송지(裴松之)가 붙인 『삼국지』의 주석에도 활용되었다.

○ 조정(鳥庭, 요임금)은 13세에 제곡의 아들인 제지를 보좌했다. 동방삭은 13세에 글을 배웠는데, 3년 만에 문사의 지식이 충분히 쓸 만할 정도가 되었다. 상홍양은 13세에 시중 벼슬에 올랐다. 왕발은 13세에 「등왕각서」를 지었다.

鳥庭, 十三佐帝嚳子帝摯. 東方朔, 十三學書, 三冬文史足用. 桑弘羊, 十三拜侍中. 王勃, 十三作滕王閣序.

13세에 특별한 재능을 보인 4명의 일화를 수록했다.

"조정(鳥庭)"은 이마가 튀어나온 모양을 뜻하는 말로, 여기서는 "조정"의 이마를 가진 요임금의 별칭으로 사용한 것으로 보인다. 제6장 '자성'에 있는 "鳥庭八眉"의 경우에는 '조정'이 주어인지 분명치 않기 때문에 별칭으로 썼을 가능성을 생각해 볼 수 있을 뿐이지만, 여기서는 별칭을 주어로 쓴 것으로밖에는 풀이할 방법이 없다. 『사기』에 의하면 "제곡(帝嚳)"은 요임금의 아버지인 고신씨(高辛氏)이며, "제지(帝摯)"는 요임금의 이복형이다. 『사기』「오제본기」에서는 "제곡이 진봉씨의 딸을 아내로 맞이하여 방훈을 낳았고, 추자씨의 딸을 아내로 맞이하여 지를 낳았다.(帝嚳娶陳鋒氏女生放勳, 娶娵訾氏女生摯.)"고 했는데, '방훈'이 곧 요임금이다. 한편 송나라 나필(羅泌)이 쓴 『노사』에서는 "(요임금은) 나이 13세에 지를 보좌하여 제후로 봉해졌는데, 도(陶)에 봉해졌다.(年十有三佐摯封植, 受封于陶.)"고 하고, 뒤에 "당(唐)으로 봉토를 바꾸었다(改國于唐)"고 했다. 요임금을 도당씨(陶唐氏)라고 하는 것은 이 때문이다. 명나라 문헌인 『광박물지』에서도 "요임금은 13세에 제지를 보좌했다(唐堯十三而佐帝摯)"고 했다.

"동방삭(東方朔)"은 한 무제 때 사람이다. 앞서 '3세'의 일에 비결이나 참서를 보면 곧 암송했다는 일화가 실려 있는데, 이는 『한무제별국동명기』에 언급된 말이다. '13세'와 '16세'의 일은 『한서』「동방삭전」에 인용된 동방삭의 글—무제의 인재 추천[徵士]에 응하면서 올린 글—에 언급되었는데, 13세에 대한 말로 "年十三學書, 三冬文史足用"의 구절이 보인다. 여기서 "학서(學書)"는 학업을 시작했다는 뜻으로 이해된다. "삼동(三冬)"은 세 번의 겨울 곧 3년을 뜻하는 말인데, 이 구절은 농사일이 없는 겨울에만 책을 읽되 세 번의 겨울 동안 책을 읽었다는 뜻으로 풀이할 수 있다.

"상홍양(桑弘羊)"은 한나라 무제 때 재정을 담당하던 관리다. 『사기』「평준서(平準書)」에 "상홍양은 낙양 상인의 아들로, 암산에 능해서 나이 열셋에 시중이 되었다.(弘羊, 雒陽賈人子, 以心計, 年十三侍中.)"라는 구절이 있다.

"왕발(王勃)"은 당나라 초기의 시인으로, 앞서 '6세'와 '9세' 때의 일화도 언급된 바 있다. 『신당서』 열전에서는 「등왕각서」를 쓰게 된 내력은 전하고 있는데, 몇 살 때의 일인지는 언급하지 않았다. 「등왕각서(滕王閣序)」 즉 '가을날 홍부의 등왕각에 올라 전별하는 서문(秋日登洪府滕王閣餞別序)'은 675년 무렵—『고문관지(古文觀止)』에서는 671년이라 하였으나 보편적인 견해는 아니다—에 아버지를 만나러 가다가 짓게 되었다고 알려져 있는데, 『신당서』에서는 종릉(鍾陵) 즉 남창(南昌)으로 가다가 9월 9일에 등왕각의 잔치에 참여하여 썼다고만 했다. 『구당서』와 『신당서』에 생년이 달리 기록되어 있어 675년의 왕발의 나이를 정확히 알 수는 없지만, 「등왕각서」의 내용으로 판단하면 20대의 작품일 가능성이 높다. 요컨대 역사서에 서술된 바와 작품 자체에서는 "13세에 쓴 글"로 볼 만한 근거는 없는 셈이다.

그렇지만 『지봉유설』 인물부 「인재」에 "王勃, 十三作滕王閣序"라는 구절이 있고 『고금사문유취』 등의 문헌에도 이와 유사한 말이 보이니, 13세 창작설이 전혀 근거가 없다고 할 수는 없을 것이다. 단언할 수는 없지만 13세 창작설은 『당척언(唐摭言)』을 거쳐 『태평광기』 등에 수록된 일화에서 유래한 것으로 짐작되는데, 여기에는 설화적 요소가 상당 부분 포함되어 있다. 이에 의하면 왕발은 "13세" 때 강좌(江左) 지방에서 한 노인을 만나는데, 그가 중양절에 남창도독이 '등왕각서'를 짓게 할 것인데 거기 가서 재주를 발휘하여 서문을 짓지 않겠느냐고 물었다고 한다. 왕발은 남창이 700여 리 떨어진 먼 곳이며 이미 9월 8일이니 어떻게 갈 수 있느냐고 반문하는데, 노인은 자신이 도와주겠다고 하고서 다음 날 잔치에 데려다준다. 또 자신은 중원수부군(中元水府君)이라고 밝힌다. 잔치에서 「등왕각서」를 짓게 된 과정은 『신당서』와 유사하게 서술되는데, 원래 도독 염백서(閻伯嶼)가 자기 사위의 재주를 과시하려고 문인들에게 글을 청한 것이었으며 뜻밖에도 왕발이 나서서 「등왕각서」를 써 내려갔다는 것이다. 말미에는 왕발이 '노인'에게 감사를 표했다는 이야기가 덧붙여져 있는데, 이는 물론 『신당서』에는 없는 내용이다.

○ 한나라 소제는 14세에 상관걸이 곽광을 무고했음을 알아차렸다. 조아는 14세에 아버지가 물에 빠져 죽으니 17일을 울다가 강물에 몸을 던졌는데, 그 시신이 아버지의 시신을 안은 채로 나왔다. 여자인 양향은 14세에 아버지가 호랑이에게 물렸는데, 손에 작은 칼 하나 없이 곧바로 호랑이의 목을 졸랐다. 아버지가 이로 인하여 죽음을 모면하였다. 황헌은 14세에 다른 사람이 그를 '사표(師表)'라 일컬었다. 잠문본은 14세에 아버지를 위하여 억울함을 말하니, 그에게 「채련부」를 짓도록 했다. 그래서 아버지의 억울함을 바로잡을 수 있었다. 제한은 14세에 '왕을 보좌할 재주'로 일컬어졌다. 형돈부는 14세에 「명비인」을 지었다.

漢昭帝, 十四知上官桀之誣霍光. 曹娥, 十四其父溺死, 號哭旬七投江, 抱父屍出. 女子楊香, 十四父爲虎噬, 手無寸刃, 直搤虎頸, 父因獲免. 黃憲, 十四人謂師表. 岑文本, 十四爲父理冤, 令作採蓮賦, 父冤得直. 齊澣, 十四稱有王佐才. 邢敦夫, 十四作明妃引.

14세에 특별한 재능을 보인 6명의 일화를 수록했다. 이 가운데 효녀 2명이 포함되어 있다.

"한나라 소제(昭帝)"는 전한 제8대 황제인 유불릉(劉弗陵)이다. 무제(武帝)의 아들로 8세에 등극했다. 제5장 '탄육'에 14개월 만에 태어난 일이 언급된 바 있다. "곽광(霍光)"은 무제의 유조(遺詔)를 받아 어린 황제 소제를 보필했는데, "상관걸(上官桀)"은 곽광과 함께 무제의 유조를 받은 신하의 한 사람이다. 뒤에 상관걸과 곽광의 사이가 벌어졌고, 결국 상관걸은 연왕(燕王) 단(旦)으로 하여금 거짓 고변하는 편지를 올리게 한다. 당시 14세에 불과했던 소제는 연왕의 고변이 거짓임을 간파하였고, 이에 곽광을 불러들여 "짐은 이 편지가 거짓임을 알고 있노라. 장군은 죄가 없다.(朕知是書詐也. 將軍亡罪.)"고 말했다. 또한 연왕의 고변이 사리에 맞지 않음을 상세히 말함으로써 거짓 고변임을 알아차린 이유를 밝혔다고 한다. 이 일은 『한서』 「곽광김일제전(霍光金日磾傳)」에 전한다.

"조아(曹娥)"는 후한의 효녀로, 『후한서』 열녀전(列女傳) 「효녀조아(孝女曹娥)」에 그 행적이 전한다. 조아의 아버지 조우(曹盱)는 무당[巫祝]이었는데, 5월 5일에 강물을 거슬러 올라가며 신을 영접하려다가 물에 빠져 죽어 시신도 건지지 못했다. 이에 14세의 조아가 17일 동안 강물을 오르내리며 밤낮으로 울다가 결국 물에 몸을 던져 죽었다고 한다. 뒤에 강가에서 조아를 제사 지내고 '조아비(曹娥碑)'를 세웠는데, 비문은 한단순(邯鄲淳)이 썼다. 이 비문과 관련해서는 조조와 양수(楊修) 사이의 고사도 『세설신어』에 전한다. '조아비'에는 채옹이 비문을 평(評)한 "黃絹幼婦, 外孫虀臼"의 여덟 글자가 있었으니, 이는 "절묘호사(絶妙好辭)" 즉 절묘하고도 좋은 글이라는 뜻이지만 글자만 봐서는 쉽게 풀이할 수 없는 것이었다. 양수는 곧 그 의미를 알아차렸지만, 조조는 한참 뒤에야 그 의미를 풀이할 수 있었다고 한다.

『아희원람』에는 『후한서』에는 없는 "포부시출(抱父屍出)"이라는 말이 보이는데, 이는 한단순이 쓴 「조아비」의 "물가에서 슬피 울기를 열흘 하고도 칠일 만에 마침내 스스로 강물에 뛰어들어 죽었는데, 5일이 지나자 아버지 시신을 안은 채로 나타났다.(哀吟澤畔, 旬有七日, 遂自投江死. 經五日, 抱父屍出.)"라는 구절에서 찾아볼 수 있다. 조아가 물에 뛰어든 지 5일이 지나니, 아버지의 시신을 껴안은 채로 조아의 시신이 물 위로 떠올랐다는 뜻이다. 『아희원람』에는 "經五日"의 구절이 없기 때문에 조아가 물속에 들어가서 아버지의 시신을 건져냈다고 이해할 수도 있지만, 이는 일반적인 풀이와는 거리가 있다. 한편 항원(項原)의 『열녀전』에는 조아가 점을 쳐서 아버지의 시신이 있는 곳을 찾아냈다는 말도 있었다고 하는데, 조아가 옷—또는 손톱—을 강물에 던지며 축원하기를 "아버님 시신 있는 곳에서 이 옷이 가라앉으리라.(屍所在, 衣當沈.)"라고 축원하여 시신 있는 곳을 찾았다고 한다.

"양향(楊香)"은 진나라 때의 효녀다. 양향의 효행은 남조 송나라 유경숙(劉敬叔)이 편찬한 『이원(異苑)』에 실렸으며, 원나라 곽거경(郭居敬)이 편찬한 『이십사효(二十四孝)』에서도 '액호구친(搤虎救親)'이라는 제목으로 다루었다. 『삼강행실도』에 수록된 「양향이 호랑이를 목 조르다(楊香搤虎)」에서는 "양향은 남향현 양풍의 딸이다. 아버지를 따라 밭에서 조를 수확하였는데, 양풍이 호랑이에게 물렸다. 양향은 겨우 14세였고 손에는 조그마한 칼조차 없었지만, 이에 호랑이의 목을 졸랐다.

그래서 양향이 죽음을 모면하였다. 태수 맹조지가 곡식을 내려주고 그 집에 정려를 세웠다.(楊香, 南鄕縣楊豊女也. 隨父田間穫粟, 豊爲虎所噬. 香年甫十四, 手無寸刃, 乃搤虎頸, 豊因獲免. 太守孟肇之賜賚穀, 旌其門閭焉.)"고 했는데, 여기서 『아희원람』과 유사한 표현을 찾아볼 수 있다.

"황헌(黃憲)"은 한나라 사람이다. 『후한서』 「황헌전」에 순숙(荀淑)이 14세의 황헌을 만난 일이 언급되어 있다. 순숙은 예를 갖추어 말을 나누며 날이 지나도록 떠나지 못했는데, 이에 황헌에게 "그대는 나의 사표로다(子吾之師表也)"라고 일컬었다고 한다. 『지봉유설』 인물부 「인재」에 "黃憲, 十四謂師表"의 구절이 보인다.

"잠문본(岑文本)"은 당나라의 관리다. 『신당서』 「잠문본전」에 아버지 잠지상(岑之象)을 신원(伸冤)한 일이 보인다. 수나라 때 한단(邯鄲)의 수령이었던 잠지상은 송사에 연좌되었는데, 14세의 잠문본이 나아가 아버지의 '억울함을 말하니(理冤)' 변론과 대답이 슬프면서도 굽힘이 없었다고 한다. 이에 「연화부(蓮華賦)」를 짓도록 하였는데, 문장을 보고 모두 감탄하였으며 마침내 '억울함을 바로잡을 수 있었다(得直)'고 한다. 『아희원람』에서는 잠문본이 지은 글을 「채련부(採蓮賦)」라 하였는데, 이처럼 서술한 사례는 찾아보기 어려우므로 오류일 가능성이 있다. 「채련부」라는 작품은 여러 사람이 지었는데, 양(梁)의 간문제(簡文帝)와 원제(元帝), 그리고 당나라 왕발(王勃)의 작품이 널리 알려져 있다.

"제한(齊澣)"은 당나라의 관리다. 『신당서』 「제한전」에 이교(李嶠)가 14세의 제한을 보고 "왕을 보좌할 재주가 있다(有王佐才)"고 칭송했다는 말이 보인다. 이교는 당나라 시인으로, 측천무후 시대에는 재상을 지냈다.

"형돈부(邢敦夫)"는 송나라 시인 형거실(邢居實)이니, 돈부(敦夫/惇夫)는 그의 자(字)이다. 『송사』 간신열전(姦臣列傳) 「형서전(邢恕傳)」에 형서의 아들 형거실이 "8세"에 「명비인」을 지었으며 황정견(黃庭堅), 진사도(陳師道) 등이 아꼈다는 말이 보인다. 그런데 형거실의 유문을 모은 『신음집(呻吟集)』 및 유서에서는 「명부인」을 14세의 작품으로 밝히고 있다. 『지봉유설』 인물부 「인재」에도 "邢敦夫, 十四作明妃引"의 구절이 보인다. 한편 형거실은 요절한 인물로도 알려졌는데, 제8장 '수부(壽富)'에 다시 이름이 언급된다.

○ 제곡은 15세에 전욱의 재상이 되었고, 요임금은 15세에 제지의 재상이 되었다. 개지추는 15세에 초나라의 재상이 되었다. 진번은 15세에 머무는 집을 청소하지 않았다. 길분은 15세에 아버지의 죄가 사형[大辟]에 해당함을 보고서 등문고를 쳐서 자기 목숨으로 대신하기를 청했는데, 두 사람 모두 죽음을 면하였다. 원진은 15세에 명경과에 뽑혀 급제하였다. 위현성[위강성(韋康成)]은 15세에 군의 주부사마(主簿司馬)[주부(主簿)]가 되었다. 최루백은 15세에 호랑이가 그 아버지를 해쳤는데, 곧바로 도끼를 메고 가서 호랑이의 배를 갈라 아버지의 뼈와 살을 꺼냈다. 우리 조선에서는 박은이 15세에 문장에 능했다.

帝嚳, 十五爲顓頊相. 帝堯, 十五爲帝摯相. 介之推, 十五爲楚相. 陳蕃, 十五居室不治. 吉翂, 十五見父罪當大辟, 撾登聞鼓乞代命, 俱免. 元稹, 十五擢明經及第. 韋玄成, 十五爲郡主簿司馬. 崔婁伯, 十五虎害其父, 卽荷斧剞其腹, 取父骸肉. 我朝朴誾, 十五能文.

15세에 특별한 재능을 보인 9명의 일화를 수록했는데, 이 가운데 효자 2명의 일화가 포함되어 있다. 또 우리나라의 인물로는 2명을 다루었다.

왕세정의 『완위여편』에 "帝嚳十五而爲顓頊相, 唐堯十五而爲帝摯相."의 구절이 보인다. "제곡(帝嚳)"은 고신씨(高辛氏)이며, 『사기』「오제본기」에서는 전욱 고양씨(高陽氏)의 조카[族子]라 했다. 송나라 나필(羅泌)이 쓴 『노사』에 "나이 15세에 고양씨를 보좌하여 신(辛) 땅에 봉해졌다.(年十有五, 而佐高陽氏, 受封于辛.)"라는 말이 보인다. "제지(帝摯)"는 요임금의 이복형이다. 앞서 '13세'에서 요임금이 제지를 보좌한 일을 언급했는데, 여기서 다시 15세의 일을 거론한 것이다. 다만 여기서는 요임금을 조정(鳥庭)이라는 별칭으로 부르지 않았고 제지를 '제곡의 아들'이라고 다시 말하지 않았다. 『제왕세기』에 "(요임금은) 나이 15세에 제지를 보좌하여 당 땅에 봉작을 받아 제후가 되었다.(年十五而佐帝摯, 受封於唐, 爲諸侯.)"라는 구절이 있으니, 요임금이 13세에 도(陶)에 봉해졌고 다시 15세에 당(唐)에 봉해졌다고 순차적으로 이해할 수도 있다.

"개지추(介之推)"는 춘추시대 진(晉)나라 사람으로, 개자추(介子推)나 개추(介推)로도 일컫는다. 왕세정의 『완위여편』에 "介子推, 十五而爲楚相."이라는 구절이 보인다. 남송의 설거(薛據)가 편찬한 『공자집어(孔子集語)』에 개자추가 15세에 형상(荊相) 즉 형초(荊楚)의 재상이 되었다는 말이 보이는데, 이는 『설원』에서 인용한 것이라 했다. 개자추가 15세에 형초의 재상이 되었다는 말을 듣고서 공자가 제자에게 가서 살펴보게 했는데, 제자가 돌아와서 "뜰아래에는 진사 25명이 있고 당상에는 노인 25명이 있었습니다.(庭下有二十五進士, 堂上有二十五老人.)"고 아뢰었다. 이에 공자가 "25명의 지혜를 합치니 탕왕이나 무왕보다 지혜롭고 25명의 힘을 아울렀으니 팽조보다 힘이 셀 것이다. 이로써 나라를 다스리니 잘 다스리지 않겠는가.(合二十五人之智, 智於湯武, 并二十五人之力, 力於彭祖. 以治其國, 有不濟乎.)"라고 말했다고 한다.

"진번(陳蕃)"은 한나라의 관리로, 빈객을 극진히 대접한다는 '진번하탑(陳蕃下榻)'의 고사로 알려진 인물이기도 하다. 『지봉유설』 인물부 「인재」에 "陳蕃, 十五居室不治."의 구절이 보인다. 이 일화는 『후한서』 「진번전」에 실려 있다. 진번이 15세에 풀이 무성하고 지저분한 집에서 지냈는데, 아버지의 친구인 설근(薛勤)이 들렀다가 어찌 쇄소(灑掃)하여 빈객을 맞이하지 않느냐고 했다. 이에 진번이 "대장부가 세상에 태어나 마땅히 천하를 청소해야 하거늘, 어찌 집 하나를 일로 삼겠습니까?(大丈夫處世, 當掃除天下, 安事一室乎.)"라고 답하니, 설근은 진번이 '세상을 깨끗이 할 뜻(淸世志)'을 가졌음을 알고 기이하게 여겼다고 한다.

"길분(吉翂)"은 양나라의 효자로, 『양서』 효행열전(孝行列傳)에 그 행적이 전한다. 이 가운데 15세 때의 효행은 『오륜행실도』에 '길분이 아버지를 대신하다(吉翂代父)'는 제목으로 실렸다. 길분의 아버지는 고을 수령으로 무고를 당하여, 청렴결백했지만 결국 죄를 자백하여 극형[大辟]에 처해지게 되었다. 길분은 당시 15세였는데, 거리에서 울고 공경에 호소해도 소용이 없으니 등문고(登聞鼓)를 쳐서 '자기 목숨으로 대신하기(代命)'를 청했다. 무제(武帝, 소연)가 가상히 여기면서도 누가 시킨 것은 아닌지 의심스러워 정위(廷尉)로 하여금 알아보게 했는데, 죽음으로 위협해도 대신 죽겠다는 마음을 바꾸지 않고 형구(刑具)를 벗기려 해도 죄인이 형구를 벗을 수 없다며 거절했다. 무제가 보고를 받고서 길분의 아비지를 용서하였다고 한다.

"원진(元稹)"은 당나라의 시인으로, 백거이(白居易)와 함께 '원백(元白)'으로 일컬어지기도 했다. 『신당서』「원진전」에 "9세에 문장을 잘 지었고, 15세에 명경과에 뽑혔다.(九歲工屬文, 十五擢明經.)"라는 말이 있다. 『지봉유설』 인물부 「인재」에 "元稹, 十五擢明經."의 구절이 보인다.

"위현성(韋玄成)"의 15세 일화에는 두 가지 오류가 있는 것으로 추정된다. 번역문에서는 [ ]에 원문의 오류를 수정해 두었다. 수정한 번역문은 "위강성은 15세에 군의 주부가 되었다."가 된다. "위강성"은 후한 때 사람으로, 키 큰 인물로 언급되기도 한다. 『오주연문장전산고』의 「고금인장단경중변증설(古今人長短輕重辨證說)」에 보이는 "위강성은 15세에 키가 8척이었다.(韋康成, 十五長八尺.)"라는 구절에서 이런 사례를 찾을 수 있다.

『아희원람』에서 범한 첫 번째 오류는 "위강성(韋康成)"을 "위현성(韋玄成)"으로 기록한 점이다. "위현성(韋玄成)"은 한나라 승상 위현(韋賢)의 아들로, 『한서』「위현전」에서는 어려서부터 학문을 좋아했고 여러 관직을 맡았다고 했지만 '15세 때의 벼슬'에 대해서는 언급하지 않았다. 반면 "위강성(韋康成)"이 15세에 벼슬을 했다는 말은 현재 일부만 전하는 『삼보결록(三輔決錄)』에 있었다고 한다. 서응추의 『옥지당담회』에서는 위강성에 대해 "나이 15세에 키가 8척이었으며, 군의 주부가 되었다. 군의 수령 양표가 그를 기이하게 여기며 '위주부는 잘 달리는 천리마로다' 라고 말했다.(年十五身長八尺, 爲郡主簿. 郡尹楊彪奇之曰, 韋主簿昂昂千里駒.)"고 기록했는데, 이 구절을 『삼보결록』에서 인용했다고 밝혔다. 왕세정의 『완위여편』에는 "韋康成, 十五而爲郡主簿."와 "韋康成, 十五長八尺."의 구절이 보인다.

두 번째 오류는 위강성의 벼슬을 "주부사마(主簿司馬)"로 기록한 것인데, 이는 "주부(主簿)"의 오기다. 즉 "사마(司馬)"는 잘못 들어간 단어다. 『옥지당담회』와 『완위여편』에 "주부"로 기록되었음은 위에서 확인할 수 있는데, 『아희원람』의 편찬자 장혼이 이들 문헌을 인용하는 과정에서 착각함으로써 이런 오류를 범한 것으로 추정된다. 『완위여편』에는 "韋康成, 十五而爲郡主簿."의 바로 뒤에 "司馬元顯高澄, 俱十六開府輔政."이라는 문장이 있는데, 뒷문장의 "司馬"는 성(姓)이지만 관직명의 일부로 착각할 수 있다. 장혼 또는 장혼이 참고한 선행 문헌의 저자가 "사마

(司馬)"를 앞 문장에 붙여서 이해했을 가능성은 충분히 생각해 볼 수 있는데, 『아희원람』의 다음 항목 즉 '16세'의 일을 다룬 항목에 "사마원현과 고징(司馬元顯高澄)"이 아닌 "원현과 고징(元顯高澄)"이 언급된 데서 그러한 추정의 근거를 찾을 수 있다.

"최루백(崔婁伯)"은 고려의 관리로, 『고려사』 효우전(孝友傳)에 입전될 정도로 효행으로 이름이 높았다. 『삼강행실도』의 「루백이 호랑이를 잡다(婁伯捕虎)」는 최루백의 일화를 다룬 것인데, 『아희원람』에서는 이를 축약한 듯하다. 『삼강행실도』에서는 "한림학사 최루백은 수원 호장 최상저의 아들이다. 나이 15세 때에 아버지가 사냥을 하다가 호랑이에게 해를 입었는데, 최루백이 호랑이를 잡고자 하니 어머니가 말렸다. 최루백은 '아버지 원수를 갚지 않을 수 있습니까?'라고 말하고는 곧바로 도끼를 메고 호랑이의 종적을 쫓았는데, 호랑이는 이미 먹고서 배부른 채 누워있었다. 최루백은 앞으로 나가서 '네가 내 아버지를 잡아먹었으니 나는 마땅히 너를 잡아먹어야겠다.'면서 호랑이를 꾸짖었다. 그러자 호랑이가 꼬리를 흔들며 엎드렸는데, 곧바로 도끼로 내려치고 그 배를 갈라서 아버지의 뼈와 살을 꺼내 그릇에 담았다. 또 호랑이 고기를 항아리에 채워 개울가에 묻어두고, 홍법산의 서쪽에 아버지를 장사 지내고 여묘살이를 했다.(翰林學士崔婁伯, 水原戶長尙翥之子. 年十五時, 父因獵, 爲虎所害. 婁伯欲捕虎, 母止之, 婁伯曰, 父讎可不報乎. 卽荷斧跡虎, 虎旣食飽臥. 婁伯直前, 叱虎曰, 汝食吾父, 吾當食汝. 虎乃掉尾俛伏, 遽斫而刳其腹, 取父骸肉, 安於器, 納虎肉於瓮, 埋川中, 葬父弘法山西廬墓.)"고 했으며, 이어서 여묘살이 중에 아버지가 나타나 아들의 효행을 칭찬하는 시를 남기는 꿈을 꾸었으며 상을 마친 뒤에 호랑이 고기를 모두 먹었다는 말을 덧붙였다.

"박은(朴誾)"은 조선의 시인이다. 앞서 4세와 8세 때의 일을 언급했으며, 여기서 다시 15세의 일을 거론했다. 이행의 「박중열묘지(朴仲說墓誌)」에 "十五而能文章"의 구절이 보인다.

○ 동방삭은 16세에 22만 자를 외었다. 사마원현, 고징은 16세에 관부를 열고 정사를 보좌했다.

東方朔, 十六誦二十二萬言. 元顯 · 高澄, 十六開府輔政.

16세에 특별한 재능을 보인 3명의 일화를 수록했다.

"동방삭(東方朔)"의 일화는 제7장 '재민'에서 세 번 언급했으니, 앞서 '3세'와 '13세'에 이어 다시 '16세'에 거론된 것이다. 13세의 일화와 마찬가지로 『한서』 「동방삭전」에 실린 자신을 천거하는 글에 관련된 구절이 보이는데, 동방삭은 스스로 "16세에는 『시경』과 『서경』을 배웠는데, 22만 자를 외었습니다.(十六學詩書, 誦二十二萬言.)"고 했다. 『지봉유설』 인물부 「인재」에도 "東方朔, 十六誦二十二萬言."의 구절이 보인다.

"사마원현(司馬元顯)"과 "고징(高澄)"은 어린 나이에 나라의 실권을 장악한 인물이다. 15세 항목에서 언급했듯이, 원문의 "元顯"은 "司馬元顯"으로 수정해야 한다. "개부(開府)"는 관부(官府) 또는 막부(幕府)를 개설한다는 말인데, 한나라 이후로 삼공(三公)이나 대장군은 독자적인 관부를 열고 자신을 보좌하는 막료(幕僚)를 둘 수 있었다. "사마원현"은 동진의 종실(宗室)로, 회계왕 사마도자(司馬道子)의 아들이다. 『진서』에 "사마도자의 세자 사마원현은 이때 나이 16세로 시중의 자리에 있었다. 왕공(王恭)을 미워하여 사마도자에게 토벌하기를 청하였는데, 이에 사마도자가 사마원현을 정로장군으로 삼았다.(道子世子元顯, 時年十六, 爲侍中. 心惡恭, 請道子討之, 乃拜元顯爲征虜將軍.)"라는 구절이 있다. "고징"은 동위(東魏)의 권신(權臣)으로, 고환(高歡)의 장남이다. 동생 고양(高洋)이 북제를 세워 황제가 된 이후에 문양제(文襄帝)로 추존되었다. 『북제서』 「제기(帝紀)」에서는 532년에 시중(侍中) 개부의동삼사(開府儀同三司)가 되었고, 536년에는 경기대도독(京畿大都督)이 되었다고 했다.

○ 최영은 17세에 부진(苻秦, 전진)의 간의대부가 되었다. 전희백은 17세에 진사가 되어 어시의 삼제를 해가 중천에 올랐을 때 제출했다.

崔英, 十七爲苻秦諫議大夫. 錢希白, 十七擧進士, 御試, 三題, 日中而就.

17세에 특별한 일화를 남긴 2명의 일을 수록했다. 이들의 사례는 17세 때에 특별한 재능을 보였다고 하기는 어려우며, 따라서 여타 항목과는 조금 성격이 다르다고 할 만하다.

"부진(苻秦)"은 부(苻)씨가 세운 진나라니, 곧 5호 16국의 하나인 전진(前秦)이다. "최영(崔英)"의 생애는 자세히 알려져 있지 않지만, 당나라 때 문헌인 『계원총담(桂苑叢談)』의 「사유(史遺)」에 어린 시절의 일화가 전한다. 『계원총담』은 『신당서』 「예문지(藝文志)」의 주석에 '풍익자자휴(馮翊子子休)'가 편찬한 책이라고 기록되어 있는데, 이를 통해 호가 풍익자(馮翊子)이며 자가 자휴(子休)인 이가 편찬한 것으로 추정할 따름이다. 최영은 9세 때 궁궐에서 독서를 했는데, 다른 아이들과는 달리 뛰지 않고 천천히 걸어 다녔다. 진왕 부견(苻堅)이 전각 위에서 이 모습을 보고 괴이하게 여겨서 불러다 물었는데, 최영이 자애로운 아비와 같은 왕을 두려워할 까닭이 없다고 답하고 『효경』에 담긴 뜻을 풀이했다. 이에 부견이 17세가 되면 등용하여 대부를 삼겠노라 하니, 최영은 "선비가 쓰일 만하면 등용될 것이니, 어찌 뒷날의 기약을 두겠습니까.(士或可用則用, 何在後期.)"라고 답했다. 부견은 다시 반드시 불러들이겠노라 했는데, 그 기한이 되자 간의대부(諫議大夫)의 벼슬을 내렸다고 한다.

"전희백(錢希白)"은 송나라 문인인 전역(錢易)이며, 희백(希白)은 그의 자(字)다. 『지봉유설』 인물부 「인재」에 "錢希白, 十七擧進士, 御試三題, 日中而就."의 구절이 보인다. 이와 관련된 일화는 『송사』 「전역전」에 보이는데, 이는 단순히 전역이 뛰어난 재주를 보였다는 의미로만 제시된 것은 아니다. 전역은 17세에 진사가 되어 숭정전(崇政殿)에서 어시(御試)를 치렀는데, 일미중(日未中) 즉 해가 중천에 오르기도 전에 세 편을 제출했다고 한다. 그런데 그는 "재주는 뛰어나지만 경솔함(輕俊)"을 이유로 낙방했으며, 이로부터 글재주로 이름이 알려지게 되었다고 했다. 남송의 이도(李燾)가 편찬한 『속자치통감장편(續資治通鑑長編)』에서 그 배경을 엿볼 수 있는데, 이에 의하면 당시에는 '부화(浮華)한 문장을 빨리 짓는 것'이 과거 시험에서의 나쁜 습속으로 지적되곤 했고 이런 폐습을 고쳐야 한다는 건의가 받아들여졌다고 한다. 즉 다른 사람은 미처 글쓰기를 시작하지도 못했을 때에 17세에 불과한 전역이 글을 완성하여 제출하였으니, 빨리 쓰는 폐습을 고치기 위해 특별히 탈락시켰던 것이다. "어시(御試)"는 궁궐에서 치르는 전시(殿試)이며, 삼제(三題)는 세 가지 문체(文體) 혹은 세 편의 글을 요구하는 시험이다. 전역이 글을 제출한 시점은 문헌에 따라 "日中" 혹은 "日未中"으로 달리 표현되어 있는데, 정확하게 같은 시점을 말하는 것은 아니지만 '매우 빠른 시점'을 뜻한다는 점에서는 결국 같은 말이다.

○ 자기는 18세에 동아의 태수가 되었다. 가의는 18세에 박사가 되었다. 장면은 18세에 회남의 태수가 되었다. 곽거병은 18세에 표요교위가 되었다. 당나라 태종 문황제는 18세에 제업(帝業)을 열었다. 정이천은 18세에 「호학론」을 지었다. 주자는 19세에 「원유편」을 지었다.

子奇, 十八爲東阿守. 賈誼, 十八爲博士. 張緬, 十八爲淮南守. 霍去病, 十八爲嫖姚校尉. 唐文皇, 十八創帝業. 程伊川, 十八作好學論. 朱子, 十九作遠遊篇.

18세에 특별한 재능을 보인 6명과 19세에 특별한 재능을 보인 1명의 일화를 함께 수록했다. 이 가운데 자기, 가의, 곽거병, 주자의 일은 『지봉유설』 인물부 「인재」에 보이는데, "자기"의 경우에 "齊" 즉 제나라임을 밝힌 점을 제외하면 표현까지 일치한다.

"자기(子奇)"는 춘추시대 제나라 사람이다. 유향의 『신서(新序)』에 자기의 일이 실렸는데, 제나라 군주가 '아(阿)'를 교화시키기 위해 18세의 자기를 보냈더니 무기를 녹여 농기구를 만들고 창고를 열어 빈궁한 이를 진휼함으로써 아현(阿縣)을 크게 교화시켰다고 한다. 이 일화는 『후한서』 「순제기(順帝紀)」의 주석에도 인용되어 있다. 한편 자기의 일을 서술한 문헌 가운데는 "16세"에 태수가 되었다고 기술한 사례도 보인다.

"가의(賈誼)"는 한나라 문인으로, 가생(賈生), 가태부(賈太傅), 가장사(賈長沙) 등으로도 일컬어진다. 『사기』 「굴원가생열전(屈原賈生列傳)」에서는 가의가 18세에 시문의 재주로 이름이 알려졌으며 이후 하남태수 오정위(吳廷尉)의 천거로 문제(文帝)가 발탁하여 박사로 삼았다고 했는데, 이때 나이가 20여 세여서 박사들 가운데 가장 어렸다고 했다. 이후의 문헌들은 대체로 가의가 박사가 된 시점을 "20여 세" 또는 "약관(弱冠, 20세)"으로 전하는데, 명대 문헌인 『완위여편』이나 『옥지당담회』 등은 이와 달리 "18세"라고 기록했다. 『지봉유설』과 『아희원람』에서는 이를 참고했기 때문인지 "18세"로 기록했다.

"장면(張緬)"은 남조 양나라의 관리다. 『양서』「장면전」에 의하면 장면은 아버지 장홍책(張弘策)이 남제(南齊) 동혼후(東昏侯) 소보권(蕭寶卷)의 잔당인 손문명(孫文明) 등에게 피살당한 뒤에 발탁되었다고 하는데, 여러 관직을 거쳐 18세에는 회남태수(淮南太守)가 되었다고 한다.

"곽거병(霍去病)"은 한나라 무제 때의 장군이다. 『사기』「위장군표기열전(衛將軍驃騎列傳)」에서는 대장군 위청(衛靑)의 조카[姊子]인 시중(侍中) 곽거병이 18세의 나이로 표요교위가 되어 두 차례 대장군을 따라 출전하여 전공을 세웠다고 했다. 곽거병은 이때의 전공을 인정받아 관군후(冠軍侯)로 봉해졌다.

"당문황(唐文皇)" 즉 당나라 문황제는 당나라 2대 황제인 태종(太宗) 이세민(李世民)이다. 여기서 "제업을 열었다(創帝業)"라는 말은 이세민의 아버지인 이연(李淵)이 이세민의 도움으로 장안(長安)을 점령하여 당왕(唐王)이 된 일을 가리키는 듯하다. 이세민의 생년은 『구당서』에는 599년으로, 『신당서』에는 598년으로 기록되어 있는데, 이에 의하면 이세민이 18세가 되는 해는 616년 또는 617년이다. 당나라 첫 황제인 고조(高祖) 이연은 618년에 황제가 되었고 2대 황제인 이세민은 626년에 황제가 되었으니, "創帝業"은 적어도 아버지 혹은 자신이 당나라 황제의 자리에 오른 시점을 가리키는 말은 아닌 셈이다. 이연은 617년 11월에 당왕(唐王)이 되었지만 황제의 자리에 오르지는 않았는데, 이 시점에 실질적으로 수(隋)에서 당(唐)으로 왕조가 바뀌었다고 이해할 수 있다.

"정이천(程伊川)"은 송나라 학자인 정이(程頤)다. '호학론(好學論)'은 「안자소호하학론(顔子所好何學論)」의 약칭이니, 곧 '안회가 좋아한 것은 어떤 학문인가'에 대해 논한 글이라는 뜻이다. 공자의 제자 3,000명 가운데 안회만이 "학문을 좋아한다(好學)"고 일컬어지는 데 대해 논변한 것이 그 내용이다. 이 글은 원래 정이가 태학(太學)에서 배울 때 호안정(胡安定) 즉 호원(胡瑗)의 시험에 답한 글이었는데, 호원이 이 글을 보고 크게 놀라 만나보기를 청했다고 한다.

"주자(朱子)"는 송대 유학을 집대성한 주희의 존칭이다. 「원유편(遠遊篇)」은 5언 34구의 시로, 주자가 19세에 지었다고 전한다.

○ 육기는 20세에 「문부」를 지었다. 소자첨은 22세에 과거에 급제했다. 정명도는 23세에 「정성서」를 지었다.

陸機, 二十作文賦. 蘇子瞻, 二十二登科. 程明道, 二十三作定性書.

20~23세에 특별한 재능을 보인 3명의 일화를 수록했다. 셋 다 『지봉유설』 인물부 「인재」에 보이며, 표현도 일치한다.

"육기(陸機)"는 서진의 문인으로, 육손(陸遜)의 손자이기도 하다. 「문부(文賦)」는 새로운 문학론을 제기하여 비평문학사에서 높이 평가되는 작품으로, 육기의 대표작이기도 하다. 『진서』 「육기전」에서는 20세에 동오(東吳)가 망하자 고향으로 돌아갔고 이후 10년 동안 학문에만 힘썼다고 했는데, 「문부」의 창작 시기에 대해서는 언급하지 않았다. 그렇지만 육기가 20세에 「문부」를 지었다는 말은 여러 문헌에 전하는데, 당나라 시인 두보는 「취가행(醉歌行)」의 첫머리에서 "육기는 20세에 문부를 지었는데, 너는 더 어린 나이에도 문장을 짓는구나.(陸機二十作文賦, 汝更少年能綴文.)"라고 읊기도 했다.

"소자첨(蘇子瞻)"은 송나라 문인 소식(蘇軾)으로, 자첨은 그의 자(字)다. 『송사』 「소식전」에 소식의 급제와 관련된 일화가 전한다. 가우(嘉祐) 2년(1057)의 예부 시험관이었던 구양수는 난해하고 괴이한 문장을 쓰는 병폐를 바로잡겠다고 생각했다. 이에 소식의 「형상충후론(刑賞忠厚論)」을 받아보고는 기뻐하며 장원으로 뽑고자 했는데, 그 글이 자신의 문객인 증공(曾鞏)의 것이라고 의심하여 2등으로 바꿔놓았다고 한다. 소동파는 경우(景祐) 3년(1036) 12월생이다.

"정명도(程明道)"는 송나라 학자인 정호(程顥)이며, 앞서 언급한 동생 정이와 함께 '이정자(二程子)'로도 불린다. 「정성서(定性書)」는 장횡거(張橫渠) 즉 장재(張載)가 제기한 '정성(定性)'의 문제에 대한 답서(答書) 형식의 글로, 정명도 철학의 핵심을 담은 것으로 평가된다. 원래의 명칭은 '답횡거장자후선생서(答橫渠張子厚先生書)' 또는 '답횡거선생정성서(答橫渠先生定性書)'다. 정명도가 「정성서」를 쓴 시점에 대해서는 "스물두세 살(二十二三歲)"이나 "겨우 스물 몇 살(纔二十多歲)"과 같이 불분명한 기록도 있다.

○ 항우는 24세에 군사를 일으켜 강을 건넜다. 등우는 24세에 사도의 벼슬을 받았다. 주유는 24세에 건위중랑의 벼슬을 받았다. 엄무는 24세에 촉 땅을 지켰다.

項羽, 二十四起兵渡江. 鄧禹, 二十四拜司徒. 周瑜, 二十四授建威中郎. 嚴武, 二十四鎭蜀.

24세에 특별한 재능을 보인 4명의 일화를 수록했다. 항우를 제외한 3명의 일은 『지봉유설』 인물부 「인재」에도 보이는데, 일찍 현달한 인물의 사례로 거론된 것이다.

"항우(項羽)"는 진나라 이세(二世) 원년 즉 B.C.209년에 진승(陳勝)과 오광(吳廣)이 난을 일으키자 숙부 항량(項梁)을 따라 봉기하였는데, "군사를 일으켜 강을 건넜다(起兵渡江)"라는 말은 이 일을 가리키는 것으로 보인다. 『사기』 「항우본기」에서는 항우가 항량을 따라 봉기하는 장면을 "항량이 이에 8,000명을 이끌고 강을 건너 서쪽으로 갔다.(項梁, 乃以八千人渡江而西.)"라고 서술했다.

"등우(鄧禹)"는 광무제 유수(劉秀)가 후한을 재건하는 데 공을 세운 장수로, '운대 28장(雲臺二十八將)'의 첫째 공신으로 꼽히기도 했다. '운대 28장'은 『아희원람』의 부록 '수휘(數彙)'의 인편(人篇)에도 나타나는데, 등우를 첫째 인물로 꼽았다. 등우(2~58)는 건무(建武) 원년(25)에 하동(河東)을 평정하고 광무제가 즉위하면서 대사도(大司徒)의 벼슬을 제수받았다.

"주유(周瑜)"는 삼국시대 오나라의 장수다. 주유는 원술(袁術)에게서 벗어나 손책(孫策)에게 돌아오는데, 『삼국지』 오지(吳志)에서는 이 장면을 "이해가 건안 3년(198)이었다. 손책이 친히 주유를 맞이하여 건위중랑장을 제수하고 곧바로 병사 2,000명과 기마 50필을 주었다. 주유는 이때 나이가 24세였는데, 오나라에서는 모두 그를 '주랑'이라고 일컬었다.(是歲建安三年也. 策親自迎瑜, 授建威中郎將, 即與兵二千人, 騎五十匹, 瑜時年二十四, 吳中皆呼爲周郎.)"라고 서술했다.

"엄무(嚴武)"는 당나라의 장수로, 시인으로도 이름이 높았으며 두보(杜甫)의 후원자로도 알려져 있다. 『신당서』 「엄무전」에는 8세에 아버지의 첩을 죽이고서 "어찌 대신이 첩을 후대하고 처를 박대하는 법이 있습니까?(安有大臣厚妾而薄妻者.)"

라고 이유를 말한 것과 같이 성품을 밝힌 일화는 보이지만, 24세 때의 일이나 벼슬을 말한 부분은 보이지 않는다. 그렇지만 당나라 범터(范攄)의 『운계우의(雲谿友議)』에는 "엄무는 나이 23세에 급사황문시랑이 되었고, 이듬해에 서촉에서 군사를 지휘했다.(武年二十三, 爲給事黃門侍郞, 明年擁旄西蜀.)"라는 구절이 있다.

○ 제갈량은 28세에 선주 유비를 보좌하여 군사가 되었다. 왕검은 28세에 복야가 되었다.

諸葛亮, 二十八佐劉先主爲軍師. 王儉, 二十八爲僕射.

"제갈량(諸葛亮, 181~234)"은 삼국시대 촉한의 승상이다. "유선주(劉先主)"는 곧 유비(劉備)다. 『삼국지』 촉지에서는 207년에 유비가 삼고초려(三顧草廬)하여 제갈량을 맞아들였고 208년 적벽대전 이후에 "군사중랑장(軍師中郞將)"으로 삼았다고 했다. "왕검(王儉)"은 남조 제나라의 문인이다. 『남제서』 「왕검전」에 "우복야로 자리를 옮겨 이부를 관장했는데, 이때 나이가 28세였다.(遷右僕射, 領吏部, 時年二十八.)"라는 구절이 있다. 『지봉유설』 인물부 「인재」에는 "王儉二十九爲僕射"의 구절이 보이는데, 『아희원람』에서 이와 달리 "28세"로 기록한 점은 유의할 만하다.

○ 염희헌은 30세에 평장사[평장정사]가 되었다. 장준은 31세에 원추가 되었다. 왕부와 범종윤은 32세에 재상이 되었다. 왕일소(王逸少, 왕희지)는 39세에 난정의 기문을 썼다.

廉希憲, 三十爲平章事. 張浚, 三十一爲元樞. 王溥 · 范宗尹, 三十二拜相. 王逸少, 三十九書蘭亭作記.

30세 이후에 특별한 재능을 보인 5명의 일화를 수록했는데, 왕희지를 제외한 4명의 일은 모두 『지봉유설』 인물부 「인재」에 보인다.

"염희헌(廉希憲)"은 위구르[畏兀兒] 출신의 원나라 대신이다. 아버지 포로해아

(布魯海牙)가 염방사(廉訪使)를 지낸 이후에 그 자손들이 모두 '염(廉)'을 성으로 삼았다고 한다. 『원사』「염희헌전」에서는 문무를 겸비한 인재로 묘사되어 있는데, 19세 때 황제 홀필렬(忽必烈, 쿠빌라이칸)을 모시면서 '염맹자(廉孟子)'로 불렸다는 일화가 그런 사례에 속한다. 염희헌이 『맹자』를 읽다가 책을 품은 채로 나아갔는데, 홀필렬이 책에 대해 묻자 성선(性善), 의리(義利), 인폭(仁暴)의 뜻이 담겨 있다고 답하였고 이에 홀필렬이 '염맹자'라 일컬었다고 한다. 뒤에 염희헌은 칸의 지위를 놓고 다투던 홀필렬의 동생 아릭부케[阿里不哥]의 장수 혼도해(渾都海)를 진압하는 데 공을 세우는데, 『원사』에서는 이때 황제가 30세의 염희헌에게 집과 평장정사(平章政事)의 벼슬을 내렸다고 했다. 이 기록을 따르면 『아희원람』의 "평장사(平章事)"라는 말은 부정확한 셈이 되는데, 『지봉유설』에서도 "평장정사"라고 했으니 이는 『아희원람』 편찬 과정에서 생긴 오류일 가능성이 있다.

"장준(張浚)"은 남송의 재상이다. 묘부(苗溥)와 유정언(劉正彦)이 황태자 조부(趙旉)를 옹립하고 고종을 퇴위시킨 묘유지변(苗劉之變)을 평정하는 데 공을 세웠는데, 고종이 복벽(復辟) 이후에 장준을 지추밀원사(知樞密院事)로 삼았다. "원추(元樞)"는 추밀사(樞密使) 즉 추밀원 장관의 별칭으로, 군사에 관련한 업무를 총괄하는 자리다. "왕부(王溥, 922~982)"는 후주(後周)와 송나라의 재상을 지낸 인물이다. 953년에 후주 태조가 임종을 앞두고 중서시랑(中書侍郎) 평장사(平章事)로 삼았으며, 이후 후주 세종(世宗)과 공제(恭帝), 송나라 태조의 조정에서 재상을 지냈다. "범종윤(范宗尹)"은 남송의 재상을 지냈는데, 그가 재상이 된 시점에 대해서는 30세, 31세, 32세, 33세의 네 가지 견해가 있다. 『송사』「범종윤전」에서는 30세에 재상이 되었다고 하고 "근세의 재상 가운데 연소한 이로는 범종윤 같은 이가 없었다.(近世宰相年少, 未有如宗尹者.)"라 하였다. 32세에 재상이 되었다는 기록이 나타난 사례로는 주남(周南)의 『산방집(山房集)』을 들 수 있다.

"왕일소(王逸少)"는 진나라의 명필 왕희지이니, 일소는 그의 자(字)다. "난정작기(蘭亭作記)"는 왕희지의 대표작인 「난정집서(蘭亭集序)」를 쓴 일을 가리키는 듯한데, 「난정집서」는 353년 3월 3일에 사안(謝安) 등 40여 명사와 난정에서 수계(修禊)를 베풀며 지은 시를 모은 『난정집』에 부친 서문이다. 이 모임이 '난정수계'인데, 『아희원람』 말미의 '보유(補遺)'에 참여자의 명단이 제시되어 있다. 다만 왕희지의 생몰년에 대해서는 여러 견해가 있기 때문에, 「난정집서」를 쓴 시점의 나이를 단정하기는 어렵다. 『지봉유설』 기예부 「서(書)」에서는 "『설부』를 살펴보면, 왕희지는 33세에 「난정집서」를 썼다고 한다.(按說郛, 王羲之年三十三書蘭亭.)"고 했다.

○ 그림의 힘은 500년을 가고, 글씨의 힘은 800년을 가며, 문장은 만고의 시간이 가도 길이 새로워진다.

畵力可五百年, 書力可八百年, 文章更萬古而長新.

'재민'을 이 구절로 마무리한 이유는 불분명하다. 다만 그 출처는 확인되는데, 『지봉유설』 기예부 「화(畵)」에서 "엄주 왕세정이 이르기를, '그림의 힘은 가히 500년을 가고 글씨의 힘은 가히 800년을 간다. 오직 문장에 있어서만은 만고의 시간이 가도 길이 새로워진다.'고 했다. 이로 보건대 문장을 후세에 전하는 것은 글씨나 그림보다 낫다.(王弇州曰, 畵力可五百年, 書力可八百年. 唯於文章, 更萬古而長新. 以此觀之, 文章之傳後, 勝於書畵矣.)"고 한 것이 그것이다. 이 말은 왕세정의 『예원치언(藝苑巵言)』에서 찾아볼 수 있는데, 원문은 더 상세하다. 즉 "그림의 힘은 500년을 가는데, 800년이 되면 신(神)이 떠나가고 1,000년이 되면 사라져버린다. 글씨의 힘은 800년을 가는데, 1,000년이 되면 신(神)이 떠나가고 1,200년이 되면 사라져버린다. 오직 문장에 있어서는 만고의 시간이 가도 길이 새로워진다. 글씨와 그림은 모방하거나 베껴 그릴 수 있는데, 문장은 베끼게 되면 추해진다. 서화는 체[體]가 있지만 문장은 체가 없고, 서화는 용[用]이 없지만 문장은 용이 있다. 체인 까닭에 쉽게 보이고, 용인 까닭에 끝이 없다.(畵力可五百年, 至八百年而神去, 千年絶矣. 書力可八百年, 至千年而神去, 千二百年絶矣. 唯於文章, 更萬古而長新. 書畵可臨可摹, 文至臨摹則醜矣. 書畵有體文無體, 書畵無用文有用. 體故易見, 用故無窮.)"고 했다. 여기서 '임모(臨摹)'는 본떠서 그리거나 쓰는 것을 말하는데, 원래 '임'은 원본을 대조하면서 베끼는 것이며 '모'는 종이를 대고 윤곽을 본떠서 베끼는 것을 뜻하는 말이다.

8

수부 壽富

수명과 부귀로 일컬어지는 사람들

"수부(壽富)"는 수명이 길고 재산이 많다는 뜻이니, 사람들이 바라는 행복을 대변하는 말이라 해도 좋을 것이다. 그렇지만 제8장에는 "재주로 이름이 있었지만 요절한 사람(才名夭折者)"이 덧붙여져 있고 부유한 사람 가운데에는 결국 불행한 최후를 맞이한 사람도 포함되어 있으니, '사람들이 바라는 행복'과는 거리가 먼 사례도 다룬 셈이다. 물론 요절한 사람이나 부유하고도 불행한 최후를 맞은 사람들이라고 하더라도 보통의 사람은 아닌 셈이며, 따라서 특별한 사람들의 일화임은 분명하다. 그래서 제8장의 실제 내용을 고려하여 "수부"의 의미를 풀이한다면, '수명과 부귀에 대한 특이한 이야기'라고 하는 편이 옳을 것이다.

제8장에서 수록한 인물들의 장수와 요절, 그리고 부귀와 사치는 당시의 시문에서 다양한 형식의 전고로 사용된 것이기도 하다. 정사(正史)와는 거리가 먼 야사(野史)나 각종 잡록(雜錄)에 실린 기록이 포함되었기 때문에, 사실인지 확신할 수 없는 일화도 적지 않다. 만약 고증을 목표로 한 저술이라면 흠결일 수 있겠지만, 『아희원람』은 시문을 짓거나 읽는 데 활용되거나 다양한 차원의 이야기나 대화에 활용될 만한 지식이라면 모두 모아 필요할 때 참고할 수 있도록 한 문헌이니 사실성 여부는 흠결이 될 수 없다.

이처럼 잡다한 지식과 정보를 수집하는 데에는 여러 문헌이 활용되었다. 특히 『지봉유설』의 몇몇 항목—「제왕(帝王)」, 「수요(壽夭)」, 「인이(人異)」, 「사치(奢侈)」 등—을 참고한 흔적은 분명히 남아 있는데, 선행 문헌의 인용이나 활용은 유서의 일반적인 속성이라 할 수 있으니 편자로서의 장혼의 활동을 평가하는 데 큰 문제가 될 만한 것은 아니다. 게다가 장혼이 『지봉유설』 또는 다른 문헌의 내용을 옮겨오기만 한 것은 아니다. 청나라 건륭제의 일처럼 당대의 사실을 포함시켰고, 유서 이외의 문헌에서 얻은 것으로 짐작되는 새로운 정보를 일부 추가하기도 했다. 가동(家僮)의 수를 통해 부유함의 정도를 제시한 부분의 경우에는, 숫자의 크기에 맞추어 다른 문헌의 배열 순서와는 달리 배열하기도 했다. 여기에서도 작문이나 독해에 참고할 수 있도록 하려는 편자의 의도를 짐작해 볼 수 있다. 이 또한 '응졸'이라는 목표에 부합하는 서술 방식을 취한 것이라 평가할 수 있다.

○ 황제는 110세까지 살았다. 소호는 100세까지 살았다. 전욱은 98세까지 살았다. 제곡은 105세까지 살았다.

黃帝, 百十歲. 少昊, 百歲. 顓頊, 九十八歲. 帝嚳, 百五歲.

당송팔대가(唐宋八大家)의 한 사람인 한유는 부처의 사리를 봉안하는 데 반대하는 주장을 편 「불골표(佛骨表)」를 썼는데, 그 서두에서는 불교 유입 이전의 제왕 가운데 장수한 이들을 나열하여 부처를 섬길 필요가 없다는 주장의 근거로 삼았다. 한유는 황제, 소호, 전욱, 제곡, 요임금, 순임금, 우임금, 은나라의 탕왕, 태무, 무정, 주나라의 문왕, 무왕, 목왕의 재위 기간과 수명을 들었는데, 이 가운데 태무와 무정, 그리고 주나라 목왕은 재위 기간만 말하고 정확한 수명은 말하지 않았다. 『아희원람』에서도 이 가운데 수명이 언급되지 않은 은나라의 태무, 무정은 제외했으며, 「불골표」에서 언급하지 않은 초나라 시조 팽조와 주나라의 선대 인물인 고공단보, 왕계를 더 거론했다. 이들은 왕위에 올랐던 '제왕'은 아니니 「불골표」에서는 거론할 이유가 없었다고 할 수 있다. 두 문헌에서 함께 언급한 제왕 가운데 순임금의 경우에는 수명이 달리 기록되어 있다. 불골표의 서두 부분은 다음과 같다.

"신 아무개가 아룁니다. 엎드려 생각하옵건대 불법이라는 것은 오랑캐의 술법 가운데 하나일 따름입니다. 후한 때로부터 중국에 유입되었으니, 오랜 옛날에는 없었던 것입니다. 옛날 황제는 100년을 재위하였고 나이는 110세였습니다. 소호는 80년을 재위하였고 나이는 100세였습니다. 전욱은 79년을 재위하였고 나이는 98세였습니다. 제곡은 70년을 재위하였고 나이는 105세였습니다. 요임금은 98년을 재위하였고 나이는 118세였습니다. 순임금과 우임금은 모두 100세였습니다. 이때 천하는 태평하고 백성은 안락하고 장수하였습니다. 그렇지만 중국에는 아직 불법이 없었습니다. 그 뒤에는 은나라 탕왕 또한 나이가 100세였습니다. 탕왕의 후손인 태무는 75년을 재위하였고 무정은 59년을 재위하였는데, 역사 기록에서는 이들의 수명을 말하지 않았지만 그 햇수를 미루어보면 아마도 둘 다 100세보다 적지는 않았을 것입니다. 주나라 문왕은 나이가 97세였고, 무왕은 나이가 93세였으며, 목왕은 100년을 재위하였습니다. 이때에도 또한 불법은 아직 중국에 유입되지 않았습니다. 그러니 불법을 섬겨서 이렇게 장수하게 된 것은 아닙니다.(臣某言.

伏以佛者, 夷狄之一法耳. 自後漢時, 流入中國. 上古未嘗有也. 昔者黃帝在位百年, 年百一十歲. 少昊在位八十年, 年百歲. 顓頊在位七十九年, 年九十八歲. 帝嚳在位七十年, 年百五歲. 帝堯在位九十八年, 年百一十八歲. 帝舜及禹, 年皆百歲. 此時天下太平, 百姓安樂壽考, 然而中國未有佛也. 其後, 殷湯亦年百歲, 湯孫太戊在位七十五年, 武丁在位五十九年, 書史不言其年壽所極, 推其年數, 蓋亦俱不減百歲. 周文王年九十七歲, 武王年九十三歲, 穆王在位百年. 此時佛法亦未入中國, 非因事佛而致然也.)"

○ 요임금은 118세까지 살았고, 순임금은 109세까지 살았고, 우임금은 100세까지 살았다. 탕임금 역시 100세까지 살았다.

堯百十八歲, 舜百九歲, 禹百歲, 湯亦百歲.

한유의 「불골표」에서는 순임금이 100세까지 살았다고 했으니, 『아희원람』에서 109세라 한 것과는 차이가 있다. 사실 순임금의 재위 기간 및 수명에 대해서는 여러 문헌의 기록이 일치하지 않는다. 우리 문헌의 사례를 살펴보면, 우선 『지봉유설』 군도부 「제왕」에 "순임금은 39세에 즉위하였고, 수명은 100세였다. 어떤 이는 110세였다고도 한다.(舜卽位三十九年, 壽百歲. 或曰百有十歲.)"고 했다. 『기년아람』에서는 "61년을 재위했고 수명은 110세였다.(在位六十一年, 壽百十歲.)"고 기록했지만, 수명을 100세—황보밀—또는 112세—『계고록(稽古錄)』—로 언급한 사례들을 덧붙였다. 정제두(鄭齊斗)는 「당우기년(唐虞紀年)」에서 갑신년에 태어나 계유년에 세상을 떠났으니 수명은 110세였다고 했다. 『아희원람』처럼 109세로 기록한 사례는 잘 보이지 않는데, 정제두의 말처럼 '갑신년에 태어나 계유년에 세상을 떠났다'고 이해한다면 나이 세는 법에 따라 109세로도 계산할 수 있을 듯하다.

○ 팽조는 성이 전이고 이름이 갱으로, 800세까지 살았다. 은나라 때에 이미 700여 세였는데, 대부가 되었지만 정사에는 참여하지 않았다. 고공단보는 120세까지 살았다. 왕계는 100세까지 살았다.

彭祖姓籛名鏗, 八百歲. 殷時已七百餘, 爲大夫不與政. 古公亶父, 百二十歲. 王季, 百歲.

"팽조(彭祖)"는 장수와 양생술로 이름난 전설상의 인물이다. 제5장 '탄육'에 두 차례 등장하는데, 어머니의 옆구리를 가르고 태어난 일과 49명의 아내를 맞이하여 54명의 아들을 둔 일을 언급했다. 갈홍(葛洪)의 『신선전』에서는 성이 전(籛)이고 이름이 갱(名)이며 전욱의 현손으로 은나라 말기에 이미 700여 세였는데도 노쇠하지 않았다고 했다. 또한 "왕이 그 명성을 듣고서 대부로 삼았는데, 병을 칭탁하고 정사에는 참여하지 않았다.(王聞之, 以爲大夫, 稱疾不與政.)"고도 했다. 『초사(楚辭)』 천문(天問)의 주석에는 "나이가 800세였지만 오히려 장수하지 못했음을 후회했다.(年八百歲, 猶自悔不壽.)"고 했다.

"고공단보(古公亶父)"는 주나라 문왕의 할아버지로, 기산(岐山)으로 터전을 옮겨 주나라의 기틀을 닦았다. 주나라 건국 이후에는 태왕(太王)으로 추존되었다. 태백(太伯), 우중(虞仲), 계력(季歷) 세 아들을 낳았는데, 막내인 계력의 아들 창(昌)이 빼어난 것을 알아보고 계력을 후계자로 삼았다고 한다. "왕계(王季)"는 고공단보가 후계자로 삼은 계력이니, 창(昌) 즉 주나라 문왕의 아버지다. 계력은 주나라 건국 이후에 왕으로 추존되었기 때문에 '왕계(王季)' 또는 '주왕계(周王季)'로 불린다. 『지봉유설』 군도부 「제왕」에 "古公百二十, 王季百歲."의 구절이 보인다.

○ 주나라 문왕은 97세까지 살았다. 무왕은 93세까지 살았다. 목왕은 105세까지 살았다.

周文王, 九十七歲. 武王, 九十三歲. 穆王, 百五歲.

주나라 왕 가운데 장수한 3명을 제시했다. 한유의 「불골표」에서도 셋을 거론했는데, 목왕의 경우에는 재위 기간이 100년이라고만 하고 수명은 말하지 않았다. 한편 『지봉유설』 군도부 「제왕」에서는 "문왕은 50년 동안 재위하였으며 수명은 97세였다. 무왕은 즉위한 지 11년 만에 은나라를 이겼으며 다시 5년 만에 세상을 떠나니,

수명은 93세였다. 목왕은 50세에 즉위하여 55년 만에 세상을 떠났다.(文王在位五十年, 壽九十七. 武王卽位十一年克殷, 又五年崩, 壽九十三. 穆王五十卽位, 五十五年崩.)"고 했으니, 목왕의 수명은 105세라고 한 셈이다. 『옥지당담회』에는 "古公百二十歲, 王季百歲, 文王九十七歲, 武王九十三歲, 穆王一百五歲."라는 구절이 있다.

○ 곤은 180세까지 살았다. 이윤은 130세까지 살았다. 태공은 136세까지 살았다. 소공은 190여 세까지 살았다. 필공은 100여 세까지 살았다. 육웅은 90세에 문왕의 스승이 되었다. 위나라 무공은 거의 100세였다.

鮌, 百八十歲. 伊尹, 百三十歲. 太公, 百三十六歲. 召公, 百九十餘歲. 畢公, 百餘歲. 鬻熊, 九十歲爲文王師. 衛武公, 近百歲.

삼대(三代) 무렵에 제왕을 보좌한 인물 가운데 장수한 7명의 사례를 들었다.

"곤(鮌/鯀)"은 하나라 우임금의 아버지로, 요임금에 의해 숭(崇) 땅에 봉해졌기 때문에 "숭백곤(崇伯鯀)"이나 "숭백(崇伯)"으로 일컫기도 한다. 이 항목에 거론된 7명 가운데 유일한 삼대 이전의 인물이다. 『사기』「하본기(夏本紀)」에서는 전욱의 아들이라고 했지만, 『한서』「율력지(律曆志)」에서는 전욱의 5대손이라고 했다. 『사기』에서는 요임금이 곤에게 치수를 맡겼으나 홍수를 막지 못했으며, 결국 섭정(攝政)을 하던 순임금이 우산(羽山)에서 곤(鯀)을 죽이고 그의 아들인 우(禹)에게 치수의 임무를 맡겼다고 했다.

"이윤(伊尹)"은 은나라 탕왕을 보좌한 재상으로, 은나라를 건국하는 데 큰 공을 세웠다. 성은 이(伊)이고 이름이 지(摯)이며, '윤(尹)'은 벼슬 이름이다. 탕왕 이후 외병(外丙), 중임(仲壬), 태갑(太甲), 옥정(沃丁)을 보좌했다고 전하니, 장수하였음은 충분히 짐작할 수 있다. 다만 그의 수명은 문헌에 따라 조금씩 달리 전하는데, 105세까지 살았다고 한 『지봉유설』 인사부 「수요」의 경우처럼 100세 전후로 파악하는 견해가 다수다. 그렇지만 『완위여편』에서는 『죽서기년』을 인용하여 130세였다고 했는데, 이는 탕왕이 죽은 뒤 30여 년 정도 뒤에 이윤이 세상을 떠났다는 말을 근거로 수명을 계산한 것이다.

"태공(太公)"은 주나라 문왕에게 등용되어 은나라를 멸망시키는 데 공을 세운 강상(姜尙)으로, 흔히 강태공(姜太公) 또는 태공망(太公望)으로 일컫는다. 태공의 수명 또한 문헌에 따라 달리 전한다. 『지봉유설』 인사부 「수요」에서는 110세라고 하면서도 『완위여편』에서는 136세라 했다는 말을 덧붙였는데, 『완위여편』을 살펴보면 136세라고 하면서도 152세로 기록한 『죽서기년』의 사례를 함께 제시한 것을 확인할 수 있다. 『죽서기년』에서는 문왕이 80세의 강태공을 등용했다 하고서 21년 뒤에 은나라 주임금이 죽고 다시 5년 뒤에 무왕, 다시 37년 뒤에 성왕이 즉위했으며, 다음 왕인 강왕 6년에 죽었으니 수명은 152세가 된다고 했다. "소공(召公)"은 주나라의 개국 공신이자 무왕의 동생으로, 소(召)에 봉해졌고 이름은 석(奭)이기 때문에 흔히 소공석(召公奭)으로 불린다. 또 은나라 주왕을 몰아낸 뒤에 연나라에 봉해졌기 때문에 '연소공(燕召公)'이라고도 한다. 『지봉유설』 인사부 「수요」에서는 '소공이 190여 세에 죽었다'는 『격치총서』의 기록을 언급했는데, 그렇다면 문왕, 무왕, 주공보다 장수한 셈이 되는데도 사마천의 『사기』에서 기록하지 않은 데 대해 의문을 표했다. 한편 명대 문헌인 『완위여편』과 『옥지당담회』에는 소공의 수명이 180세로 기록되어 있다. "필공(畢公)"은 주나라 초기의 중신으로, 문왕의 15번째 아들이자 무왕의 이복동생이다. 필(畢) 땅에 봉해졌고 이름이 고(高)였기 때문에 '필공고(畢公高)'로 일컬었으며, 무왕을 보좌한 어진 신하 가운데 한 사람으로 언급되기도 한다. 『완위여편』에 "畢公年亦百餘"의 구절이 보인다.

"육웅(鬻熊)"은 주나라 문왕을 보좌한 인물로, 초나라 시조 웅역(熊繹)의 증조부라고도 한다. 또 처음으로 도(道)를 말한 인물로 전해지기도 한다. 송나라 고사손(高似孫)의 『자략(子略)』에 육웅이 문왕을 처음 만났을 때의 일화가 전하는데, 『천중기(天中記)』를 비롯한 다수의 문헌에서 이를 수록하였다. 이에 의하면 문왕을 처음 만났을 때 육자(鬻子, 육웅)는 나이가 90여 세였다고 한다. 문왕이 늙었다고 탄식하니, 육자는 "왕께서 신으로 하여금 호랑이를 잡고 사슴을 쫓게 하신다면 신은 이미 늙었습니다만, 앉아서 나랏일을 계획하게 하신다면 신의 나이는 오히려 어리다 할 것입니다."라고 답변했다. 이에 문왕이 스승으로 삼았다고 한다.

"위나라 무공(武公)"은 춘추시대 위나라의 군주다. 오랑캐인 견융(犬戎)이 쳐들어와 주나라 유왕(幽王)을 죽이자 평왕(平王)을 보좌하여 견융을 물리쳤으니, 주나라의 중흥을 도운 인물인 셈이다. 『사기』에서는 위나라 군주가 된 지 55년 만에 죽었다고 했다. 『국어』에 위 무공의 95세 때 일이 언급되어 있으며, 두목(杜牧)의 시에서 100세에도 건강한 인물의 사례로 언급되기도 한다.

○ 기자는 93세까지 살았다. 공자는 73세까지 살았다. 자사는 90세까지 살았는데, 어떤 이는 120세까지 살았다고도 한다. 맹자는 84세까지 살았다.

箕子, 九十三歲. 孔子, 七十三歲. 子思, 九十歲, 或曰百二十歲. 孟子, 八十四歲.

"기자(箕子)"는 은나라 주왕(紂王)의 숙부로, 주왕에게 간언하다가 유폐되었고 은나라가 망한 뒤에는 유민을 이끌고 조선으로 이주했다고 전한다. 비간(比干), 미자(微子)와 함께 은나라 말기의 '세 현자[三仁]'로 알려져 있으며, '삼인(三仁)'은 『아희원람』의 부록 '수휘(數彙)'의 인편(人篇)에도 실려 있다. 안정복의 『동사강목』에서는 기자의 수명은 전기(傳記)에는 보이지 않지만 홍만종의 『동국역대총목』에는 누가 썼는지 분명하지 않은 『진조통기(震朝通紀)』를 인용하여 "병술년에 태어났고 무오년에 죽었으며, 향년은 93세"라고 말한 바 있다고 했다. 이 견해는 『기년아람』 등의 문헌에도 받아들여졌다.

"공자(孔子)"의 수명에 대한 기록은 『사기』 「공자세가」에서 찾아볼 수 있는데, 노나라 양공(襄公) 22년에 태어나 애공(哀公) 16년에 73세로 세상을 떠났다고 했다. "자사(子思)"는 공자의 손자로, 이름은 급(伋)이며 자사는 그의 자(字)다. 『사기』 「공자세가」에서는 "백어가 급을 낳으니, 자는 자사이며 62세까지 살았다.(伯魚生伋, 字子思, 年六十二.)"고 했는데, 이 구절의 "62세(年六十二)"는 "82세(年八十二)"의 잘못이라는 견해가 제기된 바 있다. 자사의 생몰년은 정확히 알려져 있지 않지만, 오늘날에는 B.C.483~B.C.402년까지 82년간 생존했다고 보는 것이 일반적이다. "맹자(孟子)" 또한 정확한 생몰년이 확인되지는 않지만, B.C.372~B.C.289년으로 추정하는 것이 일반적이다. 『지봉유설』에서는 『격치총서』를 인용하여 수명이 84세였다고 했으며, 양나라 혜왕이 당시 38세였을 맹자를 "수(叟)"라고 일컬은 것은 나이가 아닌 덕으로 높여 말했기 때문일 것이라고 추정했다.

○ 노자는 160여 세까지 살았는데, 200여 세까지 살았다고도 한다. 귀곡자 왕후는 수백 년 동안 세상에서 살았다. 묵적은 100여 세까지 살았다. 장적의 교여는 거의 150세였다.

老子, 百六十餘歲. 或言二百餘歲. 鬼谷子王詡, 在世數百歲. 墨翟, 百餘歲. 長狄僑如, 近百五十歲.

"노자(老子)"는 원래 이름은 이이(李耳)이며 자는 담(聃)이라고 전한다. 『사기』「노장신한열전(老莊申韓列傳)」에 "대개 노자는 160여 세였다고 하며, 어떤 이는 200여 세였다고도 한다.(蓋老子百有六十餘歲, 或言二百餘歲.)"라는 말이 있다. 노자의 생몰년이나 생애는 정확히 알 수 없는데, 『사기』에서는 '공자가 노자에게 예를 물었다(孔子問禮於老子)'는 설 등을 참조하여 160여 세 또는 200여 세까지 살았다는 말을 전한 것이다.

"귀곡자(鬼谷子)"는 전국시대 종횡가(縱橫家)의 시조로, 소진(蘇秦)과 장의(張儀)의 스승으로 알려져 있으며 손빈(孫賓)과 방연(龐涓)을 길러냈다고도 한다. 본명은 왕후(王詡) 또는 왕선(王禪)이라고 전한다. 『지봉유설』 외도부(外道部) 「수양(修養)」에 "鬼谷子, 在世數百歲."의 구절이 보인다.

"묵적(墨翟)"은 춘추시대 묵가(墨家)의 창시자다. 『사기』「맹자순경열전(孟子荀卿列傳)」 말미에 "대개 묵적은 송나라의 대부로 방어를 잘했고 절용을 주장했다. 어떤 이는 공자와 같은 때의 사람이라고 하고, 어떤 이는 공자보다 뒷시대의 사람이라고 한다.(蓋墨翟, 宋之大夫, 善守禦爲節用. 或曰並孔子時, 或曰在其後.)"고 간략히 기록되어 있을 뿐 자세한 생애는 알려져 있지 않다. 오늘날에는 『사기』와 『맹자』의 기록 등을 참고하여 생몰년을 대략 B.C.476~ B.C.390년 정도로 추정하지만, 정설은 없는 것이 현실이다. 한편 『지봉유설』 외도부 「수양」에는 "묵적은 한나라 무제 때까지 살았으니 200여 세였다.(墨翟至漢武時, 二百餘歲.)"고 했는데, 『아희원람』의 기록이 이를 참고한 것이라면 원문에서 "二"를 누락한 셈이다.

"장적(長狄)"은 북적(北狄)의 일파로 분류되는 거인족이며, "교여(僑如)"는 장적이 세운 수만국(鄋瞞國)의 군주다. 『춘추좌씨전』 문공 11년의 기사에 노나라 대부 숙손득신(叔孫得臣)이 교여를 생포하여 죽인 일이 보이는데, 교여의 선대인 연사(緣斯)로부터 동생인 분여(焚如), 영여(榮如), 간여(簡如)를 잡은 일을 함께 언급했다. 그 주석에서는 교여 등은 키 크고 장수하는 것이 보통 사람과는 달랐다고 했다. 교여의 일은 주로 특이한 거인의 사례로 많이 언급되는데, 『지봉유설』 재이부 「인이」에서 "춘추시대 장적의 교여는 키가 3장이었는데, 어떤 이는 5장이라고도 한다.(春秋時, 長狄僑如, 長三丈. 或云五丈.)"라 한 것이 그 한 가지 사례다.

○ 남월왕 조타는 91세까지 살았다. 같은 때에 오손의 곤막은 나이가 거의 100세였다.

南越王趙佗, 九十一歲. 同時, 烏孫昆莫, 年近百歲.

"조타(趙佗)"는 남월(南越)을 세운 무왕(武王)으로, '위타(尉佗)'라고도 한다. 진나라 말기에 용천령(龍川令)을 지내다가 진나라가 혼란에 빠진 이후 남월을 평정하여 독립했으며, 한때 '무제(武帝)'로 칭제(稱帝)하기도 했다. 『사기』 「남월위타열전(南越尉佗列傳)」에서는 기원전 196년에 한고조가 남월왕으로 삼았고 기원전 137년에 죽었다고 했는데, 생년은 밝히지 않았다. 『대월사기전서(大越史記全書)』에서는 재위 기간이 71년이며 수명은 121세였다고 기록했다.

"오손(烏孫)"은 톈산[天山]산맥 부근에 살던 유목 민족이며, "곤막(昆莫)"은 오손에서 군주를 일컫던 말이다. 여기서 말한 곤막은 곧 『한서』 「서역전(西域傳)」에 등장하는 곤막 엽교미(獵驕靡)다. 한나라 무제는 오손과 우호 관계를 맺고 흉노족에 대항했는데, 무제는 이를 위해 강도왕(江都王) 유건(劉建)의 딸 유세군(劉細君)을 '강도공주(江都公主)'라 칭하고 당시의 곤막 '엽교미(獵驕靡)'와 혼인하게 했다. 그런데 엽교미는 이미 나이가 많았으며, 얼마 뒤에 유세군에게 오손의 관습에 따라 손자이자 후계자인 잠추(岑陬) 군수미(軍須靡)와 혼인할 것을 요구했다. 유세군은 무제에게 호소했으나 그 나라의 관습을 따르라는 답을 받게 되고, 결국 혼인하여 딸 하나를 낳게 된다. 엽교미가 죽은 뒤에 군수미가 군주의 지위를 계승했으니, 무제의 계획은 이루어진 셈이다. 유세군이 오손에 갔을 때의 심정을 담은 노래 「비수가(悲愁歌)」가 『한서』에 전한다.

○ 한나라 동방삭의 아버지인 장이는 1,100세인데도 얼굴이 어린아이와 같았다. 문왕[문제] 때 악관인 두공은 180세였다. 장창(張蒼)과 반일은 100여 세까지 살았다.'이(𡰥)'는 '이(夷)'의 옛 글자다

漢東方朔父張𡰥, 一千百歲, 顏如童子. 文王時樂人竇公, 百八十歲. 張倉·班壹, 百餘歲.𡰥, 古夷.

전한(前漢) 때에 장수한 인물 4명을 제시했는데, 설화적 인물도 포함되어 있다. 원문에는 오자로 추정되는 글자가 있는데, "文王"은 "文帝"로, "張倉"은 "張蒼"으로 고쳐야 한다. 주석에 '고자(古字)'에 대한 언급이 있는 것도 눈에 띄는데, 이는 이체자(異體字) 학습을 위한 것일 가능성도 있다.

"동방삭의 아버지"에 대한 기록은 한나라 곽헌(郭憲)이 쓴 『한무제별국동명기(漢武帝別國洞冥記)』—약칭 '동명기(洞冥記)'—에 나타나는데, 제7장 '재민'에 거론된 동방삭의 3세 때 일화 또한 이 책에 보인다. 동방삭에 대한 서술 서두에서 "동방삭은 자가 만천이다. 아버지 장이는 자가 소평으로, 전씨를 아내로 맞이하였다. 장이는 나이가 200세였지만 얼굴은 마치 어린아이와 같았다.(東方朔, 字曼倩. 父張夷, 字少平, 妻田氏女. 夷年二百歲, 顏如童子.)"고 했다. 『아희원람』에서 1,100세라고 한 것과는 다른데, 이 구절을 인용한 청대 문헌 『어정연감유함』에도 "1,100세"로 옮긴 사례가 보이니 『아희원람』 편찬 과정에서 생긴 오류는 아닐 가능성이 높다. 어느 시점에선가 세로쓰기로 된 "二百"을 "一一百"으로 읽었을 가능성을 생각해 볼 수 있다.

"두공(竇公)"은 위나라 문후(文侯)의 악관인데, 한나라 문제(文帝)에게 주나라 때의 악서(樂書)를 바쳤다고 전해진다. 따라서 원문의 "文王"은 "文帝"로 고쳐야

한다. 『한서』「예문지(藝文志)」에 "육국의 군주 가운데 위나라 문후가 가장 옛것을 좋아하였는데, 효문제[한나라 문제] 때에 그 악관이었던 두공을 얻었다. 두공이 책을 바치니, 곧 주관 대종백의 대사악장이었다.(六國之君, 魏文侯, 最爲好古. 孝文時, 得其樂人竇公. 獻其書乃周官大宗伯之大司樂章也.)"라는 말이 보인다. 문제가 두공을 처음 만나는 장면은 『환담신론(桓譚新論)』에 보이는데, 이때 두공은 "나이가 180세이고 두 눈이 보이지 않았다.(年百八十歲, 兩目皆盲.)"고 기록되어 있다. 문제가 두공의 내력을 물었더니, 13세에 실명하고 북과 거문고만을 배웠으며 도인(導引)을 했을 뿐 따로 복용한 것은 없다고 답했다 한다. 이 일화에 의하면 "180세"는 한나라 문제와 만난 시점의 두공의 나이가 되는 셈이다. 그런데 위나라 문후의 시대로부터 한나라 문제의 시대까지를 환산해 보면 180년을 넘기 때문에 『환담신론』의 기록이 잘못된 것이라는 논란이 있었는데, 이 가운데에는 '280세'의 오기일 것이라는 견해도 제기된 바 있다. 흥미로운 것은 『지봉유설』 외도부 「수양」에 "魏文侯樂官竇公, 至漢文時, 二百八十歲."라는 구절이 있다는 점인데, 이수광이 이런 논란에 대해 언급하지 않았기 때문에 더 자세한 경위는 알 수 없다.

"장창(張蒼)"은 유방을 따르며 공을 세워 한나라 승상까지 지낸 인물로, 원래 순자(荀子)의 제자였다고 전한다. 『사기』「장승상열전(張丞相列傳)」에 생애가 전하는데, 그 말미에 "나이 100여 세에 죽었다(年百有餘歲而卒)"고 했다. 『아희원람』에서는 이름의 '창(蒼)'을 '창(倉)'으로 잘못 표기했다. "반일(班壹)"은 『한서』에 반씨(班氏)의 선조로 언급된 인물이다. 진시황 말기에 누번(樓煩) 땅에 피난하여 수천 마리의 말과 소와 양을 쳤는데, 한나라가 건국한 이후에는 변방에서 그 재력을 과시했다고 한다. 『한서』에서는 "(반일은) 드나들며 사냥을 할 때에는 깃발을 세우고 음악을 연주하였고, 나이 100여 세로 천수를 누리고 죽었다. 그런 까닭에 북방에는 '일(壹)'로 자를 삼는 이가 많았다.(出入弋獵, 旌旗鼓吹, 年百餘歲以壽終. 故北方多以壹爲字者.)"고 했다.

○ 후한의 장천은 105세까지 살았다. 냉수광은 156세였는데도 피부가 30~40세와 같았다.

後漢張穿, 百五歲. 冷壽光, 百五十六歲, 色理如三四十.

"장천(張穿)"은 한나라 말기에서 삼국시기까지 살았다는 은사(隱士)로, 음악과 참위(讖緯)에 정통했다고 한다. 여러 차례 조정에서 불렀으나 출사하지 않았으며, "위로는 천자를 섬기지 않고 아래로는 제후를 벗하지 않는 사람"으로 자처했다고 한다. 『삼국지』「위지」에 의하면 장천이 죽기 10일 전에 오디새[戴鵀之鳥]가 문 북쪽에 둥지를 틀었는데 이를 흉조[凶祥]라 하며 노래 부르고 시를 지었다고 한다. 죽을 때의 나이는 105세였다고 했다.

"냉수광(冷壽光)"도 한나라 말기의 은사인데, 도인법(導引法)을 실행하여 젊은 용모와 피부를 유지했다고 한다. 『후한서』「화타전(華佗傳)」의 말미에 화타와 같은 때 사람으로 언급되어 있는데, "냉수광은 나이가 150~160세였는데, 용성공(容成公)의 어부인법을 사용하였으며 항상 목을 굽혀 꿩의 숨 쉬는 법을 시행하였다. 수염과 머리가 모두 세었는데도 피부는 마치 30~40세 때와 같았다.(壽光年可百五六十歲, 行容成公御婦人法, 嘗屈頸鷮息, 鬚髮盡白, 而色理如三四十時.)"고 했다. 이를 참고하면 『아희원람』에서 "百五六十歲"를 "百五十六歲"로 잘못 옮겼다고 할 수도 있을 듯한데, 『책부원구(冊府元龜)』「수고(壽考)」 등에 "156세"로 되어 있으니 적어도 장혼이 범한 오류라고는 단정하기 어렵다.

○ 촉한의 범장생은 130세까지 살았는데, 촉한에서 두 차례 벼슬하였고 거의 100세에 승상이 되었다.

蜀漢范長生, 百三十歲, 兩仕蜀漢, 近百歲爲丞相.

"범장생(范長生)"은 삼국시대 및 위진남북조 시대의 도사(道士)로, 촉 땅에서 득도하여 신선이 되었다는 여덟 사람을 뜻하는 '촉지팔선(蜀之八仙)'의 한 사람이기도 하다. 『지봉유설』 인사부 「수요」에 "蜀漢范長生, 百三十歲."의 구절이 있으며, 왕세정의 『완위여편』에 "진나라 범장생은 두 차례 촉에 출사하니, 전후로 100년이었다.(晉范長生, 兩仕蜀, 前後百年.)"라는 구절이 있다. 『완위여편』에서는 장창(張蒼),

협곡오리보(夾谷吾里補)와 함께 "거의 100세에 승상이 된(近百歲, 爲丞相)" 인물의 사례로 거론하기도 했다. 『아희원람』의 기록은 이상의 세 구절을 합친 것처럼 보이는데, 『지봉유설』이나 『아희원람』에서 쓴 "촉한"보다는 『완위여편』에서 쓴 "진"과 "촉"이 더 적절한 표현일 듯하다. 유비가 연단(鍊丹)에 힘쓰던 범장생을 소요공(逍遙公)으로 봉했다는 일화가 있지만, 범장생은 진나라 때 촉 땅에서 일어나 5호 16국의 하나로 자리 잡은 성한(成漢)에서 주로 활동하며 승상이 되었기 때문이다. 범장생은 촉한 후주(後主) 때에는 성도(成都) 일대에 퍼진 천사도(天師道)의 수령이 되었으며, 뒤에 촉 땅에서 성한(成漢)을 세운 무제(武帝) 이웅(李雄)을 도와 승상에 올랐다. 이웅은 범장생을 '범현(范賢)'이라 일컫고 존중했으며, '천지태사(天地太師)'의 호칭을 내리고 서산후(西山侯)로 봉했다고 한다. 『자치통감』에서는 "범장생은 박학하고 재주가 많았으며 나이가 거의 100세였다. 촉 땅 사람들이 신과 같이 받들었다.(長生博學多藝能, 年近百歲. 蜀人奉之如神.)"라고 기록했는데, 이는 성한 시기의 일을 말한 것이다.

○ 위나라 때 범명우의 노비는 350세까지 살았다. 초선은 한나라가 쇠퇴한 시기를 맞이하자 마침내 입을 다물고 말을 하지 않았으며, 100여 세까지 살았다.

魏范明友奴, 三百五十歲. 焦先, 逢漢衰, 遂絶口不言, 百餘歲.

"범명우(魏范明, ?~B.C.66)"는 전한 때의 장수로, 무제의 유조(遺詔)를 받아 소제를 보좌한 곽광의 사위이기도 하다. 한나라 말기 또는 위나라 때에 무덤에서 범명우의 노비가 살아났다는 이야기가 전하니, 여기서 "위나라"는 노비가 살아난 시점을 말한 것이다. 『후한서』「오행지(五行志)」의 주석에서는 『박물기(博物記)』를 인용하여 이 이야기를 전했는데, "한나라 말기에 범명우 노비의 무덤을 발굴했는데, 노비가 오히려 살아났다. 범명우는 곽광의 사위인데, 노비가 곽광 집안의 일을 말하니 황제를 폐하고 세울 무렵의 일은 『한서』와 부합하는 것이 많았다.(漢末, 發范明友奴冢, 奴猶活. 明友霍光女壻, 說光家事, 廢立之際, 多與漢書相應.)"고 했다. 이 주석은 196년의 기사에 붙여진 것이니, 이를 범명우의 생몰년과 비교해 보면 노비의 수명을 대략 계산해 볼 수 있다. 『완위여편』에서는 "240세"라고 했고, 『설략』에서는 "250세"라고 했다. 한편 『삼국지』 「위지」의 배송지 주석에도 범명우의 노비에 대한 언급이 보이는데, '세어(世語)'—곽반(郭頒)의 『위진세어(魏晉世語)』—를 인용하여 필궤(畢軌)가 범명우의 선비족 노비를 보냈는데 나이가 350세이며 말하고 먹는 것이 보통 사람과 같았다고 했다.

"초선(焦先)"은 한나라 말기의 은사(隱士)다. 『고사전』에 짧은 전기가 전하는데, 이에 의하면 위나라가 황제의 자리를 선양받자 강가에 초려(草廬)를 짓고 머물렀으며 며칠에 한 끼만 먹고 기울어진 길로는 다니지 않고 여자와 마주쳐도 쳐다보는 일이 없었다고 한다. 또한 "입으로는 일찍이 말을 하지 않았으니, 비록 다급한 일이 있더라도 다른 사람과 이야기하지 않았으며(口未嘗言, 雖有警急, 不與人語.)" 100여 세에 세상을 떠났다고 했다.

○ 진나라 포정은 100여 세까지 살았다.

晉鮑靚, 百餘歲.

"포정(鮑靚)"은 진나라의 관리로, 도술로도 이름이 높았다. 『진서』 「포정열전」에는 신이한 행적이 여럿 전하는데, 자신의 전생을 기억해 냈다는 일화가 대표적이다. 포정은 5세에 자기는 원래 우물에 빠져 죽은 이씨 집 아이였다고 말했으며 그 집에 찾아가 보니 사실과 부합했다는 것이 그 개요인데, 이 일화는 『몽구(蒙求)』에 「포정기정(鮑靚記井)」으로도 전한다. 또 『진서』에서는 포정이 선인(仙人) 음장생(陰長生)에게서 도가의 비결[道訣]을 전수받았고 100여 세에 죽었다고 했다.

○ 제나라 동궁 득질(得疾)[득신(得臣)]은 300세까지 살았다. 조일은 200세까지 살았다.

齊東宮得疾, 三百歲. 趙逸, 二百歲.

『좌전』 은공(隱公) 3년에 "위나라 장공이 제나라 동궁 득신의 누이를 아내로 맞이하였다.(衛莊公, 娶于齊東宮得臣之妹.)"는 기사가 있는데, 제나라의 태자라면 성은 강(姜)이겠지만, "동궁 득신"이 구체적으로 어떤 인물인지는 밝혀지지 않았다. 다만 주석 가운데 "득신은 제나라의 태자다. 태자가 감히 왕의 윗자리에 거처할 수 없으니 마땅히 동궁에 거처한다.(得臣齊大子也. 大子不敢居上位, 故當處東宮.)"라는 말이 보이는데, 이 구절은 '동궁(東宮)'이 태자를 뜻하는 말로 쓰인 용례로 흔히 언급된다. 한편『아희원람』에 보이는 "득질(得疾)"은 무엇을 뜻하는 말인지 분명하지 않은데, 만약 고유명사가 아니라면 이 문장을 "제나라 동궁이 병을 앓으면서도 300세를 살았다."로 풀이할 수도 있을 것이다. 그렇지만 "疾"은 "臣"의 오기일 가능성이 높으며, 이렇게 고친 문장은 명대 문헌인『옥지당담회』에 보이는 "『숭산지』에서는 제나라 동궁 득신이 숭악에 은거하여 300여 세의 수명을 누렸다고 했다.(嵩山志稱, 齊東宮得臣, 隱居嵩岳, 壽三百餘歲.)"라는 구절과 유사하다.

"조일(趙逸)"은 진나라 무제 때 살다가 200여 년 뒤인 북위(北魏) 정광(正光) 연간에 다시 나타났다는 은사다.『낙양가람기(洛陽伽藍記)』에 그에 대한 일화가 전하는데,『태평광기』에서는 이를 '이인(異人)' 항목에 수록하였다. 조일은 두자휴(杜子休)의 집을 찾아와서 그곳이 진나라 때 태강사(太康寺)의 터라고 말했는데, 그 절에 있던 3층 부도(浮圖)의 벽돌 수만 개 혹은 수십만 개(『낙양가람기』)를 찾아냄으로써 자신의 말을 증명했으며 이에 두자휴가 영응사(靈應寺)를 건립하고 그 벽돌들로 다시 3층 부도를 세웠다고 한다. 조일은 사람들에게 진나라 때의 풍경과 지난 200여 년의 역사에 대해 이야기했는데, 그 내용이 사서(史書)와는 많이 다른 이유를 보통 사람도 죽고 나면 비문이나 묘지(墓誌)에서 대단한 사람으로 만들어버리는 데서 찾았다. 또 무엇을 복용하여 수명을 늘렸는지 물었더니 "나는 따로 양생을 하지 않았으며 원래부터 수명이 길 뿐입니다. 곽박이 나를 위해 점을 치고 수명이 500년이라고 하였으니, 이제 비로소 반이 지난 것입니다.(吾不閑養生, 自然長壽. 郭璞常爲吾筮云, 壽年五百歲. 今始餘[逾]半.)"라고 답했다고 한다. 이 이야기를 사실로 받아들인다면, 조일은 당시 250여 세였으며 결국은 500세까지 살았으리라고 말할 수 있을 것이다.

○ 원위(元魏, 북위)의 나결은 120세까지 살았다.

元魏羅結, 百二十歲.

"나결(羅結)"은 북위의 관리로, 태조 도무제(道武帝)를 따르며 공을 세웠고 이후 명원제(明元帝)와 태무제(太武帝) 때까지 벼슬을 했다. "원위(元魏)"는 북조의 북위(北魏)이니, 정식 명칭은 위(魏)이지만 삼국시대 위나라와 구별하기 위해 원위 또는 북위, 후위(後魏)로 일컫는다. 『위서』「나결열전」에서는 나이 107세에도 정신이 맑고 쇠하지 않았으며, 110세에는 벼슬을 그만두고 고향으로 돌아가는 것을 허락하는 조칙을 내렸고 120세에 죽었다고 했다. 『지봉유설』 인사부 「수요」에 "元魏羅結, 百二十歲."의 구절이 보인다.

○ 탁발역미는 104세까지 살았다. 선비족 독발추근은 110세까지 살았다.

拓跋力微, 百四歲. 鮮卑禿髮椎斤, 百十歲.

"탁발역미(拓跋力微)"는 선비족 탁발부(拓拔部)의 족장으로, 북위 도무제(道武帝)가 즉위한 후에 시조(始祖) 신원황제(神元皇帝)로 추존되었다. 『위서』에서는 220년에 왕위에 올라 58년 동안 나라를 다스렸으며 104세까지 살았다고 했다. 『위서』에는 탄생에 얽힌 설화가 전한다. 탁발힐분(拓拔詰汾)이 수만 기병을 거느리고 사냥하다가 하늘에서 수레를 타고 내려온 천녀(天女)를 만나 하룻밤을 지내고 1년 뒤 같은 곳에서 다시 만나기로 약속했는데, 천녀가 약속한 곳에 이르러 탁발힐분에게 사내아이를 건네주며 당신의 아이이며 마땅히 제왕이 될 것이라고 말했다고 한다. 이 아이가 곧 탁발역미다.

"독발추근(禿髮椎斤/禿髮推斤)"은 선비족의 수령으로, 할아버지 독발무환(禿髮務丸)의 뒤를 이었다. 그의 손자인 독발오고(禿髮烏孤)는 5호 16국의 하나인 남량(南凉)을 세우고 무왕(武王)이 되었다. 『자치통감』에 "선비족 독발추근이 세상을 떠나니, 향년이 110세다.(鮮卑禿髮椎斤卒, 年一百一十.)"라는 말이 보인다.

○ 양나라 고사원은 120세까지 살았다. 장원시는 나이가 116세였는데, 힘은 남들보다 뛰어났지만 먹는 것은 남들과 다르지 않았다.

梁顧思遠, 百二十歲. 張元始, 年百十六歲, 膂力過人, 進食不異.

고사원과 장원시는 남조 양나라 사람이며, 둘 다 제5장 '탄육'에서도 언급한 바 있다. "고사원(顧思遠)"은 112세에 소영(蕭映)에게 등용되었는데, '탄육'에서는 소영이 나이를 물었을 때 대답한 말인 '아내 9명을 맞이하여 아들 12명을 두었고 막내가 60세'라는 정보를 실은 바 있다. 『남사』에서는 120세에 죽었다고 했는데, 『책부원구(册府元龜)』 등에서는 130세에 죽었다고 기록했다. "장원시(張元始)"는 제5장 '탄육'에서는 97세에 처음 아들을 낳으니 그림자가 없었다고 했는데, 이는 "노인이 아들을 낳으면 그림자가 없다"는 속설의 사례로 흔히 언급되는 정보이기도 하다. 『남사』에서는 "상진의 향인 장원시는 향년이 116세였다. 힘은 남들보다 뛰어났지만 먹는 것은 남들과 다르지 않았다. 97세에 바야흐로 아이를 낳았는데, 아이에게 그림자가 없었다.(上津鄕人張元始, 年一百一十六歲, 膂力過人, 進食不異. 至年九十七方生兒, 兒遂無影.)"라고 했다.

○ 당나라. 이원상은 126세까지 살았다. 장만록[장만복(張萬福)]은 90세까지 살았는데, 벼슬살이 70년 동안 일찍이 하루도 병들었다고 말하지 않았다. 견권은 103세까지 살았다. 장도홍은 146세까지 살았다. 손사막은 100여 세까지 살았다. 우백룡은 128세였다. 도사 왕원초[왕원지(王遠知)]는 126세까지 살았다. 법선은 107세까지 살았다. 배지고는 100세까지 살았다. 의종의 궁인 심씨는, 아버지가 110세였고 어머니가 95세였다.

唐. 李元爽, 百二十六歲. 張萬祿, 九十歲, 食祿七十年, 未嘗一日言病. 甄權, 百三歲. 張道鴻, 百四十六歲. 孫思邈, 百餘歲. 于伯龍, 百二十八歲.

道士王遠初, 百二十六歲. 法善, 百七歲. 裴知古, 百歲. 懿宗宮人沈氏, 父百十歲, 母九十五歲.

당나라 때의 장수한 사람 10명의 일화를 수록했는데, 도사의 이야기 등 야사에 언급된 일화를 다수 포함했다. 마지막에 제시한 궁인 심씨의 부모는 두 사람이니, 엄밀하게 말하면 11명인 셈이다.

"이원상(李元爽)"은 낙양(洛陽)에 살았으며 향년이 136세였다고 전한다. 백거이의 「구로도시서(九老圖詩序)」에서 95세의 선승(禪僧) 여만(如滿)과 함께 언급했으며, 백거이가 결성한 '향산구로회(香山九老會)'의 일원으로도 언급된다. 『아희원람』의 부록 "수휘(數彙)"의 인편(人篇)에 포함된 '구로(九老)' 항목에도 이원상이 등장하는데, 여기서와 마찬가지로 "126세"로 기록했다.

"장만록(張萬祿)"은 "장만복(張萬福)"의 오기로 보인다. 『지봉유설』 인사부 「수요」에서는 당나라 장군 장만복의 일을 말하면서 "年九十卒. 祿食七十年, 未嘗一日言病."이라 했는데, 『아희원람』에서는 이 구절을 옮기면서 착각했던 듯하다. 장만복은 능연각(凌煙閣)에 화상이 그려질 정도로 이름이 높은 장수였으며, 강회(江淮)에서는 풀이나 나무조차도 그 위명(威命)을 알 정도라는 '초목지명(草木知名)' 또는 '초목지위(草木知威)'의 고사의 주인공이기도 하다. 한편 이 구절은 『신당서』 「장만복전」에 보이며, 『구당서』에도 나타나지만 "일찍이 하루도 병들지 않았다(未嘗病一日)"로 조금 달리 표현되어 있다.

"견권"은 수당(隋唐) 때의 명의(名醫)다. 『구당서』 「견권전」 말미에서는 "정관 17년(643) 견권의 나이 103세 때, 태종이 그 집에 찾아가서 음식을 살펴보고 약성(藥性)에 대해 물었다. 그러고는 조산대부를 제수하고 궤장과 의복을 하사했다. 그해에 죽었다. 『맥경』, 『침방』, 『명당인형도』 각 1권을 지었다.(貞觀十七年, 權年一百三歲. 太宗幸其家, 視其飮食, 訪以藥性. 因授朝散大夫, 賜几杖衣服. 其年卒. 撰脉經, 針方, 明堂人形圖各一卷.)"라고 했다.

"장도홍(張道鴻)"은 은사(隱士)다. 『책부원구(册府元龜)』 「수고(壽考)」에서는 "장도홍은 젊어서 명산을 유람하여 복식(服食)의 술법을 얻었다. 뒤에 인간 세상에 살면서 늘 금단을 먹었다. 당시 나이가 146세였다.(張道鴻少遊名山, 得服食之術. 後居人間, 每餌金丹. 時年一百四十六歲.)"고 했다.

"손사막(孫思邈)"은 의사이자 약학자이며, 『천금요방(千金要方)』, 『천금익방(千金翼方)』 등의 의서를 남겼다. 7세 때에 배우기 시작하여 날마다 1,000여 자를 외었고, 약관에 이미 노장 및 백가의 설을 잘 담론했다고 한다. 손사막이 100세에 세상을 떠났다는 말은 『신당서』 「손사막전」에 보인다. 반면에 『구당서』 「손사막전」에서는 직접 수명을 말하지는 않았지만, 서술된 내용을 참조하면 "개황(開皇) 신유년(辛酉年)"에 태어나서 "영순(永淳) 원년"에 죽었다고 파악했음을 짐작할 수 있다. 그렇지만 이 기록은 앞뒤가 맞지 않으며, 일부 오자가 있을 가능성을 배제할 수 없다.

"우백룡(于伯龍)"은 당 현종이 봉선(封禪)을 행할 때 찾아왔다는 노인이다. 『개원유사(開元遺事)』에서는 개원(開元) 연간에 봉선을 할 때 태원(太原)의 우백룡이란 이가 있었으니 나이가 128세로 정신이 맑았으며, 나이 칠팔십 세의 두 손자가 따랐다고 했다. 『대당전재(大唐傳載)』에서는 노인의 이름을 '우백롱(于伯隴)'으로 표기하고 보다 상세하게 서술했는데, 노인은 북쪽에서부터 궁궐을 찾아왔고 현종은 노인에게 자포(紫袍)와 아홀(牙笏)을 내렸다고 했다. 또 노인은 스스로 수나라 인수(仁壽) 연간(601~604)에 태어났다고 밝히고서 대업(大業) 연간(605~616)의 일을 자세히 말했다고 한다.

"왕원초(王遠初)"는 "왕원지(王遠知/王遠智)"의 오기다. 왕원지는 도홍경(陶弘景)을 사사(師事)하여 도교 교단을 이끈 인물이다. 『구당서』 「왕원지전」 말미에서는 제자 반사정(潘師正)에게 '소실산(少室山)을 관장하는 자리를 맡게 되었다'는 등의 말을 남기고서 세상을 떠나는 장면을 그렸는데, 그 뒤에 향년은 126세라고 했다.

"법선(法善)"은 당나라의 도사인 섭법선(葉法善)인데, 전염병을 고치거나 시해(尸解)했다는 등의 도술과 관련된 일화를 많이 남겼다. 고종, 측천무후, 중종의 시기에 이르기까지 50년 동안 명산(名山)에 머물렀으며, 자주 궁중에서 불러 예를 다하여 도를 물었다고 한다. 『구당서』에서는 수나라 대업 병자년(616)에 태어나 개원(開元) 경자년에 죽었으며 향년 107세라고 했는데, 개원 연간에는 경자년이 없으니 그대로 받아들이기는 어렵다. 반면에 『신당서』에서는 "개원 8년"(720)에 죽었다고 했는데, 이설(異說)로 『구당서』의 기록을 덧붙였다. 개원 8년은 경신년(庚申年)이니 '경자'가 '경신'의 오기일 가능성도 여기서 생각해 볼 수 있는데, 이 경우에도 "107세"에 부합하지는 않는다. 법선의 수명을 90세로 기록한 문헌도 전해지니,

법선의 생몰년을 정확히 알 수는 없었던 것이 당시 상황이라 해야 할 것이다.

"배지고(裴知古)"는 태악령(太樂令)에까지 올랐던 악관으로, 음률(音律)에 밝아 이와 관련된 일화를 많이 남겼다. 『구당서』에서는 태묘에서 베푼 춘향(春享)의 악기 소리를 듣고서 당나라 왕실에 경사스러운 일이 있을 것이라고 예견했더니 그 달에 측천무후의 주나라가 무너지고 당나라가 회복되었다고 했으며, 혼인날 저녁의 패옥 소리를 듣고서 그 부부의 미래를 알아맞혔다고도 했다. 『당어림(唐語林)』에서는 말의 소리를 듣고서 말에 탄 사람이 낙마할 것을 예측해서 맞혔다는 일화와 신부의 패옥 소리를 듣고서 신부에게 불길한 일이 있을 것임을 예측했더니 신부가 죽었다는 일화를 실었으며, 그 말미에 "개원 13년(725)에 죽었는데, 또한 100세였다.(開元十三年終. 且百歲.)"고 했다.

"궁인 심씨(沈氏) 부모"의 일화는 『남부신서(南部新書)』에 전한다. 이에 의하면 의종은 865년에 궁인 심씨를 궁궐에서 내보내서 어버이를 봉양하게 했는데, 심씨가 궁에 들어온 지 58년이 되던 때였으며 당시 아버지는 110세요 어머니는 95세였다고 한다. 황제는 돈과 비단, 방아와 맷돌을 내려주었으며, 심씨가 살아 있는 동안 조세와 역을 면하도록 했다고 한다.

○ 송나라. 당옹은 170여 세까지 살았다. 초정은 130세까지 살았다. 남창의 전랑(錢朗)은 170세까지 살았다. 양하거는 81세였는데, 122세인 아버지 양숙연과 195세인 할아버지 양송경이 모두 생존해 있었다. 허경은 99세였는데, 맏아들이 81세였고 둘째는 79세였으며 막내는 75세였다. 허경을 궁궐로 불러들여 맞이하니 세 아들이 부축하였다. 유영석의 아버지인 유원[유원년]은 104세였다. 이숭은 109세까지 살았다. 소곡은 117세까지 살았다. 형거는 지극한 효성으로 아버지를 섬겼는데, 아버지는 이가 빠졌다가 다시 났으며 104세까지 살았다. 정언빈은 97세까지 살았는데, 병 없이 죽었다. 문언박은 91세까지 살았다. 주자는 71세

까지 살았다.

宋. 黨翁, 百七十餘歲. 譙定, 百三十歲. 南昌錢郎, 百七十歲. 楊遐擧八十一, 父叔連百二十二歲, 祖宋卿百九十五歲, 並存. 許瓊九十九歲, 長子八十一, 次七十九, 幼七十五. 迎瓊赴闕, 三子扶持. 劉永錫父元, 百四歲. 李嵩, 百九歲. 巢谷, 百十七歲. 邢渠事父至孝, 父齒落更生, 百四歲. 程彦賓, 九十七歲, 無疾卒. 文彦博, 九十一歲. 朱子, 七十一歲.

송나라 때 장수한 사람의 이야기 12건을 수록했는데, 이 가운데 도사 또는 이인(異人)의 일이 다수 포함되어 있다. 다만 "형거(邢渠)"는 분명히 송대의 인물은 아닌데, 편찬 과정에 착오가 있었던 듯하다.

"당옹(黨翁)"의 일은 소백온(邵伯温)의 『문견록(聞見錄)』에 보인다. 낙양에서 남북을 오가며 약을 팔던 당옹이라는 노인은 걸음이 젊은이보다 빨랐는데, 스스로 오대 청태(淸泰) 연간(934~936)에 병사가 되어 이후 후주 세종 시영(柴榮)을 섬겼다고 말했다고 한다. 당옹은 당나라 때의 복장을 했으며 원풍 연간(1078~1085)에 사라졌는데, 소백온은 일찍이 직접 보았으며 이인(異人)이었다고 했다. 당옹의 수명은 이 기록에서부터 추산할 수 있다. 즉 청태(淸泰)에서 원풍(元豐)까지는 대략 150년이며, 청태 연간에 병사가 되었다 했으니 대략 20~30세였을 것으로 짐작할 수 있다. 이상의 계산에 의하면 당옹의 향년은 170~180세다. 향년을 명시한 문헌들의 경우에는 이러한 범위 내에서 당옹의 수명을 조금씩 달리 제시하고 있다. 『완위여편』에서는 "170여 세"라 했고, 『천중기』에서는 "170~180여 세"라고 했다. 또 송대 문헌인 『우간(寓簡)』에서는 "180여 세"라고 했다.

"초정(譙定)"은 송대의 학자로, 처음에 불학(佛學)을 배웠고 뒤에 정이를 찾아가 역(易)을 배웠다고 한다. 생년은 1023년이나 몰년은 정확히 알 수 없는데, 『송사』는 "초정은 뒤에 어떻게 죽었는지 알려지지 않았다. 나무꾼과 목동 가운데 종종 그를 보았다는 이들이 있으며, 세상에서는 신선이 되었다고들 말한다.(定後不知所終. 樵夫牧童, 往往有見之者, 世傳其爲仙云.)"고 기록했다. 명나라 양신(楊愼)의 『단연적록(丹鉛摘錄)』에서는 초정이 130여 세에도 주역을 가르쳤다는 말이 『촉지(蜀志)』

에 보인다고 했는데, 이를 받아들인다면 적어도 130세까지는 생존했다고 보아야 할 것이다.

"전랑(錢郎)"은 "전랑(錢朗)"의 오기인 듯하다. 전랑의 일은 『산당사고』에 수록된 「전랑안동(錢朗顔童)」에서 찾아볼 수 있다. 이에 의하면 남창(南昌) 사람 전랑은 당나라에서 오경(五經)으로 급제하여 광록대부(光祿大夫)에 올랐으며, 문제(文帝) 때에 은거하여 보뇌환원(補腦還元)의 술법을 얻었다. 뒤에 5대 10국의 하나인 오월(吳越)을 세운 전류(錢鏐)가 스승으로 예우했는데, 당시 명경과(明經科)를 거쳐 고을 수령을 하던 현손(玄孫) 몇 사람은 머리가 세었지만 전랑의 얼굴은 아직 어린아이와 같았다. 하루는 집안사람들에게 상청(上清)의 부름을 받아 떠난다 말하고서 얼마 지나지 않아 세상을 떠나니 향년은 170여 세였다고 한다. 『속선전(續仙傳)』에서는 전류가 장생의 득도(得道)를 사모하여 스승으로 공경하니 당시 전랑의 나이가 이미 150여 세였으며, 그 뒤 20년 만에 세상을 떠날 때에는 기이한 향기가 방에 가득했고 시신을 관에 옮기려 했더니 이미 시해(尸解)한 뒤였다고 했다.

"양하거(楊遐擧)" 일가의 일은 전역(錢易)의 『통미지(洞微志)』에 전한다. 이에 의하면 송나라 태종 태평흥국(976~984) 연간에 승지 이수충(李守忠)이 사신이 되어 경주(瓊州) 부근에서 81세의 노인 양하거를 만났는데, 양하거의 집에서 122세의 아버지 '연숙'과 195세의 할아버지 '송경'을 보았다고 한다. 또한 대화를 나누다가 대들보 위의 닭 둥지에서 머리를 내밀어 아래를 내려다보는 어린아이를 보았는데, 송경이 그 '어린아이'는 자신의 전대 할아버지이며 말하지 않고 먹지도 않고 나이도 알지 못한다고 말했다고 한다.

"허경(許瓊) 부자"의 일은 『송사』 은일열전(隱逸列傳)에 보인다. 이에 의하면 972년에 허영(許永)이 상언(上言)하기를 "'신은 75세이오며, 아비인 허경은 99세요, 맏형은 81세, 둘째 형은 79세이옵니다. 바라건대 가까운 곳에 벼슬자리를 내려 봉양할 수 있도록 해주소서.'(臣年七十五, 父瓊年九十九, 長兄年八十一, 次兄年七十九. 欲乞近地一官以就營養.)"라 하니, 황제가 허영을 불러들여 하문하고 허경을 궁궐로 모셔오게 했다고 한다. 허경은 황제를 뵙고 오랫동안 물음에 답했는데, 쇠하지 않은 말소리로 당말(唐末) 이래의 일을 역력히 들려주었다고 한다.

"유영석(劉永錫)"의 아버지는 "유원년(劉元年)"이니, 『아희원람』에서는 "年"을 이름자가 아니라고 착각한 듯하다. 『속자치통감장편』에 "선덕랑 지안화군제성현사

유영석의 아버지 원년은 104세였다. 특별히 승봉랑(承奉郎)을 내렸으나 치사(致仕)하였다.(宣德郎知安化軍諸城縣事 劉永錫父元年, 一百四歲. 特與承奉郎, 致仕.)"라는 기사가 있다. 이때 황제가 유원년에게 내린 제칙(制勅)은 소식이 썼는데, 『동파전집』의 외제제칙(外制制勅)에 전하는 「선덕랑 유영석의 아버지 원년은 104세다. 승사랑을 내린다.(宣德郎劉錫永父元年一百四歲, 可承事郎)」가 그것이다.

"이숭(李嵩)"의 일은 여고현(如皋縣)의 지리지인 『여고지(如皋志)』에 전하며, 그 개요는 다음과 같다. 1176년 2월에 효리(孝里)의 장원에는 심지 않은 붉은 모란 한 뿌리가 돋아났는데, 이듬해 3월에 꽃이 만개하자 지나는 사람들이 모두 찾아와 보곤 했다. 항주(杭州) 관찰추관(觀察推官)이 옮겨 심고자 했는데, 1자가량 땅을 파다가 2자 길이의 칼 모양의 돌을 캐게 되었다. 그 돌에 '이 꽃은 경도에서 날려 와서 심어졌으니, 오직 인간 세상 늙은이의 눈에만 보이도록 허락하노라.(此花瓊島飛來種, 只許人間老眼看.)'라고 씌어 있으니, 결국 감히 옮겨 심지 못하였다. 이후로 꽃 필 무렵에 생일을 맞은 고을 노인은 반드시 꽃 아래로 가서 술 마시며 장수를 축원했는데, 내일 꽃 아래 가기로 기약했다가 오늘 저녁에 꽃이 시들거나 하면 불길한 일이 많았다고 한다. 오직 이숭이라는 노인만은 80세부터 109세에 세상을 떠날 때까지 꽃을 볼 수 있었다고 한다.

"소곡(巢谷)"은 미주(眉州) 미산(眉山) 사람으로, 유배된 소철(蘇轍)과 소식(蘇軾) 형제 사이를 왕래하며 소식을 전한 일로 후대에 알려졌다. 조정에 죄를 입은 한존보(韓存寶)의 부탁으로 그 처자에게 은자를 전한 일화도 전한다. 소곡은 소식을 만나기 위해 해남으로 가다가 신주(新州) 땅에서 병들어 죽었는데, 소철이 쓴 「소곡전(巢谷傳)」과 『송사』 탁행열전(卓行列傳) 등을 참고하면 70대에 세상을 떠난 것으로 추정된다. 그런데 홍매(洪邁)의 『이견을지(夷堅乙志)』에서는 소곡이 117세까지 생존해 있었다는 이야기를 전하는데, 『아희원람』에서 "117세"라 한 것은 이를 따른 것으로 보인다. 『이견을지』는 1138년 무석현에 미산(眉山) 소곡(巢谷)이라는 117세의 도인이 있는데, "젊은 시절에는 동파 형제와 왕래했으며, 비록 외모는 매우 늙었지만 얼굴엔 검은 주름이 없고 눈동자는 환하게 빛났으며 술과 고기는 남들보다 많이 먹었다.(少時與東坡兄弟往來. 狀雖甚老, 然面不黧皺, 瞳子碧光炯然, 飮酒食肉皆過人.)"고 기록했다. 또한 홍매의 외삼촌인 심체인(沈體仁)은 도인으로부터 들은 바에 의하면, 소곡이 30세에 이인(異人)을 만나 자기 수명이 55세임을 듣고 비법을 받았다고 한다. 이인은 15년마다 비법을 행하여 120세가 되면 장생불사(長生不死)할 것이라고 가르쳐주었다고 하는데, 결국은 120세를 채우지 못하고 세상을 떠났다는 것이다.

"형거(邢渠)"는 '포부(哺父)' 즉 음식을 씹어서 아버지에게 먹였다는 고사로 알려진 효자로, 생몰년은 확인되지 않는다. 다만 한나라 때 벽화에 그의 행적이 그려졌고 진대(晉代) 문헌에 그의 효행이 기록되었으니, 적어도 송나라 때 사람이 아닌 것은 분명하다. 『아희원람』에서 형거를 송나라 때 인물과 함께 다루고 그 아버지의 수명을 "104세"로 기록한 이유가 무엇인지는 분명하지 않다. 『태평어람』에서는 진나라 소광제(蕭廣濟)의 『효자전(孝子傳)』을 인용하여 형거의 일을 전하고 있는데, 이에 의하면 형거는 효성스러웠지만 가난하고 아들이 없었으며 품팔이하여 아버지 중(仲)을 봉양하였다고 한다. 늙은 아버지가 "이가 빠져 음식을 먹을 수 없게(齒落不能食)" 되자 자신이 씹어서 먹여드렸는데, 아버지가 다시 건강해지면서 "빠졌던 이가 다시 났(齒落更生)"으며 "100여 세"에 죽었다고 했다.

"정언빈(程彦賓)"은 당말(唐末) 10국의 하나인 전촉(前蜀)의 장수다. 『태평광기』 보응(報應) 편에서는 양사규(楊士逵)의 『경계록(儆戒錄)』을 인용하여 그의 일화를 실었는데, 이에 의하면 정언빈은 수녕(遂寧)을 함락시키면서 용모가 빼어난 처녀 세 사람을 잡았지만 그 부모들의 호소를 듣고서는 금전도 받지 않고 온전한 몸 그대로 풀어주었다고 한다. 이때 정언빈은 처녀들의 부모에게 "내가 바라는 바는 수명대로 살다 병 없이 죽는 것뿐이다.(吾所願, 壽終時無病耳.)"라고 말했는데, 뒤에 과연 이순(耳順) 즉 60세를 넘겨 병 없이 죽었다고 한다. 『분문고금유사(分門古今類事)』에도 이 일화가 전하는데, 수명이 "70세를 넘겼다(踰七十)"고 한 것을 제외하면 내용은 거의 같다. 『아희원람』에서 제시한 "97세"가 무엇을 근거로 삼은 것인지는 분명하지 않다.

"문언박(文彦博)"은 송나라의 재상으로, 원래 성은 '경(敬)'이었지만 할아버지가 송나라 익조(翼祖) 조경(趙敬)의 이름자를 피하여 '문(文)'으로 고쳤다고 한다. 인종(仁宗), 영종(英宗), 신종(神宗), 철종(哲宗)의 4대에 걸쳐 50년 동안 장군과 재상을 지냈다. 『지봉유설』 인사부 「수요」에 "宋文彦博九十一"의 구절이 보인다.

"주자(朱子)" 즉 주희의 생몰년은 1130~1200년이다. 『지봉유설』 인사부 「수요」에서는 공자의 생애와 연관 지으면서 수명을 말했는데, "살피건대 주자 또한 경술년에 태어났으며, 수명은 공자보다 두 해가 적었다.(按, 朱子亦庚戌生, 壽減孔子二歲矣.)"고 했다. 공자의 향년이 73세라 했으니, 주자는 71세가 된다.

○ 오대. 태원 사람 왕인유의 원조모(遠祖母)는 200여 세였는데, 몸집은 겨우 3척이나 4척 정도였다.

五代, 太原王仁裕遠祖母二百餘歲, 形僅三四尺.

왕인유(王仁裕)는 전촉(前蜀), 후당(後唐), 후진(後晉), 후한(後漢), 후주(後周)에서 벼슬을 한 5대 10국 시기의 관리로, 그 선조는 태원(太原) 출신이다. 『구오대사(舊五代史)』 열전에서는 25세에 비로소 학문을 할 뜻을 세웠으며 만여 수의 시와 100권의 『서강집(西江集)』을 남겼다고 전하며, 『개원천보유사(開元天寶遺事)』를 쓰기도 했다. '왕인유의 원조모(遠祖母)' 이야기는 송나라 왕도(王陶)의 『담연(談淵/譚淵)』에 실렸으며, 이후 여러 문헌에 인용되었다. 이에 의하면 왕인유의 원조모는 나이는 약 200여 세요 키는 3~4척 정도였으며, 두 눈의 흰자위는 푸른색이며 매우 적게 먹고 밤에 잠들지 않을 때도 많고, 흔적도 없이 사라졌다가 갑자기 나타나기도 했다고 한다. 또한 침상 머리에는 버드나무 상자를 잠근 채로 두었는데, 항상 이 상자를 열면 자신은 돌아오지 못하리라고 손자들에게 경계했다고 한다. 어느 날 술에 취한 한 손자가 상자를 열었다가 그 안에 작은 쇠참빗[鐵篦子] 하나만 있음을 확인했는데, 이후에 할머니는 돌아오지 않았다고 한다.

○ 요나라. 패주 백성 이재유는 133세였다. 금나라. 협곡오리보는 105세까지 살았다.

遼. 覇州民李在宥, 百三十三歲. 金夾谷吾里補, 百五歲.

"이재유(李在宥)"의 일은 『요사』 성종 12년(994) 조에 보이는데, 133세의 패주 백성 이재유에게 비단과 비단 도포, 은대(銀帶)를 하사하고 매달 양주(羊酒)를 주도록 했다고 한다. 『자치통감후편(資治通鑑後編)』에도 같은 기록이 보이는데, "요(遼)"가 "거란(契丹)"으로 바뀌어 표기되어 있다.

"협곡오리보(夾谷吾里補)"는 금나라의 장수로, 『금사(金史)』 열전에서는 지략이 많고 힘도 남달랐으며 늙어서도 용맹이 쇠하지 않았으며 1186년에 105세로 세상을 떠났다고 했다. 왕세정의 『완위여편』에서는 앞에서 언급한 한나라 장창(張蒼), 진나라 범장생(范長生)과 함께 "거의 100세에 승상이 된(近百歲, 爲丞相)" 인물의 사례로 들었다.

○ 원나라. 자파르는 118세까지 살았다. 왕덕원은 103세까지 살았다. 등극공은 100여 세까지 살았다.

元, 札八兒, 百十八歲. 王德元, 百三歲. 滕克恭, 百餘歲.

"자파르[札八兒/劄八兒]"는 칭기즈칸[成吉思汗]을 보좌하여 많은 전공을 세운 장수다. 『원사』 열전에는 "자파르 화자[劄八兒火者]"로 표기되어 있는데, "화자(火者)"는 페르시아어 'Khwaja'를 음차한 것이며 관직명이다. 자파르는 서역의 부족 새이(賽夷) 출신이며, 향년은 118세로 양국공(涼國公)에 추봉(追封)되었다.

"왕덕원(王德元)"은 여진(女眞) 출신의 은사(隱士)로, 원래의 성은 말연(抹燃)이라고 한다. 원나라 서현(徐顯)의 『패사집전(稗史集傳)』에 그의 행적이 전하는데, 이에 따르면 전진교(全眞教)의 교리를 배워 동문도(東門道)를 세우고 스스로 동문자(東門子)로 칭했다고 하며 유인(劉因)에게서 역(易)을 배웠다고 한다. 90세에는 "날마다 100여 리를 걷되 걸음은 나는 듯했다.(日行百餘里, 步履如飛.)"고 하며, 1364년에 100세의 나이로 죽었다고 했다. 『아희원람』에서 "103세"라고 한 이유는 분명하지 않다.

"등극공(滕克恭)"은 한족 출신으로 진사가 되었고 원나라에서 벼슬을 했지만, 명나라가 하남을 평정하자 고향에 돌아가 벼슬을 하지 않고 여생을 보냈다. 『명일통지(明一統志)』에서는 "성품이 명민하고 경사에 두루 통달했다. 원나라 진사에 급제하여 거듭 집현관학사를 지냈으며, 본조[명나라] 홍무 초년에는 두 차례 하남

향시의 시험관을 맡았다. 100여 세의 수명을 누렸다.(性明敏, 博通經史. 登元進士, 累官集賢館學士. 本朝洪武初, 兩爲河南鄕試考官. 壽百餘歲.)"고 했다. 왕세정(王世貞)은 『성사술(盛事述)』에서 양유정(楊維楨), 심몽린(沈夢麟)과 함께 '국초삼유로(國初三遺老)'로 일컬었는데, 세 사람 모두 한족으로 원나라에서 벼슬을 하고 명나라에서는 과거 시험의 고관(考官)은 맡았지만 벼슬은 받아들이지 않았다. 왕세정은 "절개를 굽혀 벼슬을 하려 하지 않았다(不肯屈節仕宦)"는 점을 높이 평가한 것이다.

○ 명나라. 주수의는 110세였다. 왕사능과 유난규는 120세까지 살았다. 모옹은 112세까지 살았다. 괴경은 178세까지 살았다. 진백만은 109세까지 살았다. 공무사는 400세까지 살았다. 위기는 98세까지 살았다. 유건은 95세까지 살았다. 왕서는 93세까지 살았다.

皇明. 周壽誼, 百十歲. 王士能 · 劉鸞珪, 百二十歲. 毛翁, 百十二歲. 蒯京, 百七十八歲. 陳百萬, 百九歲. 孔無似, 四百歲. 魏驥, 九十八歲. 劉健, 九十五歲. 王恕, 九十三歲.

명나라 때의 장수한 사람 10명의 일을 수록했는데, 여기에는 은사나 도사가 다수 포함되어 있다. 10명 가운데 "진백만(陳百萬)"은 어떤 인물인지 분명하지 않다. 또 괴경(蒯京)은 한나라 때 사람이니, 무언가 착오가 있었던 듯하다. "황명(皇明)"은 명나라를 높인 말이다.

"주수의(周壽誼)"는 명나라 초기의 기로(耆老) 모임에 참석한 인물이다. 명나라 왕오(王鏊)의 『고소지(姑蘇志)』에 의하면 1372년의 기로 모임에 참석한 곤산(崑山)의 주수의는 남송 경정(景定) 연간에 태어났으며 당시 나이가 110세였다고 한다. 군수 위관(魏觀)이 향음주례를 행할 때 주수의를 비롯하여 90세를 넘긴 세 노인의 자리를 특별히 마련했다 하며, 태조가 일찍이 궁궐로 불러서 술과 음식을 하사한 일도 있다고 한다. 또한 몇 년이 지나 116세에 세상을 떠났다고 기록했으니, 『아희원람』에서 제시한 110세는 향년은 아닌 셈이다.

"왕사능(王士能)"은 해주(海州) 출신의 은사이며, "유난규(劉鸞珪)"는 마성(麻城) 출신의 은사다. "왕사능"의 일은 왕세정의『성사술(盛事述)』에서 볼 수 있는데, 116세에 기로(耆老)의 모임에 참석했고 7년 뒤에 세상을 떠났다고 했다. 이에 따르면 왕사능의 향년은 123세인 셈이다. 한편『속문헌통고(續文獻通考)』에서는 장생술(長生術)을 익힌 사람이며 향년이 120세였다고 했는데, 이인(異人)을 스승으로 섬기고 벽곡(辟穀)과 도인법(導引法)을 행하였으며 백발이 이마를 덮었어도 얼굴빛은 아이와 같았다고 했다. 제녕지휘(濟寧指揮) 왕선(王瑄)이 자신의 선대 숙조(叔祖)임을 확인한 뒤에는 헌종이 편전으로 불러 만나보았다고 하며, 뒤에 왕사능은 자신의 장수 비결은 육식을 하지 않고 아내를 얻지 않고 운수를 알려 하지 않고 기세를 다투지 않는 것일 뿐이라고 말했다고도 한다. "유난규"의 일은 명나라 이일화(李日華)의『육연재필기(六研齋筆記)』에 전하는데, 이에 의하면 유난규는 110세에 유어초(劉馭初)와 더불어 불사(不死)의 도리를 논했으며 그 몇십 년 뒤에도 생존해 있었다고 한다. 이에 따르면 유난규의 향년은 최소한 120세 이상이었다고 해야 할 것이다.

"모옹(毛翁)"은 모필(毛弼)이다. 서함(徐咸)의『서원잡기(西園雜記)』에 의하면 예부상서 모징(毛澄)의 조부로서 아들 없이 손자를 키웠는데, 104세 때에는 손자 모징의 장원급제를 보았고 112세에 세상을 떠났다고 한다. 모필이 80세에 아들을 잃고 10여 세의 손자 모징을 기르고 있을 때 어떤 사람이 찾아와 100세 이후에 부귀하게 될 것이라고 말해주었다는 일화도 전하는데, 그 사람의 말은 모필의 나이 104세—일부 문헌에서는 100세—에 모징이 장원급제하면서 실현된 셈이다.

"괴경(蒯京)"은 한나라 때의 도인으로, 아침마다 자신의 침을 삼키는 등의 도인법(導引法)으로 알려진 인물이다. 퇴계 이황의『활인심방(活人心方)』에 "한나라의 괴경은 120세에도 기력이 매우 건장하였다. 아침마다 침[玉泉]을 삼키고 이를 14회 두드린다고 했는데, 이를 '정을 단련한다[鍊精]'고 일컫는다.(漢蒯京, 年百二十歲, 氣力甚壯. 言朝朝服食玉泉, 叩齒二七, 名曰鍊精.)"라는 구절이 보인다. 당나라 손사막(孫思邈)의『천금요방(千金要方)』에 실린「양성서(養性序)」에서는 "신이 일찍이 듣건대 도인 괴경은 이미 178세였는데도 매우 건강하고 튼튼하였습니다. 그는 사람은 마땅히 아침마다 침을 삼키고 이를 두드리면 건강하고 튼튼해진다고 말했습니다.(臣嘗聞, 道人蒯京, 已年一百七十八而甚丁壯. 言人當朝朝服食玉泉琢齒, 使人

丁壯.)"라고 했다.

"공무사(孔無似)"는 북경에 살았다는 인물로, 명나라 낭영(郎瑛)의 『칠수유고(七修類稿)』에 그 일화가 전한다. 공무사라는 이는 양향(良鄕)에 머물면서 4대째 같은 집의 일을 돌보고 있는데, 스스로 400세라고 말한다고 했다. 또한 어사 김찬(金燦)이라는 이가 공무사를 직접 만나 음식을 주었다는 말을 전해 들었다고도 했다. 서응추(徐應秋)의 『옥지당담회』에도 순천(順天)의 공무사가 400세라는 말이 보인다.

"위기(魏驥)"는 『영락대전(永樂大典)』의 편찬에 참여했으며 남경이부상서(南京吏部尚書)까지 오른 관리다. 『명사』에서는 77세에 벼슬에서 물러났다고 했으며, 20여 년이 지난 98세 때에는 헌종(憲宗) 황제가 기로(耆老)를 대우하기를 청하는 상주에 따라 그에게도 음식을 하사하려 하였지만 명령이 이르기 전에 죽었다고 했다. "유건(劉健)"은 공정한 처결로 이름이 높았던 관리다. 태감 유근(劉瑾)의 참소로 삭적(削籍)되는 등의 고난을 겪었지만 유근의 몰락 이후에는 복직되었다. 『명사』 열전에서는 "가정 5년(1526)에 죽으니, 향년은 94세였다.(嘉靖五年卒, 年九十四.)"고 했다. "왕서(王恕)"는 간언(諫言)으로 이름이 높았던 관리다. 『명사』「왕서전」에서는 "정덕 3년(1508) 4월에 죽으니, 향년은 93세다.(正德三年四月卒, 年九十三.)"고 했다. 왕서가 죽던 날에는 평소보다 밥을 적게 먹고 문을 닫은 채 홀로 앉아 있었는데, 갑자기 우레 소리가 나더니 흰 기운이 가득하기에 가서 살펴보니 이미 눈을 감은 상태였다고 한다. 『지봉유설』 인사부 「수요」에서는 명나라의 대신 가운데 장수한 사람으로 위기(98세), 유건(95세), 왕서(93세)의 세 사람을 들었다.

○ 우리나라. 수로왕은 159세까지 살았다. 고구려 태조왕은 119세까지 살았다. 장수왕은 100세까지 살았다. 차대왕과 신대왕은 모두 거의 100세까지 살았다.

東國. 首露王, 百五十九歲. 高句麗太祖王, 百十九歲. 長壽王, 百歲. 次大王·新大王, 皆近百歲.

"수로왕(首露王)"은 42년에 알에서 깨어나 왕이 되었으니, 이는 『삼국유사』「가락국기」에 전하는 탄생 신화에서 확인할 수 있다. 『삼국유사』「왕력(王曆)」에는 "임인년 2월에 알에서 태어나서 그달에 즉위했으며, 재위 기간은 158년이다.(壬寅二月卵生, 是月即位. 在位, 一百五十八年.)"라는 기록이 있으니, 몰년은 199년이 된다. 『지봉유설』 군도부 「제왕」에도 "태어난 해에 곧 왕이 되었으며, 재위 기간은 158년이다.(生年卽立爲王, 在位一百五十八年.)"고 했으니, 향년은 158세인 셈이다. 『아희원람』에서 제시한 "159세"의 근거가 무엇인지는 분명하지 않다.

"태조왕(太祖王)"은 고구려 제6대 왕이다. 『삼국사기』에서는 7세에 왕위에 올랐고 100세가 되자 신하들의 반대에도 불구하고 동생 수성(遂成), 즉 차대왕(次大王)에게 양위했으며, 차대왕 20년에 별궁에서 세상을 떠나니 향년이 119세였다고 했다. 한편 『삼국사기』는 태조왕이 죽고 '아들' 수성이 뒤를 이었다는 『후한서』의 기사도 거론했는데, 『후한서』의 기록이 오류일 가능성이 높다고 보았다. "장수왕(長壽王)"은 고구려 제20대 왕이다. 『삼국사기』에서 장수왕 79년(491) 12월에 붕어했으며 향년은 98세라고 했다. 『지봉유설』에서도 향년 98세라고 했으니, 『아희원람』에 기재된 "100세"는 정확한 기록은 아닌 셈이다. "차대왕(次大王)"은 고구려 제7대 왕이다. 형인 태조왕으로부터 왕위를 물려받았으나, 165년에 연나부(椽那部) 조의(皁衣) 명림답부(明臨答夫)에게 죽임을 당했다. 『삼국사기』에서는 즉위할 때 나이가 76세였다고 했으며, 차대왕 20년 기사에서 시해되었다고 했다. 이에 따르면 향년은 95세가 된다. "신대왕(新大王)"은 고구려 제8대 왕으로, 태조왕의 막냇동생[季弟]이니 전대 차대왕의 동생이기도 하다. 차대왕이 시해된 뒤에 산으로 달아났다가 신하들의 청을 받아들여 왕위에 올랐다고 전한다. 『삼국사기』에서는 77세에 왕위에 올랐으며 즉위 15년에 붕어했다고 기록했으니, 향년은 91세가 된다.

○ 고구려의 명림답부는 114세까지 살았다. 일본의 대신 무내는 307세까지 살았다.

高句麗明臨答夫, 百十四歲. 日本大臣武內, 三百七歲.

"명림답부(明臨答夫)"는 고구려의 재상이다. "백성들이 견디지 못함(民不忍)"을 이유로 차대왕(次大王)을 몰아내고 동생 신대왕(新大王)을 옹립하여 '국상(國相)'의 자리에 올랐으며, 현도태수 경림(耿臨)이 고구려를 공격했을 때에는 "해자를 깊이 파고 성루를 높게 쌓고서 들판을 비우고 적을 기다리는(深溝高壘, 淸野以待之)" 전술을 펴서 대승을 거두기도 했다. 『삼국사기』「명림답부전」에서는 "신대왕 15년(179) 9월에 세상을 떠나니, 향년은 113세였다."고 했다.

"무내(武內)"는 기무내(紀武內), 즉 다케우치노 스쿠네[武內宿禰]를 가리키는 말로 보인다. 『지봉유설』 인사부 「수요」에 "살피건대 『송사』에서 '일본 대신 기무내는 나이가 307세다'라고 하였으니, 또한 기이한 일이다.(按宋史, 日本大臣紀武內, 年三百七歲云. 亦異矣.)"라는 구절이 있다. 『송사』「일본국열전(日本國列傳)」에서는 "오진[應神] 천황 갑진년에 처음으로 백제에서 중국 문자를 구했으며, 지금은 팔번보살이라 일컫는다. 대신 가운데 '기무내'라는 이는 나이가 307세였다.(應神天皇甲辰歲, 始於百濟得中國文字, 今號八蕃菩薩. 有大臣號紀武內, 年三百七歲.)"라는 구절을 찾아볼 수 있다. 여기서 중국 문자를 구했다는 말은 백제의 왕인(王仁)이 일본에 한자를 전한 일을 의미한다. "기무내" 즉 다케우치노 스쿠네는 게이코[景行]에서부터 오진[應神]과 닌토쿠[仁德]에 이르기까지 5대를 섬겼다는 인물인데, 『일본서기(日本書紀)』에는 '무내숙미(武內宿禰)'로 『고사기(古事記)』에는 '건내숙미(建內宿禰)'로 표기되어 있다. 유력가문인 기씨(紀氏)의 선조이기도 하다.

○ 양나라 무제는 86세까지 살았다. 한나라 무제와 당나라 고조는 71세까지 살았다. 현종은 78세까지 살았다. 송나라 고종은 81세까지 살았다. 원나라 세조는 80세까지 살았다. 명나라 태조는 71세까지 살았다. 청나라 건륭제는 89세까지 살았다. 주나라 문왕과 무왕 이후로 장수를 누린 군주들

梁武帝, 八十六. 漢武帝·唐高祖, 七十一. 玄宗, 七十八. 宋高宗, 八十一. 元世祖, 八十. 大明太祖, 七十一. 淸乾隆, 八十九. 文武以後, 人主眉壽高者

주석에 기록되어 있듯이, 이 항목은 "주나라 문왕, 무왕 이래의 군주 가운데 장수를 누린 사람"을 제시한 것이다. "미수(眉壽)"는 눈썹이 세도록 오래 사는 수명을 뜻하는 말이니, 미수가 높다는 말은 곧 장수를 누린 사람을 뜻한다. 그런데 이와 유사한 말은 왕세정의『완위여편』에도 보이는데, '文武以後人主眉壽之高者'를 제목으로 삼아 주 목왕, 양 무제, 송 고종, 원 세조, 당 현종, 당 고조, 한 무제, 명 태조[我太祖]의 차례로 향년을 제시한 바 있다. 차이라면『완위여편』에서 나이 순서에 따라 배열한 반면『아희원람』에서는 시대 순서에 따라 배열한 점을 들 수 있다. 또한 앞에서 거론했던 주나라 목왕은 제외하고, 명대 이후인 청나라의 건륭제를 추가한 점을 들 수 있다.

"양 무제(武帝)"는 남조 양나라를 세운 소연(蕭衍)이다. 남제(南齊)의 화제(和帝)를 핍박하여 선양받았지만, 후경(侯景)의 반란으로 세상을 떠났다.『양서』에서는 549년에 붕어하니 향년 86세라 했다. "한 무제(武帝)"는 한나라 7대 황제 유철(劉徹)이며, "당 고조(高祖)"는 당나라를 세운 이연(李淵)이다. 당 고조의 향년은 문헌에 따라 조금 달리 전한다.『구당서』에서는 70세라 했지만『신당서』에서는 71세라 했다. 우리나라 문헌인『기년아람』에서는 "갑신년생(甲申生)" 즉 564년생이니 "72세"라고 기록했는데,『당감(唐鑑)』등에 "71세"로 기재되어 있다는 사실을 덧붙였다. "당 현종(玄宗)"은 제6대 황제 이융기(李隆基)이며,『신당서』에 향년 78세로 기록되어 있다. "송 고종(高宗)"은 남송(南宋)의 첫 황제인 조구(趙構)다. 금나라가 송의 수도를 함락시키고 황제를 사로잡은 '정강(靖康)의 변'이 발생했을 때 남쪽에서 황제의 자리에 올랐으며, 뒤에 '권근(倦勤, 일하는 데 싫증이 남)'을 이유로 조카에게 선양했다.『송사』에 향년이 81세로 전한다. "원 세조(世祖)"는 몽골의 5대 칸이자 원나라를 세운 쿠빌라이(忽必烈)이니, 칭기즈칸의 손자이기도 하다.『원사』에 재위 35년, 향년 80세로 기록되어 있다. "명 태조(太祖)"는 명나라를 건국한 주원장(朱元璋)이다.『명사』에는 향년이 71세로 전한다.

"건륭제(乾隆帝)"는 청나라의 제6대 황제인 애신각라홍력(愛新覺羅弘曆)으로, 묘호는 고종(高宗)이다. 황제의 자리에 오른 지 60년이 되었을 때 15번째 아들인 가경제(嘉慶帝)에게 선양하고 태상황제(太上皇帝)가 되었는데, 이는 할아버지인 강희제(康熙帝)의 재위 기간인 61년을 넘지 않겠다는 즉위 초기의 발언을 실천한 것이다. 건륭제가 세상을 떠난 1799년은『아희원람』이 간행된 1803년과 4년의 차이

밖에 없는데, 이를 통해 장혼이 자기 당대의 일까지 살피면서 편찬에 임했음을 확인할 수 있다.

○ 고윤은 98세에 광록대부였다. 내민은 97세에 집신장군이었다. 여대는 96세에 대사마였다. 이선은 95세에 내도대관이었다. 사마부는 93세에 태재였다. 사섭은 93세에 교주목(交州牧)이었다. 왕반은 92세에 한림학사였다. 유식은 91세에 태위였다. 하후승은 90세에 태자태부였다. 양통은 90세에 광록대부였다. 사호는 89세에 태사였다. 왕유지는 88세에 개부의동삼사였다. 왕기는 88세에 동평장사였다. 곽단은 85세에 사도였다. 곽급은 85세에 화주목(華州牧)이었다. 곽자의는 85세에 상보(尙父)로 일컬어졌고 태위, 분양왕이었다. 교행간은 85세에 소부(少傳), 평장(平章)이었다. 대신으로 노년에도 벼슬에 있었던 사람들

高允, 九十八光祿大夫. 來敏, 九十七執愼將軍. 呂岱, 九十六大司馬. 李先, 九十五內都大官. 司馬孚, 九十三太宰. 士燮, 九十三交州牧. 王盤, 九十二翰林學士. 劉寔, 九十一太尉. 夏侯勝, 九十太子太傅. 楊統, 九十光祿大夫. 史浩, 八十九太師. 王裕之, 八十八開府儀同三司. 王起, 八十八同平章事. 郭丹, 八十五司徒. 郭伋, 八十五華州牧. 郭子儀, 八十五尙父·太尉·汾陽王. 喬行簡, 八十五少傅平章. 大臣老居位者

주석에 기록되어 있듯이, 이 항목은 "대신으로 노년에도 벼슬에 있었던 사람"을 제시한 것이다. 이와 유사한 사례로는 서응추의 『옥지당담회』「고년거위(高年居位)」에 보이는 '대신으로 많은 나이에 벼슬에 있었던 사람들(大臣高年居位者)'이나 왕세정의 『완위여편』에 보이는 '대신으로 노년에도 벼슬에 있었던 사람들(大臣老居位者)'을 찾아볼 수 있다. 실제로 『아희원람』에서 거론한 17명은 모두 이들 목록

에 포함되어 있으니, 편찬 과정에서 참고했을 가능성이 매우 높다. 다만 『아희원람』에서는 나결(羅結)이나 육웅(鬻熊), 장만복(張萬福)처럼 이전 항목에서 거론한 인물들이나 향년 85세 미만의 인물들은 거론하지 않았으니, 나름의 기준을 따랐으리라는 점은 짐작할 수 있다. 한편 배열 순서는 '사호(史浩)'의 경우만 제외하면 일치하는데, 앞 항목에서 시대 순서에 따라 재배열한 것과는 상황이 다르다고 할 수 있다. 사호의 경우에는 『완위여편』에서 84세의 일과 89세의 일을 기록하면서 "84세"의 위치에 배열한 반면 『아희원람』에서는 89세의 일만을 기록하며 "89세"의 위치에 배열했다고 이해하면, 배열 순서가 바뀐 이유를 납득할 수 있다. 한편 이 항목에서 언급한 "나이"는 대체로 향년이며 일부만이 해당 벼슬에 올랐을 때의 나이인데, 『완위여편』이나 『아희원람』 모두 이 둘을 명확히 구분하지는 않은 듯하다.

"고윤(高允)"은 남북조 시대 북위(北魏)의 관리다. 『위서』「고윤전」에서는 486년에 광록대부(光祿大夫)와 금장자수(金章紫綬)를 더하였고 487년에 향년 98세로 세상을 떠났다고 했다. 98세는 처음 광록대부가 된 시점은 아니지만, 98세에 세상을 떠날 때에도 광록대부였다고 할 수 있을 것이다. 고윤은 자신이 중서령(中書令)으로 있을 때 백성의 목숨을 구제한 음덕이 있어서 응당 100년의 수명을 누릴 것이라고 말했다고 하는데, 실제로 100세에 가까운 수명을 누린 셈이다.

"내민(來敏)"은 삼국시대 촉한(蜀漢)의 학자이자 관리로, 유비가 촉 땅에 들어간 이후에 등용되었으며 유선(劉禪)에 의해 중용되었다. 『삼국지』 촉지의 열전에 "관직의 중함으로 스스로 경계하라(以官重自警戒)"는 뜻으로 집신장군(執愼將軍)을 삼았다는 말과 향년 97세로 경요(景耀) 연간(258~263)에 죽었다는 말이 보인다.

"여대(呂岱)"는 삼국시대 오나라의 중신으로, 손권이 세상을 떠나면서 태자 손량을 부탁할 만큼 신임을 받았다. 『삼국지』 오지의 열전에서는 손량(재위 252~258)이 즉위하여 대사마를 제수했으며 256년에 향년 96세로 죽었다고 했다.

"이선(李先)"은 남북조 시대의 인물로, 초기에는 전진(前秦)과 서연(西燕)에서 벼슬하였으나 뒤에 북위 도무제(道武帝)에게 가서 관직을 맡았다. 『위서』「이선전」에서 세조 태무제(太武帝, 재위 423~452)가 즉위하여 내도내관을 삼았으며 429년에 향년 95세로 세상을 떠났다고 했다. '내도대관(內都大官)'은 내도좌대관(內都坐大官)의 약칭으로, 북위의 최고위직인 삼도대관(三都大官) 가운데 하나다.

"사마부(司馬孚)"는 위(魏)의 대신이자 진(晉)의 종실로, 진나라 무제(武帝)의 조부인 사마의(司馬懿)의 동생이다. 임종을 맞이하기까지 항상 위나라의 신하를 자처하였는데, 『진서』「안평헌왕전(安平獻王傳)」에서는 황제의 자리를 선양하는 진류왕(陳留王) 조환의 앞에 나아가 절을 올리고 눈물을 흘리며 대위(大魏)의 신하로 남을 것을 맹세하는 장면에서 이러한 심정을 그려내기도 했다. 무제는 선양을 받은 265년에 사마부를 안평왕(安平王)에 봉하고 태재(太宰)의 벼슬을 내렸으며, 사마부는 272년에 향년 93세로 세상을 떠났다고 기록되어 있다.

"사섭(士燮/士爕)"은 삼국시대 오나라 사람이다. 왕망(王莽)의 난을 피해 교주(交州) 땅으로 옮겨온 가문의 후손으로, 낙양에서 유도(劉陶)에게 배우고 187년에 교지태수(交趾太守)가 되었다. 교지는 오늘날 베트남 북부 지역이며, 한나라에서 여기에 교주(交州)를 설치한 일이 있어 교주라고도 일컫는다. 한나라 건안(建安) 연간(196~219)에 오나라에 귀순하여 교주 지역을 다스렸다. 『삼국지』 오지에서는 226년에 향년 90세로 죽었다고 했는데, 이는 『아희원람』에서 제시한 "93세"와 조금 차이가 있다. 그렇지만 명나라 문헌인 『옥지당담회』나 『완위여편』에 모두 "士燮, 九十三以交州牧."이라는 구절이 있으니, "93세"는 전대 문헌에서 얻은 정보를 옮겨 놓은 결과로 이해할 수 있다.

"왕반(王盤/王磐)"은 금나라에서 진사가 되었으나 관리가 되지 않았고, 원나라에서 벼슬을 하고 『원사』 열전에 입전되었다. 이단(李璮)의 초빙에 응했으나 모반을 일으킬 것을 알고 빠져나왔으며 이단의 반란이 평정된 뒤에 한림직학사(翰林直學士)에 제수되었다. 여러 차례 사직을 청한 끝에 80세가 넘어서 벼슬에서 물러났으며, 92세에 세상을 떠날 때에는 큰 유성이 떨어졌다고 한다. 『원사』의 기록을 따른다면 세상을 떠난 "92세"에는 이미 벼슬에서 물러난 상태였으니, "92세에 한림학사였다"는 말은 정확한 표현이 아니다. 다만 『옥지당담회』와 『완위여편』에 "王盤, 九十二以翰林學士."의 구절이 보인다.

"유식(劉寔)"은 위나라 및 진나라의 관리로, 사마소(司馬昭)를 보좌한 인물이다. 선견지명이 있다는 명성이 있었으니, 종회(鍾會)와 등애(鄧艾)가 촉을 정벌하는 데 성공하지만 돌아오지는 못할 것이라고 예견한 일화가 이를 보여주는 사례다. 『진서』에서는 304년 즉 84세에 태위(太尉)로 임명되고 90세에 벼슬에서 물러났으며 이듬해인 91세에 세상을 떠났다고 했다.

"하후승(夏侯勝)"은 한나라의 학자로, 아들이자 제자인 하후건(夏侯建)과 구별하여 '대하후(大夏侯)'로 불린다. 선제(宣帝) 즉위 이후에 묘악(廟樂)의 문제를 간언하다가 투옥된 일이 있으며, 사면된 후에는 장신소부(長信少府)를 거쳐 태자태부(太子太傅)가 되었다. 『한서』「하후승전」에서는 90세에 죽었다고 했다.

"양통(楊統)"은 참위(讖緯)에 밝았던 한나라의 학자다. 아버지의 유언에 따라 정백산(鄭伯山)에게 나아가 하도낙서(河圖洛書) 및 천문추보(天文推步)의 술법을 배웠으며, 팽성령(彭城令)으로 있으면서 큰 가뭄을 해결한 이후로는 재이(災異)가 생기면 조정에서 그를 불러들였다고 한다. 『후한서』「양후전」에서는 지위가 광록대부에 이르렀으며 90세에 죽었다고 했다.

"사호(史浩)"는 남송(南宋)의 관리다. 『송사』「사호전」에서는 1189년에 태사(太師)가 되고 1194년에 향년 89세로 세상을 떠났다고 했다.

"왕유지(王裕之)"는 남조 송나라의 관리다. 무제(武帝) 유유(劉裕)를 피휘(避諱)하여 '왕경홍(王敬弘)'으로 불리는데, 경홍은 그의 자(字)다. 진나라 말기에 낭야국좌상시(琅邪國左常侍) 등의 벼슬을 했으나, 매부인 환현(桓玄)이 초(楚)를 건국하고 불렀지만 벼슬에 나아가지 않았다. 남조 송나라가 건국한 뒤에 다시 벼슬을 했지만, 물러나 은거하고자 하는 뜻을 자주 밝혔다. 『남사』「왕유지전」에 439년에 좌광록대부(左光祿大夫) 개부의동삼사(開府儀同三司)로 삼았으나 표를 올려 사양했고, 446년에도 같은 명을 내렸으나 사양했으며 이듬해에 88세의 나이로 세상을 떠났다고 했다. "개부의동삼사(開府儀同三司)"는 삼사(三司)와 마찬가지로 개부(開府)를 할 수 있는 최고 품계 관직의 명칭이다.

"왕기(王起)"는 당나라의 관리이며, 율부(律賦) 작가로도 이름이 높았다. 『구당서』「왕기전」에서는 844년에 흥원윤(興元尹) 겸 동평장사(同平章事)가 되어 산남동도절도사(山南東道節度使)로 나갔고 2년 만에 물러날 것을 청했지만 받아들여지지 않았으며, 847년에 88세의 나이로 죽었다고 했다. 『신당서』에서는 844년에 산남서도절도사(山南西道節度)로 선발되어 동중서문하평장사(同中書門下平章事)가 되었다고 했다. "동평장사(同平章事)"는 "동중서문하평장사(同中書門下平章事)"의 약칭이다.

"곽단(郭丹)"은 한나라의 관리다. 왕망(王莽)이 부를 때는 나아가지 않고 달아났으며, 경시제(更始帝) 유현(劉玄)의 조정에서 벼슬을 했다. 광무제가 유현을 몰아낸 뒤에는 홀로 유현의 상을 치르고 몰래 유현의 처자를 찾아가기도 했다. 『후한서』

「곽단전」에서는 60년에 사도(司徒)가 되었으나 이듬해에 등융(鄧融)의 일로 면직되었고, 62년에 87세로 세상을 떠났다고 했다. "사도(司徒)"는 한나라 삼공(三公)의 하나로 법을 담당하는 자리다.

"곽급(郭伋)"은 한나라의 관리로, 선정을 베푼 지방관으로 이름이 높았다. 아이들과의 약속을 지킨 '곽급정후(郭伋亭侯)'의 고사가 전하기도 한다. 『후한서』「곽급전」에서는 35년에 광무제가 노방(盧芳)의 세력을 막기 위해 병주목(并州牧)으로 삼았으나 46년에 태중대부(太中大夫)로 불러들였으며, 47년에 86세의 나이로 죽었다고 했다. 이는 『아희원람』의 서술이나 왕세정의 『완위여편』에 보이는 "곽급은 85세에 화주목이었고, 이듬해에 태중대부로 죽었다.(郭伋, 八十五爲華州牧, 明年以太中大夫卒.)"나 서응추의 『옥지당담회』에 보이는 "곽급은 85세에 병주목이 되었다.(郭汲, 八十五爲并州牧.)"라는 구절과는 일치하지 않는다.

"곽자의(郭子儀)"는 당나라의 장수이자 재상이다. '곽분양(郭汾陽)'이나 '곽영공(郭令公)'으로 흔히 일컬어지며, 장수를 누리고 자손이 번창하며 부귀공명을 이룬 인물의 대명사로 언급되기도 한다. 762년에 군란이 일어나자 숙종이 분양군왕(汾陽郡王)으로 봉하여 강주(絳州)를 지키도록 했고, 780년에 덕종(德宗)이 즉위하자 '상보'라는 칭호를 내리고 태위(太尉) · 중서령(中書令)으로 삼았다. 781년에 85세의 나이로 세상을 떠났다. "상보(尙父)"는 원래 주나라의 강태공(姜太公)을 일컫는 존칭에서 유래한 말인데, 이후로는 대신을 예우하는 칭호로 사용되었다. '상보(尙甫)'라고도 한다.

"교행간(喬行簡)"은 송나라의 대신이다. 『송사』「교행간전」에서는 1239년에 평장군국중사(平章軍國重事)의 벼슬을 받고 숙국공(肅國公)에 봉해졌고 1240년에 소사(少師), 보령군절도사(保寧軍節度使), 예천관사(醴泉觀使)의 벼슬이 더해지고 노국공(魯國公)에 봉해졌다고 했다. 또 1241년에 향년 86세로 세상을 떠났다고 했다. 한편 『송사』 가희(嘉熙) 3년(1239) 조에는 소부평장군국중사(少傅平章軍國重事)로 삼고 익국공(益國公)에 봉했다는 기사가 보이니, 약간의 차이가 있는 셈이다. 한편 왕세정의 『완위여편』에는 "교행간은 85세에 소부 평장군국중사의 자리에 있으면서 사직을 청하였고, 86세에 죽었다.(喬行簡, 八十五以少傅平章軍國重事, 乞祠, 八十六卒.)"라는 구절이 있는데, 『아희원람』에서 이를 참고하면서 '향년 86세' 부분을 빠뜨린 채로 인용했을 가능성도 생각해 볼 수 있다.

○ 왕자진은 17세에 천제(天帝)의 빈객이 되어 올라갔다. 진백무는 18세까지 살았다. 원저는 19세까지 살았다. 형거실은 20세까지 살았다.

王子晉, 十七上賓. 陳伯茂, 十八. 袁著, 十九. 邢居實, 二十.

이하 3개 항목은 "재주로 이름이 높았지만 요절한 사람(才名夭折者)"을 제시한 것이다. 『지봉유설』 인사부 「수요」에 "재주 있다는 명성이 특별히 높았으나 요절한 사람(才名特達而夭折者)"을 언급한 대목이 있는데, 『아희원람』에 24세에 죽은 왕연수(王延壽)와 26세에 죽은 사장(謝莊)이 더 있는 것을 제외하면 그 명단이 일치한다. 또 두 문헌에서 동일한 오자(誤字)도 확인되니, 『아희원람』을 편찬할 때 『지봉유설』을 참고하며 일부를 추가했음을 확인할 수 있다. 한편 왕세정의 『예원치언(藝苑巵言)』에는 이른바 '문장구명(文章九命)' 가운데 일곱 번째로 '요절'을 거론하고 이에 해당하는 사람들의 이름과 향년을 기록한 부분이 있는데, 여기에 왕연수는 보이지만 사장은 보이지 않는다. 첫 번째인 이 항목에서는 10대에 세상을 떠난 재사(才士) 4명의 일을 다루었다.

"왕자진(王子晉)"은 주(周) 영왕(靈王)의 아들로, 이름이 진(晉) 또는 교(喬)이기에 '왕자교(王子喬)'나 '태자진(太子晉)'으로도 불린다. 『일주서(逸周書)』 「태자진해(太子晉解)」에는 15세의 왕자진과 진나라 대부(大夫) 사광(師曠)의 대화가 포함되어 있는데, 그 말미에 "왕자가 이르기를 '나는 3년 뒤에 천제가 계신 곳에 빈객이 되어 올라갈 것이오. 그대는 삼가 발설하지 마시오. 발설한다면 장차 그대에게 화가 미칠 것이오.'라 하였다. 사광이 되돌아가고 3년이 되지 않아서 왕자진의 죽음을 고하는 이가 이르렀다.(王子曰, 吾後三年, 上賓于帝所. 汝愼無言. 殃將及汝. 師曠歸, 未及三年, 告死者至.)"라는 구절이 있다. 15세에 대화를 하였으니, 왕자진이 17세에 세상을 떠난 셈이 된다. "상빈(上賓)"은 천제(天帝)의 처소에서 빈객이 된다는 말이니, 곧 이승을 떠나 하늘로 올라간다는 뜻이다. 한편 유향의 『열선전』에는 왕자진이 이수(伊水)와 낙수(洛水) 사이에서 노닐다가 도사 부구공(浮丘公)을 따라 숭고산(嵩高山, 숭산)에 올라가 30여 년을 지냈고 산에서 만난 환량(桓良)을 통해 집안사람들과 약속을 하여 7월 7일에 흰 학을 타고 잠시 산 위에서 인사하고는 사라졌다는 이야기가 전한다. 이 이야기에 의하면 왕자진은 17세 이후에도 세상을 떠나지는 않은 셈이다.

"진백무(陳伯茂)"는 남조 진(陳) 문제(文帝) 진천(陳蒨)의 둘째 아들로, 시흥왕(始興王)에 봉해졌다. 『진서』「시흥왕열전」에 의하면 형인 폐제(廢帝) 진백종(陳伯宗)이 즉위한 뒤에 유사지(劉師知)를 돕고 장유(蔣裕), 한자고(韓子高)의 모반에 관여하는 등 숙부 진욱(陳頊)의 반대편에 섰는데, 진욱이 제4대 선제(宣帝)로 등극한 뒤에 길에서 도적을 만나 죽으니 이때 나이가 18세였다고 한다.

"원저(袁著)"는 후한 환제(桓帝) 때의 관리다. 낭중(郎中) 벼슬에 있던 19세에 황제를 넘어서는 권력을 누리던 양기(梁冀)를 탄핵하는 상소를 올렸는데, 이후 이름을 바꾸고 죽은 것처럼 꾸미기도 했지만 결국 양기에게 발각되어 죽임을 당했다고 한다. 이 일화는 『후한서』「양통전(梁統傳)」에 전한다.

"형거실(邢居實)"은 송나라의 시인으로, 자는 돈부(惇夫/敦夫)다. 형서(邢恕)의 아들이다. 제7장 '재민'에 14세 때 「명비인」을 지은 일을 언급한 바 있는데, 이름 대신 자를 써서 '형돈부(邢敦夫)'의 일로 기록했다. 『송사』「형서전(邢恕傳)」에서는 형거실이 8세에 「명비인」을 지었으며 19세에 죽었다고 기록했다. 다른 문헌들을 살펴보면, 1087년에 세상을 떠났다고 하면서 그때 나이를 "채 20세가 되지 못했다(未二十)"거나 "겨우 20세 정도였다(僅二十)"고 기록한 것을 확인할 수 있다.

○ 왕적은 21세까지 살았다. 서분은 22세까지 살았다. 유굉은 23세까지 살았다. 왕연수, 왕필, 왕수, 하자랑은 24세까지 살았다. 원탐은 25세까지 살았다. 예형, 사장은 26세까지 살았다. 위개, 왕융, 이하는 27세까지 살았다. 육궐, 최장겸은 28세까지 살았다. 왕발, 이관은 29세까지 살았다. 완첨은 30세까지 살았다.

王寂, 二十一. 徐份, 二十二. 劉宏, 二十三. 王延壽·王弼·王脩·何子朗, 二十四. 袁耽, 二十五. 禰衡·謝莊, 二十六. 衛玠·王融·李賀, 二十七. 陸厥·崔長謙, 二十八. 王勃·李觀, 二十九. 阮瞻, 三十.

이 항목에서는 20대에 세상을 떠난 재사(才士) 18명의 일을 다루었다. 『지봉유설』 인사부 「수요」에서 언급하지 않은 왕연수(王延壽)와 사장(謝莊)이 모두 이 항목에 나타난다.

“왕적(王寂)”은 남북조 시대 남제(南齊)의 관리로, 서법가(書法家)로 이름이 높았던 왕승건(王僧虔)의 아들이다. 『남제서』 「왕승건전」에서는 아홉째 아들 왕적의 성품과 글재주를 언급했는데, 비서랑(祕書郎)이 되었다가 21세에 죽었다고 했다. 「범방전(范滂傳)」을 읽으면 항상 탄복했다는 일화, 「중흥송(中興頌)」을 올리려다가 형 왕지(王志)의 만류로 그만두었다는 일화 등이 전한다.

“서분(徐份)”은 남조 진(陳)나라의 관리로, 문장가로 이름이 높았던 서릉(徐陵)의 아들이다. 9세에 「몽부(夢賦)」를 지었으며 벼슬은 태자세마(太子洗馬)에 이르렀다. 『진서(陳書)』 「서릉전」에서는 서분이 사흘 동안 쉬지 않고 향을 사르고 울며 『효경』을 낭송했더니 아버지 서릉의 병이 깨끗이 나았다는 일화를 제시하며 효성을 칭송했는데, 그 말미에 570년에 22세의 나이로 죽었다고 했다.

“유굉(劉宏)”이 어떤 인물인지는 분명하지 않다. 한나라 영제(靈帝) 유굉은 향년이 33세이며 재위 기간이 22년이다. 남조 송나라의 선간왕(宣簡王) 유굉은 “문적을 매우 좋아하였다(篤好文籍)”라는 말이 전하지만 향년이 25세로 알려져 있다. 선간왕 유굉은 문제(文帝)의 일곱째 아들이며, 『송서』 「건평선간왕열전」에 의하면 458년에 개부의동삼사(開府儀同三司)를 내렸으나 나아가지 못하고 25세로 세상을 떠났다고 한다.

“왕연수(王延壽)”는 한나라의 문인으로, 『초사장구(楚辭章句)』로 널리 알려진 왕일(王逸)의 아들이다. 부자 모두 정확한 생몰년이 알려져 있지 않다. 『후한서』 「왕일전」에는 왕연수의 「영광전부(靈光殿賦)」에 대한 일화가 실려 있다. 왕연수가 노나라 땅에서 노닐다가 「영광전부」를 지었는데, ‘영광전부’를 지을 생각을 품었던 채옹이 왕연수의 작품을 보고서는 그만두었다는 것이다. 「왕일전」에서는 왕연수가 “20여 세”에 익사했다고 기록했다. 다만 『고금사문유취』 등에서는 향년을 24세로 기록한 사례를 찾아볼 수 있다. 이에 의하면 원래 왕일이 ‘영광전부’를 지을 생각이 있어서 아들 왕연수에게 영광전에 가서 형상을 그려오도록 한 것인데, 왕연수는 아버지에게 운(韻)을 넣은 편지를 써 보냈다고 한다. 왕일은 그 글을 보고 한 자도 더할 것이 없다고 했으며, 채옹은 10년 동안 매달렸던 ‘영광전부’ 짓기를 포기했다고 한다. 이때 왕연수의 나이는 20세였으며, 24세에 한강(漢江)을 지나다가 익사했다고 한다.

“왕필(王弼)”은 삼국시대 위나라의 학자로, 위진 현학(魏晉玄學)의 시조로 일컬어지기도 한다. 왕필의 『노자주(老子注)』와 『주역주(周易注)』는 지금도 가장 중시되는 주석서 가운데 하나다. 『책부원구(冊府元龜)』에서는 24세에 돌림병[癘疾]으로 죽었다고 했다.

“왕수(王脩)”는 진(晉)의 서법가로, 외척인 왕몽(王濛)의 아들이다. 예서(隸書)에 뛰어났으며, 12세에 쓴 「현전론(賢全論)」은 당시의 명사 유담(劉惔)으로부터 칭송을 받았다고 한다. 『진서』 「왕몽전」에 왕수가 24세에 중군사마(中軍司馬)로 임명되었으나 부임하지 못하고 죽었다고 전한다. 왕수는 세상을 떠나면서 “옛사람에게 부끄럽지 않으니, 향년 또한 그와 같도다.(無愧古人, 年與之齊矣)”라는 말을 남겼다고 하는데, 여기서 ‘옛사람’이란 곧 왕필(王弼)이다. 이 일화는 ‘연제고인(年齊古人)’의 고사로 일컬어지기도 한다. 한편 왕수의 동생 왕희(王熙)가 형의 죽음을 보고 이런 말을 했다는 설도 있다.

“하자랑(何子朗)”은 남조 양(梁)나라의 문인이다. 『양서』에 의하면 어려서부터 재주가 있었고 청언(淸言)을 잘했으며, 고산령(固山令)으로 나갔다가 24세에 세상을 떠났다고 한다.

“원탐(袁耽)”은 진(晉)의 관리다. 『진서』 「원탐전」에서는 어려서부터 재기(才氣)가 있고 뜻이 크고 얽매이지 않아서 사류들의 칭송을 받았다고 했으며, 그 하나의 사례가 될 만한 환온(桓溫)을 위해 도박꾼들을 혼낸 이야기를 소개하기도 했다. 이 일화는 『몽구』, 『세설신어』 등에도 실려 있다. 원탐은 왕도(王導)를 보좌하여 소준의 반란을 평정하는 데 공을 세웠으며, 뒤에 왕도가 종사중랑(從事中郎)으로 삼으려 했을 때 25세의 나이로 세상을 떠났다고 한다.

“예형(禰衡)”은 한나라 말기의 문장가다. 『후한서』 「예형전」에서는 어려서부터 말재주가 뛰어났지만 거만했는데, 24세 때에 공융(孔融)의 추천으로 조조에게 갔을 때 조조를 욕보였으며 결국 유표(劉表)를 거쳐 황조(黃祖)에게로 보내졌다고 한다. 26세에 황조의 손에 죽임을 당했으며, 그의 문장은 많이 없어졌다고 한다.

“26세에 세상을 떠난 사장(謝莊)”이 어떤 인물인지는 분명하지 않은데, 남조 송나라의 문인으로 「월부(月賦)」 등을 남긴 사장(謝莊, 421~466)을 생각해 볼 수 있다.

제7장 '재민'에서 "7세에 글을 지을 수 있었다"는 점을 거론했으니 재명(才名)이 높았던 인물임은 분명하지만, 향년이 46세라고 기록되어 있으니 맞지 않는다. 40세 이전에 요절한 명사를 기록한 『지봉유설』 인사부 「수요」나 왕세정의 '문장구명(文章九命)'의 '요절(夭折)'에는 모두 사장의 이름이 보이지 않는다.

"위개(衛玠)"는 진(晉)의 현학가(玄學家)로, 태위(太尉)를 지낸 위관(衛瓘)의 손자다. 『진서』 「위관전」에 의하면 5세에 풍채가 빼어나 '옥인(玉人)'으로 불렸으며 장성해서는 현리(玄理)를 잘 말하여 당시의 명사인 왕징(王澄), 왕현(王玄), 왕제(王濟)보다 낫다고 인정받아 "왕씨 집안의 세 사람이 위씨 집안의 한 아이만 못하다.(王家三子, 不如衛家一兒.)"라는 말이 돌 정도였다고 한다. 그렇지만 27세에 병으로 세상을 떠났다고 했다. 한편 『세설신어』에서 '간살위개(看殺衛玠)'라는 말로 그의 죽음을 서술하기도 했다. 위개가 예장(豫章)에서 하도(下都)로 내려오니 오랫동안 그 명성을 들었던 사람들이 몰려들어 담장처럼 에워쌌는데, 이미 병이 있었던 몸이라 이를 견디지 못하고 병들어 죽고 말았다는 것이다. 당대의 미남인 위개는 결국 그를 구경하려는 사람들로 인해 죽게 된 것이니, 이를 '보는 것만으로 위개를 죽였다(看殺衛玠)'고 일컫게 되었다고 한다.

"왕융(王融)"은 남조 제나라의 문인이다. 『남제서(南齊書)』 「왕융전」에 의하면, 어려서부터 총명하고 문재(文才)가 있었으며 무제(武帝)에게 자신을 시험 삼아 등용해 줄 것을 청하는 글을 올려 벼슬에 올랐고 방림원(芳林園)의 연회에서는 무제의 명에 따라 「삼월삼일 곡수시서(三月三日曲水詩序)」를 올리기도 했다. 무제의 둘째 아들 경릉왕(竟陵王) 소자량(蕭子良)과 가까이 지내며 '경릉팔우(竟陵八友)'의 일원으로 불렸는데, 무제가 병들었을 때 경릉왕으로 뒤를 잇게 하려다가 실패하여 결국 27세의 나이로 사사(賜死)되었다.

"이하(李賀)"는 당나라의 시인이다. 제7장 '재민'에서 제시된 '7세 때 「고헌과(高軒過)」를 읊은 일'에서 확인할 수 있는 것처럼 어려서부터 시재(詩才)로 이름이 높았으며, '시선(詩仙)' 이백과 견주어 '시귀(詩鬼)'로 일컬어지기도 했다. 『신당서』 「이하전」에서는 협률랑(協律郞)을 지냈고 27세에 죽었다고만 했으나, 이상은(李商隱)의 「이하소전(李賀小傳)」에서는 천제(天帝)가 백옥루(白玉樓)를 짓고 기문(記文) 지어주기를 청한 까닭에 하늘로 올라간 것이라는 이야기를 여기에 더했다.

"육궐(陸厥)"은 남조 제나라의 시인으로, 어려서부터 글짓기[屬文]를 좋아했다고 한다. 심약(沈約)과 주고받은 편지에서 오늘날에도 높이 평가되는 문학론을 제시하기도 했다. 『남사』「육궐전」에서는 시안왕(始安王) 소요광(蕭遙光)의 반란으로 인해 아버지 육한(陸閑)이 죽임을 당하자 이를 애통해하다가 28세에 죽었다고 했다.

"최장겸(崔長謙)"은 북위 및 동위의 관리로, 자(字)가 장겸(長謙)이며 이름은 민(愍)이다. 『북사』 열전에 의하면 어려서부터 총명하고 민첩했으며 청주사마(青州司馬)로 있을 때에는 200일 동안 성이 포위되었는데도 책 읽기를 폐하지 않았다고 한다. 양나라로 사신을 가면서 자신의 운명을 예견했는데, 결국 돌아오는 도중에 국경을 넘지 못하고 28세로 세상을 떠났다고 한다.

"왕발(王勃)"은 당나라 초기를 대표하는 시인으로 '초당사걸(初唐四傑)'의 일원으로 불린다. 어릴 때부터 남다른 재주를 보였는데, 제7장 '재민'에 실린 세 차례(6세, 9세, 13세)의 일화에서 이를 확인할 수 있다. 왕발의 생몰년은 분명하지 않으며 향년에 대해서도 이견이 존재하는데, 『신당서』 열전에서는 29세에 아버지를 뵈러 가다가 바다에 빠져 죽었다고 했다.

"이관(李觀)"은 당나라의 시인으로, 한유(韓愈)와 함께 진사과에 급제하고 이듬해에 박학굉사과(博學宏詞科)에 뽑혔다. 태자교서랑(太子校書郎)에 올랐으나 다음해 29세의 나이로 죽으니, 한유가 「이원빈묘명(李元賓墓銘)」을 썼다. '원빈(元賓)'은 이관의 자다. 이관은 당대에 한유와 견주어 이야기되곤 했는데, 이관의 문장이 "말이 이치보다 앞선다(辭勝理)"면 한유의 문장은 "이치가 말보다 앞선다(理勝辭)"고 논평한 것이 그 하나의 예다.

"완첨(阮瞻)"은 죽림칠현의 한 사람인 완함(阮咸)의 아들이다. 『진서』「완첨전」은 본성이 맑고 욕심이 없으며 거문고를 잘 연주하였다고 했다. 왕융(王戎)이 성인(聖人)과 노장(老莊)의 차이를 묻자 "거의 같을 것입니다(將無同)"라고 답하여 인연을 얻었다는 '삼어연(三語掾)'의 고사가 전한다. 『진서』에서는 '무귀론(無鬼論)'을 고수한 까닭에 세상을 떠나게 되었다고 했는데, 객(客)이 찾아와 명리와 귀신의 일을 이야기하다가 "귀신은 고금의 성현들이 모두 전하는 바인데, 그대는 어찌 홀로 없다고 하는가.(鬼神古今聖賢所共傳, 君何得獨言無.)"라고 말하며 화를 내고 자신이 곧 귀신이라고 밝혔으며 이로부터 몇 년 뒤에 30세의 나이로 병들어 죽었다고 했다.

○ 양나라 소명태자는 31세까지 살았다. 안연, 육속[육적(陸績)], 노순[노순조(盧詢祖)]은 32세까지 살았다. 가의, 범방은 33세까지 살았다. 육염은 34세까지 살았다. 사첨은 35세까지 살았다. 사조, 유염은 36세까지 살았다. 사회, 사혜련은 37세까지 살았다. 왕민, 왕검은 38세까지 살았다. 왕몽, 하경명은 39세까지 살았다. 혜강, 구양첨은 40세까지 살았다. 왕자진 이하는 재주로 명성이 높았지만 요절한 사람들이다.

梁昭明太子, 三十一. 顔淵 · 陸續 · 盧詢, 三十二. 賈誼 · 范滂, 三十三. 陸琰, 三十四. 謝瞻, 三十五. 謝朓 · 劉琰, 三十六. 謝晦 · 謝惠連, 三十七. 王珉 · 王儉, 三十八. 王濛 · 何景明, 三十九. 嵇康 · 歐陽詹, 四十. 王子晉已下, 才名夭折者.

이 항목에서는 30대에 세상을 떠난 재사(才士) 18명의 일을 다루었다. 『지봉유설』 인사부 「수요」에 보이는 "재주 있다는 명성이 특별히 높았으나 요절한 사람(才名特達而夭折者)"의 명단과 일치하는데, '육적(陸績)'을 '육속(陸續)'으로, '노순조(盧詢祖)'를 '노순(盧詢)'으로 표기한 사례처럼 동일한 오류도 나타난다. 주석에 "왕자진 이하"라 한 것은 '왕자진'을 언급한 항목부터 여기까지를 가리키는 말이니, 모두 3개 항목에 해당하는 주석인 셈이다.

"소명태자(昭明太子)"는 남조 양나라 무제(武帝)의 아들인 소통(蕭統)으로, 『문선(文選)』의 편찬자로 널리 알려져 있다. 제7장 '재민'에 5세 때 오경을 읽은 일을 언급한 바 있다. 『남사』 「소명태자열전」에서는 531년 3월 3일에 후원 연못에서 배를 탈 때 궁녀[姬人]가 배를 흔드는 바람에 물에 빠졌다가 병들어서 결국 31세의 나이로 세상을 떠났다고 했다.

"안연(顔淵)"은 공자의 제자로, 춘추시대 노나라 사람이다. 자는 자연(子淵) 또는 연(淵)이며 이름은 회(回)이니, '안회(顔回)' 또는 존칭인 '안자(顔子)'로 흔히 알려져 있다. 『사기』 「중니제자열전(仲尼弟子列傳)」에서는 공자보다 30세 아래로 29세에 머리가 완전히 세었고 일찍 죽었다고 했으며, 『공자가어』에서는 29세에 머리가 세었고 32세의 나이에 일찍 죽었다고 했다. 그런데 안연의 향년에 대해서는 다른 견해도 제기된 바 있다. 『논어』「선진(先進)」 편에 안연의 아버지인 안로(顏路)가 아들 안연의 장례를 위해 수레를 팔 것을 청한 일이 보이는데, 공자는 아들 공리(孔鯉)의 장례 때도 속널[槨]이 없었던 일을 들며 거절한다. 이에 의하면 공리가 안연보다 먼저 세상을 떠난 셈이니, 안연의 향년은 40세를 넘어서게 된다.

"육속(陸續)"은 "육적(陸績)"의 오기로 추정되는데, 이는 『지봉유설』 인사부 「수요」에서 범한 오류에서 유래한 것으로 짐작된다. 후한의 관리 가운데 "육속(陸續)"이라는 인물이 있었지만, 이 사람은 적어도 "32세 때에 죽은 인물"은 아닌 듯하다. 『후한서』「육속전(陸續傳)」에 의하면, 육속은 초왕(楚王) 유영(劉英)의 모반에 연루되어 투옥되었으며 멀리까지 찾아온 어머니의 일이 알려져 사면을 받아 종신금고(終身禁錮)의 처분을 받았다고 한다. 이후에 "(고향 땅에서) 늙고 병들어서 죽었다(以老病卒)"고 했으니, 몰년은 명시하지 않았지만 적어도 30대에 세상을 떠나지는 않았으리라고 추정할 수 있다. "육적(陸績)"은 삼국시대 오나라의 학자이자 관리로, '회귤(懷橘)'의 고사로 인해 효자로 널리 알려져 있다. 『삼국지』 오지 「육적전」에서는 자신이 죽을 날을 미리 알았으니 자신의 삶을 돌아보고 운명을 슬퍼하며 60년 이후의 세상을 예견하는 말을 남기고서 32세에 죽었다고 했다.

"노순(盧詢)"은 "노순조(盧詢祖)"의 오기로 추정되는데, 이 또한 『지봉유설』의 오류에서 유래한 것 같다. "노순조(盧詢祖)는 북제(北齊)의 관리로, 노문위(盧文偉)의 손자다. 『태평광기』와 『세설신어보(世說新語補)』 등에 해학적인 일화가 전한다. 『북제서』「노문위전(盧文偉傳)」에서는 노순조가 「파연연하표(破蠕蠕賀表)」 즉 연연(蠕蠕) 부족을 물리친 일을 하례하는 표문을 쓰고 「축장성부(築長城賦)」를 지었으며 태자사인(太子舍人)과 사도기실(司徒記室)을 역임했다고 기록했다. 노순조의 생년은 기록되어 있지 않은데, 수재로 천거되기 전에 할아버지 노문위의 대하남(大夏男) 작위를 이어받았다고 했으니 노문위가 세상을 떠난 541년에는 어린 나이였을 듯하다. 노사도(盧思道)가 쓴 「노기실뢰(盧記室誄)」에는 566년 7월에 죽었다는 말이 보인다.

"가의(賈誼)"는 한나라의 문인으로, 가생(賈生), 가태부(賈太傅), 가장사(賈長沙) 등으로도 불린다. 제7장 '재민'에 '18세에 박사가 되었다'는 말이 실렸는데, 앞서 지적했듯이 이는 『사기』「굴원가생열전」에 기록된 "20세"와는 어긋난다. 그렇지만 일찍부터 재주를 인정받았음은 분명한데, 이후 장사왕(長沙王)의 태부로 좌천되었지만 다시 문제의 아들인 양(梁) 회왕(懷王)의 태부가 된다. 『사기』에서는 회왕이 말을 타다가 떨어져 죽게 되자 태부 즉 스승으로서의 일을 제대로 하지 못했다며 상심하고 1년여를 통곡하다가 자신도 33세의 나이로 죽었다고 했다.

"범방(范滂)"은 한나라의 관리로, 청렴하고 강직하여 당대에 명성이 높았다. 세상을 바로잡아 깨끗하게 하겠다는 관리의 의지를 뜻하는 '남비징청(攬轡澄清)'의 고사로도 유명한데, 원래 이 말은 범방이 청조사(清詔使)로 나서면서 했다는 다짐에서 유래한다. 범방은 환관들의 비행에 맞서다가 '당고의 화[黨錮之禍]'에 연루되는데, 자신을 체포하러 온 독우(督郵) 오도(吳導)가 조서(詔書)를 품은 채 울고 현령 곽읍(郭揖)도 함께 도피하기를 청하니 이에 스스로 죽음의 길을 택했다. 이때 범방의 어머니는 이응(李膺), 두밀(杜密)과 이름을 나란히 할 수 있게 되었으니 한탄할 일이 아니라는 말로 33세의 아들을 격려했으며, 뒤에 이 일을 전해 들은 사람들은 모두 눈물을 흘렸다고 한다. 이 일화는 『후한서』 당고열전(黨錮列傳) 「범방전」에 전하는데, 앞서 20대에 요절한 인물로 거론된 왕적(王寂)이 읽으며 탄복했다는 글이 바로 이것이다.

"육염(陸琰)"은 남조 진(陳)의 문인으로, 문제(文帝) 진천(陳蒨)의 명을 받아 쓴 「도명(刀銘)」으로 명성을 얻었다. 『진서』 문학열전 「육염전」에서는 모친상으로 사직하고 573년에 34세로 죽었다고 했다.

"사첨(謝瞻)"은 남조 송나라의 문인이자 관리로, 이름을 '첨(檐)'으로 기록한 문헌도 있다. 『송서』 「사첨전」에서는 6세에 능히 글을 짓고 「자석영찬(紫石英讚)」과 「과연시(果然詩)」 등으로 재사(才士)들을 경탄케 할 만큼 남다른 재주를 보여서 '37세에 요절한 인물'로 이 항목에서 언급하는 동생 사회(謝晦)와 함께 무제(武帝)의 총애를 받았다고 했다. 사첨은 총애로 인해 도리어 화를 입을까 예장태수(豫章太守)로 나가는데, 사회가 형의 병을 문안하러 왔다가 의심을 받게 된다. 사첨은 임종을 앞두고 나라와 가문을 위해 힘쓰라는 내용의 편지를 사회에게 보내고 35세에 세상을 떠났다고 한다.

"사조(謝朓)"는 남조 제나라의 시인으로, '대사(大謝)' 사령운(謝靈運)에 견주어 '소사(小謝)'로 일컫기도 한다. 경릉왕(竟陵王) 소자량(蕭子良)과 가까이 지낸 '경릉팔우(竟陵八友)'의 일원이며, 오늘날에는 영명체(永明體)를 대표하는 시인으로 평가

된다. 동혼후(東昏侯)를 폐하고 시안왕(始安王)을 옹립하자는 강석(江祏)의 제안을 받아들이지 않았다가 무고를 당하였으며, 36세의 나이로 옥사했다.

"36세까지 산 유염(劉琰)"이 누구인지는 분명하지 않다. 비교적 잘 알려진 인물로는 삼국시대 촉한의 관리인 "유염(?~234)"이 있지만, 유비가 예주(豫州)에 있을 때 종사(從事)로 불렀다고 했으니 36세보다는 오래 살았을 가능성이 높다. 『삼국지』 촉지 「유염전」에 의하면 유염은 후주(後主) 유선(劉禪)이 즉위한 뒤에도 도향후(都鄕侯) 거기장군(車騎將軍)의 자리에 있었으며 성악(聲樂)에 능한 시비(侍婢) 수십 명을 두는 등 사치스러운 생활을 했다고 한다. 유염의 죽음은 「삼국지연의」에서도 다룰 만큼 유명한데, 「유염전」에서는 234년 정월에 유염의 아내 호씨가 태후에게 하례하러 가서 한 달이 지나 궁에서 나온 일이 그 발단이라 했다. 유염은 아름다운 용모를 지닌 호씨가 후주(後主) 유선과 사통했다고 의심하였으며, 이에 군졸 500명을 불러 호씨를 때리게 했는데 신발로 얼굴을 때리기까지 했다고 한다. 이에 호씨가 고변하여 유염이 하옥되었고, 결국 "군졸은 아내를 때리는 사람이 아니오, 얼굴은 신발을 받아들이는 곳이 아니다.(卒非撾妻之人, 面非受履之地.)"라는 평의(評議)가 내려지고 유염은 처형되었다고 한다.

"사회(謝晦)"는 남조 송나라의 대신으로, 앞서 언급한 사첨의 동생이다. 송 무제(武帝) 유유(劉裕)의 고명(顧命)을 받아 소제(少帝) 유의부(劉義符)를 보좌했으나, 서선지(徐羨之), 부량(傅亮) 등과 함께 소제를 폐위시키고 문제(文帝) 유의륭(劉義隆)을 옹립했다. 그렇지만 얼마 지나지 않아 문제는 서선지, 부량 등을 처형했는데, 사회는 군사를 일으켜 저항하다가 패하여 결국 37세의 나이로 처형되었다. 『송서』 「사회전」에서는 이 장면을 상세하게 서술했는데, 여기에는 사회가 압송될 때 지었다는 부(賦)인 「비인도(悲人道)」와 죽음을 앞두고 조카와 함께 읊었다는 연구시(聯句詩) 1수가 인용되어 있다.

"사혜련(謝惠連)"은 남조 송나라의 문인으로, 사령운(謝靈運)의 족제(族弟)다. 이백의 「춘야연도리원서(春夜宴桃李園序)」에서는 재주가 빼어난 동생의 사례로 언급하기도 했다. 제7장 '재민'에서 언급했듯이 10세에 이미 문장을 잘 지어 재명(才名)이 높았지만, 벼슬길에 일찍 나아가지는 않았다. 430년에 팽성왕(彭城王) 유의강(劉義康)의 법조참군(法曹參軍)이 되어 「제고총문(祭古冢文)」과 「설부(雪賦)」 등을 썼으며, 얼마 뒤인 433년에 37세의 나이로 세상을 떠났다.

"왕민(王珉)"은 진(晋)의 관리이자 서법가다. 『진서』「왕민전」에서는 행서(行書)를 잘 써서 형인 왕순(王珣)보다 뛰어나다고 알려졌으며 어린 시절에 『비담경(毗曇經)』 강의를 듣고 바로 대의(大義)를 이해하여 사람들을 놀라게 한 일이 있다고 한다. 388년에 38세의 나이로 세상을 떠났다.

"왕검(王儉)"은 남조 제나라의 관리다. 송나라 황제 유소(劉劭)에게 피살된 아버지 왕승작(王僧綽)의 작위를 이어 예장후(豫章侯)에 봉해졌으며, 어릴 때부터 학문으로 이름이 알려져 송나라 명제(明帝)의 딸인 양선공주(陽羨公主)와 혼인하였다. 뒷날 제 태조(太祖)가 되는 소도성(蕭道成)의 비범한 재주를 일찍 알아보고 후원했는데, 소도성이 건국한 뒤에는 남창현공(南昌縣公)에 봉해졌다. 489년에는 무제(武帝)가 직접 병석에 누운 왕검을 방문했다고 하는데, 결국 이해 38세의 나이로 세상을 떠났다.

"왕몽(王濛)"은 진(晉)의 명사로, 진나라 애제(哀帝)의 왕후 애정황후(哀靖皇后) 왕목지(王穆之)의 아버지이기도 하다. 예서(隸書)를 잘 쓰고 풍류를 즐기는 미남으로 이름이 높았는데, 거울에 자신의 얼굴을 비춰보다가 "왕문개가 이와 같은 아이를 낳았구나(王文開生如此兒邪)"라고 말했다는 일화가 전하니 왕문개는 곧 자신의 아버지 왕눌(王訥)이다. 뒤에 병이 들어 위독해지자 "이 같은 사람이 40세를 채우지 못하는구나.(如此人, 曾不得四十也.)"라고 탄식했으며, 결국 39세의 나이로 죽었다고 한다.

"하경명(何景明)"은 명나라의 문인으로, 의고주의 문학론을 주창한 '전칠자(前七子)'를 대표하는 인물이다. 『명사』 문원열전(文苑列傳) 「하경명전」에서는 8세에 시와 고문에 능했으며 '가정(嘉靖) 초'에 병으로 귀향하여 얼마 뒤에 39세의 나이로 죽었다고 했다. 하경명은 1521년 8월에 세상을 떠났는데, 1521년 4월에 정덕제(正德帝)가 죽고 가정제(嘉靖帝)가 뒤를 이었기 때문에 1521년을 "가정 초"라고 말한 것이다.

"혜강(嵇康)"은 삼국시대 위나라의 은사로, 죽림칠현의 한 사람이다. 『진서』「혜강전」에 의하면, 원래 선조의 성은 해(奚)였지만 집안이 혜산(嵇山) 근처로 도피하면서 성을 혜(嵇)로 바꾸었다고 한다. 어려서 아버지를 잃었지만 기재(奇才)가 있었으며 자라서는 노장(老莊)을 좋아했다고 하며, 조조의 증손녀인 장락정주(長樂亭主)를 아내로 맞이하여 중산대부(中散大夫)를 지내고 은거하여 양성(養性)과 복식(服食)을 하며 「양생론(養生論)」을 썼다. 혜강은 벗인 여안(呂安)을 위해 여손(呂巽)을 설득하다가 무고를 당해 결국 죽게 되는데, 이는 이전에 실권자 사마소(司馬昭)의 부름을 거절하였고 명문가 자제인 종회(鍾會)를 예우하지 않아 원한을 산 일이 있었기 때문이라고 전해진다. 「혜강전」에서는 죽음의 순간을 상세하게 묘사했다. 태학생 3,000명이 사면하여 스승으로 모실 수 있기를 청원했지만 허가받지 못했고, 이에 혜강은 햇빛 아래 거문고를 연주하면서 예전에 원준(袁準)이 「광릉산(廣陵散)」 배우기를 청할 때 전해주지 않았더니 「광릉산」이 끊어지게 되었다며 한탄했다. 결국 40세의 나이로 죽으니, 천하의 선비들이 모두 슬퍼했다고 한다.

"구양첨(歐陽詹)"은 당나라의 관리다. 가릉(賈稜), 한유(韓愈), 이관(李觀) 등 22명의 쟁쟁한 인물들과 함께 진사에 급제하니, 세상에서는 이를 '용호방(龍虎榜)'이라 일컬었다. 『신당서』 문예열전(文藝列傳) 「구양첨전」에서는 죽을 때 나이가 40여 세였다고 기록했지만, 정확한 생몰년과 향년은 확인되지 않는다. 구양첨이 태원(太原)에서 만난 여성과의 사랑 때문에 죽었다는 이야기도 전하는데, 이는 맹간(孟簡)의 「영구양행주사(詠歐陽行周事)」 등에서 살펴볼 수 있다. 구양첨은 태원에서 만나 사랑에 빠진 악기(樂妓)에게 돌아오겠다고 약속하고 떠났으나 기한 내에 돌아오지 않았는데, 악기는 그리워하다가 병이 들었고 결국 자신이 쓴 시와 자신의 머리카락을 상자에 담아 구양첨이 오거든 전해달라고 부탁하고 임종을 맞이했다. 뒤에 구양첨이 와서 상자를 열어보고는 통곡하다가 죽었다고 한다.

○ 여불위, 미축은 집에서 부리는 종이 만 명이었다. 왕씨 오후, 조규, 양소는 집에서 부리는 종이 수천 명이었다.

呂不韋 · 糜竺, 家僮萬人. 王氏五侯 · 刁逵 · 楊素, 家僮數千.

이하의 항목에서는 특별히 부유했던 사람들의 일을 다루었다. "수(壽)" 또는 "수요(壽夭)"를 다룬 앞부분과는 주제를 달리하는 셈이니, 여기서는 "부(富)" 또는 "부귀(富貴)"를 다룬다고 해도 좋을 듯하다. 여기서 언급한 내용은 『지봉유설』 성행부(性行部) 「사치」에서 상당 부분 찾아볼 수 있으며, 이 가운데에는 동일한 오류가 이어진 사례도 있다. 그렇지만 왕씨 오후(王氏五侯), 조규(刁逵), 절국(折國)의 사례처럼 『지봉유설』에는 보이지 않는 일도 포함되어 있다.

"여불위(呂不韋)"는 전국시대 말기의 대상인으로, 조나라에 볼모로 잡혀 있던 자초(子楚)가 왕위에 오를 수 있도록 도와서 진(秦)의 재상이 되었다. 여불위는 자초에게 자신의 애첩을 주어 아들을 얻도록 했는데, 이 아이 정(政)은 잉태된 지 12개월 만에 태어났으니 곧 뒷날의 진시황이다. 이 탄생담은 제5장 '탄육'에서 언급한 바 있다. 『사기』 「여불위열전」에서는 여불위가 상국(相國)이 되어 '중보(仲父)'로 불릴 무렵의 부유함을 "집에서 부리는 종이 만 명(家僮萬人)"이며 "식객이 3,000명에 이르렀다(至食客三千人)"고 서술했다.

"미축(麋竺)"은 삼국시대 촉한의 관리다. 원래 서주(徐州)의 부상(富商)이었으며, 서주목(徐州牧) 도겸(陶謙)의 유언에 따라 유비를 따르게 되었다고 한다. 『삼국지』 촉지 「미축전」은 그의 부유함을 "선조 대대로 재물을 늘려서, 가동과 식객이 만 명이었고 자산이 수억이었다.(祖世貨殖, 僮客萬人, 貲產鉅億.)"고 서술했다.

"왕씨 오후(王氏五侯)"는 한나라 원제(元帝)의 황후이자 성제(成帝)의 어머니인 효원왕후(孝元皇后) 왕정군(王政君)의 다섯 형제를 가리키는 말이다. 성제가 즉위한 뒤에 왕정군의 오빠 왕봉(王鳳)은 대사마(大司馬) 대장군(大將軍)이 되었고, 하평(河平) 2년(B.C.27)에는 동생 5명이 같은 날에 후(侯)로 봉해졌다. 곧 왕담(王譚)은 평아후(平阿侯)로, 왕상(王商)은 성도후(成都侯)로, 왕립(王立)은 홍양후(紅陽侯)로, 왕근(王根)은 곡양후(曲陽侯)로, 왕봉시(王逢時)는 고평후(高平侯)로 봉해졌는데, 세상에서는 이를 '오후(五侯)'라고 일컬었다. 『한서』 「원후전(元后傳)」에서는 오후의 사치에 대해 "후정의 희첩이 각기 수십 명이요, 종의 수는 천이나 백으로 헤아렸다.(後庭姬妾, 各數十人, 僮奴以千百數.)"고 기술했다.

"조규(刁逵)"는 동진(東晉)의 관리로, 조협(刁協)의 손자다. 환현(桓玄)이 칭제할 때 따랐는데, 뒤에 성을 버리고 달아나다가 하인에게 붙잡혀 처형되었다. 『진서』 「조협전(刁協傳)」에서는 조규 형제와 아들, 조카가 모두 수단을 가리지 않고 재산을 불렸다고 했는데, 그 재산에 대해 "밭이 만 경이요 노비가 수천 명이었으며, 나머지 자산 또한 이와 비슷했다.(有田萬頃, 奴婢數千人, 餘資稱是.)"고 기술했다.

"양소(楊素)"는 북주(北周)와 수(隋)의 대신으로, 북주에서는 북제(北齊)를 평정하는 데 공을 세웠고 뒤에는 양견(楊堅)이 수나라를 건국하고 양광(楊廣)이 양제

(煬帝)로 등극할 때 공을 세웠다. 『수서』「양소전」에서는 그 부유함을 "집에서 부리는 종이 수천 명이요, 후정의 기첩으로 비단옷 입은 이의 수는 천으로 헤아렸다. 저택은 화려하고 사치스러웠으며, 그 제도는 궁궐을 본떴다.(家僮數千, 後庭妓妾, 曳綺羅者, 以千數. 第宅華侈, 制擬宮禁.)"고 기술했다.

○ 원옹은 집에서 부리는 종이 6,000명이었고 기녀가 500명이었다. 곽분양은 집에서 부리는 종이 3,000명이었다. 탁왕손은 집에서 부리는 종이 천여 명이었다.

元雍, 家僮六千, 女妓五百. 郭汾陽, 家僮三千. 卓王孫, 家僮千餘.

"원옹(元雍)"은 북위(北魏)의 종실이자 대신으로, 헌문제(獻文帝) 탁발홍(拓跋弘)의 아들이다. 원래 성은 '탁발(拓跋)'이지만, 효문제가 한족의 성을 쓰기로 하면서 '원(元)'을 성으로 쓰게 되었다. 원옹은 승상의 자리까지 올랐지만, 이주영(爾朱榮)이 태후와 승상 이하 대신들을 처형하고 효장제(孝莊帝)를 옹립한 '하음(河陰)의 변(變)' 때 피살되었고 그의 집은 고양왕사(高陽王寺)로 바뀌었다고 한다. 『낙양가람기(洛陽伽藍記)』에서는 승상 원옹의 부유함을 기술하면서 "노비가 6,000명이요, 기녀가 500명이었다.(僮僕六千, 妓女五百.)"라는 표현을 썼다. 한편 『자치통감』에서는 북위의 종실과 권력자들의 사치를 말하면서 '고양왕 옹(高陽王雍)' 즉 원옹의 사례를 들었는데, "집과 정원은 궁궐에 비길 만하고, 노비가 6,000명에 기녀가 500명이었다. 나갈 때는 의장과 시위가 길을 메우고, 돌아올 때는 노래와 음악이 밤낮으로 이어졌다. 한 끼 밥에는 수만 전이 들었다.(宮室園圃, 侔於禁苑, 僮僕六千, 妓女五百. 出則儀衛塞道路, 歸則歌吹連日夜. 一食直錢數萬.)"고 기술했다.

"곽분양(郭汾陽)"은 당나라의 장수이자 재상인 분양왕(汾陽王) 곽자의(郭子儀)다. 앞에서 "대신으로 노년에도 벼슬에 있었던 사람(大臣老居位者)"의 하나로 언급했듯이 장수를 누렸으며 자손이 번창하고 부귀공명을 이룬 인물의 대명사였기 때문에, 그의 생애를 묘사한 「곽분양행락도(郭汾陽行樂圖)」가 널리 그려지기도 했다. 『구당서』「곽자의전」에서는 "해마다 들어오는 관봉이 24만 관인데, 사적으로 얻는 수입은 여기에 포함하지 않았다. 그 집은 친인리에 있는데 친인리 전체의 4분의 1에 이르며, 가운데로는 영항(永巷, 궁궐 등의 긴 복도)이 관통한다. 집에서 일하는 사람이 3,000명인데, 출입하는 이들이 서로 어느 곳에 있는 사람인지 알지 못한다.(歲入官俸, 二十四萬貫, 私利不在焉. 其宅在親仁里, 居其里四分之一, 中通永巷. 家人三千, 相出入者不知其居.)"고 그 부유함을 기술했다.

"탁왕손(卓王孫)"은 임공의 부자로, 사마상여(司馬相如)와 함께 달아난 탁문군(卓文君)의 아버지다. 『사기』「사마상여열전」에는 "임공에는 부자가 많은데, 그 가운데 탁왕손은 집에서 부리는 종이 800명이었다.(臨邛中多富人, 而卓王孫家僮八百人.)"라는 구절이 보인다. 『사기』「화식열전(貨殖列傳)」에서는 탁왕손에 대해 상세히 서술했는데, 그 부유함에 대해서는 "부가 노비 1,000명에 이를 정도였고, 전원과 연못에서 사냥하고 고기 잡는 즐거움은 임금과 맞먹을 정도였다.(富至僮千人. 田池射獵之樂, 擬於人君.)"고 기술했다.

○ 원광한은 집에서 부리는 종이 900명이었다. 정정국(程鄭國)[정정(程鄭)과 절국(折國)]은 집에서 부리는 종이 800명이었다. 석숭은 집에서 부리는 종이 800명이요, 아름다운 여종이 천여 명이었으며, 밀랍으로 장작을 대신하고 산초로 집을 칠하였다.

袁廣漢, 家僮九百. 程鄭國, 家僮八百. 石崇, 家僮八百, 美婢千餘, 以蠟代薪, 塗屋以椒.

이 항목에서는 가동(家僮) 800~900명을 둔 인물들을 제시했는데, 과거에 부자의 대명사로 통용되던 석숭(石崇)이 여기에 포함된 점이 흥미롭다. 만약 다른 기준을 적용했다면 석숭은 가장 먼저 언급할 인물이기 때문이다. 물론 석숭의 경우에는 바로 뒤에 언급하는 왕개(王愷)와의 경쟁으로 많은 일화를 남겼으며, 이 때문에 그 부유함이 과장되었을 가능성도 있다. 또한 이 항목에는 "정정(程鄭), 절국(折國)"을 "정정국(程鄭國)"으로 표기하는 오류가 나타나는데, 이를 고려하면 세 사람이 아닌 네 사람의 사례를 다룬 셈이다.

"원광한(袁廣漢)"은 한나라의 부호다. 유흠(劉歆)의 『서경잡기』에서는 쌓아둔 돈이 수만이요 가동이 800~900명이었으며 북망산 아래에 꾸민 정원은 동서 4리에 남북 5리의 규모였다고 했다.

"정정국(程鄭國)"은 "정정(程鄭), 절국(折國)"의 오기다. 『지봉유설』에서는 정정(程鄭)의 가동이 800명이라 했고, 『오주연문장전산고』에서는 왕세정의 『조야이문록(朝野異聞錄)』을 인용하여 정정, 절국, 석숭의 가동이 모두 800명이라 했다. "정정(程鄭)"은 한나라 때 임공(臨邛)의 부호다. 『사기』 「사마상여열전」에서는 탁왕손과 함께 임공의 부자로 언급했는데, 정정의 가동을 "수백 명(數百人)"이라 했다. "절국(折國)"은 한나라의 부호다. 선조인 장강(張江)이 남양절후(南陽折侯)로 봉해진 이후에 '절(折)'로 성을 삼았다고 한다. 아들인 절상(折像)은 모든 재산을 남들에게 나눠준 일로 이름이 알려졌는데, 『화양국지(華陽國志)』에서는 절상의 일을 거론하면서 아버지인 울림태수(鬱林太守) 절국의 재산이 2억이며 노비가 800명이라고 했다.

"석숭(石崇)"은 진(晉)나라의 관리로, 위나라 장군 출신으로 진나라 개국에 공을 세운 석포(石苞)의 아들이다. 『진서』 「석포전(石苞傳)」의 뒷부분에 석숭의 생애가 기록되어 있는데, 이에 의하면 석포는 아들 석숭이 치부에 남다른 재능이 있음을 알아보았던 듯하다. 석포는 임종을 앞두고 유산을 나눠주면서 석숭에게는 아무것도 남기지 않았는데, 뒤에 스스로 얻을 수 있을 것이기 때문이라고 그 이유를 밝혔다고 한다. 실제로 석숭은 형주자사(荊州刺史)로 있으면서 멀리 사자로 가는 사람이나 상인들을 겁박하여 헤아릴 수 없을 정도로 재물을 모았으며, 가후(賈后)의 조카인 가밀(賈謐)과 가까이 지내면서 권력까지 얻었다. 그렇지만 자신이 아끼던 기생 녹주(綠珠)를 탐낸 손수(孫秀)의 청을 들어주지 않은 일로 원한을 사, 결국 자신은 처형되고 녹주는 자결하게 된다.

『진서』는 석숭의 막대한 재산과 사치스러운 생활을 상세하게 기술했다. 집이 크고 화려하니 뒷방[後房] 즉 첩이 머무는 방의 수가 백으로 헤아릴 정도였고, 그 많은 첩들이 모두 비단옷을 입고 황금이나 비취 귀걸이로 꾸몄다고 했다. "물방아가 30여 곳이며 노복[蒼頭]이 800여 명"이라 했으니 그 땅의 규모를 짐작할 수 있는데, 진기한 보물과 재화 또한 이에 걸맞을 정도였다고 했다. 사치스러운 생활과 관련해서는 무제(武帝)의 외삼촌인 왕개와 경쟁한 일화가 널리 전하는데, 이 가운데 "밀랍으로 장작을 대신하고 산초로 집을 칠한다"는 말이 보인다. 『진서』에서는 왕개가 엿으로 솥을 닦으니 석숭은 밀랍을 장작 대신 사용하였고, 왕개가 붉은 천으로 40리 길이의 보장(步障)을 만드니 석숭은 비단으로 50리 길이의 보장을 만들어 대적했으며, 석숭이 산초로 집을 칠하니 왕개는 적석지(赤石脂)를 사용하여 집을 칠했다고 한다. "산초로 집을 칠했다(塗屋以椒)"라는 말은 산초를 진흙에 개어서 벽에 발랐다는 뜻인데, 산초의 온난한 성질을 취하여 악한 기운을 물리치고자 한 것이다. 왕개는 이에 대항하기 위해 온난한 성질을 지닌 약재인 적석지를 사용한 것이다.

그런데 "아름다운 여종이 천여 명(美婢千餘)"이라는 말은 『진서』에는 보이지 않는다. 앞서 보았듯이 첩이 100명 이상이었다는 점을 짐작할 수 있는 말이 보일 뿐이다. 손수의 사자가 와서 녹주를 달라고 청했을 때 녹주 대신 다른 이를 고르라는 뜻에서 "비첩 수십 명"을 보여주었다고 했지만, 이 또한 "여종 1,000명"과는 차이가 있다. 그렇지만 『경상우기(耕桑偶記)』에는 석숭의 '항무(恒舞)'를 언급하면서 천여 명의 아름다운[美艷] 희첩 가운데 수십 명을 뽑았다고 한 구절이 있으며, 「녹주전(綠珠傳)」과 같은 전기소설에서는 손수의 사자가 찾아온 일화에서 이와 유사한 표현을 사용하였다. 『지봉유설』에도 "美婢千餘人"의 구절이 보인다.

○ 왕개는 엿으로 솥을 닦고 적석지로 집을 칠했다.

王愷, 以飴澳釜, 用赤石脂塗屋.

"왕개(王愷)"는 사마소(司馬昭)와 혼인한 문명황후(文明皇后) 왕원희(王元姬)의 동생이니, 진나라를 세운 사마염의 외삼촌인 셈이다. 무제(武帝) 사마염의 지원을 받으며 석숭과 사치를 경쟁한 일로 유명한데, 여기서 언급한 내용은 그 가운데 일부이며 앞에서 거론한 '석숭'의 일 가운데 "밀랍으로 장작을 대신하고 산초로 집을 칠한다"와 함께 등장한다. "적석지(赤石脂)"는 약재의 하나로, 규산알루미늄을 주성분으로 하는 붉은색 흙이다. 성질이 온난하여 강장제나 수렴제 등으로 사용한다. 『본초강목(本草綱目)』에서는 "맛은 달고 시고 매우며, 매우 따뜻한 성질에 독성은 없다.(氣味甘酸辛, 大溫無毒.)"고 하였다.

○ 하증은 하루 밥 먹는 데 1만 전을 썼다. 그의 아들 하소는 하루에 2만 전을 썼다. 화교는 하루에 3만 전을 썼다.

何曾, 日食萬錢. 子劭, 日費二萬錢. 和嶠, 日三萬錢.

"하증(何曾)"은 진(晉)의 개국 공신으로, 낭릉현공(朗陵縣公)에 봉해지고 태위(太尉)를 거쳐 태부(太傅)까지 올랐다. 『진서』「하증전」에서는 성품이 효성스럽고 음악이나 여색을 좋아하지 않았으며 나이 들어서도 아내를 손님처럼 대하였다고 했지만, 한편으로는 수레나 음식 등에 대해서는 화려하고 사치스럽게 하는 데 힘을 썼다고 했다. 음식과 관련된 사치에 대해서는 "증병(뒷날의 만두와 유사한 음식)의 위쪽이 열십자로 터지지 않은 것은 먹지 않았으며, 하루 밥 먹는 데 만 전을 쓰면서도 오히려 '젓가락 갈 데가 없다'고 말했다.(蒸餠上不拆作十字, 不食. 食日萬錢, 猶曰無下箸處.)"고 전한다.

"하소(何劭)"는 하증의 아들로, 진나라의 대신을 지냈다. 같은 나이인 사마염과는 어릴 때부터 가까운 사이였다고 한다. 박학하고 글을 잘 지었지만 아버지와 마찬가지로 사치하고 오만한 흠이 있었는데, 『진서』「하증전」에서는 음식과 관련한 하소의 사치에 대해 "먹는 것은 반드시 사방의 진귀하고 기이한 음식을 다 갖추도록 하되, 하루에 먹는 것은 2만 전으로 한정했다.(食必盡四方珍異, 一日之供, 以錢二萬爲限.)"고 기록했다.

"화교(和嶠)"는 위진 시대의 대신이다. 『진서』「화교전」에서는 왕에 비견될 정도로 가산이 풍부했지만 너무 인색하여 기롱을 받았으니 두예(杜預)가 '전벽(錢癖)'이 있다고 할 정도였다고 했다. 화교의 인색함을 전하는 사례로는 아이들이 따 먹고 버린 자두 씨의 수를 헤아려서 돈을 받아내려 한 일화를 들 수 있다. 이처럼 부유하면서도 인색한 화교의 모습은 "하루에 3만 전을 썼다"는 기술과는 어울리지 않는 듯한데, 서응추의 『옥지당담회』를 비롯한 다수의 문헌에서 "화교는 하루에 3만 전을 썼다.(和嶠, 日三萬錢.)"라는 구절을 찾아볼 수 있다.

○ 두종은 날마다 다섯 끼를 먹었는데, 한 끼에 1만 전을 썼다. 임개는 한 끼에 1만 전을 썼다. 원옹은 한 끼에 수만 전을 썼다. 이덕유는 국 한 그릇에 2만 전까지 썼다.

杜悰日五食, 一食萬錢. 任愷, 一食萬錢. 元雍, 一食數萬錢. 李德裕, 一杯羹至二萬錢.

"두종(杜悰)"은 당나라의 관리로, 명재상 두우(杜佑)의 손자다. 헌종(憲宗)의 딸 기양공주(岐陽公主)와 혼인하였으며, 빈국공(邠國公)에 봉해졌다. 명재상의 후손이지만 세상의 평가는 좋지 못했으니, 『구당서』에서는 "잘 먹으며 자리를 도적질할 따름(甘食竊位而已)"이라 했고 『신당서』에서는 출장입상(出將入相)하면서도 자신을 봉양하는 데만 힘쓰고 숨은 인재를 천거하지 못했다며 '독각서(禿角犀)' 즉 뿔이 빠진 무소라는 세간의 별칭을 언급했다. 『북몽쇄언(北夢瑣言)』 같은 송대 문헌에서도 "나라에는 공이 없고 백성에게는 덕이 없었는데도 부귀를 누리다가 죽었다.(無功於國, 無德於民, 富貴而終.)"와 같은 비판을 찾아볼 수 있다. 그렇지만 명대 이전의 문헌에서는 호화로운 식사를 했다는 언급은 잘 보이지 않는 듯하며, 명나라 때 문헌인 『설략』이나 『옥지당담회』에 "기공 두종은 하루에 다섯 끼를 먹었는데 한 끼에 1만 전을 썼다.(杜岐公悰, 日五食, 一食萬錢.)"라는 구절이 나타난다. 두종은 '빈공(邠公)'이며 그의 할아버지인 두우가 '기공(岐公)'이므로, 사실 이는 정확한 표현은 아니다. 『지봉유설』에서는 '두종(杜悰)'이라고만 인용하고 있다.

"임개(任愷)"는 위진 시대의 대신이다. 위 명제(明帝) 조예(曹叡)의 딸인 제장공주(齊長公主)와 혼인했고, 진나라 건국 이후에는 창국현후(昌國縣侯)로 봉해졌다. 『진서』「임개전」에서는 가충(賈充)과 갈등을 빚어 벼슬을 잃은 뒤에는 술과 음악에 빠져 살았으며 맛난 음식을 먹는 데 열중했다고 전하는데, 그 모습을 묘사하면서 앞서 언급한 하증, 하소 부자의 일을 비교 대상으로 들어 흥미롭다. 즉 하소처럼 "끼니마다 반드시 사방의 진기한 음식을 다 갖추도록(每食必盡四方珍饌)" 했고, "한 끼니에 1만 전"을 들이고서도 하증처럼 "젓가락 갈 만한 데가 없다(無可下箸處)"고 말했다는 것이다. 1일에 1~2만 전을 쓴 하증 부자보다 더 많은 돈을 들인 셈인데, 그 양상은 비슷해 보인다. 한편 이 일화를 석숭과 사치를 겨룬 '왕개'의 일로 잘못 인용한 문헌도 보이는데, 부유한 인물이면서 이름자가 같기 때문에 착각한 결과일 것이다.

"원옹(元雍)"은 북위(北魏)의 종실이자 대신이다. 앞의 항목에서 "집에서 부리는 종이 6,000명이며 기녀가 500명"이라는 말을 제시한 바 있다. 원옹은 북위의 사치[豪侈]를 대표하는 인물로 언급되는데, 여기에 보이는 구절은 『자치통감』에 있는 "한 끼 밥에 수만 전이 들었다(一食直錢數萬)"라는 구절과 유사하다.

"이덕유(李德裕)"는 당나라의 관리로, 재상 이길보(李吉甫)의 아들로 태어나 절도사와 재상을 거치며 공적을 남겼다. 이덕유의 사치에 대한 일화는 『구당서』나 『신당서』에는 보이지 않는데, '배갱삼만(杯羹三萬)'의 고사가 『박이지(博異志)』 또는 『괄이지(括異志)』를 출전으로 표기돼 일부 문헌에 실려 전한다. 이 일화에 의하면 이덕유는 3만 전의 비용을 써서 만든 국을 먹는데, 그 국은 주옥과 보패, 웅황(雄黃)과 주사(朱砂)를 달여서 만들되 세 번 달이고 나면 찌꺼기는 버렸다고 한다. 다만 명대 문헌인 『설략』이나 『옥지당담회』에서는 "3만 전"이 아닌 "2만 전"으로 비용을 기록한 일화가 전하는데, 『지봉유설』과 『아희원람』에서도 이와 마찬가지로 "2만 전"이라 기록했다.

○ 원재는 3,000개에 이르는 음식 담는 그릇을 가지고 있었다.

元載, 食物碗器, 至三千事.

"원재(元載)"는 당나라의 대신이다. 숙종(肅宗) 때 환관 이보국(李輔國)과 가까워지며 중용되었고, 대종(代宗)이 즉위한 뒤에는 이보국과 어조은(魚朝恩)을 제거하는 데 공을 세워 권력을 누렸지만 결국 왕명에 따라 자결하게 된다. 원재가 죽은 뒤에 그의 집을 살펴보니 종유(鍾乳) 500냥과 후추[胡椒] 800석 등의 진기한 물건이 있었다고 한다. 원재의 화려한 집에 대해서는 운휘당(芸暉堂)을 만들면서 운향(芸香)으로 벽을 칠하고 침단목(沈檀木)으로 기둥을 세웠다는 '운벽단량(芸壁檀梁)'의 고사가 전한다. 또 기명(器皿)과 관련한 사치도 전하는데, 『추요록(樞要錄)』에 보이는 "원재는 음식이 차가운 것이면 유황완(磂磺椀)을 사용했고 뜨거운 것이면 범빙자기(泛氷甆器)를 사용했다. 그릇이 3,000가지가 있었다.(元載, 飮食冷物, 用磂

礦椀, 熱物, 用泛氷甆器. 器有三千事.)"라는 구절이 대표적인 사례다.

○ 채경은 부엌에서 일하는 여종이 수백 명이요 요리사가 15명이었으며, 늘 메추라기 천여 마리를 잡았다.

蔡京, 廚婢數百, 庖子十五人, 每殺鶉子千餘.

"채경(蔡京)"은 송나라의 재상이자 서법가(書法家)로, 네 차례 재상에 오르는 등 17년 동안 권력을 장악했지만 탐관의 전형으로 일컬어진다. 또 금나라에 항복할 것을 주장한 여섯 신하 즉 '육적(六賊)'의 첫 번째 인물로도 알려졌다. 정망지(鄭望之)의 『선부록(膳夫錄)』에 "廚婢數百人, 庖子亦十五人."의 구절이 보이며, 『오잡조(五雜俎)』에 "채경은 메추라기를 즐겼는데, 날마다 그 수를 천으로 헤아렸다.(蔡京嗜鶉子, 日以千計.)"라는 구절이 보인다.

9

변이變異

기이한 사건과 사람

○

“변이(變異)”는 보통[常]과는 다른 기이한 일을 뜻하는 말이다. 하늘과 땅, 그리고 인간에게는 항상 변함없는 모습이 있지만, 때로는 보통과는 다른 괴이한 일 또는 이해할 수 없는 현상이 일어나기도 한다. ‘변이’ 장은 바로 이와 같은 기이한 일들을 수록했다. 그런데 『아희원람』에서 ‘변이’를 다루는 관점은, 적어도 표면적으로는 상당히 중립적 또는 객관적인 것처럼 보인다. 이는 기이한 자연과 인간 세상의 현상은 ‘재이(災異)’나 ‘재생(災眚)’으로 일컫고 앞으로의 재앙에 대한 징조나 군주의 잘못에 대한 경고의 의미로 해석하는 일반적인 태도와는 어긋나는 것처럼 보인다. 물론 편자 장혼이 이러한 사유를 부정했다고 볼 만한 근거는 없지만, 적어도 『아희원람』이 ‘변이’의 의미를 상세히 따지거나 ‘변이’의 사실성 여부에 대해 천착하는 등의 태도와는 상당히 거리를 두고 있음은 분명하다. 이 때문인지 『아희원람』에서는 두견(杜鵑), 김낙(金樂)이나 왕소군(王昭君)의 사례처럼 ‘재앙과는 거리가 먼 기이한 일’까지 재앙의 징조들과 함께 다루고 있다.

‘변이’ 장에서는 『지봉유설』 재이부의 「재생(災眚)」과 「인이(人異)」를 활용한 흔적이 다수 발견된다. 그렇지만 『회남자』 및 역사서의 「오행지」를 비롯하여 지리지나 의서에서 인용한 것으로 짐작되는 사례도 여럿 찾아볼 수 있다. 편자 장혼이 공들인 흔적을 여기서 엿볼 수 있는데, 특히 의서의 인용은 생애나 이력과 관련해서도 나름의 의미를 부여할 수 있는 현상이다.

○ 창힐이 문자를 만들고 나니, 하늘에서 곡식이 비처럼 내리고 귀신이 밤에 곡을 했다. ○ 왕희지가 『황정경』을 다 쓰고 나니, 공중에서 말소리가 났는데 "경의 글씨는 나를 감동시키는데, 하물며 사람에 있어서랴." 라고 했다.

蒼頡造文字成, 天雨粟, 鬼夜哭. ○ 王羲之書黃庭經訖, 空中有語, 卿書感我而況人乎.

『회남자』 「본경훈(本經訓)」에 "옛날 창힐이 글자를 만드니, 하늘에서 곡식이 비처럼 내리고 귀신이 밤에 곡을 했다.(昔者蒼頡作書, 而天雨粟, 鬼夜哭.)"라는 구절이 있다.

"왕희지(王羲之)"의 일화는 『양흔필진도(羊欣筆陣圖)』에 다수 전하는데, 제7장 '재민'에서 언급한 "7세에 글씨를 잘 썼다(七歲善書)"라는 구절 또한 여기서 유래한다. 역시 제7장에서 언급한 "39세에 난정의 기문을 썼다(三十九書蘭亭作記)"는 구절은 『양흔필진도』와는 어긋나는 정보를 담고 있는데, 왕희지의 생몰년이 불분명하기 때문에 「난정집서」를 쓴 시점에 대해 여러 설이 존재하는 것이 현실이기도 하다. 『설부』에서는 『양흔필진도』를 인용하여 "(왕희지는) 33세에 「난정서」를 쓰고 37세에 『황정경』을 썼다. 쓰기를 마치자 공중에서 '경의 글씨는 나를 감동시키는데, 하물며 사람에 있어서랴. 나는 천태장인이로다.'라는 말소리가 났다.(三十三書蘭亭序, 三十七書黃庭經. 書訖, 空中有語, 卿書感我而況人乎. 吾是天台丈人.)"라고 했다.

○ 요임금 때에 해 10개가 함께 나와서 초목이 시들었다. 예에게 명하여 하늘을 향해 활을 쏘게 하였는데, 화살을 맞은 까마귀 아홉 마리가 모두 죽었다.

堯時, 十日並出, 草木焦枯. 命羿仰射, 中九烏皆死.

예(羿)는 활을 잘 쏘았다는 전설상의 인물로, 유궁씨(有窮氏) 부락의 수령이자 요임금의 신하였다. '후예(后羿)'나 '이예(夷羿)'로 일컫기도 한다. 예의 화살을 맞은 까마귀는 곧 태양 또는 태양 속에 있는 삼족오인데, 『산해경』에서 "희화는 제준의 아내로, 태양을 10개 낳았다.(羲和者, 帝俊之妻, 生十日.)"라 했듯이 10명의 아들이기도 하다. 이 신화는 10개의 태양이 1개의 태양으로 바뀌는 과정을 설명한 것으로, 창세 신화에서 흔히 발견되는 '일월조정'의 대표적인 사례다.

이 항목에 실린 구절은 『회남자』에서 유래한 것으로 보인다. 『예문유취(藝文類聚)』에 인용된 『회남자』의 구절에서 "요임금 때에 해 10개가 함께 나와서 초목이 시들었다. 요임금이 예에게 명하여 하늘을 우러러 해 10개를 쏘도록 했다. 까마귀 아홉 마리를 맞추니, 모두 죽고 날개를 떨어뜨렸다.(堯時, 十日竝出, 草木焦枯. 堯命羿仰射十日, 中其九烏, 皆死, 墮羽翼.)"라는 말을 찾아볼 수 있다. 현전하는 『회남자』「본경훈(本經訓)」에서도 이 일화를 찾아볼 수 있는데, 내용은 조금 다르다. 즉 "요임금의 시대에 이르니 태양 10개가 함께 나타나 곡식을 태우고 초목을 말려 죽이니 백성들은 먹을 것이 없었다. 또한 알유, 착치, 구영, 대풍, 봉희, 수사 등이 모두 백성에게 해가 되었다. 이에 요임금은 예로 하여금 주화의 들판에서 착치를 베게 하고, 흉수에서 구영을 죽이게 하고, 청구의 못에서 대풍을 잡게 했다. 또 위로는 해 10개를 쏘게 하고 아래로는 알유를 죽이게 하였으며, 동정에서 수사를 베고, 상림에서 봉희를 사로잡게 했다. 만백성이 모두 기뻐하여 요를 천자로 받들었다. 이에 천하에 넓거나 좁거나 험하거나 평탄하거나 멀거나 가깝거나 할 것 없이 비로소 길이 나고 마을이 생기게 되었다.(逮至堯之時, 十日竝出, 焦禾稼, 殺草木, 而民無所食. 猰貐, 鑿齒, 九嬰, 大風, 封豨, 脩蛇, 皆爲民害. 堯乃使羿, 誅鑿齒於疇華之野, 殺九嬰於凶水之上, 繳大風於青邱之澤, 上射十日而下殺猰貐, 斷脩蛇於洞庭, 擒封豨於桑林. 萬民皆喜, 置堯以爲天子. 於是天下廣狹險易遠近, 始有道里.)"고 했다.

○ 초나라 노양공이 한나라와 싸우고 있는데, 싸움이 한창일 때 해가 저물었다. 노양공이 창을 들어 휘두르니, 해가 3사(舍)를 물러났다.

魯陽公, 與韓構難, 戰酣日暮, 援戈而撝之, 日反三舍.

"노양공(魯陽公)"은 초나라 평왕(平王)의 손자이자 사마자기(司馬子期)의 아들 노양문자(魯陽文子)다. 당시 초나라에서 '왕'이라 참칭했기 때문에, 그 아래의 대부들은 스스로를 '공'이라 일컬었다. 남양(南陽)에 노양현(魯陽縣)이 있었으니, '노양공'은 곧 '노양현공(魯陽縣公)'을 뜻하는 말이다. "사(舍)"는 흔히 "30리"에 해당하는 거리의 단위로 사용되지만, 여기서는 별자리 즉 성좌(星座)의 단위로 쓰였다. 하늘의 별자리에 28수[宿]가 있으니, 그 1수가 곧 1사(舍)가 된다. 즉 "해가 3사를 물러났다"는 말은 "해가 하늘의 28수 가운데 3수 정도 뒤로 물러났다"는 뜻이 되며, 하늘이 다시 밝아졌기 때문에 노양공은 싸움을 할 수 있는 시간을 더 얻은 셈이 된다. 이 이야기는 흔히 '노양지과(魯陽之戈)' 또는 '노양휘과(魯陽揮戈)'의 고사로 일컬어지는데, 『회남자』「남명훈(覽冥訓)」에서 유래한다.

○ 상나라 주임금 때에 고기가 비처럼 내리고 피가 비처럼 내리고 재가 비처럼 내리고 흙이 비처럼 내리고 돌이 비처럼 내렸고, 6월에 눈이 내렸다.

商紂時, 雨肉 · 雨血 · 雨灰 · 雨土 · 雨石, 六月雨雪.

상(商)은 곧 은(殷)이다. 주(紂)는 상나라의 마지막 왕으로, 포악한 군주의 대명사이기도 하다. 『태평어람』에 "무왕이 은나라를 정벌하면서 대부 두 사람을 만났다. 무왕이 묻기를 '은나라가 장차 망하려 할 때 또한 요망한 일이 있었습니까?'라 하였다. 그 가운데 한 사람이 대답하기를, '은나라에 항상 피가 비처럼 내렸고, 재가 비처럼 내렸고, 돌이 비처럼 내렸습니다. 작은 것은 달걀만 하고 큰 것은 키[箕]만 했습니다.'라 하니, 무왕이 이르기를, '크도다, 요망함이여.'라 했다.(武王伐殷, 得二大夫而問之曰, 殷國將亡, 亦有妖乎. 其一人對曰, 殷國常雨血雨灰雨石, 小者如鷄子, 大者如箕. 武王曰, 大哉妖也.)"라는 구절이 있는데, 그 인용서는 『육도(六韜)』로 기록되어 있다.

○ 연나라 혜왕이 참소하는 말을 믿고 추연을 가두었다. 추연이 하늘을 우러러 곡을 하니, 6월인데도 하늘에서 서리가 내렸다.

燕惠王, 信譖繫鄒衍. 衍仰天哭, 六月天爲下霜.

추연(鄒衍/騶衍)은 전국시대 제나라 사람으로, 음양가(陰陽家)를 대표하는 인물이다. 『사기』「맹자순경열전」에 생애가 전하는데, 정확한 생몰년은 알 수 없지만 맹자보다는 후대의 인물이라고 한다. 『태평어람』에서 인용한 『회남자』의 구절에 "추연이 연나라 혜왕을 섬기며 충성을 다했는데, 좌우의 신하들이 참소하니 왕이 그를 가두었다. 추연이 하늘을 우러러 곡을 하니, 여름 5월인데도 하늘이 그를 위하여 서리를 내렸다.(鄒衍事燕惠王盡忠, 左右譖之, 王繫之. 仰天而哭, 夏五月天爲之下霜.)"라는 말이 보인다. 『아희원람』의 "6월"은 오기일 가능성이 있다.

○ 한나라 성제 때에 궁중에 푸른 사슴 한 마리가 비처럼 내렸는데, 그 사슴을 먹으니 맛이 매우 좋았다. 역사책에는 티끌이나 모래나 흙이나 돌이 비처럼 내렸다거나, 금이나 납이나 쇠나 수은이 비처럼 내렸다거나, 솜이나 비단이나 곡식이나 조가 비처럼 내렸다거나, 풀이나 나무나 꽃이나 잎이 비처럼 내렸다거나, 물고기나 고기나 털이나 피가 비처럼 내렸다거나 하는 일이 이루 다 말할 수 없을 정도로 실려 있지만, 사슴의 경우는 더욱 괴이하다.

漢成帝時, 宮中雨一蒼鹿, 食之甚美. 史載雨塵沙土石, 雨金鉛鐵汞, 雨絮帛穀粟, 雨草木花葉, 雨魚肉毛血, 不勝述, 而鹿尤怪矣.

『태평어람』에 인용된 『술이기』의 구절에 "한나라 성제 말년에 궁중에 푸른 사슴 한 마리가 비처럼 내렸다. 그 사슴을 잡아서 먹으니, 맛이 매우 좋았다.(漢成帝末年, 宮中雨一蒼鹿, 殺而食之, 其味甚美.)"라는 말이 보인다. 『술이기』에는 "사슴이 1,000년이 지나면 푸른 사슴이 되고, 다시 500년이 지나면 흰 사슴이 되고, 다시 500년이 지나면 검은 사슴이 된다. 한나라 성제 때에 산에 사는 사람이 검은 사슴을 잡았는데, 삶아서 그 뼈를 보니 모두 검은색이었다. 선자(仙者)가 이르기를 '검은 사슴을 포로 만들어 먹으면 2,000년의 수명을 얻게 된다'고 한다.(又曰鹿一千年爲蒼鹿, 又五百年化爲白鹿, 又五百年化爲玄鹿. 漢成帝時, 山中人得玄鹿, 烹而視其骨, 皆黑色. 仙者說, 玄鹿爲脯食之, 得二千歲.)"라는 말도 있으니, 궁중에 비처럼 내렸다는 푸른 사슴은 1,000년을 산 사슴이었던 셈이다.

『지봉유설』 재이부 「재생」에는 "살피건대 한나라 성제 때에 궁중에 푸른 사슴 한 마리가 비처럼 내렸는데 먹어보니 매우 맛이 있었다고 한다. 옛날에는 금이나 돈이나 물고기나 돌이 비처럼 내린 일이 있었다지만, 사슴의 경우는 더욱 괴이하다.(按, 漢成帝時, 宮中雨一蒼鹿, 食之甚美云. 古有雨金雨錢雨魚雨石, 而鹿則尤怪矣.)"라는 구절이 있다. 『아희원람』에서 이를 참고하면서 더 많은 사례를 보완하여 이 항목을 작성했을 가능성이 있다. 이하 7개 항목에서 여러 사물이 비처럼 내린 변이를 제시했으니, 이 구절은 그 서언에 해당한다고 해도 좋을 것이다.

○ 한나라 선제 때에 강회 지역에 기근이 들었는데, 사흘 동안 곡식이 비처럼 내렸다. 삼국시대 오나라 때 금릉에서는 가난한 집에 오곡이 비처럼 내렸는데, 부자의 집에는 내리지 않았다. 원나라 순제 때 기장이 비처럼 내렸다.

漢宣帝時, 江淮飢饉, 雨穀三日. 孫吳時, 金陵雨五穀於貧家, 富者則不雨. 元順帝時, 雨黍.

이 항목에서는 우곡(雨穀) 즉 곡식이 하늘에서 비처럼 내리는 변이의 사례 셋을 제시했다. 하늘에서 곡식이 내리면 땅에 있는 백성이 식량을 얻을 수 있게 되니, 이는 하늘이 은혜를 베풀거나 돌본 것이라 할 수 있다. 재앙 또는 불운의 조짐에 해당하는 사례들과는 성격이 다른 셈이다.

"강회(江淮)"는 장강(長江)과 회수(淮水) 일대를 이르는 말이다. 『술이기』에 "한나라 선제 때에 강회 지역에 기근이 들어 사람이 사람을 먹기에 이르렀는데, 하늘에서 사흘 동안 곡식이 비처럼 내렸다. 얼마 뒤에 위(魏) 땅에서 2,000이랑의 곡식이 없어졌다고 아뢰었다.(漢宣帝時, 江淮饑饉, 人相食, 天雨穀三日. 尋魏地奏, 亡穀二千頃.)"라는 구절이 있다.

"손오(孫吳)"는 손씨 성이 군주인 오나라를 뜻하는 말이니, 곧 삼국시대의 오나라다. 『술이기』에서는 오나라 환왕(桓王)—장사환왕(長沙桓王)으로 추존된 손책(孫策)—때에 금릉에서 가난한 사람의 집에 오곡이 비처럼 내리고 부자에게는 내리지 않은 일이 있었다고 했다. 『지봉유설』 재이부 「재생」에 "孫吳時, 金陵雨五穀於貧民家, 富者則不雨云."의 구절이 있는데, 그 뒤에 "기이하도다. 누가 이를 주재하는가.(異哉, 孰主張是.)"라는 말을 덧붙였다.

『원사』 「오행지(五行志)」에는 1351년 10월에 구주(衢州) 동북쪽에서 "기장 같은 곡식이 비처럼 내렸다(雨米如黍)"는 기록이 있다. 또 11월에는 건녕현(建寧縣)과 포성현(浦城縣)에 피 알갱이 같은 검은 알이 비처럼 내렸고, 소무(邵武)에는 수수 같은 검은 기장이 비처럼 내렸고, 신주(信州)에는 검은 기장이 비처럼 내렸고, 파양현(鄱陽縣)에서는 콩[菽豆]이 비처럼 내렸다고 했다. 이 일은 지정(至正) 11년(1351)의 기사에 보이는데, 지정은 원나라 순제의 연호 가운데 하나다.

○ 하나라 우임금 때에 사흘 동안 금이 비처럼 내렸다. 진나라 헌공 때에 역양(櫟陽)에 금이 비처럼 내렸다. 당나라 측천무후 때에 광주에서 금이 비처럼 내렸다. 원나라 영종 때에 쇠가 비처럼 내리니, 백성의 집과 산의 암석이 모두 뚫리고 사람이나 동물이 맞으면 곧바로 죽었다.

夏禹時, 雨金三日. 秦獻公時, 雨金櫟陽. 唐則天時, 廣州雨金. 元英宗時雨鐵, 民舍山石皆穿, 人物值之輒斃.

이 항목에서는 하늘에서 금속이 내려오는 변이의 사례 넷을 제시했다.

『죽서기년』에 하나라 우임금 8년 6월에 "하읍에 금이 비처럼 내렸다(雨金于夏邑)"라는 구절이 있다. 『술이기』에는 "선유가 이르기를 '하나라 우임금 때 하늘에서 사흘 동안 금이 비처럼 내려왔다'고 했다. 고시에서 '어찌 하늘이 금을 비처럼 내려주었나. 금을 흙만큼 값싸게 만들었네.'라 한 것이 이것이다.(先儒說, 夏禹時, 天雨金三日. 古詩云, 安得天雨金, 使金賤如土, 是也.)"라는 구절이 보인다.

『사기』「진본기(秦本紀)」 헌공 18년 조에 "雨金櫟陽"의 구절이 있다. 진나라 헌공(獻公)은 전국시대 진나라 군주이며, 역양(櫟陽)은 헌공이 새로 옮긴 도읍이다. 『산당사고』에서는 이 기사를 싣고 "헌공은 스스로 '금의 상서로운 징조'를 얻었다고 여겼다. 그런 까닭에 역양에 부치(鄜畤)를 세워 백제를 제사 지냈다.(公自以爲得金瑞, 故作鄜畤於櫟陽, 祀白帝.)"는 풀이를 덧붙였다.

『신당서』「오행지」에서 측천무후 때인 수공(垂拱) 3년(687) 7월의 변이를 기술하기를 "위주 땅에서 수십 장 길이의 배 모양의 철이 나왔고, 광주에서는 금이 비처럼 내렸다.(魏州地出鐵如船數十丈, 廣州雨金.)"고 했다. 쇠는 '정추(正秋)'여서 형(刑)과 병(兵)을 뜻하니, 『신당서』에서는 여기서 "임금이 무고한 사람을 많이 죽이니, 1년 안에 조정에 병화가 있다.(人君多殺無辜, 一年兵災于朝.)"라는 점괘를 얻었다.

원나라 영종 때 일은 반훈(潘塤)이 쓴 『저기실(楮記室)』의 「철우(鐵雨)」에 전한다. 이에 의하면 영종 때인 지치(至治) 원년(1321)에는 여러 가지 변고가 있었으니, 옥안산(玉案山)에서는 작고 붉은 개가 태어나 들판에서 무리 지어 짖었으며 쇠가 비처럼 내려서 "백성의 집과 산의 암석이 모두 뚫리고 사람이나 동물이 맞아 많이 죽었다.(民舍山石皆穿, 人物值之多斃.)"고 했다. 옥안산(玉案山)은 쿤밍[昆明] 북쪽에 있는 산이니, 변이가 일어난 곳은 운남(雲南) 지역인 셈이다.

○ 수나라 개황 연간에 무안과 감양(淦陽)[부양(滏陽)] 사이의 10여 리에 돌이 비처럼 내렸다. 명나라 홍치 연간에 섬서 지방에 돌이 비처럼 내렸는데, 큰 것은 거위나 오리의 알만 하고 작은 것은 가시연밥만 했다.

隋開皇時, 雨石于武安淦陽間十里. 明弘治時, 陝西雨石, 大如鵝鴨卵,小如鷄頭實.

이 항목에서는 하늘에서 돌이 비처럼 내리는 변이 둘을 제시했다.

『수서』 개황 7년(587) 5월의 기사에 "무안과 부양 사이의 10여 리에 돌이 비처럼 내렸다(雨石于武安滏陽間十餘里)"라는 말이 보인다. 이에 따르면 "감양(淦陽)"은 "부양(滏陽)"의 오기로 볼 수 있다. "개황"은 수나라 문제(文帝)의 연호다. 『명사』 「오행지(五行志)」에는 홍치 3년(1490) 3월의 변이를 "경양에 무수하게 많은 돌이 비처럼 내렸다. 크기가 일정하지는 않아서 큰 것은 거위 알만 하고 작은 것은 가시연밥만 했다.(慶陽雨石無數, 大小不一, 大者如鵝卵, 小者如芡實.)"라고 기술했다. "계두실(鷄頭實)"은 가시연꽃의 열매인데, 생김새가 닭의 머리와 비슷하다고 해서 이 이름이 붙었다고 한다.

○ 양나라 혜성왕 때에 뼈가 비처럼 내렸다. 당나라 정원 연간에 진류 부근 10리 정도에 나무가 비처럼 내렸는데, 굵기가 손가락만 하고 길이가 1촌 정도였다.

梁惠成王時, 雨骨. 唐貞元時, 雨木于陳留十里許, 大如指, 長如寸.

양나라 혜성왕(惠成王)은 전국시대 위나라의 제3대 군주이니, 곧 맹자가 만나 인의(仁義)를 설파했다는 "양혜왕(梁惠王)"이다. 위나라가 도읍을 대량(大梁)으로 옮긴 뒤에는 양나라로 불리기도 했는데, 이 때문에 양나라 혜성왕은 "위나라 혜왕", "위나라 혜성왕" 등으로 불리며 『장자』에서처럼 "문혜군(文惠君)"으로도 기록되었다. 『죽서기년』에서는 양나라 혜성왕 8년에 "적비에서 뼈가 비처럼 내렸다(雨骨於赤鞞)"고 했는데, 후대의 주석은 "그 뒤에 나라에는 기근이 들고 전란이 일어나고 전염병이 돌았다(後國饑兵疫)"라고 풀이하기도 했다.

"정원(貞元)"은 덕종(德宗)의 연호 가운데 하나다. 『신당서』 「오행지」에서는 정원 4년(788) 정월에 나무가 내리는 일이 있었다고 했는데, 그 나무에 대해 "크기는 손가락만 하고 길이는 1촌 남짓에 속이 비었는데, 내려온 것은 마치 심어놓은 듯이

서 있었다.(大如指, 長寸餘, 中空, 所下者立如植.)"고 기술했다. "진류 부근 10리 정도(陳留十里許)"는 하늘에서 나무가 내려온 지역의 범위를 가리키는 듯한데, 이 구절에 대해 "(내려온 나무가) 거의 10리에 퍼져 있었다(幾遍十里)"고 풀이한 사례도 찾아볼 수 있다.

○ 한나라 무제 때에 흰 털이 비처럼 내렸다. 수나라 개황 연간에 말꼬리 같은 털이 비처럼 내렸다. 원나라 순제 때에 실 같은 녹색의 털이 비처럼 내렸다. 왜국에서 일찍이 털이 비처럼 내려서 여러 날 그치지 않은 일이 있었다.

漢武帝時, 雨白毛. 隋開皇時, 雨毛如馬尾. 元順帝時, 雨毛如線而綠. 倭中, 曾有雨毛連日不止.

이 항목에서는 하늘에서 털이 비처럼 내리는 변이 넷을 제시했다. 이 가운데 마지막의 일본 사례는 『지봉유설』을 인용했을 것으로 추정된다.

『한서』「오행지(五行志)」에 무제 때인 천한(天漢) 원년(B.C.100) 3월에 "하늘에서 흰 털이 비처럼 내렸다(天雨白毛)"고 했고, 3년(B.C.98) 8월에는 "하늘에서 희고 뻣뻣한 털이 비처럼 내렸다(天雨白氂)"고 했다. 주석에서 '리(氂)'는 '뻣뻣하고 굽은 털(毛之强曲者)'을 뜻하는 말"이라고 했으니, 둘 다 흰 털이 내린 셈이다. 『북사』「수본기(隋本紀)」의 문제 개황(開皇) 6년(586) 7월 조에 "도읍에 말꼬리 같은 털이 비처럼 내렸는데, 긴 것은 2척 남짓이요 짧은 것은 6~7촌이었다.(京師雨毛如馬尾, 長者二尺餘, 短者有六七寸.)"라는 말이 보인다. 『원사』「오행지」에서는 순제 때인 지원(至元) 3년(1337) 3월의 일을 기록하면서 "창덕부(彰德府)에 털이 비처럼 내렸는데, 마치 실과 같으면서 녹색이어서 세간에서는 '보살 실(菩薩線)'이라 불렀다. 민요에 '하늘이 실을 비처럼 내리니, 백성에게는 원한이 일어나네. 중원의 땅이라, 반드시 변란이 있으리라.'라는 말이 있었다.(彰德雨毛, 如線而綠. 俗呼云菩薩線. 民謠云, 天雨線, 民起怨, 中原地, 事必變.)"고 했다. 원나라 순제(順帝) 때에는 '털이 비처럼 내린 일(雨毛)'이 여러 차례 기록되어 있는데, 원통(元統) 2년(1334)과 지원 6년(1340)에 각각 흰 털이 비처럼 내렸다고 한다. 『지봉유설』 재이부 「재생」에 "강항(姜沆)이 말하기를 '왜국 땅에 있을 때 하늘에서 털이 비처럼 내려와 여러 날 그치지 않는 것을 보았다'고 했다.(姜沆言在倭中, 目見天雨毛連日不止.)"라는 구절이 있다.

○ 원나라 순제 때에 변량에서 피가 비처럼 내렸다. 명나라 가정 연간에 남경에서 피가 비처럼 내렸다. 고려에서는 인종 때에 피가 비처럼 내렸으며 고종 때에 수은이 비처럼 내렸다.

元順帝時, 雨血于汴梁. 明嘉靖時, 南京雨血. 高麗, 仁宗時雨血, 高宗時雨水銀.

이 항목에서는 하늘에서 피가 비처럼 내리는 변이를 제시했다. 고려의 사례를 함께 언급한 점을 유의할 만하다.

『원사』 원통(元統) 2년(1334) 정월 조에 "변량에 피가 비처럼 내려서 입은 옷이 모두 붉게 물들었다.(雨血于汴梁, 著衣皆赤.)"라는 구절이 있다. "변량(汴梁)"은 지금의 개봉(開封)으로, 원나라 이전의 왕조인 송(宋)과 금(金)의 도읍이기도 하다. 『흠정속문헌통고(欽定續文獻通考)』에서는 세종 가정 원년(1522)에 "황사가 비처럼 내렸고(雨黃沙)", 6년(1527) 5월에는 "도읍에 돈이 비처럼 내렸고(京師雨錢)", 7월에는 "남경에 피가 비처럼 내렸다(南京雨血)"고 했다. 『고려사』 「오행지(五行志)」에서는 인종 12년(1134) 5월에 "광주에 피가 비처럼 내렸다(雨血于廣州)"고 했으며, 고종 43년(1256) 2월에는 "수은이 비처럼 내렸다(雨水銀)"고 했다.

○ 한나라 문제 때에 매실이나 자두 같은 우박이 내렸다. 경제 때에 하서에 술잔 같은 우박이 내렸는데, 큰 것은 말[斗] 같았다. 무제 때에

말[馬]의 머리 같은 우박이 내렸다. 성제 때에 크기가 솥 같거나 도끼 같은 우박이 내렸다. 진나라 목제 때에 사발이나 됫박만 한 우박이 내렸다. 석준이 왕위를 이으니 말[斗]만 한 우박이 내렸는데, 이때 발생한 불이 한 달 남짓 만에 꺼졌다.

漢文帝時, 雨雹如梅李. 景帝時, 河西雹如桮棬, 大如斗. 武帝時, 雹如馬首. 成帝時, 雹大如釜如斧. 晉穆帝時, 雹如盂升, 石遵襲位, 雹如斗, 月餘乃滅.

이 항목에서는 하늘에서 거대한 우박이 내린 변이를 제시했다. 마지막에 언급한 진나라 목제 때의 일과 석준이 왕위에 올랐을 때의 일은 동일한 사건으로 추정되는데, 이렇게 이해하면 언급한 변이의 수는 다섯이 된다.

"한나라 문제 때의 우박"은 『풍속통』에 수록된 성제(成帝)의 물음에 대한 유향의 답변에서 찾아볼 수 있다. 유향은 "문제 후원년(B.C.163)에 복숭아나 자두 같은 우박이 내렸는데, 깊이가 3척이었습니다.(後元年雨雹, 如桃李, 深三尺.)"라고 답변했는데, 이에 따르면 『아희원람』에서는 "도(桃)"를 "매(梅)"로 잘못 옮긴 셈이다. 즉 원래는 "복숭아나 오얏 같은 우박"인데 유향은 『아희원람』에서 말한 것보다는 더 큰 우박을 표현하려 한 셈이다.

『사기』「효경본기(孝景本紀)」 효경제 2년 조에 "형산에 우박이 내렸는데, 크기는 5촌이요 깊이는 2척이었다.(衡山雨雹, 大者五寸, 深者二尺.)"라는 기사가 보인다. 또 『천중기(天中記)』에 인용된 『공총자(孔叢子)』의 구절에 "영초 3년 여름에 하서현에 큰 우박이 내렸는데, 모두 술잔 같고 큰 것은 간혹 말[斗] 같았으니 가축과 꿩, 토끼를 죽게 하고 나무를 쪼갰다.(永初三年夏, 河西縣大雨雹, 皆如杯棬, 大者或如斗, 殺畜生雉兔, 折樹木.)"라는 말이 보이는데, 일부 자구의 차이는 있지만 유사한 말이 『태평어람』 등에도 실려 있다. "영초(永初)"는 후한 안제(安帝)의 연호여서 『공총자(孔叢子)』의 편자로 전하는 공부(孔鮒)의 활동 시기와는 어긋나니 그 사실 여부는 다소 의문스럽지만, 설혹 한나라 때 일이 아니라 하더라도 후대의 유서류 문헌에 유입된 것은 사실이다. 『아희원람』의 경우에는 『사기』와 『공총자』의 기록을 합친 것처럼 보이는데, 무엇 때문인지는 분명하지 않다. 다만 두 기록을 연이어 언급한 사례는 찾아볼 수 있는데, 어느 시점에선가 이를 하나의 일로 이해한 결과일 가능성을 생각해 볼 수 있다. "배권(桮棬)"은 나무를 구부려 만든 술잔이며, 말[斗]은 1말을 재는 용기다. 이 구절에서는 작은 우박과 큰 우박의 크기를 이들에 비유하여 말한 것으로 짐작된다.

『한서』「오행지」에서는 원봉(元封) 3년(B.C.108)의 일을 기록하면서 "우레가 치고 우박이 내렸는데, 크기가 말의 머리 같았다.(三年十二月, 雷雨雹, 大如馬頭.)"고 했다. "원봉"은 무제의 연호 가운데 하나다. 또 성제 하평(河平) 2년(B.C.27)의 일을 기록하면서 "초나라 땅에 우박이 내렸는데, 크기가 도끼 같았으며 하늘을 나는 새들이 죽었다.(楚國雨雹, 大如斧, 蜚鳥死.)"고 했는데, 이 구절을 인용한 문헌 가운데에는 "부(斧)"를 "부(釜)"로 바꾼 사례가 많다. 우박의 크기를 말한 것이므로 '도끼'보다는 '솥'으로 비유했으리라고 판단하여 수정했을 것이다. 그렇지만『아희원람』에서는 두 글자를 함께 사용하여 "如釜如斧"로 표현했는데, 이러한 사례는 찾아보기 어렵다.

마지막에 언급한 '진나라 목제 때의 일'과 '석준이 왕위를 이었을 때의 일'은 실제로는 같은 사건일 가능성이 있다. 진나라 목제 때의 일은『진서』에 기록되어 있다.「오행지(五行志)」에서는 영화(永和) 5년(349) 6월에 "임장에 폭풍이 불고 벼락이 치더니 크기가 됫박만 한 우박이 내렸다.(臨漳暴風震電, 雨雹大如升.)"고 했고,「재기」에서는 석준이 후조(後趙)의 왕위에 오른 뒤에 업에서 "폭풍이 나무를 뽑고 벼락이 치고 크기가 사발이나 됫박 같은 우박이 내렸다. 태무와 휘화전에 불이 나서 여러 문과 관각이 사라졌고, 수레와 의복은 불탄 것이 태반이었다. 화염은 하늘을 환하게 비추고 금석이 모두 사라지고서 불은 한 달 남짓 만에야 꺼졌다.(暴風拔樹, 震雷, 雨雹大如盂升. 太武暉華殿災, 諸門觀閣蕩然, 其乘輿服御燒者太半. 光焰照天, 金石皆盡, 火月餘乃滅.)"고 했다. 임장(臨漳) 또는 업(鄴)은 같은 땅으로, 곧 후조의 도읍이다. 석준(石遵)은 5호 16국 시대 후조(後趙)의 제5대 왕으로, 349년 즉 영화 5년에 석세(石世)를 33일 만에 폐위시키고 스스로 왕위에 올랐으며 183일 만에 형인 석감(石鑒)에 의해 폐위된 인물이다. 따라서 우박이나 화재는 그의 잘못을 징계하는 재이의 성격을 지닌 것으로 이해했을 수 있다. '석준이 왕위를 이었을 때의 일'은『역대기(歷代記)』에 기록되어 있는데,『아희원람』에서는 이를 축약한 구절을 수록했다. 『역대기』에서는 "석준이 업에서 왕위를 이었는데, 폭풍우에 벼락이 치고 말[斗] 같은 우박이 내렸다. 그 태무전 및 양 끝의 정문에는 불꽃이 하늘을 비췄고 금석이 모두 사라졌다. 불이 붙은 지 한 달 남짓에야 꺼졌다.(石遵襲位于鄴, 暴風雨震電, 雹如斗. 其太武殿及兩厢端門, 光艷照天, 金石皆消, 爲火月餘乃滅.)"고 기술했는데, 묘사된 내용을 살펴보면 『진서』 「재기」의 기록과 크게 다르지 않다. 결국 남조 진나라 목제 영화 5년에 북조의 후조에서 석준이 왕위에 오르면서 후조의 도읍에서 이런 변이가 일어났다고 풀이할 수 있는데, 『아희원람』에서는 표현을 조금 달리하여 다른 문헌에 실린 둘을 별개의 사건처럼 기록한 셈이다. 물론 진나라 목제 때 됫박만 한 우박이 내렸고 석준이 왕위에 오르자 이보다 큰 말[斗] 크기의 우박이 내렸다가 한 달 남짓 만에 그쳤다고 이해할 수도 있지만, 문헌의 기록들을 대비해 보면 이런 해석은 성립하기 어려워 보인다.

○ 한나라 영제 때에 도읍에서 말이 사람을 낳았다. 말을 기르는 오랑캐 하인이 말을 범하여 아이를 낳은 것이라고 한다. 당나라 건부 2년(875)에 하북에서 말이 사람을 낳았다.

漢靈帝時, 京師馬生人. 養馬胡蒼頭, 交馬以生子云. 唐乾符二年, 河北馬生人.

이 항목에서는 말이 사람을 낳은 사건 둘을 수록했는데, 둘 다 『지봉유설』 재이부 「재생」을 참고한 듯하다. 다만 『지봉유설』에 보이는 출전은 여기서 언급하지 않았는데, 인용의 의미를 지니는 "云"과 같은 표현은 그대로 남아 있다.

한나라 영제 때의 일은 『후한서』에 보인다. 「영제기(靈帝紀)」 광화(光和) 원년(178) 12월 조에 "京師馬生人"이라는 구절이 있는데, 그 주석에는 경방(京房)의 『역전(易傳)』에 있는 "제후가 서로 정벌하니, 그 요사스러운 기운에 말이 사람을 낳는다.(諸侯相伐, 厥妖馬生人.)"라는 구절이 인용되어 있다. 「오행지」에는 좀 더 자세한 정보가 전한다. 영제 광화 원년(178)에 "사도장사 풍순의 말이 사람을 낳았다(司徒長史馮巡馬生人)"고 했으며, 그 주석에서는 『풍속통』에 보이는 "풍순의 말이 오랑캐 아이를 낳았는데, 말을 기르는 오랑캐 하인에게 물었더니 이 말을 범하여 아이를 낳은 것이라 했다.(巡馬生胡子, 問養馬胡蒼頭, 乃奸此馬以生子.)"는 풀이를 인용했다. 결국 "京師馬生人"은 풍순의 하인이 말을 교간(交奸)한 결과로 생긴 일인 셈인데, 『후한서』에서는 이 일이 있고 난 뒤에 황건적이 일어나는 등의 혼란이 생겼다고 지적했다.

당나라 건부 2년(875)의 일은 『신당서』「오행지」에 보이며, 표현 또한 일치한다. "건부(乾符)"는 희종(僖宗)의 연호로, 이때 황소의 난이 일어났다. 『하남통지(河南通志)』에서 조금 더 자세히 언급하는데, 희종 건부 2년에 "낙양에는 폭우가 내리고 어떤 물건이 땅에 떨어졌으며, 하북에서는 말이 사람을 낳았다.(洛陽暴雨, 有物墮地. 河北, 馬生人.)"고 했다. 당시 땅에 떨어진 물건은 양[羖羊]의 형상이었으며 한 달 남짓 동안 그 흔적이 사라지지 않았다고도 전한다.

○ 동진 때에 땅에 흰 털이 났는데, 손성은 사람이 수고롭게 될 재이라고 여겼다. 송나라 고종 때에 땅에 흰 털이 났다.

東晉時, 地生白毛, 孫盛以爲人勞之異. 宋高宗時, 地生白毛.

이 항목에서는 땅에서 털이 돋아나는 '지생모(地生毛)'의 재이 2건을 실었는데, 이 또한 『지봉유설』 재이부 「재생」을 참고한 것으로 짐작된다. 『지봉유설』에는 "東晉時, 地生白毛, 孫盛以爲人勞之異. 宋高宗時, 地生白毛, 童謠曰, 地上白毛生, 老少一齊行."으로 서술되어 있는데, 여기서는 송나라 고종 때 사건과 연관된 '동요' 부분은 제외하고 옮긴 듯하다.

'동진 때의 일'은 『진서』「오행지」에 보이는데, 성제(成帝) 함강(咸康) 초년(335)의 일을 기술하면서 "땅에서 털이 났는데, '백상'에 가까웠다. 손성은 사람이 수고롭게 될 재이라 여겼다.(地生毛, 近白祥也. 孫盛以爲人勞之異也.)"라고 했다. "백상(白祥)"은 흰색의 재이 또는 조짐을 뜻하는 말로, 평소에는 보기 힘든 흰색의 동식물 등이 갑자기 나타나는 것을 일컫는다. 흰색은 오행 가운데 금(金)과 연관되니, '백상'은 병란이 일어날 조짐으로 풀이된다. 『진서』「오행지」에서는 손성(孫盛)의 해석과 같은 일이 실제로 일어났다고 이해한 듯한데, 정벌과 부세, 요역으로 편안한 해가 없었으니 "천하가 수고롭고 어지러웠으며, 백성들은 피로하고 원망했다.(天下勞擾, 百姓疲怨.)"고 덧붙였다. 한편 동진 때에는 땅에서 흰 털 또는 검은 털이 나는 재이가 여러 차례 있었다고 한다. 서진 때인 무제 태시(泰始) 8년(272)에 이런 일이 있었고, 동진 때에는 함강 1년(335) 이후로 함강 3년(337), 효무제 때인 태원(太元) 2년(377), 14년(389), 17년(392), 안제 때인 융안(隆安) 4년(400), 원흥(元興) 3년(404), 의희(義熙) 3년(407), 13년(417)에 땅에서 털이 나는 일이 있었다고 한다. 이는 전란이 끊이지 않았던 당시의 상황을 예고한 현상으로 해석되기도 했다.

'송나라 고종 때의 일'은 장작(莊綽)의 『계륵편(雞肋編)』에 보이는데, "소흥 3년(1133) 8월에 절우에서 지진이 있었다. 땅에는 흰 털이 났는데, 질겨서 끊을 수 없었다. 이때 평강 지방의 동요에 '땅 위에 흰 털이 돋아나니 노소가 일제히 달아나네.(地上生白毛, 老小一齊逃.)'라는 말이 있었다. 대신(臺臣)들이 이 일을 논하고 이어서 구언(求言)하는 조칙을 내렸는데, 재상 여이호는 이로 말미암아 파직되었다.(紹興三年八月, 浙右地震, 地生白毛, 韌不可斷. 時平江童謠曰, 地上生白毛, 老小一齊逃. 臺臣論其事, 因下求言之詔, 宰相呂頤浩由此以罪罷.)"고 했다.

○ 위나라 양왕 때에 여자가 남자로 변했다. 송나라 문제 때에 연나라에서 여자가 남자로 변했다. 명나라 세종 때에 대동에서 여자가 남자로 변했다. 백제 때에 노파가 남자로 변했다.

魏襄王時, 女子化爲丈夫. 宋文帝時, 燕女子化爲男. 明世宗時, 大同女化爲男. 百濟時, 老媼化爲男.

이 항목에서는 여자가 남자로 변하는 '여화위남(女化爲男)'의 변이 4건을 제시했다. 중국에서 일어난 3건은 『옥지당담회(玉芝堂談薈)』의 「여화위남(女化爲男)」에 포함되어 있으며, 백제에서 일어난 일은 『삼국사기』에서 찾아볼 수 있다. 다만 『옥지당담회』에 수록된 여러 사례 가운데 3건만 소개했고 구체적인 정황을 제외한 점을 고려하면, 『옥지당담회』를 직접 참고했을 가능성은 높지 않다.

'위나라 양왕 때의 일'은 『사기』 「위세가(魏世家)」에 보이는데, 양왕 13년에 "장의가 위나라의 재상이 되었고, 위나라에서 여자가 남자로 변하는 일이 있었다.(張儀相魏. 魏有女子化爲丈夫.)"고 했다.

'송나라 문제 때의 일'은 5호 16국의 하나인 북연(北燕)에서 일어난 일을 가리킨다. 『자치통감』 「송기(宋紀)」에는 남조 송나라의 문제 유의륭(劉義隆)의 치세인 원가(元嘉) 2년(425)의 일을 기록하면서 "연나라에서 여자가 남자로 변하는 일이 있었다. 연왕이 신하들에게 물었는데, 상서좌승 부권이 '서한 말기에 암탉이 수탉으로 변하더니 왕망의 화가 있었습니다. 하물며 지금은 여자가 남자로 변했으니, 이는 신하가 장차 임금이 될 조짐입니다.'라 답했다.(燕有女子化爲男. 燕王以問羣臣, 尙書左丞傅權對曰, 西漢之末, 雌雞化爲雄, 猶有王莽之禍. 况今, 女化爲男, 臣將爲君之兆也.)"고 했다. "연왕"은 북연(北燕)의 제2대 왕인 풍발(馮跋)이니, 이 일은 북연의 "태평(太平) 17년"에 일어난 사건이라고 해도 좋을 것이다. 부권의 풀이는 얼마 뒤에 사실로 나타나는데, 430년에 풍발의 동생인 풍홍(馮弘)이 풍발의 자식 100여 명을 죽이고 제3대 황제가 된다.

'명나라 세종 때의 일'은 『명사』 「오행지」에 보이니, 가정(嘉靖) 27년(1548) 7월의 일을 기술하면서 "대동 우위참장 마계의 사인(舍人) 마록의 딸이 17세에 남자로 변했다.(大同右衛參將馬繼舍人馬錄女, 年十七, 化爲男子.)"고 했다. 『옥자당담회』에서는 마록의 딸이 "장차 시집가려 하다가(將適人)" 남자로 변했다고 했다.

'백제 때의 일'은 시조 온조왕 13년에 일어난 사건을 가리킨다. 『삼국사기』 「백제본기」에서는 "2월에 왕도에서 노파가 남자로 변하였고, 범 다섯 마리가 성에 들어왔다. 왕모가 돌아가시니 나이 61세였다.(春二月, 王都老嫗化爲男, 五虎入城. 王母薨, 年六十一歲.)"고 했다. 이종휘(李鍾徽)의 『동사』에도 이 일이 전하는데, "王都老嫗化爲男"이라 표현했다.

○ 한나라 애제 때에 예장에서 남자가 여자로 변하여 시집가서 아들 하나를 낳았다. 아들을 낳은 것은 더욱 괴이하다.

漢哀帝時, 豫章男子化爲女, 嫁而生一男. 生男尤異.

이하 두 항목은 남자가 여자로 변하는 '남화위녀(男化爲女)'의 변이를 제시한 것이다.

『한서』「오행지」에 애제(哀帝) 건평(建平) 연간의 일을 말하면서 "예장에서 남자가 여자로 변했는데, 시집가서 다른 사람의 부인이 되어 아들 하나를 낳았다.(豫章有男子化爲女子, 嫁爲人婦, 生一子.)"고 했다. 여기에 보이지 않는 "生男尤異"의 구절은 『지봉유설』에서 유래한 것으로 짐작된다. 『지봉유설』 재이부 「인이」에는 "漢書, 哀帝時, 豫章男子化爲女, 嫁而生一男. 夫化女怪矣, 生男則尤怪矣."의 구절이 있으니, 『한서』를 인용하고서 "대개 여자로 변한 것도 괴이한데, 아들을 낳았으니 더욱 괴이하다.(夫化女怪矣, 生男尤異.)"는 감상을 덧붙인 셈이다. 『아희원람』에서는 이 감상의 일부를 가져온 셈인데, 그 결과로 문맥은 다소 부자연스러워졌다.

○ 명나라 융경 초에 산서 땅의 백성 이양우가 가난하여 아내를 내보내고 자신은 다른 사람에게서 품팔이를 했는데 여자로 변하였다.

明隆慶初, 山西民李良雨貧出妻, 自傭于人, 化爲女.

『명사』「오행지」에 목종(穆宗) 융경(隆慶) 2년(1568) 12월의 일을 기록하면서 "정락현의 남자 이양우가 부인으로 변했다.(靜樂男子李良雨, 化爲婦人.)"고 했다. 이양우의 일은 순안어사(巡按御史) 송훈(宋纁)이 산서(山西)에서 돌아와 황제에게 아룀으로써 알려졌는데, 『명사』「송훈전」에 그 경위가 전한다. 송훈은 이 사건을 보고하면서 "이는 양기가 쇠하고 음기가 성한 형상이니, 마땅히 군자를 등용하고 소인을 물리쳐서 기운을 회복하도록 해야 할 것입니다.(此陽衰陰盛之象, 宜進君子退小人, 以挽氣運.)"라고 아뢰었으며, 황제가 이를 받아들이고 송훈을 순천부승(順天府丞)으로 발탁했다고 한다. 이양우의 일은 다양한 내용으로 세상에 전해졌는데, 때로는 문학 작품의 소재로 활용되기도 했다. 장대(張岱)의 『야항선(夜航船)』「괴이(怪異)」에서는 이양우가 갑자기 여인이 되어 함께 장사하던 이와 부부가 되었고 그 아우인 이양운(李良雲)이 이 일을 관청에 아뢰었다고 했고, 서응추(徐應秋)의 『옥지당담회』「여화위남(女化爲男)」에서는 이양우가 혼인한 지 수년 만에 아내와 불화하여 헤어졌다가 와병 중에 여자가 되었으며 이후 같은 마을의 백성인 백상(白尙)과 부부가 되었다고 했다. 또 아우 이양운이 이 일을 관아에 아뢰었으며, 다시 순안어사 송훈이 황제께 아뢰었다고 했다. 한편『아희원람』의 서술에 포함된 '가난으로 인해 아내는 내보내고 자신은 품팔이를 했다'는 말과 유사한 이야기는 이시진(李時珍)의『본초강목』에서 찾아볼 수 있다.『본초강목』인부(人部)「인괴(人傀)」에서는 송훈의 상언을 언급하며 그 내용을 소개하기를 "정락현의 백성 이양우는 장씨를 아내로 맞이한 지 4년이 되었는데, 뒤에 가난으로 인해 아내를 내보내고 자신은 다른 사람에게서 품팔이를 했습니다. 융경 원년 정월에 우연히 복통을 얻었는데, 통증이 때로 일어났다가 때로 그치곤 했습니다. 융경 2년 2월 9일에는 큰 통증이 그치지 않았고, 4월에 이르러서는 자기도 모르게 음낭이 움츠러들어 배 안으로 들어가더니 여인의 음문으로 변해버렸습니다. 다음 달에 월경혈[經水]이 나오니 비로소 여자의 옷을 입었는데, 이때 나이 28세였습니다.(靜樂縣民李良雨, 娶妻張氏已四載矣. 後因貧出其妻, 自傭於人. 隆慶元年正月, 偶得腹痛, 時作時止. 二年二月初九日, 大痛不止. 至四月內, 腎囊不覺退縮入腹, 變爲女人陰戶. 次月經水亦行, 始換女妝, 時年二十八矣.)"라고 했다.

○ 제나라의 왕후가 왕을 원망하다가 죽었는데, 변하여 매미가 되었다.

齊后怨王而死, 變爲蟬.

○ 초나라 장왕 때에 궁인이 어느 날 아침에 범나비가 되어 날아갔다.

楚莊王時, 宮人一朝化爲野蛾, 飛去.

『지봉유설』재이부「인이」에 "古今註, 齊后怨王而死, 變爲蟬. 述異記, 楚莊王時, 宮人一朝化爲野蛾飛去云."의 구절이 있다. 이상 두 항목은 이를 참고한 것으로 짐작되지만, 인용 서목은 밝혀두지 않았다. 둘 다 사람이 이물(異物)로 변한 사건에 해당한다.

『고금주』「문답석의(問答釋義)」에 "제나라의 왕후가 분한 마음을 품고 죽었는데, 시신이 매미로 변했다. 그 매미가 뜰의 나무에 올라 맴맴 하고 우니, 왕이 후회하였다. 그런 까닭에 세상에서는 매미를 '제녀'라고 부른다.(齊王后忿而死, 尸變爲蟬, 登庭樹, 嘒唳而鳴. 王悔恨. 故世名蟬曰齊女也.)"라는 구절이 있다. 『술이기』에는 "楚莊王時, 宮人一旦化爲野蛾, 飛去."의 구절이 있으니, 같은 뜻을 지닌 말인 "旦"이 "朝"로 바뀐 것을 제외하면 『아희원람』에서 달라진 것은 없다.

○ 촉나라는 인황씨 때로부터 비롯되었다. 창의가 촉의 여자를 아내로 맞이하여 제곡을 낳았다. 촉 땅에 그 서자를 봉하였는데, 처음 왕으로 칭한 이는 스스로 이름을 '잠총'이라 했다. 그 후대의 군주에 이름이 두우이며 왕호는 망제인 이가 있었다. 형 땅 사람 별령이 죽었는데, 그 시신이 물에 떠다니다가 촉 땅에 이르러 다시 살아났다. 망제가 보고서 재상을 삼았다가 자신의 덕이 별령만 못하다고 여겨 왕위를 물려주니, 별령이 왕이 되었다. 망제는 뒤에 왕위를 되찾고자 했으나 뜻을 이룰 수 없었다. 죽어서 두견이 되었는데, 앞다퉈 울다가 피를 토하고 죽었다.

蜀國, 肇人皇際. 昌意娶蜀女, 生帝嚳. 封支庶於蜀, 始稱王, 自名蠶叢. 其後主, 名杜宇, 號望帝. 有荊人鼈靈死, 其屍浮水, 至復生. 望帝見爲相, 以己德不如, 讓位鼈靈立. 望帝後欲復位, 不得. 死爲杜鵑, 相推鳴, 吐血死.

두우(杜宇)가 두견새가 되었다는 설화는 양웅(揚雄)의 『촉왕본기(蜀王本紀)』와 진(晉) 상거(常璩)의 『화양국지(華陽國志)』, 그리고 후대에는 송나라 낙사(樂史)가 편찬한 지리지 『태평환우기(太平寰宇記)』에 수록되었다. 문헌별로 약간의 차이가 나타나는데, 『아희원람』에서 소개한 설화는 『태평환우기』의 내용 및 표현과 비교적 가깝다. 또 이 항목에서는 비교적 길고 자세하게 서술했다는 점도 특이한데, 『옥지당담회』에서 사람이 이물로 변한 '인화이물(人化異物)'의 사례로 두우를 거론하면서 "망제가 도를 닦고 서산에서 은거하다가 두견으로 변했다.(望帝修道, 處西山而隱, 化爲杜鵑.)"고 짧게 말한 것과도 대비된다. 『설부』에 「두견(杜鵑)」이라는 제목으로 인용된 『태평환우기』에서는 "촉나라의 선조는 인황씨의 때에 처음 나타났다. 황제의 아들 창의가 촉 땅의 여자를 아내로 맞이하여 제곡을 낳았고, 뒤에 그 서자[支庶]를 촉 땅에 봉했으니 처음으로 왕으로 칭한 이는 스스로 이름을 '잠총'이라 하였다. 촉의 후대 군주 가운데 이름을 '두우'라 하고 왕호를 '망제'라 한 이가 있었다. 형 땅 사람 별령이 죽었는데, 그 시신이 물 위에 떠다니다가 문산 아래에 이르자 다시 살아났다. 망제가 그를 보고 등용하여 재상을 삼았는데, 자신의 덕이 별령만 못하다고 여겨 왕위를 물려주었다. 별령이 왕이 되니, 왕호를 '개명'이라 했다. 망제는 스스로 도피한 뒤에 왕위를 되찾고자 했으나 뜻을 이루지 못했는데, 죽어서 두견이 되어 매년 봄이면 밤낮으로 슬피 울었다. 촉 땅 사람들이 그 소리를 듣고 이르기를 '우리 황제의 혼이다'라고 했다. 새의 이름을 두견이라 하였는데, 또 '두우'라고도 했으며 '자규'라고도 불렀다.(蜀之先, 肇於人皇之際. 黃帝子昌意, 娶蜀人女, 生帝嚳. 後封其支庶於蜀, 始稱王者, 自名蠶叢. 蜀之後主, 名杜宇, 號望帝. 有荊人鼈靈死, 其屍浮水上, 至汶山下又復生. 望帝見之, 用爲相. 以己之德, 不如鼈靈讓位, 鼈靈立號開明. 望帝自逃之後, 欲復位不得, 死化爲鵑, 每春月間, 晝夜悲鳴. 蜀人聞之曰, 我帝魂也. 名杜鵑, 又名杜宇, 又號子規.)"라고 했다.

『사기』「오제본기」에서는 황제(黃帝)의 둘째 아들인 창의(昌意)가 촉산씨(蜀山氏) 출신의 창복(昌僕)을 아내로 얻어 고양(高陽)을 낳았으며, 고양이 곧 전욱(顓頊)이라고 했다. 또한 제곡(帝嚳) 고신씨(高辛氏)는 황제의 증손으로, 교극(蟜極)의 아들이며 현효(玄囂) 즉 소호(少昊) 금천씨(金天氏)의 손자라고 했다. 이에 따르면 제곡은 고양[창의의 아들]의 '조카[族子]'가 된다. 그런데 『화양국지』에서는 이와 달리 "고양이 곧 제곡(高陽是爲帝嚳)"이라 했다. 『태평환우기』나 『아희원람』에서는 모두 이 견해를 따른 셈이다. 다만 『아희원람』의 다른 항목에서는 고양을 전욱으로 이해하는 『사기』의 견해를 따른 사례도 있으니, 장혼이 두 견해 가운데 어느 쪽이 옳다고 판단한 것은 아닌 듯하다.

촉 땅에 봉해진 창의의 후손을 "지서(支庶)"라고 했는데, 이는 장자가 아닌 아들을 뜻하는 말이다. "잠총(蠶叢)"은 촉 땅에 봉해진 후손이 몇 세대가 지난 뒤에 처음으로 칭왕(稱王)한 이가 되는데, 이에 대한 기록으로는 『화양국지』에서 "주나라가 기강을 잃을 무렵에 촉 땅에서 먼저 왕을 칭했다. 촉후(蜀侯) 잠총이라는 이가 있었으니 그 눈은 종목(縱目)이며 처음으로 왕으로 칭했다.(周失綱紀, 蜀先稱王, 有蜀侯蠶叢, 其目縱, 始稱王.)"고 한 것과 『태평환우기』에서 "하나라, 은나라, 주나라를 거쳐 처음으로 왕을 칭한 이는 종목인 잠총이었다.(歷夏商周, 始稱王者, 縱目名蠶叢.)"고 한 것을 들 수 있다. '종목(縱目)'은 '앞으로 세워진 눈[豎生之目]'을 뜻하는데, 신화적인 인물에 나타난다는 기이한 형상 가운데 하나다. 그런데 옛 촉 지역인 쓰촨[四川]의 삼성퇴(三星堆)에서 발굴된 '삼성퇴 유적'에서는 앞으로 튀어나온 특이한 눈 모양을 가진 가면들이 발굴된 바 있는데, 이 가면의 형상이 '종목(縱目)'이라는 말에 잘 어울린다.

"별령(鼈靈)"은 원래 형 땅 사람인데, 그의 시신이 물에 떠다니다가 물길을 거슬러 올라가서 비(郫)—지금의 청두[成都]에 속하는 고을—에서 갑자기 되살아났다고 전한다. 별령은 무산(巫山)을 뚫어 홍수를 다스리는 공을 세우는데, 망제가 "자신의 덕이 별령만 못하다고 여겨 선위(禪位)를 한 것"은 이 공적 때문이라고도 한다. 『촉왕본기』에서는 조금 다른 설명을 덧붙였는데, 별령이 치수를 하러 떠난 뒤에 망제가 별령의 처와 사통했기 때문에 왕위를 물려줄 수밖에 없었다는 것이다.

○ 한나라 경제가 사냥에 나섰다가 호랑이를 잡지 못했는데, 그 호랑이에게 제사를 올렸다. 꿈에 호랑이가 나타나 "네가 나를 잡고자 하는데, 이제 스스로 죽을 것이니 네 뜻대로 취하라"고 말했다. 다음 날 이 호랑이가 제사를 올렸던 곳에 죽어 있는 것을 보게 되었는데, 가죽을 벗기도록 명했다. 그랬더니 나머지 살덩이는 다시 호랑이가 되었다.

漢景帝, 獵虎不得, 爲祭其虎. 夢虎曰, 汝欲得我, 今自殺, 從汝取. 明日, 見此虎死在祭所, 命剝皮. 餘肉復爲虎.

한나라 경제(景帝)의 일화는 당나라 이용(李冗)의 『독이지』에 실렸으며, 이후 『태평광기』를 비롯한 여러 문헌에 자구가 일부 바뀐 채로 인용되었다. 『아희원람』에서는 다시 일부 자구를 생략했는데, 그 때문에 호랑이가 제사를 올린 명제의 정성에 감응하여 자신의 가죽과 어금니를 내준 맥락이 잘 드러나지 않는다. 『독이지』에서는 "한나라 경제는 사냥을 좋아했는데, 사냥꾼 한 사람이 호랑이를 발견했지만 잡을 방법이 없었다. 이에 좋은 음식을 차려 발견한 호랑이에게 제사를 올렸다. 경제가 꿈을 꾸었는데, 호랑이가 나타나 '네가 내게 제사를 올린 것은 내 어금니와 가죽을 얻고자 함이로다. 내가 스스로 죽을 것이니, 네 뜻대로 그것을 가져가라.'고 말하였다. 다음 날 경제가 산에 갔는데, 과연 이 호랑이가 제사를 올렸던 곳에 죽어 있는 것을 보았다. 이에 가죽을 벗기고 어금니를 뽑도록 명했는데, 나머지 살덩이가 모두 변해서 다시 호랑이가 되더니 떠나갔다.(漢景帝好遊獵, 有獵人見虎, 無便得之. 乃爲珍饌, 祭所見之虎. 帝乃夢, 虎曰, 汝祭我, 欲得我牙皮耶. 我自殺, 從汝取之. 明日帝之山, 果見此虎死在祭所. 乃命剝取皮牙, 餘肉悉化爲虎而去.)"고 하였다.

○ 두무의 어머니가 두무와 함께 뱀 한 마리를 낳았는데, 뱀은 숲속으로 보냈다. 뒤에 어머니가 죽어 장례를 치를 때에 큰 뱀 한 마리가 오더니 머리로 널을 치며 눈물과 피를 모두 흘려 마치 슬피 우는 듯한 모습을 보였다. 그러더니 얼마 뒤에 떠났다.

竇武母, 産武幷一蛇, 送蛇林中. 後母卒, 及葬, 有大蛇至, 以頭擊柩, 涕血皆流, 若哀泣容. 有頃而去.

두무(竇武)는 한나라의 대신으로, 환제(桓帝)의 황후인 두태후의 아버지다. 뒤에 환관 세력을 몰아내려다가 살해되었다. 『후한서』 「두무전」에 어머니의 제사에 뱀이 찾아온 일화가 보이는데, 뱀이 슬퍼하는 모습을 "눈물과 피를 모두 흘리면서 아래위로 몸을 굽혔다.(涕血皆流, 俯仰蛣屈.)"라고 묘사한 정도를 제외하면 『아희원람』과 큰 차이는 보이지 않는다. 이 이야기는 동진의 간보(干寶)가 편찬한 『수신기(搜神記)』에도 실렸는데, 표현은 조금 다르지만 내용은 거의 같다.

○ 노남에 사람의 말을 할 수 있는 구관조를 기르는 사람이 있었다. 오랑캐 추장이 50만의 돈으로 새를 사고자 하니, 그 사람이 장차 팔겠노라고 새에게 고했다. 새는 "나는 한(漢)의 새이니 오랑캐 땅에 들어가기를 원치 않습니다"라 말하더니, 마침내 먹지 않고 죽었다.

瀘南有畜秦吉了者, 能人言, 夷酋欲買以五十萬. 其人告將賣, 鳥曰, 我漢禽, 不願入夷中. 遂不食死.

"진길료(秦吉了)"는 구관조이니, 진나라 땅에 살기 때문에 이 이름으로 불리지만 '길료(吉了)' 또는 '요가(了哥)'라고도 한다. 『성호사설』에서는 "구욕새[鸜鵒]의 일종으로 능히 말을 하는 새(鸜鵒一種, 能言者也.)"라고 풀이한 바 있다.

송나라 소백온(邵伯溫)의 『소씨문견록(邵氏聞見錄)』에는 앵무새와 구관조에 관한 일화를 소개하며 당시의 세태를 비판한 글이 있으니, "관중의 상인 한 사람이 농산에서 사람의 말을 할 수 있는 앵무새를 얻었는데, 이 새를 아꼈다. 우연히 어떤 일로 옥에 갇혔다가 열흘 만에 돌아오게 되었는데, 끊임없이 한탄했다. 앵무새가 말하기를 '주인께서는 며칠 동안 옥에 있는 것도 견디지 못하시는데, 저는 여러 해 새장 속에 갇혀 지냈습니다. 어찌하겠습니까.'라고 했다. 상인이 느낀 바가 있어서, 새를 농산으로 가져가서 눈물을 흘리며 풀어주었다. 그 뒤에는 늘 상인의 동료가 농산을 지날 때면 그 앵무새가 반드시 숲속에서 '주인은 별고 없는지'를 물었는데, 전언(傳言)을 부탁한 것이었다. 노남의 장녕군에는 구관조를 기르는 이가 있었는데, 이 새 또한 사람의 말을 할 수 있었다. 한 오랑캐 추장이 50만의 돈으로 그 새를 사고자 했다. 그 사람이 새에게 고하기를 '너무 가난하니 장차 너를 팔아야겠다'고 했더니, 구관조는 말하기를 '나는 한(漢)의 새이니, 오랑캐 땅에 들어가기를 원치 않습니다'라 하더니 마침내 굳게 버티다가 죽었다. 아아, 선비 가운데 주인을 배신하고 은혜를 잊거나 기꺼이 이역(異域)에 들어가고도 능히 죽지 못하는 자가 있으니, 이들은 구관조만도 못하다. 그런 까닭에 이 일을 드러낸다.(有關中商, 得鸜鵒於隴山, 能人言. 商愛之, 偶以事下有司獄, 旬日歸, 輒歎恨不已. 鸜鵒曰, 郎在獄數日已不堪, 鸜鵒遭籠閉累年, 奈何. 商感之, 携往隴山, 泣涕放之去. 後每商之同輩過隴山, 鸜鵒必於林間問郎無恙, 託寄聲也. 瀘南之長寧軍, 有畜秦吉了者, 亦能人言. 有夷酋欲以錢伍拾萬買之, 其人告以苦貧將賣爾. 秦吉了曰, 我漢禽, 不願入夷中. 遂勁而死. 嗚呼. 士有背主忘恩與甘心異域而不能死者, 曾秦吉了之不若也. 故表出之.)"고 했다. 후대 문헌에서는 이 두 가지 일화를 분리하여 수록하는 일이 많았는데, 『아희원람』도 이런 사례에 속한다.

○ 경청은 건문제의 복위를 위하여 옷깃 속에 칼을 품고서 황제를 범했다. 황제가 살가죽을 벗기고 시신을 함에 담아 장안문에 걸어두도록 했는데, 어가가 지나가자 시신이 갑자기 줄을 끊고 앞으로 나와서 황제를 범하려는 듯한 모습을 보였다. 이에 조칙을 내려 불태워 없애도록 했다.

景淸欲爲建文興復, 伏刃衣衹中, 犯上. 命剝皮櫝之, 繫長安門, 駕過, 屍忽斷索前行, 爲犯上狀, 詔焚夷.

경청(景淸)은 명나라의 관리로, 건문제(建文帝)를 위해 영락제(永樂帝) 주체(朱棣)에게 복수하려다가 처형되었다. 『명사』「경청전」에서는 원래의 성은 '경(耿)'이며 진녕 사람이라고 했는데, 기우만(奇宇萬, 1846~1916)이 쓴 신도비명(神道碑銘)에서는 경청이 고려 사람이라고 했다. 기우만은 경청이 고려에서 태어나 명나라에 들어가 벼슬하고 방효유, 철현과 이름을 나란히 하여 '건문삼충(建文三忠)'이 되었다고 기록했는데, 경청의 동생인 경빈(景濱)과 경용(景溶)은 고려에서 살았다고 전했다. 경청의 사건은 연왕(燕王) 주체(朱棣)가 조카인 건문제(建文帝)를 몰아내고 명나라 황제의 자리에 오른 '정난(靖難)의 변' 이후에 일어났는데, 방효유(方孝孺)가 즉위 조서(詔書)를 작성하라는 명령을 거부하고 죽임을 당한 반면에 경청은 복종하는 것처럼 행동하며 암살을 시도했다가 죽임을 당했다.

『명사』「경청전」에서는 "어느 날 조회에 경청이 붉은 관복을 입고 칼을 품고 들어갔다. 이에 앞서 일관이 아뢰기를 '붉은빛의 별이 천자의 별자리를 침범하니, 매우 위급합니다'라고 했다. 그런 까닭에 영락제가 경청을 의심했는데, 조회 때에 경청만이 붉은 관복을 입고 있었다. 수색하라고 명하여 품고 있던 칼을 찾아내어 힐문하며 꾸짖었더니, 경청이 떨쳐 일어나며 '옛 주인을 위하여 원수를 갚고자 했을 따름이다'라고 말했다. 영락제가 노하여 찢어 죽이고 멸족하였다.(一日早朝, 淸衣緋懷刃入. 先是, 日者奏異星赤色犯帝座, 甚急. 成祖故疑淸. 及朝, 淸獨著緋. 命搜之, 得所藏刃, 詰責, 淸奮起曰, 欲爲故主報讎耳. 成祖怒, 磔死, 族之.)"고 경청의 사건을 서술했는데, 여기에는 암살 시도가 실패하게 된 경과는 자세하지만 이후에 내려진 처벌이나 신이한 현상은 소략하게 나타난다. 그렇지만 경청의 시신이 움직였다는 이야기는 널리 퍼져 있었으며, 조선에서도 송준길(宋浚吉)은 『경연일기(經筵日記)』에서 1669년 1월 6일의 경연(經筵) 내용을 기록하면서 "명나라 때에는 경청이 이미 죽은 뒤에 살가죽이 벗겨진 시신으로 오히려 일어나서 몇 걸음을 갔다.(大明時, 景淸旣死之後, 剝皮之尸, 猶且起行數步.)"라는 말을 했다고 기록했다.

한편 청나라의 곡응태(谷應泰)가 편찬한 『명사기사본말(明史紀事本末)』의 「임오순난(壬午殉難)」에는 영락제가 내린 처벌과 그 이후 벌어진 기이한 일이 보다 상세히 전한다. 경청은 영락제가 아직 연왕(燕王)으로 있을 때 그 동정을 살폈는데, 연왕이 그의 언론을 칭찬한 일이 있었다. 연왕의 군사가 들어왔을 때는 건문제가 도피한 것을 알고서 복위[興復]를 도모하기 위해 연왕에게 귀부(歸附)하는 것처럼 속였으며, 이에 영락제가 후대하여 원래의 관직에 있도록 했다고 한다. "8월 보름날(八月望日)"의 조회에서 영락제에게 칼을 빼앗기고 난 뒤의 일에 대해서는 "경청이 뜻을 이룰 수 없음을 알고서 이에 일어나 꼿꼿이 서서 욕하며 꾸짖었다. 이를 뽑아버렸지만 또한 꾸짖으니, 입에 머금은 피를 영락제의 어포(御袍)에다 곧바로 뿜게 되었다. 이에 그 살가죽을 벗기고 대략 함에 담아서 장안문에 묶어놓고 그 뼈를 부수고 살점을 찢었다.(淸知志不得遂, 乃起植立嫚罵. 抉其齒, 且抉且罵, 含血直噀御袍. 乃命剝其皮, 草櫝之, 械繫長安門, 碎磔其骨肉.)"고 기록했다. 경청이 죽고 나서의 일에 대해서는 "뒤에 어가가 장안문을 지나는데 줄이 갑자기 끊어지면서 형틀에 묶어놓았던 가죽이 앞으로 몇 걸음을 나오면서 어가를 범하는 듯한 형상을 지었다. 영락제가 크게 놀라서 곧 그것을 태워버리도록 명했다.(後駕過長安門, 索忽斷, 所械皮趨前數步, 爲犯駕狀, 上大驚, 乃命燒之.)"고 했으며, 얼마 뒤에 영락제의 꿈에 경청이 칼을 짚고 나타나니 영락제가 "경청이 여귀(厲鬼)가 되었도다(清猶爲厲耶)"고 하고 그 가족을 모두 죽이고 그 마을을 폐허로 만들어버렸다고 했다.

○ 고려의 장수 김낙은 전쟁 중에 죽었다. 태조가 신하들에게 잔치를 베풀면서 인형을 만들어 반열에 두고 술과 음식을 내렸는데, 문득 술이 말라버리고 인형은 마치 살아 있는 사람처럼 일어나 춤을 추었다. 뒤에 예종이 평양[西都]을 둘러보았는데, 그 인형이 말을 타고 달리며 뜰을 두루 돌아다녔다.

高麗將金樂戰死, 太祖宴羣臣, 爲假像在班, 賜酒食, 輒焦乾, 假像起舞如生人. 後睿宗省西都, 其假像騎馬踊躍, 周巡於庭.

『고려사』 예종 15년(1120) 10월 조에 "신사일에 팔관회를 베풀었다. 왕이 여러 유희를 관람했는데, 그 가운데 국초의 공신 김락, 신숭겸 등의 우상이 있었다. 왕이 감탄하고 시를 지었다.(辛巳, 設八關會. 王觀雜戲, 有國初功臣金樂申崇謙偶像. 王感歎, 賦詩.)"라는 구절이 있다. 예종은 이때 「도이장가(悼二將歌)」를 지었다고 하는데, 그 경위와 노랫말은 『평산신씨장절공유사(平山申氏壯節公遺事)』에 실려 전한다. 박세채(朴世采)의 「고려태사장절신공별전(高麗太師壯節申公別傳)」에서는 신숭겸의 행장과 충렬비(忠烈碑) 등을 인용하며 태조를 대신하여 죽은 신숭겸의 일을 서술했는데, 후대에 일어난 기이한 사건도 언급했다. 태조가 팔관회를 베풀었을 때에는 "전사한 공신들만 반열에 없는 것을 안타깝게 여겨서 유사(有司)에게 명하여 짚을 묶어 신숭겸과 김낙의 형상을 만들어 반열에 앉게 했다. 술과 음식을 내리도록 명했더니 술이 문득 말라버렸고, 짚으로 만든 형상이 마치 살아 있는 사람처럼 일어나 춤을 추었다.(慨念戰死功臣獨不在列, 命有司結草爲公與金樂像, 隨坐班上. 命賜酒食, 酒輒焦乾, 假像仍起舞如生人焉.)"고 했으며, 예종이 경자년(1120) 가을에서도(西都) 즉 평양에서 팔관회를 베풀었을 때에는 두 인형[假像]이 의관을 갖추고 "말을 타고 달리며 뜰을 두루 돌아다니는 것(騎馬踊躍, 周巡於庭.)"을 보았는데 신하들이 "이는 신성대왕[태조]께서 삼한을 통일하실 때에 태조를 대신하여 죽은 공신인 대장군 신숭겸과 김낙입니다.(此神聖大王統合三韓時, 代死功臣大將軍申崇謙金樂也.)"라 아뢰었다고 했다.

○ 원나라 순제 때에 해 두 개가 오가며 움직였다. 신라 혜공왕 때에 해 두 개가 함께 나타났고, 문성왕 때에는 해 세 개가 함께 나타났다. 고려 인종 때에는 해와 달이 동시에 나타났고, 해 세 개가 함께 나타나기도 했다.

元順帝時, 兩日相盪. 新羅惠恭王時, 兩日竝出, 文聖王時, 三日竝出. 高麗仁宗時, 日月同出, 三日竝出.

이 항목에서는 두 개 이상의 해, 혹은 해와 달이 동시에 나타나는 사건을 제시했다. 해는 보통 군주를 상징하므로, 이는 군주의 지위가 위태로워지거나 세상이 어지러워지는 조짐으로 풀이되곤 했다.

『원사』「순제본기(順帝本紀)」에 지정(至正) 16년(1356) 3월에 "兩日相盪"의 일이 있었다는 기사가 있다. "상탕(相盪)"은 왔다 갔다 하면서 움직이는 것을 뜻하는 말이다. 요동수(姚桐壽)의 『낙교사어(樂郊私語)』에는 이를 목격한 기록이 남아 있는데, "지정 병신년(1356) 3월 어느 날 신시 무렵에 마치 흙비나 안개가 내린 것처럼 하늘이 갑자기 어둑어둑해졌다. 저자에서는 하늘에 해가 두 개 있다고 떠들썩하게 말하였다. 내가 뜰 가운데 서서 바라보니, 처음에는 늙은 눈으로 똑바로 볼 수 없었고 어질어질하여 마치 몇 개의 해가 있는 것 같았다. 조금 지나니 과연 해 두 개가 엇갈리며 흩어지고 흩어졌다가 다시 합하는 것을 보게 되었는데, 모두 수천 수백 회나 그러했다. 창틈과 벽 사이로 바라보니, 모두 두 개의 원형을 이루어 마치 누런 알이 겹쳐진 것처럼 다시 갈라졌다 합쳤다 하기를 무시로 했다. 이는 수십 년 이래로 목격하지 못한 기이한 일이다.(至正丙申三月日晡時, 天忽昏黃, 若有霾霧. 市中喧言, 天有兩日. 予立庭中視之, 初以老眼不能正視, 眩然若有數日. 久之, 果見兩日交而復開, 開而復合者, 凡數千百遍. 回視窗隙壁竇, 皆成兩圓形, 若重黃卵, 亦復開合不常, 此數十年來目所未睹之異也.)"고 했다.

『삼국사기』「신라본기」에는 혜공왕 2년(766) 정월에 "二日並出"의 구절이 보이고, 문성왕 7년(845) 12월 조에 "三日並出"의 구절이 보인다. 『고려사』「천문지(天文志)」에서는 인종 3년 4월에 "해와 달이 동시에 나타났는데, 동서로 5장(丈) 정도 떨어져 있었다.(日月同出, 東西相距五丈許.)"고 했고, 인종 7년 정월에 "해 세 개가 함께 나타났는데, 마치 무지개처럼 이어져 있었다.(三日並出, 相連如虹.)"고 했다.

○ 고구려가 장차 망하려 하니, 동명왕모의 소상(塑像)이 사흘 동안 피눈물을 흘렸고 평양의 강물은 사흘 동안 붉은빛이었다.

高句麗將亡, 東明王母塑像泣血三日, 平壤水赤三日.

『삼국사기』「고구려본기」에는 보장왕 5년(646) 5월 조에 "東明王母塑像, 泣血三日."의 구절이 있고, 보장왕 19년(660) 7월 조에 "평양의 강물이 핏빛이 되었는데 무릇 사흘 동안 그러했다.(平壤河水血色, 凡三日.)"라는 구절이 있다. 고구려는 보장왕이 항복하면서 668년에 멸망했다.

○ 백제가 장차 망하려 하니, 여우 여러 마리가 궁궐에 들어가고 도읍의 우물물과 사비하(泗沘河, 백마강)가 피처럼 붉은빛이 되었다.

百濟將亡, 衆狐入宮, 都中井水及泗沘河, 赤如血.

『삼국사기』「백제본기」에서는 의자왕 19년(659) 2월에 "여우 여러 마리가 궁중에 들어갔는데, 흰 여우 한 마리는 상좌평의 책상에 앉았다.(衆狐入宮中, 一白狐坐上佐平書案.)"고 했으며, 20년(660) 2월에는 "도읍의 우물물이 핏빛이 되었다. 서해 바닷가에는 작은 물고기가 물 밖으로 나와 죽었는데, 백성들이 이루 다 먹을 수 없을 정도로 많았다. 사비하(백마강)의 물이 핏빛처럼 붉었다.(王都井水血色. 西海濱小魚出死, 百姓食之, 不能盡. 泗沘河水赤如血色.)"고 했다.

○ 신라 헌덕왕 때에 무진주의 여자가 아이를 낳았는데, 머리가 둘이요 몸이 둘이며 팔이 넷이었다. 고구려 고국양왕 때에 소가 말을 낳았는데, 다리가 8개요 꼬리가 2개였다.

新羅憲德王時, 武珍州女產兒, 二頭二身四臂. 高句麗故國壤王時, 牛生馬, 八足二尾.

『삼국사기』「신라본기」 헌덕왕 17년(825) 조에 "3월에 무진주 마미지현(지금의 장흥)에서 여자가 아이를 낳았는데, 머리가 둘이요 몸이 둘이며 팔이 넷이었다. 아이를 낳을 때에 하늘에서 큰 우레가 있었다.(三月, 武珍州馬彌知縣, 女人產兒, 二頭二身四臂, 產時天大雷.)"라는 구절이 있다. 『삼국사기』「고구려본기」 고국양왕 3년(386) 조에는 "10월에 도리화가 꽃을 피우고, 소가 말을 낳았는데 다리가 8개요 꼬리가 2개였다.(冬十月, 桃李華, 牛生馬, 八足二尾.)"라는 구절이 있다.

○ 오랑캐 땅의 풀이 모두 누렇게 말랐는데 왕소군 무덤의 풀만은 푸르렀다. 그 마음이 일찍이 한나라를 잊지 않았으니, 죽어서 '청총(靑塚)'으로 드러낸 것이다.

胡地草皆黃, 昭君墓草獨靑. 心未嘗忘漢, 死旌靑塚.

왕소군(王昭君)은 한나라 원제(元帝)의 궁인이며, 뒤에 흉노(匈奴)의 연지(閼氏, 왕비)가 되었다. 『한서』「흉노전(匈奴傳)」에서는 이름이 장(嬙)이요 자가 소군(昭君)이며 영호연지(寧胡閼氏)로 불렸다고 했는데, 『한서』 원제기(元帝紀)에서는 '왕장

(王檣)'이라 칭했고 『후한서』「남흉노전(南匈奴傳)」에서는 자가 장(嬙)이라 했다. 『한서』에서는 "한나라의 사위가 되어 화친하고자 하는(願婿漢氏以自親)" 호한야(呼韓邪) 선우(單于)의 청을 받아들여 왕소군을 보냈으며, 왕소군은 호한야의 아들을 하나 낳은 뒤에 흉노의 풍속에 따라 다음 선우인 복주루(復株累)와 혼인하여 다시 딸 둘을 낳았다고 했다. 『후한서』「남흉노전(南匈奴傳)」에서는 왕소군이 흉노 땅에 가게 된 이유와 두 번째로 혼인하게 되기까지의 과정을 더 상세히 서술했는데, 왕소군이 입궁하고도 여러 해 동안 원제를 보지 못했기 때문에 흉노 땅에 가기를 스스로 청했으며 원제가 그 미모를 보고 놀라 보내고 싶지 않았지만 실신(失信)할 수는 없으므로 어쩔 수 없이 보냈다고 했다. 또 호한야가 죽은 뒤에는 전 연지의 아들이 선우가 되어 왕소군을 아내로 삼고자 했는데, 왕소군이 돌아가기를 청하는 편지를 한나라에 보냈더니 성제가 "오랑캐의 풍속을 따르라(從胡俗)"는 칙령을 내렸다고 했다. 이 장면은 곤막 엽교미(獵驕靡)에게로 보내진 강도공주(江都公主) 유세군(劉細君)이 한 무제에게 청했을 때 무제가 그곳의 풍속을 따르라며 거절했다는 일화와 유사하다. 유세군의 일은 제8장 '수부'의 "오손 곤막"의 일화를 풀이할 때 언급했다.

한편 오늘날 전하는 왕소군의 생애 가운데에는 역사서에는 보이지 않고 문학작품을 통해 전승된 일화들이 적지 않다. '화공기시(畫工棄市)' 즉 '화공을 저자에서 처형하다'는 고사가 대표적 사례인데, 이는 한나라 유흠이 짓고 진(晉)나라 갈홍(葛洪)이 초집(抄輯)했다고 알려진 『서경잡기』에 실려 있다. 왕소군이 화공 모연수(毛延壽)에게 뇌물을 주지 않은 까닭에 실물과는 다른 화상이 그려졌고 그 일로 흉노로 보내지게 되었으며, 뒤늦게 사실을 알게 된 원제가 모연수 등을 저자에서 처형했다는 내용이다.

왕소군의 무덤을 "청총(青塚)" 또는 "청총(青冢)"으로 일컫게 된 유래 역시 이런 사례에 속한다. "청총"은 두보(杜甫)의 시 「영회고적(詠懷古迹)」 제3수의 함련인 "한 번 황궁 떠나니 북방의 사막만 이어지고, 홀로 청총에 머물러 황혼을 향하네.(一去紫臺連朔漠, 獨留青塚向黄昏.)"를 통해 널리 알려지게 된 말인데, 『귀주도경(歸州圖經)』에 보이는 "변방 땅에는 흰 풀이 많은데, 오직 소군의 무덤만은 푸르렀다.(邊地多白草, 昭君塚獨青.)"라는 구절을 인용한 주석 또한 널리 언급된다. 채옹의 『금조(琴操)』에서는 왕소군의 생애를 더 구체적으로 서술했는데, 왕소군이 읊었다는 노래인 「원광사유가(怨曠思惟歌)」(또는 怨詞)를 싣고 왕소군은 자결했으며 그 무덤은 홀로 풀이 푸르렀다는 일화를 덧붙였다. 왕소군의 자결에 대해서는 "소군에게는 세위(世違)라는 아들이 있었다. 선우가 죽자 아들 세위가 선우의 자리를 잇게 되었다. 무릇 오랑캐는 아버지가 죽으면 어머니를 아내로 맞아들인다. 왕소군이 세위에게 묻기를 '너는 한나라의 족속인가? 오랑캐의 족속인가?'라 하니, 세위가 이르기를 '오랑캐가 되고자 합니다'라 하였다. 이에 왕소군이 약을 삼키고 자결하니, 선우가 장례를 치렀다. 오랑캐 땅에는 흰 풀이 많은데, 이 무덤만은 홀로 푸르렀다.(昭君有子曰世違. 單于死, 子世違繼立. 凡爲胡者, 父死妻母. 昭君問世違曰, 汝爲漢也, 爲胡也. 世違曰, 欲爲胡耳. 昭君乃吞藥自殺, 單于擧葬之. 胡中多白草, 而此冢獨青.)"고 서술했다. 왕소군의 생애는 이후에도 다양한 문학 작품에서 다루어졌는데, 명나라 풍몽룡(馮夢龍)의 『정사유략(情史類略)』에는 '청총'에 대해 보다 적극적으로 의미를 부여한 사례가 보인다. 앞에 보인 『금조』의 구절을 옮겨놓은 뒤에 "이에 왕소군이 약을 먹고 자살했다. 오랑캐 땅에는 풀이 모두 누렇게 시들었는데, 오직 왕소군 무덤의 풀만은 홀로 푸르렀다. 그러한즉 왕소군은 또한 선우의 정절을 지킨 부인이다. 한나라에 정절을 지키는 일은 할 수 없었기에 오랑캐에 정절을 지켰지만, 끝내 마음은 일찍이 한나라를 잊은 일이 없었다. 이미 죽고 나서는 푸른 무덤[청총]으로 자신의 절개를 드러내었다. 그런데 비방하는 이들은 '한나라의 은혜는 얕고 오랑캐의 은혜는 깊었다'라고 말하니, 어찌 원통하지 않겠는가. (昭君乃吞藥自殺. 胡地草皆黃, 惟昭君墓草獨青. 然則昭君又單于之貞婦矣. 貞於漢不得, 而貞於胡, 究終心未嘗忘漢. 既死, 而以青塚自旌. 乃謗者曰, 漢恩自淺胡自深, 豈不冤哉.)"라고 덧붙였다. 여기서 "한나라의 은혜는 얕고 오랑캐의 은혜는 깊었네(漢恩自淺胡自深)"는 왕안석(王安石)이 읊은 「명비곡(明妃曲)」의 한 구절이다.

○ 남방에 기름이 많은 물고기가 있다. 그 기름으로 베틀을 비추면 어둡지만 잔치 자리를 비추면 밝은데, 이를 일러 '참등'이라 한다.

南方有魚多脂. 照紡績則暗, 照宴樂則明, 謂之饞燈.

송나라 증조(曾慥)가 편찬했다고 전하는 『유설(類說)』 등에 이 구절이 보인다. 오대(五代) 후당(後唐)의 왕인유(王仁裕)가 편찬했다고 전하는 『개원천보유사(開元天寶遺事)』에 '참어등(饞魚燈)'에 관한 기록이 있는데, 곧 "남쪽 지방에는 고기는 적고 기름이 많은 물고기가 있다. 그곳 사람들은 그 물고기의 기름을 취하여 고아서 기름을 만드는데, 그것으로 베를 짜는 베틀을 비추면 어둡고 밝지 않지만 그것으로 술자리나 음식 만드는 것을 비추게 하면 특별히 밝다. 당시 사람들은 이를 '참어등'이라고 일컬었다.(南中有魚, 肉少而脂多. 彼中人取魚脂煉爲油, 或將照紡織機杼, 則暗而不明. 或使照筵宴造飮食, 則分外光明. 時人號爲饞魚燈.)"고 했다.

한편 장혼과 같은 시기의 인물인 윤기의 「협리한화(峽裏閒話)」(1815)에 '나부유(懶婦油)'에 대한 기록이 보이는데, 여기에도 '참등' 또는 '참어등'에 대한 설명이 있다. 곧 "돌고래 배의 기름으로 등불을 밝히는데, 저포 놀이를 할 때 비추면 밝고 책을 읽거나 길쌈할 때 비추면 어둡다. 세속에서는 게으른 아낙네가 죽어서 변한 것이라고들 하는데, 그런 까닭에 이를 '게으른 아낙네의 기름'이라고 부른다. 또 잔치 자리를 비추면 밝은 까닭에 '참등(饞燈)'이라고도 일컫는다.(以江豚腹中脂燃燈, 照樗博卽明, 照讀書及紡績卽暗. 俗謂懶婦所化, 故呼爲懶婦油. 又照宴樂則明, 故謂之饞燈.)"고 했는데, 윤기는 무정(無情)한 기름이 이처럼 밝기를 달리하는 것은 "이치를 벗어난 말"이며 실상은 사람의 성품에 달려 있을 따름이라고 지적했다.

○ 고려 신종 때에 장흥고의 향로 발에 새겨진 사자가 개 짖는 것처럼 울었다. 충혜왕 때에는 종루의 종이 쳐도 울리지 않았다.

高麗神宗時, 長興庫香爐足獅子, 鳴如狗吠. 忠惠王時, 鍾樓鍾, 撞不鳴.

『고려사』「오행지」에 "신종 원년(1198) 정월 갑자일에 장흥고의 향로 발에 새긴 사자가 개 짖는 것처럼 울었다.(神宗元年, 正月甲子, 長興庫香爐足獅子, 鳴如狗吠.)"라는 구절과 "충혜왕 복위 3년(1342) 정월 정유일에 종루의 종이 쳐도 울리지 않았다.(忠惠王後三年, 正月丁酉, 鍾樓鍾, 撞不鳴.)"라는 구절이 보인다.

○ 신라 태종왕 때에 토함산에서 땅에 불이 붙었는데 3년 만에 꺼졌다. 북쪽의 바위가 무너져 부서지며 쌀이 되었는데, 먹어보니 곳집에서 묵은 쌀과 같았다고 한다.

新羅太宗王時, 吐含山地燃, 三年而滅. 北巖崩碎爲米, 食之如陳米云.

『삼국사기』「신라본기」 태종왕 4년(657) 조에 "7월에 일선군에 홍수가 나서 빠져 죽은 이가 300여 명이었다. 동쪽 토함산에서는 땅에 불이 붙었다가 3년 만에 꺼졌다. 흥륜사의 문이 저절로 무너졌다. ㅁㅁ 북쪽의 바위가 무너져 부서지며 쌀이 되었는데, 먹어보니 곳집에서 묵은 쌀과 같았다.(秋七月, 一善郡大水, 溺死者三百餘人. 東吐含山地燃, 三年而滅. 興輪寺門自壞, ㅁㅁ北巖崩碎爲米, 食之如陳倉米.)"라는 구절이 있다. "진창미(陳倉米)"는 "진미(陳米)"라고도 하는데, 곳집에서 오래 묵힌 쌀을 뜻한다. 설사 등을 다스리는 한약재로도 쓰였다. 『지봉유설』 재이부 「재생」에 똑같은 구절이 보이는데, 『아희원람』에서는 "……라고 한다[云]"라는 말까지 그대로 옮겨놓았다.

○ 선조 때에 숙청문 밖 바위틈에서 액체가 흘러나왔는데, 맑은 것은 술과 같고 걸쭉한 것은 떡과 같았다.

宣祖朝, 肅淸門外巖罅, 有液流出, 淸者如酒, 濃者如餠.

『지봉유설』 재이부 「재생」에 "근래에 숙청문 밖 바위틈에서 액체가 흘러나오는데, 맑은 것은 술과 같고 걸쭉한 것은 떡과 같아서 사람들이 다투어 가져다 먹는다. 내가 그것을 가져와서 보았는데, 단단하게 엉겨 붙어서 먹을 수가 없었다. 아마도 햇빛을 쐬었기 때문일 것이다.(近世肅淸門外岩石罅, 有液流出. 淸者如酒, 濃者如餠, 人爭取食. 余取來見之, 則堅凝不堪食. 蓋見日故也.)"라는 구절이 있다. 『아희원람』에서는 이를 인용한 것으로 보이는데, 옛 명칭인 "숙청문(肅淸門)"은 고치지 않고 그대로 사용하였다. 제3장 '방도'에서 도성 북쪽의 문 명칭을 "숙정문(肅靖門)"으로 기록한 것과 대비된다.

○ 광해군 계축년(1613) 10월에 들꿩이 도성에 들어와서 거의 저자를 가득 메워 그 수를 알 수 없을 정도였으며, 궁궐 안에도 날아들어 모이기에 이르렀다. 시정의 어린아이들이 다투어 잡아먹었는데, 한 달 남짓 동안 이와 같았다.

光海朝癸丑十月, 野雉入都城, 殆遍市肆, 不知其數, 至於飛集闕中. 市井小兒爭相捕食, 如是月餘.

『지봉유설』 재이부 「재생」에 "癸丑十月, 野雉入都城, 殆遍於市肆, 不知其數. 至於飛集闕中, 市井小兒爭相捕食之, 如是月餘."의 구절이 있다. "광해군 때(光海朝)"의 일임은 명시하지 않은 셈인데, 장혼은 이수광의 활동 시기를 고려하여 광해군 계축년의 일임을 짐작할 수 있었을 것이다.

10

전운傳運

중국과 우리나라의 역대 제왕

"전운(傳運)"은 세운(世運) 또는 국운(國運)이 전해지는 것을 이르는 말이다. 제10장에서는 역대의 국가와 제왕, 그리고 연호 및 존속 기간 등 관련 사실을 정리했는데, 이를 통해 세운 및 국운의 변화를 일목요연하게 파악하고, 필요할 때 참고할 수 있도록 했다. 천지를 열었다는 신화적 인물인 반고(盤古)로부터 청나라 가경제(嘉慶帝)에 이르기까지 중국의 역대 왕조와 제왕을 제시했는데, 중국의 뒤에는 '동국(東國)' 즉 우리나라의 사례를 부록으로 제시하여 단군에서부터 조선 순조에 이르기까지 우리나라의 역대 왕조와 국왕, 존속 기간 등을 제시했다.

제10장 '전운'에서 제시한 것과 유사한 정보를 실은 우리나라의 문헌으로는 『기년아람』을 들 수 있다. 『기년아람』은 이만운이 편찬하고 이덕무(李德懋)가 수정 및 증보한 뒤에 이만운이 1778년에 완성한 것으로 알려져 있는데, 총 8권 가운데 권1~4는 중국의 일을 다루고 권5~8은 우리나라의 일을 다루었다. 물론 나라 이름과 제왕의 연호뿐 아니라 묘호, 생몰년, 재위 기간 등 다양한 사실을 싣고 전기적 사실에 대한 이견 등도 밝혀두었으니, 그 규모나 서술의 상세함에 있어서는 『아희원람』과는 상당한 거리가 있는 셈이다. 또한 왕조별로는 국도(國都)와 지계(地界) 등의 사항을 제시하기도 했는데, 『아희원람』에서는 제3장 '방도'에서 그 일부를 이미 언급했으니 구성에도 조금 차이가 있는 셈이다. 그렇지만 『아희원람』 제10장은 『기년아람』을 참고하여 썼을 가능성이 적지 않아 보이는데, 세부적인 차이에도 불구하고 시대를 제시하는 틀 자체는 유사하기 때문이다. 또한 '전운'의 정보를 체계적으로 제시한 문헌 가운데서는

『기년아람』이 편자 장혼이 비교적 쉽게 접할 수 있는 문헌이었으리라고 짐작되기 때문이다.

물론 『기년아람』의 영향이 구체적으로 어느 정도였는지를 말하는 것은 쉽지 않은데, 이는 장혼이 『기년아람』을 참고했다 하더라도 그 가운데 어떤 이본을 보았을지 알 수 없기 때문이다. 『기년아람』은 필사본으로만 전해지기 때문에 이본 간에도 차이가 있으며, 특히 이덕무의 『청장관전서(靑莊館全書)』 권25~26에 수록된 이본은 이만운의 최종 수정이 이루어지지 않은 것이어서 1788년에 완성된 8권본과는 상당히 차이가 난다. 따라서 설사 참고 여부가 확인된다 하더라도, 현존하는 문헌 사이의 대조를 통해 장혼이 어떤 정보를 수정하거나 추가했는지를 확인하기는 어렵다. 그럼에도 불구하고 『기년아람』의 내용을 함께 살피는 것은 제10장에 제시한 정보의 의미를 이해하는 데 도움이 될 것이다. 단순한 '사실의 나열'처럼 보이는 '전운'의 제시가 나름의 역사관 또는 역사적 사건 이해의 맥락 위에서 이루어진 것일 수 있기에 『기년아람』과의 대비는 이러한 맥락을 찾는 단서가 될 수 있기 때문이다. 예컨대 같은 시대에 존재했던 여러 왕조 가운데 무엇을 정통으로 삼을 것인지, 또 어떤 이를 왕으로 인정하고 어떤 이는 인정하지 않을 것인지 등은 구체적으로 진술하지 않더라도 문헌 간의 비교를 통해 짐작할 수 있다. 이에 이하에서는 『기년아람』을 참고하고 대비하면서 '전운'에서 제시한 사항의 의미를 함께 살펴보고자 한다.

○ 반고씨, '혼돈'이라고도 한다 천황씨, 지황씨, 인황씨. '거방씨'나 '구황씨'라고도 한다

○ 이상은 상고기다.

盤古氏 又曰渾敦, 天皇氏, 地皇氏, 人皇氏. 亦曰居方氏 · 九皇氏 ○ 以上上古紀.

하, 은, 주로 이어지는 삼대 이전의 시기에 대해서는 삼황오제(三皇五帝)의 시기를 설정하는 방식이 오늘날 널리 알려져 있지만, 이를 더 확장하여 "10기(紀)"를 설정하는 방식도 과거에는 널리 활용되었다. 『기년아람』이나 『아희원람』의 제10장에서 '상고기'에서부터 '소흘기'까지 "10기"를 설정한 것 또한 여기에 속한다. 원래 10기의 설정은 『춘추』의 위서인 『춘추명력서(春秋命歷序)』 또는 『춘추원명포』에서 유래했다고 알려져 있는데, 천지의 개벽으로부터 획린(獲麟)의 일이 있었던 노나라 애공(哀公) 14년까지의 "276만 년"을 10개의 "기"로 나누어 이름을 붙였다고 한다. 즉 1기는 대략 27만 6000년이 되는 셈이다. 10기의 명칭은 『아희원람』에서 제시한 것과 대체로 같은데, 첫 번째 기를 "구두기(九頭紀)"로 명명한 사례들은 찾아볼 수 있다.

"상고기(上古紀)"에서는 4명의 군주를 제시했는데, 반고를 첫머리에 내세우고 이어서 삼황(三皇)을 수록했다. '삼황'에 대해서는 여러 가지 설이 있는데, 『기년아람』에서는 '삼황고이(三皇攷異)'에서 이에 대해 말하면서 가장 먼저 천황씨, 지황씨, 인황씨를 '삼황'이라고 한다는 설을 소개했다. 한편 『기년아람』의 「범례」에서는 "인물의 생성은 원래 태극에서 비롯되었다. 그런 까닭에 반고로 첫머리를 삼고 역대의 제왕을 순서에 따라 수록한다.(人物之生, 原始太極. 故以盤古爲首, 歷代帝王, 循序載錄.)"고 밝힌 바 있는데, 『아희원람』 또한 이런 취지를 이은 것으로 볼 수 있을 것이다. 반고는 모든 것이 뒤섞인 혼돈의 상태로부터 천지를 만들어내었다는 창세의 신이니, "옛날에 태극이 갈라지면서 혼돈씨가 다스렸고, 혼돈씨가 은둔하자 삼황이 임금 노릇을 했다.(昔者, 太極泮而渾敦氏職焉, 渾敦氏逸而有初三皇君.)"고 한 『노사』의 구절에서 언급한 혼돈씨가 곧 반고라고 전한다. "인황씨"에 대해서는 『기년아람』에 "같은 성을 가진 사람 9명이 구주를 나누어 다스렸는데, 각기 한 지방에 거처했다. 그런 까닭에 '거방씨'라거나 '구황씨'라고도 일컫는다.(一姓九人, 分長九州, 各居一方, 故一號居方氏. 又號九皇氏.)"는 풀이가 보인다.

○ 황백씨, 황중씨, 황숙씨, 황계씨, 황소씨. ○ 이상은 오룡기다.

皇伯氏. 皇仲氏. 皇叔氏. 皇季氏. 皇少氏. ○ 以上五龍紀.

사마정이 편찬한 『보사기』의 「삼황본기」에 "오룡씨 형제 5인은 모두 용을 타고 오르내렸다. 그런 까닭에 오룡씨라 한다.(五龍氏兄弟五人, 並乘龍上下, 故曰五龍氏也.)"는 주석이 보인다. 『기년아람』에서는 이 시기에 형제 5인이 오방(五方)을 분담하여 오행을 맡았다고 했으며, 각기 각룡목선(角龍木仙), 치룡화선(徵龍火仙), 상룡금선(商龍金仙), 우룡수선(羽龍水仙), 궁룡토선(宮龍土仙)으로 일컫는다고 했다. 이는 오음(五音)과 오행으로 명칭을 정한 것이다.

○ 섭제기,[59성] 합락기,[3성] 연통기,[6성] 서명기.[4성] ○ 이상의 4기는 연이어 다스려졌는데, 모두 군주의 이름이 전해지지 않는다.

攝提紀,[五十九姓] 合雒紀,[三姓] 連通紀,[六姓] 叙命紀.[四姓] ○ 以上四紀, 相繼而治. 幷失其號.

『기년아람』에는 『삼분(三墳)』에 합락기가 "합웅기(合雄紀)"로, 연통기가 "연포기(連逋紀)"로 기록되어 있다는 주석이 보인다. 상고기, 오룡기와 여기서 언급한 4기를 합쳐 '6기(六紀)'로 일컫기도 한다.

○ 거령씨, 구강씨, 초명씨, 탁광씨, 구진씨, 황신씨, 구신씨, 이령씨, 대괴씨, 귀괴씨, 엄자씨, 태봉씨, 염상씨, 개영씨, 대돈씨, 영양씨, 무상씨, 태일씨, 공상씨, 신민씨, 의제씨, 차민씨. ○ 이상은 순비기다.

鉅靈氏, 句疆氏, 譙明氏, 涿光氏, 鉤陳氏, 黃神氏, 矩神氏, 犂靈氏, 大騩氏, 鬼騩氏, 弇兹氏, 泰逢氏, 冉相氏, 蓋盈氏, 大敦氏, 靈陽氏, 巫常氏, 泰壹氏, 空桑氏, 神民氏, 猗帝氏, 次民氏. ○ 以上, 循蜚紀.

"순비기(循蜚紀)"는 "순비기(循飛紀)"로도 표기하는데, "蜚"와 "飛"가 통용되기 때문인 듯하다. "순비(循蜚)"의 의미에 대해 『기년아람』에서는 "그 시절에 덕이 두텁고 믿음이 세워져서 사람이 그 교화를 따르는 것이 마치 날아가는 것처럼 빠르다는 말(以其時德厚信立, 人循其化, 速若蜚也.)"이라고 풀이했다. "이령씨(犂靈氏)"는 『기년아람』을 비롯한 여러 문헌에 "여령씨(黎靈氏)"로 표기했으며 "犂靈氏"로 표기한 사례는 드물다. 다만 『노사』처럼 두 가지 표기를 함께 제시한 예는 찾아볼 수 있다. "대괴씨"는 "태괴씨(泰塊氏)"라고도 하는데, 『기년아람』에서는 명나라 진사원(陳士元)의 『황사』를 인용하여 뒤에 하남(河南)의 밀현(密縣)에 나타났으며 황제가 구자(具茨)에서 그를 방문했다는 설을 언급했다. 이런 견해는 송나라 나필(羅泌)의 『노사』에도 보인다. 『기년아람』에서는 공상씨는 '광상씨(廣桑氏)'로, 신민씨는 '신황씨(神皇氏)'로, 의제씨는 '의제씨(倚帝氏)'로도 일컫는다고 했다.

○ 진방씨, 4세 촉산씨, 회괴씨, 6세 혼돈씨, 7세 동호씨, 17세 황담씨, '이광씨'라고도 한다. 7세 계통씨, 3세 길이씨, 4세 궤거씨, 희위씨, 4세 유소씨, 2세 수인씨, '수황'이라고도 한다. 8세 용성씨. 8세 ○ 이상은 인제기다.

辰放氏, 四世 蜀山氏, 豗傀氏, 六世 渾沌氏, 七世 東戶氏, 十七世 皇覃氏, 又曰離光氏. 七世 啓統氏, 三世 吉夷氏, 四世 几蘧氏, 稀韋氏, 四世 有巢氏, 二世 燧人氏, 亦曰遂皇. 八世. 庸成氏. 八世 ○ 以上, 因提紀.

"인제기(因提紀)"를 "회제기(回提紀)"로 표기한 데도 있다. "인제(因提)"의 의미에 대해 『기년아람』에서는 "그때에 모두 제작한 것이 있어서 뒷사람들로 하여금 그로 말미암아 이롭게 할 수 있게 한다는 말(其世咸有制作, 俾後人可因而利時也.)"이라고 풀이했으니, 사람을 이롭게 하는 도구 등을 만든 시기를 뜻하는 것으로 볼 수 있을 것이다. 집 짓는 법을 만들어 사람들에게 가르쳤다는 "유소씨(有巢氏)"나 화식(火食)을 가르쳤다는 "수인씨"가 대표적인 사례일 것인데, 이들의 일은 제2장 '창시'에서 이미 언급한 바 있다. 한편 『기년아람』에서는 유소씨가 "4세 동안 이어졌다(傳四世)"고 기술했으니, 여기서 "2세"라 한 것과는 차이가 있다. "수인씨"를 "수황"이라고도 일컫는다는 말은 '삼황'에 대한 견해들 가운데 하나에서 찾아볼 수 있는데, 후한 응소(應劭)의 『풍속통의(風俗通義)』「삼황(三皇)」에서 "『상서대전』에서는 수인씨는 수황이라 하고 복희씨는 희황이라 하고 신농씨는 농황이라 했다.(尙書大傳說, 遂人爲遂皇, 伏羲爲戱皇, 神農爲農皇也.)"고 한 것이 그 한 가지 사례다.

○ 헌원씨, 축융씨, 태호 복희씨, 사황씨, 여와씨, 공공씨, 백황씨, 중앙씨, '중황씨'라고도 한다 대정씨, '주안씨'라고도 한다 율륙씨, 여연씨, '곤연씨'라고도 한다 혼돈씨, 위에 보인다 혁서씨, 존려씨, 호영씨, 또 '자영씨'라고도 한다 고황씨, '유소씨'라고도 한다 주양씨, 갈천씨, 음강씨, 무회씨, 염제 신농씨, '열산씨', '연산씨', '이기씨'라고도 한다 제임괴, 제승, 제명, 명(明)이 칙(則)으로 된 데도 있다 제의, '제직(帝直)'이라고도 하며, 의(宜)가 백(百)으로 된 데도 있다 제래, 제양, 양(襄)이 충(衷)으로 된 데도 있으며, 또한 '제거(帝居)'라고도 한다 제유망. ○ 이상은 선통기다.

軒轅氏, 祝融氏, 太昊宓犧氏, 史皇氏, 女媧氏, 共工氏, 栢皇氏, 中央氏, 亦曰中皇氏 大庭氏, 亦曰朱顔氏 栗陸氏, 驪連氏, 亦曰昆連氏 渾沌氏, 見上 赫胥氏, 尊廬氏, 昊英氏, 亦曰子英氏 古皇氏, 亦曰有巢氏 朱襄氏, 葛天氏, 陰康氏, 無懷氏, 炎帝神農氏, 又曰烈山氏·連山氏·伊耆氏 帝臨魁, 帝承, 帝明, 一作則 帝宜, 又曰直, 一作百 帝來, 帝襄, 一作衷, 又曰居 帝榆罔. ○ 以上, 禪通紀.

"선통(禪通)"의 의미에 대해 『기년아람』에서는 "선양(禪讓)의 도가 하늘의 도에 통함을 말한 것(言禪讓之道, 通乎天道也.)"이라고 풀이했다. 『기년아람』에서는 선통기에 모두 28씨(氏)가 있지만 공공씨(共工氏)를 제외하고 27씨로 고치는 것이 옳다는 견해를 제시했는데, 이는 공공씨를 정통성이 없는 군주라고 이해했기 때문이다. 이를 드러내기 위해 공공씨에 '참위(僭僞)'라고 표기하고 여와씨 항목의 부록으로 처리했는데, 『청장관전서』 수록본에서는 '참위'를 표기하지는 않았지만 여와씨의 뒤로 위치를 옮겨두었다. 복희씨가 죽은 뒤에 재상[上相]이었던 공공씨가 스스로 군주가 되었으며 뒤에 여와씨가 공공씨를 제거하고 군주의 자리에 올랐다고 하니, 여와씨를 공공씨보다 앞에 내세움으로써 정통을 밝힌 셈이다.

한편 『아희원람』에서는 『기년아람』의 "여와씨-공공씨-사황씨" 순서와는 달리 "사황씨-여와씨-공공씨"의 순서로 배열했는데, 헌원씨(황제)와 사황씨(창힐)의 관계를 고려하여 사황씨를 앞으로 옮긴 것으로 짐작되지만 정확한 것은 알 수 없다. 다만 『기년아람』에서는 '여와씨 이하의 17세' 즉 여와씨에서부터 무회씨까지가 모두 태호 복희씨의 신하이며 "연이어 왕위를 물려받았다(相繼受禪)"고 했으니 사황씨 또한 태호 복희씨의 신하로 이해한 셈인데, 『아희원람』에서는 이 '17세'에서 사황씨를 제외한 것으로 이해할 만한 여지는 있다. 또한 '선통기'에서는 앞의 '인제기(因提紀)'에 포함된 혼돈씨(渾沌氏)와 유소씨(有巢氏)—고황씨의 별칭—를 다시 언급하는데, 그 이유가 무엇인지는 분명하지 않다. 다만 '혼돈씨'에 "위에 보인다(見上)"라는 주석을 붙인 것을 보면, 장혼이 이러한 중복에 대해 인식하고 있었음은 짐작할 수 있다. 유소씨의 별칭인 "고황씨(古皇氏)"는 제2장 '창시'에도 보인다. 이런 현상은 문헌마다 군주의 이름이나 관계가 조금씩 달리 나타나기 때문에 발생했을 것인데, 『아희원람』에서는 정보 자체는 소개하되 이를 고증하려 하지는 않은 듯하다.

"헌원씨(軒轅氏)"는 흔히 "황제(黃帝)"와 같은 인물로 이해되는데, 『사기』 「오제본기」에서 소전(少典)의 자손으로 성은 공손(公孫)이며 이름은 헌원(軒轅)이라고 기술한 것이 그 대표적 사례다. 그렇지만 "선통기"에서 거론하는 '헌원씨'는 황제와는 다른 인물로 풀이되기도 한다. 『기년아람』에서 소개한 "황제와는 같은 제가 아니다(與黃帝非是一帝)"라는 『노사』의 견해가 그런 사례에 속한다. 『노사』에서는 헌원씨가 사마천이 말한 황제(黃帝)와 같은 인물은 아니라고 하면서 그 위치 또한 곤연씨 즉 여연씨와 혁서씨 사이로 옮겨두었다.

'선통기'에 속하는 군주 가운데 여러 가지 별칭을 가진 이들이 있는데, 주석에서 그 가운데 일부를 확인할 수 있다. 여기에서 거론하지는 않았지만 '복희씨의 신하로 왕위를 이은 인물'의 일부에 "용(龍)"을 포함한 별칭을 가진 사례가 나타나기도 하는데, 이는 복희씨가 용으로 관직을 표기했기 때문이라고 한다. 명나라 등백고(鄧伯羔)의 『예구(藝彀)』에서는 호영씨는 잠룡씨(潛龍氏), 대정씨는 거룡씨(居龍氏),

혼돈씨는 항룡씨(降龍氏), 음강씨는 토룡씨(土龍氏), 율륙씨는 수룡씨(水龍氏)였다고 했다.

"염제 신농씨(炎帝神農氏)"의 별칭은 특별히 많이 소개한 셈인데, 이 별칭들은 실제 당시의 시문에서 적지 않게 찾아볼 수 있다. 『기년아람』에서는 화덕(火德)으로 왕이 되었으므로 '염제'라고 하며, 쟁기[耒耜]를 만들었으므로 '신농'이라 하고, 이(伊)에 살다가 기(耆)로 옮겼으므로 '이기씨(伊耆氏)'라고 칭한다고 명칭을 소개했는데, 『청장관전서』 수록 이본에서는 열산에서 일어났으므로 '열산씨'라고 부르며 '연산씨'라고도 한다는 풀이도 보인다.

"제의(帝宜)"의 경우에는 『기년아람』에서는 "제선(帝宣)"이라 했으니, 주석에 소개된 "제직(帝直)", "제백(帝百)"을 합하면 모두 4개의 명칭이 있는 셈인데, 이는 글자 모양이 비슷하기 때문에 나타난 결과일 것이다. 비슷한 예로는 "여연씨(驪連氏)"를 들 수 있는데, 『기년아람』에서는 곤연씨(昆連氏), 이축씨(釐畜氏), 여연씨(麗連氏), 여축씨(驪畜氏), 『청장관전서』 수록 이본에서는 이연씨(泥連氏)를 별칭으로 제시한 바 있다.

○ 황제 유웅씨, '헌원씨'라고도 한다 소호 금천씨, '궁상씨'로 된 데도 있으며, '청양씨'나 '운양씨'라고도 한다 전욱 고양씨, 제곡 고신씨, 제요 도당씨, 제순 유우씨. ○ 이상은 소흘기다.

黃帝有熊氏, 又曰軒轅氏 少昊金天氏, 一作窮桑氏, 亦曰青陽氏·雲陽氏 顓頊高陽氏, 帝嚳高辛氏, 帝堯陶唐氏, 帝舜有虞氏. ○ 以上, 疏仡紀.

소흘기(疏仡紀)는 "유흘기(流訖紀)"로 기록된 데도 있다. "소흘(疏仡)"의 의미에 대해 『기년아람』에서는 "아득히 먼 것을 알아 통하게 하고 끊어진 것을 살펴 높이게 하니 인의와 도덕이 쓰인 바라는 말(疏以知遠, 仡以審斷, 仁義道德之所用也.)"이라고 풀이했다. 소흘기에 거론된 인물들은 흔히 '오제(五帝)'로 불린다. 사마천은 『사기』 「오제본기」에서 황제, 전욱, 제곡, 요, 순의 5명을 오제로 거론했으니, 소흘기의 인물 가운데 소호 금천씨만을 제외한 셈이다. 『십팔사략(十八史略)』에서는 소호, 전욱, 제곡, 요, 순의 5명을 오제로 거론했는데, 황제를 제외한 셈이다. 물론 '오제'의 구성에 대해 분명한 정설이 있는 것은 아니어서 복희씨와 신농씨를 포함한 문헌도 전해진다. 한편 『기년아람』은 "황제 헌원씨"의 뒤에 치우(蚩尤)를 "제요 유우씨" 뒤에 유묘씨(有苗氏)를 각각 덧붙이고 '참위(僭僞)'라고 표기해 두었는데 『아희원람』에서는 이들을 아예 제외했다.

"황제 유웅씨(黃帝有熊氏)"는 앞에 제시한 '선통기'의 헌원씨와 같은 인물로 알려져 있는데, 『노사』와 같이 별개의 인물로 풀이하기도 한다. 『기년아람』에서는 "황제 헌원씨"라 하고서 "처음에 유웅에 살았으므로 유웅씨라고 일컫는다.(始居有熊, 故號有熊氏.)"라는 주석을 붙였는데, 『아희원람』에서는 '선통기'의 헌원씨와 구별하기 위해서인지 "유웅씨"라 하고서 "헌원씨"라는 별칭을 주석에서 소개하는 방식을 취했다. "소호 금천씨(少昊金天氏)"의 별칭에 대해서는 『기년아람』에서는 "청양에 나라를 세웠으므로 청양씨라고 하며, 금덕(金德)으로 왕이 되었으므로 금천씨라고 한다. 운양에 장사지냈으므로 운양씨라고 한다.(國于青陽, 故作青陽氏. 金德王, 故作金天氏. 葬于雲陽, 故作雲陽氏.)"고 풀이했다. 또 "궁상씨"라는 별칭은 『습유기』를 인용하여 소개했다.

○ 하나라. 대우, 제계, 태강, 중강, 왕상, 소강, 왕저, 왕괴, 왕망, 왕설, 왕불항, 왕경, 왕근, 왕공갑, 왕고, 왕발, 왕이계.'걸'이라 일컫는다 모두 458년이다. ○ 예의 신하 한착이 예 및 왕상을 시해하고 왕위를 찬탈한 것이 40년이다.

夏. 大禹, 帝啓, 太康, 仲康, 王相, 少康, 王杼, 王槐, 王芒, 王泄, 王不降, 王扃, 王廑, 王孔甲, 王皐, 王發, 王履癸.號桀 共四百五十八年. ○ 羿臣寒浞, 弑羿及王相簒位, 四十年.

하나라는 우임금이 순임금으로부터 선위를 받은 이래로 17세 동안 이어졌다고 전한다. 여기서는 "왕저(王杼)"나 "왕괴(王槐)"처럼 주로 "왕(王)"을 붙여 하나라의 군주를 표기했는데, 이는 하나의 특징으로 이해할 수 있다. 『기년아람』에서는 "후계(后啓)", "후태강(后太康)"과 같이 그 군주를 "후(后)"로 표기했으며, 『사기』「하본기(夏本紀)」에서는 "제태강(帝太康)"과 같이 그 군주를 "제(帝)"로 표기했다. 하나라 군주 17세의 이름 가운데에는 문헌에 따라 달리 표기된 사례도 보이는데, 7대인 저(杼)가 저(宁), 백(柏), 여(予) 등으로, 8대인 괴(槐)가 분(芬), 분발(芬發) 등으로, 9대인 망(芒)이 망(荒)으로, 15대인 고(皐)가 호(昊)로 표기되기도 했다. 한편 존속 기간에 대해서는 『기년아람』에서는 하나라 17세(世)의 재위 기간이 "419년"이며, 정통의 왕이 없었던 '절국무왕(絶國無王)'의 시기가 "40년"이었다고 했다. 겹치는 해를 고려하여 둘을 합치면 모두 "458년"이 된다. 다만 『청장관전서』 수록 이본에서는 이런 구별 없이 "458년"이었다고만 기록했다.

『기년아람』에서는 하나라 때의 '참위(僭僞)'로 유호씨(有扈氏), 후예(后羿), 한착(寒浞) 셋을 언급했는데, 유호씨는 제2대 계(啓)에게 불복했다가 토벌되었으며 후예와 한착은 제5대 왕상(王相)을 핍박했다가 제6대 소강(少康)에게 몰려났다. 특히 한착이 왕위에 있던 40년 동안에는 하나라에는 명목상의 왕도 없었던 "무왕(無王)"의 시기였는데, 이를 고려하여 한착이 왕위에 있던 기간은 따로 기록했을 듯하다. 『기년아람』에 의하면 한착은 예(羿)의 재상으로 있다가 임오년에 예를 살해했으며 임인년에는 상(相)을 시해하고 왕위를 찬탈했다. 이에 앞서 하나라 5대 군주 왕상(王相)은 재상이던 예를 피해 도읍을 옮겼으며 한착은 예의 아내인 현처(玄妻)와 협력하여 예를 죽이고 그 자리를 빼앗았다고 하는데, 이 일은 『좌전』에 전한다.

○ 은나라. 성탕, 태갑, 옥정, 태경, 소갑, 옹기, 태무, 중정, 외임, 하단갑, 조을, 조신, 옥갑, 조정, 남경, 양갑, 반경, 소신, 소을, 무정, 조경, 조갑, 늠신, 경정, 무을, 태정, 제을, 제신.'주'라 일컫다 모두 644년이다.

殷. 成湯, 太甲, 沃丁, 太庚, 小甲, 雍己, 太戊, 仲丁, 外壬, 河亶甲, 祖乙, 祖辛, 沃甲, 祖丁, 南庚, 陽甲, 盤庚, 小辛, 小乙, 武丁, 祖庚, 祖甲, 廩辛, 庚丁, 武乙, 太丁, 帝乙, 帝辛.號紂 共六百四十四年.

'은나라'는 흔히 '상나라'라고 일컫는다. 사실 은나라라는 국호는 반경(盤庚) 때 생긴 것이라고 하니, 상나라라는 명칭이 오히려 전체를 아우르기에 적합할 수도 있다. 『기년아람』에서는 '상기(商紀)'를 제목으로 삼아 이 시대의 일을 기록했는데, 서두의 도읍의 변천을 말한 대목에서는 "반경이 은(殷)으로 천도하고 국호를 은으로 고쳤다.(盤庚遷于殷, 改國號曰殷.)"고 언급하기도 했다.

은나라의 군주로 탕왕에서 주왕까지 28대를 제시했는데, 성탕 다음에 '외병(外丙)'과 '중임(中壬)'의 둘을 추가하여 30대로 기록해야 한다고 주장할 수도 있다. 『사기』「은본기」에서 탕왕의 태자인 태정(太丁)은 왕위에 오르기 전에 죽었지만, 그 동생인 제외병(帝外丙)이 3년간 왕위에 있었고 다시 그 동생인 제중임(帝中壬)이 4년간 왕위에 있었다고 했기 때문이다. 『사기』에서는 제중임이 죽은 뒤에 이윤(伊尹)이 태정의 아들이자 성탕의 적장손인 태갑을 왕으로 세웠다고 했다. 그렇지만 『기년아람』이나 『아희원람』에서는 이 둘을 제외했는데, 이는 "아마도 실제로는 왕위에 오르지 않았을 것(蓋實未立)"이라는 견해를 받아들였기 때문인 듯하다.

○ 주나라. 무왕, 성왕, 강왕, 소왕, 목왕, 공왕, 의왕, 효왕, 이왕, 여왕, 선왕, 유왕.서주 평왕, 환왕, 장왕, 희왕(釐王), 혜왕, 양왕, 경왕(頃王), 광왕, 정왕, 간왕, 영왕, 경왕(景王), 도왕, 경왕(敬王), 원왕, 정정왕, 애왕, 사왕, 고왕, 위열왕, 안왕, 열왕, 현왕, 신정왕, 난왕, 동주군.동주 모두 874년이다. ○ 이상은 삼대기다.

부록. 춘추 12국 ○ 노, 위, 진(晉), 정, 조(曹), 채, 연, 오는 주나라와 같은 성을 쓴다. 제, 송, 진(陳), 초, 진(秦)은 주나라와 다른 성을 쓴다.

전국 7웅 ○ 진(秦), 초, 연, 위, 조(趙), 한(韓), 제.

周. 武王, 成王, 康王, 昭王, 穆王, 共王, 懿王, 孝王, 夷王, 厲王, 宣王, 幽王.西周 平王, 桓王, 莊王, 釐王, 惠王, 襄王, 頃王, 匡王, 定王, 簡王, 靈王, 景王, 悼王, 敬王, 元王, 貞定王, 哀王, 思王, 考王, 威烈王, 安王, 烈王,顯王, 愼靚王, 赧王, 東周君.東周 共八百七十四年. ○ 以上, 三代紀.

附. 春秋十二國 ○ 魯, 衛, 晉, 鄭, 曹, 蔡, 燕, 吳. 與周同姓. 齊, 宋, 陳, 楚, 秦. 與周異姓.

戰國七雄 ○ 秦, 楚, 燕, 魏, 趙, 韓, 齊.

'삼대(三代)'의 마지막인 주나라는 서쪽의 호경(鎬京)에서 동쪽의 낙읍(洛邑)으로 도읍을 옮긴 일을 기준으로 서주와 동주로 나뉜다. 동주 시대는 사실상 주나라 왕실은 힘을 잃고 제후들이 세력을 다투는 '춘추전국시대'이기도 한데, 『아희원람』에서 부록으로 덧붙인 "춘추 12국"과 "전국 7웅"은 당시 가장 강성했던 제후들의 명단이라고 할 수 있다. 그런데 "춘추 12국"의 경우에는 13개의 나라를 나열한 것을 확인할 수 있는데, 단순한 오류인지 혹은 어떤 의도가 있는지는 분명하지 않다. 『기년아람』에서 제시한 '춘추 12대국(大國)'과 비교해 보면 "연(燕)"이 추가된 것을 확인할 수 있는데, 소공 석(昭公奭)의 후예로 주나라와 같이 "희(姬)"를 성으로 쓰는 연나라는 춘추시대에는 '대국'으로 인정하지 않았던 듯하다. 춘추시대에 주나라와 다른 성을 쓴 나라는 5개이니, 제나라는 '강(姜)', 송나라는 '자(子)', 진(陳)나라는 '규(嬀)', 초나라는 '간(芉)', 진(秦)나라는 '영(嬴)'을 성으로 썼다. 『기년아람』에서는 평왕(平王) 49년 기미년에 춘추시대가 시작되었다고 했으며, 위열왕(威烈王) 23년 무인년에 전국시대가 시작되었다고 했다.

서주와 동주를 합친 주나라의 존속 기간은 "38세 874년"으로 제시했는데, 이와 관련해서는 세 가지 문제를 더 살펴볼 필요가 있다. 첫째는 첫 번째 왕을 '무왕'으로 제시한 점인데, 이는 무왕의 아버지인 문왕(文王)을 제외한다는 뜻이다. 무왕은 은나라의 주(紂)를 몰아낸 뒤에 아버지 서백(西伯) 창(昌)을 "문왕"으로 추존했는데, 이처럼 제10장 '전운'에서는 후손에 의해 추존된 군주는 제외했다. 이런 방식은 『기년아람』에서도 확인할 수 있다. 둘째는 난왕(赧王)이 아닌 동주군(東周君)을 마지막 군주로 제시한 점이다. 동주군은 고왕(考王)이 동생 게(揭)를 하남에 봉하여 주공의 직(職)을 잇게 한 이후에 이 직임을 계승한 인물이니, 엄밀히 따져보면 주나라의 왕위를 계승했다고 하기는 어렵다. 이 때문에 사마광의 『자치통감』에서는 난왕을 주나라의 마지막 왕으로 기술하기도 했다. 그렇지만 난왕이 죽은 뒤에도 동주군은 왕위를 보존하고 있었으며 진나라를 정벌할 것을 모의하기도 했는데, 이 때문에 진나라에서 군대를 보내 동주군을 멸망시킨 '동주군 임자년'을 주나라의 멸망 시점으로 파악하기도 한다. 『사기』「주본기」에서도 진나라 장양왕(莊襄王)이 동주를 멸망시킴으로써 동주와 서주가 모두 진나라에 속하게 되었다고 기술한 바 있다. 셋째는 여왕(厲王)과 선왕(宣王) 사이에 있었다는 "공화(共和)"의 시기를 따로 표기하지 않은 점이다. 여왕이 포악한 정치를 펴다가 백성들에게 쫓겨나 체(彘) 땅으로 달아난 뒤에 태자인 정(靜)은 소공(召公)의 집에 몸을 숨겼는데, 소공은 태자 대신 자기 아들을 성난 백성들에게 내어줌으로써 태자의 목숨을 보전하게 했다고 한다. 이로부터 체 땅에서 여왕이 죽어서 태자가 선왕(宣王)으로 즉위하기까지 14년의 기간 동안에는 주나라에 왕이 없었던 셈이다. 『사기』「주본기」에서는 이 시기를 "공화(共和)"라 일컫고 소공(召公)과 주공(周公)의 두 재상이 정사를 돌보았다고 했다. 『기년아람』에서는 두 재상이 곧 주정공(周定公)과 소목공(召穆公)이라고 밝혀두었다.

"희왕(釐王)"은 "희왕(僖王)"으로 표기하기도 하는데, 장왕의 아들이며 이름은 호제(胡齊)다. "정정왕(貞定王)"은 "정왕(貞王)"이나 "정왕(定王)"으로 나타나기도 한다.

○ 진나라. 시황, 2세, 유자영[자영(子嬰)]. 모두 15년이다. 곧 '윤위'다

부록. 서초. 한.

秦. 始皇, 二世, 孺子嬰. 共十五年. 卽閏位

附. 西楚. 漢.

진나라는 춘추전국시대를 끝내고 천하를 통일하였지만, "3세 15년"의 짧은 기간 동안만 유지되었다. "윤위(閏位)"는 정위(正位)가 아닌 자리를 뜻하는 말인데, 진나라는 주나라의 목덕(木德)과 한나라의 화덕(火德) 사이에 놓여 있지만 "패자로 여기되 왕으로 여기지 않는(霸而不王)" 윤위(閏位)로 풀이되기도 한다. '부록'에 포함시킨 서초(西楚)와 한(漢)은 『기년아람』에서는 '분왕(分王)'으로 거론했는데, 2세 황제 때에 군사를 일으킨 항우와 유방을 의미한다.

"시황제"는 진나라 장양왕(莊襄王)의 아들로, 천하를 얻은 뒤에 처음으로 '황제'라는 호칭을 사용했으니 왕으로 25년을 보내고 황제로 12년을 보낸 셈이 된다. 『사기』「진시황본기(秦始皇本紀)」에는 시황제가 '황제'라는 호칭을 사용하기로 하면서 내린 말이 전하니, "짐이 듣건대, 태고에는 호만 있고 시호가 없었는데 중고에는 호가 있고 죽은 뒤에는 행적으로 시호를 정했다고 한다. 이와 같다면 아들이 아비를 의론하고 신하가 군주를 의론하게 되니, 말할 것이 못 되니 짐은 이를 취하지 않을 것이다. 지금부터 시호의 법은 없애노라. 짐이 '시황제'가 될 것이요, 내 후대에는 수를 헤아려 2세, 3세로부터 만세에 이르기까지 무궁하게 전하라.(朕聞太古有號毋謚, 中古有號, 死而以行爲謚. 如此, 則子議父, 臣議君也, 甚無謂, 朕弗取焉. 自今已來, 除謚法. 朕爲始皇帝, 後世以計數, 二世三世至于萬世, 傳之無窮.)"고 했다 한다. 제2대 황제가 "2세"인 것은 이로 인한 것이다. 한편 시황제의 혈통에 대해서는 오랫동안 논란이 있었는데, 『기년아람』에서도 이를 엿볼 수 있다. 『기년아람』에서는 성이 영(嬴)이라 했지만 『청장관전서』 수록 이본에서는 성을 여씨(呂氏)라 했는데, 후자의 경우에는 '여불위(呂不韋)의 아들'이라는 입장을 취한 것이다.

"유자영(孺子嬰)"은 "자영(子嬰)"의 오기로 추정된다. 자영은 진나라의 제3대 황제이니 시황제의 명명법에 의하면 "삼세(三世)"가 되어야 하지만, 6국이 세워진 가운데 '진왕(秦王)'의 자리에 올랐기 때문에 보통 '삼세'로는 칭하지 않는다. 자영은 진왕이 된 지 3개월 만에 유방에게 항복했으며 얼마 뒤 항우에게 살해되었는데, 시황제의 손자—태자 부소(扶蘇)의 아들—라고 알려져 있지만 이세 황제 호해의 형이라는 견해도 제기된 바 있다. 다만 진왕의 자리에 오를 때 어린아이가 아니었음은 분명한데, 『사기』「진시황본기」에 자영이 "두 아들[其子二人]"과 함께 의논하는 장면이 등장하기 때문이다. "유자영(孺子嬰)"은 "어린아이인 영(嬰)"으로 풀이할 수 있는데, 이는 왕망(王莽)에 의해 2세의 나이로 황제가 되었던 유영(劉嬰)을 가리키는 말로 흔히 쓰인다. 실제 다음 항목인 '한나라'의 왕에 "유자영"이 보인다.

○ 한나라. 고조, 혜제, 고후, 문제,후원 경제,중원, 후원 무제,건원, 원광, 원삭, 원수, 원정, 원봉, 태초, 천한, 태시, 정화, 후원 소제,시원, 원봉, 원평 선제,본시, 지절, 원강, 신작, 오봉, 감로, 황룡 원제,초원, 영광, 건소, 경녕 성제,건시, 하평, 양삭, 홍가, 영시, 원연, 수화 애제,건평, 원수 평제,원시 유자 영,거섭, 초시 제현.경시 ○ 서한 광무제,건무, 중원 명제,영평 장제,건초, 원화, 장화 화제,영원, 원흥 상제,연평 안제,영초, 원초, 영녕, 건광, 연광 순제,영건, 양가, 영화, 한안, 건강 충제,영가 질제,본초 환제,건화, 화평, 원가, 영흥, 영수, 연희, 영강 영제,건녕, 희평, 광화, 중평 헌제.초평, 흥평, 건안. ○ 동한 소열제,장무 후제.건흥, 연희, 경요, 염흥 ○ 촉한 모두 469년이다.

부록. 신망(新莽, 왕망)이 참람하게 황제의 자리에 있은 것이 14년이다.천봉, 지황

부록. 위. 문제 조비,황초 명제 조예,태화, 청룡, 경초 제왕(齊王) 조방,정시, 가평 고귀향공(高貴鄕公) 조모,정원, 감로 원제 조환.경원, 함희 모두 46년이다.

오. 대제 손권,황무, 황룡, 가화, 적오, 대원[태원(太元)] 회계왕 손량,건흥, 오봉, 태평 경제 손휴,영안 오정후 손호.원흥, 감로, 보정, 건형, 봉황, 천새, 천기 모두 52년이다.

漢. 高祖, 惠帝, 高后, 文帝,後元 景帝,中元, 後元 武帝,建元, 元光, 元朔, 元狩, 元鼎, 元封, 太初, 天漢, 太始, 征和, 後元 昭帝,始元, 元鳳, 元平 宣帝,本始, 地節, 元康, 神爵, 五鳳, 甘露, 黃龍 元帝,初元, 永光, 建昭, 竟寧 成帝,建始, 河平, 陽朔, 鴻嘉, 永始, 元延, 綏和 哀帝,建平, 元壽 平帝,元始 孺子嬰,居攝, 初始 帝玄.更始 ○ 西漢 光武帝,建武, 中元 明帝,永平 章帝,建初, 元和, 章和 和帝,永元, 元興 殤帝,延平 安帝,永初, 元初, 永寧, 建光, 延光 順帝,永建, 陽嘉, 永和, 漢安, 建康 沖帝,永嘉 質帝,本初 桓帝,建和, 和平, 元嘉, 永興, 永壽, 延熹, 永康 靈帝,建寧, 熹平, 光和, 中平 獻帝.初平, 興平, 建安. ○ 東漢 昭烈帝,章武 後帝.建興, 延熙, 景耀, 炎興 ○ 蜀漢 共四百六十九年.

附. 新莽僭位十四年. 天鳳, 地

附. 魏. 文帝曹丕, 黃初 明帝叡, 太和, 靑龍, 景初 齊王芳, 正始, 嘉平 高貴鄕公髦, 正元, 甘露 元帝奐. 景元, 咸熙 共四十六年.

吳. 大帝孫權, 黃武, 黃龍, 嘉禾, 赤烏, 大元 會稽王亮, 建興, 五鳳, 太平 景帝休, 永安 烏程侯皓. 元興, 甘露, 寶鼎, 建衡, 鳳凰, 天璽, 天紀 共五十二年.

한나라는 왕망(王莽)이 신(新)을 건국하면서 잠시 사라졌으나, 얼마 지나지 않아 유수(劉秀)가 신나라를 무너뜨리고 광무제(光武帝)가 됨으로써 회복되었다. 광무제가 황제가 된 뒤에 도읍을 동쪽으로 옮겼기 때문에, 신나라 이전을 전한(前漢) 또는 서한(西漢)이라 하고 신나라 이후를 후한(後漢) 또는 동한(東漢)이라 한다. 후한이 망한 후 삼국시대에는 유비(劉備)가 촉 땅에서 한나라를 계승하는 나라를 세우니, 이를 촉한(蜀漢)이라 한다. 여기서 한나라의 존속 기간으로 제시한 "469년"은 한나라의 건국부터 촉한 멸망까지의 기간 전체를 계산한 듯한데, 신나라가 유지되었던 기간을 합쳐야 이러한 수치가 나올 수 있기 때문이다. 『기년아람』에서는 서한 210년, 동한 196년, 촉한 43년을 합하여 모두 "449년"이라고 기술했다.

이 항목에서는 서한, 동한, 촉한 및 삼국시대의 위나라, 오나라의 역대 황제와 연호를 제시했는데, 그 의미를 이해하기 위해서는 몇 가지 설명이 필요할 듯하다.

첫째는 "제현(帝玄)"을 서한의 마지막 황제로 제시한 점이다. "제현"은 왕망의 신나라 말기에 이른바 '현한(玄漢)'의 황제로 자칭한 유현(劉玄)인데, 연호에 따라 '경시제(更始帝)'로 일컫기도 한다. 유현은 경제(景帝)의 후손으로 평림현에서 일어난 평림병(平林兵)에 참여하여 '경시장군(更始將軍)'으로 자칭했으며 뒤에 평림병과 녹림군의 일파인 신시병(新市兵)에 의해 추대되어 칭제했다. 그렇지만 결국 적미군(赤眉軍)에게 살해당했으며, 광무제가 즉위한 뒤에 회양왕(淮陽王)으로 추봉되었다. 또한 제현은 애제를 계승한 "유자 영(孺子嬰)"을 살해한 인물이기도 하다. 유자 영은 2세의 나이로 황제가 된 유영(劉嬰)인데, 왕망에 의해 황제로 세워진 지 3년 만에 폐위되어 정안공(定安公)에 봉해졌다. 17년 뒤에 신나라가 망하자 방망(方望), 궁림(弓林) 등이 임경(臨涇)에서 황제로 옹립했는데, 이때 이미 칭제를 했던 제현에 의해 21세의 나이에 살해되었다. 결국 제현은 서한 또는 동한의 황제가 된 일이 없는 셈인데, 『기년아람』에서는 신망(新莽, 왕망) 및 외효(隗囂), 공손술(公孫述), 유분자(劉盆子) 등과 함께 '참위(僭僞)'에 포함시키기까지 했다. 『아희원람』에서 서한의 황제로 제시한 이유가 무엇인지는 알 수 없지만, 단순한 오류일 가능성도 배제하기 어렵다.

둘째는 이전 시기에는 보이지 않던 연호를 제시한 점이다. 연호는 군주가 자신의 치세(治世)에 붙이는 칭호인데, 한나라 무제 때 처음 사용했으며 이후 동아시아에서 보편적인 연도 표기법이 되었다. 이보다 앞선 문제와 경제 때에도 후원(後元)이나 중원(中元)과 같은 명칭을 사용했지만, 이는 재위년(在位年)을 표기하는 수단일 뿐이며 연호로 인정되지는 않는다. 군주가 특별한 일이 있을 때에는 연호를 고치는 '개원(改元)'을 시행하는데, 이 때문에 한 군주의 치세에 여러 개의 연호가 사용되기도 한다. 『아희원람』에서는 주석으로 연호를 표기했는데, 이는 연호를 통해 연도를 파악해야 했던 당시 사람들에게 매우 요긴한 정보였을 것이다.

셋째는 "고후(高后)"를 다른 황제들과 함께 제시한 점이다. 고후는 고태후(高太后) 즉 고조 유방의 황후로, 흔히 여후(呂后) 또는 여태후(呂太后)로 일컬어진다. 아들인 혜제(惠帝)가 세상을 떠난 뒤에 다른 사람의 아들을 혜제의 아들이라고 내세워 황제로 삼았으며, 얼마 뒤에 다시 황제를 살해하고서 새로 항산왕(恒山王) 유의(劉義)를 혜제의 아들이라고 내세워 황제로 삼고 이름을 홍(弘)으로 고치게 했다. 두 황제가 있었던 8년의 기간 동안에 고후는 황태후로서 어린 황제를 대신하여 조정의 정사를 돌보고 명을 내리는 "임조칭제(臨朝稱制)"를 하였으니, 실질적인 황제 역할을 한 셈이다. 고후가 세운 두 황제를 "소제(少帝)"라고 일컫는데, 전소제(前少帝)와 후소제(後少帝) 또는 소제공(少帝恭)과 소제홍(少帝弘)이라고 일컬어 구별하기도 한다. 『기년아람』에서는 혜제 다음에 "여후(呂后)"를 기록했지만, 한 칸 내려 씀으로써 보통의 황제와는 다름을 표시하였다. 황제명과 연호만을 나열한 『아희원람』에서 이와 같은 방식을 사용할 수는 없었을 것이다.

넷째는 잠시 황제로 있다가 폐위된 '소제(少帝)' 유변(劉辯)을 제외하고 짧은 기간 동안 사용된 일부 연호를 표기하지 않은 점이다. "소제 유변"은 영제(靈帝)와 하황후(何皇后) 사이에서 태어났으며, 영제와 헌제(獻帝) 사이에 6개월 정도 황제의 자리에 있었다. '십상시의 난'이 진압된 뒤에 동탁(董卓)에 의해 폐위되어 홍농왕(弘農王)으로 봉해졌으며, 황제로 있던 기간에 광희(光熹)와 소녕(昭寧)의 두 연호를 사용하였다. 『기년아람』에서는 황제에 포함시키지 않으면서도 '영제' 항목에서 생애 및 연호 등을 간략하게 언급했는데, 『아희원람』에서는 황제에 포함시키지 않으면서 자연스럽게 연호도 언급하지 않게 되었다. 서한의 "애제"는 건평 2년의 6~8월에 '태초원장(太初元將)'이라는 연호를 사용한 바 있지만 3개월 만에 다시 건평을 사용하도록 했는데, 이 '태초원장'의 연호는 위의 목록에서 제외했다. "헌제" 유협(劉協)은 홍농왕 즉 소제 유변이 폐위되면서 즉위했는데, 이때 '영한(永漢)'이라는 연호를 썼다. 그렇지만 같은 해에 '영한'의 연호를 없애고 영제의 마지막 연호인 '중평(中平)'을 다시 쓰도록 했으며, 다음 해에 새로운 연호인 '초평(初平)'을 쓰게 했다. 또 마지막에는 '연강(延康)'이라는 연호를 썼는데, 이는 조비가 조조의 뒤를 이어 위왕(魏王)이 된 것을 기념하는 뜻이 담긴 것이었다. 때문에 당시 촉한에서는 '연강' 대신 '건안(建安)'을 연호로 계속 사용하기도 했다. 이처럼 헌제 때에는 6개의 연호를 사용했지만, 촉한을 정통으로 하는 관점에서는 『아희원람』에서 제시한 3개의 연호만 인정하기도 한다.

다섯째는 위나라의 황제 가운데 '제(帝)'로 일컫지 않는 사례가 나타나는 점이다. "제왕"으로 일컬은 제3대 "조방(曹芳)"은 명제 조예의 양자가 되어 제왕(齊王)에 봉해졌으며, 명제가 죽자 8세의 나이로 즉위하였다. 뒤에 사마사(司馬師)에게 대항하려 하다가 폐위되어 다시 제왕(齊王)이 되었으며, 진나라 건국 이후에는 소릉현공(邵陵縣公)으로 격하되었다. "고귀향공(高貴鄕公)"으로 일컫는 제4대 조모(曹髦)는 문제 조비의 손자인데, 고귀향공으로 있다가 사마사에 의해 황제가 되었다. 그렇지만 뒤에 사마사를 이은 사마소(司馬昭)를 제거하려다가 실패하고 살해되었다. 마지막 황제인 조환(曹奐)은 진나라에서 "원제(元帝)"라는 시호를 받았는데, 이 시호를 인정하지 않는 경우도 있다. 『기년아람』에서도 '원제'가 아닌 '상도향공(常道鄕公)'으로 지칭했다. 조조의 손자인 조환은 '상도향공'으로 있다가 사마소에 의해 황제가 되었는데, 사마염이 진(晉)을 세우면서 진류왕(陳留王)으로 봉해졌다. 세상을 떠난 뒤에는 진나라 혜제가 황제의 예로 장사 지내면서 시호를 '원제(元帝)'로 정했다. 결국 조방, 조모, 조환은 실권이 없는 황제였던 셈인데, 『삼국지』 「위지」에서는 이들을 합쳐 '삼소제(三少帝)'로 칭하기도 했다.

여섯째는 오나라의 경우에도 연호와 황제의 명칭에 설명이 필요한 부분이 있다는 점이다. 먼저 오나라를 세운 손권의 연호를 살펴볼 필요가 있다. 가장 먼저 제시한 "황무(黃武)"의 경우에는 오왕(吳王)이 될 때 정한 연호이니 칭제(稱帝)한 이후의 연호들과는 성격이 다른데, 손권은 오왕으로 7년을 지내고 황제로 칭한 이후에 24년을 지냈다. 마지막에 거론한 "대원(大元)"은 "태원(太元)"의 오기다. 손권이 마지막 2개월 동안 사용한 '신봉(神鳳)'의 연호는 누락되었는데, 『기년아람』에서는 시기를 특정하지 않은 채로 이 연호를 언급하고서 "괴이하다(可怪)"고 기술한 바 있다. 당시에 잘 알려져 있지 않은 연호였던 듯하다. "회계왕(會稽王)" 손량(孫亮)은 손권의 아들인데, 어린 나이에 실권 없는 황제가 되었다가 결국 당시의 권신(權臣) 손침(孫綝)에 의해 폐위당하여 회계왕으로 봉해졌다. "오정후(烏程侯)"는 마지막 황제 손호(孫皓)로 손권의 손자인데, 오정후(烏程侯)로 있다가 황제가 되었으나 진나라에 항복한 뒤에 '귀명후(歸命侯)'로 봉해졌다. 『기년아람』에서는 '귀명후'로 표기했다. 손호는 모두 8개의 연호를 사용했는데, 『아희원람』에서는 '봉황(鳳凰)'과 '천새(天璽)' 사이에 쓴 연호인 '천책(天冊)'을 빠뜨렸다.

○ 진나라. 무제, 태시, 함녕, 태강 혜제, 영희, 원강, 영강, 영녕, 영안, 영흥, 광희 회제, 영가 민제. 건흥. ○ 서진(西晉) 원제, 건무, 태흥, 영창 명제, 태녕 성제, 함화, 함강 강제, 건원 목제, 영화, 승평 애제, 융화, 흥강[흥녕(興寧)] 제혁, 태화 간문제, 함안 효무제, 영강, 태원 안제, 융안, 원흥, 의희 공제. 원희 ○ 동진 모두 156년이다.

부록. 참호(僭號) 18국 ○ 한, 성, 량, 후조, 대, 연, 위, 진, 후진, 후연, 서연, 서진, 후량, 남연, 북량, 남량, 서량, 하.

晉. 武帝, 泰始, 咸寧, 太康 惠帝, 永熙, 元康, 永康, 永寧, 永安, 永興, 光熙 懷帝, 永嘉 愍帝. 建興. ○ 西晉 元帝, 建武, 太興, 永昌 明帝, 太寧 成帝, 咸和, 咸康 康帝, 建元 穆帝, 永和, 升平 哀帝, 隆和, 興康 帝奕, 太和 簡文帝, 咸安 孝武帝, 寧康, 太元 安帝, 隆安, 元興, 義熙 恭帝. 元熙 ○ 東晉 共一百五十六年.

附. 僭號十八國 ○ 漢, 成, 凉, 後趙, 代, 燕, 魏, 秦, 後秦, 後燕, 西燕,西秦, 後凉, 南燕, 北凉, 南凉, 西凉, 夏.

진나라는 삼국을 통일했으나 '팔왕(八王)의 난'과 '영가(永嘉)의 난'을 겪으면서 국력이 약해졌고, 결국 유연(劉淵)이 세운 한(漢)—전조(前趙)—에 의해 도읍을 빼앗겼다. 이후 사마예(司馬睿)가 강남으로 옮겨 새 황제가 되었는데, 이를 동진(東晉)이라 하여 이전의 서진(西晉)과 구별한다. 동진 시기에는 진나라가 물러난 자리에 흔히 '5호 16국'으로 알려진 왕조들이 들어섰는데, 『아희원람』에서는 이를 "참호(僭號) 18국"이라 칭하고 부록으로 국명을 제시했다.

서진 및 동진의 황제와 연호의 경우에는 일부 누락된 사례가 발견된다. "무제" 사마염이 사용한 4개의 연호 가운데 마지막 4개월 동안 사용한 연호인 '태희(太熙)'가 누락되었다. 또 "혜제" 사마충(司馬衷)은 총 10개의 연호를 사용했는데, 영평(永平), 태안(太安), 건무(建武)의 세 연호가 누락되었다. '건무'는 5개월 만에 다시 '영안'으로 복구되었으니, 제외하는 것이 그리 어색하지는 않다. 사용된 순서에 따라 연호를 나열하면 '영희-영평(永平)-원강-영강-영녕-태안(太安)-영안-건무(建武)-영안[복구]-영흥-광희'가 된다. "애제"의 두 번째 연호로 제시된 "흥강(興康)"은 "흥녕(興寧)"의 오기다. '흥녕'은 363~365년에 사용했다. "안제" 사마덕종(司馬德宗)은 4개의 연호를 사용했는데, '원흥(元興)' 뒤에 사용한 '대형(大亨)'을 싣지 않았다. 대형은 환현(桓玄)이 사마원현(司馬元顯)을 제거한 뒤에 사용한 연호인데, 사실상 환현이 사용한 연호인 셈이어서 정상적인 의미의 '연호'로 인정되지 않기도 했다. 한편 "제혁(帝奕)" 사마혁(司馬奕)의 경우에는 황제로서의 시호가 없는데, 그래서 보통은 "폐제(廢帝)"나 "해서공(海西公)"으로 불린다. 성제의 아들이자 애제의 동생으로, 환온(桓溫)에 의해 폐위된 뒤에는 동해왕(東海王)에 봉해지고 다시 해서현공(海西縣公)으로 강등되었다.

"참호 18국" 즉 참람하게 황제라고 칭한 18개 나라는, 대체로 '5호 16국'에 해당한다. '5호 16국'은 진나라가 동쪽으로 밀려나면서 중국 북부 지역에 세워진 나라들을 가리키는 말로, 흉노(匈奴), 선비(鮮卑), 저(氐), 갈(羯), 강(羌)의 다섯 이민족[胡]이 세운 16개 나라라는 의미다. 그렇지만 실제로는 구별이 선명하지 않은 5개 민족 이외에 한족이 세운 나라도 포함되어 있으며, 그 수도 16개를 넘어선다. 때문에 '5호'는 실제 이민족의 수라기보다는 오행에서 유래한 것이라는 견해도 제기된 바 있다. 또한 '16국'은 북위(北魏) 말엽의 최홍(崔鴻)이 쓴 『십육국춘추(十六國春秋)』에서 유래한 것으로 알려져 있지만, 어떤 시기까지 그리고 어떤 나라까지를 여기에 포함할 수 있는지에 대해서는 이견이 있다. 『기년아람』에서는 '5호 16국'이라는 명칭은 사용하지 않고 진나라 뒤에 19개의 나라를 '부록[附]'하였는데, 『아희원람』과 비교해 보면 '위(魏)'는 독자적인 국가로 처리하지 않은 반면에 '성(成)'—성한(成漢)—은 '성(成)'과 '한(漢)'의 2개 나라로 처리한 정도의 차이가 보인다. 또한 『기년아람』에서는 고운(高雲)이 세운 '북연(北燕)'을 포함시킨 것도 중요한 차이점이다.

『아희원람』에서 제시한 "참호 18국"을 '5호 16국'과 비교해 보면, 고운이 세운 '북연'을 제외한 반면 대(代), 위(魏), 서연(西燕)의 세 나라를 추가한 것을 볼 수 있다. 대(代)는 선비족인 탁발씨(拓跋氏)의 나라인데, 탁발십익건이 북위(北魏)—원위, 후위—를 건국한 손자 탁발규(拓跋珪)에 의해 고조(高祖) 소성제(昭成帝)로 추존되는 데서 짐작할 수 있듯이 북위로 계승된다. '위(魏)'는 북위를 지칭할 가능성도 있지만, 염민이 세운 위나라를 가리킬 가능성이 더 높아 보인다. 염민은 원래 후조(後趙)의 무장이었으며, 4대 황제인 석감(石鑒)을 폐위하고 칭제(稱帝)하면서 국호를 '위(魏)'로 바꾸었다. 염민이 세운 위나라라는 뜻에서 흔히 '염위'로 일컫는다. 『기년아람』에서는 염민을 후조의 5대 황제로 기록하였는데, 『아희원람』에서는 이를 별도의 나라로 이해한 듯하다. 서연(西燕)의 첫 황제는 모용홍(慕容泓)으로 알려져 있는데, 『기년아람』에서는 그 동생인 2대 모용충(慕容沖)으로부터 기록했다. 서연은 작은 나라였으며 찬탈과 복위가 이어졌는데, 『기년아람』에서는 모용충과 6대인 모용영(慕容永)만을 기록했다.

한편 '참호 18국' 또는 '5호 16국'은 국호가 바뀌거나 찬탈과 복위가 반복되는 등 내부적으로도 많은 변화가 있었기 때문에, 이 가운데는 '국호'가 명확하지 않은 사례가 보인다. 또 이전에 존재했던 왕조의 명칭을 내세운 사례도 있기 때문에, 후대에 이를 구별하기 위해 새로운 명칭을 부여하기도 한다. 예컨대 한(漢)은 318년에 서진을 멸망시킨 뒤에 국호를 '조(趙)'로 바꾸었는데, 이를 보통 '전조(前趙)'라 한다. 또 성(成)은 338년에 한왕(漢王) 이수(李壽)가 제4대 황제로 즉위하면서 국호를 '한(漢)'으로 바꾸었는데, 둘을 합쳐 '성한(成漢)'으로 일컫는다. 또 량(凉) 즉 전량은 장궤(張軌)가 세운 나라로 알려져 있지만 『기년아람』에서는 장식—

장궤의 아들—을 개국 군주로 기록했는데, 이는 칭제(稱帝)한 인물이 누구인가에 따라 달리 본 결과인 듯하다. 이러한 이유로 존속 기간 또한 달리 이해되는 사례도 적지 않다. 이해를 돕기 위해 '참호 18국'의 민족과 개국 군주, 존속 기간 등을 표로 정리하였다. 단 이 표에서 개국 군주와 존속 기간 등은『기년아람』을 기준으로 삼았다.

국명	이칭	민족	개국 군주	존속 기간
한(漢)	전조(前趙)	흉노족	유연(劉淵)	3세 25년
성(成)	성한(成漢)	저족	이웅(李雄)	5세 44년
량(凉)	전량(前凉)	한족	장식(張寔)	8세 60년
후조(後趙)		갈족	석륵(石勒)	5세 34년
대(代)		선비족	탁발십익건(拓跋什翼犍)	36년
연(燕)	전연(前燕)	선비족	모용황(慕容皝)	3세 34년
위(魏)	염위(冉魏)	한족	염민(冉閔)	2세 3년
진(秦)	전진(前秦)	저족	부건(苻健)	6세 44년
후진(後秦)		강족	요장(姚萇)	3세 34년
후연(後燕)		선비족	모용수(慕容垂)	4세 24년
서연(西燕)		선비족	모용충(慕容沖)	2세 11년
서진(西秦)		선비족	걸복국인(乞伏國仁)	4세 47년
후량(後凉)		저족	여광(呂光)	3세 18년
남연(南燕)		선비족	모용덕(慕容德)	2세 13년
북량(北凉)		흉노족	단업(段業)	3세 43년
남량(南凉)		선비족	독발오고(禿髮烏孤)	3세 18년
서량(西凉)		한족	이고(李暠)	3세 23년
하(夏)		흉노족	혁련발발(赫連勃勃)	3세 25년

○ 송나라. 무제,영초 영양왕,경평 문제,원가 효무제,효건, 대명 폐제,경화 명제,태시, 태예 창오왕,원휘 순제.승명 모두 60년이다.

부록. 북조에는 위가 있었다.

宋. 武帝,永初 營陽王,景平 文帝,元嘉 孝武帝,孝建, 大明 廢帝,景和 明帝,泰始, 泰豫 蒼梧王,元徽 順帝.昇明 共六十年.

附. 北朝, 魏.

진나라가 망한 이후로부터 수나라가 창업하기까지 남쪽과 북쪽에 각기 다른 왕조가 들어선다. 남쪽에는 동진이 망한 뒤 송, 제, 양, 진의 남조(南朝)가 들어섰고, 북쪽에는 '참호 18국' 즉 5호 16국이 정리된 뒤에 원위(元魏), 북제, 후주로 이어지는 북조(北朝)가 세워졌다. 『아희원람』에서는 남조를 기준으로 삼고 북조는 부록으로 덧붙였는데, 이는 남조를 정통으로 보는 관점을 취했기 때문에 나타난 결과일 것이다. 이하에서는 같은 시기에 존재했던 북조의 왕조를 덧붙여서 참고할 수 있도록 했는데, 이는 독자들이 활용하는 데 도움이 되었을 듯하다.

남조의 첫 왕조로 내세운 "송(宋)"은 유유(劉裕)가 동진 공제(恭帝)로부터 선위를 받는 형식을 취하여 건국한 나라로, 다른 시기의 송나라와 구별하기 위해 '유송(劉宋)'으로 부르기도 한다. 같은 시기의 북조 왕조로 언급된 "위(魏)"는 탁발규가 세운 북위(北魏)—또는 원위(元魏)—를 가리킨다. 송나라에는 폐위된 황제가 여럿 있기 때문에 '제(帝)'로 일컫지 않은 사례가 다수 나타난다.

"영양왕(營陽王)"은 제2대 황제 유의부(劉義符)로, 서선지(徐羨之) 등의 신하에게 폐위되어 영양왕에 봉해졌고 시호가 없어서 '소제(少帝)'로 일컫기도 한다. 『기년아람』에서는 이름을 드러내어 '주의부(主義符)'로 표기했다.

"폐제(廢帝)"는 시호 없이 폐위된 황제를 뜻하는 말로, 여기서는 제6대 황제 유자업(劉子業)을 의미한다. 『기년아람』에서는 이름을 드러내어 '주자업(主子業)'으로 표기하고 수적지(壽寂之) 등에게 시해되었다고 했는데, 숙부들을 비롯한 일가를 학대하고 패륜을 저지른 끝에 환관 수적지의 칼에 목숨을 잃었다고 전한다. 제8대 황제 유욱(劉昱) 또한 폐위되어 시호가 없기 때문에, 둘을 구별하기 위해 '전폐제

(前廢帝)'로 부르기도 한다. 유자업은 즉위하여 8개월 동안 '영광(永光)'이라는 연호를 쓰다가 '경화(景和)'로 고쳤는데, 여기서는 첫 번째 연호인 '영광'이 누락되었다.

"창오왕(蒼梧王)"은 제8대 황제 유욱인데, 『기년아람』에서는 이름을 드러내어 '주욱(主昱)'으로 표기하고 소도성(蕭道成)에게 폐위당하고 창오왕에 봉해졌다가 시해되었다고 했다. 소도성은 바로 뒤에 언급하는 제(齊)를 세운 인물이다. 유욱은 제6대 황제 유자업과 구별하여 '후폐제(後廢帝)'로 일컫기도 한다.

○ 제나라. 고제,건원 무제,영명 울림왕,융창 해릉왕,연흥 명제,건무, 영태 동혼후,영원 화제.중흥 모두 24년이다.

부록. 북조에는 위가 있었다.

齊. 高帝,建元 武帝,永明 鬱林王,隆昌 海陵王,延興 明帝,建武, 永泰 東昏侯,永元 和帝.中興 共二十四年.

附. 北朝, 魏.

제나라는 소도성(蕭道成)이 송나라 순제로부터 선위를 받는 형식을 취하여 세운 나라로, 북조의 북제 등과 구별하기 위해 '남제(南齊)' 또는 황제의 성씨를 붙여 '소제(蕭齊)'로 일컫기도 한다. 제나라에도 폐위된 황제가 있기 때문에 '제(帝)'로 일컫지 않은 사례가 나타난다.

"울림왕(鬱林王)"은 제3대 황제 소소업(蕭昭業)인데, 『기년아람』에서는 이름을 드러내어 '주소업(主昭業)'이라 표기하고 소란(蕭鸞)에게 시해되었으며 추폐(追廢)되어 울림왕이 되었다고 했다. 소란은 곧 제5대 황제 명제(明帝)다.

"해릉왕(海陵王)"은 제4대 황제 소소문(蕭昭文)으로, '울림왕' 소소업의 동생이다. 『기년아람』에서는 이름을 드러내어 '주소문(主昭文)'으로 표기하였으며, 소란에 의해 황제로 세워졌으나 4개월이 되지 못하여 폐위되어 해릉왕이 되고 얼마 뒤에 시해되었다고 했다.

"동혼후(東昏侯)"는 제6대 황제 소보권(蕭寶卷)으로, 명제 소란의 둘째 아들이다.

『기년아람』에서는 이름을 드러내어 '주보권(主寶卷)'으로 표기했는데, 동생 소보융(蕭寶融)에 의해 폐위되어 부릉왕(涪陵王)에 봉해졌으며 얼마 뒤 시해되었고 추폐(追廢)되어 동혼후가 되었다고 했다. '소보융'은 제나라의 마지막 황제인 화제(和帝)다. '동혼후' 소보권의 폐위는 화제로부터 선양을 받아 양나라를 건국하게 되는 소연(蕭衍)이 실질적으로 주도한 것으로 알려져 있다.

○ 양나라. 무제,천감, 보통, 대통, 중대통, 대동, 중대동, 태청 간문제,대보 원제,승성 경제.소태, 태평 모두 56년이다.

부록. 북조에는 위, 동위, 북제가 있었다.

梁. 武帝,天監, 普通, 大通, 中大通, 大同, 中大同, 太淸 簡文帝,大寶 元帝,承聖 敬帝.紹泰, 太平 共五十六年.

附. 北朝. 魏 · 東魏 · 北齊.

양나라는 소연(蕭衍)이 제나라 화제(和帝)로부터 선양받는 형식을 취해 세운 나라다. 『아희원람』에서는 존속 기간을 "56년"으로 기록했는데, 『기년아람』에서는 이와 달리 "86년"이라 했다. '86년'은 소명태자의 아들인 소찰(蕭詧)이 세운 '후량(後梁)'의 존속 기간을 포함시킨 수치인 듯한데, 후량은 선제(宣帝), 명제(明帝), 후주(後主)의 3대 동안 강릉 주변 지역을 다스렸으며 수나라에 항복했다.

양나라의 제3대 황제로 즉위했다가 3개월 만에 폐위된 소동(蕭棟)은 여기서 누락했는데, 『기년아람』에서 '참위(僭僞)'로 표기한 데서 짐작할 수 있듯이 정통으로 보지 않는 견해가 있었기 때문에 의도적으로 제외한 듯하다. 소동은 소명태자 소통(蕭統)의 손자이며 예장왕(豫章王) 소환(蕭歡)의 아들인데, 간문제를 폐위시킨 후경(侯景)에 의해 황제로 세워져서 3개월 동안 '천정(天正)'의 연호를 사용했다. 소동은 후경에게 선위를 한 뒤에 회음왕(淮陰王)에 봉해졌으며, 다음 해에 원제(元帝) 소역(蕭繹)에게 살해되었다. 후경은 소동을 폐위시키고 스스로 황제가 되어 국호를 한(漢)이라 했는데, 얼마 지나지 않아서 왕승변(王僧辯) 등에게 패하고 죽임을 당했다.

○ 진나라. 무제,영정 문제,천가, 천강 임해왕,광대 선제,태건 후주.지덕, 정명 모두 33년이다.

부록. 북조에는 북제, 후주가 있었다. ○ 이상은 남북조다.

부록. 원위. 도무제, 명원제, 태무제, 문성제, 헌문제, 효문제, 선무제, 효명제, 효장제, 주엽, 절민제, 주랑, 효무제.후위다 문제, 폐주, 공제.서위다 모두 172년이다.

부록. 동위. 효정제.

북제. 문선제, 효소제, 무성제, 후주(後主). 모두 28년이다.

후주(後周). 효민제, 명제, 무제, 선제, 정제. 모두 25년이다.

陳. 武帝,永定 文帝,天嘉, 天康 臨海王,光大 宣帝,太建 後主.至德, 禎明 共三十三年.

附. 北齊, 後周. ○ 以上, 南北朝.

附. 元魏. 道武帝, 明元帝, 太武帝, 文成帝, 獻文帝, 孝文帝, 宣武帝, 孝明帝, 孝莊帝, 主曄, 節閔帝, 主朗, 孝武帝.後魏 文帝, 廢主, 恭帝.西魏 共一百七十二年.

附. 東魏. 孝靜帝.

北齊. 文宣帝, 孝昭帝, 武成帝, 後主. 共二十八年.

後周. 孝愍帝, 明帝, 武帝, 宣帝, 靜帝. 共二十五年.

남조의 마지막 왕조인 진나라는 진패선(陳霸先)이 양나라 경제(敬帝)로부터 선위를 받는 형식을 취해 세운 나라다. "임해왕(臨海王)"은 제3대 황제 진백종(陳伯宗)인데, 폐위되어 시호와 묘호가 없으므로 흔히 '폐제(廢帝)'로 일컬으며 『기년아람』에서는 이름을 드러내어 '주백종(主伯宗)'으로 표기했다. 숙부인 진욱(陳頊)에 의해 폐위되어 임해왕에 봉해졌고 얼마 지나지 않아 시해되었다. "후주(後主)"는 진나라의 마지막 황제 진숙보(陳叔寶)로, 어리석은 망국 군주의 전형으로 일컬어진다. 특히 수나라 대군이 쳐들어왔을 때 우물 속에 숨어 있다가 생포된 일화는 널리 알려져 있다.

『아희원람』에서는 『기년아람』에서처럼 남조를 앞세우고 북조를 부록으로 덧붙였는데, 이는 남조를 정통으로 삼았던 당시의 인식을 반영한 결과로 풀이된다. 또한 북조의 경우에는 연호를 제시하지 않았는데, 이는 북조에서 일어난 사건을 남조 연호로 표기하기도 했던 당시 사정을 고려하면 실용적인 면에서 문제가 되지는 않았을 법도 하다. 북조의 왕조는 '원위-북제-후주'의 순서로 제시했는데, 원위에는 동위와 서위를 포함시켰다.

"원위(元魏)"의 정식 명칭은 "위(魏)"인데, 다른 시기의 위나라와 구별하기 위해 원위, 북위(北魏), 후위(後魏) 등으로도 부른다. 선비족 출신인 대왕(代王) 탁발십익건(拓跋什翼犍)의 손자 탁발규가 개국하여 398년에 도읍을 옮기고 황제로 칭했다. "위"의 황실은 '탁발(拓跋)'에서 '원(元)'으로 성을 바꾸었는데, 이는 7대 효문제 원굉(元宏) 때의 일이다. 한편 "원위"는 효무제 이후로 서위와 동위로 분열되는데, 이 시기에는 황제의 자리에 오른 "원위"의 황족은 실권 없는 황제로 지내게 된다. 이주씨(爾朱氏)가 절민제를 옹립하자 고환(高歡)은 원랑(元朗)—본문에는 '주랑(主朗)'으로 표기되어 있음—을 옹립함으로써 두 황제가 공존했는데, 고환은 이주씨를 제거하고 절민제를 폐위시킨 뒤에 원수(元修)를 옹립하여 효무제로 즉위시킨다. 그런데 효무제가 우문태(宇文泰)에게로 달아나니, 고환은 원역(元懌)을 효정제로 즉위시키고 도읍을 옮기게 된다. 이로부터 서위와 동위가 병립하게 되고, 서위에서는 우문태가 동위에서는 고환이 각각 실권을 쥐게 되었다.

원위에는 폐위된 황제가 여럿 있었는데, 『아희원람』에서는 그 가운데 일부는 제외하고 일부는 시호를 대신하여 이름을 드러내는 방식으로 표기했다. 즉위 이전 또는 폐위 이후의 왕호로 표기했던 이전 시대에 대한 표기법과는 다른 표기법을 채택한 셈인데, '주(主)+이름'의 방식은 『기년아람』에서의 표기 방식과 일치한다.

원위의 황제 가운데 '태무제와 문성제 사이'에 즉위했던 탁발여(拓跋余)를 제외한 점을 우선 확인할 수 있는데, 환관 종애(宗愛)에 의해 옹립되었다가 폐위되고 시해된 탁발여는 흔히 왕호에 따라 '남안왕(南安王)' 또는 '남안은왕(南安隱王)'으로 불린다. 이때 황제로 즉위한 문성제 탁발준(拓跋濬)은 탁발여의 조카로, 종애를 토벌한 뒤에 탁발여의 장례를 황제가 아닌 왕의 예로 치르게 했다. "효명제" 원후(元詡)는 선무제의 아들로 태어나 6세에 즉위했는데, 어머니인 호태후(胡太后)—시호가 선무영황후(宣武靈皇后)이므로 '영태후'라고도 일컬음—에게 시해된다. 호태후는 임조칭제(臨朝稱制)하며 어린 아들 대신 실권을 쥐었는데, 친정(親政)의 뜻을 품게 된 효명제가 이주영(爾朱榮)을 불러들이려 하자 권력을 위해 아들 효명제를 독살했다고 전한다. 호태후는 태어난 지 얼마 되지 않은 효명제의 딸을 아들이라고 속여 황제로 옹립했다가 다음 날 다시 3세에 불과한 원쇠(元釗)를 황제로 옹립했는데, 효명제의 딸은 흔히 '여제(女帝)'로, 원쇠는 '유주(幼主)'로 불린다. '여제'와 '유주'는 비록 정통성을 인정받지는 못했지만 잠시 황제로 즉위했던 것만은 사실이니, 효명제와 효장제 사이에는 『아희원람』이 언급하지 않은 두 황제가 있었다고 해야 할 것이다. 한편 이주영은 낙양에 들어와 원자유(元子攸)를 효장제(孝莊帝)로 옹립하고서 승상 이하 대신 천여 명을 죽이는 '하음의 변'을 일으키는데, 호태후와 유주(幼主) 원쇠는 제8장 '수부'에서 언급한 승상 원옹 등과 함께 하음의 변 때 살해된다.

폐위되어 시호를 받지 못한 황제로는 우선 "주엽(主曄)"으로 표기된 원엽(元曄)을 들 수 있다. 즉위 이전에 장광왕(長廣王)이었으며 이주조(爾朱兆)에 의해 옹립되었으나 이주세륭(爾朱世隆)에 의해 폐위되어 동해왕(東海王)으로 봉해졌고 효무제에게 시해되었다. "절민제(節閔帝)" 원공(元恭) 또한 폐위된 황제로, 원래 시호가 없었지만 서위에서 '절민황제'로 추존되었다. 즉위 이전의 왕호에 따라 흔히 '광릉왕(廣陵王)'으로 일컫는다. "주랑(主朗)"으로 표기된 원랑(元朗)은 절민제와 재위 기간이 겹치는데, 이주세륭(爾朱世隆)이 절민제를 옹립했을 때 고환(高歡)이 원랑을 옹립했기 때문이다. 원랑은 고환에 의해 폐위되어 안정왕(安定王)에 봉해졌으며, 얼마 뒤에 효무제에게 시해되었다. 서위의 경우에는 "폐주(廢主)"로 표기된 제2대 황제 원흠(元欽)이 폐위되어 시호를 받지 못해, 보통은 '폐제(廢帝)'로 일컫는다.

북조의 두 번째 왕조인 "북제(北齊)"의 정식 명칭은 "제(齊)"로, 남조의 제나라와 구별하여 흔히 '북제'로 일컫는다. 동위의 실권자 고환의 둘째 아들인 고양(高洋)이 동위 효정제(孝靜帝)에게 선위를 받는 형식를 취해 세운 나라다. 북제 황제에 오른 인물은 모두 6명인데, 『아희원람』에서는 실질적으로는 황제로 활동하지 못한 2명을 제외하고 4명만 수록한 듯하다.

먼저 문선제의 아들로 아버지의 뒤를 이어 황제가 된 고은(高殷)을 제외했는데, 고은은 흔히 '북제 폐제(廢帝)'로 일컬어지며 『기년아람』의 방식으로는 "주은(主殷)"으로 표기할 수 있다. 고은은 숙부 고연(高演)에 의해 폐위되어 제남왕(濟南王)에 봉해졌다가 얼마 뒤 시해되는데, 고연은 고은을 폐위시키고 스스로 황제의 자리에 오른 효소제(孝昭帝)다. 황제의 명단에서 제외된 또 한 인물은 마지막 황제인 '유주(幼主)' 고항(高恒)이다. 고항은 아버지 "후주(後主)" 고위(高緯)로부터 선위를 받는데, 선위받은 달에 후주(後周)의 군사들에게 붙잡혀 해를 입게 된다. 황제의 자리를 물려받았을 때는 이미 북제가 멸망하기 직전이었으니, 실질적인 황제로 활동한 일은 없는 셈이다.

북조의 세 번째 왕조인 "후주(後周)"의 정식 명칭은 "주(周)"로, 삼대의 주나라와 구별하기 위해 흔히 '후주(後周)'나 '북주(北周)'라 부른다. 다만 당말 오대(五代)에 곽위(郭威)가 세운 '주(周)' 또한 '후주(後周)'로 불리기도 하므로, 이와 구별하기 위해 '북주'로도 일컫는다. 『기년아람』에서는 우문씨는 원래 선비족이라 했으며 선비족 풍속에 천자를 '우문'이라 하므로 이를 성으로 삼았다고 했다. 첫 황제인 효민제 우문각(宇文覺)은 서위(西魏) 공제(恭帝)에게 양위를 받는 형식을 취하여 황제의 자리에 올랐다.

○ 수나라. 문제,[개황, 인수] 양제,[대업] 공제.[의녕] 모두 30년이다.

隋. 文帝,[開皇, 仁壽] 煬帝,[大業] 恭帝,[義寧] 共三十年.

수나라는 북조 주나라—'후주' 또는 '북주'로 일컬음—의 외척인 양견(楊堅)이 선위를 받는 형식을 취해 세운 나라인데, 문제 양견이 개국 8년 뒤인 589년에 남조의 진나라를 멸망시키고 천하를 통일했다. 수나라의 존속 기간으로 기록된 "30년"은 천하 통일로부터 수나라 멸망까지를 계산한 결과인 듯한데, 『아희원람』에서 이처럼 계산한 근거는 확인하기 어렵다. 다만 『기년아람』에서 개국에서부터 제4대 공제(恭帝) 양동(楊侗)까지를 계산하여 "4세(世) 39년"이라 한 것과는 다른 입장을 취한 점은 분명하다. 수나라의 마지막 황제로 『아희원람』에서는 제3대 공제(恭帝) 양유(楊侑)를 제시한 반면에 『기년아람』에서는 제4대 공제(恭帝) 양동(楊侗)을 제시했는데, 양동을 정통으로 인정할 것인가에 대해서는 논란이 있다. 두 황제 모두 "공제(恭帝)"로 일컬어지지만, 양유는 당왕(唐王) 이연(李淵)에 의해 옹립되었다가 폐위되었으며 양동은 동도(東都)—낙양—의 신하들에 의해 옹립되었다가 왕세충(王世充)에 의해 폐위되어 시해되었으니 완전히 다른 인물이다. 양동은 '황태(皇泰)'라는 연호를 사용해 '황태주(皇泰主)'로 불리기도 한다.

○ 당나라. 고조, 무덕 태종, 정관 고종, 영휘, 현경, 용삭, 인덕, 건봉, 총장, 함형, 상원, 의봉, 조로, 영륭, 개요, 영순, 홍도 중종, 사성, 신룡, 경룡 예종, 경운, 태극 현종, 개원, 천보 숙종, 지덕, 건원, 상원, 보응 대종, 광덕, 영태, 대력 덕종, 건중, 흥원, 정원 순종, 영정 헌종, 원화 목종, 장경 경종, 보력 문종, 태화, 개성 무종, 회창 선종, 태중(太中)[대중(大中)] 의종, 함통 희종(禧宗)[僖宗], 건부, 광명, 중화, 광계, 문덕 소종, 용기, 대순, 경복, 건녕, 광화, 천복, 천우 소선제. '천우'를 그대로 사용했다 모두 290년이다.

부록. 무후(武后, 측천무후)가 참람하게 주(周)나라를 칭한 것이 21년이다. 광택, 수공, 영창, 천수, 재초, 장수, 여의, 연재, 천책만세, 만세통천, 신공, 성력, 구시, 장안

후량. 태조, 개평, 건화 균왕. 정명, 용덕 모두 17년이다.

부록. 같은 때에 거란이 있었다.

후당. 장종, 동광 명종, 천성, 장흥 민종[민제(閔帝)], 응순 노왕(潞王). 청태 모두 14년이다.

부록. 같은 때에 거란이 있었다.

후진. 고조, 천복 출제(出帝). 개운 모두 12년이다.

부록. 같은 때에 거란은 국호를 '요'로 고쳤다.

후한. 고조, 건우 은제. 아버지의 연호를 그대로 썼다 4년.

부록. 같은 때에 요(遼)가 있었다.

후주. 태조,광순 세종,현덕 공제.그대로 '현덕'으로 칭했다 모두 10년이다.

부록. 같은 때에 요(遼)가 있었다. ○ 이상은 오계다.

부록. 참호(僭號) 12국. ○ 기, 오, 촉, 초, 민, 연, 오월, 남한, 남평, 후촉, 남당, 북한.

唐. 高祖,武德 太宗,貞觀 高宗,永徽, 顯慶, 龍朔, 獜德, 乾封, 總章, 咸亨, 上元, 儀鳳, 調露, 永隆, 開耀, 永淳, 弘道 中宗,嗣聖, 神龍, 景龍 睿宗,景雲, 太極 玄宗,開元, 天寶 肅宗,至德, 乾元, 上元, 寶應 代宗,廣德, 永泰, 大曆 德宗,建中, 興元, 貞元 順宗,永貞 憲宗,元和 穆宗,長慶 敬宗,寶曆 文宗,太和, 開成 武宗,會昌 宣宗,太中 懿宗,咸通 禧宗,乾符, 廣明, 中和, 光啓, 文德 昭宗,龍紀, 大順, 景福, 乾寧, 光化, 天復, 天祐 昭宣帝.仍用天祐 共二百九十年.

附. 武后僭號周二十一年.光宅, 垂拱, 永昌, 天授, 載初, 長壽, 如意, 延載, 天册萬歲, 萬歲通天, 神功, 聖曆, 久視, 長安

後梁. 太祖,開平, 乾化 均王,貞明, 龍德 共十七年.

附. 契丹.

後唐. 莊宗,同光 明宗,天成, 長興 閔宗,應順 潞王.淸泰 共十四年.

附. 契丹.

後晉. 高祖,天福 出帝.開運 共十二年.

附. 契丹改號遼.

後漢. 高祖,乾祐 隱帝.仍父年號 四年.

附. 遼.

後周. 太祖,廣順 世宗,顯德 恭帝.仍稱顯德 共十年.

附. 遼. ○ 以上, 五季.

附. 僭號十二國. ○ 岐, 吳, 蜀, 楚, 閩, 燕, 吳越, 南漢, 南平, 後蜀, 南唐,

北漢.

당나라는 수나라 양제의 이종사촌인 이연(李淵)이 수나라 공제(恭帝) 양유(楊侑)에게서 선위를 받는 형식을 취해 세운 나라로, 고종의 황후 무조(武曌)가 주나라—무주(武周)—를 세우고 스스로 황제가 되었던 시기가 있기 때문에 존속 기간이나 연호 등을 정리하는 일이 간단하지 않다. 『아희원람』에서 존속 기간으로 제시한 "290년"은 당나라의 건국(618)부터 멸망(907)까지의 기간 전체를 계산한 것이며, 무주(武周) 시기까지 합친 수치인 듯하다.

당나라가 멸망한 이후에는 이른바 '5대 10국'의 시기가 펼쳐지는데, 『아희원람』에서는 이 시기에 세운 나라를 "오계(五季)" 및 "참호(僭號) 12국"으로 일컫고 당나라의 뒤에 제시했다. '5계'의 경우에는 연호를 함께 제시했으니, 이는 남북조 시대의 '남조'를 제시한 방식과 유사하다. 다만 형식 차원에서는 남조와는 달리 독립된 항목으로는 설정하지 않았는데, 특별한 이유가 있었는지는 분명하지 않다. "오계(五季)" 또는 "오대(五代)"는 당나라 멸망 이후 화북(華北)을 지배한 양(梁), 당(唐), 진(晉), 한(漢), 주(周)의 5개 왕조로, 보통은 다른 시대에 세워진 나라들과 구별하기 위해 나라 이름 앞에 '후(後)' 자를 붙여 일컫는다. 이 가운데 후당, 후진, 후한의 3개 왕조는 모두 사타족(沙陀族)이 세웠는데, 사타족은 서돌궐(西突厥)에서 갈라져 나왔다고 알려져 있다. "참호 12국" 즉 참람하게 황제라고 칭한 12개의 나라는 흔히 '10국'이라고 일컬어지는데, 이들은 화남을 비롯한 여러 지방에 세워졌다. 단 "참호 12국" 가운데 '연(燕)'과 '기(岐)'는 보통 10국에서 제외되며, '남평(南平)'은 형남(荊南) 또는 북초(北楚)로 일컫기도 한다.

당나라 초기에는 상당히 많은 연호가 나타나는데, 특히 고종과 측천무후(則天武后), 그리고 둘 사이에서 태어나 황제가 된 중종 이현(李顯)과 예종 이단(李旦)의 시기에는 연호가 많을 뿐 아니라 복잡하게 사용되기도 했다. 고종 때 사용된 연호는 14개인데, 『아희원람』에서는 연호를 사용한 순서에 맞게 정확히 제시한 것으로 보인다. 보통 '麟德'으로 쓰는 '인덕'을 '獜德'으로 표기한 점 정도를 차이로 지적할 수 있을 뿐이다.

반면에 "무후(武后)", "중종", "예종" 시기의 연호는 『아희원람』에 제시된 것과는 달리 언급되기도 하는데, 무후가 중종과 예종을 황제로 세우고 '임조칭제(臨朝稱制)'

하며 황제와 같은 권력을 누리다가 주나라를 세워 스스로 황제의 자리에 올랐고 무후가 권력을 잃고 밀려난 뒤에는 다시 중종과 예종이 복위되었기 때문에 어느 것을 무후의 연호로 인정하고 어느 것을 중종이나 예종의 연호로 인정할 것인지를 판단하기가 쉽지 않다. 또 중종의 죽음 이후 1개월 정도 황제에 올라 '당륭(唐隆)'이라는 연호를 사용한 '상제(殤帝)' 이중무(李重茂)와 같은 사례도 있으니, 황제 및 연호 가운데 제외하여 수록되지 않은 경우도 있어서 사정은 더욱 복잡하다. 다만 『아희원람』에서는 측천무후가 주나라를 참칭한 기간을 "21년"이라고 했으니 무후가 임조칭제하면서 권력을 누린 시기도 무후의 치세로 파악했다고 볼 수 있는데, 실제로 중종이나 예종이 황제에 있을 때 사용한 연호 가운데 일부를 무후의 연호로 기록해 둔 것을 확인할 수 있다.

"중종" 이현(李顯)은 고종의 7남이다. 『아희원람』에서는 3개의 연호를 제시했는데, 사성(嗣聖, 684)은 처음 즉위했을 때의 연호이며 신룡(神龍, 705~707)과 경룡(景龍, 707~710)은 복위된 이후의 연호다. 중종은 어머니 측천무후에 의해 황제가 되었다가 폐위되었고, 장간지(張柬之)가 측천무후를 몰아낸 뒤에 다시 황제로 옹립되지만 결국 5년 뒤에 아내 위후(韋后)와 딸 안락공주(安樂公主)에 의해 살해된다. 무후는 이현을 폐위시켰다가 주나라의 태자로 봉하기도 했는데, 그 사이에 이름을 바꾸기도 했고 무씨(武氏) 성을 내리기도 했다.

"예종" 이단(李旦)은 고종의 8남이다. 예종이 황제로 있던 기간에 사용된 연호는 모두 8개인데, 『아희원람』에서는 복위된 이후의 연호인 경운(景雲, 710~712)과 태극(太極, 712)의 2개만 기록했다. 측천무후는 자신의 7남인 중종을 폐위시키고 8남인 예종을 황제로 내세웠는데, 이 기간에 문명(文明, 684), 광택(光宅, 684), 수공(垂拱, 685~688), 영창(永昌, 689), 재초(載初, 689~690)의 5개 연호를 사용했다. 『아희원람』에서는 광택, 수공, 영창, 재초의 4개 연호는 측천무후의 것으로 처리했으며, 첫 연호인 '문명'은 빠뜨렸다. 예종은 측천무후가 국호를 주나라로 고치고 스스로 황제가 된 이후에는 황사(皇嗣) 곧 황태자로 봉해졌다가 상왕(相王)으로 강등되었으며, 복위된 중종이 위후와 안락공주에게 살해된 이후에는 중종의 아들인 '상제(殤帝)' 이중무(李重茂)가 황제의 자리에 오른 한 달 남짓의 기간이 지난 뒤에 다시 황제로 복위되었다. 『아희원람』에서는 이중무의 왕호와 연호—당륭(唐隆)—를 모두 기록하지 않았다. 예종을 복위시킨 인물은 측천무후의 딸인 태평공주(太平公主)와 예종의 아들이자 뒤에 현종이 되는 이융기(李隆基)로, 복위한 이후 예종은 경운, 태극, 연화의 3개 연호를 사용하였다. 이 가운데 마지막 연호인 '연화(延和)'는 4개월 동안 썼는데, 『아희원람』에서는 이를 수록하지 않았다.

"무후(武后)"는 국호를 주나라로 바꾸고 황제가 된 측천무후(則天武后) 무조(武曌)로, 고종의 황후를 뜻하는 '측천무후'라는 명칭을 피해 '무측천(武則天)'으로 일컬어지기도 한다. 처음에는 4품의 후궁인 재인(才人)이었으며, 고종이 즉위한 뒤에 2품인 소의(昭儀)를 거쳐 황후로 책봉되었다. 고종이 죽은 뒤에는 중종, 예종을 황제로 삼고 임조칭제를 하며 실권을 장악했고, 주나라를 세운 뒤에는 여러 차례 호를 더하여 '천책금륜대성황제(天冊金輪大聖皇帝)'로 칭하며 정사를 폈다. 무후가 임조칭제하거나 칭제한 기간 동안에 많은 연호를 사용했는데, 『아희원람』에서는 이 가운데 14개의 연호를 제시했다. 먼저 예종이 황제로 있던 시기의 연호인 광택(光宅), 수공(垂拱), 영창(永昌), 재초(載初)의 4개 연호를 제시했고, 앞서 언급했듯이 예종의 첫 연호인 '문명'은 누락했다. 이어서 국호를 주나라로 바꾼 이후에 사용한 13개 연호 가운데 10개 연호를 제시했는데, '증성, 만세등봉, 대족'의 3개 연호를 누락했으며 그 순서도 정확하지 않다. 무주(武周)의 연호를 순서대로 정리하면 '천수(天授, 690~692), 여의(如意, 692), 장수(長壽, 692~694), 연재(延載, 694), 증성(證聖, 695), 천책만세(天冊萬世, 695), 만세등봉(萬世登封, 695~696), 만세통천(萬世通天, 696~697), 신공(神功, 697), 성력(聖曆, 698~700), 구시(久視, 700~701), 대족(大足, 701), 장안(長安, 701~705)'이다. 한편 앞서 중종이 황제로 복위한 이후에 쓴 연호로 언급한 '신룡(神龍, 705~707)'도 문제가 될 수 있는데, 이 연호는 무후와 중종이 함께 사용했기 때문이다.

예종 이후의 연호에 대해서도 추가적인 설명이 필요한 부분이 보인다. 먼저 "현종" 이융기(李隆基)의 경우에는 모두 3개 연호를 사용했는데, 『아희원람』에서는 첫 연호인 선천(先天)을 빠뜨렸다. 현종은 즉위하면서 연호를 '선천'으로 바꾸었고, 예종 복위를 위해 협력했던 태평공주를 죽인 뒤에 다시 연호를 '개원'으로 고쳤다. "목종" 이항(李恒)은 환관 진홍지(陳弘志)에게 시해된 헌종의 뒤를 이어 황제가 되었는데, 즉위하면서 '영신(永新)'이라는 연호를 썼으나 곧 폐지하고 헌종의 연호인 '원화(元和)'를 다시 쓰도록 했다. 이듬해에 새 연호인 '장경(長慶)'을 사용했다. "선종"의 연호는 대중(大中)이니, 『아희원람』에서 "태중(太中)"이라 한 것은 잘못이다. 왕명을 잘못 기록한 사례도 보이는데, "희종(禧宗)"은 "희종(僖宗)"의 오기다. 한편 '애제(哀帝)'로도 일컫는 마지막 황제 "소선제(昭宣帝)" 이축(李柷)에 대해서는 "천우를 그대로 사용했다(仍用天祐)"고 했는데, 이는 개원(改元)하지 않고 소종의 마지막 연호인 천우를 그대로 사용했다는 말이다.

"오계(五季)"는 당나라 멸망 이후에 화북에 들어선 다섯 왕조로, 『아희원람』에서는 해당 왕조의 뒤에 부록으로 '거란국[契丹]' 또는 '요(遼)'를 표기했다. 이는 거란이 오계의 시기에 독자적인 나라를 세워 오계의 국가들과 관계를 맺고 있었기 때문일 것이다. 야율아보기(耶律阿保機)는 907년에 원래 여러 부족으로 흩어져 있던 거란족을 통일하여 거란국[契丹]을 세웠으며 916년에는 황제로 칭하고 연호를 '신책(神冊)'이라 정했다. 야율아보기의 아들 태종(太宗) 야율덕광(耶律德光)은 후진과 싸워 이긴 뒤에 국호를 '요(遼)'로 고쳤다.

"후량"은 오계(五季) 즉 오대(五代)의 첫 번째 나라로, 주전충(朱全忠)이 당나라 소선제로부터 선양을 받는 형식을 취해 개국했다. 주전충은 원래 이름이 온(溫)인데 황소의 무리에 가담했다가 그 평정에 공을 세워 희종(僖宗)에게서 '전충(全忠)'이라는 이름을 하사받았고, 황제가 된 이후에는 이름을 황(晃)으로 고쳤다. 태조 주전충의 뒤를 이어 즉위한 이는 아들 주우규(朱友珪)로, 『아희원람』에서는 이를 제외하였으며 주우규가 사용한 '봉력(鳳曆)'이라는 연호 또한 싣지 않았다. 주우규는 주전충이 황제가 되기 전에 박주(亳州)의 기생에게서 얻은 아들이다. 주전충이 주우규 대신에 양자에게 황제의 자리를 물려주려 하자, 주우규는 아버지를 죽이고 스스로 황제가 되었다. 그렇지만 얼마 뒤에 원상선(袁象先)이 정변을 일으켜 주우규를 죽이고 균왕(均王) 주우정(朱友貞)을 옹립했는데, 이때 이미 죽은 주우규는 서인(庶人)으로 강등되었다. 또한 이런 조치는 역사서에도 반영되었으니, 『구오대사(舊五代史)』에서 주우규의 치세(治世)를 본기(本紀)에서 제외하고 주우규를 "서인 우규(庶人友珪)"로, 연호인 봉력을 '가짜 봉력[僞鳳曆]'으로 표기한 것이 그러한 사례다. "균왕(均王)" 주우정(朱友貞)은 흔히 '말제(末帝)'로 일컫는데, 후당을 세운 이존욱(李存勗)에게 패해 자결하여 시호를 받지 못했기 때문에 황제가 되기 전 칭호인 균왕(均王)으로도 불린다.

"후당"은 사타족(沙陀族) 출신의 이존욱(李存勗)이 세운 나라다. 할아버지 주사적심(朱邪赤心)이 방훈(龐勛)을 토벌하는 데 공을 세워 당나라에서 '이(李)'라는 성과 '국창(國昌)'이라는 이름을 하사받았으며, 이후로 그 후손들은 이씨가 되었다. 주사적심[이국창]의 아들 이극용(李克用)은 황소를 평정하는 데 공을 세워 진왕(晉王)에 봉해졌으며, 손자인 이존욱은 스스로 황제를 칭한 뒤에 후량을 멸하고 낙양에 도읍을 정했다. "민종(閔宗)"은 민제(閔帝) 이종후(李從厚)를 가리키는 말인 듯한데, '민종'이라는 묘호가 정해진 일은 없으므로 오기로 보아야 할 것이다. 『기년아람』에서도 "민제"로 표기했다. 이종후는 명종 이사원(李嗣源)의 아들로, 이종가(李從珂)에 의해 폐위되고 얼마 뒤 시해된다. "민제"는 후진(後晉) 고조(高祖) 석경당(石敬瑭)이 황제로 즉위한 이후에 내린 시호다. "노왕(潞王)" 이종가(李從珂)는 명종 이사원의 양자로, 원래의 성은 왕씨(王氏)였다고 한다. 보통은 말제(末帝) 또는 폐제(廢帝)로 불리지만, 후진에 패한 뒤에 분신하여 시호가 없으므로 황제 이전의 칭호인 노왕(潞王)으로도 불린다.

"후진"은 후당 명종의 사위 석경당(石敬瑭)이 세운 나라다. 석경당 또한 사타부(沙陀部) 출신인데, 거란의 야율덕광에게 신하로 칭하고 연운(燕雲) 16주를 내주는 조건으로 군사를 빌려 후당을 멸망시키고 후진을 세웠다. "출제(出帝)"는 고조 석경당의 조카 석중귀(石重貴)로, 석경당이 죽은 뒤에 풍도(馮道) 등이 옹립하여 황제가 되었다. 출제는 전대에 맺은 거란과의 군신(君臣) 관계를 끊고자 했으나, 전쟁에서 패하고 거란의 포로로 잡혀갔다. 『기년아람』에서는 "어떻게 죽었는지 알지 못한다(不知所終)"고 기술했지만, 현재는 묘지명이 발굴되어 몰년 등이 확인된다.

"후한"은 사타족(沙陀族) 출신의 유지원(劉知遠)이 세운 나라다. 후진에서 벼슬하여 북평왕(北平王)에 봉해졌으며, 후진 출제 석중귀가 거란의 포로가 된 뒤에 칭제(稱帝)하였다. 처음에는 국호를 바꾸지 않고 '진(晉)'이라 했다가 뒤에 '한(漢)'[후한]으로 고쳤으며, 연호 또한 처음에는 후진 고조의 연호인 천복(天福)을 그대로 사용하여 즉위년을 '천복 12년'이라 했다. "은제" 유승우(劉承祐)는 고조 유지원의 둘째 아들로, 재위 2년 만에 20세의 나이로 곽위(郭威)에게 시해되었다. 여러 대신이 고조의 조카 유빈(劉贇)을 옹립하여 후계로 삼으려 하였으나, 곽위가 유빈을 폐위한 후에 시해하고 스스로 황제가 되었다. 곽위는 곧 후주(後周)의 태조다. 한편 후한에서 사용한 연호 '건우(乾祐)'는 "참호 12국" 즉 10국의 하나인 북한(北漢)으로 이어지는데, 북한을 세운 유숭(劉崇)은 유지원(劉知遠)의 동생이자 유빈(劉贇)의 아버지다. 유숭은 즉위한 뒤에 이름을 유민(劉旻)으로 고쳤다.

"후주"는 후한의 대신 곽위(郭威)가 세운 나라다. 곽위의 처자는 후한 은제(隱帝) 유승우에게 몰살되었는데, 이에 태조 곽위는 처조카 시영(柴榮)을 양자로 맞아들여 후계를 삼았다. "세종(世宗)" 시영[곽영]은 요나라, 북한(北漢) 등과 싸워 적지 않은 성과를 거뒀지만 이 과정에서 병을 얻어 죽게 되고, 그 뒤를 이어 7세에 불과한 아들 시종훈(柴宗訓)이 "공제(恭帝)"가 된다. 공제는 황제가 된 지 반년이 지나지 않아서 장군 조광윤(趙匡胤)에게 선위하니, 조광윤은 곧 송나라 태조다.

○ 송나라. 태조, 건륭(建隆), 건덕, 개보 태종, 태평흥국, 옹희, 단공, 순화, 지도 진종, 함평, 경덕, 대중상부, 천희, 건흥 인종, 천성, 명도, 경우, 보원, 강정, 경력, 황우, 지화, 가우 영종(英宗), 치평 신종, 희녕, 원풍 철종, 원우, 소성, 원부 휘종, 건중정국, 숭녕, 대관, 정화, 중화, 선화 흠종. 정강 ○ 이상은 북송(北宋)이다 고종, 건염, 소흥 효종, 융흥, 건도, 순희 광종, 소희 영종(寧宗), 경원, 가태, 개희, 가정 이종, 보경, 소정, 단평, 가희, 순우, 보우, 개경, 경정 도종, 함순 공제(恭帝), 덕우 단종, 경염 제병(帝昺). 상흥 ○ 이상은 남송(南宋)이다 모두 320년이다.

부록. 같은 시기에 요(遼), 금(金), 하(夏), 몽고(蒙古)가 있었다.

부록. 요(遼). 태조, 태종, 세종, 목종, 경종, 성종, 흥종, 도종, 천조제. 모두 219년이다.

금(金). 태조, 태종, 민종, 해릉왕(海陵王), 세종, 장종, 동해후(東海侯), 선종, 애제(哀帝). 모두 120년이다.

몽고. 태조, 태종, 정종, 헌종. 동생인 홀필렬(忽必烈, 쿠빌라이)이 국호를 '원'으로 고쳤다.

宋. 太祖, 建隆, 乾德, 開寶 太宗, 太平興國, 雍熙, 端拱, 淳化, 至道 眞宗, 咸平, 景德, 大中祥符, 天禧, 乾興 仁宗, 天聖, 明道, 景祐, 寶元, 康定, 慶曆, 皇祐, 至和, 嘉祐 英宗, 治平 神宗, 熙寧, 元豊 哲宗, 元祐, 紹聖, 元符 徽宗, 建中靖國, 崇寧, 大觀, 政和, 重和, 宣和 欽宗. 靖康 ○ 北宋高宗, 建炎, 紹興 孝宗, 隆興, 乾道, 淳熙 光宗, 紹熙 寧宗, 慶元, 嘉泰, 開禧, 嘉定 理宗, 寶慶, 紹定, 端平, 嘉熙, 淳祐, 寶祐, 開慶, 景定 度宗, 咸淳 恭帝, 德祐 端宗, 景炎 帝昺. 祥興 ○ 南宋共三百二十年.

附. 遼, 金, 夏, 蒙古.

附. 遼. 太祖, 太宗, 世宗, 穆宗, 景宗, 聖宗, 興宗, 道宗, 天祚帝. 共二百十九年.

金. 太祖, 太宗, 閔宗, 海陵王, 世宗, 章宗, 東海侯, 宣宗, 哀帝. 共一百二十年.

蒙古. 太祖, 太宗, 定宗, 憲宗. 弟忽必烈, 改國號元.

송나라는 조광윤(趙匡胤)이 후주 공제로부터 선위를 받아 세운 나라다. 여진족이 세운 금나라에게 수도를 빼앗기고 황제가 포로로 잡혀간 '정강의 변' 이후에는 남쪽으로 도읍을 옮기게 되는데, 이를 기준으로 북송(北宋)과 남송(南宋)으로 나누어 부르기도 한다. 송나라 때에는 북쪽에 요나라, 금나라, 서하, 몽고 등의 왕조가 세워져 있었는데, 『아희원람』에서는 이를 부록으로 수록하여 참고할 수 있게 했다. 특히 요, 금, 몽고의 경우에는 역대 제왕과 존속 기간을 표기하였으니, 남북조시대의 북조(北朝)를 수록한 것과 같은 방식을 취했다고 할 수 있다.

"흠종(欽宗)" 조환(趙桓)은 북송의 마지막 황제로, 휘종(徽宗)의 장자이자 남송 고종(高宗) 조구(趙構)의 형이다. 아버지인 휘종에게 선위를 받아 황제가 되어 '정강'의 연호를 사용했으나, 2년 만에 휘종과 함께 금나라의 포로가 되는 '정강의 변' 또는 '정강의 치욕[恥]'의 사건을 겪게 된다. 금나라에서는 휘종을 혼덕공(昏德公)으로 흠종을 중혼후(重昏侯)로 봉했는데, 휘종과 흠종은 이미 조구를 새 황제로 옹립한 남송에 돌아가지 못하고 금나라에서 여생을 마쳐야 했다.

남송 말기에는 묘호가 없는 황제가 둘 등장하는데, "공제(恭帝)"로 표기된 조현(趙㬎)과 "제병(帝昺)"으로 표기된 조병(趙昺) 형제다. "공제"는 도읍 임안(臨安)이 점령된 1276년에 원나라로 끌려갔으며, 송나라에서는 '효공의성황제(孝恭懿聖

皇帝)'로 추존되었고, 원나라에서는 영국공(瀛國公)에 봉해졌다. 공제는 원나라에서 승려가 되어 티베트어를 배우고 불경을 번역하는 등 활발한 활동을 했지만 결국은 사사(賜死)되었는데, 죽임을 당한 이유가 시 구절 때문이라는 이야기도 전한다. 공제가 원나라로 끌려간 이후 남송의 신하들은 공제의 서형인 조시(趙昰)—단종—와 동생인 조병—제병—을 황제로 옹립하고 원나라에 저항했으나, 이 어린 황제들은 결국 원나라에 쫓기다 죽게 된다. 마지막 황제가 된 조병은 묘호가 없어서 위왕(衛王), 상흥제(祥興帝), 소제(少帝) 등으로 불리는데, 재위 2년 만에 9세의 나이로 죽게 된다. 당시 육수부(陸秀夫)가 어린 황제 조병을 업고 함께 물에 뛰어들어 자결한 일은 망국(亡國)을 앞둔 충절을 대변하는 고사로 널리 알려졌다.

송나라 때 있었던 왕조 가운데 "하(夏)"는 부록에 빠져 있는데, 흔히 삼대의 하나라 등과 구별하기 위해 '서하(西夏)'로 부른다. 1038년에 스스로 황제국으로 칭했으며, 1227년에 몽고에 항복할 때까지 독자적인 연호를 사용하였다. 탁발씨(拓拔氏)의 후예로 당나라 말기에 공을 세워 이씨 성을 하사받은 탁발사공(拓拔思恭)의 조카 이이창(李彝昌)이 하나라를 세웠고, 경종(景宗) 이원호(李元昊)가 처음 칭제하면서 연호를 '천수예법연조(天授禮法延祚)'로 정했다고 한다. 경종은 서하 문자를 제정하는 등 나라의 기초를 닦는 데도 큰 역할을 했다고 알려져 있다. 『기년아람』에서는 "10세 190년" 동안 유지되었다고 했으며, 역대 황제로 경종(景宗), 의종(毅宗), 혜종(惠宗), 숭종(崇宗), 인종(仁宗), 환종(桓宗), 양종(襄宗), 신종(神宗), 헌종(獻宗), 주현(主晛, 말제 이현)을 제시했다.

"요(遼)"는 거란족이 세운 나라다. 앞의 당나라 항목에서 살펴봤듯이 '오계(五季)'의 나라들과 같은 때에 세워져 '거란[契丹]'에서 '요(遼)'로 국호가 바뀌기도 했다. 태조 야율아보기가 거란 부족을 통일하여 거란국을 세우고 916년에 칭제하고 연호를 '신책'이라 정했으며, 태종 야율덕광이 후진(後晉)을 무너뜨린 947년에 국호를 '요'로 고쳤다. 존속 기간으로 제시된 "219년"은 태조의 건국(906)으로부터 금나라에 의한 멸망(1125)까지를 계산한 수치로 짐작된다. "천조제(天祚帝)"는 마지막 황제 야율연희(耶律延禧)인데, 묘호가 없기 때문에 '말제(末帝)' 또는 금나라에서 봉한 호칭인 '해빈왕(海濱王)'으로 불리기도 한다. 천조제의 죽음은 『기년아람』과 『요사』에 달리 전하는데, 『청장관전서』 수록본 『기년아람』에서는 "(금나라에서) 해빈후로 봉하고서 쏘아 죽였다.(封海濱侯, 射殺之.)"고 한 반면에 『요사』에서는 "병으로 죽으니, 향년은 54세다.(以疾終, 年五十有四.)"라고 했다.

"금(金)"은 여진족이 세운 나라다. 태조(太祖) 완안아골타(完顏兒骨打)가 1115년에 칭제건원(稱帝建元)했으며, 이때 이름을 완안민(完顏旻)으로 고쳤다. "민종(閔宗)" 완안단(完顏亶)은 뒤에 시호를 '민종'에서 '희종(熙宗)'으로 고쳤기 때문에 보통은 "희종"으로 알려져 있다. "해릉왕"은 민종의 종제로 민종을 시해한 완안량(完顏亮)으로, 뒤에 부하에게 시해되고 추폐(追廢)되어 해릉왕에 봉해졌다. "동해후" 완안영제(完顏永濟)는 장종의 숙부로, 뒤에 호사호(胡沙虎)에게 시해되고 추폐되어 동해후(東海侯)에 봉해졌다. 호사호는 금나라 장수 흘석렬집중(紇石烈執中)인데, 완안영제를 죽인 뒤에 스스로 황제가 되려 했으나 결국은 완안영제의 조카 완안순(完顏珣)을 선종(宣宗)으로 옹립했다. 호사호는 장수 술호고기(術虎高琪)에게 살해되는데, 선종은 술호고기의 죄를 용서했다고 전한다.

『아희원람』에서는 금나라의 마지막 황제를 "애제(哀帝)" 완안수서(完顏守緖)로 기록했는데, 엄밀히 말하자면 애제로부터 황제의 자리를 물려받은 완안승린(完顏承麟)이라고 할 수도 있다. 애제는 몽골과 남송의 연합군이 공격하자 도읍인 개봉(開封)을 버리고 채주(蔡州)로 옮겼다가 그곳에서 자결했는데, 자결하기 전에 완안승린에게 황제의 자리를 물려주었다. 묘호가 없어 "말제(末帝)"로 불리는 완안승린은 황제가 된 날 성이 함락되면서 난병(亂兵)에 의해 죽임을 당하는데, 이 때문에 가장 짧은 시간 동안 황제 자리에 있었던 인물로도 알려져 있다. 한편 애제 완안수서는 묘호에 따라 "애종(哀宗)"으로 불리는데, 『금사(金史)』에서 이러한 사례를 찾아볼 수 있다.

"몽고(蒙古)"에는 요나라나 금나라와 달리 존속 기간이 기록되어 있지 않은데, 이는 원나라가 송나라를 멸망시킨 이후까지 이어지기 때문일 것이다. 그렇지만 원나라 항목에서는 존속 기간을 송나라 멸망 이후부터 계산한 것으로 추정되는 "88년"으로 기록했으니, 여기에도 별도의 존속 기간을 기재하는 것이 자연스러울 듯하다. 『기년아람』에서는 원기(元紀)에 태조로부터 계산한 "14세 165년"과 남송 멸망 이후를 계산한 "10세 89년"을 함께 기록했다. "홀필렬(忽必烈)"은 원나라 세조(世祖) 쿠빌라이로, 칭기즈칸의 손자이며 툴루이[拖雷]의 아들이다. 세조 쿠빌라이는 1259년에 대칸[大汗]이 되었으며, 1271년에 국호를 원(元)으로 고치고, 1279년에 남송을 멸망시키고 중원을 통일했다.

○ 원나라. 세조,중통, 지원 성종,원정, 대덕 무종,지대 인종,황경, 연우 [영종(英宗) 지치(至治)], 태정제(泰定帝),태정, 치화 명제[명종(明宗)],연호가 없다 문종,천력, 지순 영종(寧宗),한 달 남짓 황제의 자리에 있었다 순제(順帝).원통, 지원, 지정 모두 88년이다.

元. 世祖,中統, 至元 成宗,元貞, 大德 武宗,至大 仁宗,皇慶, 延祐 泰定帝,泰定, 致和 明帝,闕 文宗,天曆, 至順 寧宗,月餘 順帝.元統, 至元, 至正 共八十八年.

원나라의 존속 기간은 정확하게 말하기가 어려운데, 중원으로 들어오기 이전과 중원에서 물러난 이후에도 나라가 유지되었기 때문이다. 『아희원람』에서 기재한 "88년"은 세조(世祖)가 남송을 멸망시킨 시점(1279)에서부터 순제[혜종]가 북쪽으로 도피하여 중원에서 물러난 시점까지를 계산한 것으로 추정되는데, 『원사』에서는 1368년 8월에 "대명 군대가 도읍에 들어가 나라가 망했다.(大明兵入京城, 國亡.)"고 했으니 멸망 시점은 무신년이 되며 대략 존속 기간은 "89년"이다. 『기년아람』에서는 정미년(1367)까지 계산하여 "89년"으로 기록했는데, 『청장관전서』 수록 이본에서는 순제[혜종]가 죽은 경술년(1370)까지 계산하여 "92년"으로 기록했다. 『아희원람』의 기록에는 '제5대 영종(英宗)'을 누락시키는 등의 오류가 나타나는데, 연호를 미처 정하지 못하고 죽은 황제의 경우에 연호 대신 "빠뜨렸다(闕)"나 "한 달 남짓이었다(月餘)"와 같은 표현을 쓰는 등 다른 시대의 서술에서는 보이지 않는 표현이 보이기도 한다. 이에 이하에서는 본문에 거론된 순서에 따라 몇 가지 사항을 보완하기로 한다.

본문에 누락된 "5대 황제 영종(英宗)" 시디발라[碩德八剌/碩迪巴拉]는 인종의 아들이며, '지치(至治)'라는 연호를 썼다. 영종은 즉위한 지 3년 만에 어사대부(御史大夫) 철실(鐵失, 테그시)에게 우승상 배주(拜住)와 함께 살해되었다. 철실이 진왕(晉王)을 새 황제로 옹립하여 태정제(泰定帝)가 즉위하게 되는데, 태정제는 곧바로 영종 시해의 죄를 물어 철실 일파를 처형하였다.

태정제 이후의 황제 계승은 다소 복잡한데, 『아희원람』에서는 순서와 연호만을 기록했으므로 이를 통해 실제 계승 과정을 이해하기는 어렵다. "태정제(泰定帝)"는 제6대 황제 진종(晉宗) 예순테무르[也孫鐵木兒]로, 아들 '천순제(天順帝)'가 폐위되면서 '진종'이라는 묘호가 없어졌기 때문에 연호에 따라 '태정제'로 불린다. 태정제는 재위 5년 만에 36세로 갑자기 세상을 떠났는데, 평장사(平章事) 다울라트 샤[到刺沙/倒剌沙]는 태정제의 아들인 9세의 아라기박[阿速吉八/阿達吉八]을 황제로 옹립하고 '천순'으로 연호를 고쳤다. 같은 시기에 대도(大都, 베이징)에서는 회왕(懷王) 투그테무르[圖帖木兒]가 황제의 자리에 올라 '천력(天曆)'으로 연호를 고쳤는데, 이로 인해 원나라에 두 황제가 존재하는 상황이 펼쳐졌다. 두 황제의 싸움에서 승리한 회왕은 문종(文宗)이 되었으며, 패배한 천순제는 폐위되고 실종되었으니『기년아람』에서는 "역사서에서는 어떻게 죽었는지 알 수 없다고 한다(史云不知所終)"고 기록했다. 이 과정에서 천순제의 아버지 태정제의 시호와 묘호 또한 추탈되었다. 한편 문종은 얼마 뒤에 황제의 자리에서 잠시 물러나 태자가 되어야 했는데, 형인 주왕(周王) 쿠살라[和世瑓]가 대군을 이끌고 나타났기 때문이다. 쿠살라는 곧 명종(明宗)으로, 미처 연호를 정하지도 못한 채 갑자기 죽고 말았다.『아희원람』에서 명종의 연호 위치에 "빠뜨렸다(闕)"라고 기록한 것은 곧 이를 말한 것이다. 명종이 죽고 나서 문종이 다시 황제의 자리에 올랐다. 이상에서 서술한 바를 정리하면, 인종 이후에 "태정제-천순제-문종-명종-문종"의 순서로 황제가 바뀐 셈이다. 또한 본문의 "명제(明帝)"는 "명종(明宗)"으로 수정해야 한다.

"영종(寧宗)" 린친발[懿璘質班]은 명종의 아들로, 문종의 유명에 따라 7세의 나이로 황제가 되었지만 얼마 뒤에 세상을 떠났다.『기년아람』에서는 "한 달 남짓 만에 붕어하니 향년은 7세였으며, 미처 연호를 고치지 못하였다.(月餘崩, 壽七歲, 未及改元.)"고 서술했는데,『아희원람』에서 연호의 자리에 "月餘"라고 기재한 것은 곧 이를 말한다.

중원에서 머문 마지막 황제인 "순제(順帝)" 토곤테무르[妥懽帖睦爾]는 명종의 장남이자 영종의 이복형이다. 묘호는 '혜종(惠宗)'으로, 명나라에서 내린 시호인 "순제"로 흔히 알려져 있다. 명나라 군대가 연경을 함락한 1368년에 응창부(應昌府)로 달아났으며 1370년에 세상을 떠났다. "순제"라는 시호는 명나라 태조가 내린 것인데, 이는 "원나라 황제가 천명에 순응할 줄 알아서 물러나 피했다(元帝知順天命而退避)"는 뜻을 담은 것이라고 한다. "응창부(應昌府)"는 지금의 내몽골 지역에 있다.

○ 명나라. 태조,홍무 혜종,건문 성조,영락 인종,홍희 선종,선덕 영종,정통 대종,경태 영종,복위한 뒤의 연호가 천순이다 헌종,성화 효종,홍치 무종,정덕 세종,가정 목종,융경 신종,만력 광종,태창 희종,천계 의종,숭정 난황제,홍광 융무제,융무 영력제.영력 모두 283년이다.

부록. 후금(後金). 태조,천명, 천총 태종.숭덕 태종이 청나라 세조를 낳았다.

明. 太祖,洪武 惠宗,建文 成祖,永樂 仁宗,洪熙 宣宗,宣德 英宗,正統 代宗,景泰 英宗,復位天順 憲宗,成化 孝宗,弘治 武宗,正德 世宗,嘉靖 穆宗,隆慶 神宗,萬曆 光宗,泰昌 熹宗,天啓 毅宗,崇禎 赧皇帝,弘光 隆武帝,隆武 永曆帝.永曆 共二百八十三年.

附. 後金. 太祖,天命, 天聰 太宗.崇德 是生淸世祖.

명 태조 주원장(朱元璋)은 1355년에 호주(濠州)에서 기병하여 1364년에 왕위에 올랐으며 1368년에 황제를 칭하고 홍무(洪武) 연호를 사용하였다. 명나라 이후에는 황제마다 1개의 연호를 쓰게 되는데, 복위(復位)하여 두 차례 황제가 된 영종(英宗)만은 2개의 연호를 사용해야 했다. 명나라의 존속 기간으로 기록된 "283년"은 어떤 기준에 의한 산출인지 분명하지 않은데, 『기년아람』에서 태조의 칭제건원에서부터 남명 영력제의 죽음까지를 계산하여 "19세 295년"이라 한 것과도 다르다. 남명(南明) 시기를 제외한 277년에 칭제건원 이전의 몇 년을 더했을 가능성도 생각해 볼 수 있지만, 이는 '남명 영력제'까지 제시한 본문과 어울리지 않는다.

"영종(英宗)" 주기진(朱祁鎭)은 1435~1449년과 1457~1464년 두 차례에 걸쳐 황제를 지냈는데, 이는 '토목(土木)의 변' 또는 '토목보(土木堡)의 변'으로 불리는 사건 때문이다. '토목의 변'은 몽골 계통 오이라트[瓦剌] 수령 에센[也先]과의 전쟁에서 친정(親征)에 나선 영종이 토목보(土木堡)에서 포로가 된 사건으로, 황제가 없어진 명나라에서는 영종의 이복동생 대종(代宗) 주기옥(朱祁鈺)을 새 황제로 옹립했다. 이듬해 되돌아온 영종은 태상황으로 물러나 있어야 했는데, 1457년에 이른바 '탈문(奪門)의 변'으로 영종이 복위하고 대종은 폐위되었다. 영종은 복위한 뒤에 연호를 '천순(天順)'으로 고쳤다.

"의종(毅宗)" 즉 숭정제(崇禎帝) 주유검(朱由檢)은 실질적인 마지막 황제다. '난

황제' 이하는 지방으로 밀려난 명나라 유신(遺臣)들이 옹립한 황제들로, 이 시기를 '남명(南明)'이라 일컬어 구별하기도 한다. 『기년아람』에서는 이자성이 북경을 함락하자 의종이 "사직을 위해 순절했다(殉社稷)"고 했다. 숭정제의 묘호는 남명에서 올린 '사종(思宗)', '의종(毅宗)', '위종(威宗)'과 청나라에서 올린 '회종(懷宗)' 등 모두 4개가 있는데, '의종'은 난황제가 올린 두 번째 묘호다. 한편 조선에서는 청나라가 들어선 이후에도 '숭정'의 연호가 통용되기도 했다.

남명 시기에는 "난황제" 주유숭(朱由崧), "융무제" 주율건(朱聿鍵), "영력제" 주유랑(朱由榔)이 황제를 칭했다. 난황제는 남경(南京)에서 즉위했으나 1년 만에 무호(蕪湖)에서 붙잡혀 해를 입었고, 융무제는 복주(福州)에서 즉위했으나 1년여 만에 해를 입었다. 영력제는 광동(廣東)의 조경(肇慶)에서 즉위했는데, 청의 공격을 피해 미얀마[緬甸]까지 들어갔으나 결국 오삼계에게 붙잡혀 해를 입었다. 한편 남명의 제3대 황제로 영력제와 비슷한 시기에 광동(廣東)에서 옹립된 소무제(紹武帝) 주율오(朱聿鐭)를 들기도 하는데, 소무제는 얼마 지나지 않아 성이 함락되면서 자결했기 때문에 보통은 제3대 황제로 인정되지 않는다. '난황제'는 청나라에서 올린 시호로, 『기년아람』에서는 이를 피하여 "홍광황제(弘光皇帝)"로 칭했다.

부록으로 붙인 후금의 연호에는 오류가 보인다. 후금 태조 누르하치[愛新覺羅努兒哈赤]의 연호는 "천명"이며, 태종 홍타이지[愛新覺羅皇太極/弘佗時]의 연호는 "천총"과 "숭덕" 둘이다. 태종은 즉위하면서 연호를 "천총"으로 고쳤고, 국호를 청(淸)으로 고친 1636년에 연호를 "숭덕"으로 바꿨다.

○ 청나라. 세조,순치, 18년 성조,강희, 61년 세종,옹정, 13년 봉천승운황제,건륭, 60년에 황제의 자리를 물려주었다 지금의 황제.가경

淸. 世祖,順治, 十八年 聖祖,康熙, 六十一年 世宗,雍正, 十三年 奉天承運,皇帝,乾隆, 六十年傳位 今皇帝.嘉慶

청나라는 『아희원람』 편찬 당시에도 유지되고 있었으니 존속 기간을 표기할 수는 없었을 것이다. 다른 시대와는 달리 연호와 함께 황제의 재위 기간을 표기했는데,

이를 통해 해당 시점까지의 존속 기간을 추산할 수 있다.

한편 여기서는 『아희원람』의 편찬 과정에서 『기년아람』을 참고했을 가능성을 생각해 볼 수도 있는데, 건륭제의 묘호인 "고종(高宗)" 대신에 "봉천승운황제(奉天承運皇帝)"를 사용한 것이 그 단서다. "봉천승운황제"란 조서(詔書)에서 황제가 자신을 칭하는 명칭으로, 명나라 태조가 "천도를 본받고 천명을 이은 황제"라는 뜻으로 사용한 이래 황제가 내리는 조서 서두의 투식이 되었다. 결국 "봉천승운황제"는 지금의 황제라는 말인데, "지금의 황제(今皇帝)"를 따로 제시한 『아희원람』에서 사용하기에는 적절하지 않다. 『기년아람』에서 '건륭제'를 '봉천승운황제'로 지칭한 선례가 있지만, 이는 『기년아람』 편찬 당시의 황제가 건륭제였기 때문일 것이다. 건륭제 애신각라홍력(愛新覺羅弘歷)은 할아버지 강희제의 재위 기간인 61년을 감히 넘지 않겠다고 한 말을 지켜서 1795년에 황제의 자리를 물려주고 태상황제(太上皇帝)가 되었는데, "六十年傳位"는 이 일을 가리키는 말인 듯하다.

부록附
우리나라東國

○ 단군. 1017년.

檀君. 一千十七年.

신화에 등장하는 인물인 단군의 재위 기간을 확인하기는 어렵다. 또 문헌에 따라 조금씩 달리 나타나므로, 조선시대의 지식 차원에서도 이를 확인하기는 어렵다. 앞서 제3장 '방도'에서는 단군의 생애를 말하면서 "재위 기간은 1,000년(在位一千年)"이라고 서술한 바 있는데, 대략의 수치를 말했기 때문인지 여기서 말한 "1,017년"과 일치하지는 않는다. 재위 기간으로 "1,017년"을 거론한 사례는 『동사강목』에 보이는 "재위 기간은 1,017년이요, 향년은 1,048세였다고 한다.(在位一千十七年, 壽一千四十八云.)"라는 구절에서 찾아볼 수 있다.

『기년아람』에서는 당시에 제기된 여러 견해를 찾아볼 수 있다. 본문에서는 "재위 기간은 1,048년이요 향년 또한 같다. 어떤 이는 나라를 다스린 것이 1,211년이요 향년이 1,908년이라고 한다.(在位一千四十八年, 壽同. 或云, 享國一千二百十一年, 壽一千九百八歲.)"라고 했으며, '고이(攷異)'에서는 '고사(古史)'에 보이는 "상나라 무정 8년 을미에 신선이 되었고 향년은 1,048년이다.(商武丁八年乙未爲神, 壽一千四十八.)"라는 구절을 고증하여 "무정 8년 갑자"로 수정하여 향년을 1,017년으로 파악해야 한다고 지적했다. 후자의 고증은 『청장관전서』 수록 이본에서는 본문에 나타난다. 만약 단군의 향년과 재위 기간이 같다고 가정한다면 '고사(古史)'를 고증함으로써 재위 기간을 '1,017년'으로 파악할 수 있는데, 이 경우에는 『기년아람』에서 단군의 재위 기간에 대해 "1,017년", "1,048년", "1,211년"의 세 견해를 제시한 것으로 이해할 수 있다.

○ 기자. 42대손인 기준에 이르러 '마한'이라 칭했다. 모두 1,131년이다.

箕子. 至四十二代孫準, 稱馬韓. 共一千一百三十一年.

조선시대에는 기자조선의 존재를 의심하는 일은 거의 없었지만, 역대 군주나 존속 기간 등을 포함한 구체적인 역사를 명확하게 기술할 수는 없었다. 기자 이외에 '기부(箕否)'와 '기준(箕準)' 정도만을 역사서에서 확인할 수 있는 문헌상의 한계가 뚜렷했기 때문이다. 조선 후기에 이르면 광주에서 발굴된 석비(石碑) 등을 근거로 기자의 세계(世系)를 구체적으로 기록한 사례가 나타나기도 하지만, 당시 사람들도 그 내용을 그대로 받아들이지는 않았던 듯하다. 이덕무는 『앙엽기』 「기자조선세계(箕子朝鮮世系)」에서 "비록 매우 황탄하지만, 짐짓 기록해 둔다.(雖甚荒誕, 而姑記之.)"고 말하면서도 조연귀(趙衍龜)가 보내준 기자 이후의 '왕호와 재위 기간(謚諱歷年)'을 옮겨놓았는데, 진나라에 복속되었다는 '40세손 기부'가 보이지 않는 점을 비롯하여 『동사』 등의 기록과 어긋나는 점 등이 있음을 지적해 두었다. '기부'의 이름은 『행주기씨족보(幸州奇氏族譜)』나 『기년아람』 등에도 보이지 않는다.

여기서 존속 기간으로 언급한 "1,131년"은 기자조선과 마한을 합쳐서 계산한 듯한데, 『동사강목』에 수록된 「단군기자전세지도(檀君箕子傳世之圖)」의 '마한'의 아래에 "기자가 왕위를 전한 것과 합하면 1,131년이다.(幷箕子傳祚, 爲一千一百三十一年.)"라는 구절이 보이기 때문이다. 『동사강목』에서는 후조선(後朝鮮, 기자조선)은 930년, 마한은 202년 동안 존속했다고 기술했다. 다만 『동사강목』에서는 기준(箕準)을 '41대'로 기록하고 있으니 여기서 언급한 '42대'와는 차이가 있다.

○ 위만. 87년. ◯ 이상은 '조선'이다.

衛滿. 八十七年. ◯ 以上, 朝鮮.

『기년아람』에서는 위만(衛滿)은 연나라 사람으로 노관(盧綰)의 난을 피해 패수(浿水)를 건너왔으며, 한나라 혜제(惠帝) 원년에 기준(箕準)을 몰아내고 왕이 되었다고 했다. 이후 위만조선은 "3세 87년" 동안 유지되었다고 했다. 한편 『동사강목』에서는 위만조선의 존속 기간을 "86년"이라 했다.

○ 신라. 시조, 남해왕, 유리왕, 탈해왕, 파사왕, 지마왕, 일성왕, 아달라왕, 벌휴왕, 내해왕, 조분왕, 첨해왕, 미추왕, 유례왕, 기림왕, 흘해왕, 내물왕, 실성왕, 눌지왕, 자비왕, 소지왕, 지증왕, 법흥왕, 진흥왕, 진지왕, 진평왕, 선덕주, 진덕주, 무열왕, 문무왕, 신문왕, 효소왕, 성덕왕, 효성왕, 경덕왕, 혜공왕, 선덕왕, 원성왕, 소성왕, 애장왕, 헌덕왕, 흥덕왕, 희강왕, 신무왕, 문성왕, 헌안왕, 경문왕, 헌강왕, 정강왕, 진성왕, 효공왕, 신덕왕, 경명왕, 경애왕, 경순왕. 모두 992년이다. ○ 살피건대 박씨가 10세이며, 석씨가 8세, 김씨가 37세다. 여주는 3인이다.

新羅. 始祖, 南解王, 儒理王, 脫解王, 婆娑王, 祇摩王, 逸聖王, 阿達羅王, 伐休王, 奈解王, 助賁王, 沾解王, 味鄒王, 儒禮王, 基臨王, 訖解王, 奈勿王, 實聖王, 訥祇王, 慈悲王, 炤智王, 智證王, 法興王, 眞興王, 眞智王, 眞平王, 善德主, 眞德主, 武烈王, 文武王, 神文王, 孝昭王, 聖德王, 孝成王, 景德王, 惠恭王, 宣德王, 元聖王, 昭聖王, 哀莊王, 憲德王, 興德王, 僖康王, 神武王, 文聖王, 憲安王, 景文王, 憲康王, 定康王, 眞聖王, 孝恭王, 神德王, 景明王, 景哀王, 敬順王. 共九百九十二年. ○ 按朴氏十世, 昔氏八世, 金氏三十七世. 女主三人.

신라를 고구려보다 먼저 제시했는데, 이는 제3장 '방도'에서 단군에 이어 박혁거세, 석탈해, 김알지의 탄생 신화를 수록한 것과 같은 맥락에서 이해할 수 있다. 신라에서는 왕을 일컫는 명칭에 변화가 있었는데, 시조 혁거세는 "거서간(居西干)"으로, 2대 남해왕은 "차차웅(次次雄)"으로, 3대 유리왕부터 18대 실성왕까지는 "이사금(尼師今)"으로, 19대 눌지왕부터 21대 소지왕까지는 "마립간(麻立干)"으로 일컬었으며, 22대 지증왕부터 "왕(王)"이라 했다. 다만 여기서는 이러한 구별 없이 모두 "왕"으로 일컬었다. 또 처음에는 "여주(女主)"로 표기한 『기년아람』이나 『동사강목』과 유사하게 "주(主)"로 표기하여 여왕을 구별하려 한 듯한데, 51대 진성여왕을 "眞聖王"으로 표기한 것을 보면 일관되게 지키지는 않은 듯하다. 오히려 중간본에서는 여왕을 구별하지 않고 모두 "王"으로 표기를 통일하여 "선덕주"와 "진덕주"를 "선덕왕"과 "진덕왕"으로 고쳐놓았다.

박씨는 신라 초기와 말기에 왕위에 올랐다. 초기에는 시조 혁거세로부터 남해왕, 유리왕, 파사왕, 지마왕, 일성왕, 아달라왕까지 7명의 왕이 있었고, 말기에는 신덕왕, 경명왕, 경애왕 3명의 왕이 있었다. 석씨로는 4대 탈해왕이 처음 왕위에 올랐고, 이후 벌휴왕, 내해왕, 조분왕, 첨해왕, 유례왕, 기림왕, 흘해왕이 왕위에 올랐다. 김씨로는 13대 미추왕이 처음 왕위에 올랐으며, 17대 내물왕 이후로는 말기의 박씨 성을 가진 3명의 왕을 제외하면 계속 김씨가 왕위에 올랐다. 김씨의 시조인 김알지는 왕은 아니었으며, 이 때문에 김알지 탄생 설화는 보통 '미추왕' 조에 등장한다. 여왕 3명은 곧 선덕여왕, 진덕여왕, 진성여왕이다.

43대 희강왕(僖康王)의 뒤를 이은 44대 민애왕(閔哀王) 김명(金明)이 누락되었는데, 김씨인 왕을 "37세"로 명기한 것을 참고하면 의도적인 일로 추정할 수 있다. 민애왕은 희강왕을 몰아내고 왕위에 올랐다가 신무왕(神武王) 김우징(金祐徵)에게 패하여 왕위를 잃었기 때문에, 신라왕의 계보에서 제외되는 일이 적지 않았다. 『동사강목』에서 왕호 대신 "김명"이라고만 일컬은 것도 이와 유사한 사례라 할 수 있다. 『기년아람』에서는 민애왕 이외에도 눌지왕, 선덕왕, 헌덕왕과 같이 왕을 시해하고 왕위를 찬탈한 왕들이 있었다고 지적하면서 『동국통감』처럼 이들을 제외하지는 않고 '삼국사(三國史)'의 예에 따라 "전세(傳世)의 차서"에 올린다고 했다. 다만 『청장관전서』 수록 이본에는 민애왕의 왕호를 제외하였는데, '희강왕' 항목의 말미에 "김명"이 왕위에 올랐다가 토벌된 일을 기록해 두었다.

○ 고구려. 동명왕, 유리왕, 대무신왕, 민중왕, 모본왕, 태조왕, 차대왕, 신대왕, 고국천왕, 산상왕, 동천왕, 중천왕, 서천왕, 봉상왕, 미천왕, 고국원왕, 소수림왕, 고국양왕, 광개토왕, 장수왕, 문자왕, 안장왕, 안원왕, 양원왕, 평원왕, 영양왕, 영류왕, 보장왕. 모두 705년이다.

高句麗. 東明王, 琉璃王, 大武神王, 閔中王, 慕本王, 太祖王, 次大王, 新大王, 故國川王, 山上王, 東川王, 中川王, 西川王, 烽上王, 美川王, 故國原王, 小獸林王, 故國壤王, 廣開土王, 長壽王, 文咨王, 安藏王, 安原王, 陽原王, 平原王, 嬰陽王, 榮留王, 寶藏王. 共七百五年.

고구려는 28대 705년 동안 이어져 왔으며, 『아희원람』에서 제시한 왕호는 일반적인 호칭과 일치한다. 다만 이와는 별도의 왕호가 전하는 왕도 있다. 『삼국사기』에 실린 왕호를 살펴보면, 우선 동명왕은 "동명성왕(東明聖王)"으로, 유리왕은 "유리명왕(瑠璃明王)"으로 기록되어 있다. 이후의 왕 가운데 별칭이 언급된 사례를 정리하면 다음과 같다. [ ] 안이 별칭이다. 대무신왕[대해주류왕(大解朱留王)], 태조왕[국조왕(國祖王)], 고국천왕[국양왕(國襄王)], 동천왕[동양왕(東襄王)], 중천왕[중양왕(中壤王)], 서천왕[서양왕(西壤王)], 봉상왕[치갈왕(雉葛王)], 미천왕[호양왕(好壤王)], 고국원왕[국강상왕(國罡上王)], 소수림왕[소해주류왕(小解朱留王)], 문자왕[명치호왕(明治好王)], 양원왕[양강상호왕(陽崗上好王)], 평원왕[평강상호왕(平崗上好王)], 영양왕[평양왕(平陽王)].

○ 백제. 온조왕, 다루왕, 기루왕, 개루왕, 초고왕, 구수왕, 고이왕, 책계왕, 분서왕, 비류왕, 계왕, 근초고왕, 근구수왕, 침류왕, 진사왕, 아신왕, 전지왕, 구이신왕, 비유왕, 개로왕, 문주왕, 삼근왕, 동성왕, 무령왕, 성왕, 위덕왕, 혜왕, 법왕, 무왕, 의자왕. 모두 678년이다. ○ 이상은 삼국이다.

百濟. 溫祚王, 多婁王, 己婁王, 蓋婁王, 肖古王, 仇首王, 古尒王, 責稽王, 汾西王, 比流王, 契王, 近肖古王, 近仇首王, 枕流王, 辰斯王, 阿莘王, 腆支王, 久尒辛王, 毗有王, 蓋鹵王, 文周王, 三斤王, 東城王, 武寧王, 聖王, 威德王, 惠王, 法王, 武王, 義慈王. 共六百七十八年. ○ 以上, 三國.

백제는 "678년" 동안 이어져 왔는데, 왕의 세계(世系)는 문헌에 따라 "30대" 혹은 "31대"로 달리 전한다. 『기년아람』의 경우에는 '31대'로 기록했지만, 『청장관전서』 수록 이본에서는 '30대'로 기록했다. 이는 제6대 구수왕 다음에 즉위한 '사반왕(沙伴王)'의 존재에 대한 이해가 다르기 때문이다. 『삼국사기』 「백제본기」에는 고이왕조 서두에 사반왕에 대한 기록이 보이는데, "구수왕이 재위 21년 만에 세상을 떠나니, 맏아들 사반이 왕위를 이었지만 어려서 정사를 돌볼 수 없었다. 이에 초고왕의 동복아우[母弟]인 고이가 즉위했다.(仇首王在位二十一年薨, 長子沙伴嗣位, 而幼少不能爲政, 肖古王母弟古尒卽位.)"고 했다. 초고왕은 사반왕의 할아버지이므로, 고이왕은 사반왕에게는 작은할아버지가 된다. 이 구절은 사반왕이 즉위하자마자 곧바로 폐위되었다는 의미로 풀이할 수 있으니, 사반왕은 실질적인 왕 노릇을 하지 못한 셈이다.

『아희원람』에서 제시한 왕호는 일반적인 호칭과 일치한다. 다만 『삼국사기』에는 주석으로 다른 표기 또는 호칭이 기록된 사례가 보이는데, 이를 정리하면 다음과 같다. [ ] 안이 별칭이다. 초고왕[소고왕(素古王)], 구수왕[귀수왕(貴須王)], 책계왕[청계왕(靑稽王)], 아신왕[아방왕(阿芳王)], 전지왕[직지왕(直支王). 『삼국유사』 왕력(王曆)에는 '진지(眞支)'로 표기되어 있음], 개로왕[근개루왕(近蓋婁王)], 문주왕[문주왕(汶洲王)], 삼근왕[임걸왕(壬乞王)].

○ 고려. 태조, 혜종, 정종(定宗), 광종, 경종, 성종, 목종, 현종, 덕종, 정종, 문종, 순종, 선종, 헌종, 숙종, 예종, 인종, 의종, 명종, 신종, 희종, 강종, 고종, 원종, 충렬왕, 충선왕, 충숙왕, 충혜왕, 충목왕, 충정왕, 공민왕, 공양왕. 모두 475년이다. 곧 전대 왕조다

부록. 신우가 참람하게 왕위에 있은 것이 14년이다.

高麗. 太祖, 惠宗, 定宗, 光宗, 景宗, 成宗, 穆宗, 顯宗, 德宗, 靖宗, 文宗, 順宗, 宣宗, 獻宗, 肅宗, 睿宗, 仁宗, 毅宗, 明宗, 神宗, 熙宗, 康宗, 高宗,

元宗, 忠烈王, 忠宣王, 忠肅王, 忠惠王, 忠穆王, 忠定王, 恭愍王, 恭讓王. 共四百七十五年. 即勝國

附. 辛禑僭位十四年.

고려는 조선의 바로 전대 왕조다. 직전의 왕조를 "승국(勝國)" 또는 "전조(前朝)"라고 하니, 주석에 보이는 "卽勝國"이라는 말은 이 항목에서 다루는 고려가 편찬 당시의 왕조인 조선의 전대 왕조라는 뜻이 된다. 고려의 존속 기간을 "475년"이라고 하면, 여기에는 우왕(禑王)과 창왕(昌王)이 포함된다. 『아희원람』에서는 우왕과 창왕을 본문에 포함시키지 않았는데, 우왕을 "신우(辛禑)"로 지칭하였으니 우왕과 창왕이 신돈(辛旽)의 자손이라는 관점에서 이들을 배제한 것으로 볼 수 있다. 다만 "신우의 14년"만 거론하고 "신창(의 1년)"은 거론하지 않았는데, 여기에 특별한 이유가 있는지는 알 수 없다.

한편 충렬왕에서 충혜왕까지의 시기에는 왕위에서 물러났다가 복위하는 일들이 있었는데, 이런 사정을 함께 고려해야 왕의 치세를 알 수 있다. 해당 시기의 실제 재위 순서와 기간은 '충렬왕(1274~1298)-충선왕(1298)-충렬왕(1298~1308)-충선왕(1308~1313)-충숙왕(1313~1330)-충혜왕(1330~1332)-충숙왕(1332~1339)-충혜왕(1339~1344)'으로 정리할 수 있다.

○ 조선. 태조, 재위 7년, 상왕으로 재위 10년 ○ 건원릉 정종, 재위 2년, 상왕으로 재위 19년 ○ 후릉 태종, 재위 18년, 상왕으로 재위 4년 ○ 헌릉 세종, 재위 32년 ○ 영릉(英陵) 문종, 재위 2년 ○ 현릉 단종, 재위 2년, 상왕으로 재위 3년 ○ 장릉 세조, 재위 14년 ○ 광릉 덕종, 추존되었다 ○ 경릉 예종, 재위 1년 ○ 창릉 성종, 재위 25년 ○ 선릉 ○ 폐위된 왕 연산군은 11년 중종, 재위 39년 ○ 정릉 인종, 재위 8개월 ○ 효릉 명종, 재위 22년 ○ 강릉 선조, 재위 41년 ○ 목릉 ○ 폐위된 왕 광해군은 14년 원종, 추존되었다 ○ 장릉(章陵) 인조, 재위 27년 ○ 장릉(長陵) 효종, 재위 10년 ○ 영릉(寧陵) 현종, 재위 15년 ○ 숭릉 숙종, 재위 46년 ○ 명릉 경종, 재위 4년 ○

의릉 영종, 재위 52년 ○ 원릉 진종(眞宗), 추존되었다 ○ 영릉(永陵) 정종, 재위 24년 ○ 건릉 금상 전하 만만세.

本朝. 太祖, 在位七年, 在上王位十年. ○ 健元陵 定宗, 在位二年, 在上王位十九年. ○ 厚陵 太宗, 在位十八年, 在上王位四年. ○ 獻陵 世宗, 在位三十二年 ○ 英陵 文宗, 在位二年 ○ 顯陵 端宗, 在位二年, 在上王位三年. ○ 莊陵 世祖, 在位十四年 ○ 光陵 德宗, 追尊 ○ 敬陵 睿宗, 在位一年 ○ 昌陵 成宗, 在位二十五年 ○ 宣陵 ○ 廢王燕山君, 十一年. 中宗, 在位三十九年 ○ 靖陵 仁宗, 在位八月 ○ 孝陵 明宗, 在位二十二年 ○ 康陵 宣祖, 在位四十一年 ○ 穆陵 ○ 廢王光海君, 十四年. 元宗, 追尊 ○ 章陵 仁祖, 在位二十七年 ○ 長陵 孝宗, 在位十年 ○ 寧陵 顯宗, 在位十五年 ○ 崇陵 肅宗, 在位四十六年 ○ 明陵 景宗, 在位四年 ○ 懿陵 英宗, 在位五十二年 ○ 元陵 眞宗, 追尊 ○ 永陵 正宗, 在位二十四年 ○ 健陵 今上殿下萬萬歲.

"본조(本朝)"는 지금의 조정이라는 뜻이니, 조선을 말한다. "금상(今上)"은 현재 왕위에 있는 임금을 뜻하는 말이니, 『아희원람』 편찬 당시의 왕인 순조(純祖)를 말한다. 물론 '순조'라는 묘호는 세상을 떠난 뒤에 정해지는 것이니, 당연히 아직 '순조'라고 표기할 수는 없다. 조선의 경우에는 왕의 호칭을 묘호로 기록하고 주석에 재위 기간과 능호(陵號)를 덧붙이는 방식을 취했는데, 이는 당시에 필요한 지식이었기 때문일 것이다. 묘호와 능호는 당시에 모두 사용되었으니, 예컨대 '세종(世宗)'은 '영묘(英廟)'로도 일컬었다.

조선의 경우에는 추존된 왕도 본문에 함께 수록했는데, 이 또한 실생활에 요긴한 지식이었을 것이다. "덕종(德宗)"은 세조의 아들이며 성종의 아버지로, 세자로 책봉되었으나 즉위하기 전에 세상을 떠났고 1471년(성종 2)에 추존되었다. "원종(元宗)"은 선조의 아들이자 인조의 아버지인 정원군(定遠君)인데, 인조반정 이후 정원대원군(定遠大院君)이 되고 1632년(인조10)에 추존되었다. "진종(眞宗)"은 영조의 맏아들이며 사도세자(思悼世子)의 형으로, 효장세자(孝章世子)로 책봉되었으나 즉위하기 전에 세상을 떠났으며 정조가 즉위한 뒤에 추존되었다.

오늘날 널리 알려진 묘호와는 다른 묘호로 기록된 사례도 찾아볼 수 있는데,

이는『아희원람』편찬 이후에 묘호가 바뀌었기 때문이다. "영종"은 1890년(고종 27)에 "영조"로, "정종(正宗)"은 1899년(광무 3)에 "정조(正祖)"로 바뀌었다. '今上'이었던 순조 또한 묘호가 바뀐 사례에 속하는데, 처음 정해진 묘호는 '순종(純宗)'이었지만 1857년(철종 8)에 '순조'로 바뀌었다.

○ 복희씨는 재위 기간이 115년이다. 신농씨는 140년이다. 황제는 100년이다. 소호는 84년이다. 전욱은 78년이다. 제곡은 75년이다. 요임금은 98년이다. 순임금은 61년이다. 여와씨는 130년이다. 하나라 왕불항은 59년이다. 은나라 태무는 75년이며, 무정은 59년이다. 주나라 소왕은 51년이요, 목왕은 55년이요, 여왕과 평왕은 51년이며, 난왕과 제 경공은 59년이다. 한나라 무제는 54년이다. 토욕혼의 과려는 100년이다. 청나라 강희제는 61년이다. 우리나라에서는 수로왕이 158년이다. 신라 시조는 61년이다. 고구려 태조왕은 94년이며, 장수왕은 79년이다. 백제 기루왕은 52년이며, 고이왕은 53년이다.오래 재위했던 제왕

伏羲, 百十五年. 神農, 百四十年. 黃帝, 百年. 少昊, 八十四年. 顓頊, 七十八年. 帝嚳, 七十五年. 帝堯, 九十八年. 帝舜, 六十一年. 女媧, 百三十年. 夏王不降, 五十九年. 殷太戊, 七十五年. 武丁, 五十九年. 周昭王, 五十一年. 穆王, 五十五年. 厲王·平王, 五十一年. 赧王·齊景公, 五十九年. 漢武帝, 五十四年. 吐谷渾夸呂, 百年. 淸姜熙, 六十一年. 東國, 首露王, 百五十八年. 新羅始祖, 六十一年. 高句麗太祖王, 九十四年. 長壽王, 七十九年. 百濟己婁王, 五十二年. 古尒王, 五十三年.帝王久在位者

이 항목에서는 주석에서 밝히고 있듯이 오랜 기간 동안 재위(在位)했던 제왕(帝王)

을 제시했다. 『지봉유설』 군도부 「제왕」에서도 오랜 기간 동안 나라를 다스린 제왕들을 언급했는데, "40년 이상 나라를 다스린 이는 매우 드물다.(享國四十年者, 甚罕.)"고 지적하며 삼대 이후로는 몇 사람이 없다고 했다. 『지봉유설』에서 제시한 인물들 가운데 상당수가 이 항목에도 보이는데, 명단이 일치하지는 않는다. 『지봉유설』에서 언급한 '오래 나라를 다스린 제왕'의 명단과 재위 기간은 다음과 같다. 복희씨(115년), 신농씨(120년), 황제(100년), 소호(100년), 전욱(78년), 제곡(70년), 요임금(98년), 순임금(61년 또는 71년. 39세에 즉위하여 100세 또는 110세까지 살았다), 하나라 우왕(90년. 10세에 즉위하여 100세까지 살았다), 은나라 탕왕(87년. 13세에 즉위하여 100세까지 살았다), 주나라 문왕(50년), 목왕(55년), 한 무제(54년), 양 무제(48년), 당 현종(44년), 송 인종(42년), 이종(理宗, 40년), 명 세종(45년), 신종(神宗, 48년), 가락국 수로왕(158년), 고구려 태조왕(94년), 장수왕(79년).

『아희원람』과 『지봉유설』에서 제시한 재위 기간에 차이가 나타나는 것은 당시에 이설이 있었기 때문일 텐데, 『기년아람』의 '고이(攷異)'에서 이를 구체적으로 보여주는 예를 몇 가지 찾아볼 수 있다. 우선 "신농씨"는 『세기(世紀)』—『제왕세기』—에서는 '재위 120년', 『역사(繹史)』에서는 '재위 140년'으로 다른 설이 전한다고 했다. "소호"에 대해서는 재위 84년에 향년 100세라고 서술했지만, 『제왕세기』에는 재위 100년이라는 말이 있다고 했다. "제곡"에 대해서는 재위 70년에 향년 105세로 서술했지만, 『역사』에는 재위 75년 또는 63년이라는 말이 전한다고 했다.

또 『기년아람』은 역대 제왕들의 재위 기간과 향년을 기록했기 때문에, 『지봉유설』에서는 언급하지 않은 제왕들의 재위 기간도 확인해 볼 수 있다. 대부분 일치하지만, 주나라 여왕과 제 경공의 경우에는 약간 차이가 나타난다. 여왕(厲王)에 대해서는 "재위는 37년이요 왕위를 잃은 이후가 14년이다. 향년은 70세다.(在位三十七年, 失位後十四年, 壽七十.)"라고 기록했는데, '왕위를 잃은 이후'란 여왕이 백성들에게 쫓겨나 체(彘) 땅으로 달아나고 태자 정(靜)—뒷날의 선왕(宣王)—이 몸을 숨긴 채 소공과 주공의 두 재상이 정사를 돌보던 '공화(共和)'의 시기를 뜻하는 말로 짐작된다. 만약 공화의 시기를 '여왕의 치세'로 파악한다면, 여왕의 치세는 왕위에 있었던 37년과 공화가 이루어지던 14년을 합하여 51년이 된다. 『아희원람』에서 제시한 "51년"은 아마도 이러한 방식으로 계산한 수치일 것이다. 제 경공은 주나라 영왕(靈王) 계축년에 즉위하여 경왕(敬王) 신해년에 죽었다고 기록되어 있는데, 즉위년과 몰년을 어떻게 계산하는가에 따라 재위 기간이 58년 또는 59년으로 문헌마다 달리 나타난다. 59년으로 기록한 문헌 가운데에는 왕세정의 『완위여편』이 있다.

"토욕혼(吐谷渾)의 과려(夸呂)"는 토욕혼의 칸[可汗]인 모용과려(慕容夸呂)로, 100년이라는 받아들이기 어려운 재위 기간이 역사 기록에 전하기에 논란이 되기도 했다. 『북사』에 "과려는 재위 100년에 여러 차례 기쁨이나 노여움으로 인하여 태자를 폐위하고 죽였다. 그 뒤에 태자가 살해당할까 두려워하여 마침내 과려를 잡아 항복할 것을 모의하였다.(夸呂在位百年, 屢因喜怒, 廢殺太子. 其後太子懼殺, 遂謀執夸呂而降.)"라는 구절이 있는데, 이 구절은 『수서』와 『자치통감』 등에 일부 자구가 바뀐 채로 수록되었다. 조선 국왕 정조는 이 가운데 "재위 100년"이라는 말이 이치에 맞지 않는다는 점을 지적하며 의문을 표한 바 있는데, 이 일은 『홍재전서(弘齋全書)』「경사강의(經史講義)」에 보인다. 정조는 과려가 즉위한 양나라 대동 6년(540)에서 수나라 병오년(586)까지는 47년에 불과하니 '재위 100년'이라 할 수 없다고 지적하고, 역사 기록이 이처럼 모순된 이유를 물었다. 이에 대해 유학(幼學) 홍대위(洪大爲)는 '재위 100년'이란 실수(實數)라기보다는 '대략적인 수[大數]'를 든 것이라고 답하면서, 주나라 목왕을 '재위 100년'이라 하는 것이 그와 같은 예라고 했다.

○ 천황씨의 섭제격으로부터 요임금 원년 갑진년까지는 45,600년이다. 갑진년으로부터 은나라 소신 계미년까지가 천 년이요, 다음해인 갑신년으로부터 주나라 현왕 11년 계해년까지가 천 년이요, 다음해인 갑자년으로부터 당나라 정관 17년 계묘년(643)까지가 천 년이요, 다음 해인 갑진년으로부터 명나라 숭정 16년 계미년(1643)까지가 천 년이다. 다음 해인 갑신년에 '순치'로 연호를 고치고서부터 지금 건륭 60년 을묘년(1795)에 황제의 자리를 물려주기까지가 152년이다.

自天皇攝提格, 至唐堯元季甲辰, 四萬五千六百季. 自甲辰, 至殷小辛癸未, 千季. 自甲申, 至周顯王十一季癸亥, 千季. 自甲子, 至唐貞觀十七季癸卯, 千季. 自甲辰, 至崇禎十六季癸未, 千季. 自甲申順治改元, 至今乾隆六十年乙卯傳位, 百五十二年.

천황씨가 일어난 시점부터 청나라 건륭제가 가경제에게 선위할 때까지를 햇수로 정리하여 '전운(傳運)'의 마무리를 삼았다. "섭제격(攝提格)"은 "인(寅)"에 해당하는 고갑자(古甲子)인데, 천황씨는 인(寅)의 해에 일어났다고 한다. 또 서정(徐整)의 『삼오역기(三五曆記)』에 "섭제[寅]의 해에 원기가 처음 생겼다.(歲紀攝提, 元氣肇有.)"라는 구절이 있으니, 천황씨의 섭제격이란 기원을 말한 것이라고 할 수 있다. "숭정 16년"과 "갑신년 순치 개원"은 명나라와 청나라의 교체 시점에 해당하며, 건륭 60년의 전위(傳位)는 편찬 당시 황제인 가경제(嘉慶帝)의 치세 직전 시기에 해당한다.

이 구절은 천지의 생성과 소멸이라는 관점에서도 살펴볼 수 있다. 『지봉유설』 천문부 「천」에서는 『사기』 주석에 언급된 소옹(邵雍)의 설을 언급하였는데, 그 가운데 "인회로부터 오회에 이르기까지는 45,600년에 해당하는데, 바로 요임금이 일어난 갑진년이다.(自寅會至午會, 該四萬五千六百年, 正唐堯起甲辰之時云.)"라는 말이 보인다. 또 천지가 생겼다가 없어지기까지를 뜻하는 "1원(元)"은 12회(會)로 이루어지는데, 자회(子會)에는 하늘이 생기고, 축회(丑會)에는 땅이 생기고, 인회(寅會)에는 사람이 생기며, 술회(戌會)에는 만물이 폐쇄되고 하늘이 사라지며, 해회(亥會)에는 하늘도 땅도 소멸한다고 했다. 이에 의하면 천황씨의 섭제격이란 곧 '인회(寅會)'가 시작되는 시점이며, 요임금 갑진년은 오회(午會)에 들어서서 2,400년이 지난 시점이다. 그 이후로 다시 4,152년이 흘러서 건륭 60년(1795)에 이르게 되면, 오회(午會)는 4,248년만 남은 셈이다. 이제 양보다 음이 강성해질 시기가 되어 가는 셈이다.

부록附

一. 수휘

二. 보유

『아희원람』에서는 10장의 본문 뒤에 2장으로 구성된 부록을 붙였는데, 이 '부록'은 갑작스럽게 써야 할 때 응한다는 "응졸"의 취지에 부합하는 형식을 취했다고 해도 좋을 듯하다. 실생활에서 사용할 만한 요긴한 지식이나 정보를 필요할 때 찾아볼 수 있도록 일정한 규칙에 따라 정리해 두었기 때문이다.

첫 번째 부록인 "수휘(數彙)"에서는 숫자가 첫 글자로 들어간 어휘를 모으고 그 구체적인 내용을 설명했는데, 처음부터 익혀도 도움이 되겠지만 일종의 어휘사전처럼 기억이 잘 나지 않을 때 찾아보아도 큰 도움이 될 것이다. 예컨대 28개의 별자리를 뜻하는 '28수(宿)'의 이름이 기억나지 않는다면, 해당 항목을 찾아서 구체적인 명칭을 확인해 볼 수 있다. '수휘'는 다시 천(天) 26항목, 지(地) 18항목, 인(人) 64항목의 3편 108항목으로 구성했으며, 해당 편이 끝나는 부분에 "이상은 ○편이다(右, ○篇)"와 같은 방식으로 편명을 제시했다. 번역에서는 이를 각 편의 앞부분으로 옮겨 제시한다.

두 번째 부록인 "보유(補遺)"에서는 네 가지 항목을 수록했는데, 이 또한 필요할 때 찾아서 확인해 볼 만한 정보들이다. 특히 마지막 항목으로 제시한 '동방성보(東方姓譜)'에는 우리나라의 성씨를 모아 수록하되 편자 장혼 나름의 질서를 부여했는데, 정보 자체는 물론이며 형식에 있어서도 편자의 노력의 흔적을 엿볼 수 있어서 흥미롭다.

한편 '수휘' 부분의 구성 방식과 유사한 사례는 앞선 시기의 유서에서 찾아볼 수 있는데, 이를 흔히 '수편유서(數編類書)'라고 한다. 우리나라의 경우에는 총 24권 약 4,000항목을 수록한 민노행(閔魯行)의 『명수지문(名數咫聞)』이 대표적인 사례로 알려져 있는데, 문헌 전체가 수편유서의 형식을 취하였으니 『아희원람』과는 차이가 있는 셈이다. 최환의 『한중유서문화개관』(영남대학교 출판부, 2008)에서는 『아희원람』의 '수휘'와 대동소이한 형식을 취한 문헌으로 송나라 왕응린(王應麟)의 『소학감주(小學紺珠)』를 지목한 바 있는데, 천도류(天道類), 지리류(地理類), 인륜류(人倫類) 등의 분류에 따라 숫자 순서로 항목을 배열한 유사점을 찾을 수 있지만 예문류(藝文類), 역대류(歷代類) 등을 포함하여 총 10권으로 이루어져 있어 규모 면에서 큰 차이가 있다.

편찬 시기나 분량의 측면을 고려하면 정약용의 『소학주관(小學珠串)』을 더 유사한 사례로 지적할 수도 있을 것인데, 『소학주관』에서는 1~28까지의 숫자를 앞세운 어휘 총 300조목을 수록했다. 다만 어휘의 뜻을 풀이하고 그 출처를 밝히는 등 보다 체계적인 형식을 갖추고 있으며, 수록한 어휘의 유형에 있어서도 차이를 보인다. 『소학주관』의 첫 조목인 '일인(一人)'의 사례를 보면, 서두에 "'일인'이란 천자다.(一人者, 天子也.)"라는 어휘 풀이를 제시하고 말미에 "'일인'이라는 명칭은 『주서』에서 나왔다.(一人之名, 出周書.)"라는 출처 제시를 덧붙였다. 이러한 형식은 마지막까지 일관되게 나타난다. 이런 차이는 여러 방향에서 해석할 수 있겠지만, 『아희원람』이 "응졸"을 위한 것이라면 『소학주관』은 체계적인 학습을 위한 것이기에 이러한 차이가 나타난다고 하는 것도 그런 해석 가운데 하나일 수 있다.

一. 수휘數彙 수의 차례로 정리한 어휘집

천편天篇

○ 일원. 천지가 소멸되기까지를 1원(元)이라 한다. 1원에는 12회(會)가 있고, 1회에는 10,800년이 있다.

一元. 天地窮盡, 謂之一元. 一元有十二會, 一會有一萬八百年.

"1원(一元)"은 천지가 한 번 생성했다가 소멸하기까지의 시간을 뜻하는 말로, 소옹의 『황극경세서(皇極經世書)』에서는 1원은 12회이며 1회는 30운(運)이며 1운은 12세(世)이며 1세는 30년(年)이라 했다. 이에 따르면 1회는 10,800년이 되고, 1원은 129,600년이 된다. 『지봉유설』 천문부 「천」에서는 『사기』의 주석에 나타난 소자(邵子) 즉 소옹의 견해를 논했는데, 이에 의하면 자회(子會)에는 하늘이 생기고 축회(丑會)에는 땅이 생기고 인회(寅會)에는 사람이 생겼다가 술회(戌會)가 되면 만물이 폐쇄되고 하늘이 사라지며 해회(亥會)가 되면 하늘도 땅도 소멸하고, 다시 자회(子會)가 되면 새로 하늘이 생기는 식으로 끝없이 순환한다고 한다. 다시 자회가 된다는 것은 새로운 1원이 시작된다는 의미다.

○ 이기. 음은 고요함을 주로 하니, 여성이요 부드러움이다. 양은 움직임을 주로 하니, 남성이요 굳셈이다. 음에는 태음, 소음, 궐음이 있고, 양에는 태양, 소양, 양명이 있다.

二氣. 陰主靜, 女也柔也. 陽主動, 男也剛也. 陰有太陰 · 少陰 · 厥陰, 陽有太陽 · 少陽 · 陽明.

이기(二氣)는 음양이다. 태음(太陰), 소음(少陰), 궐음(厥陰)을 삼음(三陰)이라 하고, 태양(太陽), 양명(陽明), 소양(少陽)을 삼양(三陽)이라 한다. 삼음과 삼양의 순서는 음기와 양기의 정도에 따른 것이니, 여기서 태양, 소양, 양명으로 제시한 것은 일반적인 순서와는 어긋난다.

○ 이의. 무극이면서 태극이다. 태극이 양의를 낳는다. 양의는 곧 천지다. 천지는 형체로 말한 것이며, 건곤은 공용으로 말한 것이다.

二儀. 無極而太極. 太極生兩儀. 兩儀卽天地. 天地以形體言, 乾坤以功用言.

이의(二儀)는 태극(太極)이 나눠진 것이니, 곧 천지다. 주돈이(周敦頤)의 『태극도설(太極圖說)』 서두에 "무극으로부터 태극이 된다(自無極而爲太極)"라는 말이 있는데, 주희는 이 가운데 '自'와 '爲'의 두 글자를 삭제할 것을 청했다고 한다. "無極而太極"과 "太極生兩儀"의 두 구절에 대해서는 다양한 견해가 제시된 바 있는데, 이는 곧 이기론(理氣論)의 핵심에 해당하는 것이기도 하다. 정명도는 "천지는 형체로 말한 것이며, 건곤은 성정으로 말한 것이다. 건은 굳셈[健]이요, 곤은 좇음[順]이다.(天地以形體言, 乾坤以性情言. 乾健也, 坤順也.)"라고 했다.

○ 삼재. 하늘은 자(子)에 열리고 땅은 축(丑)에 열리며 사람은 인(寅)에 태어난다. ○ 하나라에서는 인방(寅方)을 가리키는 달을 정월로 삼았으니 인통(人統)이요, 상나라에서는 축방(丑方)을 가리키는 달을 정월로 삼았으니 지통(地統)이요, 주나라에서는 자방(子方)을 가리키는 달을 정월로 삼았으니 천통(天統)이다.

三才. 天開於子, 地闢於丑, 人生於寅. ○ 夏正建寅爲人統, 商正建丑爲地統, 周正建子爲天統.

삼재(三才)는 곧 천(天), 지(地), 인(人)이다. 소옹의 『황극경세서』에서 12회(會)를 논하면서 "天開於子" 등의 구절을 썼는데, 이에 따라 '子', '丑', '寅'을 각기 '자회(子會)', '축회(丑會)', '인회(寅會)'로 풀이하기도 한다. 초저녁에 북두성의 자루 부분이 가리키는 방위에 따라 정월을 정했는데, 이것이 곧 "건(建)"이다.

○ 삼광. 삼신이라고도 한다 해는 황도로 운행한다. 양곡에서 나와 우이, 약수, 함지를 거치고, 부상을 지나 곡아, 증상[증천, 상야], 형양을 거치고, 중가의 가운데에 머물렀다가 곤오, 조차, 비곡, 여기, 연우, 연곡[연석(連石)]을 거쳐 우연에 들어간다. 무릇 해는 9주사[9주 7사]를 운행하니, 5억 17,309리가 된다 달은 적도(赤道)로 운행한다. 현일(弦日), 보름[望], 그믐[晦], 초하루[朔]가 있다. 초하루는 사백(死魄)이다. 2일은 방사백(旁死魄)이다. 3일은 초승달이 뜨는 날로 재생명(哉生明)이다. 8일은 상현(上弦)이다. 16일은 재생백(哉生魄)이다. 17일은 기생백(旣生魄)이다. 23일은 하현(下弦)이다. 별에는 12차(次)가 있다. 취자(娵訾), 정월 강루, 2월 대량, 3월 실침, 4월 순수, 5월 순화, 6월 순미, 7월 수성, 8월 대화, 9월 석목, 10월 성기, 11월 현효. 12월

三光. 亦曰三辰 日行黃道. 出于暘谷, 歷堣夷 · 若水 · 咸池. 拂于扶桑, 歷曲阿 · 曾桑 · 衡陽, 中于中街, 歷昆吾 · 鳥次 · 悲谷 · 女紀 · 淵隅 · 連谷, 入于虞淵. 凡日行九州舍, 有五億萬七千三百九里. 月行赤道. 有弦望晦朔. 朔日死魄, 初二日旁死魄, 初三日朏哉生明, 初八日上弦, 十六日哉生魄, 十七日旣生魄, 二十三日下弦. 星有十二次. 娵訾, 正月 降婁, 二月 大梁, 三月 實沈, 四月 鶉首, 五月 鶉火, 六月 鶉尾, 七月 壽星, 八月 大火, 九月 析木, 十月 星紀, 十一月 玄枵. 十二月

"삼광(三光)" 또는 "삼신(三辰)"은 해[日], 달[月], 별[星]을 뜻하는 말이다. 해, 달, 별이 움직인다고 생각했으므로, 이들이 하늘에서 움직이는 궤도를 살피고 이를

통해 시간의 변화를 이야기했다. 『한서』「천문지(天文志)」에서는 해와 달이 움직이는 9개의 궤도를 말했는데, 이를 구행(九行) 또는 구도(九道)라 한다. 황도(黃道)가 가운데에 있으며, 2개의 흑도(黑道)는 황도의 북쪽에서 나오고 2개의 적도(赤道)는 황도의 남쪽에서 나오고 2개의 백도(白道)는 황도의 서쪽에서 나오고 2개의 청도(青道)는 황도의 동쪽에서 나온다고 했다.

황도는 해가 운행하는 궤도다. 해가 운행하는 경로를 말하면서 "9주 7사"를 언급하기도 하는데, 『회남자』「천문훈(天文訓)」에서는 그 구체적인 내용을 서술하며 "(해는) 9주 7사를 운행하니, 5억 17,309리가 된다.(行九州七舍, 有五億萬七千三百九里.)"라 했다. 『아희원람』에서는 "九州舍"라 했는데, 인용 과정에서 "七"이 누락된 듯하다. 『회남자』에서는 "해는 양곡에서 나와 함지에서 목욕하고 부상을 지나가니 이를 신명이라 한다. 부상의 위로 올라 이에 장차 운행하려 하니 이를 비명이라 한다. 곡아에 이르니 이를 단명이라 한다. 증천에 이르니 이를 조식이라 한다. 상야에 이르니 이를 안식이라 한다. 형양에 이르니 이를 우중이라 한다. 곤오에 이르니 이를 정중이라 한다. 조차에 이르니 이를 소환이라 한다. 비곡에 이르니 이를 포시라 한다. 여기(女紀)에 이르니 이를 대환이라 한다. 연우에 이르니 이를 고용이라 한다. 연석에 이르니 이를 하용이라 한다. 비천에 이르면 이에 그 딸[희화(羲和)]을 멈추게 하고 그 말[육리(六螭)]을 쉬게 하니, 이를 현거라 한다. 우연에 이르니 이를 황혼이라 한다. 몽곡에 이르니 이를 정혼이라 한다. 해는 우연의 물가로 들어가서 몽곡의 나루에서 밤을 보낸다.(日出於暘谷, 浴于咸池, 拂於扶桑, 是謂晨明. 登於扶桑之上, 爰始將行, 是謂朏明. 至於曲阿, 是謂旦明. 至於曾泉, 是謂蚤食. 至於桑野, 是謂晏食. 至於衡陽, 是謂隅中. 至於昆吾, 是謂正中. 至於鳥次, 是謂小還. 至於悲谷, 是謂餔時. 至於女紀, 是謂大還. 至於淵虞, 是謂高舂. 至於連石, 是謂下舂. 至於悲泉, 爰止其女, 爰息其馬, 是謂懸車. 至於虞淵, 是謂黃昏. 至於蒙谷, 是謂定昏. 日入于虞淵之汜, 曙于蒙谷之浦.)"고 했는데, '9주 7사'는 양곡에서 우연까지의 16곳이다. 『아희원람』의 서술은 이 구절과 조금 다른데, 그 가운데 일부는 오자로 인한 차이일 가능성이 있다. 우선 "연우(淵隅)"는 "연우(淵虞)"의 오기이며, "연곡(連谷)"은 "연석(連石)"의 오기인 듯하다. "증상(曾桑)"의 경우에는 "증천(曾泉)"과 "상야(桑野)"를 합친 말일 가능성도 생각해 볼 수 있는데, 이처럼 병칭하는 사례는 잘 보이지 않으므로 "천(泉)"과 "야(野)"의 두 글자가 누락됐을 가능성이 높다. 『회남자』에는 언급되지 않은 명칭도 있는데, 9주 7사를 달리 설정하는 견해를 따른 결과일 듯하다. "우이(堣夷)"는 해가 뜬다는 곳으로 『서경』 「요전」에 보인다. "약수(若水)"는 물 이름으로, 여기서 전욱(顓頊)이 태어났다고도 전한다. "중가(中街)"는 별의 이름이면서 황도를 뜻하는 말로도 사용하는데, 황도의 뜻으로 사용했다고 이해하면 "중가의 가운데에 머무른다(中于中街)"는 말은 '(해가 형양에 이르러) 황도의 중간 정도에 이르게 된다'는 정도로 풀이할 수 있을 것이다.

달의 운행에 대해서는 여러 견해가 있었는데, 그 가운데 "月行赤道"의 설이 보인다. 또 달의 모양에 따라 날의 이칭을 붙이기도 했는데, 달에 대한 서술 부분의 주석은 이를 제시한 것이다. "사백(死魄)"은 달이 완전히 이지러졌다는 뜻이며, "방사백(旁死魄)"은 달이 제법 이지러졌다는 뜻이다. "재생명(哉生明)"은 달의 밝은 부분이 처음 생긴다는 뜻이다. "비(朏)"는 초승달을 뜻하는데, 초사흘의 별칭으로도 사용된다. "재생백(哉生魄)"은 달의 검은 부분이 생기기 시작한다는 뜻이며, "기생백(旣生魄)"은 달의 검은 부분이 이미 생겼다는 뜻이다. 이상에서 보이는 "재(哉)"는 "처음[始]"의 뜻으로 풀이할 수 있다. "하현(下弦)"은 22일이라고 말하기도 한다.

"12차(次)"는 별자리를 황도에 따라 12개로 나눈 것인데, 12궁(宮)에 해당하며 보통 '12세차(歲次)'로 칭한다. 12차는 월(月)의 이칭(異稱)으로 사용하기도 하는데, 『아희원람』에서 제시한 이칭은 명말 청초의 천문가 황정(黃鼎)이 편찬한 『관규집요(管窺輯要)』 정도에서만 볼 수 있는 것으로 일반적으로 사용되는 것과는 차이가 있다. 널리 사용되는 12(세)차에 의한 월별 이칭은 다음과 같다. 석목(析木)[1월], 대화(大火)[2월, 단안(亶安)], 수성(壽星)[3월], 순미(鶉尾)[4월], 순화(鶉火)[5월], 순수(鶉首)[6월], 실침(實沈)[7월], 대량(大梁)[8월], 강루(降婁)[9월], 취자(娵訾)[10월, 추자(娵訾)], 현효(玄枵)[11월], 성기(星紀)[12월].

○ 사계절. 봄은 청양이다. 상춘[1월]은 원월, 단월, 추월이라 한다. 중춘[2월]은 도월(桃月), 영월이라 한다. 계춘[3월]은 병월, 가월, 잠월이라 한다. 여름은 주명이다. 수해[4월]는 매월, 맥추라 한다. 중하[5월]는 오월, 포월, 조월, 고월이라 한다. 계하[6월]는 유월, 형월이라 한다. 가을은 백장이다. 초추(初秋)[7월]는 과월, 선월, 동월이라 한다. 중추[8월]는 교월, 계월, 안월

이라 한다. 초추(杪秋)[9월]는 국월이라 한다. 겨울은 현영이다. 맹동[10월]은 양월(陽月), 양월(良月)이라 한다. 중동[11월]은 지월, 가월, 창월, 복월이라 한다. 계동[12월]은 납월, 여월이라 한다. ○ 설을 쇤 뒤의 1일은 계일(雞日)이며, 2일은 구일(狗日)이며, 3일은 시일(豕日)이며, 4일은 양일(羊日)이며, 5일은 우일(牛日), 6일은 마일(馬日), 7일은 인일(人日), 8일은 곡일(穀日)이다.

四時. 春爲青陽. 上春曰元月, 端月, 陬月. 仲春曰桃月, 令月. 季春曰寎月, 嘉月, 蠶月. 夏爲朱明. 首夏曰梅月, 麥秋. 仲夏曰午月, 蒲月, 蜩月, 皐月. 季夏曰流月, 螢月. 秋爲白藏. 初秋曰 瓜月, 蟬月, 桐月. 中秋曰巧月, 桂月, 雁月. 杪秋曰菊月. 冬爲玄英. 孟冬曰陽月, 良月. 仲冬曰至月, 葭月, 暢月, 復月. 季冬曰臘月, 餘月. ○ 歲後一日雞, 二日狗, 三日豕, 四日羊, 五日牛, 六日馬, 七日人, 八日穀.

"사시(四時)"는 봄, 여름, 가을, 겨울의 사계절을 뜻하는 말이다. 여기서는 계절 및 달[月]의 별칭(別稱)을 수록하여 참고할 수 있도록 했다. 사계절의 별칭은 『이아』 「석천」에 있는 "봄을 청양이라 하고 여름을 주명이라 하고 가을을 백장이라 하고 겨울을 현영이라 한다. 사시가 조화로운 것을 일러 옥촉이라 한다.(春爲青陽, 夏爲朱明, 秋爲白藏, 冬爲玄英, 四時和謂之玉燭.)"라는 구절에서 찾아볼 수 있다. 한 계절에 속하는 세 달은 보통 맹(孟, 계절의 첫 번째 달), 중(仲, 계절의 두 번째 달), 계(季, 계절의 마지막 달)를 앞에 붙여 부르는데, 여기서는 변형된 표현도 함께 제시했다. 예컨대 "초(杪)"는 나뭇가지의 끝을 뜻하는 말이니, 계절의 마지막 달을 가리키는 말로도 사용된다. 이를 활용하여 9월을 "계추(季秋)" 대신 "초추(杪秋)"라 했다.

달의 별칭은 두세 개 정도를 수록했는데, 당시에 사용한 별칭의 수는 이보다 많았다. 수록할 명칭을 뽑은 기준이 무엇인지는 분명하지 않지만, 중국 문헌에서 유래한 별칭을 기준으로 삼았다는 점은 하나의 특징으로 꼽을 수 있다. "도월(桃月)"은 복숭아꽃이 피는 달을 뜻하는 말로, 중국에서는 2월의 별칭이지만 우리나라에서는 3월의 별칭으로 사용했다. 꽃이 피는 계절이 다르기 때문에 이와 같은 차이가 생겼을 것이다. "매월(梅月)"은 중국에서는 4월의 별칭이지만 우리나라에서는 5월의 별칭으로 사용했는데, 이 또한 기후 차이 때문일 것이다. 매천(梅天), 매하(梅夏) 등도 우리나라에서는 5월의 별칭으로 사용했다. 이 밖에 별칭의 뜻 몇 가지를 살펴보면, 우선 3월의 이칭인 "병월(寎月)"은 아름답고 빛나는 달이라는 뜻인데, 여기서 "병(寎)"은 "窉", "丙", "炳"의 뜻으로 풀이된다. "맥추(麥秋)"는 보리를 거둬들이는 계절을 뜻하는 말이니, 곧 여름이 시작될 무렵인 음력 4월이다. "교월(巧月)"은 걸교(乞巧)가 든 달이라는 뜻인데, 걸교는 "교(巧)" 즉 길쌈과 바느질의 솜씨가 빼어나기를 빈다는 뜻이다. 걸교는 칠석 즉 음력 7월 7일에 행하였으니 교월은 대체로 음력 7월이 되는데, 음력 8월을 가리키는 말로 사용하기도 했다. "여월(餘月)"은 보통 윤달[閏月]을 뜻하는 말인데 여기서 12월의 이칭으로 제시한 이유는 분명하지 않다. "제월(除月)"의 오기일 가능성도 생각해 볼 수 있다.

정월 1일에서 8일까지의 8일 동안을 각기 특정한 동식물이 생겨난 날[生日]로 이해하는 풍속이 전승되었는데, 이는 "상자일(上子日, 음력 정월의 첫 자일)"과 같은 지지(地支)에 따른 날의 명칭과는 구별되는 것이었다. 진나라 동훈(董勛)의 『답문예속설(答問禮俗說)』에 이에 대한 기록이 있으며, 한나라 동방삭(東方朔)의 『점서(占書)』에서 유래한 것이라고도 한다. 8개의 날 가운데 사람이 생겨난 날인 인일(人日)에는 특히 다양한 풍속이 있었는데, 고려와 조선에서도 신하들에게 인승(人勝)을 나눠주는 등의 행사를 시행했다.

○ 사덕. 원이란 만물을 낳는 시초다. 봄이 되고, 인(仁)이 된다. 형이란 만물을 낳는 형통함이다. 여름이 되고, 예(禮)가 된다. 이는 만물을 낳는 이룸이다. 가을이 되고, 의(義)가 된다. 정은 만물을 낳는 완성이다. 겨울이 되고, 지(智)가 된다.

四德. 元者, 生物之始. 爲春, 爲仁. 亨子, 生物之通. 爲夏, 爲禮. 利者, 生物之遂. 爲秋, 爲義. 貞者, 生物之成. 爲冬, 爲智.

사덕(四德)은 천도(天道)의 네 가지 덕을 뜻하는 말이다. 『주역』 건괘(乾卦)에서 원(元), 형(亨), 이(利), 정(貞)을 들었는데, 주희는 "원이란 만물을 낳음[生物]의 시초이니, 천지의 덕에 이보다 앞서는 것이 없다. 그런 까닭에 계절에 있어서는 봄이 되고 사람에 있어서는 인이 되니, 모든 선(善)의 으뜸이다. 형이란 만물을 낳음의 형통함이니, 사물이 이에 이르면 아름답지 않은 것이 없다. 그런 까닭에 계절에 있어서는 여름이 되고 사람에 있어서는 예가 되니, 모든 아름다움의 모임이다. 이란 만물을 낳음의 이롬이니, 사물이 각기 그 마땅함을 얻고 서로 방해하지 않는다. 그런 까닭에 계절에 있어서는 가을이 되고 사람에 있어서는 의가 되니, 그 분수의 화합을 얻게 된다. 정이란 만물을 낳음의 완성이니, 실리가 모두 갖추어져 있는 곳에 따라 각기 족하게 된다. 그런 까닭에 계절에 있어서는 겨울이 되고 사람에 있어서는 지가 되니, 모든 일의 근간이 된다.(元者生物之始, 天地之德, 莫先於此. 故於時爲春, 於人則爲仁, 而衆善之長也. 亨者生物之通, 物至於此, 莫不嘉美. 故於時爲夏, 於人則爲禮, 而衆美之會也. 利者生物之遂, 物各得宜, 不相妨害. 故於時爲秋, 於人則爲義, 而得其分之和. 貞者生物之成, 實理具備, 隨在各足. 故於時爲冬, 於人則爲智, 而爲衆事之幹.)"고 풀이했다. 한편 사덕 즉 "원, 형, 이, 정"은 4개로 이루어진 사물의 순서를 나타내는 말로도 사용되는데, 예컨대 4책으로 이루어진 문헌의 경우에 '원'(제1책), '형'(제2책), '이'(제3책), '정'(제4책)과 같이 표기하여 넷 가운데 몇 번째인지를 나타내기도 했다.

○ 사해의 신. 아명, 동해의 신 축융, 남해의 신 거승, 서해의 신 우강. 북해의 신 ◯ 당나라 천보 연간에 조서를 내려 사해의 신을 왕으로 봉했다. 동해는 광연왕이요, 남해는 광리왕이요, 서해는 광덕왕이요, 북해는 광택왕이다.

四海神. 阿明, 東海神 祝融, 南海神 巨乘, 西海神 禺强. 北海神 ○ 唐天寶, 詔封四海神. 東海廣淵王, 南海廣利王, 西海廣德王, 北海廣澤王.

사해신(四海神)의 명칭은 『양생잡서(養生雜書)』에 전한다. 『남부신서』에 "천보 10년(751)에 비로소 사해의 신을 왕으로 봉했다.(天寶十載, 始封四海神爲王.)"라는 구절이 보인다. 광연왕(廣淵王) 등은 사해(四海)를 맡은 용왕(龍王)의 명칭으로도 사용되었다.

○ 오방제. 청제 위령앙[영위앙(靈威仰)], 동방제 적제 적표노, 남방제 황제 함추뉴, 중앙제 백제 백초거, 서방제 흑제 십광기[협광기(協光紀)]. 북방제

五方帝. 青帝威靈仰, 東方帝 赤帝赤熛怒, 南方帝 黃帝含樞紐, 中央帝 白帝白招拒, 西方帝 黑帝什光紀. 北方帝

오방제(五方帝)는 동서남북 및 중앙의 다섯 방위를 맡은 신장(神將)인데, '오방천제(五方天帝)'로도 불린다. 오행에 따라 각각 동쪽을 청(青), 남쪽을 적(赤), 중앙을 황(黃), 서쪽을 백(白), 북쪽을 흑(黑)이라 하였으며, 동쪽의 천제인 청제(青帝)는 '창제(蒼帝)'라고도 했다. 문헌에 따라 명칭이 조금 달리 나타나기도 하는데, 특히 백제 백초거(白招拒)는 '백초구(白招矩)'로 표기한 곳도 적지 않다. 다만 『아희원람』에 기록된 명칭 가운데 "위령앙(威靈仰)"은 "영위앙(靈威仰)"의 오기이며, "십광기(什光紀)" 또한 "협광기(協光紀/叶光紀)"의 오기인 듯하다.

○ 오신. 구망, 소호의 아들인 중으로, 목관(木官)이다 축융, 전욱의 아들인 여로, 화관(火官)이다 후토, 여는 비록 화관(火官)이지만, 또한 후토를 겸했다 욕수, 소호의 아들인 해로, 금관(金官)이다 현명. 소호의 아들인 수로, 수관(水官)이다

五神. 句芒, 少皞子重, 木官 祝融, 顓頊子黎, 火官 后土, 黎雖火官, 寔兼后土 蓐收, 少皞子該, 金官 玄冥. 少皞子脩, 水官

"오신(五神)"은 오방(五方)의 신 또는 오행의 신이다. 『예기』 「월령」에 이에 대한 기록이 보인다. 『좌전』 소공(昭公) 29년 조에는 "오행을 맡은 관원이 있었으니 이를 오관(五官)이라 합니다. 이들은 실제로 나란히 씨와 성을 받아 상공에 봉해졌으며, 존귀한 신으로 제사를 받았습니다. 사직과 오사(五祀)에 배향되어 존봉을 받았습니다. 목정(木正)을 구망이라 하고, 화정(火正)을 축융이라 하고, 금정(金正)을 욕수라 하고, 수정(水正)을 현명이라 하고, 토정(土正)을 후토라 합니다.(有五行之官, 是謂五官. 實列受氏姓, 封爲上公, 祀爲貴神. 社稷五祀, 是尊是奉. 木正曰句芒,

火正曰祝融, 金正曰蓐收, 水正曰玄冥, 土正曰后土.)"라는 구절이 있는데, 그 주석에서 "정(正)"은 관장(官長)을 뜻한다고 했다. 오신(五神)이 곧 오관(五官)이며 오정(五正)인 셈이 되는데, 이들의 역할은 오행에 따라 규정된다. 즉 목관은 춘관(春官)이며, 화관은 하관(夏官)이며, 후토－또는 토관(土官)－는 중관(中官)이며, 금관은 추관(秋官)이며, 수관은 동관(冬官)이다.

○ 오정. 창룡, 왼쪽, 동쪽 주조, 앞, 남쪽 구진, 중앙 백호, 오른쪽, 서쪽 현무. 뒤, 북쪽

五精. 蒼龍, 左, 東 朱鳥, 前, 南 句陳, 中 白虎, 右, 西 玄武. 後, 北

오정(五精)은 오방(五方)의 별 또는 오행의 정기를 뜻하는 말이다. 『아희원람』에서는 다섯 방위의 별을 합하여 '오정'이라 한 듯한데, 이러한 용례의 기원이 무엇인지는 분명하지 않다. 다만 『회남자』「천문훈(天文訓)」의 "태음이 인에 있을 때에는, 주조는 묘에 있고 구진은 자에 있고 현무는 술에 있고 백호는 유에 있고 창룡은 진에 있다.(太陰在寅, 朱鳥在卯, 句陳在子, 玄武在戌, 白虎在酉, 蒼龍在辰.)"와 같이 이들을 방위와 연결하여 언급한 사례가 보인다. 한편 이와 유사한 사례로는 청룡(青龍), 백호(白虎), 주작(朱雀), 현무(玄武)의 "사신(四神)"이나 여기에 중앙을 맡은 구진(句陳)과 등사(螣蛇)를 포함한 "육신(六神)"도 들 수 있는데, 이 또한 오행에서 유래한 것으로 알려져 있다. 창룡(蒼龍)은 청룡(青龍)과 같고, 주조(朱鳥)는 주작(朱雀)과 같다.

○ 오위성(五緯星). 세성, 동방의 별이니, 12년에 하늘을 한 바퀴 돈다 형혹, 남방의 별이니, 740일에 하늘을 한 바퀴 돈다 진성(鎭星), 중앙의 별이니, 28년에 하늘을 한 바퀴 돈다 태백, 서방의 별이니, 365일에 하늘을 한 바퀴 돈다 진성(辰星). 북방의 별이니, 365일에 하늘을 한 바퀴 돈다

五緯星. 歲星, 東方星, 十二年一周天. 熒惑, 南方星, 七百四十日一周天. 鎭星, 中央星, 二十八年一周天. 太白, 西方星, 三百六十五日一周天. 辰星, 北方星, 三百六十五日一周天

"위성(緯星)"은 경성(經星)과 상대되는 말로, 오늘날의 용어로는 행성에 가깝다. 오위성(五緯星)은 오성(五星)이라고도 하는데, 오행에 대응하여 붙인 명칭이 오늘날 널리 사용된다. 세성(歲星)은 목성(木星)이며, 형혹(熒惑)은 화성(火星)이며, 진성(鎭星/塡星)은 토성(土星)이며, 태백(太白)은 금성(金星)이며, 진성(辰星)은 수성(水星)이다. "주천(周天)"은 하늘의 별이 한 바퀴 돌아서 처음으로 돌아오는 것을 말하니, 곧 공전(公轉)이다. 한편 오위성에 해[日]와 달[月]을 합한 7개의 별을 일컬어 "칠정(七政)"이라고도 한다.

○ 오색. 청색, 동방, 목, 정색(正色) 적색, 남방, 화, 정색 황색, 중앙, 토, 정색 백색, 서방, 금, 정색 흑색. 북방, 수, 정색

녹색, 목이 토를 이기니, 동방의 간색이다 홍색(紅色), 화가 금을 이기니, 남방의 간색이다 유색(騮色), 토가 수를 이기니, 중앙의 간색이다. '훈(纁)'이라고도 한다 벽색(碧色), 금이 토를 이기니, 서방의 간색이다 자색(紫色). 수가 화를 이기니, 북방의 간색이다

五色. 靑, 東, 木, 正色 赤, 南, 火, 正色 黃, 中, 土, 正色 白, 西, 金, 正色 黑. 北, 水, 正色

綠, 木克土, 東方間色 紅, 火克金, 南方間色 騮, 土克水, 中央間色, 亦作纁 碧, 金克木, 西方間色 紫. 水克火, 北方間色

"오색(五色)"은 오행에 따른 다섯 가지 정색(正色)이다. "간색(間色)"은 오색 가운데 둘 이상을 합한 색이다. 간색은 오행에 따라 설명되는데, 예컨대 녹색의 경우에는 "목이 토를 이기니, (목의 색인) 청색으로 (토의 색인) 황색에 더한다. 그런 까닭에 녹색은 (목과 청색의 방위인) 동방의 간색이 된다.(木克土, 以靑加黃, 故綠爲東方間色.)"와 같이 풀이될 수 있다. 한편 중앙의 간색은 흔히 "유황색(騮黃色)"이라 한다. 원문에서는 "녹색[綠]" 이하를 행을 바꿔 기록했는데, 이는 '오색'의 항목에서 오정색(五正色)을 제시하되 오간색(五間色)을 일종의 부록으로 덧붙인 것이라고 할 수 있다.

○ 오음. 각은 아음이다.목이며, 백성이다 치는 설음이다.화이며, 일이다 궁은 후음이다.토이며, 임금이다 상은 치음이다.금이며, 신하이다 우는 순음이다.수이며, 사물이다

五音. 角牙音,木, 民 徵舌音,火, 事 宮喉音,土, 君 商齒音,金, 臣 羽脣音.水, 物

"오음(五音)"은 "오성(五聲)" 즉 음악의 다섯 음계인 궁상각치우(宮商角徵羽)를 가리키는 말이지만, 조음 위치에 따라 나눈 다섯 소리인 아음, 설음, 순음, 치음, 후음을 뜻하는 말로도 사용된다. 오음에 오행에 따른 질서를 부여하기도 하는데, 『한서』「율력지(律曆志)」에서 "소리[聲]란 궁상각치우다. …… 이를 오행에 맞춰보면, 곧 각은 목이 되는데 오상(五常)으로는 인(仁)이 되고 오사(五事)로는 모(貌)가 된다. 상은 금이 되고 의(義)가 되고 언(言)이 되며, 치는 화가 되고 예(禮)가 되고 보는 것[視]이 되며, 우는 수가 되고 지(智)가 되고 듣는 것[聽]이 되며, 궁은 토가 되고 신(信)이 되고 사(思)가 된다. 군신민사물(君臣民事物)로 말한다면, 곧 궁은 임금이 되고 상은 신하가 되고 각은 백성이 되고 치는 일이 되고 우는 사물이 된다.(聲者, 宮商角徵羽也. …… 協之五行, 則角爲木, 五常爲仁, 五事爲貌. 商爲金, 爲義, 爲言. 徵爲火, 爲禮, 爲視. 羽爲水, 爲智, 爲聽. 宮爲土, 爲信, 爲思. 以君臣民事物, 言之, 則宮爲君, 商爲臣, 角爲民, 徵爲事, 羽爲物.)"라고 한 것이 그 대표적인 사례다.

○ 육기. 풍, 한, 서, 습, 조, 화.

六氣. 風, 寒, 暑, 濕, 燥, 火.

이 항목에서 제시한 "육기(六氣)"는 여섯 가지의 증후(症候)를 뜻하는 것으로 보이는데, 주로 의서(醫書)에서 이런 의미로 자주 사용된다. 앞서 '이기(二氣)' 항목에서 언급한 삼음삼양(三陰三陽)과 함께 논해지기도 하는데, 이를 질병의 외인(外因)으로 이해할 경우에는 "육음(六淫)"이라고 일컫기도 한다.

일반적인 용법으로는 "육기(六氣)"는 여섯 종류의 기상 현상인 음(陰), 양(陽),

풍(風), 우(雨), 회(晦), 명(明)을 가리키는 말로 사용된다. 정약용의 『소학주관』에서 "육기란 천지의 기후가 변하는 것이다. 흐리면 움츠러들고 맑으면 펴지고 바람 불면 흩어지고 비 내리면 젖고 어두우면 밤이 되고 밝으면 낮이 되니, 이를 일러 육기라 한다.(六氣者, 天地之變候也. 陰以蹙之, 陽以舒之, 風以散之, 雨以潤之, 晦則爲夜, 明則爲晝, 此之謂六氣也.)"라고 설명한 것이 이러한 사례다. 『좌전』 소공(昭公) 원년에 보이는 "하늘에 육기가 있으니, 내려와 오미(五味)를 낳는다. …… 육기는 음, 양, 풍, 우, 회, 명이다.(天有六氣, 降生五味. …… 六氣曰陰陽風雨晦明也.)"라는 구절에서도 이런 이해의 사례를 찾아볼 수 있다.

○ 육갑. 갑자, 을축,해중금 병인, 정묘,노중화 무진, 기사,대림목 경오, 신미,노방토 임신, 계유,검봉금 갑술, 을해,산두화 병자, 정축,간하수 무인, 기묘,성상토(城上土)[성두토(城頭土)] 경진, 신사,백랍금(白蠟金)[백랍금(白臘金)] 임오, 계미,양류목 갑신, 을유,정중수(井中水)[정천수(井泉水)] 병술, 정해,옥상토 무자, 기축,벽력화 경인, 신묘,송백목 임진, 계사,장류수 갑오, 을미,사중금 병신, 정유,산하화 무술, 기해,평지목 경자, 신축,벽상토 임인, 계묘,검박금(劍箔金)[금박금(金箔金)] 갑진, 을사,옥등화(屋燈火)[복등화(覆燈火)] 병오, 정미,천하수 무신, 기유,대역토 경술, 신해,채천금 임자, 계축,상자목 갑인, 을묘,대계수 병진, 정사,사중토 무오, 기미,천상화 경신, 신유,석류목 임술, 계해.대해수 ○ 갑, 병, 무, 경, 임이 든 날을 강일(剛日)이라 하고, 을, 정, 기, 신, 계가 든 날을 유일(柔日)이라 한다.

六甲. 甲子, 乙丑,海中金 丙寅, 丁卯,爐中火 戊辰, 己巳,大林木 庚午, 辛未,路傍土 壬申, 癸酉,劍鋒金 甲戌, 乙亥,山頭火 丙子, 丁丑,澗下水 戊寅, 己卯,城上土 庚辰, 辛巳,白蠟金 壬午, 癸未,楊柳木 甲申, 乙酉,井中水 丙戌, 丁亥,屋上土 戊子, 己丑,霹靂火 庚寅, 辛卯,松柏木 壬辰, 癸巳,長流水 甲午, 乙未,沙中金 丙申, 丁酉,山下火戊戌, 己亥,平地木 庚子, 辛丑,壁上土 壬寅, 癸卯,劒箔金 甲辰, 乙巳,屋燈火 丙午, 丁未,天河水 戊申, 己酉,大驛土 庚戌, 辛亥,釵釧金 壬子, 癸丑,桑柘木 甲寅, 乙卯, 大溪水 丙辰, 丁巳,沙中土 戊午, 己未,天上火 庚申, 辛酉,石榴木 壬戌, 癸亥.大海水

○ 甲丙戊庚壬曰剛日, 乙丁己辛癸曰柔日.

"육갑(六甲)"은 10개의 천간(天干)과 12개의 지지(地支)를 짝지어 만든 "60갑자(六十甲子)"를 뜻하는 말이다. 여기서는 60갑자의 뒤에 "해중금(海中金)", "노중화(爐中火)" 등의 말을 덧붙였는데, 이를 흔히 '납음(納音)'이라 한다. 납음이란 육십갑자를 오행에 따라 풀이한 말이다. 2개의 갑자가 같은 납음을 갖게 되니, 갑자와 을축의 납음이 모두 "해중금(海中金)"이 되는 식이다. 납음의 마지막 글자에는 모두 "화(火), 수(水), 목(木), 금(金), 토(土)"의 오행 가운데 하나를 표시하고 있으며, 앞의 두 글자에서는 같은 오행 가운데 어떤 성질을 지니고 있는지를 드러낸다. 예컨대 "해중금(海中金)"은 바다 가운데 있는 금(金)이며, "검봉금(劍鋒金)"은 칼날 끝의 금(金)이 된다. 납음은 주로 가결(歌訣) 등의 형태로 암기하여 활용되었는데, 특히 사주를 비롯한 각종 술수학(術數學)에서 널리 사용되었다. 『삼명통회』의 「논납음취상(論納音取象)」에서는 각각의 뜻을 더 자세히 찾아볼 수 있다. 한편 여기에 제시된 납음 가운데에는 당시 통용되던 납음과 다른 사례가 일부 보이는데, 단순한 오기일 가능성이 높지만 단정하기는 어렵다. 즉 "성두토(城頭土)"가 "성상토(城上土)"로, "백랍금(白臘金)"이 "백랍금(白蠟金)"으로, "정천수(井泉水)"가 "정중수(井中水)"로, "금박금(金箔金)"이 "검박금(劒箔金)"으로, "복등화(覆燈火)"가 "옥등화(屋燈火)"로 표기되어 있는데, 번역문에서는 양자를 함께 제시하여 참고할 수 있도록 했다.

"강일(剛日)"은 천간이 양(陽)에 해당하는 날을 뜻하며, 척일(隻日)이라고도 한다. "유일(柔日)"은 천간이 음(陰)에 해당하는 날을 뜻하며 쌍일(雙日)이라고도 한다. 강일에는 집 밖에서 하는 일을 하고 유일에는 집 안에서 하는 일을 한다고 설명되며, 제례(祭禮)의 종류에 따라 강일 또는 유일에 해야 하는 것이 정해지기도 한다.

○ 육률. 황종,11월 태주,정월 고선,3월 유빈,5월 이칙,7월 무역.9월

六律. 黃鐘,十一月 大蔟,正月 姑洗,三月 蕤賓,五月 夷則,七月 無射.九月

○ 육려. 대려,12월 협종,2월 중려,4월 임종,6월 남려,8월 응종.10월

六呂. 大呂,十二月 夾鐘,二月 仲呂,四月 林鐘,六月 南呂,八月 應鐘.十月

12율(律) 가운데 양성(陽聲)에 속하는 여섯 음률을 "6률(六律)"이라 하고, 음성(陰聲)에 속하는 여섯 음률을 "6려(六呂)"라 한다. 제시된 명칭 가운데 "태주(大蔟)"는 "태주(太蔟)"로도 쓰며, "무역(無射)"은 "무역(亡射)"으로도 쓴다. 12율은 월(月)의 이칭(異稱)으로도 사용되는데, 『아희원람』에서는 각기 몇 월에 해당하는지 밝혀 두었다. 한편 12율에 음양이 있게 된 것은 영윤(伶倫)이 율관을 만들 때의 일 때문이라고 한다. 『여씨춘추』에 의하면 영윤이 황제(黃帝)의 명에 따라 대나무를 이용하여 율(律)을 만들었는데, 봉황의 울음소리를 듣고서 12율을 분별하니 수컷의 울음이 여섯이었고 암컷의 울음 또한 여섯이었다고 한다.

○ 팔괘. 건삼련☰,서북방 감중련☵,북방, 수(水) 간상련☶,동북방 진하련☳,동방, 목(木) 손하절☴,동남방 이허중☲,남방, 화(火) 곤삼절☷,서남방 태상절☱,서방, 금(金)

八卦. 乾三連☰,西北 坎中連☵,北, 水 艮上連☶,東北 震下連☳,東, 木 巽下絶☴,東南 離虛中☲,南, 火 坤三絶☷,西南 兌上絶☱.西, 金

"팔괘(八卦)"는 역(易)에서 자연계와 인간계를 인식하고 설명하는 기호체계다. 괘(卦)는 이어진 선[—]과 끊어진 선[--]으로 표시하는데, 이를 음효(陰爻)와 양효(陽爻)라 한다. "건삼련(乾三連)" 등의 명칭은 괘의 모양을 나타내는 것이기도 하니, '☰'으로 나타내고 '건삼련'이라 읽는 건괘(乾卦)는 세 개의 효(爻)가 모두 이어진

모양인 데서 '삼련'이란 말을 붙인 것이다.

○ 구천. 호천,동방 양천,동남방 적천,남방 주천,서남방 성천,서방 유천,서북방 현천,북방 변천,동북방 균천.중앙 ◯ 일설에는 '중천, 의천(義天)[선천(羨天)], 종천, 경천, 수천, 곽천, 함천, 심천, 성천'이라 한다.

九天. 皡天,東 陽天,東南 赤天,南 朱天,西南 成天,西 幽天,西北 玄天,北 變天,東北 勻天.中央 ◯ 一云, 中天, 義天, 從天, 更天, 晬天, 廓天, 咸天, 沈天, 成天.

"구천(九天)"은 아홉 개의 하늘을 뜻하는 말인데, "구야(九野)" 즉 팔방(八方)과 중앙을 합친 아홉 방위의 하늘을 뜻하는 것으로 이해되기도 한다. 이덕무의『앙엽기』「천구층(天九層)」에서는 "구천(九天)"이 오래전부터 사용된 말임을 밝혔는데, 그 명수(名數)는 자세히 전하지 않는다고 했다.『아희원람』에서 제시한 것은『회남자』「천문훈(天文訓)」에서 논한 '구야(九野)'인 듯한데, 일부 차이가 나타나므로 다른 문헌을 참고했을 가능성도 배제할 수는 없다.『회남자』에서는 아홉 방위에 따라 나눈 하늘에 각기 어떤 별이 속하는지를 말했는데, 그 명칭과 방위는 "균천(鈞天, 중앙), 창천(蒼天, 동), 변천(變天, 동북), 현천(玄天, 북), 유천(幽天, 서북), 호천(昊天/顥天/皓天, 서), 주천(朱天, 서남), 염천(炎天, 남), 양천(陽天, 동남)"이라 했다.『아희원람』에서는 동방(호천-창천), 남방(적천-염천), 서방(성천-호천), 중앙(勻天-鈞天)을『회남자』와 달리 제시했음을 확인할 수 있다.

'◯' 이하에 제시한 명칭은 양웅의『태현경』에서 말한 구천(九天)의 명칭인 듯하다. 이 명칭은 문헌에 따라 조금씩 달리 표기되기도 하니, "수천(晬天)"이 "수천(睟天)"으로, "곽천(廓天)"이 "곽천(郭天)"으로, "함천(咸天)"이 "감천(減天)"으로 된 데도 있다. 다만『아희원람』에서 제시한 "의천(義天)"의 경우에는 "선천(羨天)"의 오기가 분명한 듯하다. 그렇지만 이덕무가『앙엽기』에서 "그 이름이 무엇을 뜻하는지는 자세히 알 수 없다(不得詳知其名義之如何)"고 지적한 데서 알 수 있듯이 이 명칭들의 정확한 의미는 알려져 있지 않다.

○ 십간.하늘에 속한다 갑, 을,동방, 목(木), 청색 병, 정,남방, 화(火), 적색 무, 기,중앙, 토(土), 황색 경, 신,서방, 금(金), 백색 임, 계.북방, 수(水), 흑색 ◯ 갑은 알봉이라 한다. 을은 전몽 또는 단몽이라 한다. 병은 유조(柔兆) 또는 유조(游兆)라 한다. 정은 강어 또는 강오(强梧)[彊梧]라 한다. 무는 저옹 또는 도유라 한다. 기는 도유 또는 축리라 한다. 경은 상장 또는 상횡이라 한다. 신은 중광 또는 소양이라 한다. 임은 현익 또는 횡애라 한다. 계는 소양 또는 상장이라 한다.

十干.屬天 甲乙,東, 木, 靑 丙丁,南, 火, 赤 戊己,中, 土, 黃 庚辛,西, 金, 白 壬癸.北, 水, 黑 ◯ 甲曰閼逢. 乙曰旃蒙, 端蒙. 丙曰柔兆, 游兆. 丁曰强圉, 强梧. 戊曰著雍. 徒維. 己曰屠維, 祝犂. 庚曰上章, 商橫. 辛曰重光, 昭陽. 壬曰玄黓, 橫艾. 癸曰昭陽, 尙章.

○ 십이지.땅에 속한다 자,쥐, 북방 축,소 인,호랑이 묘,토끼, 동방 진,용 사,뱀 오,말, 남방 미,양 신,원숭이 유,닭, 서방 술,개 해.돼지 ◯ 자는 곤돈이라 한다. 축은 적분약이라 한다. 인은 섭제격이라 한다. 묘는 단알 또는 단안이라 한다. 진은 집서라 한다. 사는 대황락이라 한다. 오는 돈장 또는 대율이라 한다. 미는 협흡이라 한다. 신은 군탄이라 한다. 유는 작악이라 한다. 술은 엄무라 한다. 해는 대연헌이라 한다.인, 신, 사, 해가 든 날을 '초일'이라 한다. 자, 오, 묘, 유가 든 날을 '중일'이라 하며, 자, 오, 묘, 유가 든 해를 '식년'이라 한다. 진, 술, 축, 미가 든 날을 '종일'이라 한다.

十二支.屬地 子,鼠, 北 丑,牛 寅,虎 卯,兎, 東 辰,龍 巳,蛇 午,馬, 南 未,羊 申,猴 酉,鷄, 西 戌,狗 亥.猪 ◯ 子曰困敦. 丑曰赤奮若. 寅曰攝提格, 卯曰單閼, 亶安. 辰曰執徐, 巳曰大荒落. 午曰敦牂, 大律. 未曰協洽. 申曰涒灘. 酉曰作噩. 戌曰閹茂. 亥曰大淵獻. 寅申巳亥, 初日. 子午卯酉, 中日, 式年. 辰戌丑未, 終日.

"십간(十干)"은 10개의 천간(天干)을 뜻하며, "십이지(十二支)"는 12개의 지지(地支)를 뜻한다. '천간'에는 방위, 오행, 색을 주석으로 붙였는데, 이들은 해당 천간을 대신하여 사용되기도 했다. 예컨대 갑(甲)이나 을(乙) 대신에 동(東), 목(木), 청(靑)을 사용하기도 했는데, 갑과 을은 12개의 지지와 합쳐서 사용되므로 이들 두 개의 천간에 같은 방위, 오행, 색을 부여하더라도 혼란이 생길 일은 없었다. 즉 '갑자'와 '을축'의 간지는 있어도, '갑축'과 '을자'의 간지는 없었던 것이다. '지지'에는 해당하는 동물을 표시하되 4개의 지지에는 방위를 함께 표시했다. 지지는 모두 방위를 가지는데, 자(子)가 정북방이며 시계 방향으로 축, 인 등의 순서로 방위가 정해진다. 『아희원람』에서는 이 가운데 정북, 정동, 정남, 정서의 4개 방위만을 표시해 둔 것이다. 천간과 지지를 합친 '간지(干支)'는 다양한 곳에 사용되었는데, 10간의 '색'과 12지의 '동물'을 합쳐 간지를 대신하는 명칭을 만들기도 했다. 예컨대 "청룡(靑龍)"은 천간 중에서 청색의 속성을 지니는 '갑 또는 을'과 지지 중에서 용에 해당하는 '진'을 합친 간지로 풀이할 수 있으니, 곧 '갑진(甲辰)'이 된다.

한편 현재의 간지 이전에도 간지를 나타내는 말이 있었다고 하는데, 이를 '고갑자(古甲子)'라 한다. 고갑자는 『이아』「석천」과 『사기』「역서」에 기록되어 전하는데, 『이아』의 것이 많이 사용되었지만 『사기』의 것을 사용하는 사례도 없지는 않았다. 천간의 경우에는 문헌 간의 차이가 크지만 지지의 경우에는 차이가 크지 않다. 천간의 경우에는 『이아』의 고갑자를 먼저 제시하고 『사기』의 고갑자를 뒤에 제시했는데, '갑(甲)'에 해당하는 『사기』의 고갑자인 "언봉(焉逢)"을 빠뜨렸고 '정(丁)'의 고갑자인 "강오(彊梧)"를 "강오(强梧)"로 잘못 옮겼다. 지지의 경우에는 『사기』에서 술(戌)의 고갑자를 "淹茂"로 제시한 것 정도가 차이인데, 『아희원람』에서는 이를 빠뜨렸다. 한편 12세차(歲次)—12차(次)—가 지지를 나타내기도 하는데, 『아희원람』에서 묘(卯)의 이칭으로 제시한 "단안(亶安)"과 오(午)의 이칭으로 제시한 "대율(大律)"이 이에 해당한다. "단안(亶安)"은 "단안(單安)"이라고도 썼는데, 이는 단(單)과 단(亶)이 통용되기 때문이다.

또 한 달을 셋으로 나누어서 초일, 중일, 종일이라 일컫거나 해의 간지를 기준으로 '식년'을 정하기도 했는데, '12지'의 주석은 이를 말한 것이다. '초일/중일/종일'이나 '식년'은 실생활에서 사용하는 말이었다. 예컨대 무예 시험의 하나인 "중일시재(中日試才)"는 "중일" 즉 간지에 자, 오, 묘, 유가 든 날에 실시한 시험이다. "식년(式年)"은 간지에 자, 오, 묘, 유가 든 해이니 3년마다 한 번씩 돌아오게 되는데, 조선에서는 식년에 정기적인 과거를 시행했으니 이를 식년시(式年試)라 한다.

○ 24절기. 입춘,[정월 절기(節氣)] 우수,[중기(中氣)] 경칩,[2월 절기] 춘분,[중기] 청명,[3월 절기] 곡우,[중기] 입하,[4월 절기] 소만,[중기] 망종,[5월 절기] 하지,[중기] 소서,[6월 절기] 대서,[중기] 입추,[7월 절기] 처서,[중기] 백로,[8월 절기] 추분,[중기] 한로,[9월 절기] 상강,[중기] 입동,[10월 절기] 소설,[중기] 대설,[11월 절기] 동지,[중기] 소한,[12월 절기] 대한.[중기] ○ 살피건대 5일(日)이 후(候)가 되고, 3후가 기(氣)가 되고, 6기가 시(時, 계절)가 되고, 4시가 세(歲)가 된다.

二十四氣. 立春,[正月節] 雨水,[中] 驚蟄,[二月節] 春分,[中] 清明,[三月節] 穀雨,[中] 立夏,[四月節] 小滿,[中] 芒種,[五月節] 夏至,[中] 小暑,[六月節] 大暑,[中] 立秋,[七月節] 處暑,[中] 白露,[八月節] 秋分,[中] 寒露,[九月節] 霜降,[中] 立冬,[十月節] 小雪,[中] 大雪,[十一月節] 冬至,[中] 小寒,[十二月節] 大寒.[中] ○ 按, 五日爲候, 三候爲氣, 六氣爲時, 四時爲歲.

절기(節氣)는 태양의 위치에 따라 계절을 구분하기 위해 만든 것인데, 1년에 24기의 입기일(入氣日)을 두었다. 약 15일을 1기로 하여 2기를 1월(月)로 하는데, 월(月) 안에서 앞에 드는 것을 절기(節氣) 또는 절(節)이라 하고 뒤에 드는 것을 중기(中氣)라 한다. 즉 주석에 보이는 '○月節'은 '○월의 절기(또는 절)'라는 뜻이며, '中'은 '(○월의) 중기'라는 뜻이다. '5일=1후, 3후=1기, 6기=1시, 4시=1세[년]'라 하였으니, 결국 '1기=15일'이며 '1년=24기'가 되니, 곧 1년에는 24절기가 있게 된다. 『제가역상집(諸家曆象集)』 등에 후, 기, 시, 세의 관계가 이처럼 언급되어 있다.

○ 28수. 각, 항, 저, 방, 심, 미, 기.동유 두, 우, 여, 허, 위, 실, 벽.북유 규, 누, 위, 묘, 필, 자, 삼.서유 정, 귀, 유, 성, 장, 익, 진.남유

二十八宿. 角, 亢, 氐, 房, 心, 尾, 箕.東維 斗, 牛, 女, 虛, 危, 室, 壁.北維 奎, 婁, 胃, 昴, 畢, 觜, 參.西維 井, 鬼, 柳, 星, 張, 翼, 軫.南維

"28수(宿)"는 하늘의 적도(赤道)를 따라 별을 28개의 구역으로 나눈 것으로, 성수(星宿)라고도 한다. 28수는 넷으로 나누어 각각 동서남북을 나타내도록 했는데, 여기에 동유, 북유, 서유, 남유로 지칭한 것이 그것이다.

○ 64괘. 건, 곤, 둔, 몽, 수, 송, 사, 비. 소축, 이, 태, 비, 동인, 대유, 겸, 예. 수, 고, 임, 관, 서합, 비, 박, 복. 무망, 대축, 이, 대과, 감, 이, 함, 항. 둔, 대장, 진, 명이, 가인, 규, 건, 해. 손, 익, 쾌, 구, 췌, 승, 곤, 정. 혁, 정, 진, 간, 점, 귀매, 풍, 여. 손, 태, 환, 절, 중부, 소과, 기제, 미제.

六十四卦. 乾, 坤, 屯, 蒙, 需, 訟, 師, 比. 小畜, 履, 泰, 否, 同人, 大有, 謙, 豫. 隨, 蠱, 臨, 觀, 噬嗑, 賁, 剝, 復. 无妄, 大畜, 頤, 大過, 坎, 離, 咸, 恆. 遯, 大壯, 晉, 明夷, 家人, 睽, 蹇, 解. 損, 益, 夬, 姤, 萃, 升, 困, 井. 革, 鼎, 震, 艮, 漸, 歸妹, 豐, 旅. 巽, 兌, 渙, 節, 中孚, 小過, 既濟, 未濟.

8괘(卦)를 2개씩 겹쳐 64괘를 만드는데, 이때 하나의 괘는 6개의 이어지거나 끊어진 획으로 이루어지게 된다. 이를 6효(爻)라 한다. 『아희원람』에서는 주역의 순서에 따라 64괘를 제시했는데, 원문에서는 8개의 괘마다 빈칸을 두면서 기록했다.

○ 365도는 곧 주천지수(周天之數)다. 천(天)이 1로써 수(水)를 낳고, 지(地)가 2로써 화(火)를 낳고, 천이 3으로써 목(木)을 낳고, 지가 4로써 금(金)을 낳고, 천이 5로써 토(土)를 낳는다. 지가 6으로써 수를 이루고, 천이 7로써 화를 이루고, 지가 8로써 목을 이루고, 천이 9로써 금을 이루고, 지가 10으로써 토를 이룬다. 1, 3, 5, 7, 9는 기수(奇數, 홀수)요 양(陽)이다. 2, 4, 6, 8, 10은 우수(偶數, 짝수)요 음(陰)이다.

三百六十五度, 卽周天之數. 天一生水, 地二生火, 天三生木, 地四生金, 天五生土. 地六成水, 天七成火, 地八成木, 天九成金, 地十成土. 一三五七九爲奇數, 陽也. 二四六八十爲偶數, 陰也.

"주천지수(周天之數)"는 하늘이 한 번 운행하는 도수를 뜻하는데, 365와 4분의 1도다. 1, 2, 3, 4, 5는 오행상생(五行相生)의 수요, 6, 7, 8, 9, 10은 오행상성(五行相成)의 수다. "천일생수(天一生水)" 이하는 『하도』에서 유래한 말로, 보통은 뜻을 풀지 않고 하나의 개념어처럼 사용한다.

지편地篇

○ 삼신산. 영주, 봉래, 방장이다. 예부터 전하기를, 영주는 한라산이요 봉래는 금강산이요 방장은 지리산이니, 모두 우리나라에 있다고 한다. ○ 일설에는 "발해 가운데 다섯 산이 있으니 대여, 원교, 방호, 영주, 봉래다. 물결에 따라 아래위로 움직였는데, 상제가 큰 자라 15마리로 하여금 나눠서 이고 있도록 했더니 비로소 움직이지 않게 되었다."고 한다.

三神山. 曰瀛洲, 曰蓬萊, 曰方丈. 舊傳, 瀛洲卽漢挐山, 蓬萊卽金剛山, 方丈卽智異山, 皆在東國云. ○ 一云, 勃海中有五山, 曰岱輿, 員嶠, 方壺, 瀛洲, 蓬萊. 隨波上下, 上帝使且鼇十五分戴之, 山始不動.

"삼신산(三神山)"은 전설에 등장하는 세 신산(神山)이다. 『지봉유설』에서는 삼신산이 모두 우리나라에 있다는 속설을 거론하면서 비판한 바 있는데, 지리부(地理部) 「산(山)」에서 "세상에서 이르기를 삼신산은 모두 우리나라에 있다고 한다. 금강산이 봉래요 지리산이 방장이요 한라산이 영주라 하는데, 두보의 시에서 '방장은 삼한 밖이요'라 한 것을 들어 이를 입증한다. 내가 생각하건대, 삼신산의 설은 서복에서부터 나온 것인데 서복은 일본에 들어갔다가 죽어서 신이 되었으니 세 산은 응당 동해의 동쪽에 있어야 할 것이다. 노년의 두보는 '방장이 삼한에 있다'고 하지 않고 '방장이 삼한의 밖에 있다'고 했으니, 그 말은 응당 믿을 만하다.(世謂, 三山乃在我國. 以金剛爲蓬萊, 智異爲方丈, 漢挐爲瀛洲, 以杜詩方丈三韓外, 證之. 余謂三神山之說, 出於徐福, 而徐福入日本, 死而爲神, 則三山應在東海之東矣. 老杜不曰方丈在三韓, 而曰方丈三韓外, 其言宜可信也.)"고 한 것이 그것이다. 여기서 거론한 두보의 시는 「봉증태상장경게 20운(奉贈太常張卿垍二十韻)」이다.

『열자』 「탕문」에 발해(渤海)의 동쪽, 귀허(歸墟)라는 깊은 골짜기 속에 있는 다섯 산에 대한 이야기가 전하는데, '○' 이하는 이 이야기를 요약하여 전한 것으로 보인다. 귀허에 있는 다섯 산의 이름은 대여, 원교, 방호, 영주, 봉래이며, 이 가운데 "방호"는 "방장(方丈)"이라고도 했다. 다섯 산에는 아름다운 경치가 펼쳐져 있고 선선들이 살았는데, 신선들은 다섯 산이 항상 조수에 따라 아래위로 왔다 갔다 하면서 잠시도 멈춰 있지 않다고 상제에게 하소연했다. 상제는 큰 자라[巨鼇] 15마리로 하여금 머리로 산을 이고 있도록 했는데, 3개 조가 번갈아서 하되 6만년에 1번 교대하도록 했다. 그 결과 비로소 다섯 산은 우뚝 솟은 채 움직이지 않게 되었다고 한다. 『열자』의 내용을 참고하면, 『아희원람』의 "차오(且鼇)"는 "거오(巨鼇)"의 오기일 가능성도 있다.

○ 사계. 천계, 지계, 수계, 양계. ○ 살피건대 불서에는 사대부주가 있는데, 동승신주, 남섬부주, 서우하주, 북구로주라 한다.

四界. 天界, 地界, 水界, 陽界. ○ 按, 佛書四大部洲, 曰東勝神洲, 南贍部洲, 西牛賀洲, 北俱蘆洲.

"양계(陽界)"는 사람이 사는 세상을 뜻하는 말이다. "사대부주(四大部洲)"는 사주(四洲)라고도 하는데, 수미산(須彌山)을 중심으로 하여 동서남북에 있다고 하는 네 개의 땅을 뜻한다. 동쪽은 '東勝身洲', 서쪽은 '西牛貨洲', 북쪽은 '北瞿盧洲/北俱盧洲'로 표기하기도 한다.

○ 사해. 동해는 창명이라 하고, 남해는 남명이라 하고, 서해는 서양이라 하고, 북해는 북명이라 한다. ○ 회하(淮河), 제수(濟水), 장강(長江), 황하(黃河)를 '사독(四瀆)'이라 한다. 이들은 모두 홀로 발원하여 바다로 흘러 들어가니, 그런 까닭에 '독(瀆)'이라 칭하는 것이다.

四海. 東海曰滄溟, 南海曰南溟, 西海曰西洋, 北海曰北溟. ○ 淮濟江河曰四瀆. 皆獨發源注海, 故稱瀆.

"사독(四瀆)"은 나라에서 제사를 지내던 네 강을 말한다. 『예기』「왕제」에 "천자가 천하의 이름난 산과 큰 강에 제사를 지내니, 오악은 삼공의 예로 제사 지내고 사독은 제후의 예로 제사 지냈다.(天子祭天下名山大川, 五嶽視三公, 四瀆視諸侯.)"라는 구절이 있다. '사독'이라는 말에서 "독(瀆)" 자를 사용한 이유에 대해서는 여러 견해가 있다. 『풍속통』에서는 "독은 '통(通)'의 뜻이니, 중국의 더럽고 흐린 것을 통하게 한다는 것이다.(瀆通也, 所以通中國垢濁.)"라고 했으며, 『백호통』에서는 "독은 '탁(濁)'의 뜻이다. 중국이 더럽고 흐린데, 발원하여 동쪽 바다로 흘러 들어가니 그 공이 매우 크다. 그런 까닭에 '독'이라 칭하는 것이다.(瀆者, 濁也. 中國垢濁, 發源東注海, 其功著大. 故稱瀆.)"라고 했다. 『석명』에서는 "독은 '독(獨)'의 뜻이다. 각기 홀로[獨] 나와서 바다로 들어간다.(瀆獨也. 各獨出其所而入海.)"고 했다. 『아희원람』에서는 『석명』의 풀이를 따른 셈이다.

○ 사이. 동이,왜인 서융,회회족 남만,격설인 북적.달단(韃靼) ○ 요순 이전의 시기에는 '산융'이라 했는데, '훈육(葷粥)'훈육(薰鬻)과 같은 말이다이라고도 했다. 하나라에서는 '순유'라 했고, 은나라에서는 '귀방'이라 했으며, 주나라에서는 '험윤'이라 했다. 진한 시대에는 '흉노'라 했으며, 당나라에서는 '돌궐'이라 했다.구이는 동이의 아홉 종족이니, 견이, 우이, 방이, 황이, 백이, 적이, 현이, 풍이, 양이다.

四夷. 東夷,倭子 西戎,回回 南蠻,鴃舌人 北狄.靼韃 ○ 唐虞以上曰山戎, 亦曰葷粥,薰鬻同 夏曰淳維, 殷曰鬼方, 周曰玁狁, 秦漢曰匈奴, 唐曰突厥.九夷, 東夷九種, 曰畎, 于, 方, 黃, 白, 赤, 玄, 風, 陽.

"사이(四夷)"는 중국 주변의 이민족을 총칭하는 용어다. 정약용의 『소학주관』에서는 사해의 외번(外藩)의 뜻으로 풀이하고 그 명칭은 『이아』에서 나왔다고 했다.

동이(東夷)로는 일본인을 뜻하는 "왜자(倭子)"만을 거론했다. 남만(南蠻)으로 거론된 "격설인(鴃舌人)"은 때까치가 지저귀는 것처럼 알아들을 수 없는 말을 하는 사람들을 뜻하는 말인데, 『맹자』「등문공(滕文公)」에 "南蠻鴃舌之人"이라는 말이 보인다. 북적(北狄)으로 거론된 "단달(靼韃)"은 보통은 "달단(韃靼)"으로 표기하는데, 원래는 '타타르(Tatar)'를 가리키는 말이었지만 점차 의미가 확대되면서 몽골 계통의 사람들을 가리키는 말로 사용되었다. '○' 이하는 북적(北狄)에 대한 서술이며, '사이' 전체를 다룬 것은 아니다. 『사기』「흉노열전(匈奴列傳)」의 서두에 "흉노는 그 선조가 하후씨의 후예로, 순유라고 한다. 요순 이전에는 산융, 험윤, 훈육 등의 명칭이 있었는데, 북쪽 오랑캐 땅에서 살면서 가축을 따라 옮겨 다녔다.(匈奴, 其先祖夏后氏之苗裔也, 曰淳維. 唐虞以上有山戎, 獫狁, 葷粥, 居於北蠻, 隨畜牧而転移.)"

라는 말이 보이는데, 그 주석에 시기에 따른 명칭이 여럿 언급되어 있다. 『사기』「황제본기」에는 "(황제가 치우를 물리치고 난 뒤에) 북쪽으로 훈육을 내쫓았다(北逐葷粥)"라는 말이 보인다. 구이(九夷)의 명칭은 『후한서』「동이전(東夷傳)」에 보인다.

○ 오행. 나무[木]는 휘어지거나 곧게 하며, 계절로는 봄이다 불[火]은 타서 위로 올라가며, 계절로는 여름이다 흙[土]은 씨 뿌리고 거둬들이며, 계절로는 사계절이다 쇠[金]는 순종하거나 변혁하며, 계절로는 가을이다 물[水]은 윤택하게 하면서 아래로 흐른다. 계절로는 겨울이다 순서를 따르면 상생의 관계요, 하나를 건너뛰면 상극의 관계다. ○ 살피건대 목(木)은 입춘으로부터, 화(火)는 입하로부터, 금(金)은 입추로부터, 수(水)는 입동으로부터 각기 72일 동안 왕성하다. 토(土)는 사계절에 붙어서 왕성한데, 그 기간은 각각 18일이다.

五行. 木曲直, 春 火炎上, 夏 土稼穡, 四季 金從革, 秋 水潤下. 冬 循次則上生, 隔一則相克. ○ 按, 木自立春, 火自立夏, 金自立秋, 水自立冬, 各旺七十二日. 土寄旺四季, 各十八日.

"곡직(曲直, 휘어지거나 곧게 한다)" 등은 오행의 속성을 나타낸 말로, 이를 "오덕(五德)"이라고 일컫기도 한다. "순차(循次)"는 순서를 따르는 것 즉 오행의 순서에서 바로 다음의 것과의 관계를 살피는 것이며, "격일(隔一)"은 하나를 건너뛰는 것 즉 오행의 순서에서 하나 뒤의 것과의 관계를 말한 것이다. 이때 순서는 『아희원람』에서 제시한 "木-火-土-金-水"의 순서를 의미한다. 즉 '나무(木)'는 다음 차례의 오행인 '불(火)'을 낳으니 '목생화(木生火)'가 성립되며, '나무(木)'는 하나를 건너뛴 오행인 '흙(土)'을 이기니 '목극토(木克土)'가 성립된다.

오행은 계절과 연관되므로, 각각 연관된 계절에 그 기운이 왕성하다고 할 수 있다. 그런데 오행과 사계절을 연결 짓게 되면 중앙에 해당하는 '흙'은 왕성한 계절이 없게 된다. 이 때문에 흙에 대해서는 "기왕(寄旺)" 즉 "붙어서 왕성하다"는 말을 사용하였으며, "사계(四季)" 즉 사계절의 끝에 각기 '흙'이 왕성한 날을 둔 것이다. 계절마다 18일 동안 왕성하게 되니, 결국 '흙'이 "붙어서 왕성한" 날짜도 72일인 셈이다. 결국 오행이 왕성한 날을 모두 더하면, 360일이 된다. '기왕(寄旺)'의 설은 의서(醫書)에서도 찾아볼 수 있다.

○ 오방. 동방은 목이요, 남방은 화요, 중앙은 토요, 서방은 금이요, 북방은 수다.

五方. 東方木, 南方火, 中央土, 西方金, 北方水.

○ 오악. 동악은 태산이요, 서악은 화산이요, 남악은 형산이요, 북악은 항산이요, 중악은 숭산이다.

五岳. 東泰山, 西華山, 南衡山, 北恒山, 中嵩山.

오악(五岳/五嶽)은 나라에서 제사를 지내던 다섯 산이다. 그 명칭은 문헌에 따라 조금 달리 나타나기도 하니, 예컨대 동악이 "대종(岱宗)"으로, 남악이 "곽산(霍山)"으로 기록된 사례를 찾아볼 수 있다.

○ 오충. 인충으로는 용이 으뜸이요, 우충으로는 봉황이 으뜸이요, 나충으로는 사람이 으뜸이요, 모충으로는 기린이 으뜸이요, 갑충으로는 거북이 으뜸이다. ○ 기린, 봉황, 거북, 용을 사령이라 한다.

五蟲. 鱗蟲, 龍爲長. 羽蟲, 鳳爲長. 倮蟲, 人爲長. 毛蟲, 麟爲長. 甲蟲, 龜爲長. ○ 麟鳳龜龍, 是謂四靈.

"오충(五蟲)"은 다섯 부류의 동물을 뜻하는 말로, 이때 '충(蟲)'은 동물 일반을 가리키는 말로 풀이된다. "인충(鱗蟲)"은 비늘이 있는 동물이며, "우충(羽蟲)"은 날개가 있는 동물이며, "나충(倮蟲/裸蟲)"은 비늘, 날개, 털, 껍질 등이 전혀 없는 동물이며, "모충(毛蟲)"은 털이 있는 동물이며, "갑충(甲蟲)"은 (등)딱지가 있는 동물이다. 정약용의 『소학주관』에서는 '오충'을 "동물의 족속(動物之族)"이라고 풀이했는데, "새를 '우충'이라 하고, 들짐승을 '모충'이라 하고, 물고기를 '인충'이라 하고, 껍질을 두른 것을 '개충(介蟲)'—게, 자라의 부류—이라 하고, 몸을 그대로 드러낸 것을 '나충'—누에, 지렁이의 부류—이라 한다.(鳥曰羽蟲, 獸曰毛蟲, 魚曰鱗蟲, 被甲曰介蟲[蟹鼈類], 露體曰倮蟲[蠶蚓類].)"고 서술했다. "사령(四靈)"은 『예기』「예운」에 언급되어 있는데, 그 주석에서 "이 네 종류의 동물은 모두 신령함을 갖추어 다른 동물과는 다르다. 그런 까닭에 '령'이라 한 것이다.(以此四獸皆有神靈, 異於他物. 故謂之靈.)"라는 풀이를 볼 수 있다.

○ 오곡. 보리,삼[麻]이라고 한 데도 있으며 오곡의 으뜸이다 기장,보리라고 한 데도 있으며 색은 적색이다 피,색은 황색이며, 맛은 단맛이다 벼,단단하고 흰색이다 콩.'두(豆)'라고도 하며 색은 흑색이다 ○ 오곡 가운데 한 가지가 익지 않으면 겸(歉)이라 하고, 두 가지가 익지 않으면 기(饑)라 하고, 세 가지가 익지 않으면 근(饉)이라 하고, 네 가지가 익지 않으면 강(康)이라 하고, 다섯 가지가 익지 않으면 대침(大侵)이라 한다.

五穀. 麥,一作麻, 五穀長 黍,一作麥, 色赤 稷,色黃, 味甘 稻,堅白 菽.亦曰豆, 色黑 ○ 一穀不升曰歉, 二曰饑, 三曰饉, 四曰康, 五曰大侵.

"오곡(五穀)"은 다섯 가지 중요한 곡식을 뜻하는 말이다. 오곡의 명칭은 문헌에 따라 조금씩 달리 전하는데, 『아희원람』에서는 '보리, 기장, 피, 벼, 콩(菽/豆)'과 '삼, 보리, 피, 벼, 콩(菽/豆)'의 두 유형을 제시한 셈이다. 『지봉유설』 식물부 「곡(穀)」에서는 '오곡'에 대한 풀이 가운데 '기장, 피, 콩[菽], 보리, 삼'을 든 정현의 설과

'기장, 피, 콩[菽], 보리, 벼'를 든 조기(趙岐)의 설, 그리고 '삼, 보리, 피, 벼, 콩[豆]'을 든 『황제내경소문(黃帝內經素問)』의 설을 소개한 바 있는데, 이를 비교해 보면 『아희원람』에서 제시한 오곡의 구성은 각기 조기의 설과 『황제내경소문』의 설에 가깝다고 할 수 있을 것이다.

한편 『아희원람』에서는 오행에 따라 '목-화-토-금-수'의 순서대로 오곡을 열거하고 오행에 부합하는 색이나 맛을 주석으로 붙였는데, 이 가운데 '벼[稻]'에 대한 설명인 "단단하고 흰색이다(堅白)"라는 말의 유래는 분명하지 않다. 다른 곡식에 대한 설명의 형식을 고려하면, "색은 흰색이다(色白)"의 오기일 가능성도 있다. 오행에 따르면 벼는 '금(金)-백(白)-서(西)' 등의 속성을 지니기 때문이다.

'○' 표시 이하는 『춘추곡량전(春秋穀梁傳)』을 인용한 듯하다. 『춘추곡량전』에서는 오곡이 익지 않으면 '큰 기근[大饑]'이 든다고 하고서, 익지 않은 곡식의 수에 따라 겸(嗛), 기(饑), 근(饉), 강(康), 대침(大侵)을 말했다. 그 주석에서는 '겸(嗛)'은 '부족함(不足)'이며, '강(康)'은 '비어 있음[虛]'이며, '침(侵)'은 '손상됨[傷]'이라 풀이했다. '겸(嗛)'은 '겸(歉)'과 통용된다.

○ 오취. 누린내, '전(羶)'이라고도 한다. 누린닉. 목(木)에 속한다. 단내, 단닉. 화(火)에 속한다 고소한내, 고손닉. 토(土)에 속한다 비린내, 비린닉. 금(金)에 속한다 구린내. 구린닉. 수(水)에 속한다

五臭. 臊, 亦曰羶. 누린닉. 屬木. 焦, 단닉. 屬火. 香, 고손닉. 屬土 腥, 비린닉. 屬金 腐. 구린닉. 屬水

○ 오미. 신맛, 목(木)에 속한다 쓴맛, 쓴맛. 화(火)에 속한다. 단맛, 토(土)에 속한다 매운맛, 뮈온맛. 금(金)에 속한다 짠맛. 수(水)에 속한다

五味. 酸, 屬木 苦, 쓴맛. 屬火. 甘, 屬土 辛, 뮈온맛. 屬金 鹹. 屬水

다섯 가지 냄새[臭]와 다섯 가지 맛[味]을 오행에 따라 배열하고 속성을 밝혀두었는데, 주석에서 한자어가 아닌 고유어로 설명을 붙인 점이 특이하다. 이는 냄새나 맛을 나타내는 우리말 어휘가 풍부하다는 점을 드러낸 사례가 될 수도 있다.

○ 육축. 소, 말, 양, 닭, 개, 돼지. ◯ 살피건대, 오랑캐 말로는 송아지를 '불화(不花)'라고 한다.

六畜. 牛, 馬, 羊, 雞, 犬, 豕. ◯ 按, 胡語謂犢曰不花.

『지봉유설』 어언부 「방언(方言)」에는 "오랑캐 말로는, 송아지를 '불화'라고 부르고 얼굴이 아름다운 이를 '백안(伯顔)'이라 한다. 이를 중국어로 옮기면, 우리나라의 방음과 매우 가깝다. 어떤 이는 호인들은 천연두를 특별히 무서워하기 때문에 '불화(不花)'로 이름을 삼는 일이 많다고도 한다.(胡語謂犢曰不花, 謂顔色美好者曰伯顔. 譯以漢語, 則與我國方音頗近. 或言胡人特畏痘疫, 故多以不花爲名.)"라는 구절이 있다.

○ 칠보. 거거, 만호, 호박, 마노, 화제, 양옥, 진주.

七寶. 車璖, 璊瑚, 琥珀, 瑪瑙, 火齊, 良玉, 眞珠.

"칠보(七寶)"는 일곱 가지 진귀한 보물을 뜻하는 말인데, 구체적인 종류는 문헌에 따라 조금씩 달리 나타난다. 정약용의 『소학주관』에서는 『아희원람』과 같은 일곱 보물을 '칠보'로 제시했는데, 그 명칭이 『운급칠첨(雲笈七籤)』에서 나왔다고 했다. 각각에 대해 간단한 주석을 붙였는데, 거거는 "큰 조개껍질[大貝]"이며, 만호는 산호(珊瑚)이며, 호박은 "송진이 변한 것(松脂所化)"이며, 마노는 "옥돌(石次玉)"이며, 화제는 운모(雲母)와 유사한 구슬[珠]이라고 했다. 또 양옥은 산에서 나고 진주는 물에서 난다고 했다.

○ 팔준마. 절지, 번우, 분소, 초영(超景/超影), 유휘, 초광, 등무, 괘익(掛翼)[협익(挾翼)]이다. ◯ 일설에는 '화류, 녹이, 적기, 백토, 효거, 황유, 도려, 산자'라 한다. 어느 것이 옳은지 알 수 없다.

八駿馬. 曰絕地, 曰翻羽, 曰奔霄, 曰超景, 曰踰輝, 曰超光, 曰騰霧, 曰掛翼. ◯ 一云, 驊騮, 騄駬, 赤驥, 白兎, 驍渠, 黃騟, 盜驪, 山子. 未知孰是.

"팔준마(八駿馬)"는 주나라 목왕(穆王)의 명마 여덟 필을 뜻하며, 말의 이름은 문헌마다 조금씩 달리 전한다. 특히 『습유기』와 『목천자전(穆天子傳)』에 기록된 명칭은 완전히 다른데, 『아희원람』에서는 『습유기』 계열의 명칭을 싣고 '◯' 표시 뒤에 『목천자전』 계열의 명칭을 덧붙인 것으로 보인다. 다만 "괘익(掛翼)"이라는 명칭은 다른 데서는 찾을 수 없는데, 아마도 "협익(挾翼)"의 오기일 듯하다. 또 "景"과 "影"은 통용되므로 "超景"은 "초영"으로 읽어야 한다. 정약용의 『소학주관』에서는 『습유기』를 인용했는데, 절지는 "발이 땅을 밟지 않는 말(足不踐土者)"이며, 번우는 "나는 새보다 앞서 달리는 말(行越飛禽者)"이며, 분소는 "밤에 만 리를 가는 말(夜行萬里者)"이며, 초영(超影)은 "해를 좇아 달리는 말(逐日而行者)"이며, 유휘는 "털색이 빛나는 말(毛色炳燿者)"이며, 초광은 "하나의 형체에 열 개의 그림자가 있는 말(一形十影者)"이며, 등무는 "구름을 타고 달리는 말(乘雲而行者)"이며, 협익(挾翼)은 "몸에 살로 된 날개가 달린 말(身有肉翅者)"이라고 했다.

○ 팔진. 『예기』에서 말한 '첫째 순오, 둘째 순모, 셋째 포돈도진(炮豚擣珍), 넷째 지(漬), 다섯째 오(熬), 여섯째 삼(糝), 일곱째 간료(肝膋), 여덟째 포(炮)이니, 모두 음식을 만드는 방법이다. 후세에 팔진으로 일컬은 것은 용간, 봉수, 토태, 이미, 순자[악자(鶚炙)], 성순, 웅장, 화락선(禾酪蟬)[수락선(酥酪蟬)]이다. 화락선(禾酪蟬)[수락선(酥酪蟬)]은 양지(羊脂)와 비슷하다

八珍. 禮所謂一淳熬, 二淳母, 三炮豚擣珍, 四漬, 五熬, 六糝, 七肝膋, 八炮. 皆製飮食之法. 後世所稱, 龍肝, 鳳髓, 兎胎, 鯉尾, 鶉炙, 猩脣, 熊掌, 禾酪蟬. 禾酪蟬, 似羊脂.

"팔진(八珍)"은 여덟 가지 진미(珍味)를 뜻하는 말이다. 『지봉유설』 식물부 「식이(食餌)」에 "禮所謂八珍, 一淳熬, 二淳毋, 三炮豚擣珍, 四漬, 五熬, 六糝, 七肝膋, 八炮牂. 皆製飮食之法也. 宛委餘編曰, 後世所稱八珍, 龍肝, 鳳髓, 兎胎, 鯉尾, 鶚炙, 猩脣, 熊掌, 酥酪蟬."의 구절이 보이는데, 『아희원람』에서 이를 참고한 것이라면 "포(炮)"는 "포장(炮牂)"으로, "순자(鶉炙)"는 "악자(鶚炙)"로, "화락선(禾酪蟬)"은 "수락선(酥酪蟬)"으로 각각 수정해야 할 것이다. 『지봉유설』에는 "수락선은 양지로 만든다(酥酪蟬, 以羊脂爲之.)"라는 말이 이어져 있으니, 주석에 보이는 "似羊脂" 또한 정확한 말은 아닌 셈이다. 『완위여편』에서 말한 '팔진'은 음식을 만드는 방법이라기보다는 음식의 재료 또는 명칭으로 볼 수 있는데, 용간[용의 간], 봉수[봉황의 골수], 토태[토끼의 태], 이미[잉어 꼬리], 효자(鴞炙)[악자(鶚炙) 즉 독수리 고기의 오기], 성순[원숭이의 입술], 웅장[곰의 발바닥], 수락선[수락으로 만든 매미 모양의 음식]의 8개 음식 가운데에는 세상에서는 구할 수 없는 재료가 포함되어 있는 것을 볼 수 있다. 이에 이수광은 "내가 생각하기에 용의 간이나 봉황의 골수는 세상에 있는 것이 아니니 무엇을 가리키는지 모르겠다.(余謂龍肝鳳髓, 非世所有, 未知指何物也.)"라는 말을 덧붙였다.

한편 앞에 제시한 주나라 때의 '팔진' 또는 '팔진미'는 『예기』 「내칙(內則)」에서 유래한 것으로 보이는데, 『지봉유설』이나 『아희원람』의 서술은 일반적인 지식과는 차이가 있는 듯하다. '포돈(炮豚)' 즉 애돼지를 구운 요리와 '도진(擣珍)' 즉 소, 양, 사슴 등의 등심을 구운 요리는 별개의 것으로 이해하는 것이 일반적이며, '삼(糝)'은 대체로 팔진에 포함시키지 않는다. 정약용의 『소학주관』에서 "순오(淳熬), 순모(淳毋), 포돈(炮豚), 포장(炮牂), 도진(擣珍), 지육(漬肉), 건오(乾熬), 간료(肝膋)"의 여덟 가지 음식을 '팔진(八珍)'으로 제시한 것이 오히려 일반적인 지식에 가까운 것으로 보인다.

○ 팔음. 흙[土]으로는 훈(塤)이 있고, 대나무[竹]로는 피리[管]가 있고, 가죽[革]으로는 북이 있고, 박[匏]으로는 생황이 있고, 실[絲]로는 현(絃)이 있고, 돌[石]로는 경(磬)이 있고, 나무[木]로는 축(柷)과 어(敔)가 있고, 쇠[金]로는 종[鍾鏞]이 있다.

八音. 土曰塤, 竹曰管, 革曰鼓, 匏曰笙, 絲曰絃, 石曰磬, 木曰柷敔, 金曰鍾鏞.

"팔음(八音)"은 악기를 제작할 때 사용하는 여덟 가지 재료를 뜻하는 말인데, 악기를 분류하는 방법으로도 사용되었다. '팔음'을 대표하는 악기는 문헌에 따라 조금씩 달리 제시되는데, 여기서는 『백호통』에서 제시한 것과 거의 같은 악기를 들었다. 『백호통』에서 금(金)의 악기로 '종(鐘)'만 언급하고 '금(金)-목(木)'의 순서로 거론한 정도의 차이만 있을 뿐이다. 『소학주관』에서는 『주례』를 인용하여 '팔음'의 악기를 제시했는데, 여기서 제시한 것과는 차이가 있다. "훈(塤)"은 흙으로 구워 만든 악기로, "훈(壎)"으로도 쓴다. "축(柷)"과 "어(敔)"는 나무로 만든 타악기인데, 쌍을 이루어 함께 사용되었다. 축은 음악의 시작을 알리는 악기로 동쪽에 두었으며, 어는 음악의 종결을 알리는 악기로 서쪽에 두었다.

○ 구주. 기주, 연주, 청주, 서주, 양주(揚州), 형주, 예주, 양주(梁州), 옹주. 분할하여 유주, 병주, 영주를 두니 '12주'라 했다. 뒤에 다시 분할하여 양주(凉州), 익주를 두었다.

九州. 冀, 兗, 青, 徐, 揚, 荊, 豫, 梁, 雍. 分爲幽並營, 曰十二州. 後又分爲凉益.

"구주(九州)"는 하나라 때의 지역 단위로, 『상서』「우공(禹貢)」에 그 명칭이 보인다. "12주"는 순임금이 만들었다고 전하는데, 설치 시점 등에 대해서는 오래전부터 논란이 있었다. 『지봉유설』 제국부(諸國部) 「군읍(郡邑)」에 "「우공」의 주석에 '순임금이 9주를 분할하여 12주를 두었다. 기주를 분할하여 동쪽을 병주로 삼고 동북쪽을 유주로 삼았으며, 청주의 동북쪽을 분할하여 영주로 삼았다.'고 했다.(禹貢註,

舜分九州爲十二州. 分冀東爲幷, 東北爲幽, 分靑之東北爲營.)"라는 구절이 있다. 양주(凉州)는 원래 옹주(雍洲)에 속했으며 익주(益州)는 원래 구주의 하나인 양주(梁州)였다고 전하는데, 이 명칭들은 서한 때 설치한 "13주"에 보인다.

○ 13성(省). 북직례,순천부 남직례.응천부, 강남성 ○ 산서성, 산동성, 하남성, 섬서성, 절강성, 강서성, 호광성, 사천성, 복건성, 광동성, 광서성, 운남성, 귀주성. ○ 삼보는 풍익, 부풍, 경조다.

十三省. 北直隷,順天府 南直隷.應天府, 江南省 ○ 山西省, 山東省, 河南省, 陝西省, 浙江省, 江西省, 湖廣省, 泗川省, 福建省, 廣東省, 廣西省, 雲南省, 貴州省. ○ 三輔曰馮翊, 扶風, 京兆.

"13성"은 명나라 이래 중국의 지방 행정 제도다. 명나라에서는 도읍 부근에 직접 관할하는 지역인 "직례(直隷)"를 두고, 지방에 13개의 성(省)을 설치했다. 명나라는 건국 초기에 도읍 부근인 응천부(應天府)에 직례를 설치했는데, 뒤에 도읍을 옮기면서 순천부(順天府)에 직례를 설치했다. 이를 각기 남직례와 북직례라 한다. 청나라에서는 남직례를 '강남성(江南省)'으로, 북직례를 '직례성(直隷省)'으로 고쳤다. 산서성 이하 13성은 『소학주관』에서도 언급했는데, 그 출처를 『대명일통지(大明一統志)』로 밝혀두었다. 한편 『성호사설』 천지문(天地門) 「획계(畫界)」에서는 "명나라는 2개의 경(京)과 14성을 두었는데, 뒤에 안남성(安南省)을 폐하였으니 실제로는 13성이었다.(明兩京十四省, 後棄安南, 實十三省也.)"라고 했다.

"삼보(三輔)"는 한나라 때 도읍인 장안(長安) 부근을 다스리기 위해 설치한 행정구역이다. 무제는 장안 동쪽을 경조윤(京兆尹)이 맡고 장릉(長陵) 북쪽을 좌풍익(左馮翊)이 맡고 위성(渭城) 서쪽을 우부풍(右扶風)이 맡도록 했는데, "도읍을 보좌한다(輔京師)"는 의미에서 이 셋을 삼보(三輔)라고 일컫게 되었다고 한다.

○ 삼생. 불경에서 말하는 과거, 미래, 현재다. ○ 성문승, 연각승, 보살승을 '삼승'이라 한다.

三生. 佛經所謂過去·未來·現在也. ○ 聲聞乘, 緣覺乘, 菩薩乘, 是曰三乘.

"승(乘)"은 탈것을 뜻하는 말이니, 불교에서는 깨달음에 이르게 하는 가르침이나 수행법의 의미로 사용한다. "성문승(聲聞乘)"은 성문 즉 소리에 이끌려 깨달음을 구하는 것이며, "연각승(緣覺乘)"은 연기(緣起)의 이치를 살펴 스스로 깨닫는 것이다. "보살승(菩薩乘)"은 보살의 수행법이니, 자신이 깨달음을 구하는 자리(自利)와 남을 깨달음으로 이끄는 이타(利他)를 겸한다는 점에서 성문승이나 연각승과는 구별된다.

○ 삼교. 유교, 도교, 불교다. 어떤 이는 삼교가 주나라 때 함께 나왔다고 한다.

三教. 曰儒曰道曰釋. 人謂三教幷出于周時云.

○ 삼강. 군위신강, 부위자강, 부위처강. ○ 백성은 세 분의 덕으로 살아가니, 섬기기를 하나같이 하여야 한다. 아버지는 낳아주셨으니 대를 잇는 것이 이보다 큰 것이 없고, 임금은 먹여주시니 두터움이 이보다 큰 것이 없고, 스승은 가르쳐주시니 은혜가 이보다 큰 것이 없다.

三綱. 君爲臣綱, 父爲子綱, 夫爲妻綱. ○ 民生於三, 事之如一. 父生之,續莫大焉, 君食之, 厚莫大焉, 師教之, 恩莫大焉.

“삼강(三綱)”은 세 가지 기본적인 덕목이다. 이 가운데 “부위처강(夫爲妻綱)”은 『명심보감(明心寶鑑)』 등에는 “부위부강(夫爲婦綱)”으로 되어 있다. 정약용의 『소학주관』에서는 “부위처강”이라 했는데, 출처를 『백호통』으로 밝혀두었다.

『국어』 「진어(晉語)」에 무공(武公)이 익(翼)을 정벌하여 애후(哀侯)를 죽이고 나서 대부 난공자(欒共子)―난성(欒成)―에게 자신을 따르도록 권유한 일화가 실려 있다. 난성은 자기 생각을 밝히며 사양하여 결국 죽음을 맞이하는데, 난성의 대답 가운데 “내가 듣건대 백성은 세 분의 덕으로 살아가니, 섬기기를 하나같이 하여야 한다고 합니다. 아버님은 낳으셨고, 스승은 가르치셨고, 임금은 먹여주십니다. 아버님이 아니면 태어날 수 없고, 먹여주지 않으면 성장할 수 없고, 가르침이 아니면 알 수 없으니, 살아가게 해주신 점에서는 같습니다. 그런 까닭에 한가지로 섬겨야 하는 것입니다.(成聞之, 民生於三, 事之如一. 父生之, 師教之, 君食之. 非父不生, 非食不長, 非教不知, 生之族也. 故壹事之.)”라는 말이 있었다고 한다. 이 구절은 『소학』이나 『명심보감』 등에도 수록되었다.

○ 삼족. 부당, 외당, 처당.

三族. 父黨, 外黨, 妻黨.

“삼족(三族)”은 친족의 세 부류를 뜻한다. 여기서 언급한 세 친족을 각기 부당(父黨), 모당(母黨), 처당(妻黨)이라 일컫고 “삼당(三黨)”이라고 총칭하기도 하는데, 이때 “당(黨)”은 무리, 친족의 뜻으로 사용했다고 할 수 있다. 한편 “삼족”이라는 말은 조금 다른 뜻으로 사용되기도 하는데, 정약용의 『소학주관』에서는 『주례』를 출처로 들어 부족(父族, 아버지와 그 형제), 기족(己族, 자신의 형제), 자족(子族, 아들 및 형제의 아들)의 셋을 제시했다.

○ 삼종. 집에 있을 때는 아버지를 따르고, 혼인해서는 지아비를 따르고, 지아비가 죽은 뒤에는 아들을 따른다.

三從. 在家從父, 適人從夫, 夫死從子.

"삼종(三從)"은 부녀자의 도리를 규정한 말로, 흔히 "삼종지도(三從之道)"라 한다. 이 말은 여러 문헌에 나타나는데, 한 예로 『의례』「상복전(喪服傳)」에서는 "부녀자에게는 삼종의 의리가 있으며, 독자적으로 실행하는 도리는 없다. 그런 까닭에 시집가지 않았을 때는 아버지를 따르고 이미 시집가서는 지아비를 따르고 지아비가 죽으면 아들을 따른다.(婦人有三從之義, 無專用之道. 故未嫁從父, 旣嫁從夫, 夫死從子.)"라고 했다.

○ 삼공. 주나라에서는 태사, 태부, 태보였다. 한나라에서는 승상, 태위, 어사대부였다. 당나라에서는 태위, 사도, 사공이었다.

三公. 周以太師 · 太傅 · 太保. 漢以丞相 · 太尉 · 御史大夫. 唐以太尉 · 司徒 · 司空.

○ 삼달존. 관작이 하나요, 나이가 하나요, 덕망이 하나다. 이 셋은 천하에서 다 같이 존중하는 것이다. ○ 사람에게는 세 가지 상서롭지 못한 것이 있다. 어리면서도 기꺼이 어른을 섬기려 하지 않고, 천하면서도 기꺼이 귀한 이를 섬기려 하지 않고, 어리석으면서도 기꺼이 현명한 이를 섬기려 하지 않는 것이다.

三達尊. 爵一, 齒一, 德一. 三者, 天下之所共尊也. ○ 人有三不祥. 幼而不肯事長, 賤而不肯事貴, 不肖而不肯事賢也.

"삼달존(三達尊)"은 천하에서 두루 귀하게 여기는 세 가지로, 『맹자』「공손추(公孫丑)」에서 유래한 말이다. "삼불상(三不祥)"은 상서롭지 못한 일 세 가지를 뜻하는데, 『순자』「비상편」에서 유래한 말이다.

○ 삼락. 부모가 모두 생존해 계시고 형제가 별 탈 없는 것이 첫째 즐거움이다. 우러러 하늘에 부끄럽지 않고 굽어보아 사람에 부끄럽지 않은 것이 둘째 즐거움이다. 천하의 영재를 얻어서 교육하는 것이 셋째 즐거움이다. ○ 영계기가 이르기를 "하늘이 만물을 내심에 사람이 귀한데 나는 사람이 될 수 있었으니, 이것이 첫째 즐거움이다. 남자는 존귀하고 여자는 비천한데 나는 남자이니, 이것이 둘째 즐거움이다. 사람이 태어나 강보를 벗어나지 못하고 죽기도 하는데 나는 나이가 95세이니, 이것이 셋째 즐거움이다."라 하였다.

三樂. 父母俱存, 兄弟無故, 一樂. 仰不媿天, 俯不怍人, 二樂. 得天下英才, 敎育之, 三樂. ○ 榮啟期曰, 天生萬物, 人爲貴, 吾得爲人, 一樂. 男尊女卑, 吾爲男, 二樂. 人生不免襁褓, 吾年九十五, 三樂.

"삼락(三樂)"은 세 가지 즐거움이란 뜻인데, 『맹자』「진심(盡心)」에 실린 "군자삼락(君子三樂)"을 가리키는 말로도 흔히 이해된다. 여기서는 서두에 '군자삼락'을 실었는데, "愧"를 "媿"로 바꾸고 일부 허사(虛辭)를 빠뜨렸지만 의미를 바꾸지는 않았다. '○' 표시 뒤에는 『열자』「천서(天瑞)」에서 유래한 '영계기의 삼락(三樂)'을 소개했다. "영계기(榮啟期)"는 춘추시대의 은사(隱士)로, 공자와 대화하면서 세 가지 즐거움을 말한 바 있다. 세 번째 즐거움의 경우에는 약간의 차이가 보이는데, 『열자』에서는 "사람으로 태어나서 해와 달도 보지 못하거나 강보를 벗어나지 못하는 이도 있는데, 나는 이미 살아서 90세가 되었습니다. 이것이 셋째 즐거움입니다.(人生, 有不見日月, 不免襁褓者, 吾既已行年九十矣, 是三樂也.)"라고 전했다.

○ 삼인. 미자는 은나라를 떠났고, 주왕의 서형(庶兄)이다 기자는 노비가 되었고, 비간은 간언하다가 죽었다. 주왕의 제부(諸父)다 공자가 "은나라에 어진 이가 셋 있었다."고 말씀하였다.

三仁. 微子去之, 紂庶兄 箕子爲之奴, 比干諫而死. 紂諸父 子曰殷有三仁.

"삼인(三仁)"은 은나라 말기의 세 충신을 가리키는 말이다. 『논어』「미자(微子)」에서 유래하는데, 여기서는 해당 구절을 인용했다. 『논어』의 주석에서는 미자는 주왕의 서형(庶兄) 또는 동모형(同母兄)이며, 기자와 비간은 주와의 제부(諸父)라고 했다. "제부(諸父)"는 아버지와 같은 항렬의 당내친을 뜻하는 말인데, 기자와 비간은 제을(帝乙)의 동생이니 주왕의 숙부가 된다. 따라서 『아희원람』에서 "紂諸父"라 한 것은 기자와 비간 두 사람에 대해 설명한 말인 셈이다.

○ 삼량. 진나라 대부 자거엄식, 자거중항, 자거침호이니, 목공의 무덤에 순장된 이들이다. 나라 사람들이 이들을 위해 「황조」를 지었다.

三良. 秦大夫子車奄息, 子車仲行, 子車鍼虎, 殉葬穆公者. 國人爲賦黃鳥.

"삼량(三良)"은 세 사람의 좋은 신하[良臣]라는 뜻인데, 여기서는 진나라 목공을 따라 순장된 신하 세 사람을 가리키는 말로 사용했다. 『사기』「진본기(秦本紀)」에 자거엄식(子車奄息) 등의 순장과 「황조」의 창작에 대한 일화가 보인다. 목공을 옹(雍) 땅에 장사 지낼 때 순장된 사람이 177명이었는데, 이 가운데 어진 신하인 자여씨(子輿氏) 세 사람이 포함되어 있었다고 한다. 진나라 사람들은 이들을 애도하며 「황조(黃鳥)」의 시를 지어 불렀고, 군자들은 백성들과 어진 신하를 순장한 일을 비판했다고 했다. '「황조」의 시'는 『시경』「진풍(秦風)」에 전하는데, 뛰어난 능력을 지닌 인물을 잃은 백성들의 슬픔과 안타까움이 절실하게 표현되어 있다고 평가된다.

○ 삼걸. 한 고조가 "나는 군막에서 계책을 세워 천 리 밖의 승리를 결정짓는 일은 장자방만 못하고, 나라를 진정시키고 백성을 어루만지는 일은 소하만 못하고, 싸우면 반드시 승리하고 공격하면 반드시 점령하는 일은 한신만 못하다. 이들은 모두 인걸이다."라고 말했다.

三傑. 漢高謂, 運籌帷幄, 決勝千里, 不如子房. 鎭國家, 撫百姓, 不如蕭何. 戰必勝, 攻必取, 不如韓信. 皆人傑.

"삼걸(三傑)"은 한나라의 창업을 이룬 세 공신 장량(張良), 소하(蕭何), 한신(韓信)을 일컫는 말이다. 『한서』「고제기(高帝紀)」에 고조 유방이 항우가 아닌 자신이 천하를 얻은 이유가 이 인걸들을 능히 쓸 수 있었기 때문이라고 말하는 대목이 있는데, 여기서는 일부 자구를 축약하며 인용했기 때문에 문장이 다소 부자연스럽다. 『한서』에서는 "군막 가운데에서 계책을 세워 천 리 밖에서 승리를 결정지음은 내가 장자방만 못하다. 나라를 진정시키고 백성을 어루만지며 군량을 공급하여 양도(糧道)가 끊어지지 않게 함은 내가 소하만 못하다. 백만의 대군을 모아서 싸우면 반드시 승리하고 공격하면 반드시 점령함은 내가 한신만 못하다. 이 세 사람은 모두 인걸인데, 나는 이들을 쓸 줄 안다. 이것이 내가 천하를 얻을 수 있었던 이유다.(夫運籌帷幄之中, 決勝千里之外, 吾不如子房. 填國家, 撫百姓, 給餉饋, 不絕糧道, 吾不如蕭何. 連百萬之衆, 戰必勝, 攻必取, 吾不如韓信. 三者皆人傑, 吾能用之. 此吾所以取天下者也.)"라고 했다.

○ 사군. 사호(四豪)라고도 칭한다. 신릉군 위무기는 위나라 안희왕의 이복동생이다. 평원군 조승은 조나라 혜문왕의 동생이다. 맹상군 전문은 제나라 설공(薛公) 영(嬰)선왕(宣王)의 서제(庶弟)의 아들이다. 춘신군 황헐은 초나라의 재상이다. 이들은 모두 재주 있는 사람을 좋아하여 식객이 수천 명이었다.

四君. 或稱四豪. 信陵君, 魏無忌, 魏安釐王異母弟. 平原君, 趙勝, 趙惠文王弟. 孟嘗君, 田文, 齊薛公嬰宣王庶弟子. 春申君, 黃歇, 楚相. 皆好士, 食客數千人.

"사군(四君)"은 전국시대에 널리 인재를 모으며 활약했던 네 사람의 군(君)을 지칭하는 말로, 전국사군(戰國四君), 전국사공자(戰國四公子), 전국사군자(戰國四君子) 등으로도 일컫는다. "사호(四豪)"라는 명칭은 『한서』 유협전(游俠傳)에서 유래하였다.

○ 사호. 동원공 당병은 자가 선명이다. 각리선생 주술은 자가 원도다. 기리계 주휘는 자가 문계다. 하황공 최광은 자가 소통이다. 진나라 때 상산에 은거했다.

四皓. 東園公唐秉, 字宣明. 角里先生周術, 字元道. 綺里季朱暉, 字文季. 夏黃公崔廣, 字少通. 秦時隱商山.

"사호(四皓)"는 네 사람의 백발노인을 뜻하는 말인데, 진나라 때 난세를 피해 상산(商山)에 은거했다는 네 은사인 "상산사호(商山四皓)"를 가리키는 말로 흔히 쓰인다. 이들은 눈썹과 머리가 모두 하얗게 센 채로 은거의 뜻을 밝히는 「자지가(紫芝歌)」를 지어 불렀다고 전하며, 한 고조가 태자 유영(劉盈)을 폐하려 할 때에는 궁을 찾아와서 태자를 보호했다고 한다.

상산사호의 일은 『사기』 「유후세가(留侯世家)」와 『한서』 「왕공양공포전(王貢兩龔鮑傳)」에 전하지만, 네 사람의 이름은 이들 문헌에는 나타나지 않는다. 뒤에 『진류지(陳留志)』 등에서 성명이 일부 전하기 시작했는데, 근거가 명확한 것은 아니어서 논란이 있다. 동원공(東園公)은 성이 "당(唐)"이라고도 하고 "유(庾)"라고도 한다. "각리선생(角里先生)"은 "녹리선생(甪里先生)"이라고도 하는데, "각(角)"과 "녹(甪)"이 통용되는지는 논란이 있다. "기리계(綺里季)"는 『진류지』에도 성명이 보이지 않는데, 뒤에 "주휘(朱暉)"나 "오실(吳實)"이라는 설이 제기되었지만 어느 쪽도 정설로 인정되지는 않는다.

○ 사민. 선비요, 농민이요, 공민이요, 상민이다.

四民. 曰士, 曰農, 曰工, 曰賈.

"사민(四民)"은 백성을 일에 따라 넷으로 나눈 것인데, 대개 "사농공상(士農工商)"으로 언급한다. 『춘추곡량전(春秋穀梁傳)』에는 "옛날에 사민이 있었으니, 사민이 있고 상민이 있고 농민이 있고 공민이 있다.(古者有四民, 有士民, 有商民, 有農民, 有工民.)"라는 구절이 있으니, 순서를 달리하여 언급하기도 함을 알 수 있다. 그렇지만 『관자』에서 "사농공상의 사민(士農工商四民)"이라 한 이래로 사농공상의 순서를 따르는 것이 일반적이었다. "고(賈)"는 "상(商)"과 같은 뜻을 지닌 말이다. 사민을 "사농공고(士農工賈)"로 표현한 사례로는 한유의 「원도(原道)」를 들 수 있다.

○ 사중. 사부(四部)라고도 한다. 사람, 하늘, 신, 귀이니, 불가의 말이다. ○ 일설에는 승려, 비구니, 선남자(善男子, 남신도), 선여인(善女人, 여신도)이라고도 한다.

四衆. 亦曰四部. 人, 天, 神, 鬼. 佛家語也. ○ 一云, 僧, 尼, 善男子, 善女人.

"사중(四衆)"은 '네 가지 무리[부류]'로 풀이할 수 있는 불교 용어로, 문헌에 따라 조금씩 다른 의미로 사용되기도 했다. "사부중(四部衆)" 또는 "사부대중(四部大衆)"으로도 일컫는다. 『연려실기술(燃藜室記述)』「정교전고(政教典故)」에서는 사중으로 비구승(比丘僧), 비구니(比丘尼), 우바새(優婆塞), 우바이(優婆夷)를 들었는데, 우리나라에서는 우바새를 '거사(居士)', 우바이를 '사당(捨堂)'이라고 한다는 설명을 덧붙였다. 『연려실기술』의 '사중'은 '○' 표기 뒤에 제시한 용법과 유사한데,

이는 『법화경(法華經)』에서 유래한 것이라고 한다.

○ 사우. 종이는 운손, 저선생이라 한다. 붓은 모영, 관성자, 모추자라 한다. 먹은 진현, 현규라 한다. 벼루는 도홍, 즉묵후, 석허중이라 한다. 사람들은 이들을 '문방사우'라고 일컫는다.

四友. 紙曰雲孫, 楮先生. 筆曰毛穎, 管城子, 毛錐子. 墨曰陳玄, 玄圭. 硯曰陶泓, 卽墨侯, 石虛中. 人稱文房四友.

이 항목에서는 문방사우(文房四友) 또는 문방사보(文房四寶), 문방사후(文房四侯) 등으로 일컫는 종이, 붓, 먹, 벼루를 그 별칭(別稱)과 함께 제시했다. 이 별칭들은 한유의 「모영전(毛穎傳)」이나 문숭(文嵩)의 「즉묵후석허중전(卽墨侯石虛中傳)」 등에서 유래 또는 용례를 찾을 수 있다. 다만 종이의 별칭으로 제시한 "운손(雲孫)"은 어디서 유래한 말인지 분명하지 않은데, 송나라 서예가 미불(米芾)이 붙인 별칭인 "운방(雲肪)"의 오기일 가능성도 있다.

○ 사부서. '경'이란 도(道)를 실은 서적이다. '사'란 일을 기록한 글이다. '자'란 제자(諸子)가 기술한 것이다. '집'이란 여러 현인이 지은 것이다. ◯ 당나라의 사고(四庫)에는 갑부, 을부, 병부, 정부가 있었다.

四部書. 曰經, 載道之籍也. 曰史, 紀事之文也. 曰子, 諸子所述也. 曰集, 群賢所著也. ◯ 唐四庫, 有甲乙丙丁部.

"사부서(四部書)"는 도서를 네 부류로 나누는 분류법이다. 중국에서는 초기에 한나라 유흠이 편찬한 『칠략(七略)』에 보이는 것과 같은 칠분법(七分法)을 활용했지만, 위진 이후로는 사분법이 나타났으며 결국 수당 이후로는 "경사자집(經史子集)"의 사분법이 정립되었다. 이 사부 분류는 오늘날에도 고문헌의 분류 기준으로 활용되고 있다. "사고(四庫)"는 궁중에서 책을 수장해 둔 장소를 뜻하는 말인데, 『신당서』「예문지」에 의하면 당나라에서는 수집한 책을 갑, 을, 병, 정의 차서를 정하여 경, 사, 자, 집의 사고(四庫)에 배열했다고 한다. 이 때문에 '사고'와 '사부'는 같은 말로 이해되기도 한다.

○ 사단. 측은지심은 인의 단서요, 사양지심은 예의 단서요, 수오지심은 의의 단서요, 시비지심은 지의 단서다.

四端. 惻隱之心, 仁之端. 辭讓之心, 禮之端. 羞惡之心, 義之端. 是非之心, 智之端.

"단(端)"은 실마리를 뜻하는 말이니, "사단"은 인의예지(仁義禮智)의 덕으로 갈 수 있는 네 가지 실마리가 되는 마음으로 풀이할 수 있다. 여기서 제시한 구절은 『맹자』「공손추」에 보인다. "측은지심(惻隱之心)"은 남을 불쌍히 여기는 마음이며, "수오지심(羞惡之心)"은 자신의 잘못을 부끄러워하고 남의 잘못을 미워하는 마음이며, "사양지심(辭讓之心)"은 겸손하여 사양할 줄 아는 마음이며, "시비지심(是非之心)"은 잘잘못을 가리는 마음이다. 이 네 가지 마음은 인간의 본성에서 자연스럽게 우러나오는 것이라고 한다.

○ 사궁. 늙고 아내가 없는 사람을 환(鰥)이라 하고, 늙고 지아비가 없는 사람을 과(寡)라 하고, 어리고 부모 없는 사람을 고(孤)라 하고, 늙고 자식 없는 사람을 독(獨)이라 한다.

四窮. 老而無妻曰鰥, 老而無夫曰寡, 幼而無父曰孤, 老而無子曰獨.

"사궁(四窮)"은 네 가지의 곤궁한 처지에 놓인 사람을 뜻하는 말이다. 『맹자』「양혜왕」에서는 "환과고독(鰥寡孤獨)"의 네 부류를 천하의 궁민(窮民)으로 언급했다.

○ 사례. 관례, 혼례, 상례, 제례.

四禮. 冠禮, 昏禮, 喪禮, 祭禮.

"사례(四禮)"는 네 가지 의례를 뜻하는 말이다. "혼례(昏禮)"는 곧 혼례(婚禮)인데, 혼인은 "혼시(昏時)" 즉 황혼 무렵의 어두울 때 거행했기 때문에 "혼(昏)" 자를 썼다고 전한다.

○ 사유. 예, 의, 염, 치를 '사유'라고 한다.

四維. 禮義廉恥, 是謂四維.

"사유(四維)"는 나라를 다스리는 네 가지 강령을 뜻하는 말인데, 『관자』「목민(牧民)」에서 유래하였다. 『관자』에서는 나라에는 '예, 의, 염, 치'의 사유(四維, 네 개의 벼리 또는 원칙)가 있으니 그 가운데 하나가 끊어지면 나라가 기울고 둘이 끊어지면 나라가 위태롭게 되고 셋이 끊어지면 나라가 전복되고 넷이 끊어지면 나라가 멸망한다고 했다.

○ 오상. '인'은 마음의 덕이요 사랑의 이치다. '예'는 천리의 절문이요 인사의 의칙이다. '신'은 마음의 성이요 진실의 이치다. '의'는 마음의 제어함이요 일의 마땅함이다. '지'는 천리 동정의 기틀을 포함하고 인사 시비의 거울을 갖추는 것이다.

五常. 仁, 心之德, 愛之理. 禮, 天理之節文, 人事之儀則. 信, 心之誠實之理. 義, 心之制, 事之宜. 智, 涵天理動靜之機, 具人事是非之鑑.

"오상(五常)"은 유가의 기본 덕목인 "인의예지신(仁義禮智信)"인데, 동중서(董仲舒)가 신(信)의 덕목을 추가하여 완성한 것으로 알려져 있다. 여기에 제시한 해석 가운데 인(仁)과 의(義)의 풀이는 『맹자』 「양혜왕(梁惠王)」의 주석에서, 예(禮)의 풀이는 『논어』 「학이(學而)」의 주석에서 볼 수 있다. 또 신(信)의 풀이는 임은(林隱) 정씨(程氏) 즉 원나라 정복심(程復心)의 견해에서, 지(智)의 풀이는 파양(番陽) 심씨(沈氏) 즉 송나라 심귀보(沈貴珤)의 견해에서 찾아볼 수 있다.

○ 오륜. 부자요, 군신이요, 부부요, 장유요, 붕우다. 오품은 이것의 명위등급을 이른다 ◯ 오교는 곧 부자유친, 군신유의, 부부유별, 장유유서, 붕우유신이니, 이 마땅한 이치를 가르침으로 삼음을 말한 것이다. 또 '오전'이라고도 한다.

五倫. 父子也, 君臣也, 夫婦也, 長幼也, 朋友也. 五品, 謂此名位等級. ◯ 五敎, 卽父子有親, 君臣有義, 夫婦有別, 長幼有序, 朋友有信, 言此當然之理, 爲敎令也. 又曰五典.

"오륜(五倫)"은 사람이 지켜야 할 다섯 가지 도리를 뜻하는 말이다. 『상서』 「순전(舜典)」에 있는 "오품이 준수되지 않는다(五品不遜)"라는 말의 주석에 "'오품'은 부자, 군신, 부부, 장유, 붕우 다섯 가지의 명위등급이다.(五品, 父子君臣夫婦長幼朋友五者之名位等級也.)"라는 구절이 보이는데, 이 구절은 『소학집주(小學集註)』나 『성학집요(聖學輯要)』 등에도 실려 있다. 『아희원람』에서는 '오품(五品)' 또한 '오륜(五倫)'의 뜻을 지닌다는 점을 드러내기 위해 이 말을 주석에 인용한 듯하다.

○ 오복. 참최, 3년 자최, 3년, 장기(杖期), 부장기(不杖期), 5개월, 3개월 대공, 9개월 소공, 5개월 시마. 3개월 ◯ 땅의 제도에도 '오복'이 있으니, 전복, 후복, 수복, 요복, 황복이라 한다. 천자의 궁성으로부터 나라 안에 차례로 500리를 더해간 것이다.

五服. 斬衰,三年 齊衰,三年, 杖期, 不杖期, 五月, 三月 大功,九月 小功,五月 緦麻.三月

○ 地制五服, 曰甸服, 侯服, 綏服, 要服, 荒服. 自天子國內, 次加五百里者也.

"오복(五服)"은 망자(亡者)와의 관계에 따라 다섯 가지로 구분한 상복 제도를 뜻하는 말이다. 오복의 제도에 따라 상복의 재료 및 형태, 상복을 입는 기간 등이 달라지는데, 『아희원람』에서는 참최(斬衰), 자최(齊衰), 대공(大功), 소공(小功), 시마(緦麻)의 명칭과 함께 상복을 입는 기간을 제시했다. 이 가운데 "자최"에서는 5개의 유형을 제시했는데, 이는 상기(喪期, 상복을 입는 기간)로는 3년, 1년, 5개월, 3개월의 네 유형이 있지만 상기가 1년인 경우는 다시 지팡이를 짚는 '장기(杖期/杖朞)'와 지팡이를 짚지 않는 '부장기(不杖期/不杖朞)'의 두 유형으로 나눌 수 있기 때문이다.

'○' 표시 이후에는 "오복(五服)"이라는 어휘의 다른 뜻을 제시했는데, 땅의 제도로서의 '오복'은 왕기(王畿) 즉 왕도 부근으로부터 주위를 각기 500리 단위로 나눈 다섯 구역을 뜻하는 말이라고 한 것이다. 전복은 왕도에서 가장 가까운 땅이며, 황복은 가장 먼 땅이 된다. 한편 주나라에 이르면 '오복'의 명칭은 후복(侯服), 전복(甸服), 남복(男服), 채복(采服), 위복(衛服)으로 달라진다고도 한다.

○ 오형. '묵'이란 얼굴에 문신을 새기는 것이다. '의'란 코를 베는 것이다. '월'이란 발뒤꿈치를 베는 것이다. '궁'이란 거세하는 것이다. '대벽'은 사형이다.

五刑. 墨者, 刺面. 劓者, 割鼻. 刖者, 刖足. 宮者, 去勢. 大辟, 死刑.

"오형(五刑)"은 다섯 종류의 형벌인데, 『상서』「순전(舜典)」에 "유형으로 오형을 너그럽게 한다(流宥五刑)"라는 구절이 있으니 이른 시기부터 통용된 명칭임을 알 수 있다. 주나라 형서(刑書)인 『여형(呂刑)』에 "묵(墨), 의(劓), 궁(宮), 비(剕), 대벽

(大辟)"의 오형(五刑)이 언급되어 있다. 한편 『사기』「주본기」에는 문헌의 이름을 '보형(甫刑)'이라 하고 오형의 명칭 또한 조금 달리 언급했다. 즉 "묵(墨)"은 "경(黥)"이라 했고 "비(剕)"는 "빈(臏)"이라 했는데, 실제 의미는 거의 같은 것으로 추정된다. 『아희원람』에서 언급한 "월(刖)" 또한 "비(剕)"나 "빈(臏)"과 거의 같은 뜻을 지닌 말인데, "월"을 '오형'의 명칭 가운데 하나로 드는 일은 흔치 않은 듯하다. 『상서』의 주석 가운데 "발을 베는 것을 '비'라 한다(刖足曰剕)"라는 구절이 있으니, 이를 착각하여 잘못 옮겼을 가능성도 생각해 볼 수 있다.

○ 오복. 첫째는 장수함이요, 둘째는 부유함이요, 셋째는 건강함이요, 넷째는 덕을 좋아함이요, 다섯째는 천명을 누리는 것이다. ○ 육극. 첫째는 횡사하거나 요절함이요, 둘째는 병드는 것이요, 셋째는 근심함이요, 넷째는 가난함이요, 다섯째는 악함이요, 여섯째는 약함이다.

五福. 一壽, 二富, 三康寧, 四攸好德, 五考終命. ○ 六極. 一凶短折, 二疾, 三憂, 四貧, 五惡, 六弱.

"오복(五福)"은 다섯 가지 복이요, "육극(六極)"은 여섯 가지 불길함이다. 오복과 육극은 『상서』「홍범(洪範)」에 보이는데, 『아희원람』에서는 "왈(曰)"을 제외하고 옮겼다. 즉 "첫째는 수라 한다(一曰壽)"와 같은 형식으로 기록된 『상서』의 원문을 "첫째는 수다(一壽)"로 옮기는 방식을 취한 것이다. 육극 가운데 첫째인 "흉단절(凶短折)"은 "제대로 죽지 못하는 것(不得其死)"인 '흉(凶)'과 "요절하는 것(橫夭)"인 '단절(短折)'을 합친 말이니, 비명횡사하거나 요절하는 것을 뜻하는 말로 풀이할 수 있다.

○ 오사. 1월에는 지게문에 제사 지내고, 4월에는 부엌에 제사 지내고, 한 해의 가운데 날에는 한가운데 방[中霤]에 제사 지내고, 7월에는

대문에 제사 지내고, 10월에는 길[行]에 제사 지낸다.

五祀. 孟春之月其祀户, 孟夏祀竈, 中央祀中霤, 孟秋祀門, 孟冬祀行.

『예기』「곡례」에 "대부는 오사에 제사 지내되, 해마다 두루 지낸다.(大夫祭五祀, 歲徧.)"라는 구절이 있는데, 그 주석에서 계절에 따라 제사 지내는 곳 또는 신(神)을 제시했다. "중류(中霤)"는 집의 한가운데 있는 방 또는 당(堂)이나 실(室)의 거처를 맡은 작은 신을 뜻하는 말이다. 중류에 제사 지내는 시점은 "중앙(中央)" 또는 "계하(季夏, 6월)"라고 하는데, 한 해의 가운데 날인 '중앙'과 음력 6월인 '계하'가 의미하는 시점은 거의 같다고 보아도 좋을 것이다.

○ 오문. 천자는 다섯 개의 문을 두니, 고문(皐門), 고문(庫門), 치문, 응문, 노문이다.

五門. 天子五門, 曰皐門, 庫門, 雉門, 應門, 路門也.

"오문(五門)"은 천자의 궁에 설치했다는 다섯 개의 문이다. 『예기』에서는 천자는 다섯 개의 문을 두고 제후는 세 개의 문을 둔다고 했다. 오문 가운데 "노문(路門)"은 "필문(畢門)"으로도 일컬었다고 한다.

○ 오관. 눈, 간의 구멍으로, 보는 일을 담당한다 혀, 심장의 구멍으로, 맛보는 일을 담당한다 입, 비장의 구멍으로, 먹는 일을 담당한다 코, 허파의 구멍으로, 냄새 맡는 일을 담당한다 귀. 신장의 구멍으로, 듣는 일을 담당한다 ○ 불서에서는 눈, 귀, 코, 혀, 몸, 생각을 '육근'이라 한다. 또 이를 '육진'이라고도 한다.

五官. 目, 肝之竅, 司見 舌, 心之竅, 司味 口, 脾之竅, 司食 鼻, 肺之竅, 司聞 耳. 腎之竅, 司聽 ○ 佛書云, 眼耳鼻舌身意爲六根. 一作六塵.

"오관(五官)"은 다섯 가지 감각기관이다. 『황제내경』을 비롯한 의서에서는 오관과 오장(五臟)이 연관된다고 이해하는데, 몸에 뚫린 구멍인 "규(竅)"를 통해 각기 연관된 오장의 상태를 알 수 있다는 것이다. 예컨대 눈은 간의 구멍(肝之竅)이니 눈을 통해 간의 상태를 알 수 있다. 이 때문에 눈을 간관(肝官), 혀를 심관(心官), 입을 비관(脾官), 코를 폐관(肺官), 귀를 신관(腎官)이라 일컫기도 한다.

"육근(六根)"은 육식(六識)을 일으켜 대경(對境)을 인식하게 하는 근원적 요소를 뜻하는 불교 용어다. "육진(六塵)"은 인간의 심성을 더럽히는 육식(六識)의 대상계(對象界)이니, 곧 색(色), 성(聲), 향(香), 미(味), 촉(觸), 법(法)의 육경(六境)이다. "육근"을 통하여 육경이 몸속에 들어가 정심(淨心)을 더럽히고 참된 본성을 흐리게 하므로 "진(塵)"이라 하는 것이다. "육근"과 "육진"은 서로 연관된 개념이기는 하지만, 같은 말로 보기는 어려울 듯하다.

○ 오패. 제나라 환공은 성은 강이요 이름은 소백이다. 진나라 문공은 성은 희요 이름은 중이다. 송나라 양공은 성은 자요 이름은 자보다. 진나라 목공은 성은 영이요 이름은 임호다. 초나라 장왕은 성은 미요 이름은 여다.

五霸. 齊桓公, 姓姜, 名小白. 晉文公, 姓姬, 名重耳. 宋襄公, 姓子, 名茲父. 秦穆公, 姓嬴, 名任好. 楚莊王, 姓芈, 名旅.

"오패(五霸)"는 다섯 사람의 패자(霸者)라는 뜻이니, 곧 춘추시대에 패자로 인정받던 다섯 사람을 의미하는 '춘추오패(春秋五霸)'다. 『맹자』「고자(告子)」에 "오패는 삼왕의 죄인이다.(五霸者, 三王之罪人也.)"라는 구절이 있는데, 그 주석에서 여기서 언급한 다섯 사람을 '오패'라고 일컬었다. 송나라 양공의 이름은 "자보(茲甫)"로도 전하며, 초나라 장왕은 씨(氏)가 웅(熊)이요 이름이 "여(侶/呂)"로도 전한다. 그렇지만 항상 '오패'로 이 다섯 사람을 거론했던 것은 아닌데, 예를 들면 『순자』「왕패(王霸)」에서는 제나라 환공, 진나라 문공, 초나라 장왕과 함께 오왕(吳王) 합려(闔閭)

와 월왕(越王) 구천(句踐)을 들었다.

○ 오후. 왕담, 왕상, 왕립, 왕근, 왕봉시. 모두 한나라 성제의 외삼촌이다. ○ 누호는 오후의 집에서 노닐었는데, 늘 음식을 대접받았다. 누호가 이를 합하여 청을 만들었는데, 세상에서는 이를 '오후청'이라 일컬었다.

五侯. 王譚, 王商, 王立, 王根, 王逢時. 皆漢成帝諸舅. ○ 婁護遊五侯門, 每饋餉之. 婁合爲鯖, 世稱五侯鯖.

"오후(五侯)"는 제8장 '수부(壽富)'에서 수천 명의 종을 두었다고 언급했던 "왕씨(王氏) 오후(五侯)"이니, 한나라 원제의 황후이자 성제의 어머니인 효원왕후 왕정군(王政君)의 다섯 동생을 가리키는 말이다. 성제가 즉위한 뒤에 왕정군의 오빠인 왕봉(王鳳)은 대사마 대장군이 되었는데, 얼마 뒤에는 동생 5명이 같은 날에 후(侯)로 봉해져서 왕담은 평아후(平阿侯), 왕상은 성도후(成都侯), 왕립은 홍양후(紅陽侯), 왕근은 곡양후(曲陽侯), 왕봉시는 고평후(高平侯)가 되니 세상에서는 이를 '오후'라고 일컬었다.

누호(婁護)의 일은 『서경잡기』에 전한다. 왕씨 오후는 사이가 나빠서 빈객들도 왕래하지 못했는데, 누호는 말재주가 뛰어나 오후의 집을 두루 다니면서 환심을 얻었다. 다섯 집에서 다투어 누호에게 진기한 음식을 보냈는데, 누호가 이를 합하여 '청'을 만드니 세상에서는 '오후청'이라 칭하면서 진미(珍味)로 여겼다고 한다. "청(鯖)"은 생선, 고기 등 다양한 재료를 섞어 만든 요리인데, "오후청" 또는 "후청(侯鯖)"은 이후에 진기한 음식의 대명사처럼 사용되었다. 한편 "婁合爲鯖"의 구절은 "누(婁)" 대신 "호(護)"를 쓰는 편이 자연스러울 듯한데, 『서경잡기』의 "護乃合以爲鯖"을 축약하여 옮기는 과정에서 약간의 착오가 있었을지도 모른다.

○ 오한. 해당화에 향기가 없는 것, 금귤이 지나치게 신 것, 순채가 성질이 냉한 것, 준치에 가시가 많은 것, 증공이 시 짓는 재주가 없는 것.

五恨. 海棠無香, 金橘太酸, 蓴菜性冷, 鰣魚多骨, 曾鞏無詩.

"오한(五恨)"은 다섯 가지 한스러운 일을 뜻하는데, 팽연재(彭淵材)의 말에서 유래한 것이기 때문에 "팽연재오한(彭淵材五恨)"이라고도 한다. 송나라 혜홍(惠洪)의 『냉재야화(冷齋夜話)』에 이 고사가 전하는데, 팽연재는 "내 평생에 한스럽게 여기는 바는 없지만, (굳이) 한스럽게 여기는 것이라고 한다면 다섯 가지 일이 있을 뿐이다.(吾平生無所恨, 所恨者五事耳.)"라고 말하고서, 준치, 금귤, 순채, 해당화, 증공의 순서로 다섯 가지를 언급했다고 한다. 팽연재가 다섯 번째 한스러운 일로 든 것은 "曾子固不能作詩"인데, 이는 증자고 즉 증공(曾鞏)이 시 짓는 데는 능하지 못했다는 의미다. 이를 고려하면 『아희원람』에서 말한 "무시(無詩)"는 시 작품을 남기지 않아서 없다기보다는 시 쓰는 재주가 없었다거나 제대로 된 시를 남기지 못했다는 의미로 풀이해야 할 듯하다.

○ 오장. 간, 간. 동방, 봄, 목(木)에 속한다. 장혈(藏血)을 주관한다. 왼쪽에 3개의 잎이 있고 오른쪽에 4개의 잎이 있다. 심장, 염통. 남방, 여름, 화(火)에 속한다. 장신(藏神)을 주관한다. 7개의 구멍과 3개의 털이 있다. 비장, 지라. 중앙, 토(土)에 속한다. 장혼(藏魂)을 주관한다. 오곡을 받아들여 오장에 흩어준다. 허파, 부아. 서방, 가을, 금(金)에 속한다. 장백(藏魄)을 주관한다. 6개의 잎과 2개의 귀[耳]로 이루어져 있으며, 오장의 덮개가 된다. 신장. 콩팥. 북방, 겨울, 수(水)에 속한다. 장지(藏志)를 주관한다. 2개가 있으니, 왼쪽은 신장이며 오른쪽은 명문이다. ○ 몽고에서는 신장을 '복아'라고 한다.

五臟. 肝, 간. 屬東春木. 主藏血. 左三葉, 右四葉. 心, 념통. 屬南夏火. 主藏神. 七竅三毛. 脾臟, 말하. 屬中土. 主藏魂. 受五穀, 散五藏. 肺, 부화. 屬西秋金. 主藏魄. 六葉兩耳, 爲五臟華蓋. 腎. 콩팟. 屬北冬水. 主藏志. 有兩枚, 左爲腎, 右爲命門. ○ 蒙古謂腎曰卜兒.

"오장(五臟)"은 간(肝), 심장(心), 비장(脾), 허파(肺), 신장(腎)의 다섯 장기를 통틀어 이르는 말이다. 여기서는 장기 이름 뒤에 각기 우리말 어휘, 오행에 따른 소속, 관장하는 기능, 형태적 특징의 순서로 구성된 주석을 붙였다. '○' 표기 뒤에 있는 '복아(卜兒)'에 대한 언급은 『지봉유설』 어언부 「방언」에서 『격치총서』를 인용한 부분을 옮긴 것으로 보인다. 이 항목의 내용을 이해하기 위해서는 사용된 용어의 의미를 알아두어야 하는데, 이하에서는 순서에 따라 몇 가지를 살펴보기로 한다.

"장혈(藏血)"은 피를 저장하고 혈량을 조절하는 일을 뜻한다. "장신(藏神)"은 신(神) 즉 정신을 담는다는 말이니, 장신의 기능을 주관하는 심장은 그 사람의 정신 활동을 담당하는 셈이 된다. 심장의 형태를 설명한 말인 "7개의 구멍과 3개의 털"은 모든 사람에게 있는 것은 아니라고도 하는데, 은나라의 "삼인(三仁)" 가운데 한 사람으로 앞서 언급한 비간(比干)과 같은 성인만이 7개의 구멍과 3개의 털을 갖춘 심장을 지니고 있다고 한다. 비장의 주석에 보이는 "말하"는 "지라"의 고어다. "장혼(藏魂)"은 혼을 담는다는 뜻인데, 비장이 이를 주관한다고 말한 것은 일반적인 견해는 아닌 듯하다. 비장은 보통 "장의(藏意)"를 주관한다고 이해되며, 간을 "장혼궁(藏魂宮)"이라고 칭하며 "혼이 머무는 곳(魂之居也)"으로 설명하기도 하니 "장혼"은 간의 기능과 연관된 것으로 이해될 수 있을 듯하다. 폐(肺)의 주석에 보이는 "부화"는 "부아"의 고어이니 허파를 뜻한다. 허파의 형상에 대해 "모양은 귀와 같고, 6개의 잎과 2개의 작은 잎이 있다.(形似有耳, 六葉兩小葉.)"고 서술한 사례를 『동의보감』에서 찾아볼 수 있다. "화개(華蓋)"는 허파의 별칭으로 쓰이기도 하는데, 위에 있는 허파가 오장을 덮고 있는 듯한 형상이기 때문이라고 한다.

○ 육부. 쓸개, 소장, 위, 대장, 방광, 삼초.

六腑. 膽, 小腸, 胃, 大腸, 膀胱, 三焦.

"육부(六腑)"은 배 속에 있는 여섯 기관을 통칭하는 말이다. 이 가운데 "삼초(三焦)"는 어떤 장기를 가리키는지 분명하지 않은데, "이름은 있지만 형태는 없고, 형태는 없지만 쓰임은 있다.(有名而無形, 無形而有用.)"고 하며 운화(運化), 섭식(攝食),

배설(排泄)에서 중요한 기능을 한다고 알려져 있다. 상초(上焦), 중초(中焦), 하초(下焦)의 셋으로 구분하기도 한다.

○ 육친. 아버지, 어머니, 형, 동생, 부인, 자식.

六親. 父, 母, 兄, 弟, 妻, 子.

○ 육덕. 지, 인, 성, 의, 충, 화.

六德. 知, 仁, 聖, 義, 忠, 和.

『주례』 지관(地官) 「대사도(大司徒)」에서는 만민(萬民)을 가르치는 내용으로 "향리의 세 가지 일(鄕三物)"을 거론했는데, 이하 3개 항목에서 제시하는 육덕(六德), 육행(六行), 육예(六藝)가 곧 '향삼물'이다.

"육덕(六德)"은 여섯 가지 덕목을 뜻하는 말이다. 『상서』 「고요모(皐陶謨)」에서 '삼덕(三德)', '육덕(六德)', '구덕(九德)'을 언급했으니, 덕목을 여섯 가지로 정하는 일이 이른 시기부터 있었음을 짐작할 수 있다. 『아희원람』에서 제시한 여섯 덕목은 정약용의 『소학주관』에도 똑같이 나타나는데, "학교에서 스스로를 닦는 덕목이다(國子之所自修也)"라고 풀이하고 여섯 덕목의 출처는 『주례』로 밝혀두었다.

○ 육행. 효, 우, 목, 인, 임, 휼. ◯ 향리에서 행하는 여덟 가지 형벌이 있으니, 곧 불효, 불목, 불인, 부제, 불임, 불휼, 조언, 난민의 형벌이다.

六行. 孝, 友, 睦, 婣, 任, 恤. ◯ 有鄕八刑, 不孝, 不睦, 不婣, 不弟, 不任, 不恤, 造言, 亂民也.

"육행(六行)"은 여섯 가지 올바른 행실로, 『주례』에서 거론한 "향삼물(鄕三物)"

가운데 하나다. "효(孝)"는 부모에게 효도하는 것이요, "우(友)"는 형제 사이에 우애가 있는 것이요, "목(睦)"은 일가 사이에 화목한 것이요, "인(婣)"은 인척간에 친목하는 것이요, "임(任)"은 맡은 바의 일을 잘 수행하는 것이요, "휼(恤)"은 어려운 사람을 구휼하는 것이다.

"향팔형(鄕八刑)"은 향리에서 행하는 여덟 가지 형벌로, 『주례』에서는 이것으로 만민을 규찰한다고 했다. "향팔형"은 "육행"과 연관된 것이기도 한데, 육행을 제대로 실천하지 못하는 것이 형벌의 이유가 되기 때문이다. 예컨대 "우(友)" 즉 형제간의 우애를 제대로 행하지 못하면 "부제(不弟)"의 처벌을 받게 되는 것이다. 그렇지만 여기에 그치지는 않으니, 팔형에는 여섯 가지 '不○'에 유언비어를 만들어 내는 행위인 '조언(造言)'과 백성을 어지럽히는 행위인 '난민(亂民)'의 형벌이 추가된다.

○ 육예. '예(禮)'에는 다섯이 있으니, 길례, 흉례, 군례, 빈례, 가례다. '악(樂)'에는 여섯이 있으니, 운문,황제의 음악 함지,요임금의 음악 대소,순임금의 음악 대하,하나라 우왕의 음악 대호,은나라 탕왕의 음악 대무주나라 무왕의 음악 ○ 이를 일컬어 '육대의 음악'이라 한다. '사'에는 다섯이 있으니, 백시, 삼연, 섬주, 양척, 정의다. '어'에는 다섯이 있으니, 명화란, 축수곡, 과군표, 무교구, 축금좌다. '서'에는 여섯이 있으니, 상형, 회의, 전주, 처사, 가차, 해성이다. '수'에는 아홉이 있으니, 방전, 천포, 쇠분, 소광, 상공, 균수, 영육, 방정, 구고다.

六藝. 禮, 五. 吉, 凶, 軍, 賓, 嘉. 樂, 六. 雲門,黃帝樂 咸池,堯樂 大韶,舜樂 大夏,禹樂, 大濩,湯樂 大武.武王樂 ○ 是謂六代樂 射, 五. 白矢, 參連, 剡注, 襄尺, 井儀. 馭, 五. 鳴和鑾, 逐水曲, 過君表, 舞交衢, 逐禽左. 書, 六. 象形, 會意, 轉注, 處事, 假借, 諧聲. 數, 九. 方田, 泉布, 衰分, 小廣, 商功, 均輸, 盈朒,方程, 句股.

"육예(六藝)"는 여섯 가지 기예를 뜻하는 말이다. 『주례』에서는 지관(地官) 「대사도」에서 만민을 가르치는 "향삼물"의 하나로 거론했으며, 지관(地官) 「보씨(保氏)」에서 학교의 생도[國子]를 가르치는 과목으로 거론했다. 「보씨」에서는 구체적인 내용을 들어서 오례(五禮), 육악(六樂), 오사(五射), 오어(五馭), 육서(六書), 구수(九數)를 언급하기도 했는데, 『아희원람』에서는 그 내용을 수용하여 '육예'를 풀이하고 있다.

"오례(五禮)"는 나라에서 행하던 다섯 가지 의례다. "길례(吉禮)"는 천지 등의 제사에 관한 예이며, "빈례(賓禮)"는 국빈(國賓)을 맞이하고 보내는 의례다. "가례(嘉禮)"는 경사스러운 일에 대한 의례이니, 곧 즉위(卽位), 책봉(冊封), 국혼(國婚)의 의례 등이 이에 해당한다.

"육악(六樂)"은 황제, 요, 순, 삼대에 각각의 음악이 있었다고 한 것인데, 이 가운데 요임금의 음악인 "함지(咸池)"는 "대함(大咸)"이라고도 한다.

"오사(五射)"는 주나라 때의 활 쏘는 방법 다섯 가지다. "백시(白矢)"는 화살이 과녁을 뚫으면 흰 화살촉이 보인다는 데서 온 말이다. "삼연(參連)"은 앞에 한 발을 쏘고 뒤에 연달아 세 발을 쏜다는 뜻에서 온 말이다. "섬주(剡注)"는 깃머리[羽頭]는 높게 하고 살촉[鏃]은 낮게 한다는 데서 온 말이다. "양척(襄尺)"은 임금과 신하가 함께 쏠 때 신하가 한 자 뒤로 물러나 존비(尊卑)의 차별을 보인다는 데서 온 말이다. "정의(井儀)"는 활 네 발이 과녁을 꿰뚫으면 '井'의 모양이 된다는 데서 온 말이다.

"오어(五馭)"는 수레를 모는 다섯 가지의 방법이다. "명화란(鳴和鑾)"은 "鳴和鸞"으로도 표기하는데, 방울 소리들이 호응하면서 울리도록 수레를 모는 것을 말한다. 화(和)와 란(鸞)은 모두 말방울의 종류다. "축수곡(逐水曲)"은 수곡(水曲) 즉 물이 굽이치는 곳에서 물에 떨어지지 않게 수레를 모는 것을 말한다. "과군표(過君表)"는 군표(君表) 즉 임금의 자리를 지나면서 예를 표하는 것을 말한다. "무교구(舞交衢)"는 교구(交衢) 즉 교차하는 도로에서 춤추듯이 가락에 맞게 수레를 모는 것을 말한다. "축금좌(逐禽左)"는 사냥할 때에 짐승이 왼쪽으로 가도록 수레를 모는 것을 말하는데, 이렇게 하면 수레에 탄 군주가 수월하게 짐승을 쏠 수 있게 된다.

"육서(六書)"는 학생을 가르치는 교육의 내용일 것인데, 그것이 한자의 구성 원리에 해당하는 '육서'와 같은 것인지는 다소 의문스럽다. '육서'를 상형, 회의, 전주, 처사, 가차, 해성로 풀이한 것은 정현의 주석에서 유래한 것이다. 여기서 언급한 '육서'의 명칭은 『설문해자』에서 제시한 것과는 조금 다른데, "처사(處事)"는 "지사(指事)"에, "해성(諧聲)"은 "형성(形聲)"에 해당한다.

"구수(九數)"는 주나라의 아홉 가지 계산 방법인데, 후대에는 "구장산술(九章算術)"로 구체화된다. "방전(方田)"은 변의 길이로 토지의 면적을 재는 방법이다. "천포(泉布)"는 화폐를 뜻하는 말인데, 구수에 포함되는 뜻을 갖고 있는지는 분명하지 않다. 구수의 두 번째로는 보통 "속미(粟米)"를 드는데, 이는 양식 교역의 계산 방법을 뜻한다. "쇠분(衰分)"은 비례의 계산 방법인데, "차분(差分)"이라고도 한다. "소광(少廣/小廣)"은 면적 등을 알고 이로부터 길이를 계산해 내는 방법이다. "상공(商功)"은 부피를 계산하는 방법인데, 토목공사 등에 드는 힘을 계산한다는 데서 온 말이다. "균수(均輸)"는 물자 수송에 대한 계산이다. "영육(盈朒)"은 남는 것과 부족한 것을 계산하는 것이니, 구수에서는 보통 "영부족(盈不足)"이라 한다. "방정(方程)"은 방정식 계산이다. "구고(句股)"는 직각삼각형의 면적을 구하는 계산이니, 피타고라스 정리에 관한 문제로 이해할 수 있다. "구(句)"는 직각삼각형에서 직각을 낀 짧은 변을 뜻하며, "고(股)"는 직각을 낀 긴 변을 뜻한다.

○ 육관. 대총재, 대사도, 대종백, 대사마, 대사구, 대사공. ○『주례』의 육관은 천관, 지관, 춘관, 하관, 추관, 동관이다.

六官. 大冢宰, 大司徒, 大宗伯, 大司馬, 大司寇, 大司空. ○ 周禮六官, 曰天官, 地官, 春官, 夏官, 秋官, 冬官.

"육관(六官)"은 군주를 보좌하여 나랏일을 처리하는 여섯 관아 또는 그 장관을 뜻하는 말인데, 장관을 뜻하는 경우에는 따로 '육경(六卿)'이라고 일컫기도 한다. '육관'의 명칭은 주나라의 제도를 기록한 문헌인『주례』에 나타난다. 관아의 명칭으로는 '총재, 사도, 종백, 사마, 사구, 사공'과 '천관, 지관, 춘관, 하관, 추관,

동관'의 두 유형이 있었으며, 해당 관아의 장관의 명칭으로는 앞에 '대(大)' 자를 붙여서 '대총재', '대사도' 등이 있었다. 이 명칭들은 후대에도 해당 관아 또는 장관의 별칭으로 사용되었는데, 조선시대의 "육조(六曹)" 및 "판서(判書)"의 별칭을 그 예로 들 수 있다. 이들의 관계는 다음과 같이 정리할 수 있다. (대)총재-천관-이조(판서); (대)사도-지관-호조(판서); (대)종백-춘관-예조(판서); (대)사마-하관-병조(판서); (대)사구-추관-형조(판서); (대)사공-사공-공조(판서).

○ 육조. 오, 동진, 송, 제, 양, 진. 모두 강동에 도읍하였다.

六朝. 吳, 東晉, 宋, 齊, 梁, 陳. 皆都江東.

"육조(六朝)"는 후한이 망한 이후로부터 수나라가 세워지기까지 건업(建業, 지금의 난징)에 도읍을 두었던 여섯 왕조를 가리키는 말인데, 삼국시대의 오나라와 동쪽으로 도읍을 옮긴 이후의 진나라[東晉], 그리고 남북조 시대의 남조(南朝)에 속하는 네 나라가 여기에 속한다. 이 시기에 이루어진 특유의 문화를 '육조문화(六朝文化)'라 일컫기도 한다.

○ 육군자. 염계선생 주자는 이름이 돈이이요 자는 무숙이다. 명도선생 정자는 이름이 호요 자는 백순이다. 이천선생 정자는 이름이 이요 자는 정숙이며 명도선생의 동생이다. 강절선생 소자는 이름은 옹이요 자는 요부다. 횡거선생 장자는 이름이 재요 자는 자후다. 속수선생 사마온공은 이름은 광이요 자는 군실이다.

六君子. 濂溪先生周子, 名敦頤, 字茂淑. 明道先生程子, 名顥, 字伯淳. 伊川先生程子, 名頤, 字正叔, 明道弟. 康節先生邵子, 名雍, 字堯夫. 橫渠先生張子, 名載, 字子厚. 涑水先生司馬溫公, 名光, 字君實.

"육군자(六君子)"는 송나라의 대표적인 학자인 주돈이, 정호(程顥), 정이, 소옹, 장재(張載), 사마광을 일컫는 말인데, 주희가 이 호칭을 사용했다고 전한다. 한편 육군자 가운데 사마광을 제외하고 주자를 포함시켜서 "육현(六賢)" 또는 "송조육현(宋朝六賢)"이라 일컫기도 하는데, 정약용의 『소학주관』에서는 이런 '육현'의 명칭이 『송사』「유림전(儒林傳)」에서 유래한 것이라고 했다. "육군자"의 성 뒤에 붙인 "자(子)"는 선생님을 뜻하는 높임말인데, 당시의 관례에 따라 사마광만은 "자"를 붙이지 않았다. 사마광은 죽은 뒤에 온국공(溫國公)으로 추증되었기 때문에 사마온공(司馬溫公)으로 불린다.

○ 육례. 혼례에서 이르는 말이니, 납채, 문명, 납길, 납징, 청기, 친영이다.

六禮. 昏禮所謂, 納采, 問名, 納吉, 納徵, 請期, 親迎也.

"육례(六禮)"는 혼인을 하는 여섯 가지 절차로, 『의례』 사혼례(士昏禮)에서 비롯되었다고 전한다. "혼례(昏禮)"는 곧 혼례(婚禮)인데, 앞의 '사례(四禮)'에서도 이와 같이 표기했다. "납채(納采)"는 채택을 받아들인다는 뜻이니, 신부 집에서 중매인을 통해 전달된 신랑 측의 혼인 의사를 받아들이는 일을 말한다. "문명(問名)"은 신랑 측에서 신부의 출생 연월일 또는 신부 어머니의 성명을 묻는 절차이며, "납길(納吉)"은 신랑 집에서 혼인의 길흉을 점쳐서 길조(吉兆)를 얻으면 이를 신부 집에 알리는 절차다. "납징(納徵)"은 '납폐(納幣)'라고도 하는데, 혼인을 정했다는 증명으로 신부 집에 예물을 보내는 일을 말한다. "청기(請期)"는 신랑 집에서 신부 측에 혼인 날짜를 정해줄 것을 요청하는 일이며, "친영(親迎)"은 신랑이 신부 집에 가서 신부를 맞이하는 일이다.

○ 칠거. 부모에게 순종하지 않으면 내쫓고, 아들이 없으면 내쫓고, 음탕하면 내쫓고, 투기하면 내쫓고, 나쁜 병이 있으면 내쫓고, 말이 많

으면 내쫓고, 도둑질을 하면 내쫓는다. ○ 삼불거도 있으니, 맞이한 곳은 있되 돌아갈 곳이 없으면 내쫓지 못하고, 함께 삼년상을 지냈으면 내쫓지 못하며, 혼인하기 전에 빈천하였으나 혼인한 뒤에 부귀해졌으면 내쫓지 못한다.

七去. 不順父母去, 無子去, 淫去, 妬去, 有惡疾去, 多言去, 竊盜去. ○ 有三不去. 有所取無所歸, 不去. 與更三年喪, 不去. 前貧賤後富貴, 不去.

"칠거(七去)"는 "칠거지악(七去之惡)" 즉 부인을 내쫓을 수 있는 일곱 가지 잘못을 뜻하며, "삼불거(三不去)"는 비록 "칠거"에 해당하는 잘못을 범했다 해도 부인을 내쫓을 수 없는 세 가지 경우를 뜻한다. 이 구절은 『대대례기(大戴禮記)』에 보이며, 『소학』「명륜편(明倫篇)」에도 수록되었다.

○ 칠정. 희, 노, 애, 구, 애, 오, 욕. ○ 의서에서는 희, 노, 우, 사, 비, 경, 공이라 한다.

七情. 喜, 怒, 哀, 懼, 愛, 惡, 欲. ○ 醫書, 喜, 怒, 憂, 思, 悲, 驚, 恐.

"칠정(七情)"은 사람의 일곱 가지 감정을 뜻하는 말인데, 『예기』「예운」에서 이와 같이 구체화했다. 다만 정이의 『호학론(好學論)』에서는 "희노애락애오욕(喜怒哀樂愛惡欲)"이라 하였으니, "두려움[懼]"이 "즐거움[樂]"으로 바뀐 셈이 된다. 『황제내경』에서 칠정을 "희노우사비경공(喜怒憂思悲驚恐)"이라 했다.

○ 칠웅. 진, 초, 연, 제, 한, 위, 조.

七雄. 秦, 楚, 燕, 齊, 韓, 魏, 趙.

"칠웅(七雄)"은 곧 "전국칠웅(戰國七雄)"이니, 전국시대에 패권을 다투던 일곱 나라를 가리키는 말이다. 제10장 '전운'에서는 "秦, 楚, 燕, 魏, 趙, 韓, 齊"의 순서로 전국칠웅을 제시했다.

○ 칠재자. 건안 연간의 인물이다. 공융은 자가 문거다. 진림은 자가 공장이다. 왕찬은 자가 중선이다. 서간은 자가 위장이다. 완우는 자가 원유다. 응창은 자가 덕련이다. 유정은 자가 공간이다.

七才子. 建安人. 孔融, 字文擧. 陳琳, 字孔璋. 王粲, 字仲宣. 徐幹, 字偉長. 阮瑀, 字元瑜. 應瑒, 字德璉. 劉楨, 字公幹.

"칠재자(七才子)"는 곧 "건안칠자(建安七子)"이니, 후한 헌제 건안(建安) 연간(196~220)을 대표하는 일곱 문인을 말한다. 조비(曹丕)의 『전론(典論)』에서 공융, 진림, 왕찬, 서간, 완우, 응창, 유정의 일곱 사람을 '칠자(七子)'라 지칭했는데, 『아희원람』에서는 이를 따른 것이다. 한편 『삼국지』「위지」「왕찬전(王粲傳)」에서는 '칠자'에 공융을 제외하고 조조의 아들인 조식(曹植)을 넣었는데, 정약용의 『소학주관』에서는 이에 따른 '칠자'의 명단을 제시했다.

○ 칠현. 산도는 자가 거원이다. 혜강은 자가 숙야다. 완적은 자가 사종이다. 완함은 자가 중용이며 완적의 조카다. 향수는 자가 자기다. 왕융은 자가 준중이다. 유령은 자가 백륜이다. 이들은 모두 노장을 숭상하며 술을 실컷 마시고 대취하곤 했는데, 사람들이 '죽림칠현'이라고 불렀다. ○ 이백, 하지장, 이적지, 여양왕 이진, 최종지, 소진, 장욱, 초수를 '주팔선'이라 한다.

七賢. 山濤, 字巨源. 嵇康, 字叔夜. 阮籍, 字嗣宗. 阮咸, 字仲容, 籍兄子. 向秀, 字子期. 王戎, 字濬仲. 劉伶, 字伯倫. 皆崇尙老莊, 縱酒昏酣, 人號竹林七賢. ○ 李白, 賀知章, 李適之, 汝陽王璡, 崔宗之, 蘇晋, 張旭, 焦遂, 爲酒八仙.

"칠현(七賢)"은 곧 "죽림칠현(竹林七賢)"이니, 위진(魏晉) 교체기에 현실을 등지고 죽림(竹林)에 모여 음악과 술로 세월을 보낸 일곱 사람을 말한다. 이들 가운데 왕융의 자는 '준중(濬仲)' 또는 '준충(濬沖)'으로 전한다. 『자치통감』「위기(魏紀)」에 "(죽림칠현은) 모두 허무의 도[노장사상]를 숭상하고 예법을 경멸하였으며 술을 실컷 마시고 대취하여 세상일을 떨쳐버렸다.(皆崇尚虛無, 輕蔑禮法, 縱酒昏酣, 遺落世事.)"라는 구절이 보인다.

"주팔선(酒八仙)"은 두보의 시「음중팔선가(飮中八仙歌)」에서 노래한 여덟 명의 '주선(酒仙)'을 일컫는 말이다. 제6장 '자성'에 술에 관련된 초수(焦遂)의 일화가 실려 있고, 제7장 '재민'에 소진(蘇晉)의 문장 짓는 재주가 언급되어 있다.

○ 칠서. 『주역』, 『서전』, 『시전』, 『대학』, 『중용』, 『논어』, 『맹자』. 이상은 경서칠서다 ○ 『손자』, 『오자』, 『사마법』, 『이위공』, 『울요자』, 『삼략』, 『육도』. 이를 '무경칠서'라 일컫는다

七書. 周易, 書傳, 詩傳, 大學, 中庸, 論語, 孟子. 經書七書 ○ 孫子, 吳子, 司馬法, 李衛公, 尉繚子, 三略, 六韜. 是謂武經七書

"칠서(七書)"는 일곱 개의 중요한 문헌을 뜻하는 말이다. 유가 경전인 '사서삼경(四書三經)'을 '경서 7서'로 앞에 제시하고, 병서(兵書)인 '무경칠서(武經七書)'를 뒤에 제시했다. '무경칠서'는 손무(孫武)의 『손자』, 오기(吳起)의 『오자』, 사마양저(司馬穰苴)의 『사마법』, 이정(李靖)의 『이위공문대(李衛公問對)』, 울요(尉繚)의 『울요자』, 황석공(黃石公)의 『삼략』, 여망(呂望)의 『육도』를 말한다. 본문에서 언급한 "이위공"은 『이위공문대』이니, 당나라 장수 이정(李靖)과 당 태종이 펼친 문답을 옮겨놓은 병서다. '당태종이위공문대(唐太宗李衛公問對)', '당리문대(唐李問對)', '문대(問對)' 등으로도 부른다.

○ 팔원. 제곡의 아들들이니, 백분, 중감, 숙헌, 계중, 백호, 중웅, 숙표, 계리다. ○ 팔개. 전욱의 재주 있는 아들이니, 창서, 퇴애, 도인, 대림, 방강, 정견, 중용, 숙달이다.

八元. 帝嚳庶子. 伯奮, 仲堪, 叔獻, 季仲, 伯虎, 仲熊, 叔豹, 季貍. ○ 八凱. 顓頊才子. 蒼舒, 隤敳, 檮戭, 大臨, 龐降, 庭堅, 仲容, 叔達.

"팔원(八元)"은 제곡 고신씨(高辛氏)의 아들 여덟 명이며, "팔개(八凱/八愷)"는 전욱 고양씨(高陽氏)의 아들 여덟 명이다. "원(元)"은 "선(善)" 즉 잘한다는 뜻이며, "개(凱/愷)"는 "화(和)"의 뜻이다. 팔개 가운데 "퇴애(隤敳)"는 "퇴개(隤凱)"로, "방강(龐降)"은 "방강(厖降)"으로 기록된 데도 있다. 한편 팔원과 팔개를 합쳐 '팔원팔개(八元八凱)'라 일컫기도 하는데, 『사기』 「오제본기」에서는 요임금은 이들을 등용하지 않았지만 순임금은 이들을 등용하여 큰 도움을 얻었다고 했다.

○ 팔룡. 순숙은 여덟 아들을 두었으니, 곧 순검, 순곤, 순정, 순도, 순왕, 순상, 순숙, 순부다. 옛날 고양씨가 재주 있는 아들 여덟 사람을 두었으니, 그런 까닭에 그 마을을 '고양리'라 했다. 당시 사람들은 이들을 '팔룡'이라 불렀다.

八龍. 荀淑有八子, 儉, 緄, 靖, 燾, 汪, 爽, 肅, 敷. 昔高陽氏有才子八人, 故署其里曰高陽里. 時號八龍.

순숙(荀淑)은 한나라의 학자로, 순자(荀子)의 11세손이다. 『후한서』 「순숙전」에서는 순숙이 살던 마을의 이름은 원래 '서호(西豪)'였는데 원강(苑康)이 고양씨처럼 순숙에게도 뛰어난 여덟 아들이 있으니 마을 이름을 '고양(高陽)'으로 고치게 했다고 기록했다. 또 막내아들의 이름은 『아희원람』과는 달리 "전(專)"으로 기록했는데, "부"와 "전" 가운데 어느 쪽이 옳은지는 분명하지 않다.

○ 팔대가. 한유는 자가 퇴지이며 호는 창려다. 유종원은 자가 자후이며 호는 유주다. 이상 당나라 구양수는 자가 영숙이며 호는 육일거사다. 소순은 자가 명윤이요 호가 노천으로, 사람들이 '노소'라고 칭했다. 소식은 자가 자첨이요 호가 동파로, 소순의 아들이다. 사람들이 '장소'라고 칭했다. 소철은 자가 자유요 호가 영빈으로, 소식의 동생이다. 사람들이 '소소'라고 칭했다. 증공은 자가 자고이며 호는 남풍이다. 왕개보는 자가 안석이며 호는 임천이다. 이상 송나라 ○ 뒤에 당나라의 섭적과 이고를 여기에 더하여 '십대가'라 했다. 또 이백, 두보, 한유를 '삼대가'라 한다.

八大家. 韓愈, 字退之, 號昌黎. 柳宗元, 字子厚, 號柳州. 已上唐 歐陽脩, 字永叔, 號六一居士. 蘇洵, 字明允, 號老泉, 人稱老蘇. 蘇軾, 字子瞻, 號東坡, 洵子, 人稱長蘇. 蘇轍, 字子由, 號潁濱, 軾弟, 人稱少蘇. 曾鞏, 字子固, 號南豐. 王介甫, 字安石, 號臨川. 已上宋 ○ 後加唐葉適李翱, 曰十大家. 又李白, 杜甫, 韓愈, 曰三大家.

"팔대가(八大家)"는 '당송팔대가(唐宋八大家)' 또는 '당송팔가'이니, 당나라와 송나라 때의 대표적인 문장가 여덟 사람을 가리키는 말이다. "유종원(柳宗元)"은 하동 출신이기에 '유하동(柳河東)'이나 '하동선생(河東先生)'으로 불리고 유주자사(柳州刺史)를 지냈기에 '유유주(柳柳州)'로도 일컫는데, 보통 별칭인 "유주"를 호(號)라고 부르지는 않는 듯하다. "왕안석(王安石)"은 자가 "개보(介甫)"이며 호가 반산(半山)으로, 임천 출신이기에 '왕임천(王臨川)'이라고도 일컬었다. 『아희원람』에서는 "개보"를 이름으로 "안석"을 자로 기록했는데, 그 근거가 무엇인지는 분명하지 않다.

"십대가(十大家)"는 원래 청나라의 저흔(儲欣)이 제기한 개념인데, 한유와 비슷한 시기에 활동했던 이고(李翱)와 손초(孫樵)를 새로 포함시킨 것으로 알려져 있다.

『아희원람』에서 언급한 섭적(葉適)은 남송 시기의 학자로, 흔히 '사공파(事功派)'의 일원으로 알려진 인물이다. 섭적은 문장가라기보다는 학자에 가깝고 당나라가 아닌 송나라 때 활동했으니, 『아희원람』에서 서술한 것과 맞지 않으며 '십대가'의 일원으로 거론하기도 어려울 듯하다.

○ 구용. 발은 진중해야 한다. 손은 공손해야 한다. 눈은 단정해야 한다. 입은 불필요하게 움직이지 말아야 한다. 목소리는 정숙해야 한다. 머리는 곧게 세워야 한다. 호흡은 엄숙해야 한다. 선 자세는 덕스러워야 한다. 얼굴빛은 씩씩해야 한다.

九容. 足容重, 手容恭, 目容端, 口容止, 聲容靜, 頭容直, 氣容肅, 立容德, 色容莊.

○ 구사. 볼 때는 밝게 볼 것을 생각한다. 들을 때는 잘 들을 것을 생각한다. 얼굴빛은 온화하게 할 것을 생각한다. 모습은 공손하게 할 것을 생각한다. 말을 할 때는 충직하게 할 것을 생각한다. 일을 할 때는 공경할 것을 생각한다. 의심스러울 때는 물어볼 것을 생각한다. 분할 때는 뒤에 어려움에 처하게 될 것을 생각한다. 무엇인가 얻게 될 때는 의로운 것인지를 생각한다.

九思. 視思明, 聽思聰, 色思溫, 貌思恭, 言思忠, 事思敬, 疑思問, 忿思難, 見得思義.

"구용(九容)"은 군자가 갖춰야 할 아홉 가지 몸가짐이니, 『예기』「옥조(玉藻)」에 보인다. "구사(九思)"는 군자가 자신을 단속하기 위해 생각해야 할 아홉 가지 일이니, 『논어』 「계씨(季氏)」에 보인다. 율곡 이이는 『격몽요결(擊蒙要訣)』 「지신(持身)」에서 "구용"과 "구사"의 중요성을 강조한 바 있다.

구용 가운데 "족용중(足容重)"은 '발을 가볍게 들어서 경거(輕擧)하는 일'이 없도록 함을 말한다. "목용단(目容端)"은 시선을 정면으로 하고 곁눈질하지 않는 것을 말한다. "구용지(口容止)"는 입을 "중지[止]"한다는 뜻이니, 말하거나 먹는 때가 아니면 입을 움직이지 않음을 말한다. "색용장(色容莊)"은 얼굴빛을 바르게 하여 태만한 기색을 나타내지 않는 것을 말한다.

○ 구족. 고조부, 증조부, 조부, 아버지, 자기, 아들, 손자, 증손자, 현손. 이는 오복의 친족이다.

九族. 高祖, 曾祖, 祖, 父, 己, 子, 孫, 曾孫, 玄孫. 此, 五服之親.

"구족(九族)"은 친족의 범위를 나타내는 말로, 직계와 방계에 따라 범위가 달라지기도 한다. 또 드물기는 하지만 모계(母系)나 처계(妻系)의 친족까지 포함하는 말로 이해되기도 한다. "오복(五服)"은 앞에 별도 항목으로 제시한 바와 같이 다섯 가지로 구분하는 상복 제도이니, "오복지친(五服之親)"은 이 다섯 가지 상복 가운데 하나를 입어야 하는 관계에 있는 친족을 뜻하는 말이다.

○ 구석. 여마, 의복, 악칙, 주호, 납폐, 호분, 궁시, 부월, 거창.

九錫. 輿馬, 衣服, 樂則, 朱戶, 納陛, 虎賁, 弓矢, 鈇鉞, 秬鬯.

"구석(九錫)"은 황제가 특별한 공을 세운 신하에게 하사하는 아홉 가지 기물(器物)이니, 신하에게 베푸는 최고의 예우에 해당한다. 『춘추공양전』 장공(莊公) 원년(元年)에 '석(錫)'은 '내린다[賜]'는 말이라고 풀이하고서 구석의 예를 제시했는데, 그 목록은 "여마(輿馬)"가 같은 의미인 "거마(車馬)"로 표기된 것을 제외하면 여기서 제시한 것과 일치한다.

"여마(輿馬)"는 수레와 말이니, 곧 "거마(車馬)"다. "악칙(樂則)"은 악기다. "주호(朱戶)"는 문에 붉은색을 칠할 수 있는 특권이다. "납폐(納陛)"는 궁궐의 '섬돌[陛]' 즉 황제의 자리로 향하는 층층대까지 들어갈 수 있는 특권을 뜻한다. "호분(虎賁)"은 근위병을 뜻하는 말이다. "거창(秬鬯)"은 검은 기장과 향초를 섞어 빚은 술이다. 초간본에는 "秬"가 빠졌는데, 여기서는 중간본에 따라 "秬鬯"으로 옮겼다.

○ 구류. 유가, 도가, 음양가, 법가, 명가, 묵가, 종횡가, 잡가, 농가. ○ 명가(名家)가 소설가(小說家)로 된 데도 있다.

九流. 儒家, 道家, 陰陽家, 法家, 名家, 墨家, 縱橫家, 雜家, 農家. ○ 名家一作小說家.

"구류(九流)"는 아홉 유파라는 뜻이니, 제자백가를 아홉 유파로 추린 것이다. 반고가 『한서』「예문지」에서 이를 적용했다. 이보다 앞서 사마천의 아버지인 사마담(司馬談)은 『논육가요지(論六家要旨)』에서 도가, 음양가, 유가, 묵가, 명가, 법가의 6가를 제시했으며, 유흠은 『칠략』을 편찬하며 '6가'에 종횡가, 잡가, 농가 소설가의 넷을 더하여 '10가(十家)'의 설을 제시했다.

○ 구관. 순임금이 우를 백규의 자리에 있게 하고, 기를 후직으로 삼고, 설을 사도로 삼고, 고요를 사로 삼고, 수를 공공으로 삼고, 익을 우로 삼고, 백이를 질종으로 삼고, 기를 전악으로 삼고, 용을 납언으로 삼았다.

九官. 舜命禹宅百揆, 棄爲后稷, 契爲司徒, 皐陶爲士, 垂爲共工, 益爲虞, 伯夷爲秩宗, 夔爲典樂, 龍爲納言.

"구관(九官)"은 나랏일을 맡은 아홉 대신을 뜻하는 말로, 『상서』「순전(舜典)」에 그 내용이 언급되어 있다. "백규(百揆)"는 온갖 정사를 두루 살피는 자리이니, 주나라의 총재(冢宰)와 같다고 풀이되기도 한다. 우(禹)가 이미 사공(司空)의 자리에 있었으므로 '사공'을 구관의 하나로 보기도 한다. "후직(后稷)"은 농사를 맡고, "사도(司徒)"는 교육을 맡고, "사(士)"는 형정 즉 재판을 맡는다. 『맹자』「진심(盡心)」에 만약 고수(瞽瞍)가 죄를 지었다면 아들인 순임금이 어떻게 처리할 것인지 묻는 대목이 있는데, 이때 고요(皐陶)를 '사(士)'로 언급했다. "공공(共工)"은 백공(百工)을 맡고, "우(虞)"는 산림과 소택(沼澤)을 맡고, "질종(秩宗)"은 제사의 일을 맡고, "전악(典樂)"은 음악을 맡고, "납언(納言)"은 위와 아래의 말을 전하는 일을 맡는다.

○ 구경. 태상경, 광록경, 위위경, 태복경, 대리경, 홍려경, 종정경, 사농경, 태부경.

九卿. 太常卿, 光祿卿, 衛尉卿, 太僕卿, 大理卿, 鴻臚卿, 宗正卿, 司農卿, 太府卿.

"구경(九卿)"은 아홉 개의 고위 관직을 뜻하는 말인데, 시대에 따라 그 명칭과 기능이 조금씩 달라졌다. 『아희원람』에서 제시한 구경은 수, 당 및 북제에서 두었던 "구시(九寺)"의 경(卿)과 일치한다. 정약용의 『소학주관』에서는 한나라 때의 구경을 수록했는데, "광록경, 대리경, 태부경"을 대신하여 "광록훈(光祿勳), 정위경(廷尉卿), 소부경(少府卿)"이 포함된 것을 확인할 수 있다.

○ 구로. 당나라 백거이는 향산거사로 칭하고 구로회를 만들었다. 호고는 89세, 길민은 87세, 유진은 87세, 정거는 85세, 노정은 83세, 장혼은 77세, 백거이[樂天]는 74세, 이원상은 126세, 승려 여만은 95세였다. 적겸모는 나이가 70세가 되지 못했기에, 모임에는 참여했지만 구로의 반열에는 들지 않았다. ○ 송나라 한국공(韓國公) 부필(富弼)은 벼슬

을 그만두고 낙양의 공경대부 가운데 연치와 덕이 높은 이들을 모아 기영회(耆英會)를 만들었으니, 모두 열세 명이었다. 노공 문언박, 부필 공, 왕공진, 사봉(司封) 석여언, 자가 안지인 왕상공, 자가 정숙인 초건중, 자가 불의인 왕근언, 자가 백수인 유형[유궤(劉几)], 자가 남궤[남정(南正)]인 조병, 자가 경원인 장헌[장도(張燾)], 풍숙지, 자가 창언인 장문이었고, 온국공 사마광은 나이가 64세였지만 적겸모의 고사에 따라 모임에 참여했다.

九老. 唐白居易稱香山居士, 作九老會. 胡杲八十九, 吉旼八十七, 劉眞八十七, 鄭據八十五, 盧貞八十三, 張渾七十七, 樂天七十四, 李元爽百二十六, 僧如滿九十五. 狄兼謨年未七十, 會而不及列. ○ 宋富韓公致仕, 集洛中公卿大夫年德高者, 爲耆英會, 共十三人. 文潞(公彥博), 富公弼, 王拱辰, 席司封汝言, 王安之尙恭, 楚正叔建中, 王不疑謹言, 劉伯壽兄, 趙南几丙, 張景元憲, 馮肅之, 張昌言問. 司馬溫公, 年六十四, 用狄兼謨故事, 入會.

백거이(白居易)는 벼슬에서 물러난 뒤인 845년에 낙양에서 '향산구로회(香山九老會)'를 만들었는데, 이 모임은 뒤에 '낙중구로회(洛中九老會)'로도 불렸다. 구로회 구성원의 이름 및 나이에 대한 기록은 문헌에 따라 달리 나타난다. 길민(吉旼)은 "길교(吉皎)"로, 정거(鄭據)는 "정거(鄭璩)"로, 노정(盧貞)은 "노진(盧眞)"이나 "노신(盧愼)"으로 표기한 데가 있으며, 길민의 나이가 86세나 88세로 된 데도 있다. 또 이원상(李元爽)의 나이는 거의 모든 기록에 136세로 전하니, 『아희원람』에서 기록한 "126세"는 오기일 가능성도 있다. 이원상은 제8장 '수부'에도 당나라 때의 장수한 사람의 명단에 등장하는데, 여기서와 마찬가지로 "126세"로 기록되어 있다. 한편 적인걸(狄仁傑)의 후손인 비서(秘書) 적겸모(狄兼謨/狄兼謩)와 하남윤(河南尹) 노정(盧貞)에 대해 "70세가 되지 못했기 때문에 비록 모임에는 참여했지만 구로의 반열에는 들지 않았다.(未及七十, 雖與會而不及列.)"고 기록한 데도 있는데, '구로'에 이미 83세의 "노정(盧貞)"이 등장하므로 이 구절에서 노정을 언급하지 않기도 한다. 다만 앞서 말한 바와 같이 83세의 노정은 "노진(盧眞)"이나 "노신(盧愼)"으로 표기하기도 하며 벼슬이 시어사(侍御史)였다고 전하니, 같은 인물은 아닐 듯하다.

부필(富弼)은 송나라의 재상으로, 한국공(韓國公)으로 치사(致仕)하고 낙양에서 지냈기 때문에 '부한공(富韓公)'으로도 일컫는다. 부필은 백거이의 향산구로회를 본받아 모임을 만들었는데, 이 모임을 흔히 '낙양기영회(洛陽耆英會)'라고 한다. "문언박(文彦博)"은 노국공(潞國公)을 지냈다. "석여언(席汝言)"은 상서사봉낭중(尙書司封郎中)을 지냈다. "안지(安之)"는 왕상공의 자다. "정숙(正叔)"은 초건중의 자다. "왕근언(王謹言)"은 "왕신언(王愼言)"으로 된 데도 있으며, 자가 "불의(不疑)"다. "유형(劉兄)"은 "유궤(劉几)"의 오기로 보이는데, "백수(伯壽)"는 유궤의 자다. 조병의 자는 "남정(南正)"이니, "남궤(南几)"는 오기일 듯하다. "장헌(張憲)"은 "장도(張燾)" 또는 "장수(張壽)"의 오기로 보이는데, "경원(景元)"은 장도(張燾)의 자다. "풍숙지(馮肅之)"는 이름이 행기(行己)이며 '숙지(肅之)'는 자다. "창언(昌言)"은 장문의 자다.

○ 십철. 진과 채에서 공부자를 따르던 사람들이다. 덕행으로는 안연, 민자건, 염백우, 중궁이요, 언어로는 재아와 자공이요, 정사로는 염유와 계로요, 문학으로는 자유와 자하다. 이를 '사과(四科)'라 한다

十哲. 從夫子於陳蔡者. 德行, 顔淵 · 閔子騫 · 冉伯牛 · 仲弓, 言語, 宰我 · 子貢, 政事, 冉有, 季路. 文學, 子游 · 子夏. 是謂四科

『논어』「선진」에 "진과 채 땅에서 나를 따르던 이들이 모두 (지금은) 문하에 있지 않구나.(從我於陳蔡者, 皆不及門也.)"라는 구절이 있는데, 그 뒤에 "德行" 이하의 구절이 이어진다. '덕행, 언어, 정사, 문학'의 '공문사과(孔門四科)'와 공자의 주요 제자인 '십철(十哲)'을 함께 말했기 때문에, 이 구절은 공자의 교육에 대해 말할 때

흔히 인용된다. 다만 여기서 언급한 '십철'이 공자의 제자 가운데 가장 뛰어난 사람들인가를 두고는 논란이 있기도 했는데, 발언의 시점을 고려하면 증자(曾子)처럼 연소한 제자들은 제외될 수밖에 없기 때문이다. 또 "계로(季路)"는 보통 "자로(子路)"일 것이라고 추정하지만, 정확한 것은 아니라고 한다.

○ 십이장. 해, 달, 별, 산, 용, 화충(華蟲)꿩은 윗옷에 그려 넣고, 종이(宗彝), 범과 원숭이[蜼] 조(藻), 불, 분미(粉米), 보(黼), 불(黻)은 아래옷에 수놓는다. ○ 해, 달, 별이 없는 것을 '구장(九章)'이라 하는데, 상공(上公)의 면복에 쓴다.

十二章. 日也, 月也, 星辰也, 山也, 龍也, 華蟲雉也, 繪於衣. 宗彝, 虎, 蜼也 藻也, 火也, 粉米也, 黼也, 黻也, 繡於裳. ○ 無日月星辰曰九章, 上公冕服.

"십이장(十二章)"은 천자의 관복에 수놓은 12개의 장문(章文, 무늬)이다. "화충(華蟲)"은 꿩을 그린 것이라고 알려져 있지만, "화려한 털과 비늘을 가진 동물(蟲之毛鱗有文采者)"이라고 풀이하기도 한다. "종이(宗彝)"는 예기(禮器)에 범과 원숭이를 그린 것인데, 원숭이 즉 "유(蜼)"는 긴꼬리원숭이의 일종으로 성품이 효성스럽다고 한다. "조(藻)"는 물풀의 형상이며, "분미(粉米)"는 쌀을 모아놓은 형상이다. "보(黼)"는 도끼의 형상이며, "불(黻)"은 두 개의 "己" 자가 마주하는 형상이다. "구장(九章)"은 천자가 사용하는 12장 가운데 셋을 제외한 것인데, 조선의 왕 또한 구장을 수놓은 면복(冕服)을 착용했다.

○ 십삼경. 『주역』, 희경(羲經), 연산, 귀장 『서전』, 상서(尙書) 『시전』, 모시(毛詩), 파경(葩經) 『이아』, 『주례』, 『의례』, 『예기』, 『효경』, 『논어』, 노론(魯論) 『맹자』, 추서(鄒書) 『춘추인경(麟經)좌씨전』, 『춘추공양전』, 『춘추곡량전』. ○ 『주역』, 『서전』,

『시전』, 『주례』, 『의례』, 『예기』, 『춘추』, 『효경』, 『논어』를 ‘구경’이라 한다. 『주역』, 『서전』, 『시전』, 『예기』, 『주례』, 『춘추』를 ‘육경’이라 한다. 『주역』, 『서전』, 『시전』, 『예기』, 『춘추』를 ‘오경’이라 한다. 『주역』, 『서전』, 『시전』을 ‘삼경’이라 한다.

十三經. 周易,[羲經, 連山, 歸藏] 書典,[尙書] 詩傳,[毛詩, 葩經] 爾雅, 周禮, 儀禮, 禮記, 孝經, 論語,[魯論] 孟子[鄒書] 春秋[麟經]左氏傳, 公羊傳, 穀梁傳. ○ 易, 書, 詩, 周禮, 儀禮, 禮記, 春秋, 孝經, 論語曰九經. 易, 書, 詩, 禮記, 周禮, 春秋曰六經. 易, 書, 詩, 禮記, 春秋曰五經. 易, 書, 詩曰三經.

“십삼경(十三經)”은 유가의 주요 경전 13종을 추린 것인데, 『아희원람』에서는 이를 제시하면서 대표적인 별칭을 주석으로 덧붙였다. “희경(羲經)”은 『역(易)』의 별칭으로, ‘복희씨’가 팔괘를 만들었다는 데서 유래한 말이다. 하나라에서 만들었다는 ‘연산역(連山易)’과 은나라에서 만들었다는 ‘귀장역(歸藏易)’을 합하여 “이역(二易)”으로 일컫기도 한다. “상서(尙書)”는 ‘숭상할 만한 기록’ 또는 ‘오래된 기록[上古之書]’이라는 뜻에서 온 말로 알려져 있는데, 『서경』의 별칭으로 사용되었다. “파경(葩經)”은 『시경』의 별칭으로, 한유의 「진학해(進學解)」에 보이는 “시경은 바르고 꽃봉오리 같다(詩正而葩)”라는 구절에서 유래한 말이다. “노론(魯論)”은 원래 노나라에 전해진 『논어』를 가리키는 말로, 『논어』의 별칭으로도 사용된다. 한나라 때에는 ‘노론’ 이외에도 제나라에 전해진 ‘제론(齊論)’과 공자의 옛집에서 나온 ‘고론(古論)’도 있었지만, 이후에는 ‘노론(魯論)’만 전해졌다고 한다. “추서(鄒書)”는 『맹자』의 별칭으로, 맹자가 추나라 출신인 데서 유래한 말이다. “인경(麟經)”은 『춘추』의 별칭인데, ‘기린을 잡았다[獲麟]’는 기사로 마친 데서 유래한 말이다. 십삼경에는 『춘추』의 주석서인 “춘추삼전(春秋三傳)”, 즉 좌씨전, 공양전, 곡량전이 모두 포함된다.

“육경(六經)”의 하나로 『주례』 대신에 『악경(樂經)』을 포함하는 견해도 있다. 『악경』은 분서갱유 이후에 사라졌다고 하며, 『예기』에 ‘악기(樂記)’가 전한다.

○ 십팔학사. 두여회, 방현령, 우세남, 저량, 요사렴, 이현도, 채윤공, 설원경,설수의 조카 안상시,안사고의 동생 소욱, 우지녕, 소세장, 설수, 이수소, 육덕명, 공영달, 개문달, 허경종이다. 당나라 태종이 진왕이었을 때에 문학관(文學館)을 열고 이들을 이끌었다. 사대부로서 그에 선발되는 것을 당시 사람들은 '영주에 오른다'고 일컬었다.

十八學士. 杜如晦, 房玄齡, 虞世南, 褚亮, 姚思廉, 李玄道, 蔡允恭, 薛元敬,收之從子 顏相時,師古之弟 蘇勗, 于志寧, 蘇世長, 薛收, 李守素, 陸德明, 孔穎達, 蓋文達, 許敬宗. 唐太宗爲秦王時, 開館延之. 士大夫得預其選者, 時人謂之登瀛洲.

여기서 제시한 "십팔학사(十八學士)"는 보통 당 태종의 "진왕부십팔학사(秦王府十八學士)"를 일컫는다. "영주(瀛洲)"는 삼신산(三神山) 가운데 하나이니, "등영주(登瀛洲)"는 보통 사람은 갈 수 없는 선경(仙境)에 들어가는 것과 같은 일이라는 뜻이 된다. 『당서』「저량전(褚亮傳)」에 이 말이 보이는데, 태종의 명에 따라 염입본(閻立本)이 「십팔학사도(十八學士圖)」를 그리고 저량이 찬(贊)을 지었다고 한다. 한편 『자치통감』에 "士大夫得預其選者, 時人謂之登瀛洲."의 구절이 보인다.

○ 이십팔장. 한나라 명제가 중흥공신들을 그리워하였는데, 이에 남궁의 운대에 이들의 화상을 그리게 했다. 등우를 으뜸으로 하고, 다음으로는 마성, 오한, 왕량, 가복, 진준, 경엄, 두무, 구순, 부준, 잠팽, 견심, 풍이, 왕패, 주우, 임광, 채준, 이충, 경단, 만수, 합연, 비융, 요기, 유식, 경순, 장궁, 마무, 유륭의 차례로 하였다. 또한 여기에 왕상, 이통, 두융, 탁무를 더하니, 모두 32인이 된다. 마원은 황후의 친족이어서, 홀로 여기에 포함되지 않았다.

二十八將. 漢明帝思中興功臣, 乃圖畫於南宮雲臺. 鄧禹爲首, 次馬成, 吳漢, 王梁, 賈復, 陳俊, 耿弇, 杜茂, 冦恂, 傅俊, 岑彭, 堅鐔, 馮異, 王霸, 朱祐, 任光, 祭遵, 李忠, 景丹, 萬脩, 蓋延, 邳彤, 銚期, 劉植, 耿純, 臧宮, 馬武, 劉隆. 又益以王常, 李通, 竇融, 卓茂, 合三十二人. 馬援以椒房之親, 獨不與焉.

"이십팔장(二十八將)"은 곧 "운대(雲臺) 이십팔장"이니, 후한 광무제가 한나라를 회복할 때 공을 세운 장수들을 말한다. "제(帝)"를 "한 명제(漢明帝)"로 바꾸고 "등우(鄧禹)" 앞에 있던 "以" 자를 뺀 것을 제외하면, 이 항목은 『자치통감』 및 『통감절요(通鑑節要)』의 서술과 일치한다. "초방(椒房)"은 후비(后妃)의 방을 뜻하는 말로, 온난하고 향기로우며 많은 열매를 맺는 산초를 벽에 발라서 부덕을 갖추고 자손이 많기를 기원한다는 뜻에서 유래했다. 마원(馬援)의 딸이 명제의 황후가 되었으므로, "초방지친(椒房之親)"이라 한 것이다.

二. 보유補遺

○ 문묘향사(文廟享祀).

문선왕(文宣王). 정위(正位)

안자, 이름은 회요 자는 자연이다 자사. 이름은 급(伋)이며 공자의 손자다. ○ 이상은 정위의 동쪽이다.

증자, 이름은 삼(參)이요 자는 자여다 맹자. 이름은 가요 자는 자여다. ○ 이상은 정위의 서쪽이다.

민손, 자건 염옹, 중궁 단목사, 자공 중유, 자로 복상, 자하 주돈이, 염계 정이, 명도

[이천(伊川)] 장재. 횡거 ○ 이상은 대성전의 동쪽이다.

염경, 백우 재여, 자아 염구, 자유 언언, 자유 전손사, 자장 정호, 이천[명도(明道)] 소옹, 강절 주희. 자는 중회이며 호는 회암이다. ○ 이상은 대성전의 서쪽이다.

담대멸명, 자우 원헌, 자사 남궁괄, 자용 상구, 자목 칠조개, 자개 번수, 자지 공서적, 자화 양전, 숙어 염유, 자노 백건, 자철 염계, 자산 칠조치, 자렴 칠조도부, 자문 상택, 자계 임부제, 자선 공량유, 자정 진염, 자개 공견정, 자중 교단, 자가 한보흑, 자색 공조구자, 자지 현성, 자기 연급, 자사 안지복, 자숙 악해, 자성 안하, 자염 적흑, 자석 공충, 자멸. 공자의 조카 공서점, 자상 시지상, 자항 진비, 자지 신정, 자속 안쾌, 자성 좌구명, 곡량적, 원시. 이름이 숙(淑)이라고도 한다 고당생, 모장, 유향, 자정. 이름이 갱생(更生)이라고도 한다 정중, 중사 노식, 자간 복건, 자신. 초명(初名)은 중(重)이며 이름이 기(祇)라고도 한다 한유, 문공 양시, 구산 호안국, 강후 장식, 남헌 황간, 면재 진덕수, 서산 설총, 총지 안향[안향(安珦)], 문성 김굉필, 한훤당 조광조, 정암 이황, 퇴계 이이, 율곡 김장생, 사계 송준길. 동춘 ○ 이상은 동무(東廡)다.

복불제, 자천 공야장, 자장 공석애, 계차 고시, 자고 사마경, 자우 유약, 자유 무마시, 자기 안신, 자류 조휼, 자순 공손룡, 자석 진상, 자비 안고, 자교 양사적, 자도 석작촉, 자명 공하수, 자승 후처, 자리 해용점, 자석 안조, 자양 구정강, 진조, 자남 영기, 자기 좌인영, 자행 정국, 자도 원항, 자적 염결, 자용 숙중회, 자기 규손, 자렴 공서여여, 자상 거원, 백옥 임방, 자기 진항, 자금 금장, 자개 보숙승, 자거 공양고, 복승, 자천 대성, 소대(小戴) 동중서, 공안국, 자국 두자춘, 정현, 강성 범녕, 무자 사마광, 온공 나종언, 요옹 이동, 연평 여조겸, 동래 채침, 주자의 사위인 채원정(蔡元定)의 아들 허형, 노재 최치원, 고운 정몽주, 포은 정여창, 일두 이언적, 회재 김인후, 하서 성혼, 우계 송시열, 우암 박세채. 현석 ○ 이상은 서무(西廡)다.

○ 살피건대 공문(孔門) 제자 가운데 오직 공백료와 신당은 들어가지 못했다. 증점, 안무요, 숙량흘, 공리, 자가 공의(公宜)인 맹격(孟激)은 계성사(啓聖祠)에 함께 배향했다.

文廟享祀. 文宣王. 正位 顏子, 名回, 字子淵 子思, 名伋, 孔子之孫. ○ 已上, 位東. 曾子, 名參, 字子輿 孟子. 名軻, 字子輿. ○ 已上, 位西. 閔損, 子騫 冉雍, 仲弓 端木賜, 子貢 仲由, 子路 卜商, 子夏 周敦頤, 濂溪 程顥, 明道 張載. 橫渠 ○ 已上, 殿東. 冉耕, 伯牛 宰予, 子我 冉求, 子有 言偃, 子游 顓孫師, 子張 程頤, 伊川 邵雍, 康節 朱熹. 字仲晦, 號晦庵. ○ 已上, 殿西. 澹臺滅明, 子羽 原憲, 子思 南宮括, 子容 商瞿, 子木 漆彫開, 子開 樊須, 子遲 公西赤, 子華 梁鱣, 叔魚 冉孺, 子魯 伯虔, 子哲 冉季, 子產 漆彫哆, 子斂 漆彫徒父, 子文 商澤, 子季 任不齊, 子選 公良孺, 子正 秦冉, 子開 公肩定, 子中 鄡單, 子家 罕父黑, 子索 公祖句茲, 子之 縣成, 子祺 燕伋, 子思 顏之僕, 子叔 樂欬, 子聲 顏何, 子冉 狄黑, 子晳 孔忠, 子蔑, 孔子兄子 公西蒧, 子尙 施之常, 子恒 秦非, 子之 申棖, 子續 顏噲, 子聲 左丘明, 穀梁赤, 元始. 一名淑 高堂生, 毛萇, 劉向, 子政. 一名更生 鄭衆, 仲師 盧植, 子幹 服虔, 子愼. 初名重, 又名祇 韓愈, 文公 楊時, 龜山 胡安國, 康侯 張栻, 南軒 黃榦, 勉齋 眞德秀, 西山 薛聰, 聰智 安向, 文成 金宏弼, 寒暄堂 趙光祖, 靜庵 李滉, 退溪 李珥, 栗谷 金長生, 沙溪 宋浚吉. 同春. ○ 已上, 東廡. 宓不齊, 子賤 公冶長, 子長 公晳哀, 季次 高柴, 子羔 司馬耕, 子牛 有若, 子有 巫馬施, 子期 顏辛, 子柳 曹卹, 子循 公孫龍, 子石 秦商, 子丕 顏高, 子驕 壤駟赤, 子徒 石作蜀, 子明 公夏首, 子乘 后處, 子里 奚容蒧, 子晳 顏祖, 子襄 句井疆, 秦祖, 子南 榮旂, 子祺 左人郢, 子行 鄭國, 子徒 原亢, 子籍 廉潔, 子庸 叔仲會, 子期 邽巽, 子斂 公西輿如, 子上 蘧瑗, 伯玉 林放, 子企 陳亢, 子禽 琴張, 子開 步叔乘, 子車 公羊高, 伏勝, 子賤 戴聖, 小戴 董仲舒, 孔安國, 子國 杜子春, 鄭玄, 康成 范甯, 武子 司馬光, 溫公 羅從彦, 了翁 李侗, 延平 呂祖謙, 東萊 蔡沈, 朱子婿元定子 許衡, 魯齋 崔致遠, 孤雲 鄭夢周, 圃隱鄭汝昌,[一蠹] 李彦迪,[晦齋] 金麟厚,[河西] 成渾,[牛溪] 宋時烈,[尤菴] 朴世采.[玄石] ○ 已上,西廡. ○ 按, 孔門弟子, 惟公伯僚·申黨不入. 曾點, 顔無繇與叔梁紇, 孔鯉, 孟激公宜, 共享啓聖祠.

문묘(文廟)는 공자를 비롯한 성현(聖賢)을 모신 사당이다. 조선에서는 최고 교육기관인 성균관(成均館)에 문묘를 두고 공자와 성현들의 위패를 모시고 제사를 올렸는데, 어떤 인물을 배향할 것인가를 두고 논란이 벌어지기도 했다. 1765년에는 정전인 대성전(大成殿) 및 동무(東廡), 서무(西廡)에 배향하는 성현의 차서와 약력을 기록한 『문묘향사록(文廟享祀錄)』을 왕명에 의해 편찬하기도 했다.

문묘의 정전인 대성전에는 한가운데에 공자의 위패를 모시는데, 이를 "정위(正位)"라 한다. 정위의 바로 옆에는 공자 다음의 성인인 '사성(四聖)'의 위패를 '동-서-동-서'의 순서로 번갈아 가며 모시는데, 이를 각기 '동위(東位)'와 '서위(西位)'라고 한다. 사성 다음의 성현인 '공문십철(孔門十哲)'과 '송조육현(宋朝六賢)'의 위패는 대성전 안에 동서로 번갈아 가며 모시는데, 『아희원람』에서는 이를 "전서(殿西)"와 "전동(殿東)"으로 표현했다. 대성전 옆의 동쪽과 서쪽에는 행각(行閣)이 있는데, 이를 "동무(東廡)"와 "서무(西廡)"라 한다. 동무와 서무에 각기 중국의 인물 47명과 함께 우리나라의 인물 8명의 위패를 배향했다. 우리나라의 인물은 동무와 서무를 합해 모두 16명을 배향한 셈인데, 고종 대에 조헌(趙憲)과 김집(金集)을 새로 배향하게 되어 배향한 인물이 18명으로 늘어났다. 문묘에 위패를 모시는 위치는 정위 이외에도 여섯 유형이 있는 셈인데, 번역문에서는 이를 알아보기 편리하도록 원문과는 달리 단락을 나누었다.

『아희원람』에서는 배향한 인물의 이름 뒤에 주석의 형태로 자 또는 호를 밝혀 두었는데, 한유(韓愈)의 경우처럼 시호를 기록하기도 했다. 또 원본에는 일부 인물의 뒤에 빈칸을 두기도 했는데, 이는 자호 등을 확인할 수 없어서 비워둔 것으로 짐작된다. 실제로 문묘에 배향한 인물의 이름 및 자호 등을 두고 적잖이 논란이 있었는데, 이를 포함하여 몇 가지 참고사항을 순서에 따라 제시한다. 명백한 오류는 정호와 정이의 호를 바꿔 쓴 것, 안향의 이름자를 잘못 기록한 것 정도인데, 이들의 경우에는 번역문에도 수정사항을 표시해 두었다.

"문선왕(文宣王)"은 당나라 현종이 추증한 공자의 시호다. "맹자"의 자는 '자여(子輿)', '자거(子車)', '자거(子居)' 등으로 전하지만, 분명하지는 않다. "정호(鄭顥)"와 "정이"는 호가 서로 바뀌었는데, 부록에 포함된 '수휘(數彙)'의 "육군자(六君子)" 항목에는 바르게 기록되어 있으니 이는 단순한 오기일 듯하다. "재여(宰予)"는 "재아(宰我)"라고도 하는데, '수휘(數彙)'의 "십철(十哲)"에서는 "재아(宰我)"라고 했다. "염구(冉求)"는 염유(冉有) 또는 염자(冉子)로도 일컬었는데, '수휘'의 "십철"에서는 "염유(冉有)"라고 했다.

동무에 배향한 인물의 사례를 살펴보면, 우선 "남궁괄(南宮括)"은 "남궁괄(南宮适)"로도 전한다. "백건(伯虔)"의 자는 자석(子晳), 자석(子析), 자철(子哲) 등으로 전하는데, 어느 것이 옳은지는 분명하지 않다. "진염(秦冉)"의 자는 개(開) 또는 자개(子開)로 전한다. 『사기』「중니제자열전」에는 "안지복(顏之僕)"의 자가 "숙(叔)"으로, "안하(顏何)"의 자가 "염(冉)"으로 전한다. "공충(孔忠)"은 공자의 형인 맹피(孟皮)의 아들이다. "신정(申棖)"은 『논어』「공야장(公冶長)」에 등장하지만 어떤 인물인지는 분명하지 않다. "신당(申黨)" 또는 "신적(申績)"과 같은 사람이라는 견해도 있지만 확립된 설은 아니며, 자는 흔히 "주(周)"라고 전하지만 송대의 지리지인 『함순임안지(咸淳臨安志)』에 "자속(子續)"이라고 기록되어 있다. "안향(安向)"은 "안향(安珦)"의 오기다.

서무에 배향한 인물의 사례를 살펴보면, 우선 "조휼(曹卹)"은 "조휼(曹恤)"로 된 데도 있다. "해용점(奚容蒧)"의 자는 자석(子晳), 자해(子楷), 자철(子哲) 등으로 전한다. "임방(林放)"은 『논어』「팔일」에 예(禮)의 근본을 물었다고 전하는 인물인데, 비간(比干)의 후손이며 자가 '자구(子丘)'로 알려져 있다. '자기(子企)'를 임방의 자호로 제시한 근거가 무엇인지는 분명하지 않다. "대성(戴聖)"의 자는 차군(次君)이다. '소대(小戴)'는 그의 별칭이니, 숙부인 대덕(戴德) 즉 '대대(大戴)'와 병칭된다. "사마광(司馬光)"의 자는 군실(君實)이며, '온공(溫公)'으로 불리는 것은 온국공(溫國公)으로 추증되었기 때문이다. 나종언(羅從彥)의 자는 중소(仲素)이며 호는 예장(豫章)이다. '요옹(了翁)'은 같은 시기의 인물인 진관(陳瓘)의 호인데, 나종언의 별칭으로도 사용되었는지는 분명하지 않다. "채침(蔡沈)"은 자가 중묵(仲默)이며 호가 구봉(九峰)으로, 채원정(蔡元定)의 둘째 아들이다.

한편 '○' 표기 뒤에는 공백료와 신당이 제외된 사실을 지적하고, 공자 및 사성

(四聖)의 아버지를 모신 "계성사(啓聖祠)"에 대해 언급했다. 동무에 배향한 인물에 대해 말하면서 "신당(申黨)"이 곧 신정(申棖)이라는 견해가 있음을 지적했지만, 이 구절을 보면 『아희원람』에서는 이러한 견해를 취하지 않은 듯하다. "계성사(啓聖祠)"에는 공자의 아버지 숙량흘을 비롯하여 안자의 아버지 안무요, 증자의 아버지 증점, 자사의 아버지(곧 공자의 아들) 공리, 맹자의 아버지 맹격을 배향했다. 여기서 언급한 "공의(公宜)"는 맹자의 아버지 맹격(孟激)의 자(字)인데, 맹격의 경우에만 자를 기록한 이유가 무엇인지는 분명하지 않다.

○ 장감. 손무, 범려, 전양저, 손빈, 오기, 악의, 전단, 조사, 염파, 이목, 백기, 왕전, 몽염. 이상은 전국시대다 장량, 한신, 번쾌, 주아부, 위청, 곽거병, 이광, 이릉, 조충국, 풍봉세, 진탕. 이상은 서한(西漢)이다 등우, 등훈, 등우의 아들 구순, 풍이, 가복, 오한, 잠팽, 경엄, 경공, 경엄의 아들 왕패, 장궁, 채준, 마원, 반초, 두헌, 우후, 황보숭. 이상은 동한(東漢)이다 장료, 사마의, 등애. 이상은 위(魏)다 제갈량, 관우, 위연. 이상은 촉한(蜀漢)이다 주유, 노숙, 여몽, 육손, 육항. 육손의 아들 ○ 이상은 오(吳)다 양호, 두예, 왕준, 마륭, 주처. 이상은 서진(西晉)이다 조적, 주방, 도간, 사현. 이상은 동진(東晉)이다 왕맹, 진(秦, 前秦) 단도제, 왕진악. 이상은 송(宋)이다 위예, 양(梁) 최호, 우근. 이상은 원위(元魏)다 곡률광, 북제(北齊) 위효관. 북주(北周) 장손성, 양소, 한금호, 하약필, 사만세. 이상은 수(隋)다 이정, 이적, 이효공, 위지공, 소정방, 설인귀, 배행검, 당휴경, 장인원, 왕충사, 이광필, 곽자의, 이포진, 이성, 이소, 마수, 혼감. 이상은 당(唐)이다 왕언장. 후량(後梁) 곽숭도. 후당(後唐)

將鑑. 孫武, 范蠡, 田穰苴, 孫臏, 吳起, 樂毅, 田單, 趙奢, 廉頗, 李牧, 白起, 王翦, 蒙恬. 已上, 戰國 張良, 漢信, 樊噲, 周亞夫, 衛青, 霍去病, 李廣, 李陵, 趙充國, 馮奉世, 陳湯. 已上, 西漢 鄧禹, 鄧訓, 禹子 寇恂, 馮異, 賈復, 吳漢, 岑彭, 耿弇, 耿恭, 弇子 王霸, 藏宮, 祭遵, 馬援, 班超, 竇憲, 虞詡, 皇甫嵩. 已上, 東漢 張遼, 司馬懿, 鄧艾. 已上, 魏 諸葛亮, 關羽, 魏延. 已上, 蜀漢 周瑜, 魯肅, 呂蒙, 陸遜, 陸抗. 遜子 ○ 已上, 吳 羊祜, 杜預, 王濬, 馬隆, 周處. 已上, 西晉 祖逖, 周訪, 陶侃, 謝玄. 已上, 東晉 王猛, 秦 檀道濟, 王鎮惡, 已上, 宋 韋叡, 梁 崔浩, 于謹, 已上, 元魏 斛律光, 北齊 韋孝寬. 北周 張孫晟, 楊素, 韓擒虎, 賀若弼, 史萬歲. 已上, 隋 李靖, 李勣, 李孝恭, 尉遲恭, 蘇定方, 薛仁貴, 裵行儉, 唐休璟, 張仁愿, 王忠嗣, 李光弼, 郭子儀, 李抱眞, 李晟, 李愬, 馬燧, 渾瑊. 已上, 唐 王彦章. 後梁 郭崇韜. 後唐

"장감(將鑑)"은 병서인 『장감박의』이니, '역대장감박의(歷代將鑑博議)', '장감논단(將鑑論斷)', '장감박의논단(將鑑博議論斷)'과 같은 제목으로 간행되기도 했다. 조선에서는 무과(武科) 식년시(式年試)의 강서(講書) 과목 가운데 하나로도 활용되었다. 편찬자인 대계(戴溪)는 송나라의 학자로, 자는 초망(肖望) 또는 소망(少望)이며 호는 민은(隱隐)이다. 『장감박의』에서는 전국시대의 손무(孫武)로부터 당말 오대(五代)의 곽숭도(郭崇韜)에 이르기까지 역대의 명장 및 병법가들의 사적을 서술하고 전략을 평가하였는데, 총 수록 인물은 94명이다. 『아희원람』에서는 『장감박의』에 수록된 인물의 명단만을 제시했는데, 동한(東漢)의 장수 황보규(皇甫規)가 누락되어 실제로는 93명의 이름이 나타난다. 원래 『장감박의』에는 우후와 황보숭 사이에 황보규의 사적이 실려 있었다. 『아희원람』에서 보유(補遺)의 두 번째 항목으로 '장감'을 둔 이유가 무엇인지는 분명하지 않지만, 무과(武科)와 어느 정도 관련성이 있을 것임은 짐작할 수 있다.

○ 난정수계. 왕희지, 왕응지, 왕희지의 둘째 아들 손통, 사안, 손작, 왕숙지, 왕희지의 넷째 아들 왕빈지, 왕휘지, 왕희지의 다섯째 아들 서풍지, 사만, 원교지.

이상 11인은 4언시와 5언시 각 1수 위방, 치담, 환위, 유우, 왕환지, 조무지, 유온, 우열, 왕현지, 왕희지의 맏아들 사역, 조화, 왕온지, 화무, 손사, 손작의 아들 왕풍지. 이상 15인은 4언시 또는 5언시 1수 사등, 사괴, 구모, 임응, 왕헌지, 왕희지의 일곱째 아들 양모, 후면, 여계, 공성, 유밀, 노이, 화기, 변적, 여본, 조인, 우곡. 이상 16인은 시를 완성하지 못하여 술 석 잔을 마셨다

蘭亭脩稧. 王羲之, 王凝之, 羲之第二子 孫統, 謝安, 孫綽, 王肅之, 羲之第四子 王彬之, 王徽之, 羲之第五子 徐豐之, 謝萬, 袁嶠之. 已上十一人, 四言五言各一首. 魏滂, 郗曇, 桓緯, 庾友, 王渙之, 曹茂之, 庾蘊, 虞說, 王玄之, 羲之長子 謝繹, 曹華, 王蘊之, 華茂, 孫嗣, 綽子 王豐之. 已上十五人, 四言或五言各一首. 謝藤, 謝瑰, 丘旄, 任凝, 王獻之, 羲之第七子 楊模, 后綿, 呂系, 孔盛, 鐳密, 勞夷, 華耆, 卞廸, 呂本, 曹諲, 虞谷. 已上十六人, 詩各不成, 飮酒三觥

"난정수계(蘭亭脩稧)"는 353년에 왕희지가 회계(會稽)의 난정(蘭亭)에서 베푼 수계(修禊/脩稧)를 가리키는 말이다. '수계(修禊)'란 삼월 삼짇날 물가에서 베푸는 놀이다. 왕희지는 삼월 삼짇날에 명사 42명을 모아 수계를 베풀어 곡수(曲水)에 술잔을 띄우고 시를 읊었는데, 모임에 참석한 사람들로 하여금 각기 4언시(四言詩)와 5언시(五言詩)를 짓도록 하되 미처 시를 완성하지 못한 사람에게는 벌주(罰酒)를 내렸다고 한다. 왕희지는 이날의 일을 기록하는 글 「난정기(蘭亭記)」를 지었으며, 모임에 참석한 사람들이 읊은 시를 모아서 뒷사람들이 살펴볼 수 있도록 했다. 송나라 상세창(桑世昌)의 『난정고(蘭亭考)』에는 이에 대한 고증이 나타나 있는데, 이를 보면 참석한 42명 가운데에는 이름이 분명하지 않거나 문헌에 따라 달리 전하는 이도 있음을 알 수 있다. 『아희원람』에서는 수계에 참석한 사람의 이름을 기록하되 4언시와 5언시를 모두 지은 사람, 4언시와 5언시 가운데 하나만 지은 사람, 시를 짓지 못해 벌주를 마신 사람의 세 부류로 나누었는데, 이는 『난정고』에서 제시한 방식과 같다. "환위(桓緯)"는 "환위(桓偉)"로 된 데도 있다. "유밀(鐳密)"의 "유(鐳)"는 "유(劉)"와 같은 글자인데, 여기에만 이 글자를 쓴 이유가 있는지 분명

하지 않다. "조인(曹諲)"은 "조례(曹禮)"로 된 데도 있다.

○ 동방성보. 석(昔), 부(夫), 기(箕), 왕(王), 내(來), 척(拓), 번(藩), 방(邦), 화(化), 성(成), 도(陶), 견(甄), 택(澤), 시(施), 홍(洪), 방(龐), 순(順), 봉(奉), 후(侯), 공(貢), 혁(赫), 고(高), 화(和), 풍(馮), 오(吾), 선(鮮), 합(合), 일(一), 원(元), 복(卜), 택(宅), 풍(酆), 지(池), 곽(郭), 견(堅), 고(固), 전(錢), 미(米), 임(林), 천(芊), 단(端), 양(陽), 방(方), 승(昇), 최(崔), 남(南), 하(何), 건(騫), 주(珠), 궁(宮), 녹(綠), 이(李), 만(萬), 섭(葉), 미(彌), 방(芳), 천(天), 우(祐), 극(克), 초(肖), 경(景), 수(壽), 영(永), 창(昌), 강(强), 우(于), 진(秦), 초(楚), 목(睦), 어(於), 채(蔡), 노(魯), 은(恩), 구(仇), 돈(頓), 석(析), 형(邢), 예(芮), 호(扈), 부(附), 온(溫), 량(凉), 옥(玉), 촉(燭), 시(時), 물(物), 길(吉), 옹(邕), 뇌(雷), 윤(尹), 공(龔), 두(杜), 태(台), 등(登), 설(偰), 용(龍), 공(公), 경(卿), 장(章), 보(甫), 도(都), 유(兪), 승(承), 필(弼), 소(素), 명(明), 자(慈), 경(敬), 실(實), 신(愼), 형(刑), 율(律), 노(盧), 모(牟), 황(黃), 당(唐), 반(班), 오(伍), 화(華), 우(禹), 영(甯), 부(斧), 사(思), 영(榮), 형(荊), 섭(聶), 지(知), 구(瞿), 공(孔), 맹(孟), 정(程), 주(朱), 문(門), 노(路), 삼(森), 직(直), 우(牛), 궁(弓), 시(柴), 민(閔), 신(信), 점(占), 표(標), 칙(則), 순(荀), 양(揚), 경(京), 구(丘), 모(毛), 장(萇), 정(鄭), 현(玄), 선(宣), 진(陳), 간(簡), 책(冊), 임(任), 사(史), 어(魚), 권(權), 서(徐), 음(陰), 승(僧), 유(庾), 조(曹), 혜(嵇), 반(潘), 육(陸), 심(沈), 송(宋), 한(韓), 유(柳), 강(江), 하(河), 원(原), 곡(谷), 손(孫), 오(吳), 염(廉), 백(白), 팽(彭), 경(耿), 위(葦), 박(朴), 강(姜), 갈(葛), 전(全), 지(智), 이(伊), 간(間), 표(表), 탁(卓), 필(畢), 진(晉), 준(俊), 양(良), 포(包),

나(羅), 심(尋), 연(延), 신(辛), 제(諸), 위(魏), 적(翟), 차(車), 승(乘), 구(具), 원(員), 가(價), 판(判), 설(薛), 변(卞), 재(才), 승(勝), 조(趙), 양(梁), 빈(賓), 부(傅), 단(段), 엄(嚴), 호(胡), 낭(浪), 소(蘇), 장(張), 동(童), 몽(蒙), 옹(翁), 애(艾), 강(康), 장(莊), 함(咸), 하(賀), 편(片), 전(田), 쌍(雙), 정(井), 연(燕), 안(安), 여(余), 사(舍), 아(牙), 금(琴), 피(皮), 궤(几), 곡(曲), 방(房), 환(桓), 배(裵), 종(種), 다(茶), 탁(濯), 마(麻), 대(對), 수(水), 부(部), 매(梅), 원(袁), 양(楊), 장(蔣), 백(柏), 유(劉), 계(桂), 소(邵), 과(瓜), 야(夜), 감(甘), 상(桑), 낭(郎), 익(翌), 범(汎), 국(鞠), 화(花), 하(夏), 은(殷), 이(異), 상(尙), 욱(郁), 문(文), 종(宗), 주(周), 정(丁), 내(乃), 태(太), 평(平), 신(申), 경(慶), 천(千), 추(秋), 동(董), 가(賈), 마(馬), 범(范), 김(金), 석(石), 종(鍾), 여(呂), 골(骨), 기(奇), 먀(乜), 별(別), 나(那), 변(邊), 인(印), 허(許), 궉(鴌),[궉] 소(乺),[소] 퉁(卯),[퉁] 뺌(乀).[뺌] 모두 308개이다. 복성(複姓)은 부여(扶餘), 영호(令狐), 석말(石抹), 황보(皇甫), 독고(獨孤), 사마(司馬), 사공(司空), 선우(鮮于), 동방(東方), 서문(西門), 남궁(南宮)이 있다. ○ 이 밖에 창씨(蒼氏), 국씨(國氏), 망씨(罔氏)의 부류는 자세하지 않아서 싣지 않는다.

東方姓譜. 昔, 夫, 箕, 王, 來, 拓, 藩, 邦, 化, 成, 陶, 甄, 澤, 施, 洪, 龐, 順, 奉, 侯, 貢, 赫, 高, 和, 馮, 吾, 鮮, 合, 一, 元, 卜, 宅, 酆, 池, 郭, 堅, 固, 錢, 米, 林, 芊, 端, 陽, 方, 昇, 崔, 南, 何, 鴌, 珠, 宮, 綠, 李, 萬, 葉, 彌, 芳, 天, 祐, 克, 肖, 景, 壽, 永, 昌, 强, 于, 秦, 楚, 睦, 於, 蔡, 魯, 恩, 仇, 頓, 析, 邢, 芮, 扈, 附, 溫, 凉, 玉, 燭, 時, 物, 吉, 邕, 雷, 尹, 龔, 杜, 台, 登, 偰, 龍, 公, 卿, 章, 甫, 都, 兪, 承, 弼, 素, 明, 慈, 敬, 實, 愼, 刑, 律, 盧, 牟, 黃, 唐, 班, 伍, 華, 禹, 甯, 斧, 思, 榮, 荊, 聶, 知, 瞿, 孔, 孟,

程, 朱, 門, 路, 森, 直, 牛, 弓, 柴, 閔, 信, 占, 標, 則, 荀, 揚, 京, 丘, 毛, 萇, 鄭, 玄, 宣, 陳, 簡, 冊, 任, 史, 魚, 權, 徐, 陰, 僧, 庾, 曹, 嵇, 潘, 陸, 沈, 宋, 韓, 柳, 江, 河, 原, 谷, 孫, 吳, 廉, 白, 彭, 耿, 葦, 朴, 姜, 葛, 全, 智, 伊, 間, 表, 卓, 畢, 晉, 俊, 良, 包, 羅, 尋, 延, 辛, 諸, 魏, 翟, 車, 乘, 具, 員, 價, 判, 薛, 卞, 才, 勝, 趙, 梁, 賓, 傅, 段, 嚴, 胡, 浪, 蘇, 張, 童, 蒙, 翁, 艾, 康, 莊, 咸, 賀, 片, 田, 雙, 井, 燕, 安, 余, 舍, 牙, 琴, 皮, 几, 曲, 房, 桓, 裴, 種, 茶, 濯, 麻, 對, 水, 部, 梅, 袁, 楊, 蔣, 柏, 劉, 桂, 邵, 瓜, 夜, 甘, 桑, 郎, 翌, 汎, 鞠, 花, 夏, 殷, 異, 尙, 郁, 文, 宗, 周, 丁, 乃, 太, 平, 申, 慶, 千, 秋, 董, 賈, 馬, 范, 金, 石, 鍾, 呂, 骨, 奇, 乜, 別, 那, 邊, 印, 許, 鴌,[궉] 乺,[소] 𠰋,[퉁] 乀.[뼘] 凡三百八. 複姓, 扶餘, 令狐, 石抹, 皇甫, 獨孤, 司馬, 司空, 鮮于, 東方, 西門, 南宮. ○ 外此, 蒼氏, 國氏, 罔氏之類, 未詳不錄.

"동방성보(東方姓譜)"는 우리나라의 성씨를 모은 책이라는 뜻으로 풀이할 수 있다. 여기서 우리나라의 성씨로 제시한 것을 살펴보면, 먼저 그 총수는 한 글자로 된 성 308개와 두 글자로 된 성 11개, 그리고 유래를 알 수 없는 성 3개를 합하여 모두 322개—성씨 가운데 "과(瓜)"는 초간본에는 "조(爪)"로 기록되었는데, 중간본에 따라 "과(瓜)"로 수정한다—에 이른다. 이 가운데에는 주위에서 거의 찾아볼 수 없는 성도 있으며, 그 음을 주석으로 밝혀두어야 될 만큼 거의 쓰이지 않는 글자를 성으로 쓴 예도 포함되어 있다. 또 322개의 성을 배열한 순서를 살펴보면 이 또한 낯설게 느껴지는데, 가장 인구가 많다고 알려진 성씨들이 앞에 나와 있지 않기 때문이다. '김(金)'은 293번째에, '이(李)'는 52번째에, 그리고 '박(朴)'은 184번째에 등장한다. 장혼은 이처럼 드문 성씨를 어떻게 수집할 수 있었으며, 왜 인구가 많은 성씨를 앞에 두지 않았을까?

사실 '희성(稀姓)'이나 '벽성(僻姓)' 등으로 일컫는 드문 성씨에 대한 관심은 장혼만 가진 것이 아니었다. 이수광이 『지봉유설』 잡사부 「성족(姓族)」에서 우리나라의

'벽성'인 성주(星州) 소씨(䍜氏), 순창(淳昌) 궉씨(𩿪氏)의 기록을 논한 바 있으며, 중국에는 없는 "천(千), 돈(頓), 승(承), 야(夜), 골(骨), 공(公), 옹(邕), 방(邦)" 등의 성이 우리나라에 있음을 지적한 바 있다. 이덕무는 『앙엽기』 「궉(𩿪)」에서 선산(善山)의 궉씨촌(𩿪氏村)을 언급하며 기원을 고증했는데, '𩿪'이 우리나라에서 만든 글자라는 속설을 비판하고 '鳳'의 고문(古文)이므로 '봉'으로 읽어야 한다는 견해를 제시했다. 또 「뉴왁횡할뼘(㺲闑䢣𠜗乀)」에서는 5개의 기이한 성을 제시했는데, 『자휘(字彙)』에서 "고려의 뉴(㺲)", '오(闑)'를 잘못 썼을 가능성이 있는 "광주(廣州) 왁씨(闑氏)", "연안(延安) 횡씨(䢣氏)"를 찾고, 이 밖에 "할씨(𠜗氏)"와 "흥양(興陽)의 밀양(密陽) 뼘씨(乀氏)"를 찾았다. 한치윤의 『해동역사』 관씨지(官氏志) 「씨족(氏族)」에서도 드문 성씨를 언급했는데 『지봉유설』과 『앙엽기』에서 거론한 성씨 이외에 "일씨(一氏)"와 "먀씨(乜氏)"를 추가했다. 『아희원람』보다 후대의 문헌인 『오주연문장전산고』에서는 이수광, 이덕무, 한치윤이 말한 성씨 이외에 '며(旀)'나 복성인 '담울(牆籬)'과 같은 새로운 사례를 언급하기도 했다. 장혼 또한 '희성'이나 '벽성'의 문제에 관심을 갖고 있었다고 해도 그리 이상한 일은 아닐 것이다. 한편 말미에 "자세하지 않다(未詳)"고 하며 제시한 3개 성씨 가운데 하나인 '국씨(國氏)'는 백제의 성씨에 대한 기록에서 찾아볼 수 있다. 『해동역사』에서는 『수서』와 『만성통보(萬姓統譜)』를 통해 백제의 대성(大姓)을 정리하면서 "사(沙), 연(燕), 협(劦), 해(解), 진(眞), 국(國), 목(木), 구(苩) 또는 백(苩)"의 8개 성씨를 거론했기 때문이다.

308개 또는 322개 성씨의 배열 순서를 이해하기 위해서는, 장혼의 문집인 『이이엄집(而已广集)』 권14에 수록된 「동방성보가(東方姓譜歌)」의 서문을 살펴볼 필요가 있다. 장혼은 중국에는 '조(趙)'를 맨 앞에 둔 송나라 때의 『만성자휘(萬姓字彙)』나 운(韻)에 따라 순서를 정한 명대 또는 청대의 『만성통보』와 같은 성보(姓譜)가 있어서 많은 성씨를 찾아볼 수 있지만 우리나라에는 그런 사례가 드물다고 했다. 그러다가 "도곡 상공(陶谷相公)의 유집(遺集)"에서 저성(著姓), 희성(稀姓), 벽성(僻姓) 등으로 나누어 우리나라의 성을 모은 것을 보게 되었는데, 여기에 빠진 것을 찾아서 보충해 보니 모두 310여 개의 성을 모을 수 있었다고 했다. "도곡 상공의 글"은 이의현(李宜顯)의 『도곡집(陶谷集)』 「도협총설(陶峽叢說)」의 말미에서 찾아볼 수 있는데, '저성(著姓, 흔한 성씨)' 53개, '희성(稀姓, 드문 성씨)' 60개, '벽성(僻姓, 보기 힘든 성씨)' 174개, 복성(複姓) 11개 등 총 298개의 성씨를 제시했다. "이, 김, 박"

과 같은 대성(大姓)에서부터 시작하여 점차 드문 성씨의 차례로 배열한 것이다. 결국 장혼은 310여 개에 이르는 우리나라 성씨를 수집하였고, '성보(姓譜)'의 형식에 대한 세 가지 선례를 확인했다고 할 수 있다. 『만성자휘』는 황제의 성인 '조'를 맨 앞에 두었으니 존귀한 성씨를 앞에 내세우는 형식을 취한 것이며, "도곡 상공의 글"은 흔한 성씨 즉 후손이 많고 번성한 성씨를 앞에 내세우는 형식을 취한 것이며, 『만성통보』는 존귀함이나 번성함에 관계 없이 운자의 차례라는 질서에 따르는 형식을 취한 것이다.

그렇지만 장혼은 스스로 '성보'를 만들 때에는 세 가지 형식 가운데 어느 쪽의 전례도 따르지 않았다. 동방의 성보로 노래를 지어서 우리 동방의 천만년을 기리겠다고 했는데, 그 노래가 바로 「동방성보가(東方姓譜歌)」다. 물론 『이이엄집』에 실린 노래를 『아희원람』의 "동방성보(東方姓譜)"와 비교해 보면 완전히 일치하는 것은 아님을 알 수 있다. 이는 마지막의 일부 글자를 노래에서 제외했기 때문이니, 『아희원람』에 수록한 "동방성보(東方姓譜)"의 배열 순서 또한 노래로 만든 취지로 설명할 수 있을 것이다. 서두 부분은 "옛날 저 기왕[箕子]께서는 번방을 찾아와 개척하셨네.(昔夫箕王, 來拓藩邦.)"로 풀이되는데, 이런 방식으로 연결해 보면 전체가 "4언(言)의 노래"가 된다. 이는 중국과 우리나라의 전례에서는 찾아볼 수 없는 완전히 새로운 성보의 형식이다.

장혼이 이처럼 새로운 형식을 택한 이유는 무엇일까? "큰 가문[大姓]과 이름난 가문[名閥]"을 어느 위치에 두어야 할 것인지에 대한 논란을 피하고자 하는 목적도 물론 있었을 것이다. 그렇지만 이처럼 소극적인 이유로만 해석할 일은 아닌지도 모른다. 신분의 제약이 있음에도 불구하고 남들보다 뛰어난 재능을 지녔다고 자부한 장혼 자신을 세상에 드러내기 위한 수단은 아니었을까? 새로운 시도를 펼친 진정한 이유가 무엇인지는 알 수 없지만, 그것이 참신하고 흥미로운 결과를 낳았음은 오늘날에도 인정할 수 있을 듯하다.

지은이

장혼(張混, 1759~1828)

조선 후기의 시인이며 저술가이다. 자는 원일(元一), 호는 이이엄(而已广)이다. 1790년에 오재순(吳載純)의 추천을 받아 교서관 사준이 된 이래 『어정오경백편(御定五經百篇)』을 비롯하여 50여 종이 넘는 문헌의 편찬 및 간행을 담당했으며, 소형 목활자인 이이엄자(而已广字)를 만들어 출판에 활용하기도 했다. 천수경(千壽慶)과 함께 송석원시사(松石園詩社)의 중심인물로 활동했으며, 1797년에는 『풍요속선(風謠續選)』 편찬을 주도했다. 초학자(初學者)의 학습을 위한 책을 여럿 편찬했는데, 『아희원람』 이외에도 주제별 어휘집인 『몽유편(蒙喩篇)』과 글자 수에 따라 정리한 어휘집인 『근취편(近取篇)』 등이 현재 전한다. 문집으로는 『이이엄집(而已广集)』이 남아 있다.

역해자

황재문

서울대학교 규장각한국학연구원 부교수. 서울대학교 국어국문학과에서 「장지연·신채호·이광수의 문학사상 비교 연구」로 박사학위를 받았다. 주요 저술로는 『안중근 평전』, 『만국사물기원역사』(역주), 『(가람)일기 1』(번역), 「두문동(杜門洞) 72현 일화 연구」, 「A Re-assessment of the Characteristics of Chang Hon's Instructional Texts」 등이 있다.

아희원람

19세기 조선의 상식 사전

1판 1쇄 찍음 | 2020년 7월 8일
1판 1쇄 펴냄 | 2020년 7월 15일

지은이 | 장혼
역해자 | 황재문
펴낸이 | 김정호
펴낸곳 | 아카넷

출판등록 2000년 1월 24일(제406-2000-000012호)
10881 경기도 파주시 회동길 445-3 2층
전화 031-955-9511(편집) · 031-955-9514(주문) | 팩시밀리 031-955-9519
책임편집 | 박수용
www.acanet.co.kr | www.phildam.net

Printed in Paju, Korea.

ISBN 978-89-5733-684-7 94910
ISBN 978-89-5733-230-6 (세트)

이 도서의 국립중앙도서관 출판시도서목록(CIP)은
서지정보유통지원시스템 홈페이지(http://seoji.nl.go.kr)와
국가자료공동목록시스템(http://www.nl.go.kr/kolisnet)에서
이용하실 수 있습니다.(CIP제어번호: CIP2020026266)